2012

浙江外事年鉴

《浙江外事年鉴》编纂委员会 编

ZHEJIANG
FOREIGN AFFAIRS
YEARBOOK

ZHEJIANG UNIVERSITY PRESS
浙江大学出版社

图书在版编目（CIP）数据

浙江外事年鉴. 2012/《浙江外事年鉴》编纂委员会编
. ——杭州：浙江大学出版社，2012. 6
ISBN 978-7-308-09906-6

Ⅰ. ①浙… Ⅱ. ①浙… Ⅲ. ①外事管理—浙江省—2012—年鉴 Ⅳ. ①D827.55-54

中国版本图书馆CIP数据核字（2012）第080620号

2012
浙江外事年鉴
《浙江外事年鉴》编纂委员会编

责任编辑	冯社宁
出版发行	浙江大学出版社 （杭州市天目山路148号　邮政编码310007） （网址：http://www.zjupress.com）
排　　版	浙江新华图文制作有限公司
印　　刷	浙江新华数码印务有限公司
开　　本	889mm×1194mm　1/16
印　　张	26
插　　页	56
字　　数	800千
版 印 次	2012年6月第1版 2012年6月第1次印刷
书　　号	ISBN　978-7-308-09906-6
定　　价	150.00元

《浙江外事年鉴》编纂委员会

顾　问　李　强　龚　正

主　任　阮忠训

副主任　彭　波　顾建新　陆国灏　虞希华　陈江风　余亦平

委　员（以姓氏笔画为序）

孔玮玮　王红威　叶　桦　邢绘东　朱永明　朱耀荣
阮黎斌　孙虎林　邱华萍　杨晓宏　陈艳勤　陈爱珍
苗　军　罗月霞　张文安　项文敏　俞生标　施华忠
葛志宇　谢国建　谢振江　戴爱萍

主　编　阮忠训

副主编　顾建新

《浙江外事年鉴》编辑部

主　任　苗　军

副主任　韩荣根　沈国权

《浙江外事年鉴》通讯员

周赵行　陶允冀　易书莉　蒋　岚　沈国权　葛志宇
金　立　董丹丹　王　悦　章文平　钱飞瑛　钱岐君
郎　愚　张月祥　徐　峰　胡朦梦　岑利明　钱晓晴
张　健　徐亦男　莫舟强　何　丹　陈俊伟　王　锟
周　展　顾朱官　单红玲　肖　林　李　琳　胡真舫
张　雁　麻欢萍　邱中云　汪　震　刘　杰　叶　丹
曹丽云　陈清贵　顾梓耀　潘大庆　刘鲁宁　景丽敏
徐　慧　陈炯炯　俞臻娜　杨　敏　朱秀芳　朱晓冬
陈晓雯　姚　诚　张　蕾　陆　遥　马松霞　翁华星
郭　斐　田　野　马秀丽　栾复友　汪静娜　钟伟良
王　艳　夏　露　茅　慧　赵　莹　钟　慧　熊　勇
周惠丽　任烨南　李　姣　万　凡　邵　剑　余云辉
朱礼波　张　池　李　杨　余焱军　朱　冰　张尚辉
邓碧波　叶　雪　许　叶　窦　锋　魏　民　王红英
徐忠友　袁　滢　朱英嘉　黄亦丹　王　宁　邱建华

编辑说明

一、《浙江外事年鉴》由浙江省人民政府外事办公室主持编纂，是记载浙江省涉外工作年度大事、新事和要事的信息资料工具书。

二、《浙江外事年鉴》（2012）主要记述2011年1月1日至12月31日期间发生的涉外事件。鉴于浙江省人民政府外事办公室与浙江省人民政府港澳事务办公室合署办公这一实际情况，本年鉴将港澳工作也列入收编范围。

三、《浙江外事年鉴》（2012）基本保持2011卷的框架结构，"高校和企业外事"栏目新增浙江物产集团、阿里巴巴集团。全书设图记、特载、浙江省情、省级外事、高校和企业外事、市县外事、外国人看浙江和附录八大栏目，共有条目1500余条。条目一般按事件发生时间的先后顺序排列。

四、本年鉴配备双重检索系统，书前有详细目录；书后备有索引，其范围详及条目。另外，配有英文目录，目录内容详及篇目。为方便读者保存和查阅，配有光盘。

五、本年鉴所收内容（含图片）均由省外办各处（室）和下属单位，各市外事（侨务）办公室，以及省级各有关部门、单位和驻浙江机构提供，年鉴稿件的编辑、出版过程得到全省各级各单位外事部门的高度重视与积极配合。借此，谨向参与年鉴编撰工作的领导和作者致谢。因编辑水平所限，书中难免有不足之处，敬请有关方面和广大读者批评指正。

《浙江外事年鉴》编辑部

2012年6月

省委书记、省人大常委会主任赵洪祝会见渣打银行大中华区主席曾璟璇。（2011年2月24日）

省委书记、省人大常委会主任赵洪祝会见意大利驻沪总领事德卢卡。（2011年3月15日）

省委书记、省人大常委会主任赵洪祝会见韩国驻华大使柳佑益。（2011年3月24日）

省委书记、省人大常委会主任赵洪祝会见参加第十七次中国—东盟高官磋商会的代表。（2011年3月31日）

省委书记、省人大常委会主任赵洪祝会见苏丹全国大会党对外关系部部长、总统顾问穆基塔法·奥斯曼·伊斯梅尔。（2011年4月26日）

省委书记、省人大常委会主任赵洪祝会见美国国务院政府间事务特别代表瑞塔·路易斯。（2011年5月25日）

省委书记、省人大常委会主任赵洪祝会见莫桑比克解放阵线党政治委员会委员马加里达·塔拉帕。（2011年6月7日）

省委书记、省人大常委会主任赵洪祝会见菲律宾自由党联合主席、众议长费利西亚诺·贝尔蒙特。（2011年6月26日）

省委书记、省人大常委会主任赵洪祝会见韩国驻沪总领事安总基。（2011年7月11日）

省委书记、省人大常委会主任赵洪祝会见新西兰贸易部长兼气候变化国际谈判部长蒂姆·格雷泽。（2011年8月17日）

省委书记、省人大常委会主任赵洪祝会见东盟常驻代表委员会代表团。（2011年8月25日）

省委书记、省人大常委会主任赵洪祝会见参加中非合作论坛第八届高官会的各国嘉宾。（2011年10月26日）

省委书记、省人大常委会主任赵洪祝会见渣打集团首席执行官冼博德。（2011年11月18日）

省委副书记、省长吕祖善会见IBM全球高级副总裁罗睿兰。（2011年3月21日）

省委副书记、省长吕祖善会见美国芝加哥市市长理查德·戴利。（2011年3月24日）

省委副书记、省长吕祖善会见英国伦敦金融城市长迈克·贝尔。（2011年4月11日）

省委副书记、省长吕祖善向斐济总统夫人埃迪·考伊拉·奈拉蒂考赠送宝石牌缝纫机。（2011年4月19日）

省委副书记、省长吕祖善会见印尼中华总商会总主席纪辉琦。（2011年4月19日）

省委副书记、省长吕祖善会见新加坡吉宝集团董事长李文献。（2011年5月31日）

省委副书记、省长吕祖善会见参加浙洽会、消博会的各国驻沪总领馆代表团。（2011年6月7日）

省委副书记、省长吕祖善会见斐济外交、国际合作和民航部长伊诺凯·昆布安博拉。（2011年7月12日）

省委副书记、代省长夏宝龙会见毛里求斯总统阿内罗德·贾格纳特。（2011年9月27日）

省委副书记、代省长夏宝龙会见美国雅培公司副总裁伊莲·利文沃思。（2011年11月2日）

省委副书记、代省长夏宝龙会见意大利普利亚大区主席尼基·文杜拉。（2011年11月10日）

省委副书记、代省长夏宝龙会见浙江—新加坡经贸理事会新方主席傅海燕。（2011年11月22日）

省政协主席乔传秀（右）会见泰国前总理枢密院大臣素拉育和夫人。（2011年10月26日）

省委常委、常务副省长陈敏尔会见香港贸发局主席苏泽光。（2011年7月14日）

省委常委、宁波市委书记王辉忠会见墨西哥杜兰戈州州长豪尔赫·埃雷拉·卡尔德拉。（2011年4月17日）

省委常委、秘书长，省友协会长李强会见德国德中协会主席格雷戈尔·保罗。（2011年11月6日）

省委常委、杭州市委书记黄坤明会见IBM公司副总裁克雷格·海曼。（2011年10月10日）

省委常委、宣传部长茅临生会见津巴布韦新闻人员研修班学员。（2011年12月15日）

省委常委、组织部长蔡奇会见西欧共产党联合考察团一行。（2011年8月14日）

省委常委、公安厅长刘立伟会见香港保安局代表团。（2011年12月28日）

省人大常委会副主任王永明会见美国国会前众议员代表团。（2011年5月17日）

省人大常委会副主任程渭山会见阿尔及利亚国民议会外委会主席西阿维夫。（2011年11月18日）

省人大常委会副主任厉志海会见巴基斯坦国民议会妇女代表团。（2011年10月20日）

副省长陈加元会见莫桑比克青年代表团。（2011年3月18日）

副省长龚正会见摩尔多瓦驻华大使阿纳托利·乌列基安。（2011年5月10日）

副省长龚正会见菲律宾驻上海总领事傅查理。（2011年5月12日）

副省长龚正会见印度驻华大使苏杰生。（2011年7月25日）

副省长龚正会见荷兰驻沪总领事郗佩德。（2011年11月11日）

副省长龚正会见爱尔兰驻沪总领事高睦礼。（2011年11月11日）

副省长龚正会见香港特别行政区行政长官曾荫权和夫人。（2011年12月7日）

副省长王建满会见香港港龙航空行政总裁杨伟添。（2011年9月8日）

副省长毛光烈会见意大利托斯卡纳大区主席恩里科·罗西。（2011年7月6日）

副省长、温州市委书记陈德荣会见丹麦女王丈夫亨里克亲王。（2011年6月20日）

省政协副主席、秘书长黄旭明会见印尼专业集团党外联主席伊丽斯。（2011年11月15日）

省委书记、省人大常委会主任赵洪祝会见美国全国州长协会主席、华盛顿州州长葛瑞格尔。（2011年7月）

省委书记、省人大常委会主任赵洪祝与美国北卡罗来纳州州长普度签署友好交流与合作备忘录。（2011年7月）

省委书记、省人大常委会主任赵洪祝与美国印第安纳州州长丹尼尔斯共同签署友好省州关系拓展协议。（2011年7月）

省委书记、省人大常委会主任赵洪祝向美国新泽西州政府赠送东阳木雕，纪念两省州结好30周年。（2011年7月）

省政协主席乔传秀会见印尼东爪洼省省长苏卡沃。（2011年9月）

省委常委、副省长葛慧君与墨西哥下加利福尼亚州洛斯卡沃斯市市长及政府官员会谈（2011年10月）

省委常委、常务副省长陈敏尔访问英国英中贸易协会。（2011年9月）

省委常委、宁波市委书记王辉忠会见巴西淡水河谷公司执行董事和战略营销总裁马丁。（2011年6月）

省委常委、秘书长，省友协会长李强访问俄罗斯中国友好协会。（2011年9月）

省委常委、杭州市委书记黄坤明会见西班牙王储菲利普和王储妃莱蒂齐娅。（2011年10月）

省委常委、宣传部长茅临生向联合国副秘书长、联合国人居署执行主任霍安·克洛斯赠送《中国名茶图典》英文版。（2011年5月）

省委常委、组织部长蔡奇会见荷兰弗里福兰省省长等政府官员。（2011年6月）

省人大常委会副主任冯明与德国石荷州州长卡斯藤森出席两省州结好25周年庆祝活动。（2011年8月）

省人大常委会副主任程渭山会见博茨瓦纳副总统蒙帕蒂·梅拉费。（2011年7月）

副省长陈加元在新加坡建屋局考察访问。（2011年5月）

副省长龚正在"浙江省·西澳州经贸投资论坛"开幕式上致辞。（2011年8月）

副省长王建满会见世界旅游组织秘书长塔勒布·瑞法。（2011年9月）

副省长郑继伟会见美国印第安纳州州长米奇·丹尼尔斯。（2011年6月）

副省长毛光烈会见诺基亚西门子通信公司全球副总裁诺瓦克。（2011年6月）

省政协副主席王永昌参观韩国首尔市议会大厅。（2011年12月）

省委书记、省人大常委会主任赵洪祝在浙洽会、消博会期间参观瑞士弗利堡州展台。（2011年6月8日）

省委书记、省人大常委会主任赵洪祝会见韩国全罗南道议长李镐均。（2011年6月27日）

省委书记、省人大常委会主任赵洪祝会见澳大利亚西澳州议会下议院议长格兰特·伍德姆斯。（2011年8月19日）

省委书记、省人大常委会主任赵洪祝会见丹麦西兰岛大区主席斯蒂·巴奇·尼尔森。（2011年8月31日）

省委书记、省人大常委会主任赵洪祝会见日本福井县议会议长田中敏幸。（2011年9月5日）

省委书记、省人大常委会主任赵洪祝与美国北卡罗来纳州州长贝弗利·普度一起在杭州为世方药业研发中心奠基仪式舞狮点睛。（2011年10月20日）

省委书记、省人大常委会主任赵洪祝会见美国密苏里州州长杰雷米·尼克松。（2011年10月27日）

省委书记、省人大常委会主任赵洪祝会见日本福井县知事西川一诚。（2011年11月2日）

省委书记、省人大常委会主任赵洪祝会见比利时西弗兰德省省长保罗·拜恩。（2011年11月7日）

省委副书记、代省长夏宝龙会见丹麦西兰岛大区主席斯蒂·巴奇·尼尔森。（2011年8月31日）

省委副书记、代省长夏宝龙会见日本福井县知事西川一诚。（2011年11月2日）

省委副书记、代省长夏宝龙会见日本静冈县副知事大村慎一。（2011年11月22日）

省委常委、秘书长，省友协会长李强会见日本福井县日中友协会长酒井哲夫。（2011年10月13日）

副省长龚正与瑞士弗利堡州副州长比特·冯朗特一起为弗利堡州在"浙洽会"、"消博会"的展台剪彩。（2011年6月8日）

副省长龚正会见澳大利亚西澳州副总理基姆·汉默斯。（2011年9月16日）

副省长龚正会见韩国全罗南道经济副知事郑顺南。（2011年10月17日）

副省长王建满会见澳大利亚西澳州政府副总理基姆·汉默斯。（2011年5月3日）

副省长毛光烈出席浙江与意大利托斯卡纳大区合作备忘录签字仪式。（2011年7月6日）

浙江省·石荷州促进委员会第七次会议在宁波召开。（2011年6月7日）

浙江与丹麦西兰岛大区友好交流与合作协议签字仪式。（2011年8月31日）

浙江省·静冈县结好30周年纪念活动筹备工作协商会。（2011年11月22日）

2011体验西澳—浙江省高中英语口语大赛颁奖仪式。（2011年7月1日）

澳大利亚西澳州议会下议院议长格兰特·伍德姆斯参观浙江博物馆。（2011年8月20日）

杭州市市长邵占维会见芬兰驻沪总领事贺睦宁。（2011年2月28日）

杭州市副市长佟桂莉出席杭州—韩国西归浦友好合作备忘录、互派公务员协议书签字仪式。（2011年9月17日）

韩国丽水文艺团体在杭州休博会主题馆举办城市日活动。（2011年9月19日）

宁波市委副书记、市长刘奇会见克罗地亚里耶卡市市长沃伊克·奥伯斯内尔。（2011年6月6日）

宁波市委副书记、市政协主席唐一军会见韩国驻华大使柳佑益。（2011年3月22日）

宁波市人民对外友好协会第六届理事会会议。（2011年7月19日）

温州市市长赵一德会见厄瓜多尔驻上海总领事孔嘉铭。（2011年7月11日）

温州市代市长陈金彪参加温州与日本吴市友好交往25周年植树活动。（2011年10月11日）

温州市委常委、副市长孟建新会见荷兰海牙市副市长汉克·柯尔。（2011年8月18日）

嘉兴市人大常委会主任徐士珍会见英国普利茅斯市市长皮特·布鲁克肖。（2011年9月26日）

嘉兴市市长鲁俊与加拿大达蒙维市市长弗朗西娜·露艾斯特·朱塔签署建立友好交流关系协议书。（2011年4月19日）

泰国公主帕差拉·吉帝亚帕参观乌镇。（2011年9月17日）

湖州市委书记孙文友与美国印第安纳州哥伦布市市长阿姆斯特朗签署建立友好交流关系意向书后交换纪念品。（2011年9月20日）

湖州市市长马以会见韩国灵岩郡郡守金逸太率领的友好交流访问团。（2011年10月18日）

湖州市与摩洛哥梅克内斯市建立友好交流关系签字仪式。（2011年3月23日）

绍兴市委书记张金如拜访土耳其—中国经济商业促进友好协会主席阿克佛拉特。（2011年10月20日）

绍兴市市长钱建民会见丹麦欧登塞市市长恩科·鲍耶。（2011年8月31日）

绍兴市副市长徐明光会见法国艾克斯市建筑师代表团。（2011年6月17日）

金华市代市长徐加爱与美国印第安纳州阿尔卡特郡郡长特伦斯·约瑟夫·罗迪诺签署建立友好交流关系协议书。（2011年3月21日）

金华市副市长金中梁会见加纳前总统罗林斯。（2011年10月25日）

金华市医学交流团赴德国迪恩市进行医学交流。（2011年6月1日）

衢州市委书记孙建国会见以色列驻上海总领事艾雅克。（2011年3月28日）

衢州市市长尚清会见参加纪念孔子诞辰2562周年祭祀典礼的各国孔子学院院长。（2011年9月27日）

衢州市副市长李一飞拜访日本驻上海总领事泉裕泰。（2011年3月24日）

舟山市委书记梁黎明会见澳大利亚西澳州下议院议长格兰特·伍德姆斯一行。（2011年8月22日）

舟山市市长周国辉会见日本静冈县副知事大村慎一。（2011年11月23日）

台州市委书记陈铁雄会见美国加州波莫纳市副市长斯蒂芬·裘德·阿奇礼。（2011年9月5日）

台州市人大常委会主任薛少仙会见德国哈瑙市议长约根·绍尔曼。（2011年1月13日）

台州市市长吴蔚荣会见德国驻沪总领事芮悟峰。（2011年12月21日）

丽水市市长王永康会见印度驻上海总领事戴思锐。（2011年7月15日）

丽水市副市长廖思红会见日本三岛市中学生友好交流团一行。（2011年3月22日）

美国“全球印第安纳”国际教育交流协会执行主任菲利普·博利一行访问丽水。（2011年4月6日）

省委书记、省人大常委会主任赵洪祝等为第十三届“浙洽会”、第十届“消博会”启动开幕式。（2011年6月8日）

省委副书记、代省长夏宝龙会见获2011年度“西湖友谊奖”的部分外国专家。（2011年9月15日）

“浙江省情介绍会暨迎春招待会”在上海举行。（2011年1月11日）

省外办主任阮忠训在“浙江省情介绍会暨迎春招待会”上致辞。

日本利民工程小额无偿援助项目签字仪式在杭州举行。（2011年3月23日）

美国芝加哥市市长理查德·戴利一行在杭州举行经贸推荐会。（2011年3月24日）

第十七次中国—东盟高官磋商会在杭州举行。（2011年3月31日）

“充满生机的文化名城——外国使领馆官员走进绍兴”绍兴市情介绍会。（2011年4月18日）

"走进印尼"经贸交流会在杭州举行。（2011年4月20日）

外国记者管理与舆论引导培训讲座。（2011年4月29日）

浙江新闻代表团在澳大利亚西澳州采访班布里市市长。（2011年8月13日）

第八届中非友好城市暨地方政府合作研讨会在杭州召开。（2011年9月1日）

毛里求斯总统阿内罗德·贾格纳特和夫人访问浙江。（2011年9月27日）

毛里求斯总统贾格纳特在达之路非洲投资高峰论坛上发言。（2011年9月27日）

奥地利剪纸艺术展在杭州举办。（2011年10月22日）

“中德中学国际教育交流会”在杭州举行签约仪式。（2011年10月25日）

中非合作论坛第八届高官会在杭州举行。（2011年10月26日）

中非智库论坛第一届会议在杭州召开。（2011年10月27日）

全省市外办主任会议。（2011年1月25日）

全省非公企业因公出国（境）人员审批改革试点现场会在义乌举行。（2011年4月12日）

外交部驻香港公署特派员吕新华一行在浙江参观访问。（2011年5月13日）

浙江省人民对外友好协会第七届理事会会议在杭州召开。（2011年5月24日）

省外办、庆元县五大堡乡结对帮扶恳谈会。（2011年7月2日）

全省千校结好工作会议在杭州召开。（2011年7月4日）

省委常委、组织部长蔡奇在省外办调研。（2011年8月22日）

省委副书记、代省长夏宝龙在省外办。（2011年8月31日）

浙江省因公电子护照试点签发启动仪式在杭州举行。（2011年9月5日）

浙江省外国人领事保护工作研讨会。（2011年9月25日）

外交部长杨洁篪在杭州调研。（2011年10月1日）

《浙江外事年鉴》通讯员培训班在湖州举办。（2011年11月15日）

中国—联合国司法研讨会在杭州召开。（2011年12月1日）

目　　录

特载

浙江省情

省级外事

2011 浙江外事

浙江省外事、港澳事务大事记

综　述

因公出国(境)和邀请外国人来华管理

领事业务

护照签证

新闻文化

省外办机关建设

外事服务

港澳事务

对外民间交往

出　访

来　访

（非友城团组）

亚洲

欧洲和非洲

美洲和大洋洲

友好城市交流

亚洲

·日本·

·韩国·

·泰国·

·印度尼西亚·

·阿联酋·

部门外事

省教育厅

省科技厅

省高级人民法院

省检察院

省公安厅

省司法厅

省人力社保厅

省国土资源厅

省文化厅

省卫生厅

省环保厅

省文联

省工商联

省残联

省贸促会

省农科院

高校和企业外事

高校外事

·浙江大学·

企业外事

市县外事

杭　州　市

概述

重要外事活动

市领导出访

主要来访

友好城市交流

县(市、区)外事

宁　波　市

概述

重要外事活动

主要出访

主要来访

友好城市交流

温　州　市

概述

重要外事活动

市领导出访

主要来访

友好城市交流

金　华　市

概述

重要外事活动

市领导出访

主要来访

友好城市交流

县(市、区)外事

衢 州 市

概述

重要外事活动

市领导出访

主要来访

友好城市交流

县(市、区)外事

舟 山 市

概述

丽　水　市

概述

重要外事活动

主要出访

主要来访

友好城市交流

县(市)外事

义　乌　市

（县级市）

外国人看浙江

附录

Table of Contents

Feature

Zhejiang in Overview

Foreign Affairs at the Provincial Level

Foreign Affairs in Higher Education Institutions and Enterprises

Foreign Affairs in Municipalities and Counties

Zhejiang in Foreigners' Eyes

Appendix

特载

Feature

服务大局　开拓进取

——面对国际风云变幻的2011年中国外交

外交部部长　杨洁篪

2011年是新世纪第二个十年的开启之年，国际形势发生极为深刻复杂的变化。面对国际风云变幻，在党中央、国务院的坚强领导下，中国外交紧紧围绕党和国家中心任务，把握机遇，迎接挑战，不断开拓新局面，坚定维护了国家主权、安全和发展利益。回顾总结中国外交这一年来所走过的历程，对于做好新形势下的外交工作具有重要意义。

一

一年来，国际形势总体和平，但影响深远的大事、难事、急事接连不断，动荡不定的一面相当突出，国际关系和国际秩序调整变革步伐明显加快，一些格局性、趋势性变化更加明朗。

（一）国际金融危机深化蔓延，世界经济复苏步履维艰。一些国家主权债务危机愈演愈烈，给全球经济复苏和国际金融稳定带来多方面影响。国际金融危机的深层次影响进一步显现，暴露出全球经济治理机制的缺陷以及相关国家在体制机制、政策理念、发展方式等方面存在的弊端，更有一些国家出现了不同程度的街头示威抗议运动。主要经济体经济增速下滑，新兴市场国家面临外部需求萎缩、内部通胀加剧等挑战，各种形式的保护主义明显增多。国际权威机构认为，世界经济增速会从2010年的5.1%降至2011年的4%。世界经济缺乏强有力的新增长点，可能在相当长时期内呈现低速增长态势。

（二）地区动荡与热点问题此起彼伏，对地区和国际形势的冲击不容忽视。2010年底、2011年初以来，西亚北非多国政局发生剧烈动荡，至今仍在持续，导致地区力量对比此消彼长，地区国家关系出现新的分化组合，地区形势要实现从破到立、由乱到治将是一个长期曲折的过程。巴以问题复杂难解，伊朗核问题再度突出，阿富汗重建进程困难重重。在有关各方的共同努力下，朝鲜半岛局势有所缓和。恐怖主义、能源资源安全、网络安全、重大自然灾害等非传统安全问题备受各方关注，安全问题的突发性、传导性、联动性增强，凸显了运用综合手段实现全球安全治理的必要性与紧迫性。

（三）亚太地区的战略地位继续上升，各方竞相加大对本地区的关注和投入。亚太占世界人口的40%、经济总量的54%、贸易总量的44%。在乱象纷呈的当今世界，亚太地区保持了总体稳定的良好态势，本地区新兴经济体对世界经济增长的贡献率超过60%，区域和次区域合作方兴未艾，亚太越来越成为世界上最具发展活力和潜力的地区。各主要力量在亚太交汇并存，竞相加大对亚太的关注和投入，给地区形势和地区关系带来新的复杂因素，地区格局酝酿新的变化。虽然地区国家间存在一些领土主权和海洋权益争端，但求和平、重稳定、谋发展、促合作始终是地区形势的主流，通过对话协商解决争端始终是有关国家的政策取向。

（四）国际力量对比朝着相对均衡方向发展，全球治理机制改革逐步推进。新兴市场和发展中国家保持整体崛起的势头，日益成为牵动国际形势发展的重要力量。以金砖国家为代表的新兴国家机制化合作不断深化，有力地推动了南南合作与南北对话。二十国集团成为全球经济治理的重要平台，国际金融机构和金融监管改革取得一定进展。同时也应看到,世界多极化、国际关系民主化仍将是一个长期曲折的进程。

二

新世纪新阶段,外交工作在党和国家工作全局中的地位和作用更加重要,必须更好地为中国改革发展稳定的大局服务,为维护国家的主权、安全和发展利益服务,为维护我国发展的重要战略机遇期服务。一年来,在党中央、国务院的正确领导下,在各部门、各地方的通力协作下,在全国人民的积极支持下,外交工作坚持统筹国内国际两个大局,全面推进外交工作总体布局,妥善应对各种国际乱局,积极引导国际体系变局,努力为全面建设小康社会营造良好国际环境和创造更多有利的外部条件。

(一)积极运筹同各方关系,努力维护并延长我国发展的重要战略机遇期。21 世纪头二十年是我国发展的重要战略机遇期,新形势下外交工作的一项最基本要求就是要抓得住、守得稳这一机遇期。一年来,胡锦涛主席、吴邦国委员长、温家宝总理、全国政协主席贾庆林等领导人出席多场重大多边外交活动,对大国、周边和广大发展中国家进行友好访问,通过卓有成效的首脑外交和高层往来,全方位推进了我国与各方的友好合作关系。2011 年 11 月,胡主席、温总理分别出席二十国集团领导人戛纳峰会、夏威夷亚太经合组织领导人非正式会议、圣彼得堡上海合作组织成员国总理会议、东亚领导人系列会议等四场多边峰会,取得圆满成功,将全年外交工作推向新的高潮,进一步提高了我国国际地位和影响力。我国同各大国关系稳步发展,巩固了我国在世界大变局中的主动有利地位。胡主席成功访美,中美就建设相互尊重、互利共赢的合作伙伴关系达成重要共识。中俄双方决定将两国关系提升为平等信任、相互支持、共同繁荣、世代友好的全面战略协作伙伴关系。中欧、中日关系也都取得新发展,务实合作和人文交流达到新水平。我国成功举办金砖国家领导人第三次会晤,金砖国家间协调合作进一步加强。我们坚持睦邻友好不动摇,将自身发展与周边国家的共同发展更紧密地结合起来,维护了周边地区稳定发展大局。我国已是大多数周边国家的最大贸易伙伴,并成为越来越多国家的最大出口市场,相互间的利益融合程度空前加深。我们弘扬开拓进取、开放包容、同舟共济的精神,为推动 10+1、10+3、上海合作组织、亚太经合组织、东亚峰会等区域合作进程做出了重要贡献。在朝鲜核、伊朗核等问题上坚持劝和促谈,支持阿富汗重建进程,努力促使周边热点问题降温。我们同东盟国家就落实《南海各方行为宣言》后续行动指针达成一致,启动《宣言》框架内合作项目,宣布设立 30 亿元人民币中国—东盟海上合作基金,为维护南海局势稳定发挥了积极作用。

(二)紧紧围绕党和国家中心工作,为促发展、保稳定服好务。中国作为拥有 13 亿人口的发展中大国,最重要的就是促进经济发展、保持社会稳定,集中精力把自己的事情办好。外交工作必须服从和服务于这一总体目标。我们把为"十二五"规划实现良好开局服好务作为贯穿全年外交工作的主线,积极化解国际金融危机和一些国家主权债务危机对我国的影响和冲击,争取有利外部经济环境。协助实施"引进来"、"走出去",进一步深化与各国互利合作,推动同欧亚、中东、拉美等地区能源资源、跨境基础设施建设等大项目合作取得新进展。加强同各国的宏观经济政策协调,和国际社会一道支持有关国家克服经济金融困难,参与和引导国际体系变革进程。反对各种保护主义,妥善处理有关经贸摩擦。我们未雨绸缪,高度警惕和防范国际上各种反华敌对势力的渗透破坏活动,全力配合维护国内社会政治稳定。

(三)坚定维护国家利益,努力促进与各方共同利益。我国与各国利益关联度日益加深和扩展,这对新形势下的外交工作提出了更高要求。中国政府发布《中国的和平发展》白皮书,既体现了维护我国国家利益的坚定决心,又表明致力于扩大同各方利益的汇合点，努力把共同利益的蛋糕做得更大。我们坚定捍卫国家主权、安全和发展利益，坚决反对有关国家利用台湾、涉藏等问题干涉我国内政。我们广泛参与打击恐怖主义、海盗、网络犯罪等国际合作，与各国携手应对非传统安全威胁，举行了同老挝、缅甸和泰国在湄公河开展联合巡逻执法首航仪式。我们认真践行"以人为本、外交为民"理念，妥善应对国际上的各种重大突发事件，维护我国海外公民和法人的安全与正当权益。西亚北非局势动荡后，在党中央、国务院统一指挥下，前后方密切协同，圆满完成从动荡地区撤离我国公民行动，仅从利比亚就撤出35860名我国公民，这是新中国成立以来最大一次有组织撤离海外中国人员的行动。

（四）坚持不懈地维护世界和平、促进共同发展，进一步树立我国良好国际形象。作为国际社会负责任的一员，中国始终是维护世界和平、促进共同发展的坚定力量。中国已累计向30项联合国维和行动派出约2.1万人次，是安理会常任理事国中派出维和人员最多的国家。立足于我国的基本国情和发展中国家定位，我们在国际和地区事务中维护发展中国家的正当利益，为发展中国家摆脱贫困、加快发展提供了有力支持，向非洲发生严重饥荒的国家提供紧急粮援。我们坚持不干涉内政原则，尊重和支持西亚北非国家自主处理内部事务，根据事情本身的是非曲直决定在利比亚、叙利亚等问题上的原则立场，赢得国际社会的理解支持。我们深刻认识软实力竞争越来越成为国际竞争的重要方面这一趋势，以贯彻落实党的十七届六中全会精神为契机，促进中外人文交流，增进中外之间的了解与友谊，不断提升中国文化的国际影响力。我们围绕"十二五"规划实施、建党90周年、辛亥革命100周年等重大活动，深入开展公共外交，向世界展示中国走和平发展道路的决心和诚意，唱响中国发展前景光明论。

三

展望2012年，国际力量的消长变化、国际体系的变革调整、国际关系的磨合互动将在更深层次展开，和平、发展、合作的时代潮流将更加强劲。与此同时，国际形势当中依然存在诸多可以预料和难以预料的不稳定不确定因素。我国在国际上的地位和作用更加为各方所看重，但面临的风险和挑战也在上升，总的看机遇仍大于挑战。我们要在以胡锦涛同志为总书记的党中央领导下，坚定不移地走和平发展道路，坚持奉行互利共赢的开放战略，推动建设持久和平、共同繁荣的和谐世界，努力为党的十八大胜利召开和"十二五"规划的全面实施营造更加良好的外部环境。

要同各大国增进互信，拓展合作，妥善处理分歧，推进双方关系稳定发展。对于那些即将举行大选的国家，要有针对性地多做工作，避免其国内政治因素给双方关系造成干扰，实现双方关系平稳过渡并取得新发展。

要坚持"与邻为善、以邻为伴"的周边外交方针，通过扎实有效的务实合作、互利共赢的机制建设等途径，提升合作水平，有效增信释疑，巩固好周边战略依托。

要用好我国同发展中国家高层交往等机遇和中非、中阿合作论坛等平台，将我国同发展中国家的团结合作推向更高水平，加强发展中国家在我国外交全局中的基础地位。

要以在我国举办上海合作组织峰会和中日韩领导人会议、我国领导人出席多边峰会等为契机，发挥好我国在多边外交舞台上的负责任大国作用。

要继续参与应对金融危机的国际合作，推动我国与有关国家财政、金融、经贸和投资合作，推动世界经济强劲、可持续、平衡增长。

要多渠道、多形式、多层次地开展公共人文外交，促进中外人文交流。加强海外领事保护机制和能力建设，维护好我国海外利益。

要进一步增强机遇意识、忧患意识和风险意识，牢牢抓住机遇，妥善应对挑战，在外交上为实现全面建设小康社会宏伟目标做出更大贡献。

（原载《求是》2012年第1期）

浙江省情

Zhejiang In Overview

【自然地理】 浙江省位于中国东南沿海长江三角洲南翼，东濒东海，南接福建，西与江西、安徽相连，北与上海、江苏为邻。境内最大河流钱塘江，因江流曲折，又称“浙江”。省以江名，简称为“浙”。省会杭州市。

全省陆域面积10.18万平方千米，是中国面积最小的省份之一。

一、地形地貌 浙江地形复杂，西南部多山，中部以丘陵为主，东北部是低平的冲积平原，整个地势由西南向东北倾斜。

浙江海域面积广阔，达26万平方千米。海岸曲折，形成众多的港湾，杭州湾是本省最大的港湾。钱塘江河口呈喇叭形，由于潮汐的作用，在海宁附近形成举世闻名的钱江潮。海岛岸线总长6696千米，居全国首位。沿海岛屿星罗棋布，面积500平方米以上的岛屿共有2878个，是全国岛屿最多的省份。

二、江河湖泊 浙江河流众多，主要有钱塘江、瓯江等8条水系。钱塘江全长约605千米，在浙江境内361千米，是本省第一大江。浙江的湖泊主要分布在杭嘉湖平原和宁绍平原。新安江水库即千岛湖，面积约580平方千米，是本省最大的人工湖泊。

三、气候 浙江地处亚热带中部，属季风气候区，四季分明，1月、7月分别为全年气温最低和最高的月份，5月、6月为集中降雨期。因受海洋影响，浙江温、湿条件比同纬度的内陆季风区优越，是中国自然条件最优越的地区之一。

【历史人文】 浙江历史悠久，是中国古代文明的发祥地之一。早在45万年(一说80万年)前的旧石器时代早期，就有远古人类在今天的安吉、长兴一带境内活动。2010年发掘结束的长兴七里亭遗址，将浙江省有人类活动的历史上推至距今100万年。境内已发现新石器时代遗址1000余处，最著名的有距今7000～6000年的河姆渡文化、距今7000～5800年的马家浜文化和距今5300～4000年的良渚文化；近年又发现并确认了距今7500～6500年的跨湖桥文化和距今1万年的上山文化。

春秋时浙江分属吴、越两国。唐肃宗乾元元年(758)置浙江东道、浙江西道，“浙江”作为行政区域名称自此始。南宋建都临安(即今杭州)，浙江成为全国的政治、经济和文化中心区域。元时以行省为一级政区，今浙江之地属江浙行省。明初改元制，设浙江承宣布政使司，简称浙江布政司，辖杭、嘉、湖、宁、绍、台、金、衢、严、温、处等11府，1州(安吉州)，75县，所辖区域基本定型。清康熙初年改浙江布政司为浙江省，沿袭至今。

浙江文化灿烂，素称“文物之邦”。全省有杭州、宁波、绍兴、衢州、金华、临海等6座国家级历史文化名城，西塘、乌镇、南浔、安昌、慈城、石浦等6个国家级历史文化名镇，俞源、郭洞等2个国家级历史文化名村；有全国重点文物保护单位132处；浙江省列入国务院公布的两批国家级非物质文化遗产名录的“非遗”项目有129项，数量居全国第一。其中龙泉青瓷传统烧制技艺、蚕桑丝织技艺、篆刻、剪纸、传统木拱桥营造技艺等5个项目入选联合国教科文组织《人类非物质文化遗产名录》。历史上，浙江手工业十分发达，如春秋战国时越国的铸剑术，东汉时的制瓷技术和铜镜制作工艺，唐代以后的丝绸织造、寺院建筑、佛像雕塑、造纸、印刷、造塔、造船等技艺，均居当时世界领先地位。浙江书画艺术流派纷呈，在中国书画史上占有重要地位。绍兴兰亭是中国的“书法圣地”，成立于1904年的西泠印社是中国最早以研究印学为主的学术团体和专业金石书画出版机构，建立于1928年的中国美术学院(前身为国立艺术院)是中国最早的美术高等教育学校。浙江民间艺术绚丽多姿。东阳木雕、青田石雕、温州黄杨木雕和瓯塑(简称“三雕一塑”)蜚声中外。浙江戏剧艺术底蕴丰厚，是中国古老南戏的诞生地。越剧是浙江第一大剧种，此外还有绍剧、婺剧、瓯剧、甬剧、姚剧、湖剧等多个剧种。

浙江历代名人辈出，在哲学、政治、军事、科技、文化等各个领域都涌现了许多杰出人物。东汉时，王充著《论衡》，传播唯物论思想；赵晔撰《吴越春秋》，开地方志先河。东晋南朝时有山水诗人谢灵运和书法家王羲之。隋唐五代有诗人骆宾王、贺知章、孟郊、罗隐，书法家智永、虞世南、褚遂良，以及建立吴越国的钱镠。北宋有抗金名将宗泽和科学家沈括。南宋有大诗人陆游和金华学派的吕祖谦、永嘉学派的叶适、永康学派的陈亮。元时有书画家赵孟頫和画家黄公望、吴镇、王蒙、王冕。明代有一代名臣于谦，文学家宋濂、刘基，书画家徐渭，藏书家范钦。明清之际有思想家黄宗羲，史学家谈迁，画家陈洪绶、戴进。清代有史学家全祖望，戏剧家洪昇、李渔，等等。民国时期，浙江的教育与文化在全国独领风骚，浙江籍的先进人物积极宣传科学、民主与自由，提倡新的伦理道德，提倡新文学，在全国起了先锋的作用。其中的佼佼者如文学巨擘鲁迅，中国新文化运动的猛将钱玄同，北京大学首任校长蔡元培，商务印书馆馆长张元济，等等。20世纪具有全国乃至世界影响的浙江籍教育家、学者、诗人、作家和画家更是不胜枚举，例如：兼革命家、思想家和学者于一身的反专制斗士章太炎；追求自由和爱情的新月派诗人徐志摩；诗人戴望舒；小说家郁达夫、茅盾；作家周作人、朱自清、梁实秋、夏衍；创建西泠印社的书画篆刻艺术大师吴昌硕；画家潘天寿、丰子恺；国学大师王国维；佛学大师和艺术大师李叔同；倡导“新人口理论”的学者兼教育家马寅初；教育家经亨颐、竺可桢，等等。此外，还有巾帼英雄秋瑾，辛亥革命志士陶成章，书画家任伯年，科学家茅以升、钱学森、童第周、苏步青等一大批浙籍名人。

悠久的开放历史培育了浙江人博采众长的开放心态。一大批浙江人到海外谋生，使浙江成为重要的侨乡。长期以来，浙江人在求生存谋发展的生活实践中，充分挖掘自身的潜力，形成了依靠自己的聪明才智和专业技能外出谋生的传统。这不仅孕育出了门类齐全的手工业，而且培养出了成千上万能工巧匠，形成了区域性的产业传统，著名的有东阳的木匠、泥水匠，永康的铁匠，义乌的麦芽糖艺人，台州的绣花女，温州的皮鞋匠，永嘉的弹棉花郎，等等。这些世代相传的专业技能，加上头脑灵活、善于经营的个性，构成了浙江特殊的专业性人力资源优势，孕育了著名的“浙商”群体。在改革开放年代，浙江人的开拓创新精神得到空前的发扬光大，形成了“自强不息、坚韧不拔、勇于创新、讲求实效”的“浙江精神”。

【区划人口】 至2011年底，浙江省有杭州、宁波两个副省级城市，温州、嘉兴、湖州、绍兴、金华、衢州、舟山、台州、丽水等9个地级市，下辖36个县（包括1个民族自治县）、22个县级市和32个市辖区，654个镇、290个乡、402个街道。

浙江省常住人口逾5400万人。

【交通运输】 浙江陆、海、空交通较为发达。铁路交通以省会杭州为枢纽向四周辐射，有沪杭、浙赣、萧甬、宣杭、金温、甬台温等干线，营业里程1765.4千米。至2011年底，全省公路总里程111776千米，其中高速公路总里程3500千米，形成覆盖全省11个地市的高速公路网络。全省乡镇公路通达率达到100%，行政村公路通达率为99.51%。浙江水运发达，全省内河航道总长9750千米，沿海拥有万吨级以上泊位173个，形成了以宁波—舟山港和温州、海门、乍浦四大港口为主体的港口群。2011年全部港口货物吞吐量12.2亿吨。宁波—舟山港集装箱吞吐量1471.9万标准箱，居世界第6位。浙江拥有杭州萧山国际机场等7座空港，2011年旅客吞吐量3004.88万人次。

【资源特色】 浙江海洋资源十分丰富。海岸线总长约6900千米，居全国首位。其中：大陆岸线约2200千米，居全国第4位；可建万吨级以上泊位的深水岸线近300千米，占全国1/3以上。浙江海域是中国海洋渔业资源蕴藏量最为丰富的渔场，舟山群岛是中国最大的海洋渔业基地。东海大陆架盆地蕴藏有开发前景良好的石油和天然气资源。2011 年，浙江海洋经济发展示范区建设和舟山群岛新区建设先后上升为国家战略，为浙江省加快经济转型升级带来了新的机遇。

浙江矿产资源以非金属矿产为主，有色金属、黑色金属、煤等矿产比较贫乏。

浙江省经济林、竹林资源较为丰富，柑橘、茶叶、油茶、蚕桑和板栗是本省五大经济树种。竹林面积占全国的 1/6，竹业产值约占全国 1/3。全省有天目山、清凉峰、乌岩岭、大盘山、古田山、凤阳山—百山祖、九龙山和南麂列岛海洋自然保护区等 8 个国家级自然保护区以及 4 个省级自然保护区。全省森林覆盖率 59.12%(不含灌木林)，居全国前列。

浙江山川秀丽，旅游资源丰富，自然风光与人文景观交相辉映，有"鱼米之乡、丝茶之府、文物之邦、旅游胜地"之称。浙江省有国家级风景名胜区 18 个、省级风景名胜区 41 个，国家级旅游度假区 1 个(即杭州之江国家旅游度假区)、省级旅游度假区 21 个。国家级风景名胜区数量居全国首位。省会杭州是中国七大古都之一，也是著名的风景、旅游城市。2011 年，杭州西湖文化景观被列入世界文化遗产名录。

【经济建设】 1949 年，中华人民共和国成立，开启了中国历史的新纪元，浙江省从此跨入一个改天换地的新时代。

1978 年改革开放以来，浙江在发展社会主义市场经济的过程中，走出了一条具有浙江特色、又好又快的发展路子。浙江是改革开放的先发先行之地。改革开放 30 多年来，浙江面貌发生了翻天覆地的变化，经济社会发展实现了"五大历史性跨越"。一是实现了从资源小省向经济大省的历史性跨越，全省综合经济实力显著增强，各项主要经济指标在全国保持领先地位。2011 年，全省生产总值 32000 亿元，居全国省区市第 4 位(除台湾省，下同)；人均生产总值超过 58000 元(按年平均汇率折算超过 9000 美元)，居全国第 4 位。二是实现了从计划经济向市场经济的历史性跨越，全省体制机制形成先发优势。冲破了传统经济体制的束缚，构建起了相对完善的区域市场经济体制。浙江成为全国市场化程度最高的省份之一，并成为中国大陆民营经济第一大省，民营经济占全省地区生产总值的 62.1%，成为浙江实体经济的重要基础。浙江是市场大省，2011 年末全省有各类商品交易市场 4212 家，义乌中国小商品城是全世界最大的小商品市场。三是实现了从农业社会向工业社会的历史性跨越，全省经济结构持续优化升级，浙江由落后的农业社会迈入了先进的工业社会。全省城市化率达到 62.3%，居各省区第 3 位。四是实现了从封闭型经济向开放型经济的历史性跨越，全省国际化程度不断提高。浙江省已与全球 220 多个国家和地区建立了经贸关系。2011 年，浙江省实际对外直接投资额 21.1 亿美元，继续居大陆各省市区第 1 位；在境外新设企业和机构 568 家。五是实现了从基本温饱向总体小康的历史性跨越，全省人民生活水平迅速提升。全省全面小康实现程度达到 92%左右，基本实现全面建成小康社会的目标。

【对外交往】 浙江对外交往历史悠久。早在 1200 多年前的盛唐时期，浙江的丝绸、陶瓷、茶叶等特产就通过海路和著名的"丝绸之路"远销中亚和欧洲。13 世纪时意大利著名旅行家马可·波罗来到杭州，称赞"杭州是世界上最华丽的城市之一"。

改革开放以来，与浙江省开展交流、合作的国家和国际组织逐年增多。截至 2011 年末，浙江已与日本、美国、德国、法国、英国、巴西、南非等国家建立了 288 对友好关系，其中省级友好关系 59 对。浙江省人民对外友好协会与世界上 30 多个国家和地区开展友好往来。来浙江省工作、学习的各国经济、文教专家、留学人员逐年增多。国际媒体对浙江现象兴趣浓厚，对浙江省进行了全方位的深度报道。这些对外交流活动加快了浙江省国际化进程和现代化步伐，增进了各国人民之间的友谊和合作。

省级外事

Foreign Affairs at the Provincial Level

2011 浙江外事

【概况】 2011年，全省外事系统紧紧围绕省委、省政府中心工作，创新“三大品牌”，加强统筹管理，提升服务能力，推动务实合作，在配合国家外交大局和服务全省经济社会发展中作出新的贡献。

一、服务总体外交卓有成效

加强与美地方沟通合作，服务对美工作大局，积极参与首届中美省州长论坛及第二次对话活动。及时做好埃及大规模骚乱、利比亚政局动荡、日本“3·11”地震重灾区涉我人员排查和安置，全力查找救助107名浙江省赴日研修生。完成76批1208人次副部级以上重要外宾接待任务，宣传展示中国改革开放新形象，提升了浙江的知名度和影响力。协助举办中非合作论坛第8届高官会、第17次中国—东盟高官磋商会等重大活动，向日本地震重灾区和斐济政府分别捐赠100万元人民币、500台家用缝纫机，主动做好对日工作，进一步巩固了与非洲、东盟和南太岛国的传统友谊。

二、“经济外事”扎实推进

充分发挥外事资源优势，搭建招商、选资、引智平台，服务浙江省产业结构调整和经济转型升级。先后安排省级领导出访42批216人次，有力地促进了浙江与世界共赢发展。省委书记、省人大常委会主任赵洪祝率团出访美国、巴西和阿根廷，与美方签署2个友好合作关系备忘录，会晤12个州(属地)政府高层和企业高管，签订46个经贸协议，总金额42.1亿美元，有力地推动了浙江省对美经贸合作。全年举办20余场友城经贸交流会、5次友城议事机构协调会和6场结好周年活动，全面深化浙江省与美国、德国、澳大利亚、日本、丹麦、韩国、比利时等国在海洋经济、科技、能源、人才培养等领域的互利合作。认真做好72批561人次的世界500强企业高管来访接待工作，促成新加坡吉宝集团、美国雅培公司和福特汽车等国际知名企业与浙江省签订合作协议或者达成重要合作意向。在全省范围推广非公企业因公出国(境)人员审批改革试点工作，扩大APEC商务旅行卡适用范围，帮助企业解决办证难、签证难等问题，切实服务民企“走出去”发展。充分利用首届世界浙商大会、“浙洽会”等平台，做好外宾邀请、接待和引介工作，积极为企业牵线搭桥。协助举办“2011浙江—乌拉圭企业对接洽谈会”、“2011浙江—香港现代服务业高端人才招聘会”、“ECFA两岸三地合作发展新空间论坛”等活动，巩固和发展了浙江与南美相关国家以及浙港澳更紧密经贸关系。

三、对外交流渠道不断拓展

统筹省市县三级政府机构、民间组织、各界人士的优势资源，着力拓展浙江省对外交往空间。全省新增友城15对，其中省级4对，友城总数达到288对，友城的质和量均得到新的提升。全省友协系统在文化、教育、体育、人员交流等领域广泛参与国际交往，接待外国重要民间团体151批1464人次；协调安排省委副书记、省友协会长李强出访俄罗斯、匈牙利和克罗地亚，增进了与外国民间友好团体的联系和友谊。成功举办“驻华使节走进绍兴”、“签证官看民企”、浙江省外国人领事保护工作研讨会等活动，与驻华使领馆的沟通联系更加畅通。各市集中力量举办“海外周”、“香港周”等各类大型涉外活动，温州市试行境外定点联系机制，推动当地国际合作交流，提高了对外开放水平。

四、公共人文外事蓬勃开展

成功举办浙江省情介绍会暨迎春招待会、“2011体验西澳——浙江省高中英语口语大赛”等品牌活动，组派省新闻媒体代表团出访澳大利亚，让世界全面客观认知浙江。“千校结好”行动计划取得实质性突破，全省中小学新结境外友好学校306对，成为浙江省教育国际合作的新名片、新亮点。促成温州肯恩大学筹建，认真做好与各国留学生(研修生)交流互派，有效提升了浙江省高等教育国际化水平。做好116批485人次境外记者来浙采访接待服务工作，引导境外媒体对“7·23”甬温线特大铁路交通事故等10余起敏感突发事件进行客观报道，营造于我有利的国际舆论环境。

五、外事统筹协调能力稳步提升

坚持管理与服务并举，努力提高外事工作科学管理水平和服务质量。提请召开省委外事工作领导小组会议，省友协理事会顺利换届，为全省外事工作和民间友好事业可持续发展提供了强有力的体制保障。召开全省因公出国(境)党风廉政建设联席会议，启动因公电子护照试点工作，推动制止公款出国(境)旅游专项工作常态化管理。全省办理因公出国(境)团组8610批30429人次，其中党政干部和参公管理事业单位出国9975人次，完成年度计划的88.3%。妥善处置萧山坎山镇俄罗斯企业劳资债务纠纷等各类涉外突发事件61起，举办“浙江领保伴我行”系列活动，着力维护全省涉外安全和中外双方合法权益。认真贯彻全省四级政府加强自身建设大会精神，深入开展“创先争优”和“深化作风建设年”活动，扎实做好廉政风险防控机制建设，举办各类培训班8个、培训人员1000余人次，外事干部队伍精神面貌有了新的改善。各市外办以机构改革为契机，努力加强自身建设。杭州市、宁波市外办分别被外交部授予“服务国内发展突出贡献奖”和“外事管理工作优异奖”，并获得全国友协、全国友城联合会授予的“国际友城战略发展奖”。

【2010年度浙江省情介绍会暨迎春招待会】 2011年1月11日在上海举行。来自美国、俄罗斯、德国、法国、英国、乌克兰、意大利、日本、加拿大、澳大利亚、南非、印度、韩国等50多个国家驻沪总领事、领事、签证官员以及部分驻华商务机构、香港特区政府驻沪办事处代表共150余人应邀与会。

会上，省外办主任阮忠训向来宾简要介绍了2010年度浙江经济社会发展和全省“经济外事”、“诚信外事”、“优质外事”三大品牌建设情况，通报了2011年与各国驻沪总领馆的交流合作设想。与会双方就深化经济合作、推动人文交流、加强领事协作等共同关心的议题进行了坦诚、深入的交流，达成广泛的共识。第四届“使领馆年”活动主办方之一——绍兴市政府的代表在会上对绍兴市进行了推介，盛情邀请外宾届时到绍兴参加活动。

【第4届“驻华使节走进浙江”活动】 2011年4月18日至20日，省外办与绍兴市政府共同举办了以“走进绍兴——充满生机的文化名城”为主题的第4届“驻华使节走进浙江”活动。白俄罗斯、罗马尼亚、巴基斯坦、芬兰、泰国、波兰、新加坡、约旦、毛里求斯、阿曼、斯里兰卡、乌拉圭、塞尔维亚等20个国家驻华大使、驻沪总领事及特派代表等共38名驻华使节应邀参加。

活动期间，绍兴市举办了市情介绍会，市委书记张金如介绍了绍兴市的历史人文、经济社会发展、对外交往、生态环境保护、绍兴市“十二五”规划等情况。各国驻华使节参观了鲁镇、鲁迅故里、中国黄酒博物馆等民俗和文化设施，游览了大禹陵、兰亭、东湖等风景名胜，实地考察了绍兴市古越龙山酿酒基地，并与企业进行了交流。

“走进绍兴”活动加深了各国驻华使节对绍兴市经济社会发展情况的认识和了解，约旦大使安马尔·哈姆德称绍兴秀丽的水乡风光让他联想到了水城威尼斯，希望绍兴创造更加美好辉煌的未来。阿曼驻华大使阿卜杜拉·萨阿迪与绍兴当地的纺织企业进行了座谈，表示要扩大合作与贸易。

毛里求斯驻华大使钟律芳向绍兴县主要领导提出，愿在纺织、旅游等领域加强合作。芬兰总领事贺睦宁表达了促成芬兰城市与绍兴结为姊妹城市的意愿，并表示将推动双方在新能源和新技术方面开展合作交流。新加坡总领事叶伟杰表示将推动绍兴黄酒进入新加坡市场。巴基斯坦总领事扎法尔·哈桑详细了解了绍兴市轻纺产业发展及战略性新兴产业等情况，称总领馆将采取措施进一步推动巴与绍兴的经贸合作。

截至2011年，浙江省已邀请52个国家158名驻华使节参加“驻华使节走进浙江”活动，先后对外推介了衢州、温州、嘉兴、绍兴四个城市，受到各国驻华使节和举办地政府的欢迎。驻华使节们高度评价这一增进相互了解、加强沟通合作的活动形式。举办地政府也对此项创新对外交流方式、提升当地知名度和影响力的举措予以充分肯定。

【省友协第7届理事会会议】 详见第48页同名条目。

【蔡奇到省外办调研指导工作】 2011年8月22日，省委常委、组织部长蔡奇到省外办调研指导工作。

在听取省外办主任阮忠训工作汇报后，蔡奇指出，近年来，省外办坚决贯彻省委“两创”总战略，以打造“经济外事”、“诚信外事”、“优质外事”三大品牌为抓手，坚持地方外事服务国家总体外交和浙江经济社会发展，各项事业蓬勃发展，取得了显著成效。外事系统在推动经济外事、对外交流与合作、外事宏观管理和“外事为民”服务等方面做了大量富有成效的工作，形成了地方外事的“浙江模式”和“浙江特色”。同时，省外办加强干部队伍建设，积极开展创先争优活动，为浙江外事科学发展提供了坚强的组织保障。

蔡奇指出，面对新形势新任务，全省外事系统要按照省委关于加快转变经济发展方式和进一步扩大对外开放的要求，发挥优势、创新思路，推动外事工作更好地服务于浙江经济社会发展。

【赵洪祝出席首届中美省州长论坛第2次对话】 2011年10月19日，省委书记、省人大常委会主任赵洪祝率浙江代表团在京出席首届中美省州长论坛第2次对话。

此次对话是2011年7月在美国盐湖城举办的首届中美省州长论坛的延续，由中国人民对外友好协会、美国全国州长协会共同举办。北京、湖南、辽宁、安徽、江西、山东、云南、浙江等8个省市的主要领导和美国华盛顿州、北卡罗来纳州、佐治亚州、夏威夷州、关岛、北马里亚纳群岛等6个州(属地)的州长(总督)出席对话。与会双方围绕“促进地方经济发展”和“促进地方就业”两个议题进行了热烈的交流讨论。

赵洪祝在会上作了“促进地方就业”的主旨发言，并与美国副国务卿霍马茨进行了会晤。双方紧紧围绕“合作”这一主题，努力将中美两国政府高度重视的促进就业、推动经济发展等议题与双

◎省委常委、组织部长蔡奇在省外办调研

边互利合作紧密联系，最大限度地扩大积极面，消除负面因素。

【中非合作论坛第 8 届高官会】

详见第 71 页同名条目。

（周赵行）

浙江外事部门组织机构暨负责人名录

（2011 年 12 月 31 日止）

省外办(港澳办)

党组书记、主任：阮忠训

党组成员、副主任：彭　波

顾建新

陆国灏

党组成员、省友协专职副会长：虞希华

党组成员、人事秘书处处长：陈江风

巡视员：汪银儿

副巡视员：余亦平

各市外办

·杭州市外办·

主　任：谢国建

副主任：解崇明

杜士根

·宁波市外办·

主　任：孔玮玮

副主任：郑醒尘

孟庆海

叶荣钟

黄　萍

·温州市外办·

主　任：邱华萍（2011 年 6 月起）

副主任：陈瓯平

池晓荣

港澳办副主任：叶小琳

·湖州市外办·

主　任：孙虎林

副主任：黄永南

潘宇文

钱汝忠

·嘉兴市外办·

主　任：马洪涛

副主任：陈国华

邱锦月

·绍兴市外侨办·

主　任：谢振江

副主任：张小华

盛伯钧

周　英

·金华市外侨办·

主　任：罗月霞

副主任：程广兴

章　宏

·衢州市外侨办·

主　任：朱耀荣（2011 年 6 月起）

副主任：周立年

许　立

·舟山市外侨办·

主　任：张文安

副主任：陈国强

·台州市外侨办·

主　任：项文敏

副主任：徐跃莲

朱丹君

应真箭

·丽水市外办·

主　任：杨晓宏

副主任：吴一平

金晓伟（2011 年 4 月起）

省友协第七届理事会名录

会　长：李　强

常务副会长：阮忠训

副会长：彭　波

顾建新

陆国灏

专职副会长兼秘书长：

虞希华

·知识窗·

对外交往的国际惯例

1. 信守承诺。小到约会的时间，大到生意往来，都要讲信用、守承诺，不随便许愿，失信于人。

2. 热情有度。既要热情友好，又不要过分关心，要以尊重对方的个人尊严与个性独立为限。

3. 尊重隐私。不要主动打听外国朋友的年龄、收入、婚恋、家庭、健康、经历、住址，以及宗教信仰、政治见解等等。

4. 女士优先。

5. 不必过谦。

浙江省外事、港澳事务大事记

（2011 年度）

1　月

8 日　省委副书记夏宝龙、副省长龚正在广东省东莞市出席浙江海外联谊会迎春团拜会，省港澳办副主任陆国灏等陪同参加。

11 日　省外办在上海举行 2011 浙江省情介绍会暨迎春招待会。美国、俄罗斯、德国、法国、英国、乌克兰、意大利、日本、加拿大、澳大利亚、南非、印度、韩国等 50 多个国家驻上海总领事、领事、签证官员以及部分外国驻华商务机构、香港特区政府驻上海经贸办事处代表等共 150 余人应邀与会。省外办主任阮忠训，副主任彭波、顾建新，省友协专职副会长虞希华等出席会议。

12 日　省长吕祖善在京参加中共中央政治局常委、国家副主席习近平会见卡塔尔副首相兼能源工业大臣阿卜杜拉·本·哈马德·阿提亚一行的活动。

12 日　省长吕祖善在京会见卡塔尔副首相兼能源工业大臣阿卜杜拉·本·哈马德·阿提亚一行。省政府秘书长张鸿铭、省外办副主任陆国灏等参加会见。

15 日　省政协副主席徐冠巨在杭州会见西班牙中西百货协会执行主席夏永平一行。

17 日　省委书记、省人大常委会主任赵洪祝，省长吕祖善，省政协主席周国富，省政协党组书记乔传秀，省委副书记夏宝龙等在省人民大会堂会见出席省政协十届四次会议的港澳华侨委员和港澳台侨特邀委员。省港澳办主任阮忠训等参加会见。

18 日　副省长龚正会见伊朗驻华大使迈赫迪·萨法里一行。省外办主任阮忠训、副主任顾建新等参加会见。

25 日　省外办召开全省市外办主任会议，学习贯彻全国地方外办主任会议精神，总结 2010 年全省外事工作，部署 2011 年工作任务。省外办主任阮忠训，副主任彭波、顾建新，省友协专职副会长虞希华，各市外办及部分县(市、区)外办主任代表等出席会议。

2　月

11 日　省外办主任阮忠训率工作组出访澳大利亚、新西兰、日本三国。

21 日　副省长龚正会见瑞士新任驻上海总领事史伦博一行。省外办副主任顾建新等参加会见。

21 日　副省长龚正会见香港特区政府驻上海经贸办事处候任主任谭惠仪一行。省港澳办副主任陆国灏等参加会见。

24 日　省委书记、省人大常委会主任赵洪祝会见渣打银行大中华区主席曾璟璇一行。省委常委、秘书长李强，省港澳办副主任陆国灏等参加会见。

25 日　副省长毛光烈会见前来辞行的菲律宾驻上海总领事桑若雯一行。省外办副主任陆国灏等参加会见。

25 日　副省长毛光烈会见前来辞行的韩国驻上海总领事金正基一行。省外办副主任陆国灏等参加会见。

3　月

2 日　副省长龚正率省政府代表团出访阿联酋、伊朗、沙特阿拉伯三国。省外办副主任陆国灏等陪同访问。

3日　副省长毛光烈会见美国辉瑞公司新兴市场及成熟产品事业部总裁兼总经理大卫·西蒙斯一行。省外办副主任彭波等参加会见。

6日　在北京参加全国“两会”的省领导赵洪祝、吕祖善、乔传秀、盛昌黎、徐辉、姚克、冯明光等会见参加全国“两会”的部分港澳浙江籍和与浙江关系密切的港澳全国人大代表、全国政协委员。

15日　省委书记、省人大常委会主任赵洪祝会见意大利驻上海总领事德卢卡一行。省委常委、秘书长李强，省外办主任阮忠训等参加会见。

16日　省委书记、省人大常委会主任赵洪祝会见泰国正大集团董事长谢国民一行。省委常委、秘书长李强会见时在座。

21日　省长吕祖善会见IBM全球高级副总裁罗睿兰一行。副省长毛光烈、省政府秘书长张鸿铭、省外办主任阮忠训等参加会见。

23日　副省长龚正会见日本驻上海总领事泉裕泰一行。省外办主任阮忠训等参加会见。

23日　日本驻上海总领馆在杭州举行“日本利民工程小额无偿援助——浙江省江山市四都镇生活污水处理站建设项目”签字仪式。日本驻上海总领事泉裕泰、省外办主任阮忠训等参加签字仪式。

24日　省委书记、省人大常委会主任赵洪祝会见韩国驻华大使柳佑益一行。省委常委、秘书长李强，省外办主任阮忠训等参加会见。

24日　省长吕祖善会见美国芝加哥市市长理查德·戴利一行。省政府秘书长张鸿铭，省外办主任阮忠训、副巡视员余亦平等参加会见。

26日　副省长陈加元出席省委人才办、省人力社保厅、省港澳办联合在香港举办的2011浙江—香港现代服务业高端人才招聘会。省港澳办副主任陆国灏等陪同出席招聘会。

28日　副省长龚正会见秘鲁驻上海总领事迭戈·阿尔瓦拉多一行。省外办主任阮忠训、副巡视员余亦平等参加会见。

30日　省委书记、省人大常委会主任赵洪祝会见香港中华总商会会长蔡冠深一行。省委常委、秘书长李强，副省长龚正，省政协副主席徐冠巨，省政协副主席、省委统战部长汤黎路，省港澳办主任阮忠训等参加会见。

31日　省委书记、省人大常委会主任赵洪祝会见出席第17次中国—东盟高官磋商会的中外代表团主要与会代表。省委常委、秘书长李强，副省长龚正，省外办主任阮忠训、副主任陆国灏等参加会见。

4　月

2日　省委外事工作领导小组召开会议，专题研究进一步加强全省外事工作。省委书记、省人大常委会主任赵洪祝，省委副书记、省长吕祖善，省委常委、秘书长李强，省委常委、省军区政委林恺俊，副省长龚正，省外办主任阮忠训出席会议。

11日　省长吕祖善会见英国伦敦金融城市长迈克·贝尔一行。省政府秘书长张鸿铭，省外办主任阮忠训、副主任顾建新等参加会见。

12日　副省长毛光烈会见俄罗斯AFK SISTEMA集团董事局主席弗拉基米尔·叶甫图申科夫及中兴通讯董事局代表团一行。

12日　全省非公企业因公出国(境)人员审批改革试点现场会在义乌市召开，会上推广了义乌经验。省外办主任阮忠训、副主任彭波，省委组织部有关领导，各市、县(市、区)委组织部、外办负责人等参加会议。

18～20日　以“走进绍兴——充满生机的文化名城”为主题的第4届“驻华使节走进浙江”活动在绍兴市举行。20个国家驻华大使、驻沪总领事及特派代表等共38人参加活动。省外办主任阮忠训、副主任顾建新，绍兴市委书记张金如等参加此次活动。

19日　省长吕祖善会见斐济总统夫人埃迪·考伊拉·奈拉蒂考一行。会见结束后，举行了浙江省向斐济赠送500台家用缝纫机仪式。省外办主任阮忠训、副巡视员余亦平等参加会见。

19日 省长吕祖善会见由印尼中华总商会总主席纪辉琦率领的印尼商务代表团主要成员一行。省外办主任阮忠训、副主任陆国灏等参加会见。

会见前，副省长龚正宴请印尼商务代表团全体成员。陆国灏等参加宴请。

20日 副省长龚正与印尼工业部长穆罕默德·苏雷曼·希达悦一起出席"走进印尼"经贸交流会并致辞，共同见证浙江省商务厅与印尼工业部，中国浙江品牌(印尼)中心、浙江国际投资促进中心与印尼中华总商会合作备忘录签字仪式。省外办副主任陆国灏等参加上述活动。

20日 副省长龚正会见墨西哥杜兰戈州州长卡尔德拉一行。省外办副巡视员余亦平等参加会见。

20日 副省长毛光烈会见世界包装组织主席基斯·皮尔森一行。省外办副主任彭波等参加会见。

21日 副省长毛光烈会见英国驻上海总领事戴伟绅一行。省外办副主任顾建新等参加会见。

26日 省委书记、省人大常委会主任赵洪祝会见苏丹全国大会党对外关系部长、总统顾问伊斯梅尔一行。省委常委、秘书长李强，省外办主任阮忠训、副主任顾建新等参加会见。

27～29日 "2011签证官看民企——走进嘉兴"活动在嘉兴市举行。16个国家驻上海总领馆签证官员等参加活动。省外办副主任彭波参加。

5 月

3日 副省长王建满会见澳大利亚西澳州政府副总理兼卫生、旅游部长基姆·汉默斯一行。省外办主任阮忠训、副巡视员余亦平等参加会见。

7日 省委副书记夏宝龙会见中国驻哥斯达黎加大使李长华夫妇一行。省外办主任阮忠训、副巡视员余亦平等参加会见。

10日 副省长龚正会见摩尔多瓦驻华大使阿纳托利·乌列基安一行。省外办副主任顾建新等参加会见。

11日 省委常委、秘书长李强会见布隆迪内政部长爱德华·恩杜维马纳一行。省外办主任阮忠训，省友协专职副会长虞希华等参加会见。

12日 省长吕祖善会见外交部驻香港特派员吕新华率领的外国驻港总领事代表团一行。省政府秘书长张鸿铭，省港澳办主任阮忠训、副主任彭波等参加会见。

12日 副省长龚正会见菲律宾新任驻上海总领事傅查理一行。省外办主任阮忠训、副主任陆国灏等参加会见。

17日 省人大常委会副主任王永明会见美国前众议员代表团一行。省外办副巡视员余亦平等参加会见。

17日 副省长龚正出席首届非洲研究论坛——贸易投资分论坛开幕式并致辞。中午，龚正宴请出席此次论坛的外宾。省外办副主任顾建新等参加上述活动。

18日 省政协主席乔传秀会见印尼前总统、印尼民主斗争党总主席梅加瓦蒂·苏加诺普特莉一行。省外办主任阮忠训、副主任陆国灏等参加会见。

19日 副省长毛光烈会见美国默克公司执行副总裁狄威力一行。省外办副巡视员余亦平等参加会见。

21日 省委书记、省人大常委会主任赵洪祝会见外交部驻香港特派员吕新华率领的香港经贸考察团一行。省委常委、秘书长李强，省委常委、副省长葛慧君，副省长陈加元，省港澳办主任阮忠训、副主任彭波等参加会见。

24日 省友协第7届理事会第1次会议在杭州举行。省委常委、秘书长李强，省友协第六届理事会会长梁平波等出席会议。会议选举李强为会长，阮忠训为常务副会长，虞希华为专职副会长兼秘书长，省外办副主任彭波、顾建新、陆国灏为兼职副会长。

25日 省委书记、省人大常委会主任赵洪祝会见美国国务院政府间事务特别代表瑞塔·路易斯、美国驻上海总领事康碧翠一行。省委常委、秘书长李强，省外办主任阮忠训、副巡视员余亦平等参加会见。

25日 省委副书记夏宝龙会见香港永新企业集团副董事长曹其镛一行。省港澳办主任阮忠训等参加会见。

26日 省人大常委会副主任干永明会见韩国国会事务处立法次长金成坤率领的韩国国会法制室代表团一行。省外办副主任陆国灏等参加会见。

27日 省人大常委会副主任程渭山会见马里前总理凯塔一行。省外办副主任陆国灏等参加会见。

30日 副省长王建满会见日本静冈县对外关系辅佐官东乡和彦一行。省外办副主任陆国灏等参加会见。

31日 省长吕祖善会见新加坡吉宝集团董事长、新加坡前新闻通讯艺术部部长李文献一行。副省长毛光烈、省政府秘书长张鸿铭、省外办主任阮忠训等参加会见。

当天早上，省委常委、常务副省长陈敏尔与李文献一行共进早茶。阮忠训等参加。

6 月

1日 副省长陈加元出席由浙江—新加坡经贸理事会主办的中国浙江—新加坡可持续发展座谈会并致辞。省外办主任阮忠训等参加座谈会。

2日 副省长郑继伟出席浙江大学医学院附属第一医院与美国UCLA医院中心合作签约暨联合肝病中心成立仪式。省外办副巡视员余亦平等参加活动。

5日 省政协副主席黄旭明会见莫桑比克外长巴洛伊夫妇一行。省外办副主任顾建新等参加会见。

7日 省委书记、省人大常委会主任赵洪祝在宁波会见前来参加第13届“浙洽会”暨第10届“消博会”的莫桑比克解放阵线党代表团一行。省委常委、宁波市委书记王辉忠，省委常委、秘书长李强，省外办主任阮忠训等参加会见。

7日 省长吕祖善在宁波会见前来参加第13届“浙洽会”暨第10届“消博会”的各国驻上海总领馆代表团一行。宁波市市长刘奇、省政府秘书长张鸿铭、省外办副主任顾建新等参加会见。

7日 省长吕祖善在宁波会见前来参加第13届“浙洽会”暨第10届“消博会”的墨西哥科利马州州长马里奥·安吉亚诺·莫雷诺一行。宁波市市长刘奇、省政府秘书长张鸿铭、省外办副主任顾建新等参加会见。

7日 副省长龚正与德国石荷州欧洲及联邦事务州务秘书玛汝斯在宁波共同出席浙江省·石荷州促进委员会第7次会议。省外办主任阮忠训、副主任顾建新等参加会议。

8日 省长吕祖善会见参加“浙江产业集聚区与跨国公司对接洽谈会”的部分跨国公司和机构代表。省委常委、宁波市委书记王辉忠，省委常委、秘书长李强，副省长龚正，省外办主任阮忠训等参加会见。

8日 省长吕祖善在宁波会见前来参加第13届“浙洽会”暨第10届“消博会”的印度塔塔咨询服务有限公司全球副总裁维希·艾尔一行。宁波市市长刘奇、省政府秘书长张鸿铭等参加会见。

8日 副省长龚正在宁波会见前来参加第13届“浙洽会”暨第10届“消博会”的瑞士弗利堡州副州长比特·冯朗特一行，并为弗利堡州在“浙洽会”、“消博会”的展台剪彩。省外办主任阮忠训等出席上述活动。

8日 副省长龚正在宁波会见前来参加第13届“浙洽会”暨第10届“消博会”的中国美国商会会长孟克文一行。

9日 省委副书记夏宝龙会见全国青联副主席、香港青年联会主席陈仲尼一行。省港澳办主任阮忠训等参加会见。

16日 省政协副主席、省工商联主席徐冠巨会见在杭州出席“携手浙商”活动的东盟六国驻沪总领事一行。省外办副主任陆国灏等参加会见。

23日 布隆迪工商旅游部长维克多尔·恩迪库马纳一行访问义乌市。

25～29日 省委副书记夏宝龙率浙江省代表团访问香港。省政协副主席、省委统战部长汤黎路，省港澳办主任阮忠训等陪同出访。

26日 省委书记、省人大常委会主任赵洪祝会见菲律宾自由党联合主席、众议长费利西亚诺·贝尔蒙特一行。省委常委、秘书长李强，省政协副主席徐辉，省人大常委会秘书长姚民声，省外办副主任陆国灏等参加会见。

27日 省委书记、省人大常委会主任赵洪祝会见韩国全罗南道议会议长李镐均一行。省委常委、秘书长李强，省人大常委会副主任冯明，省外办副主任陆国灏等参加会见。

7 月

4日 省外办、省教育厅联合召开全省"千校结好"工作会议。省外办主任阮忠训，省教育厅副厅长蒋胜祥，省外办副主任顾建新，省"千校结好"行动计划实施协调小组成员，各设区市及义乌市外办、教育局分管负责人、相关业务处(室)处长共60余人参加会议。

5～7日 第3期全省外办主任研修班在绍兴举办，全省各市及部分县(市、区)外办主任近60人参加研修。省外办副主任顾建新主持研修班。

6日 副省长毛光烈会见意大利托斯卡纳大区主席恩里科·罗西一行，并共同签署《浙江省与意大利托斯卡纳大区合作备忘录》。省外办副主任陆国灏参加会见和签字仪式。

8日 毛里求斯总统阿内罗德·贾格纳特一行访问义乌市和诸暨市。

11日 省委书记、省人大常委会主任赵洪祝会见韩国驻上海总领事安总基一行。省委常委、秘书长李强，省外办主任阮忠训、副主任陆国灏等参加会见。

12日 省长吕祖善会见斐济外交、国际合作和民航部长伊诺凯·昆布安博拉一行。副省长龚正、省外办主任阮忠训等参加会见。

会见结束后，龚正宴请昆布安博拉一行，阮忠训等参加宴请。

12～21日 省人大常委会副主任程渭山率省人大常委会代表团访问博茨瓦纳和南非。

12日 俄罗斯驻联合国大使丘尔金·维塔利夫妇访浙。

13～28日 省委书记、省人大常委会主任赵洪祝率领由浙江、安徽、云南、青海四省领导组成的中国代表团赴美出席首届中美省州长论坛。论坛结束后，赵洪祝率浙江省代表团访问美国、阿根廷、巴西三国。省外办主任阮忠训等陪同出访。

14日 省委常委、常务副省长陈敏尔会见香港贸易发展局主席苏泽光一行。省港澳办副主任彭波等参加会见。

17日 省委常委、秘书长、省友协会长李强出席2011年第8届浙江国际传统武术比赛开幕式。省友协专职副会长虞希华主持开幕式。

18日 省委副书记夏宝龙会见香港新界乡议局妇女青年事务委员会主任陈嘉敏一行。省政协副主席、省委统战部长汤黎路，省港澳办副主任彭波等参加会见。

25日 副省长龚正会见印度驻华大使苏杰生一行。省外办副主任陆国灏等参加会见。

27日 副省长龚正会见由日本福井县产业劳动部、观光营业部和福井县商工会议所组成的福井县经济交流代表团一行。省外办副主任陆国灏等参加会见。

8 月

10日 省外办在宁波召开全省市外办主任会议，省外办主任阮忠训，副主任彭波、顾建新、陆国灏，省友协专职副会长虞希华，省外办副巡视员余亦平，各市外办及部分县(市、区)外办主任代表，省外办各处室、直属单位负责人等出席会议。

11日 省委常委、组织部长蔡奇会见IBM公司全球副总裁、大中华地区政府与公众事业部总经理范宇一行。省外办副主任彭波等参加会见。

12日 省委书记、省人大常委会主任赵洪祝会见美国辉瑞公司全球生物制药新兴市场和成熟产品业务总裁兼总经理大卫·西蒙斯一行。省委常委、秘书长李强，省外办主任阮忠训、副巡视员余亦平等参加会见。

13日 省委书记、省人大常委会主任赵洪祝会见中国驻以色列大使赵军一行。省外办主任阮忠训参加会见。

14日 省委常委、组织部长蔡奇会见西欧共产党联合考察团一行。省外办副主任顾建新等参加会见。

14～25日 副省长龚正率浙江省代表团出访澳大利亚、阿根廷和乌拉圭三国。省外办副巡视员余亦平等陪同出访。

15日 省委常委、秘书长、省友协会长李强会见日本静冈县日中友好协议会理事长栗原绩率领的静冈县青年交流代表团一行。省外办主任、省友协常务副会长阮忠训，省友协专职副会长虞希华等参加会见。

17日 省委书记、省人大常委会主任赵洪祝会见新西兰贸易部长兼气候变化国际谈判部长蒂姆·格雷泽一行。省委常委、秘书长李强，省外办主任阮忠训、副主任彭波等参加会见。

19日 省委书记、省人大常委会主任赵洪祝会见澳大利亚西澳州议会下议院议长格兰特·伍德姆斯一行。省人大常委会副主任冯明、秘书长姚民声、省外办主任阮忠训等参加会见。

22日 省委常委、组织部长蔡奇到省外办调研指导工作。省外办主任阮忠训，副主任彭波、顾建新、陆国灏，省友协专职副会长虞希华，省外办副巡视员余亦平，以及各处（室）负责人出席座谈会。

23日 省委书记、省人大常委会主任赵洪祝会见中国驻朝鲜大使刘洪才夫妇一行。省外办主任阮忠训、副主任陆国灏等参加会见。

25日 省委书记、省人大常委会主任赵洪祝会见以印尼常驻代表努拉为团长的东盟常驻代表委员会代表团一行。省委常委、秘书长李强，省外办主任阮忠训、副主任陆国灏等参加会见。

25日～9月3日 省人大常委会副主任冯明率浙江省代表团访问德国和比利时，参加浙江省—德国石荷州结好25周年庆祝活动，与比利时西弗兰德省举行两省经贸促进委员会第二次会议。

29日～9月9日 省政协主席乔传秀率省政协代表团出访泰国、马来西亚和印度尼西亚三国。省外办副主任陆国灏等陪同出访。

31日 省委书记、省人大常委会主任赵洪祝会见丹麦西兰岛大区主席尼尔森一行。省委常委、秘书长李强，省外办主任阮忠训等参加会见。

31日 省委副书记、代省长夏宝龙会见丹麦西兰岛大区主席尼尔森一行，双方签署《友好交流与合作会谈纪要》。省政府秘书长张鸿铭、省外办主任阮忠训等参加会见及签字仪式。

9月

1日 第8届中非友好城市暨地方政府合作研讨会在杭州召开。省友协专职副会长虞希华出席会议并致辞。

4～14日 省人大常委会副主任吴国华率省人大常委会代表团访问意大利、法国和罗马尼亚。

5日 省委书记、省人大常委会主任赵洪祝会见日本福井县议会议长田中敏幸一行。省人大常委会副主任厉志海、秘书长姚民声，省外办主任阮忠训等参加会见。

5日 浙江省因公电子护照试点签发启动仪式在杭州举行。外交部领事司副司长邱学军，省外办主任阮忠训、副主任彭波等出席仪式。

8日 副省长王建满会见香港港龙航空行政总裁杨伟添一行。省港澳办副主任彭波等参加会见。

5～16日 省委常委、秘书长、省友协会长李强率省友协代表团访问俄罗斯、克罗地亚和匈牙利。省外办副巡视员余亦平等陪同出访。

9日 副省长王建满会见澳大利亚驻上海总领事孔陶杰一行。省外办主任阮忠训等参加会见。

13日 副省长毛光烈会见诺基亚西门子公司大中华区董事长兼总裁张志强一行。省外办副主任顾建新等参加会见。

13日 省政协副主席黄旭明会见中美洲加勒比国家政党干部考察团一行。省外办主任阮忠训等参加会见。

15日 代省长夏宝龙会见获得2011"西湖友谊奖"的外国专家。省外办主任阮忠训等参加会见。

15日 副省长龚正会见美国路易达孚高桥能源有限公司总裁威廉·里德一行。

15～26日 省委常委、常务副省长陈敏尔率省政府代表团访问英国、以色列和土耳其。省外办副主任彭波等陪同出访。

16日 副省长龚正会见美国新任驻上海总领事葛瑞风一行。省外办主任阮忠训等参加会见。

16日 副省长龚正会见澳大利亚西澳州副总理兼旅游部长基姆·汉默斯一行，并出席《浙江—西澳旅游合作协议》签署仪式。省外办副主任陆国灏等参加会见。

17～28日 副省长王建满率省政府代表团访问西班牙、瑞士和阿联酋。

20日 省委书记、省人大常委会主任赵洪祝会见美国州议长代表团一行。省外办主任阮忠训等参加会见。

20日 代省长夏宝龙会见美国福特汽车公司全球副总裁韩瑞麒一行。省外办主任阮忠训等参加会见。

20日 省委常委、秘书长、省友协会长李强会见以马来西亚妇女家庭社会发展部副部长王赛芝为团长的马来西亚多元文化联合会代表团一行。双方共同出席浙江省与马来西亚中小学校结好意向书签字仪式。省外办主任、省友协常务副会长阮忠训等参加上述活动。

21日 中国浙江与美国南部合作交流会在杭州举行。省外办副主任、省友协副会长陆国灏出席会议。

23日 副省长龚正会见美国思科执行副总裁威兰珂一行。省外办副巡视员余亦平参加会见。

27日 代省长夏宝龙会见毛里求斯总统阿内罗德·贾格纳特一行及出席2011达之路非洲投资高峰论坛的部分外宾。副省长龚正、省政府秘书长张鸿铭、省外办主任阮忠训等参加会见。

27日 副省长龚正会见出席2011中国浙江商务周活动的外宾。省外办副主任陆国灏等参加会见。

27日 省政协副主席黄旭明会见以越南交通运输部副部长阮玉东为团长的越南党政干部考察团一行。省外办副主任陆国灏等参加会见。

28日 第4届浙江省外国人领事保护工作研讨会在杭州召开。省外办副主任顾建新出席会议。

10 月

7日 省委常委、秘书长李强会见博鳌亚洲论坛秘书长、前中国驻美大使周文重一行。省外办副主任彭波等参加会见。

10～13日 亚洲残奥委主席扎纳尔·阿布扎林等国际残疾人体育组织官员应邀前来浙江省出席第8届全国残疾人运动会有关活动。省外办副主任陆国灏全程陪同。

12日 省委常委、秘书长李强会见马来西亚霹雳州拿督陈锦一行。省外办副主任陆国灏、副巡视员余亦平等参加会见。

13日 省委常委、秘书长、省友协会长李强会见以日中友好协会副会长、福井县日中友好协会会长酒井哲夫为团长的福井县日中友好协会代表团一行。省友协专职副会长虞希华等参加会见。

16日 省委常委、秘书长李强会见省政协常委、著名实业家、香港永新企业有限公司副董事长曹其镛一行。省港澳办主任阮忠训、副主任彭波等参加会见。

16～27日 省委常委、副省长葛慧君率团访问墨西哥、古巴和加拿大。

17日 副省长龚正会见以韩国全罗南道经济副知事郑顺南为团长的全罗南道代表团一行。省外办副主任陆国灏等参加会见。

18日 省委常委、秘书长、省友协会长李强会见印度世界合作与文化关系联合会主席D·P·马赫施瓦里一行，双方续签《友好交流备忘录》。省友协专职副会长虞希华等参加上述活动。

19日 省委书记、省人大常委会主任赵洪祝率浙江省代表团在京出席首届中美省州长论坛第二次对话，并在会后会见美国副国务卿霍马茨、华盛顿州州长葛瑞格尔、美国国务院政府间事务特别代表瑞塔·路易斯。省外办主任阮忠训、副巡视员余亦平等陪同参加上述活动。

20日 省委书记、省人大常委会主任赵洪祝会见美国北卡罗来纳州州长贝弗利·普度一行，并共同出席中美合作的生物制药项目——世方药业杭州中心奠基典礼。省委常委、秘书长李强，省外办主任阮忠训、副巡视员余亦平等参加会见。

20日 省人大常委会副主任厉志海会见以国民议会议员亚斯敏·拉赫曼为团长的巴基斯坦国民议会妇女代表团一行。

24日 省委书记、省人大常委会主任赵洪祝会见前来出席首届世界浙商大会的外国驻华使节团一行。副省长龚正、省外办主任阮忠训等参加会见。

24日 代省长夏宝龙会见世界500强企业等跨国公司代表。副省长毛光烈、省政府秘书长张鸿铭、省外办副主任彭波等参加会见。

24日～11月4日 省政协副主席黄旭明率团访问丹麦、瑞典和冰岛。

25日 省友协、省教育厅、德中协会在杭州联合举办“中德中学国际教育交流会”。来自德国12个州、浙江省8个市的中学校长共150余人参加交流会，33对中德中学签订友好交流意向书。省友协常务副会长阮忠训、省友协专职副会长虞希华等参加会议。

26日 省委书记、省人大常委会主任赵洪祝会见前来出席中非合作论坛第8届高官会的非洲各国嘉宾。外交部副部长翟隽，省委常委、秘书长李强，副省长龚正，省外办主任阮忠训、副主任顾建新等参加会见。

26日 省政协主席乔传秀会见泰国前总理枢密院大臣素拉育一行。省外办副主任陆国灏等参加会见。

26日 省人大常委会副主任冯明会见加纳前总统、非盟索马里问题特使杰里·约翰·罗林斯一行。省外办副巡视员余亦平等参加会见。

27日 省委书记、省人大常委会主任赵洪祝会见美国密苏里州州长杰雷米·尼克松一行，双方签署《浙江省与密苏里州友好交流与合作备忘录》，并见证浙江省商务厅与密州经济发展部合作意向备忘录签字仪式。省外办主任阮忠训、副巡视员余亦平等参加会见。

27～28日 首届“中非智库论坛”在杭州举行。外交部副部长翟隽、国家开发银行副行长李吉平、浙江省副省长龚正出席开幕式并致辞。省外办副主任顾建新等参加开幕式。

27日 副省长龚正会见前来出席中非合作论坛第8届高官会的外交部副部长翟隽、商务部副部长傅自应、国家开发银行副行长李吉平等。省外办副主任顾建新等参加会见。

31日～11月4日 省委外宣办(省政府新闻办)、省外办联合举办“连线浙江——国际友城媒体记者考察采访活动”，来自与浙江省结为友好关系的日本静冈县、比利时西弗兰德省、瑞士弗利堡州、阿联酋沙迦市等5家友城主流媒体的9名记者和主管新闻官员参加此次活动。

11 月

2日 省委书记、省人大常委会主任赵洪祝会见日本福井县知事西川一诚一行。省外办主任阮忠训、副主任陆国灏等参加会见。

2日 代省长夏宝龙会见美国雅培公司副总裁伊莲·利文沃思一行。省外办主任阮忠训、副巡视员余亦平等参加会见。

2日 省长夏宝龙会见日本福井县知事西川一诚一行。省政府秘书长张鸿铭，省外办主任阮忠训、副主任陆国灏等参加会见。

6日　省委常委、秘书长、省友协会长李强会见以德国德中协会主席格雷戈尔·保罗为团长的德中协会代表团一行。省外办主任、省友协常务副会长阮忠训，省友协专职副会长虞希华等参加会见。

7日　省委书记、省人大常委会主任赵洪祝会见并宴请比利时西弗兰德省省长保罗·拜恩一行。省委常委、秘书长李强，省外办主任阮忠训、副主任顾建新等参加会见和宴请。

7日　省委常委、秘书长、省友协会长李强会见匈牙利匈中友协副会长冒寿福一行。省友协专职副会长虞希华、省外办副巡视员余亦平等参加会见。

9日　代省长夏宝龙与香港凤凰信息台副台长吴小莉一行共进早餐。省港澳办主任阮忠训陪同。

9日　省人大常委会副主任冯明会见比利时西弗兰德省省长保罗·拜恩一行。省外办副主任顾建新等参加会见。

9日　省政协副主席、省工商联主席徐冠巨出席西弗兰德省普威伦公司开业典礼并致辞。省外办副主任顾建新等陪同参加。

10日　代省长夏宝龙会见意大利普利亚大区主席文杜拉一行。省政府秘书长张鸿铭、省外办主任阮忠训等参加会见。

11日　副省长陈加元会见马其顿总统夫人玛娅·伊万诺娃一行。省外办副主任顾建新等参加会见。

11日　副省长龚正分别会见爱尔兰驻上海总领事高睦礼一行和荷兰驻上海总领事鄱佩德一行。省外办主任阮忠训、副主任顾建新等参加会见。

15日　省政协副主席、秘书长黄旭明会见印度尼西亚专业集团党外联主席伊丽斯(副部级)一行。省外办副主任陆国灏等参加会见。

15～16日　《浙江外事年鉴》通讯员培训会议在湖州举行。省外办副主任顾建新出席并讲话。

18日　省委书记、省人大常委会主任赵洪祝会见渣打集团首席执行官冼博德一行。省委副书记、秘书长李强，省外办主任阮忠训、副主任顾建新等参加会见。

18日　省人大常委会副主任程渭山会见阿尔及利亚国民议会外委会主席西阿维夫率领的代表团一行。省外办副主任顾建新等参加会见。

22日　代省长夏宝龙分别会见浙江—新加坡经贸理事会新方主席傅海燕一行和日本静冈县副知事大村慎一一行。省政府秘书长张鸿铭，省外办主任阮忠训、副主任陆国灏等参加会见。

22日　副省长、浙江·静冈经济交流促进机构浙方主席龚正先后出席浙静结好30周年纪念活动筹备工作协商会、浙静经济交流促进机构第20次年会，并会见日本静冈县副知事大村慎一一行。省外办副主任陆国灏参加上述活动。

22日　浙江国际茶文化研究会会长周国富会见日本静冈县副知事大村慎一一行。省外办主任阮忠训、副主任陆国灏等参加会见。

27日～12月3日　外交部副部长李金章率外交部国情学习考察团一行到杭州、宁波、绍兴、义乌等地考察参访。27日、28日，省委书记、省人大常委会主任赵洪祝，副省长龚正分别在杭州会见考察团一行。省外办主任阮忠训，副主任彭波、陆国灏，省友协专职副会长虞希华，省外办副巡视员余亦平参加会见。彭波全程陪同考察。

30日　副省长龚正会见爱沙尼亚驻上海总领事任华一行。省外办副主任顾建新等参加会见。

30日　缅甸国防军总司令敏昂莱上将一行24人结束在杭州的参观访问离开浙江，省军区司令员傅怡到车站送行。

12　月

4～8日　香港特区政府行政长官曾荫权夫妇到宁波、绍兴、舟山等地参观考察。7日，副省长龚正在绍兴会见曾荫权夫妇。省港澳办副主任顾建新全程陪同。

8日　省委书记、省人大常委会主任赵洪祝在北京会见奥地利萨尔茨堡州前副州长、中国事务特使艾瑟尔一行。省外办主任阮忠训等参加会见。

（周赵行）

综　　述

因公出国(境)和邀请外国人来华管理

【概况】 2011年,全省因公出国(境)工作呈现三个特点:一是因公出国(境)结构日趋合理。从出访任务看,结构进一步优化,总体比例合理,在严控党政机关和参公管理事业单位人员因公出国(境)的同时,确保了全省经贸、文教、科技等领域的对外交往健康发展。二是加强了党政机关和参公管理事业单位人员因公出国(境)管理,制止公款出国旅游专项工作成果得到有效巩固。全年审核审批党政机关和参公管理事业单位人员9975人次,占年度计划的88.3%。三是因公出国(境)服务方式创新成果显著。积极创新管理理念和服务方式,在全国率先试点并积极推广非公企业人员审批改革等事项,服务地方经济社会发展取得新成效。

【制定制止公款出国(境)旅游工作要点】 根据制止公款出国(境)旅游专项工作部际联席会议第五次会议部署,制止公款出国(境)旅游专项工作自2011年起转入常态化管理。省外办代拟了《浙江省制止公款出国(境)旅游工作2011年工作要点》,报经省纪委以专项工作厅际联席会议名义于2011年4月下发,全面部署常态化管理工作,要求全省继续深入贯彻落实党中央、国务院和省委、省政府有关文件精神,充分认识制止公款出国(境)旅游工作的艰巨性和复杂性,坚持"分类指导、优化结构、确保重点、加强监管"的原则,巩固和深化专项工作成果,建立和完善禁止公款出国(境)旅游长效机制,确保全省因公出国(境)工作健康有序发展。

【下发《关于进一步加强当前党政机关因公出国(境)管理的通知》】 2011年11月,省外办草拟并以省委外事工作领导小组办公室名义下发《关于进一步加强当前党政机关因公出国(境)管理的通知》,进一步严格党政机关领导干部因公出国(境)计划和量化管理要求,强化因公出国(境)团组派出单位职责和各部门联合监管职能,坚决制止一般性考察、重复考察和无实质性内容的交流访问,为进一步加强因公出国(境)工作提供了制度保障。

【完善因公出国(境)审核审批制度】 一是分类细化对不同类型团组出访必要性的审核标准和材料要求,重点突出实质性内容,特别是经贸、科技、教育、旅游、文化、卫生等洽谈、执行合作项目的团组必须有项目情况说明,严禁搭车出访;对公务目的不明确、业务不对口的出访团组,坚决不予批准。二是严格量化管理标准,要求省管干部在报批文件中注明届内出访次数,强调领导干部换届前不得突击出访,换届中、出访启程日期在退休年龄前不足6个月的原则上不安排出访。三是实行邀请函比对制度,对任务审批的邀请函和申办签证的邀请函逐一比对,有效防范了邀请函造假行为。

【因公出国(境)党风廉政建设联席会议】 2011年初和7月,省纪委、省外办两次牵头召开全省因公出国(境)党风廉政建设联席会议,省委组织部、省政府办公厅等10余家成员单位出席会议。会议通报了全省因公出国(境)党风廉政建设基本情况,探讨了工作中存在的热点、难点问题,各成员单位就制止公款出国(境)旅游专项工作转入常态化管理后的思路达成广泛共识。

【开展全省因公出国(境)工作检查】 一是省纪委、省委组织部、省外办于2011年初对各市、省直单位和高等院校、企业等近130家单位2010年因公出国(境)情况进行了全面检查。研究提出了今后改进因公出国(境)管理新思路。对于检查中发现的问题,责成有关单位作出书面说明。检查结果向省委书记赵洪祝及省委外事工作领导小组作了专题汇报。二是省外办于2011年初对全省25家具有审批权的单位进行了年度检查,重点检查2010年因公出国(境)、审批及有关外事管理等情况。督促上述单位加强审批制度化、规范化建设,进一步改进工作作风,提高工作效能,为浙江对外交往的发展提供优质服务。检查结果向外交部作了专题汇报。

【全省非公企业因公出国(境)人员审批改革试点现场会】 为服务新形势下全省非公企业"走出去"的迫切需求,省委组织部和省外办于2011年4月12日在义乌市召开全省非公企业因公出国(境)人员审批改革试点现场会,全省各市、县(市、区)组织部和外办有关负责人共218人参加会议。

省委组织部常务副部长吴顺江、省外办主任阮忠训在会上讲话,义乌市委组织部、稠城街道党工委和新光集团党委作经验介绍。会议强调了新形势下加强非公企业因公出国(境)管理的重要意义,肯定了义乌市开展非公企业因公出国(境)人员审批改革试点三年来的工作成效,研究部署了推广非公企业因公出国(境)人员审批改革工作具体事宜,要求各市争取在年内全面推广改革工作,努力把因公渠道建设成为非公企业"走出去"的"绿色通道"。

年内,各市相继出台本市非公企业因公出国(境)人员审批改革试点办法。

【因公出国审批管理软件系统更新】 根据外交部建设全国联网的因公出国综合信息管理系统的总体部署,省外办积极配合外交部开展审批软件系统更新试点工作。新审批系统于2011年9月1日起正式运行。2012年将开展审批系统二期工程建设,届时新审批系统将全面覆盖省内各审批权单位。

(陶允冀)

2011年浙江省因公出国、赴港澳和邀请外国人来华审批情况

类　别	项　目	批数(包括港澳)	人数(包括港澳)
审批情况	任务审批团组	7712	29022
	任务确认团组	898	1407
	邀请外国人来华	26846	38275
出访任务分类	友好访问	666	3288
	经贸活动	4763	13038
	科技交流	438	1557
	文体交流	508	2762
	人员培训	504	3643
	国际会议	436	655
	业务考察	687	2967
	其他任务	608	2519

领事业务

【概况】 2011年,浙江对外领事工作以"涉外维稳、涉外安全"为工作重点,进一步健全涉外工作协调管理机制,不断提高涉外突发案(事)件的应变处置能力,努力加强与各国驻华使领馆的交流和联系,为建设"平安浙江"创造良好的社会环境,为浙江省"走出去"战略和"创业富民、创新强省"战略服务。

一、依法、妥善、及时处理各类涉外突发案(事)件。据全省外事系统统计,2011年,全省发生各类涉外突发案(事)件563起。其中,省内涉外突发案(事)件478起,省外办参与协调处理34起;海外领事保护案(事)件85起,省外办参与协调处理27起。在处理各类涉外突发案(事)件过程中,省外办均在第一时间与有关部门取得联系,及时采取相应措施,保护中外当事人合法利益,避免事态扩大或力争将危机解决于萌芽状态。特别是在埃及、利比亚时局动荡后浙江省企业和公民大规模撤离和安置,日本大地震后浙江省在日灾区公民查找、确认等事件的处置中,省外办均发挥了重要作用。

二、健全主动预防型领事保护机制,积极做好预防预警和宣传教育工作。一是通过省外办门户网站向社会发布出国提醒、向"走出去"企业和公民发放《中国领事保护和协作指南》、《海外安全常识》、《出国提醒》等宣传资料。全年发布各类出国提醒130多条,发放各种宣传资料4500册。二是密切关注新闻媒体发布的有关海外重大突发事件、灾难事故等报道,主动搜寻浙江省海外企业和公民有关信息,提前介入,积极救助。三是以"浙江省领事保护伴我行"系列活动为抓手,通过举办"浙江省'走出去'企业座谈会"、"海外安全知识和领事保护讲座"等系列培训,组派浙江省赴俄罗斯和波兰海外领事保护考察团,以及召开"浙江省外国人领事保护工作研讨会"等举措,提高浙江省主动预防型领事保护工作总体水平。

三、进一步密切与外国驻华使领馆的联系,创新方式、加强合作,为浙江省经济社会发展服务。通过举办"驻华使节走进浙江"系列活动,强化浙江省与各国驻华使领馆的联系机制。做好第13届浙江省投资贸易洽谈会暨第10届中国日用消费品博览会、首届世界浙商大会、浙江省农业博览会的外宾邀请及有关礼宾接待工作,承接组委会交办的任务,充分利用各国驻华使领馆资源为浙江省经济社会发展服务。

【第4届"驻华使节走进浙江"活动】 参见第11页同名条目。

【协办第13届浙江省投资贸易洽谈会暨第10届中国日用消费品博览会】 2011年6月8日至12日,第13届"浙洽会"暨第10届"消博会"在宁波举行。省外办共邀请到3个团组86名外宾与会,为近年邀请外宾人数最多的一次。3个团组分别为:以副州长比特·冯朗特为团长的瑞士弗利堡州政府及企业家代表团一行26人,以欧洲及联邦事务州务秘书海因茨·玛汝斯为团长的德国石荷州代表团一行11人;各国驻沪总领馆官员一行49人,其中包括新加坡、韩国、印度、伊朗、瑞士、白俄罗斯、罗马尼亚、斯洛伐克等国驻上海总领事。协助弗利堡州等友好省州设立友城展位8个。

大会期间,省外办协助安排省领导会见重要外宾团组等活动,并承担省领导会见和宴请重要外宾团组、招待酒会与开幕式、省领导巡馆等13场翻译工作。

【浙江省"走出去"企业座谈会】 2011年7月27日在杭州召开。由省外办牵头,省教育厅、省旅游局、省海洋与渔业局有关部门负责人和浙江省部分"走出去"企业代表共16人参加。外交部领事司副司长、领事保护中心主任郭少春到会,就企业在外安全教育、风险防范机制建设等问题与企业代表互动交流。

【浙江省海外领事保护考察团访

问俄罗斯、波兰】 2011年9月15日至24日，由省外办组团，省公安厅、省教育厅、温州市外办、台州市外办参加的海外领事保护考察团赴俄罗斯、波兰考察，外交部领事保护中心副主任朱家耀参团指导。考察团深入了解了浙江省“走出去”人员在俄、波两国发展情况和面临的问题，就浙江省领事保护工作听取中国驻俄、波两国使领馆的意见建议，并与两国当地执法部门座谈，增进互信，加强合作。

【浙江省外国人领事保护工作研讨会】 2011年9月28日，省外办在淳安县召开第4届浙江省外国人领事保护工作研讨会。塞尔维亚、比利时、埃及、波兰、韩国、越南、日本、菲律宾等15个国家的23名驻沪总领事和领事官员应邀参加会议。省外办、省法院、省检察院、省公安厅、省司法厅等相关单位领导和业务处室负责人出席会议。

会议总结交流了浙江省外国人领事保护工作经验，强调要进一步健全与各国驻沪总领馆的磋商机制，做好在浙外国人领事保护工作，继续增进双方互信合作，为外国人领事保护工作营造良好的合作氛围。与会各国领事官员高度赞赏浙江省对外国人领事保护所作的努力，并表示感谢。

【协办首届世界浙商大会】 2011年10月23日至28日，首届世界浙商大会在杭州、丽水、义乌等地举行。省外办共邀请到萨摩亚、巴巴多斯、密克罗尼西亚、南非、巴基斯坦、保加利亚、伊朗、新加坡、美国、英国等16国30名外国驻华使节与会，其中外国驻华大使和驻上海总领事8名。

在浙期间，外国驻华使节团出席了省委书记、省人大常委会主任赵洪祝会见、浙商大会欢迎晚宴、浙商大会开幕式等活动，并参观了滨江开发区、正泰太阳能科技有限公司、浙江中南集团卡通影视有限公司等。

通过参与浙商大会有关活动，外国驻华使节加深了对浙江省和浙商的了解，表示要介绍更多企业来浙江投资发展。同时，外国驻华使节也发出邀请，希望浙商能到其所在国投资兴业，实现与浙商的共赢发展。

【浙江省领事保护伴我行——海外安全知识和领事保护讲座】 2011年11月10日在浙江工商大学举办。针对浙江省赴海外留学生人数不断增加的现状，省外办专门邀请中国驻英国大使馆法律顾问李贞驹为300多名有意赴英国留学的大学生及家长作海外安全知识和领事保护讲座，增强留学人员的自我防范和保护意识。

【协办2011年浙江省农业博览会】 2011年11月25日至29日，浙江省农业博览会在杭州举办。省外办邀请柬埔寨、保加利亚、越南等国驻上海总领事和领事官员出席开幕式并参观展会。

（易书莉）

护照签证

【办理因公证照】 2011年，全省办理因公出国（境）团组10904批35851人（出国9186批26497人，赴港澳1718批9354人），与上年相比，批数上升3.2%，人数上升8.3%。省外办办理因公出国（境）团组5794批20404人（出国5125批17997人，赴港澳669批2407人），与上年相比，批数上升2.85%，人数上升7.47%。受理急件、特急件4056批，占受理总批数的70%。

全省颁发因公护照14531本（公务护照2990本，公务普通护照11541本），签发因公赴港澳通行证3876本、因公赴港澳签注5693个。省外办颁发因公护照8544本（公务护照1847本，公务普通护照6697本）；签发因公赴港澳通行证1737本、因公赴港澳签注2454个；开具出境证明1107份；收缴公务护照（包括部分省管干部的公务普通护照）4022本；注销无效证照3346本；为办理境外换发护照、补发旅行证等回复外交部、驻外使领馆函件31份。

【办理因公签证】 2011年，全省办理因公签证9354批次39337人次，与上年相比，批次上升2.4%，人次上升5.6%。省外办办理因公签证6264批次27624人次，批次和人次分别比上年上升3.2%、6.5%。因公签证获签率99.82%。按人数计，出访国家中，居前三位的分别为美国、德国、加拿大。

【审发《被授权单位邀请函》和《邀请确认函》】 2011年，省外办进一步明确了被授权单位签证邀请函和确认函的审发工作。全年审发《授权单位邀请函》和《邀请确认函》335批1063人。

【办理领事认证】 2011年，全省办理领事认证146281份，比上年增长4%。省外办办理领事认证138254份，增长0.5%(其中民事类认证78660份，增长7%；商业类认证59594份，减少7%)。办理埃及、意大利、西班牙领事认证数量居国别前三位，分别为33171份、32122份和18086份。代办外交部及外国驻华使馆领事认证378份，比上年减少29.5%；代办外国驻上海总领馆领事认证73305份，增长22%。代办阿根廷驻上海总领馆商业发票认证4156份。审核意大利家庭团聚双认证材料5134户20405份。全年回复外国驻上海总领馆查核照会38份。

【完成因公电子护照试点签发工作】 2011年上半年，集中力量筹备因公电子护照项目工作：开发了“因公出国网上申报管理系统”和“因公出国审批和护照签证管理系统”，实现“网上申报＋审护签一体”的系统模式；梳理了全省200余家因公护照签证申办单位，并制定因公出国网上申报安全密钥证书的申领程序及保管要求，为230家申办单位的专办员发放了密钥证书；召开全省市外办因公电子护照工作座谈会，协调和部署与杭州、宁波、温州市级发照机关及其他市外办的联网和电子护照签发前的各项准备工作；编印《因公出国网上申报管理系统》培训手册，举办全省因公护照签证专办员培训班。9月5日，省外办举行浙江省因公电子护照签发启动仪式，外交部领事司副司长邱学军出席并对浙江的试点工作给予充分肯定。因公电子护照签发后，各申办单位与省外办审批、护照签证系统联网，实现了全省因公出国数据共享，全省因公出国管理工作的规范化、信息化水平得到进一步提升，浙江省因公护照工作走在全国前列。

【加强领事认证管理和系统建设】 2011年，根据外交部《地方外办领事认证工作规范》文件精神，建立了浙江省领事认证中介服务机构的备案、年检制度，规范认证中介机构的代办行为。

5月，完成领事认证管理系统的升级工作，实现与市、县外办及贸促会、中介机构和驻上海办事处的联网，实现认证信息资源共享，提高了工作效率。

【继续做好两大特色服务】 2011年，省外办继续做好“同步办理”和“绿色通道”两大特色服务，进一步做实做细因公出国(境)团组服务工作。继续全面实行因公出国(境)任务审批和护照签证同步办理的做法。受理“同步办理”团组1795批6359人次，通过“绿色通道”办理的团组103批546人次。

根据浙江省“十二五”文化发展规划，协力打造“浙江文化节”对外文化交流活动品牌。10月，以省文化厅厅长杨建新为团长的60人代表团赴埃塞俄比亚和津巴布韦开展文化交流，该活动被纳入文化部“2011中国文化聚焦”对非洲活动重点项目。由于该团组出访时间紧、人员多，省外办同步加急办理护照、签证手续，积极与使馆沟通，合理安排团组送签顺序，在一个工作日办妥护照后，仅用三天时间即获得了两国签证，保证了团组顺利成行。该代表团的演出项目作为中宣部部长刘云山访非期间的相关文化活动项目之一，在埃塞俄比亚、津巴布韦演出获得成功。

4月，台州市海东方乱弹剧团朱锋等12人应德国腓特烈港博登湖艺术节组委会的邀请赴德国友好城市哈瑙市访问，并参加博登湖国际表演艺术节。由于出访时间临近，省外办特事特办，当天即办妥护照，并通过与德国驻沪总领馆的联系沟通，使团组在送签后一个工作日就获得了签证，保证了团组按时参加艺术节的演出活动。该代表团在德演出获得艺术节唯一的特别奖。

6月，横店集团东磁股份有限公司张庆吉等7人申请赴德国参加“2011年国际太阳能技术贸易展览会”被拒签。该团组已预订192平方米的展位，并已全额支付展位费用。省外办了解情况后，指导团组重新提供展会的邀请函和参展的相关证明、调整行程和人员，同时做好与德国驻沪总领馆的沟通和解释工作，最终得到领馆的谅解，再次送签后获得了签证。

【“签证官看民企——走进嘉兴”暨签证工作座谈会】 2011年4月27日至29日在嘉兴举行，由省外办和嘉兴市政府主办。座谈会邀请了美国、加拿大和韩国等16个国家驻沪总领馆共21名签证官、全省各市外办主任和嘉兴民营企业代表与会。本次会议旨在加强浙江省与外国驻沪总领馆的交流和沟通，并就浙江省签证工作与各国签证官员交流磋商。

会上，省外办副主任彭波重点介绍了浙江省尤其是民营企业的出访特点，提出了今后中外双方共创“互利共赢”新局面的三大举措，为浙江省企业积极参与全球经贸合作交流提供更多的支持和帮助。

【继续加强与外国领馆的交流合作】 2011年1月11日，省外办在上海举办2010年度浙江省情介绍会暨迎春招待会，邀请来自美国、俄罗斯、法国、日本、澳大利亚、加拿大等50多个国家和香港地区驻沪总领事、领事、签证官及浙江省部分友城驻沪代表130人参加此次活动。参见第11页**【2010年度浙江省情介绍会暨迎春招待会】**。

与外国驻沪领馆的交流与合作，就签证、领事认证存在的问题寻求解决办法，保持友好的工作磋商机制。2011年省外办共有46人次赴上海拜会美国、加拿大和埃及等国驻沪总领馆，接待来自美国、法国、日本和澳大利亚等国驻沪总领馆官员128人次来浙江调研。

2011年省外办新增埃及、罗马尼亚和土耳其3个国家的领事认证代办业务。截至12月底，省外办共可代办36个国家的领事认证业务。

（蒋　岚）

·浙江省对外交流服务中心·

【概况】 2011年浙江省对外交流服务中心（简称“省外服中心”）办理因私签证9041批次17798人次，因私签证获签率97.6%。审核意大利家庭团聚签证涉外文书18406户；受理法国签证用公证文书1401批次2334份；受理希腊签证用文书材料277批556人次；代办因私APEC商务旅行卡69批119人次；代办美国因私签证CCPIT项目115批次568人次。此外，代办各市、县外办因公护照签证183批次588人次；代办各市、县外办领事认证810批次1525人次；代填（打）签证表格2053份。

【开通“贸促会会员企业因私赴美签证”申请渠道】 经省外办、省贸促会与美国驻上海总领馆协商，2011年3月10日起，省外服中心正式开通“中国贸易促进委员会（简称CCPIT）会员企业出访人员因私赴美签证”申请渠道。该项目是由CCPIT、华东领区内各省级外办与美国驻上海总领馆共同管理、便利因私赴美人员签证的合作项目。与通常由申请人向赴美预约中心电话预约面谈、自行递交签证材料相比，此做法更为便捷。2011年省外服中心共办理美国CCPIT项目115批568人次。

【加大APEC商务旅行卡推介力度】 2011年，省外服中心根据外交部相关要求，结合浙江省民营企业实际情况，进一步简化申办手续，加大APEC商务旅行卡宣传推介力度，切实为企业“走出去”提供便利。全年省外服中心为浙江省民营企业的高管和外销人员共119人申办了APEC商务旅行卡。

【加强业务开拓和培训】 2011年，省外服中心新增蒙古、刚果(金)和赞比亚3个国家的因私签证代办业务。截至12月底，省外服中心可代办54个国家的因私签证业务。

加强业务培训，提高整体业务水平。5月，省外服中心举办了各地市外服中心专办员培训班，就因私签证、美国CCPIT项目和美国签证打表等业务进行培训。此外，派员参加了澳大利亚、韩国驻沪总领馆举办的签证业务培训。

【继续加强信息网络建设】 一是完善全省因私签证代办网络。与部分国家驻沪领馆合作，在绍兴、温州、台州、嘉兴、金华、舟山、湖州、衢州等地设立因私签证代办机构，并实行与这些代办机构的电脑联网操作，形成了全省范围内快速便捷的因私签证代办网络，极大地方便了各地企业的签证申办，节省了申请人的递签时间。二是在省外办门户网站设立签证状态网络查询功能和短信通知服务功能。三是进一步完善"浙江签证网"的开发与建设，方便申请人及时了解签证申办知识。

（蒋　岚）

2011年浙江省外办办理因公出国(境)团组情况

统计项目 / 任务分类	因公出国批数	因公出国人数	因公赴港澳批数	因公赴港澳人数
会议	540	769	53	104
科学技术	795	2439	35	90
友好访问	678	3319	66	306
经济贸易	2079	6543	283	672
文化体育	460	2110	57	370
留学培训	543	2706	97	546
其他	30	111	78	319
合计	**5125**	**17997**	**669**	**2407**

注:2011年省外办办理因公出国(境)团组共5794批20404人。

2011年浙江省外办申办外国签证情况

本年度因公出国人员总批次数:6264(批次)　　本年度因公出国人员总人次数:27624(人次)

项目 / 出访国(地区)	会议	科学技术	友好访问	经济贸易	文化体育	其他	留学培训	合计
泰国	11	15	6	97	17		1	147
新加坡	34	58	156	247	20	21		536
日本	64	170	211	341	80	20	30	916
韩国	47	86	218	276	153	25	20	825
亚洲其他地区	33	71	226	673	132	49		1184

续表

项目 / 出访国(地区)	会议	科学技术	友好访问	经济贸易	文化体育	其他	留学培训	合计
俄罗斯	3	69	210	311	98	18	1	710
英国	36	304	290	416	189	16	242	1493
瑞士	19	121	282	315	133	18	15	903
意大利	30	174	218	444	215	19	72	1172
法国	51	201	287	622	311	40	44	1556
欧洲其他地区	195	812	1441	2697	1094	173	390	6802
美国	137	510	735	1553	352	56	1100	4443
加拿大	34	279	473	622	154	20	109	1691
美洲其他地区	12	296	501	828	79	36	22	1774
非洲其他地区	11	108	333	481	256	9	19	1217
大洋洲其他地区	34	372	678	658	172	46	315	2275
合　计	**751**	**3646**	**6265**	**10581**	**3455**	**566**	**2360**	**27624**

新闻文化

【概况】 2011年，全省外事系统贯彻落实《中华人民共和国外国常驻新闻机构和外国记者采访条例》(国务院537号令)，寓管理于服务之中。全年审核外国媒体记者的采访申请81批411人次。人数较多的外国记者团有：加纳新闻代表团访问考察杭州、义乌等地，“连线浙江——国外友城媒体看浙江活动”，非洲国家新闻记者采访中非论坛等。同时，组织省内主要新闻媒体记者采访澳大利亚西澳州，通过对友城的采访报道，宣传浙江省友城工作取得的丰硕成果，扩大了开展对外交流的影响。

【正确处置外国记者采访突发事件】 2011年，浙江省引起外国记者关注的各类敏感和突发事件较多，主要有：温州乐清钱云会事件、温州地下宗教问题、义乌佛堂有毒原料生产铁锅事件、德清和绍兴务工人员血铅超标事件、兰溪等地水灾、“7·23”温州动车事故以及温州老板“跑路”、湖州织里暴力抗税等等。针对这些外国记者采访事件，各地外事部门依法管理，在第一时间提供信息，并努力化解不利因素，维护社会稳定。

4月29日，外交部新闻司副司长洪磊在杭州作《加强外国记者管理及舆论引导》专题讲座，来自省级各部门和各市、县外事、外宣部门的负责人220余人听讲。9月，在全省外事系统新进人员业务培训班上，介绍了对外国记者采访如何进行引导和管理，帮助参会人员正确领会国务院537号令精神。

【发挥门户网站作用，及时提供政府信息】 2011年，东亚北非地区部分国家局势动荡、日本发生大地震等，每一位在外浙江人都受到全社会的关注。浙江外事门户网站发挥全省外事部门对外窗口的作用，及时公布出国人员要注意和防范的信息。“3·11”日本大地震后，省外办门户网站第一时间开辟了“关注日本大地震”专栏飘窗，以最快的速度公布浙江在日人员的信息、各方寻找失去联系人员的情况等，各级新闻媒体以外事门户网站信息作为官方消息来源，发挥了良好的服务社会功能。

【"2011连线浙江"——国际友城媒体记者考察采访活动】 2011年10月31日至11月4日在浙江举行，由省政府新闻办、省外办联合举办。

来自日本静冈县、比利时西弗兰德省、瑞士弗利堡州、阿联酋沙迦市等5家友城主流媒体的9名记者和主管新闻官员，赴杭州、义乌、宁波三地，实地考察走访了中南卡通、杭州创意生态城、义乌中国商贸城、吉利汽车及宁波港等。浙江省着力推动经济转型升级、创业创新发展的实践和成效以及在创意产业发展、民营企业创新、海洋经济拓展等方面取得的成就，给国际友城媒体记者留下了深刻印象。

在杭州，来宾实地走访了河坊街历史街区、钱江新城、中南卡通、杭州白马湖生态创意城、中国丝绸博物馆和中国茶叶博物馆，对浙江传统文化保护、创意产业发展及杭州城市建设表现出浓厚的兴趣。在杭州白马湖生态创意城，记者们不仅采访了公司相关负责人，还与公司外籍工作人员进行交流，深入了解杭州文化创意产业发展现状。日本福井电视台记者相模康二对村落转型为创意生态城十分惊讶，专门进入农家现场采访村民，了解生态创意城与农民生活的和谐关系。日本友城媒体记者还赴浙江静冈友好会馆、中日友好面向21世纪纪念石像、日本福井友好公园、浙江图书馆等地采访拍摄了静冈、福井与浙江结好的历史见证。

【浙江新闻代表团访问澳大利亚西澳州】 2011年8月8日至16日，由浙江卫视、《浙江日报》等单位组成的浙江省新闻代表团应邀访问澳大利亚西澳州。

代表团采访了西澳州副总理基姆·汉默斯、前议长里贝林、中国驻珀斯总领事汪银儿等，还采访了西澳州发展部国际贸易事务局、西澳州工商会等。代表团还采访了参加浙江省·西澳州交流委员会第四次会议和两省州经贸投资论坛的双方政府领导、企业代表，对两州的经贸、文化、农业、能源、教育等情况进行了广泛的报道。

◎浙江新闻代表团在澳大利亚采访

【《浙江外事年鉴》再获特等奖】 2011年9月，在中国出版工作者协会年鉴工作委员会组织的第五届全国年鉴编校质量检查评比活动中，《浙江外事年鉴》(2010)以文字抽检零差错再次获得特等奖。

【《浙江外事年鉴》通讯员培训班】 2011年11月15日至16日在湖州举办。各市外办，各厅局、学校、企业外事部门和省外办各处室及下属单位的年鉴通讯员共80余人参加培训。培训班上，总结了2011年年鉴编纂工作情况，布置了2012年年鉴撰稿任务，表彰了2011年度优秀通讯员。省外办副主任顾建新出席培训班并讲话。年鉴编辑部结合2011年来稿情况进行了辅导授课，通讯员们进行了广泛的交流。

【第5届“梦行浙江”外国留学生系列活动】 2011年11月在浙江举办。系列活动围绕“爱我中华·情满浙江”这一主题，与教育部发起的“走进浙江”首届全国外国留学生才艺展演相衔接，为外国留学生量身定做了三大特色活动：一是在全国各高校76个外国留学生才艺展示节目中，组织精选了北京大学、清华大学、福建华侨大学等9所省外高校外国留学生，与浙江高校外国留学生同台展演，既体现浙江特色、浙江元素，又展现民族文化、民族神韵。二是精心设计“悦读浙江”征文比赛，鼓励更多的在浙外国留学生学习中国文化、阅读浙江图书。此次征文共收到来自全省21所高校外国留学生的参赛作品170多篇，有35篇作品分获一、二、三等奖和优秀奖。教育部副部长郝平、浙江省副省长郑继伟等为获奖者颁奖。三是组织外国留学生参加“浙江行、浙江情”参观活动，体验中国文化、浙江文化的独特魅力。安排参加“梦行浙江”晚会演出的省内外100多位外国留学生游览了西湖文化景观、中国丝绸博物馆、六和塔等杭州名胜。

“梦行浙江”是浙江省面向在浙外国留学生组织的年度文化交流活动，由省政府新闻办、省外办、省教育厅、省广电集团等共同主办，成为浙江省留学生工作的重要载体之一。此次活动吸引了全省20多所高校来自美国、英国、法国、德国、日本和韩国等60多个国家的3000多名留学生参与。参见第111页**【“走进浙江”首届全国外国留学生才艺展演暨第五届“梦行浙江”活动】**。

（沈国权）

2011年外国记者在浙采访情况（部分）

序号	国家	机构名称	记者姓名及人数	采访时间	采访地点	采访内容
1	美国	迈齐报系	托米尼·拉赛特	1月8日	温州	“钱云会事件”
2	丹麦	北日德兰传媒、贝林传媒	艾贡·克乔勒·尼尔森等4人	1月10～15日	杭州、宁波	余姚中国皮毛城
3	德国	德国西部广播电视台	米沙艾尔·艾瑟	1月16～21日	金华	随德国迪恩市政府代表团来访，拍摄金华地区纪录片等
4	日本	日本经济新闻社	伊藤敏克	1月17～31日	宁波	北海道地方企业与宁波七禾有机农业开发公司
5	英国	路透社	李兰熙等2人	2月16～18日	温州	温州市中小企业学会会长周德文、日泰集团
6	日本	NHK摄制组	浜崎宪一等3人	2月下旬	杭州	为《战后的亚洲外交》纪录片采访姚力
7	澳大利亚	澳大利亚广播公司	麦迪文等3人	2月26日～3月2日	温州	宗教
8	日本	《中日新闻》等10家媒体	隗崎稔樹等13人	2月28日～3月2日	杭州	足球比赛
9	墨西哥	《改革报》	安赫尔	3月16日	青田	青田侨乡、归国华人华侨
10	日本	东京影像中心	山内督介等2人	3月18～25日	乌镇、杭州、绍兴、宁波	江南水乡风情、古建筑、酒文化、金漆木雕、宁波刺绣
11	日本	21恩达株式会社	平林猛等7人	3月27～30日	杭州	拍摄中国高铁

续表

序号	国家	机构名称	记者姓名及人数	采访时间	采访地点	采访内容
12	日本	《上毛新闻》	堀口纯等9人	3月24～28日	杭州	杭州旅游资源和2011年茶博会开幕式等
13	英国	路透社电视部驻北京记者站	蒋熙浩	3月24日	嘉兴	嘉兴年代速冻食品有限公司
14	英国	The Travel Editor.com网站	伊恩·安德鲁·怀特等4人	4月6～12日	杭州	杭州旅游产业
15	瑞士	CASH TV	弗瑞茨·安通等2人	4月14～15日	嘉兴	瑞塑精密模具嘉兴有限公司总经理
16	英国	狮子电视公司	约书亚·凯恩等	4月27日	湖州	丝绸集团
17	加拿大	加拿大广播公司	内维尔·奥蒂等4人	5月16日～6月2日	金华	在浙江师范大学拍摄儿童心理发展节目
18	马来西亚	马来西亚国家新闻社、《新海峡时报》、苏利亚视觉通信有限公司	穆罕默德·福阿德·宾哈希姆等3人	5月11～15日	杭州	2011“杭州杯”国际9人足球业余赛
19	摩洛哥	ZM电视台	达达·欧阿迪等3人	5月16～22日	杭州	浙江宝纳制茶有限公司
20	美国	美国托莱多电视台WTVG 13ABC	李·麦克—孔克林等3人	5月25日	杭州	随同俄亥俄州托莱多市市长贝尔访华
21	日本	SBS静冈放送、《每日新闻》、爱媛电视台、北海道放送等	西村菜绪等11人	5月18～21日	杭州、宁波、天台	“百名中外记者看浙江”活动，参观游览宁海前童古镇、天台国清寺、奉化溪口景区
22	韩国	《忠清时代报》、《忠北日报》、《中都日报》、YTN电视台、《韩国日报》等7家	石在东等8人	同上	同上	同上
23		埃菲社、中东通讯社、盖蒂图片社等8家	何塞·阿尔瓦雷斯等9人	同上	同上	同上
24	日本	长崎有线网摄制组	大野陽一郎等4人	5月29～30日	杭州	径山寺、茶叶研究所等
25	英国	《金融时报》	何丽	6月12～13日	绍兴、杭州	绍兴县杨汛桥镇锡箔加工企业血铅超标等
26	英国	路透社	曾昭阳等2人	6月17日	绍兴诸暨	大水灾情等
27	西班牙	阿斯图利亚斯电视台及合作单位，ZEBRASTUR传媒公司	玛丽亚·安吉拉·洛佩斯·加西亚等2人	6月19日～7月2日	杭州	拍摄《阿斯图利亚斯人在世界》节目
28	英国	《卫报》	安玲等2人	6月20～22日	嵊州	报道“关爱女孩行动”

续表

序号	国家	机构名称	记者姓名及人数	采访时间	采访地点	采访内容
29	利比里亚	利比里亚国家广播电视台	艾维·维尼提·菲尔利等4人	7月1～3日	杭州	拍摄西湖、丝绸市场、龙井村等
30	日本	日本广播协会	大井知宏等5人	7月7日	杭州	拍摄《中国语讲座》，采访阿里巴巴
31	匈牙利	国家电视台	萨卡·桑德尔等3人	7月9～15日	丽水	参加世界青田人大会，采访青田、龙泉
32	阿拉伯国家联盟	阿尔及利亚、埃及、约旦、巴勒斯坦、叙利亚、突尼斯等	阿拉伯国家广播电视记者团研修班33人	7月14～19日	杭州	与省广电局、广电集团、浙江日报报业集团、华数公司等交流座谈
33	韩国	KBS北京联络处	全光国等3人	7月22～25日	杭州	胡庆余堂
34	英国	英国广播公司	安德鲁·马尔等7人	7月23日	杭州	西湖
35	日本	《每日新闻》、每日电视台、《朝日新闻》、朝日电视台、《中日新闻》、《读卖新闻》、关西电视台等	隅俊元等47人	7月24～31日	温州	“7·23”动车撞车事故
36	美国	CNN(驻京)	奥尔森·布拉德利·亚伦、蒋欣等3人	7月24～28日	温州	“7·23”动车撞车事故
37	英国	路透社、BBC(驻京)	曾昭阳、杨玉丽、常乘仙等5人	7月24日	温州	“7·23”动车撞车事故
38	法国	法新社(驻京)	玛丽娜等2人	7月24～26日	温州	“7·23”动车撞车事故
39	西班牙	《世界报》、加泰罗尼亚电视台	潘安智、希亚齐等2人	7月24—～6日	温州	“7·23”动车撞车事故
40	韩国	KBS电视台(驻京)、联合通讯社(驻沪)	孙瑄洙等4人	7月24～28日	温州	“7·23”动车撞车事故
41	卡塔尔	半岛电视台(驻京)	凌培等4人	7月24～26日	温州	“7·23”动车撞车事故
42	新加坡	《联合早报》	王维文等4人	7月28日	温州	“7·23”动车撞车事故
43	韩国	韩国广播公司KBS	金周泳等2人	8月16～19日	舟山	“中外媒体舟山群岛行”采访活动
44	日本	日本广播协会	关则夫等3人	8月16～19日	舟山	“中外媒体舟山群岛行”采访活动
45	新加坡	亚洲电视台	2人	8月16～19日	舟山	“中外媒体舟山群岛行”采访活动
46	日本	《读卖新闻》驻沪记者	角谷志保美	8月22～23日	温州	“7·23”特大交通事故1周
47	日本	《每日新闻》驻沪记者	隅俊元	8月22～23日	温州	“7·23”特大交通事故1周

续表

序号	国家	机构名称	记者姓名及人数	采访时间	采访地点	采访内容
48	日本	NHK 电视台	奥谷龙太	8 月 22～23 日	温州	“7·23”特大交通事故 1 周
49	日本	共同社记者	辰巳知二	8 月 22～23 日	温州	“7·23”特大交通事故 1 周
50	日本	朝日新闻社驻沪记者	奥寺淳	8 月 22～23 日	温州	“7·23”特大交通事故 1 周
51	巴西	《考核》杂志	提亚哥·F·乐士布里奇等 2 人	8 月 22 日	义乌	巴西在华企业家、义乌小商品市场
52	德国	《汉诺威会报》	约翰娜·迪·布拉思	8 月 29 日～9 月 19 日	杭州	旅游
53	俄、美、法、意、荷、日、印、韩、印尼、新、巴等	俄通—塔斯社、美国之音、荷兰国际新闻电视台、埃及中东通讯社、《印度时报》、巴基斯坦通讯社、日本《朝日新闻》、韩国《中央日报》、法国《费加罗报》等	安德烈·伊弗·金,明张,马日耶·弗拉斯坎普等 19 人	9 月 7～9 日	杭州、宁波、绍兴	亚洲政党专题会议及中国反腐败工作
54	日本	NHK	石井大介	9 月 11～12 日	杭州	制作《网络推动下的中国时尚》,拍摄淘宝网
55	日本	TBS	石渡哲也等 3 人	9 月 11～14 日	湖州、嘉兴、杭州	南浔古镇、海宁潮等
56	美国	国家公共电台,《华盛顿时报》,《国会》季刊,《拜伦斯》杂志	罗伯特·巴伦格等 10 人	9 月 17～20 日	宁波	采访宁波经济、社会、文化等
57	日本	铁木真电视制作公司	赤濑悠甫等 2 人	9 月 17～27 日	义乌	在义乌的阿拉伯商人
58	菲律宾	《马尼拉标准》等	玛斯卡利纳斯,克莉丝汀·平古因等 5 人	9 月 19～23 日	杭州	博世电动工具亚洲创意车设计大赛 2011 总决赛
59	加纳	加纳广播公司、都市电视台、《加纳时报》、《每日写真报》等	乔治·埃博·萨齐等 8 人	9 月 22～24 日	杭州、义乌	正泰太阳能科技有限公司、阿里巴巴、义乌非洲商品展销中心
60	美国	美国国家广播公司 NBC	温迪·米歇尔·柯林斯等 2 人	9 月 24 日～10 月 3 日	杭州、上海	浙大网新、阿里巴巴等
61	荷兰	VPRO 电视台	阿丽亚娜·玛丽亚·梅厄曼等 3 人	9 月 29 日	嘉兴	传统典籍对当代中国的重要性
62	德国	自由摄像师	玛丽安·斯托伊卡	9 月底	杭州	旅游

续表

序号	国家	机构名称	记者姓名及人数	采访时间	采访地点	采访内容
63	法国		欧洲媒体记者10人	10月11日	杭州	万向电动汽车有限公司
64	日本	读卖新闻社	松田聪	10月8～14日	慈溪	亚洲湿地研讨会
65	巴西	论坛电视台	罗萨那·德·奥利维拉·瓦莱等4人	10月上、中旬	义乌	随巴西港口部长所率企业家代表团来访
66	德国	普罗斯本卫视1台	迪特码·克伦朴等3人	10月22日	义乌	拍摄义乌小商品市场
67	葡萄牙	记录日报社	佩德罗·庞特	10月25日～11月5日	绍兴	第9届世界荷球锦标赛
68	非洲	非洲法语国家联合新闻团	25人	10月25～27日	杭州、义乌	中非合作论坛高官会
69	日本	静冈新闻社、静冈放送	尾原崇也等3人	10月31日～11月4日	杭州、义乌、温州等	连线浙江——外国友城媒体看浙江活动
70	阿联酋	阿联酋沙迦市媒体与公共关系部	纳达·阿尔·苏瓦伊迪等2人	10月31日～11月4日	杭州、义乌、温州等	连线浙江——外国友城媒体看浙江活动
71	比利时	西佛兰德第二电台	米沙艾尔·亚纳特等2人	10月31日～11月4日	杭州、义乌、温州等	连线浙江—外国友城媒体看浙江活动
72	瑞士	《自由报》	帕特里希亚·米肖等2人	10月31日～11月4日	杭州、义乌、温州等	连线浙江——外国友城媒体看浙江活动
73	日本	富士电视台	大平进士等2人	11月2日	杭州	中国演艺人才培养和农村发展
74	韩国	《朝鲜日报》	李熙永等2人	11月19日	横店	拍摄《TV in Asia》
75	瑞典	瑞典教育广播电视台	克斯廷·M·古斯塔夫松·菲戈罗亚	11月20日	横店	拍摄横店影视城
76	英国	BBC	迪克·鲍尔等2人	12月1～3日	杭州、嘉兴	浙江省高血压社区防治情况
77	日本	朝日电视台	大野公二等6人	12月4日	温州	温州街景
78	印尼 新加坡 泰国	印尼、新加坡、泰国电视台	罗曼诺·普拉塞提亚·巴克第·内格拉等9人	12月14～17日	杭州、义乌	杭州风景名胜、义乌小商品市场
79	津巴布韦	津巴布韦媒体新闻人员研修班	穆克维拉·格拉求斯等28人	12月15日	杭州	杭州风景名胜
80	法国	《轮胎》杂志	杰罗姆·弗朗索瓦·丰迪亚兹	12月16～21日	杭州	杭州中策橡胶有限公司
81	日本	富士电视台	山口顺平等2人	12月24～27日	杭州	中国演艺动漫文化与网络偶像KA98

省外办机关建设

【概况】 2011年,省外办系统有中共党员1922名。年内新发展党员9名,预备党员转正40名,办理党员调动手续533人,其中转入组织关系438人、转出95人。

【开展创先争优活动】 2011年年中,机关党委在全办组织开展了领导干部点评和民主评议党员工作,要求以创建"五个好"先进基层党组织、争当"五带头"优秀共产党员为主要内容开展创先争优活动。通过此项活动,全面强化了经济外事、诚信外事、优质外事,在服务经济转型升级、拓宽合作渠道,构建对外开放新格局、开展公共外事,树立浙江对外新形象、提升外事管理服务水平等方面为地方外事工作作出了新贡献。

【加强学习提高水平】 2011年,机关党委以推进学习型党组织建设为抓手,把集中学习与个人自学、进党校专修、开展调查研究、与基层结对、党史知识竞赛、每周一下午业务培训、外事专题培训等结合起来,提高了外事干部的综合素质。重点学习十七大、十七届四中、五中全会精神,《中共中央关于制定国民经济和社会发展第十二个五年规划的建议》及省委十二届八次全会精神。进一步完善中心组理论学习。继续抓好党员读书活动,发放《中国共产党历史》第一、二卷,《中国共产党90年学习读本》等各类党建书籍、辅导书籍400余套。通过学习活动,2人被评为省级学习型党员,1个支部被评为省级学习型党支部。

【作风建设提升机关效能】 2011年,在办机关及直属单位中进一步推进"之江外事先锋"主题活动,深化机关作风建设。机关党委发动党员干部职工广泛参与,诚恳接受群众监督,开展公开承诺、亮化形象、优化服务、联动竞赛等各项活动,提高了工作效能,提升了公共服务水平。

【建党90周年庆祝活动丰富多彩】 2011年是建党90周年,机关党委组织了丰富多彩的庆祝活动,例如编发《党团建设通讯七一专刊》、组织赴庆元党建活动、举办建党90周年图片展、赴东阳重走长征路、参加全省共产党成立90周年党史党建知识竞赛、发送红色短信、看红片购红书、参加幸福指数调查、开展"党内关爱周"、出席省直机关90周年先进事迹报告会、参加颂歌飞扬90年大型歌舞晚会,等等。

【党工团活动丰富多彩】 2011年初,省外办机关人员、离退休老干部、外服中心、外服公司代表、花家山庄代表300余人在杭州花家山庄举办了省外办迎春联欢会。

为加强机关精神文明建设,活跃干部职工文化生活,办机关党委、机关工会、机关团委4月开始举办第六届"体育活动月",设乒乓球、羽毛球、垂钓、登山、中国象棋等6个竞赛项目,有462人次参加活动。在办领导的带领下,登山运动已成为深受干部职工喜爱的运动。

办工会还组织会员参加美丽堂讲座、"三八"妇女节活动、汽车服务、家装服务、央企民生服务、省直机关文体协会等活动。制定《省外办机关职工疗休养工作暂行办法》,做好上级工会组织的疗休养、省直体育比赛、送温暖、捐赠、工会创先争优等各项活动。组织摄影、登山、垂钓、羽毛球等4个兴趣活动小组开展日常活动。工会坚持生日、生病慰问工作,定期排查困难职工情况,受到职工的赞赏。

机关党委积极参与与庆元县五大堡乡的结对帮扶工作,2011年新增帮扶专项资金50万元。"七一"前后,机关党委专刊表彰了下派指导员李丰,组织全办党员赴庆元开展党建活动,向当地政府、图书室、学校赠书,慰问贫困老党员,考察当地建设情况,并为庆元县的对外结好、学校交流、产品外销、招商选资等工作提供更大的支持。

(葛志宇)

外事服务

·浙江省对外服务公司·

【概况】 浙江省对外服务公司(简称"省外服公司")创立于1984年,隶属浙江省人民政府外事办公室,是浙江省最早从事人力资源服务、综合涉外服务的专业机构。省外服公司旗下包括人力资源服务、移民留学服务、国际教育培训、国际贸易、国际交流等主营板块。

【人力资源核心业务】 2011年,省外服公司与诺基亚西门子、摩托罗拉、惠普、爱立信、葛兰素史克、渣打银行、TATA信息技术、LG电子、三星电子、索尼、松下、中国人保、安邦保险、加多宝、西子奥的斯、浙江移动、中国农业银行、光大银行等中外知名企业开展了人力资源服务领域的深度合作。至2011年末,省外服公司共有人事外包企业客户2000余家,雇员超过60000名,设立全国性服务网点162个。在招聘、猎头服务方面,为省内100余家知名企业招募近2500余人。面向客户企业提供各类法律咨询服务、财务咨询服务、管理咨询服务及解决方案1000余件,办理代表处设立、工商注册、年检、变更、延期、个人证件等商务服务近1400件。2011年,省外服公司进一步优化服务模式,实现客户端与员工端的分离,组建客户服务中心、员工服务中心和全国保障中心,并成立信息化应用推进项目组,全面整合OA-CRM-MIS信息系统,旗下蓝拓人力网站正式上线运行。省外服国际教育培训中心引进德国汉堡港世界先进的欧盟物流ELA职业资格培训体系,承担了宁波市27个重点发展项目之一的宁波市中德高级物流人才与师资培训项目,成功签约宁波市现代服务业公共职业培训平台,成为该平台第一个引进机构。

【涉外服务业务】 2011年,省外服公司致力于推动中国公民海外发展的服务平台,成立大中华区运营中心、文档法务中心、全球客户服务中心,为客户量身打造个性化的海外发展规划,提供高品质投资移民、出国留学等综合涉外服务。是年,省外服公司在全省举办海外投资发展说明会16场,包括赴加拿大、美国、澳大利亚、德国、英国、西班牙、新加坡等国的商业类、独立技术类及家庭类海外定居和发展的因私出入境中介服务项目,全年签约率和成功率均列全省同行前茅。截至2011年底,省外服公司派遣赴日本研修生在日108人,为122人提供留学、签证等相关服务,组织143名学生赴英国、美国、澳大利亚参加国际夏令营。国际交流方面,新组建"日本中心";以英语为基础的欧美国家交流项目、"赴美带薪"、代办签证、英语接待等项目成为新的经济增长点。全年完成国际贸易进口设备总金额超过2000万美元,地铁项目服务外包额2300万美元。

【组织机构建设与资质荣誉】 2011年,省外服公司先后设立浙江省对外服务公司上虞分公司、杭州下城分公司、湖州分公司、杭州余杭分公司和丽水分公司。为进一步深化浙江外服旗下"蓝拓人力"的品牌培育和战略推广,设立了浙江蓝拓人力资源服务有限公司温州分公司和全资成立四川蓝拓人力资源服务有限公司。1月,省外服公司获"2010年度中国劳务派遣诚信单位"称号;2月,被杭州市上城区人民政府授予工贸业"重点单位"称号;7月,获"浙江省行业质量服务优秀示范单位"称号;10月,浙江蓝拓人力资源服务有限公司获"中国著名劳务派遣品牌机构"称号;11月,省外服公司被授予"2010年度杭州市共青团青年就业创业见习基地"称号。省外服公司还被省商务厅、杭州市对外贸易经济合作局认定为服务外包培训机构。

(钱岐君)

·杭州花家山庄·

【概况】 2011年,杭州花家山庄

(简称“山庄”)营业收入3550万元,比上年增长23%。实现利税587万元,增长11.6%。2011年为杭州市餐饮食品卫生A级资格复查免检单位,并获得杭州市“绿化先进单位”荣誉称号。

【做好经营接待工作】 2011年,山庄接待重要来宾369批次,接待各类会议团队786批次。其中有:省委书记、省人大常委会主任赵洪祝宴请韩国驻华大使柳佑益一行,菲律宾自由党联合主席、众议长费力西亚诺·贝尔蒙特一行,韩国全罗南道议长李镐均一行,东盟常驻代表委员会代表团一行,美国密苏里州州长杰雷米·尼克松,比利时西弗兰德省省长保罗·拜恩、副省长巴特·纳亚特一行,省长吕祖善宴请外交部驻港特派员吕新华及各国驻港领事,省政协主席乔传秀宴请印度尼西亚前总统、民主斗争党主席梅加瓦蒂·苏加诺普特莉一行,泰国前总理、枢密院大臣素拉育一行,副省长龚正宴请韩国全罗南道经济副知事郑顺南一行,以外交部副部长李金章为团长的外交部国情学习考察团一行,副省长王建满会见并宴请澳大利亚西澳州政府副总理基姆·汉默斯一行等。作为外事接待窗口,在接待跟踪、服务技能、餐饮摆台等环节上推陈出新,全年会议接待宾客满意率达到96%。

【提升服务管理水平】 完善制度建设,强化资产管理,建立资产管理员队伍,完善审批手续与流程;建立餐饮成本分析会议制度;完善发票管理规定和会议外费用内部操作规定;建立五常法台账管理制度;完善退休工人医药费报销制度,一系列制度的建立与完善,保证了各项工作的有序进行。

调整质量监督构架,创立部门自检制度;改革质监例会流程;创立总经理每月带队质监制度。加大人员培养力度,从专业院校招收实习生和大学生;对山庄管理骨干进行体验式特训;外请老师开展技能培训,全年进行各类培训38批次,参训560余人次。

开展绿色饭店评定,完善管理网络,加强宣传培训,积极改善环境氛围,提供绿色产品与服务,持续改进生态管理和节能降耗,社会反响良好,在西湖风景名胜区管委会和杭州市旅委两级主管单位的现场评审中获得高度认可。

【基建改造】 2011年,山庄投入更新改造资金1500万元,进行外环境改造、二号楼改造以及设施设备的更新换代。其中二号楼改造先后投入自筹资金1270万元,提升了山庄的综合接待能力。

调整38间客房朝向,增加多功能厅面积,新增2个会场,新建室外立体式休闲平台和观景区;在图纸细节和用材材质上数易方案,保证了设施的人性化和高品质。

【企业内部建设】 2011年,山庄党支部以开展“争先创优”活动为契机,开展了歌咏比赛、专题学习交流讨论、观看主旋律电影、赴庆元县五大堡乡扶贫帮困等系列活动。全年发展新党员4名。

山庄重视企业向心力建设,始终坚持以人为本,以各种方式关心关爱员工,丰富员工的业余文化生活,进一步增强团队凝聚力。年内,组织先进工作者赴港澳旅游;组织管理骨干赴福建、广东等地参观学习;组织开展“三八”妇女节女员工登高比赛;建立总经理与基层员工恳谈制度;发放总经理奖励基金3次32人次;严格按照国家相关政策实施事业单位人员工资结构调整;对病困员工及弱势群体进行探访慰问补助,全年支出员工补助金4.65万元。

(郎　愚)

·浙江省外事培训中心·

【概况】 2011年,浙江省外事培训中心(简称“外事培训中心”)围绕“发挥外事优势,促进人才培训,服务转型升级”目标,在全省外事系统举办、协办多个培训班,直接参训人员1000余人次。

【开设精品培训班】 **全省第三期地方外办主任研修班。**2011年7月初在绍兴市举办,以“经济外事”为主题,来自全省各市及部分县(市、区)的外办主任近60人参加。研修班上，省发改委副主任、省发展规划研究院院长刘亭对浙江省“十二五”规划进行了解读；省国际经济贸易研究中心、WTO浙江研究咨询中心主任张汉东作题为《“十二五”我省开放型经济形势》的辅导报告；外交部政策规划司副司长戚振宏系统介绍了外交部经济外交工作的发展历程和近年来中国经济外交工作取得的成绩，并对地方外办如何加强新形势下的经济外事工作提出了建议。全省11个地市外办围绕近几年开展经济外事工作情况及下一阶段工作思路进行了交流。省外办副主任顾建新主持研修班并作总结。

第二期全省外事系统英语特训班。2011年7月至8月由外事培训中心与浙江大学联合举办，来自全省各地市和有关单位的19名学员参加学习。此次特训班开设了高级阅读与笔译、新闻时事论坛、高级口译、高级听力与讨论等4门课程，课堂集中授课150学时。此外，利用课余时间举办了国际形势报告会、外事礼宾礼仪讲座、欧洲债务危机讲座、“走进良渚文化”等多场报告活动。省外办主管领导和部门有关负责人多次听课并与学生座谈，共同探讨提高翻译水平的方法和技巧。

全省外事系统新进人员业务培训班。2011年9月底在杭州举办，为期4天，140余人参加培训。培训班开设了外事礼宾礼仪、对外宣传与外国记者管理、因公出国(境)审批管理、护照签证工作管理及注意事项、领事保护与涉外事件处置、浙江省与美大地区对外交往及友城工作、浙江省与欧非地区对外交往及友城工作、浙江省与亚洲地区对外交往及友城工作、浙江省与港澳地区工作、浙江省民间友好交流工作等10门课程，省外办两位副主任及有关业务处室负责人分别授课。

【开展特色培训】 为省外办机关语言干部进行常态化培训。一是进行每周2次4课时的集中培训，实现机关工作人员培训常态化，培训内容以翻译能力和岗位建设为主。二是选派2名英语翻译到外交学院参加为期5个月的英语系高级外事口译培训班，并做好学员脱产学习的后勤保障和服务工作。三是安排业务处2名干部赴浙江大学参加英语特训班学习。

与地市外办合作举办服务企业“走出去”培训班。11月17日，在温州市举办服务地方经济社会发展大型外事业务培训班。温州市外事系统干部及重点企业外事专办员共330人参加培训。外交部政策规划司副司长戚振宏、外交部领事保护中心副主任李春林、省外办副主任陆国灏及新闻文化处处长苗军、出国管理处副处长丁亚昀等为参训人员讲授了国际形势和当前热点问题、领事保护、外事礼仪、境外记者管理及因公出国(境)管理等外事业务知识，授课专家还与培训人员互动，对民营企业进行境外拓展业务等指导。

配合新闻文化处举办讲座。4月，配合省外办新闻文化处等部门，举办新闻记者业务讲座，来自全省有关部门的200余人参加讲座，外交部新闻司副司长、发言人洪磊主讲。

（张月祥）

·知识窗·

日本行政区怎么划分？

日本全国共分为47个管辖区：1都、1道、2府、43县，这一层的行政划分统称为都、道、府、县，与中国的省及直辖市的行政区划等级类似。“1都”指东京都，是日本的政治、经济和文化中心；“1道”是北海道；“2府”是京都府和大阪府，是关西的历史和经济中心地带；43个县则相当于中国的省。除北海道之外，都、府、县以下分成两个系统：一个是城市系统，有市、町(街)、丁目(段)、番地(号)；另一个是农村系统，有郡(地区)、町(镇)和村。因此，在日本是县大市小。

日本全国还分成8个大区，如关东、东北、中国等，东京属于关东地区。

港澳事务

【2011年浙江海外联谊会迎春团拜会】 2011年1月8日在广东东莞举行。浙江省领导和来自香港特区、澳门特区等的260多名乡贤、朋友欢聚一堂，畅叙乡情友情，共话美好未来。

省委副书记夏宝龙致辞，副省长龚正出席。夏宝龙指出，过去一年，浙江胜利完成经济社会发展各项任务，实现"十一五"规划圆满收官。这些成绩是全省人民同舟共济、奋力拼搏的结果，也是港澳同胞、台湾同胞和海外侨胞鼎力支持、慷慨相助的结果。新的一年希望各位乡贤和朋友一如既往地关心、支持浙江的建设和发展，献计献策、出智出力，共同开创浙江美好未来。

香港浙江省同乡会联合会会长车越乔，全国人大常委会委员、澳门特区立法会副主席贺一诚等分别在会上致辞。省港澳办副主任陆国灏等有关部门负责人参加团拜会。

【四部门联合举办欢迎省政协港澳华侨委员酒会】 2011年1月16日，省委统战部、省港澳办、省工商联、省侨联联合举办欢迎酒会，宴请参加浙江省政协十届四次会议的省政协港澳华侨委员、港澳台侨委员会特邀委员。省港澳办主任阮忠训致欢迎词，省委统战部长汤黎路致祝酒词，省工商联党组书记汤为平主持酒会。省政协副主席、省工商联主席徐冠巨等浙江有关方面领导与省政协港澳华侨委员、港澳台侨委员会特邀委员共150人欢聚一堂，畅叙发展，共迎新春。

【省领导会见省政协港澳华侨委员和特邀委员】 2011年1月17日，赵洪祝、吕祖善、周国富、乔传秀、夏宝龙等浙江省领导在省人民大会堂会见出席省政协十届四次会议的港澳华侨委员和港澳台侨委特邀委员，共叙桑梓友情，共商发展大计。

赵洪祝说，"十一五"时期浙江经济社会发展取得的成就，与港澳华侨委员的重视关心和鼎力支持密不可分。2011年是"十二五"开局之年，希望各位委员一如既往地关心和支持浙江的发展，继续保持情系桑梓的赤子情怀，在自身发展的同时不忘反哺家乡，努力做大做强在浙江的事业，积极为浙江引进高端项目、先进技术和高层次人才，为浙江加快经济转型升级献计献策、出智出力；继续发挥联系广泛、渠道畅通的独特优势，为浙江产品和企业走出国门铺路搭桥，为浙商和浙江资本走向世界穿针引线；继续弘扬热爱祖国的优良传统，充分发挥自身的影响力和宣传示范作用，为促进祖国统一大业贡献力量。

省港澳办主任阮忠训等参加会见活动。

【香港特区政府驻沪办候任主任访问浙江】 2011年2月21日至22日，香港特区政府驻上海经贸办事处候任主任谭惠仪一行访问浙江。

21日，副省长龚正会见谭惠仪一行。龚正对客人到访表示欢迎，并简要介绍了2010年浙江省经济社会发展情况。他说，浙江与香港一直保持良好的交流关系，合作领域不断扩大，合作成效显著。"十二五"时期将是浙江经济发展方式加快转变、产业结构加速升级的关键时期，希望驻沪办为推动浙港互利合作、实现共赢发展作出新的贡献。

省港澳办副主任陆国灏与省发改委、省商务厅等主要领导参加会见。

在浙期间，谭惠仪一行还拜

会了省侨办、杭州市政府，考察了杭州高级中学及白马湖创意园区，访问了香港贸发局浙江代表处、港龙航空杭州办事处、东亚银行杭州分行等港资机构，对港资企业在浙江的经营发展情况进行了调研。

【渣打银行大中华区主席访问浙江】 2011年2月24日，省委书记、省人大常委会主任赵洪祝会见来访的渣打银行大中华区主席曾璟璇一行。

赵洪祝向客人介绍了2010年浙江省经济社会发展情况及“十二五”规划情况。他说，浙江与渣打银行已经有很好的合作基础，希望渣打银行能够成为浙江经济发展的参与者、分享者，共同发展，共享成果。希望渣打银行能够继续拓展业务范围和领域，进一步扩大在浙江省的发展，并发挥良好的引领和示范作用；能够利用先进的管理经营理念，帮助浙江省金融业提升业务能力，促进浙江金融业持续健康发展；能够发挥行业地位领先、国际经验丰富、社会资源广泛的优势，为浙江企业参与国际竞争、化解金融风险提供高水平、国际化的专业服务，帮助符合条件的浙江企业到香港上市融资。

曾璟璇对浙江省的长期支持表示感谢，并通报了渣打银行在大中华区及浙江的发展情况。她说，渣打银行将积极配合浙江省“十二五”规划，继续为浙江民企发展提供金融支持。

省委常委、秘书长李强，省港澳办副主任陆国灏等参加会见。

【浙江赴港招聘现代服务业高端人才】 2011年3月26日，省委人才办、省人力社保厅、省港澳办联合举办的“2011浙江—香港现代服务业高端人才招聘会”在香港举行。这是浙江省连续第三年赴香港招聘高端服务业人才，副省长陈加元率团参加招聘会。

此次招聘会紧扣浙江省现代服务业发展人才需求，以金融保险、电子商务、高等教育、旅游会展、文化创意等行业领域为引才重点。全省共有74家企事业单位参会，推出1026个中高层次岗位和31个科技项目。招聘会吸引了不少香港服务业高端人才，在高端人才引进和项目合作方面均获得丰收。

省港澳办副主任陆国灏出席上述活动。

【香港中华总商会长三角委员会在沪成立】 2011年4月1日，香港中华总商会长三角委员会在上海成立。该委员会旨在进一步发挥香港中华总商会的桥梁作用，加强香港与长三角地区的经济合作，实现共同发展。香港中华总商会长三角委员会主席由刘铁成担任，设副主席2名、委员20名。

香港中华总商会会长蔡冠深在成立仪式上说，香港与长三角地区经贸、人员往来向来密切，特别是《内地与香港关于建立更紧密经贸关系的安排》(CEPA)实施以来，香港与长三角地区建立了更紧密的经贸关系。“十二五”期间，国家将加快发展现代服务业，并提出实施区域发展总体战略，这为香港与长三角之间的进一步紧密合作提供了重要契机。他表示，该委员会成立后，将助推香港与长三角地区经贸关系的良性互动，积极为两地企业家牵线搭桥等。

省港澳办副主任彭波出席成立仪式及高峰交流会。

【部分外国驻港总领事访问浙江】 2011年5月12日至15日，外交部驻香港特派员吕新华率美国驻香港总领事杨甦棣及夫人、欧盟驻香港办事处主任简倩蕾、芬兰驻香港总领事安芬妮、科威特驻香港总领事艾杜纳一行来浙江考察访问。

12日，省长吕祖善在杭州会见吕新华和部分外国驻港总领事代表团一行。吕祖善首先对客人到访表示欢迎，向他们简要介绍了浙江省经济社会发展情况。他表示，改革开放30多年来，浙江经济社会发展取得了巨大成就，“十二五”将是浙江加快转变经济发展方式、加速提升产业结构的关键时期，真诚希望代表团在浙江多走走多看看，进一步加深对浙江的了解，为促进浙江与香港、浙江与各国的交流合作多做牵线搭桥工作。吕新华表示，希望通过在浙江各地实地参访，帮助外国驻港总领事进一步了解浙江的历史文化、风土人情、经济社会发展及中国沿海地区发展现状，并借助各国驻港总领馆的宣传，扩大浙江在港澳地区和海外的影响，促进各国与浙江在经贸、产业、旅游、人文等领域的交流合作，实现共赢发展。

省政府秘书长张鸿铭，省港澳办主任阮忠训、副主任彭波等陪同会见。

访浙期间，吕新华和外国驻港总领事一行先后赴义乌市、诸暨市、绍兴市、绍兴县参观，实地考察了义乌国际商贸城、梦娜袜业、诸暨城市广场、华东(诸暨)国际珠宝城、阮仕珍珠集团、中国黄酒博物馆、中国轻纺城、绍兴小百花艺术中心等企业和机构，游览了西施故里、兰亭、鲁迅故居、柯岩等风景名胜。

【香港企业界经贸考察团访问浙江】 2011年5月18日至22日，外交部驻香港特派员吕新华率香港企业界经贸考察团访问浙江。

21日，省委书记、省人大常委会主任赵洪祝在淳安会见吕新华和香港企业界经贸考察团一行。省委常委、秘书长李强，省委常委、副省长葛慧君，副省长陈加元，省港澳办主任阮忠训、副主任彭波参加会见。

在浙期间，考察团先后赴衢州市、绍兴县、诸暨市和淳安县等地考察访问，重点考察了浙江菲达环保科技股份有限公司，出席了绍兴多彩华侨动漫城项目签约仪式，还参观了南宋孔庙、清漾毛氏文化村、江郎山和廿八都古镇等风景名胜。

【浙江省代表团出席香港浙联会新一届理事就职典礼】 2011年6月27日，香港浙江省同乡会联合会举行庆祝香港回归祖国14周年暨第7届理事就职典礼。省委副书记夏宝龙率浙江省代表团出席并致辞。香港中联办副主任黎桂康，外交部驻香港特派员公署特派员吕新华，香港特别行政区民政事务局局长曾德成，省政协副主席、省委统战部长汤黎路和省港澳办主任阮忠训等出席庆典活动。

夏宝龙向在港浙籍乡亲致以亲切问候，对各位乡贤长期以来关心支持浙江经济社会发展表示感谢。他说，香港浙江省同乡会联合会成立10多年来，筚路蓝缕，开拓创新，理事队伍不断扩大，爱国精神代代传承，会务建设成果丰硕，为香港繁荣稳定和浙港两地的交流合作作出了不懈努力。希望浙联会以换届为契机，加强自身建设，推动各项工作再上新台阶，一如既往地支持特区政府依法施政，积极推动浙港两地深化交流合作，促进双赢发展，共同把香港繁荣稳定的良好局面巩固好、发展好。

在港期间，代表团还先后拜会中央有关驻港机构、香港各界人士，并分别与香港青联会、香港教育界的浙籍精英座谈，共同探讨进一步扩大浙港经济、教育、科技、文化等各领域的交流合作，开拓深化青少年、浙籍乡贤、基层民众等各层次人员交往的途径和举措。

【香港贸发局主席访问浙江】 2011年7月14日至15日，香港贸易发展局主席苏泽光一行访问浙江。

14日，省委常委、常务副省长陈敏尔会见苏泽光一行。在介绍浙江海洋经济发展规划时，陈敏尔指出，浙江海洋经济发展迅速，根据《浙江海洋经济发展示范区规划》，浙江将充分挖掘丰富的海洋生产力，并把海洋经济作为经济转型升级的突破口，将重点发展港航物流服务业、海岛开发、海洋战略性产业等领域。香港海洋经济非常发达，又是浙江对外开放的一个重要窗口，也是浙江招商引资的重要平台。近年来，浙江省与香港在贸易投资、资本市场、文化教育、旅游观光等领域的合作交流卓有成效，相信主席的来访必将成为双方进一步增进了解、深化合作的有利契机，我们愿一道努力，推进浙港经贸交流合作，特别是在海洋经济方面的合作，取得双赢发展。

苏泽光感谢多年来浙江省对贸发局工作的支持。他说，浙江是中国的经济大省，浙港两地不但在创业、金融等服务业领域有合作空间，在文化创意和海洋经济领域希望也有更进一步的合作。香港贸发局将继续发挥自身优势,为浙江企业开拓国际市场搭建贸易桥梁。

省政府副秘书长冯波声、省港澳办副主任彭波等参加会见。

【香港办学团体和教育社团访问团访问浙江】 2011年7月24日至29日,由中联办教科部副部长董翠娣、香港教育局副秘书长叶曾翠卿率领的香港办学团体和教育社团访问团访问浙江。

28日,省港澳办副主任彭波会见并宴请访问团一行,向客人介绍了浙江省开展"千校结好"活动的情况。

在浙期间,访问团一行与浙江省10多位校(园)长进行了浙港中小学及幼儿园道德教育座谈,并先后考察杭州、绍兴等地的文化名胜。

【香港港龙航空行政总裁访问浙江】 2011年9月8日,副省长王建满会见来访的香港港龙航空总裁杨伟添一行。

王建满说,随着对外开放的深入发展,浙江对航空业的需求持续增长,航空市场前景看好。希望港龙航空发挥国际化管理理念和优质高效服务等优势,为浙江口岸建设、国际交流、公民出行提供更好的服务。浙江将一如既往地支持港龙航空在浙江的发展,并愿为港龙航空在浙发展创造良好环境。

杨伟添感谢多年来浙江省对港龙航空的支持。他表示,港龙航空期待与浙江开展更为密切的合作,共同构建更丰富、更合理的航线网络。

省政府副秘书长谢济建、省港澳办副主任彭波等参加会见。

【中日交流访问团访问浙江】 2011年10月15日至21日,省政协常委、著名实业家、香港永新企业有限公司副董事长曹其镛率中日交流访问团一行41人来浙江考察访问。

16日,省委常委、秘书长李强会见曹其镛一行。李强首先感谢曹其镛先生多年来对家乡建设发展的关心支持以及为推进浙港合作、中日友好交流所作的努力,并简要介绍了浙江经济社会发展近况。他表示,中日关系正处在新的历史起点,面临新挑战、新机遇。浙江与日本一衣带水,有着深厚的文化渊源和友好情谊。青年是传承友好合作的生力军,推动青年间的友好交往对双方来说都是功在当代、利在千秋的大事。曹其镛先生在浙江大学等5所大学捐资建立中日青年交流中心,非常有意义。

曹其镛表示,希望凭借中日青年交流中心这个平台,为中日青年间增进了解、促进交流提供便利条件,期望他们将来能为推动中日两国间的交流发展作贡献。

省港澳办主任阮忠训、副主任彭波等参加会见。

在浙期间,访问团一行在杭州、宁波等地参访,还访问了浙江大学、宁波大学,参观了浙江省博物馆武林馆区、宁波帮博物馆、天一阁藏书楼,考察了鄞州新农村建设侨务工作示范基地湾底村,游览了西湖、千岛湖、东钱湖风景区,观看了越剧《春琴传》和折子戏专场演出。

【首次浙港姊妹学校缔结签约仪式在香港举行】 2011年11月23日,在省港澳办、省教育厅、香港中联办教育科技部、香港教育局及香港教育工作者联会的共同见证下,浙港两地共50所中小学校首次在香港举行盛大的缔结姊妹学校签约仪式。香港中联办教育科技部副部长李鲁、香港教育局副秘书长叶曾翠卿、省港澳办副主任彭波、香港教育工作者联会主席黄均瑜及两地50所参加缔结计划学校的校长和教师代表近百人参加签约仪式。

签约仪式上,叶曾翠卿与彭波分别致辞,他们充分肯定了本次活动的意义,并提出殷切希望。随后,缔结姊妹学校的双方校长正式签署教育教学合作意向书,并举行浙港教育交流座谈会。

签约学校领导分别前往各自缔结的香港学校参观交流。

【香港特区政府行政长官访问浙江】 2011年12月4日至8日,香港特区政府行政长官曾荫权夫妇访问浙江。

7日,副省长龚正专程赴绍

兴会见曾荫权夫妇。龚正向客人介绍了浙江经济社会发展近况以及浙江省“十二五”规划目标任务。龚正表示,香港是国际金融中心、贸易中心、会展中心和航运中心,经济体系自由开放,法律制度比较完备,商业环境十分优越,国际市场联系广泛,并拥有一大批优秀的经营管理人才和专业人才,值得我们学习借鉴的地方很多。“十二五”期间,浙江省将全面推动经济转型升级,希望浙港两地进一步加强优势互补,实现互利双赢。

曾荫权说,浙江经济发展很快,有扎实的经济基础,制造业很强,但与香港一样也面临全球金融危机的挑战。他希望浙江企业充分借助香港金融市场平台,多到香港上市融资。香港在金融、物流、旅游等方面的发展也需要内地支持,希望浙港两地今后加强服务业领域对接,促进共同发展。

省政府副秘书长夏海伟,省港澳办副主任顾建新,绍兴市委、市政府主要领导参加会见和宴请。

曾荫权夫妇先后到宁波、绍兴、舟山等地参观考察。顾建新全程陪同。

【2012年浙江海外联谊会迎春团拜会】 2011年12月29日在珠海举行。浙江省领导和来自香港、澳门等地的260余名乡贤、朋友欢聚一堂,畅叙乡情、喜迎新年、共话未来。省委副书记李强讲话,副省长龚正致辞,省政协副主席、省委统战部长汤黎路主持团拜会。

李强代表中共浙江省委、省人大常委会、省政府、省政协,向广大浙江籍港澳同胞、台湾同胞和海外侨胞致以新年的问候,对大家为家乡发展作出的贡献表示感谢。他说,过去的一年,浙江各项工作取得新进展,经济运行总体良好,社会保持和谐稳定,实现了“十二五”发展的良好开局。特别是浙江相继获批浙江海洋经济发展示范区、舟山群岛新区、义乌国际贸易综合改革试点“三大国家战略”,这为浙江经济社会发展注入了新的动力。希望各位乡贤和朋友一如既往地关心、支持和参与浙江的建设,进一步推动浙港澳交流合作,为促进浙江与港澳地区的共同发展多作贡献;继续全面贯彻“一国两制”方针和基本法,支持港澳特区政府依法施政,为实现港澳长期繁荣稳定多作贡献。

省政协常委、香港浙江省同乡会联合会会长李德麟,全国政协委员、澳门特别行政区立法会议员贺定一等在会上致辞。他们表示要为早日实现祖国完全统一和中华民族伟大复兴,为浙江与香港特区、澳门特区的美好明天共同努力。

会上,向获得浙江省“光彩之星”称号和捐赠浙江省公益事业的省海外联谊会港澳理事颁发了荣誉证书。

省港澳办副主任彭波出席团拜会。

(章文平)

·知识窗·

外事活动递名片的礼节

1. 名片的放置

名片要放在容易拿出的地方,不要与其他杂物混在一起,以免要用时手忙脚乱。不要把别人的名片与自己的名片放在一起,一旦误将他人名片当作自己的名片送给对方,是非常糟糕的。

2. 出示名片的礼节

(1)名片的递送先后有一定的顺序,一般是地位低的人先向地位高的人递名片,男性先向女性递名片。(2)向对方递送名片时,应面带微笑,稍欠身,注视对方,将名片正对着对方,用双手的拇指和食指分别持握名片上端的两角送给对方,递送时可以说一些“这是我的名片,请多关照”之类的客气话。递名片时,切忌目光游移或漫不经心。

3. 接受名片的礼节

接受他人递过来的名片时,应尽快起身或欠身,面带微笑,用双手的拇指和食指接住名片的下方两角,态度也要毕恭毕敬,接到名片时要认真地看一下,可以说“谢谢”等等,然后郑重地放入自己的口袋、名片夹或其他稳妥的地方。切忌接过对方的名片一眼不看就随手放在一边,不要随便拿在手上,不要在手中随意玩弄,否则会伤害对方的自尊,影响彼此的交往。

对外民间交往

【概况】 2011年，浙江省人民对外友好协会(简称“省友协”)通过开展丰富多彩的交流活动，巩固与日本的友好关系，进一步发展周边关系，着力拓展欧、美、非洲地区交流渠道，努力扩大民间对外友好交流合作，为国家整体外交和浙江省的经济建设及社会发展服务。

全年接待来自美国、日本、德国、澳大利亚、印度、马来西亚、菲律宾、荷兰、阿尔及利亚、布隆迪等国的代表团组65批523人次。组派出访团组9批93人次，分别前往俄罗斯、匈牙利、克罗地亚、越南、日本、韩国、印度、尼泊尔等国家开展交流。

【日本福井县自然体验共学中心理事长访问杭州】 2011年1月10日至13日，日本福井县自然体验共学中心理事长辻一宪一行访问杭州，与杭州市十三中教育集团和绿色浙江环保组织商谈有关青少年交流与环保教育合作事宜。省友协专职副会长虞希华会见辻一宪一行。

【日本大洋化学株式会社社长访问浙江】 2011年2月15日，日本大洋化学株式会社社长上西一永一行访问浙江，省友协专职副会长虞希华会见代表团一行。上西一永感谢省友协一直来对其公司在浙江发展给予的大力支持。双方就进一步加强经贸合作达成共识，并就在浙江开拓自动发电浇灌设备市场一事交换了意见。

【日本福井县日中友协副理事长访问浙江】 2011年2月17日至19日，日本福井县日中友协副理事长松田山列一行访问浙江。代表团与省中旅、省中青旅、杭州金桥国旅等就组团到福井进行体检、疗养、观光事宜进行了探讨。

【日本饭田建设株式会社社长访问浙江】 2011年2月21日至3月6日，日本枥木县饭田建设株式会社社长饭田昌利一行访问浙江，在临安市太湖源镇调试安装该公司赠送的紫外线过滤杀菌净水装置。

2月21日，省友协专职副会长虞希华在杭州会见饭田一行。

【日本福井县越前町农业代表团访问浙江】 2011年2月24日至27日，以福井县越前町农业委员会会长桑原隆幸为团长的日本福井县越前町农业代表团来浙访问。代表团参观了省农科院，与有关专家探讨了农业交流事宜。

省友协专职副会长虞希华会见代表团一行。

【日本福井县商工会议所联合会前会长访问浙江】 2011年3月2日至5日，日本福井县商工会议所联合会前会长、日华化学株式会社董事会会长江守干男一行访问浙江，参加浙江日华化学有限公司董事会及其合资方杭州电气总厂新址落成典礼。

2日，江守干男一行专程拜访省友协前会长沈祖伦，感谢其十多年来对浙江日华化学有限公司的热情指导和帮助。

【省友协工作组访问日本、越南】 2011年3月9日至18日，省友协专职副会长虞希华率省友协工作组访问日本、越南。

在日本期间，代表团拜会了关西日中和平友好会、静冈县日中友好协会、静冈县国际交流协会、日本众议院原议员杉山宪夫及东京书法团体天溪会，与各组织就2011年交流合作内容进行了商谈。工作组还出席了静冈县·浙江省书法交流展开幕式。

在越南期间，工作组先后拜会胡志明市友好组织联合会及胡志明市越中友协、胡志明市投资贸易促进中心、巴地头顿省友联会及越中友协、广宁省友联会及越中友协，前越南驻华大使、越中友协副会长裴鸿福，探讨建立长期合作交流关系等事宜，并达成共识。

【梁平波致函慰问日本地震灾区民间友好组织】 2011年3月11日，日本东北地区发生9级大地震并引发大规模海啸，省友协会长梁平波立即致电(函)慰问日本枥木县日中友好协会、枥木县国际交流协会等地震灾区对华民间友好组织表示慰问。

【加拿大多伦多华人社区服务协会会长访问浙江】 2011年3月26日，加拿大多伦多华人社区服务协会会长郑永麟一行访问浙江。代表团此行主要是率加拿大多家大学举办中加留学论坛，并拜会省友协。省友协专职副会长虞希华会见代表团，希望今后两会加强联系，利用各自资源，促进浙江省与加拿大之间的交流。

【日本九州日中民间文化交流协会会长访问浙江】 2011年3月28日，日本九州日中民间文化交流协会会长张晶一行来杭，拜会省友协，商谈8月下旬在日本福冈市举行中日青少年书画展事宜。省友协专职副会长虞希华会见张晶一行。经商议，省友协将组织杭州青少年活动中心学生的书法、绘画作品各50幅参加中日青少年书画展。

【阿拉伯国家驻华使节团访问浙江】 2011年4月19日至22日，阿拉伯国家驻华使节团在中阿友协副会长、中国中东问题特使吴思科的陪同下访问杭州、义乌两地。该使节团由利比亚、吉布提、突尼斯、巴勒斯坦、阿尔及利亚等16个国家及国际组织的驻华大使和其他外交人员组成。

在杭州，代表团参加了中阿经贸关系座谈会，与省商务厅、省贸促会及10余家企业代表进行了座谈，双方就中阿经贸关系现状、赴阿签证申请及中阿经贸发展前景等问题进行了探讨。

在义乌，代表团出席了2011中国义乌文化产品交易博览会开幕式并参观考察了国际商贸城。

【2011体验西澳——浙江省高中英语口语大赛】 2011年4月22日至23日在杭州市第十三中学举行。从全省各地高中选拔出来的优秀选手130人参加决赛。经过统一的听力和口语考试，选拔出一等奖25名、二等奖30名、三等奖50名。

7月1日，大赛颁奖仪式在杭州外国语学校举行。省友协专职副会长虞希华、澳大利亚西澳州珀斯教育城执行总裁麦克·莱恩、省教育厅和省广电集团有关负责人及最佳组织奖获奖单位代表、优秀指导教师、一等奖获得者等共150人出席颁奖仪式。

8月11日至20日，获得大赛一等奖的23名学生(另有2名学生因故未去)赴西澳州进行友好交流访问。西澳州下议院议长格兰特·伍德汉姆会见代表团一行，他说，青少年是友好事业的接班人，浙江学生的到访有利于西澳州与浙江省友好关系的延续和发展。

代表团参观了西澳的高中，与当地学生一起上课，并入住民宅体验当地生活。

【"2011年第2届中韩面向未来交流事业"活动】 2011年4月25日至29日在韩国首尔市举行，应韩国政府的邀请，中国辽宁省、吉林省、江苏省、浙江省、山东省、河南省、广东省、陕西省及重庆市的外事部门干部共16人参加此次活动，浙江省的1名代表由省友协派出。此次活动的宗旨是:体验韩国，了解韩国，促进中韩友谊。内容有中韩外事同行座谈，社团、学校交流，考察企业、市场，制作泡菜、米糕，参观历史古迹等。

【布隆迪内政部长访问浙江】 2011年5月11日至13日，布隆迪内政部长爱德华·恩杜维马纳一行访问浙江，省委常委、秘书长李强会见恩杜维马纳一行。他说,近年来,浙江与包括布隆迪在内的非洲许多国家开展了形式多样的友好交流和经贸合作,浙江省愿意继续加强与布隆迪的交流与合作,相信部长此行能进一步增进对浙江省的了解,把双方友好合作关系提高到一个新水平。

恩杜维马纳表示,希望通过此次访问,增进双方了解,实现更加紧密的合作。

【第2届"卡西欧杯"浙江省高校日语配音大赛】 2011年5月22日在浙江工商大学举行,由省友协主办,浙江工商大学日语协会和翻翻动漫科技有限公司承办。来自浙江工商大学、浙江大学城市学院、浙江师范大学、浙江财经学院、杭州师范大学、杭州电子科技大学、嘉兴学院、湖州师范大学、绍兴文理学院、浙江越秀外国语学院等10所浙江省内高校的15支队伍参赛。浙江工商大学队获得冠军。

【省友协第7届理事会会议】 2011年5月24日在杭州举行。省委常委、秘书长李强,省友协第6届理事会会长梁平波出席会议并讲话。省委组织部常务副部长吴顺江到会作省友协第7届理事会会长、副会长人选说明。省友协第6届理事会常务副会长阮忠训作第6届理事会工作报告。会议由省友协专职副会长虞希华主持。

会议产生了省友协第7届理事会,共有125名理事。会议选举李强为会长,阮忠训为常务副会长,虞希华为专职副会长兼秘书长,彭波、顾建新、陆国灏为兼职副会长。

李强对第7届理事会的工作作了部署。他说,一要充分认识民间对外交往的重要性,进一步增强做好新形势下友协工作的责任感、使命感,努力提高处理国际事务的能力,扎实开展各领域的对外交流与合作;二要紧紧围绕经济社会发展大局,进一步提升民间对外交往的内涵和层次,充分发挥友协工作的资源优势和独特作用,更好地服从和服务于浙江经济社会发展大局;三要整合各方力量和资源,进一步形成民间对外交往的工作合力,做到信息互通、资源共享、优势互补,真正把省友协建设成为密切联系各理事单位的热心于民间外交的各界人士的"大家庭"。

【日本静冈新闻社常务董事访问浙江】 2011年6月1日至4日,日本静冈新闻社常务董事大石刚一行访问浙江。省友协专职副会长虞希华会见代表团一行。他表示,省友协将继续努力推进浙江日报报业集团和静冈新闻社的友好交流与合作。

在浙期间,代表团一行参观了浙报集团新大楼,与浙报集团有关负责人就两报社今后共同出版书籍、创办网站等合作事项进行了探讨,初步商定:为庆祝2012年浙江省与静冈县缔结友好省县关系30周年,两社将合作出版《浙静友好30年》及《浙江省与静冈县导游手册》等书籍。

【日本法政大学教授访问浙江】 2011年6月2日,日本法政大学国际政治学博士、教授铃木佑司一行访问浙江,省友协专职副会长虞希华会见铃木一行,向客人介绍了浙江省经济社会发展情况和对日交往的历史与现状。双方就推动今后交流并共同培养中日友好事业接班人事宜达成共识。

【非洲浙江省籍中青年企业家代表访问浙江】 2011年6月7日,省友协专职副会长虞希华与来自南非、埃及、安哥拉、刚果、喀麦隆等16个国家的非洲浙江省籍中青年企业家一行38人举行交流午餐会。虞希华赞扬浙江企业家在辛勤创业的同时,为促进当地的经济社会发展作出了积极贡献,加深了中国与非洲尤其是浙江省与非洲的了解和信任,并表示省友协非常重视与非洲人民的友好交流和合作,希望能与各位企业家加强联系,为进一步促进浙江省与非洲大陆人民的友谊而共同努力。各位企业家纷纷表示将尽己所能,为中非友谊贡献力量。

【日本众议院原议员访问浙江】 2011年6月8日至11日,日本众议院原议员、静冈县议会原议长杉山宪夫携其儿孙一行4人访问浙江。省友协专职副会长虞希华会见杉山一行，向客人介绍了近期浙江省经济社会发展概况及浙静交流有关情况，对其长期以来为推进浙静友好交流合作所作的重要贡献表示敬意和感谢，并希望其今后继续在两省县的交流与合作中作出更大贡献。

杉山一行考察了杭州丝绸市场和四季青服装市场，游览了西溪湿地和宋城。虞希华陪同参观考察。

【荷中友协鹿特丹分会会长访问浙江】 2011年6月17日至18日，荷兰西荷兰投资局副局长、荷中友协鹿特丹分会会长范德飞访问浙江。省友协专职副会长虞希华会见客人，双方商谈了荷兰海牙市副市长8月访浙计划。

【马来西亚吉隆坡代表团访问浙江】 2011年7月4日至8日，马来西亚吉隆坡代表团访问浙江。省友协专职副会长虞希华会见并陪同代表团赴温州考察温州市第七中学、蒲鞋市小学、城南小学花柳塘校区和水心二小，落实"千校结好"项目。根据上述学校的办学特色及实际情况，代表团分别推荐马来西亚的4所学校与其开展对口交流。受马方学校委托，代表团团员、马来西亚多元文化妇女联合会秘书长任学慧与温州4所学校代表签署建立姊妹学校意向书。温州市市长赵一德会见代表团并出席签字仪式。

【第8届浙江国际传统武术比赛】
参见第150页同名条目。

【阿尔及利亚中国友好协会主席访问浙江】 2011年7月27日至30日，以主席伊斯玛易·迪布什为团长的阿尔及利亚中国友好协会代表团访问浙江。省友协专职副会长虞希华会见代表团一行。虞希华介绍了浙江省经济社会发展情况。他说，近年来浙江与包括阿尔及利亚在内的非洲许多国家开展了友好交流和经贸合作，希望代表团此次来访能进一步加深对浙江的了解，促进双方友好交流合作深入发展。

迪布什说，阿尔及利亚希望吸引更多的中国企业投资基础设施建设，也希望两会能够搭建友好交流合作的桥梁，实现更多领域的合作。

随后，双方签署《关于进一步促进中国浙江省与阿尔及利亚阿尔及尔市友好交流合作的备忘录》。随团来访的阿尔及尔市市长塔耶卜·齐突尼表示，将推进双方在建设项目等领域的交流与合作。

【浙江省少年棒球团赴日参赛】 2011年8月1日至7日，浙江省少年棒球团一行19人赴日本福井县参加中日韩少年棒球交流比赛。此次比赛共有9支棒球队参加，其中日本队7支。比赛前，福井市市长东村新一会见中日韩棒球运动员；日本中国友好协会副会长、福井县日中友好协会会长酒井哲夫为棒球赛开球。中国队获友谊奖杯。

【日本静冈县青年交流代表团访问浙江】 2011年8月12日至16日，以静冈县日中友好协议会理事长栗原绩为团长的日本静冈县青年交流代表团一行37人访问浙江。

15日，省委常委、秘书长、省友协会长李强会见代表团一行。李强向客人介绍了浙江省经济社会发展概况。他说，中日两国一衣带水，地理相近，文化相似，交流源远流长，特别是浙江与日本的交流有着更深的历史渊源。青年是国家的未来和希望，青少年交流意义深远，双方要把青少年交流作为两省县交流的重要内容，努力培养中日友好接班人，让中日两国世世代代友好下去。明年浙静两省县将迎来结好30周年，希望双方在已有的基础上进一步拓展交流合作空间，创造出更多的交流成果。省外办主任、省友协常务副会长阮忠训，团省委副书记周艳，省友协专职副会长虞希华，团省委副书记苗伟伦等参加会见。

在浙期间，代表团青年成员在中国结对青年家庭体验了中国生活，并参观访问了《青年时报》、中国移动浙江省分公司、省中医院等单位。

【日本藤枝市日中友协代表团访问浙江】 2011年8月21日至24日，以日本静冈县藤枝市日中友协会长山田登为团长的第19次藤枝市日中友协代表团一行14人访问浙江。22日，省友协专职副会长虞希华会见代表团一行，他对山田登新任藤枝市日中友协会长表示祝贺，并表示省友协将一如既往推动临安市与藤枝市开展交流，力促两市正式结好。临安市副市长陈伟民22日在临安会见代表团，就两市开展教育交流、推进中小学校结好、赴藤枝市参加农特产品博览会等交流合作事项进行了磋商。代表团在临安市期间还参观了浙江农林大学。

【日本栃木县书道联盟副会长访问浙江】 2011年8月24日，日本栃木县书道联盟副会长大浦舟人一行4人访问浙江，省友协专职副会长虞希华会见大浦舟人一行，双方就书法交流事宜进行了探讨。

【浙江省青少年书画代表团赴日交流】 2011年8月24日至28日，以省友协副秘书长吴晓东为团长的浙江省青少年书画代表团赴日本参加2011中日青少年书画展开幕式及颁奖仪式。此展由日本九州·日中民间文化交流协会主办，在福冈亚洲美术馆举行，展出中日中小学生书画作品共500幅，杭州市青少年活动中心选送96幅作品参展，其中11幅作品获奖。

【奥地利联邦议会议长访问浙江】 2011年8月29日，奥地利联邦议会议长苏珊娜·诺伊维特率奥中友协代表团访问宁波，宁波市政协主席唐一军会见代表团一行。唐一军希望通过代表团来访，宁波市与奥地利在经贸、教育等方面的合作与交流有更大的发展。省友协专职副会长虞希华参加会见，并陪同代表团参加《宁波市职业技术教育中心学校与奥地利萨尔茨堡哈莱恩高级职业技术学校建立友好学校关系协议书》签字仪式。

【第8届中非友好城市暨地方政府合作研讨会】 2011年9月1日在杭州举行，由全国友协和中非友协主办，省友协承办。全国友协、省友协、省内11个设区市的友协代表、浙江师范大学非洲研究院的学者代表、省内与非洲国家有经贸往来的企业代表以及非洲国家友好城市官员研修班代表团共60人出席。省友协专职副会长虞希华到会致辞。虞希华向非洲代表团简要介绍了浙江省情和经济社会发展近况，希望通过研讨会的举办，相互交换信息，寻求更多的合作交流机会，进一步增进浙江与非洲国家人民之间的相互了解和友谊。研讨会上，非洲国家代表和省内地市友协代表、学者代表及企业家代表共10余人发言，就双方可开展合作的领域、合作途径进行阐述并交换了意见。

【浙江省友协代表团访问俄罗斯、克罗地亚和匈牙利】 参见第59页**【李强率团访问俄罗斯、克罗地亚和匈牙利】**。

【省友协代表参加中国南亚友好组织论坛】 2011年9月10日至20日，第2届中国南亚友好组织论坛在尼泊尔举行，省友协派2名代表随全国友协组派的代表团参加活动。此次论坛主题为“增进友好，加强交流，深化合作”。在分组会上，浙江代表作了10分钟发言，介绍了浙江省情和“千校结好”计划，表达了愿与南亚各国加强经贸合作与校间合作的意向。

【马来西亚妇女家庭社会发展部副部长访问浙江】 2011年9月18日至23日，以马来西亚妇女家庭社会发展部副部长王赛芝为团长的马来西亚多元文化妇女联合会代表团访问浙江。20日，省委常委、秘书长、省友协会长李强会见王赛芝一行，并出席《浙江省与马来西亚中小学校结好意向书》签字仪式。

李强向客人介绍了浙江省经济社会发展情况。他说，近年来，马来西亚多元文化妇女联合会在促进马来西亚与浙江经济、文化、教育，特别是青少年交流方面做了大量工作，取得了良好效果。

希望代表团此行能够更加深入地了解浙江，在促进马来西亚与浙江经贸合作及文化交流方面继续给予支持和关注，进一步扩大青年友好团体交往，把友好接力棒一代代传下去。

省外办主任、省友协常务副会长阮忠训等参加会见。

在浙期间，代表团先后与省妇联、温州市女企业家进行座谈交流。

【中国浙江与美国南部合作交流会】 2011年9月21日在杭州举行。会议由全国友协主办，省友协承办。美国北卡罗来纳州参议院临时议长菲尔·伯格率领的美国州议长代表团，全国友协、省友协、省商务厅、省教育厅、省内各市代表，学校代表，省内与美国有经贸往来的企业代表等共50余人出席。省外办副主任兼省友协副会长陆国灏主持会议，全国友协美大部主任谢元到会致辞。研讨会上，省商务厅、省教育厅、浙大附中、丽水市外办、万向集团、中南卡通等单位代表先后发言，并与美方代表对话，双方围绕经贸、教育领域的合作交流前景展开阐述并交换意见。

交流会前，省委书记、省人大常委会主任赵洪祝会见了美国州议长代表团。

【日本大阪日中协会会长访问浙江】 2011年9月23日，以大阪日中协会会长木下博夫为团长的日本大阪日中协会第16次访问团一行22人访问浙江，省友协专职副会长虞希华会见代表团一行。

【日中友协副会长访问浙江】
2011年10月11日至14日，以日本中国友好协会副会长、福井县日中友好协会会长酒井哲夫为团长的日本福井县日中友好协会代表团访问浙江。

13日，省委常委、秘书长、省友协会长李强会见代表团一行。李强向客人介绍了浙江省经济社会发展情况。他说，浙江省友协与福井县日中友协保持着良好的合作关系，双方在经贸、科技、文教、体育等领域开展了丰富多彩的交流与合作，取得了丰硕的成果，为两省县人民加深相互了解、增进友谊发挥了积极的作用。今后，浙江省友协愿与福井县日中友协一道继续努力，推动两省县友好关系不断发展，为双方人民带来更多的实惠。

省友协专职副会长虞希华等参加会见。

【省青少年民族艺术团访日演出】
2011年10月15日至31日，以省艺术职业学院副院长沈恒为团长的第11次浙江省青少年民族艺术团访问日本，进行交流演出。艺术团为静冈县的中小学校及一般市民表演了中国民乐、歌谣、舞蹈、戏曲等传统节目，共演出27场，观众2万余人次。

【瑞中协会代表团访问浙江】
2011年10月17日至20日，以瑞中协会法语区分会主席白鹄为团长的瑞士瑞中协会代表团访问浙江。19日，省友协专职副会长虞希华在杭州会见代表团一行。宾主就浙江省与瑞士的交流进行了磋商，一致同意加深两会之间在文化艺术及人员互访方面的交流与合作。

在浙期间，代表团还参观了宁波市外国语学校和绍兴鲁迅故里等名胜古迹。

【印度世界合作与文化关系联合会主席访问浙江】 2011年10月17日至22日，印度世界合作与文化关系联合会主席马赫施瓦里一行7人来浙，访问杭州、义乌、绍兴、宁波等地。在杭期间，省委常委、秘书长、省友协会长李强会见代表团一行，并与印方签署《友好交流备忘录》。省友协专职副会长虞希华等参加上述活动。

代表团在义乌参观了国际商贸城，在绍兴考察了纺织品市场，在宁波考察了北仑开发区。

【日本栃木县喜连川日中友协代表团访问浙江】 2011年10月21日至22日，以会长稻泽永次为团长的日本栃木县喜连川日中友好协会代表团访问浙江。喜连川町与浙江省武义县结有友好交流关系，该町已并入樱花市。该团此次来访是为了让樱花市接过

◎省青少年民族艺术团访日演出剧照

友好之棒，继续与武义县发展友好交流关系。在杭期间，省友协专职副会长虞希华会见代表团一行，他希望樱花市与武义县的交流更上一层楼。

【中德中学国际教育交流会】 2011年10月25日，省友协、省教育厅和德国德中协会在杭州联合举办中德中学国际教育交流会。省外办主任、省友协常务副会长阮忠训，德国驻上海副总领事慕博思，省教育厅副厅长蒋胜祥，德中协会常务理事吴东到会致辞，省友协专职副会长虞希华主持，来自德国12个州和浙江省8个市的中学校长、教务长、代表150余人参加交流会，共有33对中、德中学牵手结对，签署友好交流意向书。会后，德方中学校长分别前往各自结对学校参观考察，探讨交流合作事宜。

【以色列城市首席执行官代表团访问浙江】 2011年10月28日至11月1日，以色列城市经理协会国际关系委员会主席、迪摩那市首席执行官克莱恩·耶胡沙率领以色列城市首席执行官代表团一行8人访问浙江。省友协专职副会长虞希华会见代表团一行，双方就共同关心的问题进行了探讨和交流。

代表团考察了钱江新城和浙江体育职业技术学院，了解浙江的城市规划、市政建设和体育事业发展等情况。

【德国巴登符腾堡州文艺工作者访问杭州】 2011年11月2日至4日，德国巴登符腾堡州青少年音乐舞蹈活动办公室主任依瑞斯·哥德尔·绿普一行5人访问杭州，参观考察杭州市青少年活动中心，双方就今后交流合作事宜进行了会谈。

【匈中友协副会长访问浙江】 2011年11月5日至10日，匈牙利中国友好协会副会长冒寿福一行3人访问浙江。7日，省委常委、秘书长、省友协会长李强会见冒寿福一行。李强感谢冒寿福长期致力于中匈两国人民的友谊。冒寿福表示愿为两国民间的交流合作继续努力。

在浙期间，冒寿福向绍兴鲁迅纪念馆赠送了其丈夫高恩德生前翻译、由她本人整理出版的匈文版《鲁迅短篇小说选》。代表团还访问了浙江省建工建筑设计院有限公司，向该公司推荐匈牙利获奖的一流建筑工程作品。代表团成员、冒寿福的孙子帕尔菲亚·米克洛什在浙江工业大学举办了数学报告会。

【杭州国际马拉松赛】 2011年11月6日举行。由中国田径协会和浙江省体育局等单位主办，省友协、省广电集团等单位协办。参见第151页**【"百年中行杯"2011年杭州国际马拉松赛】**。

【德中协会主席访问浙江】 2011年11月6日至10日，以德中协会主席格雷戈尔·保罗为团长的德国德中协会代表团访问浙江，参加在杭州举行的2011生活与发展国际会议。省委常委、秘书长、省友协会长李强会见代表团一行。他说，浙江省与德国友好交往源远流长，浙江省友协与德中协会建立联系以来，双方开展了多领域、多层次的交流合作，取得显著成效。希望今后两协会共同努力，继续把两国之间的深厚友谊转化为双方在经贸、文化、教育等各领域的合作优势，进一步巩固成果，挖掘潜力，扩大领域，更好地造福两国人民。

省外办主任、省友协常务副会长阮忠训，省友协专职副会长虞希华等参加会见。

【捷克国家能源公司清洁能源部总经理访问杭州】 2011年11月9日，捷克国家能源公司清洁能源部总经理托马斯·克迈里克在捷中友协秘书长李北华的陪同下访问杭州。省友协专职副会长虞希华会见客人，他希望在清洁能源开发利用方面彼此取长补短，加强交流合作。他还表示，浙江省友协愿与捷中友协加强联系，推进浙江省与捷克全方位交流。

克迈里克一行参观考察了杭州市新能源出租汽车有限公司，了解杭州电动出租车的使用和运营情况。

【日本枥木县大平日中友协代表团访问浙江】 2011年11月12日至14日，以会长熊仓猛为团长的日本枥木县大平日中友好协会代表团一行12人访问浙江。在杭期间，省友协与代表团进行了座谈，双方就加强今后友好交流事宜进行了探讨。

【浙江交响乐交流团访日演出】 2011年11月25日至28日，浙江交响乐团团长陈西泠率领浙江交响乐交流团一行5人访问日本静冈县，参加静冈爱乐管弦乐团成立35周年专场音乐会。抵日当天，静冈县知事川胜平太专门会见代表团一行，他预祝演出成功，并希望静冈县与浙江省结好30周年的2012年，浙江交响乐团能再次到静冈演出交流。

在专场音乐会上，浙江交响乐团的小提琴、大提琴演奏员们与静冈爱乐管弦乐团共同演奏了《蝙蝠》序曲、《音乐之声》、《西城故事》交响舞曲等世界经典乐曲，还单独表演了四重奏《军队进行曲》和《玛依拉》，博得阵阵掌声。

在日期间，代表团还就2012年的音乐交流事宜与静冈会展艺术中心和静冈爱乐管弦乐团负责人进行了商谈。

【日本福井县中学生羽毛球交流团来杭训练比赛】 2011年12月25日至29日，以福井县羽毛球协会理事长神户照为团长的日本福井县第12次中学生羽毛球交流团一行8人来杭，在浙江体育职业技术学院进行强化训练，并与浙江的同龄学生举行友谊比赛。在杭期间，省友协专职副会长虞希华会见代表团一行。

（钱飞瑛）

2011年省友协接待的部分来访团组

序号	来访时间	团组名称	人数	主要活动
1	1月17～22日	日本静冈县三光三岛株式会社营业部长平井利道	1	考察浙江省，了解资源回收、加工情况
2	2月24日	日本静冈县日中友好协议会专务理事伊藤利信	1	商谈年度交流项目
3	3月7日	日本精工株式会社原社长中村光次	1	拜访省友协
4	3月10～13日	日本福井县企业局前局长寺坂智昭	9	访问杭州、绍兴、诸暨等地，看望老朋友

续表

序号	来访时间	团组名称	人数	主要活动
5	4月25～27日	日本静冈县日中友好协会事务局长福田义夫	4	考察"日中绿化交流基金"植树造林项目候选地
6	5月3～5日	日本静冈县清水区自治联合会会长滨崎岩雄	4	考察浙江，商谈年度交流计划
7	5月17～18日	日本福冈软件开发园专务董事进藤千寻	2	探讨浙福两地开展学校、企业交流事宜
8	5月26日～6月5日	日本枥木县饭田建设株式会社社长饭田昌利	4	在临安市太湖镇调试安装紫外线过滤杀菌净水装置
9	6月6日	日本日中科学技术文化中心理事长凌星光	2	商谈合作交流事宜
10	7月2～4日	斯里兰卡中国友好协会前秘书长吉尼茨·德·希尔维	4	拜访省友协，商谈友好交流事宜
11	7月11日	日本九州日中民间文化交流协会会长张晶	1	商谈"2011中日青少年书画交流展"事宜
12	7月19日	美国伊利诺伊州州长代表团先遣组	4	商谈伊州来浙举办投资论坛、"千校结好"等事宜
13	7月21～23日	日本大发汽车有限公司工会代表团	6	考察浙江万向集团和浙江吉利控股集团等企业
14	8月31日～9月4日	非洲国家友好城市官员研修班代表团	23	参观考察，座谈交流
15	9月5日	日本藤枝市国际友好协会会长后藤彰	3	拜访省友协，探讨双方交流合作事宜
16	9月6日	日本福井县议长、鲭江市日中友好协会会长田中敏幸	7	探讨浙江省与福井县民间友好交流事宜
17	9月7日	日本福井县大野市日中友好协会理事长松田山列	3	邀请省友协领导参加2011年11月30日举行的大野市日中友协成立30周年庆祝活动
18	9月20～22日	美国州议长代表团	8	参加"中国浙江与美国南部合作交流会"，并考察浙江的企业、学校
19	9月25日	日本九州日中民间文化交流协会会长张晶	1	就中日青少年书画交流等事宜，与省友协及杭州青少年活动中心进行会谈
20	9月27日	德国德中协会常务理事吴东	5	商讨"中德中学国际教育交流会"事宜
21	9月29日～10月1日	日本北海道日中友好协会代表团	2	拜会省友协，就双方进一步加强交流合作进行会谈
22	10月13～17日	日本福井县日中友好协会副会长木桥正昭	3	参观考察
23	10月27日	日本大野市日中友好代表团	17	拜访省友协，商谈友好交流事宜
24	11月14～21日	日本天溪会事务局长川村真山	1	考察杭州、绍兴、嵊州等地，商谈2012年4月天溪会大型代表团访浙事宜
25	12月11～12日	菲律宾菲中经济促进会主席邱仁士	3	商谈浙江省与菲律宾经贸合作事宜

出　访

【陈加元率团访问智利、秘鲁和新加坡】 2011年4月25日至5月6日，副省长陈加元率省政府代表团访问智利、秘鲁和新加坡。

考察团先后拜会智利的智利省省长、秘鲁建设部副部长、新加坡国际企业发展局局长等政府官员，重点围绕城市规划、基础设施建设、自然与历史文化遗产资源保护、保障性住房建设等进行了座谈。考察参观了智利圣地亚哥市、百内国家公园，秘鲁利马市、库斯科古城和马丘比丘印加遗迹，新加坡组屋区和建筑工地。代表团还看望了智利华商联会总会副会长成建新、秘鲁中华通惠总局主席萧孝权、秘鲁工商总会会长曹国荣等海外华侨和海外浙商。

【茅临生率团访问葡萄牙、希腊和肯尼亚】 2011年5月19日至30日，省委常委、宣传部长茅临生率浙江文化出版代表团访问葡萄牙、希腊和肯尼亚。

在葡萄牙，代表团与《葡华报一欧洲联合周报》、葡萄牙中华总商会、葡萄牙PRINCIPIA出版社在里斯本共同举办了浙江图书展、浙江印象摄影展开幕式。参见第155页**【“浙江图书展”和“浙江印象图片展”在葡萄牙展出】**。

在希腊，代表团与世界儿童读物联盟希腊分会、希腊拉斯卡里迪基金会共同主办了中国当代儿童插画暨绘本图书展、浙江印象摄影图片展。浙江出版联合集团代表中国首次在海外展出中国15位最著名儿童插画家的60幅作品，以及300多种中国当代儿童绘本图书。希腊文化部长、教育部长、国家图书中心主任等分别发来贺信，希腊著名作家、插图画家、出版人和媒体记者等近200人出席开幕式。展览期间，浙江出版联合集团与世界儿童读物联盟签署关于推进儿童读物互译出版的战略合作框架协议，进行了《中国当代儿童插画》、《中国书法艺术和硬笔书法教程》希腊语版首发式，并与当地有关文化机构和孔子学院就开办中文网络书店和博库书城连锁店等进行了洽谈。

在肯尼亚，浙江出版联合集团与内罗毕大学签署战略合作框架协议，为内罗毕大学孔子学院的非洲首个中国文化出版中心揭牌，并向内罗毕大学图书馆赠送2000册浙版图书。在联合国内罗毕总部举办了中国人居风情摄影图片展和中国图书展，联合国副秘书长、人居署署长克洛斯等出席展览开幕式。

访问期间，代表团会晤了中国驻上述三国大使，看望了当地的华人华侨、商会社团等。

【蔡奇率团访问美国、古巴和荷兰】 2011年5月27日至6月7日，省委常委、组织部长蔡奇率浙江省代表团访问美国、古巴和荷兰。

在美国，代表团参加了硅谷民营资本与人才智力对接活动和纽约民营资本与人才智力对接活动，拜会了EBAY公司、苹果公司、纳斯达克证券交易市场和IBM公司，与海外高层次人才开展座谈交流，与新泽西州政府就举办两省州结好30周年庆祝活动举行工作会谈，并考察了威廉帕特森大学。

在古巴，代表团拜会了古巴轻工业部负责人、马坦萨斯省人民权力代表大会副主席和中国驻古巴大使馆政务参赞，参观了巴坦萨斯省法乌斯蒂诺医院和马坦萨斯大学，考察了哈瓦那古城保护情况。

在荷兰，代表团拜会了海牙国际法庭中国大法官和弗里福兰省省长，参观了弗里福兰省可再生资源应用中心和阿姆斯特丹空港城，举行了荷兰高层次留学人才恳谈见面会。

【王永明率团访问肯尼亚和以色列】 2011年6月5日至14日，省人大常委会副主任王永明率省人大常委会代表团访问肯尼亚和以色列。

在肯尼亚，代表团与内罗毕市市政委员会书记克斯阿进行了会谈。克斯阿表示，希望在开发房地产市场、建设大型停车场、城市交通和公共安全、城市固体垃圾处理等多个领域开拓与浙江的合作。

在以色列，代表团访问了议会大厦、最高法院，旁听了最高法院的庭审，与最高法院公共关系部主任那塔利就议会如何监督最高法院、法院的组织结构及最高法院法官的组成等进行了交流。

【郑继伟率团访问美国、瑞士和希腊】 2011年6月15日至26日，副省长郑继伟率浙江省卫生代表团访问美国、瑞士和希腊。

代表团先后拜会美国印第安纳州州长米切·丹尼尔斯和副州长贝姬·斯基尔曼，瑞士提契诺州卫生厅长保罗·贝尔特拉米内利、WHO总干事顾问傅聪等，重点围绕卫生事业发展现状、面临的挑战、医务人员的交流进修、医疗卫生改革等进行了座谈。考察了印第安纳州立大学及其附属医院、斯特拉福社区医疗和老年中心、州立博物馆、礼来公司总部，瑞士提契诺心脏中心、提契诺州立卫生实验院，希腊雅典大学附属雅迪康综合医院等单位。出席了浙江省—印第安纳州卫生合作谅解备忘录签字仪式，浙江医院、浙江省肿瘤医院和浙江大学医学院附属儿童医院与印第安纳大学医疗集团合作协议签字仪式，以及浙江—印第安纳卫生研讨会和世界卫生组织专为浙江省代表团举办的卫生研讨会。

【王辉忠率团访问墨西哥和巴西】 2011年6月15日至24日，省委常委、宁波市委书记、市人大常委会主任王辉忠率宁波市代表团访问墨西哥和巴西。

在墨西哥，代表团分别会晤了杜兰戈州州长卡尔德拉和杜兰戈市市长弗朗西斯哥，并参加相关经贸投资和教育合作项目签约仪式。

在巴西，代表团会晤了淡水河谷公司执行董事和战略营销总裁马丁斯、桑托斯市政府官员和企业家，考察了桑托斯港，签署《宁波市与桑托斯市进一步加强经贸港口交流合作备忘录》。此外，代表团还拜访了中国驻墨西哥大使馆和驻巴西圣保罗总领馆。

【毛光烈率团访问芬兰、瑞典和丹麦】 2011年6月18日至29日，副省长毛光烈率省政府代表团访问芬兰、瑞典和丹麦。

在芬兰，代表团重点考察了第四代移动通信、云计算、物联网等信息网络技术发展和智慧技术的应用情况。

在瑞典，代表团拜会了乌普萨拉省省长彼得·埃加德，双方表示将开拓文化艺术、信息和通信技术应用等领域的合作。代表团还考察了乌普萨拉大学医院、爱立信公司、华为瑞典研究所等，瑞典国家第四电视台就两省交流事宜采访了毛光烈。

在丹麦，代表团与西兰岛大区主席斯蒂·巴奇·尼尔森进行了友好会谈，考察了丹麦国家科技和电信局、丹麦国家可持续能源研发中心一瑞索实验室、罗斯基勒市政府等。

【程渭山率团访问南非和博茨瓦纳】 2011年7月12日至21日，省人大常委会副主任程渭山率省人大常委会代表团访问南非和博茨瓦纳。

代表团先后拜会博茨瓦纳副总统蒙帕蒂·梅拉费、南非东开普省议会议长哈撒等政府官员。代表团重点围绕外国地方议会在立法、监督等方面的做法、经验和两国经济社会发展情况、投资环境等进行了考察交流。代表团考察了浙江省民营企业——达亨集团在博茨瓦纳投资矿产资源的情况，参观了东开普省农业研究院，考察了当地牧场。

【赵洪祝率团访问美国、阿根廷和巴西】 2011年7月13日至28日，省委书记、省人大常委会主任赵洪祝率浙江省代表团访问美国、阿根廷和巴西。

◎省委书记、省人大常委会主任赵洪祝接受中方媒体联合采访

在美国，浙江省代表团与安徽、云南、青海三省代表团共同组成以赵洪祝为团长的中国代表团，列席了美国全国州长协会夏季年会开幕式，并先后出席由美国犹他州政府、犹他州世界贸易中心和美中友谊促进会主办的2011美中贸易文化教育会议、首届中美省州长论坛以及由美国商会和美中贸易委员会举办的午餐会。赵洪祝分别与美国犹他州、马里兰州、特拉华州、夏威夷州、威斯康星州等12个州的州长进行了13次会晤，就发展浙江与各州友好交往进行了对话。论坛期间，赵洪祝分别与特拉华州州长和北卡罗来纳州州长签署两省州建立友好合作关系备忘录，与特拉华州州长见证了两省州部门签署在特拉华州建立浙江中小企业创业园区协议书，与北卡罗来纳州州长见证了美国世方药业与杭州市滨江区签署合作协议书，与密苏里州州长见证了正泰集团与美国MEMC公司签署战略合作备忘录，等等。

代表团在印第安纳州和新泽西州分别举办了两省州投资贸易洽谈会以及浙江省和新泽西州结好30周年庆祝活动。访问期间，代表团先后会见普渡大学校长、康明斯公司首席执行官、辉瑞公司董事长和礼来公司高级副总裁，参观了安纳戴尔公司和韦斯特菲尔德户外用品公司，实地考察了AVAYA通讯公司、威廉姆帕特森大学、肯恩大学和辉瑞公司总部，会见了美国三五集团董事局主席拿达·哥梅史伦，举办了为期一个月的“印象浙江——中国浙江摄影图片展”，等等。

◎省委书记、省人大常委会主任赵洪祝率中国代表团主要成员与美国全国州长协会主席、华盛顿州州长葛瑞格尔合影

在阿根廷，代表团会晤了布宜诺斯艾利斯市议会第一副议长奥斯卡·莫斯卡利约以及科连特斯省副省长佩德罗·波卡德，双方表达了在经贸、农业、科技、文化、旅游等领域进一步加强交流与合作的愿望。此外，参观了阿根廷国家通讯社，并接受该通讯社记者的现场采访。

在巴西，代表团与巴拉那州副州长弗拉维奥·阿内斯等官员会谈并考察了巴拉那州科技研究所，在里约热内卢看望了浙籍华人华侨。

访问期间，赵洪祝分别会晤了中国驻美国大使张业遂、驻阿根廷大使殷恒民和驻芝加哥总领事杨国强、驻纽约总领事彭克玉、驻里约热内卢总领事陈小玲等。

【龚正率团访问澳大利亚、阿根廷和乌拉圭】 2011年8月14日至25日，副省长龚正率省政府代表团访问澳大利亚、阿根廷和乌拉圭。

在澳大利亚，代表团出席了“浙江省·西澳州经贸投资论坛”开幕式，龚正与西澳州总理科林·巴尼特致辞。出席了浙江省—西澳州公共卫生研讨会开幕式，参加了浙江省·西澳州交流委员会第四次会议。

在阿根廷，代表团考察了华侨华人会馆及餐饮、超市等企业，与当地主要华侨华人社团进行了座谈。

在乌拉圭，外交部长路易斯·阿尔马格罗会见代表团，双方就进一步推动在经贸、文化、旅游等领域的交流合作进行了讨论。科罗尼亚省省长沃尔特·齐默与龚正举行了会谈，商议建立两省间长期友好关系。代表团出席了2011年中国浙江—乌拉圭企业对接洽谈会，乌拉圭住房、领土规划和环境部长格拉谢拉·穆斯莱拉，中央银行行长马里奥·贝尔加拉等及浙江省100多位企业家出席开幕式。开幕式后，龚正与杜拉斯诺省省长本杰明·伊拉萨巴、佛罗里达省省长卡洛斯·恩西索以及蒙特维迪亚市市长安娜·奥依维拉分别进行了会晤，就发展浙江与乌拉圭各省友好交往进行了对话。

【冯明率团访问德国和比利时】 2011年8月25日至9月3日，省人大常委会副主任冯明率省人大常委会代表团访问德国和比利时。

在德国，浙江省与石荷州举行了结好25周年庆祝活动，两省州政府、人大、议会、企业界、文化界人士共100多人参加。代表团还参加了石荷州音乐节主题国交接仪式、2011年音乐节闭幕演出，出席了浙江群升集团投资石荷州新明斯特市签字仪式，会见了吕贝克市议长及市长，还接受了北德电视台等媒体的采访。

在比利时，代表团与西弗兰德省举行了两省经贸促进委员会第二次会议，双方表示将继续深化经贸、科技、教育、人力资源开发等领域的合作，特别是积极促成孔子学院的建立以及“千校结好”项目的开展。会议结束后，冯明与西弗兰德省副省长刚特·波瑞签署会议备忘录。

◎浙江·西澳州交流委员会第四次会议在西澳州举行

【乔传秀率团访问泰国、马来西亚和印度尼西亚】 2011年8月29日至9月9日，省政协主席乔传秀率浙江省代表团访问泰国、马来西亚和印度尼西亚。

在泰国，代表团拜会了罗勇府府尹他越猜·特跑泰，双方就进一步加强旅游、经贸、工业等领域的交流合作进行了会谈。随后，举行了缔结友好关系协议书签字仪式，乔传秀和他越猜·特跑泰分别在协议书上签字。代表团还考察了泰中罗勇工业园、泰国正大集团、素帕他水果园等，看望了在园区工作的中方员工。

在马来西亚，乔传秀会见了

马六甲州首席部长、拿督斯里莫哈末阿里，议长、拿督威拉奥士满，行政议员、拿督颜天禄等，双方探讨了建立友好交流关系的可行性，并就推进两地在商贸、文化、旅游等领域的交流合作进行了会谈。代表团还考察了吉隆坡市政建设。

在印度尼西亚，代表团拜会了东爪哇省省长苏卡沃，双方就2012年度工作计划和进一步加强两省在旅游、公务员培训等领域的交流合作进行了会谈。代表团还考察了当地企业和商业中心等。

【李强率团访问俄罗斯、克罗地亚和匈牙利】 2011年9月5日至16日，省委常委、秘书长、省友协会长李强率省友协代表团访问俄罗斯、克罗地亚和匈牙利。

在俄罗斯，代表团拜会了俄中友好协会、俄罗斯国际文化交流协会，就浙江省组织少年儿童参加2012年世界儿童故事、儿童绘画比赛，出席2013年在莫斯科举办的“开放的地球”活动作了协商沟通。拜会了俄罗斯远东研究所、莫斯科国立大学，就浙江有关方面与上述机构在人文领域的合作进行了深入的探讨。拜会了莫斯科州对外经贸部，就进一步加强该州与浙江在经贸领域的合作、浙江企业赴该州投资等交换了意见。还拜会了俄罗斯共产党中央机关，听取他们对俄共党建情况的介绍。

在克罗地亚，代表团拜会了克罗地亚对外友好协会，双方就经贸、文化、教育、人员交流等方面的合作交换了意见，并签署省友协与克罗地亚中国友协友好交流协议书。

在匈牙利，代表团拜会了匈中友好协会，举办了匈文版《鲁迅短篇小说选》首发式，与匈牙利民族发展部就匈方选派留学生赴浙留学，加强双方在就业、抗灾减灾政策方面的研究和在旅游方面的合作事宜进行了磋商。

【王建满率团访问西班牙、阿联酋和瑞士】 2011年9月17日至28日，副省长王建满率浙江省旅游促销团赴西班牙、阿联酋和瑞士开展旅游促销活动。

代表团在西班牙马德里举办了中国·浙江旅游推介会暨旅行商业务交流会和旅游文化展示活动。王建满在开幕式上致辞。西班牙国家旅游局国际推广部负责人古铁雷斯、马德里旅游局局长卡诺莎以及马德里旅游业界代表、媒体记者等100多人出席推介会。王建满一行还拜会了联合国世界旅游组织，双方就亚欧两地旅游交流、中国城市化建设、世界乡村旅游发展趋势等进行了深入的交流。

在瑞士，代表团与洛桑酒店管理学院前董事长吉达举行了会谈。代表团还拜会了弗里堡州旅游局，就浙江省与弗里堡州开展旅游交流合作等进行了探讨。

在阿联酋，代表团会见了浙江—沙迦合作促进委员会沙迦方主席、沙迦工商会第二副主席赛义德·贾尔万，并拜访沙迦市政委员会及工商会。代表团还与沙迦旅游界人士进行了交流。

【陈敏尔率团访问英国、以色列和土耳其】 2011年9月15日至26日，省委常委、常务副省长陈敏尔率省政府代表团访问英国、以色列和土耳其。

在英国，代表团拜访了英中贸易协会，听取了英国贸易投资总署官员关于中英贸易合作情况及外国企业投资英国有关政策的介绍，召开了12家中英企业参加的座谈会，走访了英国浙江联谊会等。

在以色列，代表团拜会了以色列工贸部首席科学家哈维·哈森等政府官员，双方就政策支持企业研发合作、促进科技创新和培育企业家进行了交谈，并就浙江与以色列进行科技合作，以及签订科技合作协议的有关内容和程序交换了意见。代表团还参观考察了时代—THE TIMW公司。

在土耳其，代表团拜会了伊兹密尔省常务副省长阿答汗、副省长哈鲁克以及土耳其能源和自然资源部矿业事务总局总经理哈姆迪等政府官员，共同出席了浙江省能源集团公司与土耳其POLAT公司煤电一体化项目合作意向书签字仪式。

【黄坤明率团访问美国、西班牙和希腊】 2011年10月12日至23日，省委常委、杭州市委书记黄坤明率团访问美国、西班牙和希腊。

在美国，代表团考察了道富集团、惠普、思科、通用电气等全球500强企业，举行了《杭州市人民政府与通用电气（中国）有限公司谅解合作备忘录》签字仪式和《临安市政府与通用电气（中国）研发有限公司合作备忘录》签字仪式，与福特亚太区总裁约翰就福特（中国）在杭州设立生产基地事宜等进行了会谈，并在硅谷举办"杭州硅谷留学人员交流会"。

在西班牙，代表团访问了杭州友好城市奥维耶多，交流学习了奥维耶多市在历史文化遗产保护、特色街区保护以及建设"欧洲清洁之城"等方面的做法。

在希腊，代表团考察了雅典历史古迹保护和旅游业发展情况，与希腊文化旅游部高级官员就古迹和文化遗产保护进行了交流。

【葛慧君率团访问墨西哥、古巴和加拿大】 2011年10月16日至27日，省委常委、副省长葛慧君率省政府代表团访问墨西哥、古巴和加拿大。

在墨西哥，代表团与下加利福尼亚州洛斯卡沃斯市市长以及政府各部门官员举行了会谈，双方就促进两省州的友好交往、建立友好城市关系等交换了意见，并就进一步推进两省州在渔业和旅游业等方面的交流与合作达成原则性共识。代表团还考察了当地基础设施建设情况。

在古巴，代表团与马坦萨斯省副省长米蕾蒂·德尼斯以及省政府农业部、卫生部和住房建设部的主要负责人进行了会谈，就两省今后在农业、教育、医疗等领域进一步加强交流合作交换了意见。代表团参观了马坦萨斯省中医药博物馆和集体农场。

在加拿大，代表团与不列颠哥伦比亚省就业、旅游与创新事务部部长帕特·贝尔等进行了座谈。代表团还考察了温哥华市农贸市场。

【黄旭明率团访问丹麦、瑞典和冰岛】 2011年10月24日至11月4日，省政协副主席兼秘书长黄旭明率浙江省政协代表团对丹麦、瑞典、冰岛进行友好访问。

在丹麦，代表团分别与西兰岛大区政府首席执行官安德森、丹麦技术大学副校长汉森、丹麦瑞索国家实验室负责人莱诺夫进行了会谈，双方就建设智慧城市、发展可再生能源、加强环境保护，共同推进两省区经贸、科技、教育、人才等领域的互利合作进行了深入的探讨。

在瑞典，代表团访问了斯德哥尔摩省政府，与政府高级顾问卡尔·古斯塔夫·哈冈德进行了会谈，了解瑞典及斯德哥尔摩省经济社会发展、有关行政运作和社会保障等情况。

在冰岛，代表团访问了雷克雅未克市政府，听取了该市社会福利服务的运作和发展情况介绍。

访问期间，代表团还看望和慰问了在丹麦、瑞典的省政协港澳台侨委特邀委员、浙籍侨领、华人华侨代表，向他们介绍了浙江经济社会发展和人民政协履职情况，听取了他们的意见建议。

【王永昌率团访问加拿大、牙买加和韩国】 2011年11月21日至12月2日，省政协副主席王永昌率浙江省政协代表团赴加拿大、牙买加和韩国进行友好访问。

在加拿大，代表团与加拿大浙江同乡会、杭州同乡会、当地主要侨团侨领进行了会谈；拜访了加拿大不列颠哥伦比亚省议会，与议员道格拉斯·霍恩等进行了座谈；参观考察了多伦多大学、CN电视塔、校车公司等。

在牙买加，代表团会见了中国驻牙买加大使郑清典，会见了蒙特哥贝市市长辛特莱尔、浙江省—圣詹姆斯大区友好协会副会长克林顿·陈、牙买加造船总公司总裁乔格瑞·李等。

在韩国，代表团参观了首尔特别市议会大厅，拜会了副议长梁準郁等；考察了大韩生命保险公司，与公司高层进行了座谈，就大韩生命保险公司与浙江国贸集团合作项目的有关情况进行了交流。

（沈国权）

来 访

（非友城团组）

亚 洲

【吕祖善赴京会见卡塔尔副首相】 2011年1月12日，中央政治局常委、国家副主席习近平在京会见卡塔尔副首相兼能源工业大臣阿提亚一行，省长吕祖善赴京参加会见。

随后，吕祖善会见并宴请阿提亚一行。吕祖善对阿提亚为推动中卡合作特别是加快推动浙江台州炼化一体化项目专程来华表示感谢，并介绍了浙江方面为推动该项目所做的工作。

省政府秘书长张鸿铭，省政府副秘书长、驻京办主任沈雪生，省政府副秘书长陈广胜，省外办副主任陆国灏等参加上述活动。

【伊朗驻华大使访问浙江】 2011年1月18日，副省长龚正会见伊朗驻华大使迈赫迪·萨法里一行，表示希望通过伊朗驻华大使的努力，进一步促进浙江省与伊朗的经贸交流，实现互利双赢。

省外办主任阮忠训、副主任顾建新等参加会见。

【韩国驻沪总领事离任辞行】 2011年2月25日，韩国驻沪总领事金正基到浙江进行离任辞行。副省长毛光烈会见金正基一行。

省外办副主任陆国灏参加会见。

【菲律宾驻沪总领事访问浙江】 2011年2月25日，副省长毛光烈会见即将离任的菲律宾驻沪总领事桑若雯。

省外办副主任陆国灏参加会见。

【日本援助江山市生活污水处理站建设项目签字】 2011年3月23日，“日本利民工程小额无偿援助——浙江省江山市四都镇生活污水处理站建设项目”签约仪式在杭州举行。日本驻沪总领事泉裕泰出席签字仪式。

签约仪式前，副省长龚正会见泉裕泰一行，肯定了日本利民工程小额援助项目对改善浙江欠发达地区的经济社会发展所起的作用。龚正对日本大地震给日本造成的人员及财产损失表示慰问，并感谢日本政府和人民在救助中国在日人员方面作出的努力。省外办主任阮忠训参加会见。

此次日方援助资金主要支持建设江山市四都镇生活污水处理站建设项目，受援金额99156美元，是江山市获得的首个日本小额援助项目。

【韩国驻华大使访问浙江】 2011年3月24日，韩国驻华大使柳佑益一行6人访问浙江，考察浙江经济社会情况。

省委书记、省人大常委会主任赵洪祝会见并宴请柳佑益一行。赵洪祝指出，浙江省与韩国经贸互补性强，企业合作和贸易往来情况良好，希望柳佑益大使进一步推动浙韩经贸交流，支持浙江与韩国全罗南道及首尔市的友城交往。柳佑益感谢浙江为保护韩国临时政府杭州纪念馆等与韩国相关历史设施所做的工作，同时希望浙江继续支持在浙发展的韩国企业，关心在浙生活的韩国侨民。

省委常委、秘书长李强，省外办主任阮忠训等参加会见和宴请。

在浙期间，柳佑益一行先后访问宁波、义乌和杭州等城市。

【第17次中国—东盟高官磋商会议】 2011年3月28日至4月1日在杭州举行。中方由外交部部长助理胡正跃率团出席，东盟十国外交部主管高官和东盟副秘书长一行共55人来华与会。

31日晚，省委书记、省人大常委会主任赵洪祝会见并宴请代表团主要成员。赵洪祝介绍了浙江省的基本情况以及"十二五"规划提出的目标任务。他指出，"十二五"是浙江新的发展机遇期，浙江将继续致力于扩大对外开放，重点发展与东盟各国在贸易、文化、教育等领域的务实合作。作为地方政府，对中国—东盟区域性自由贸易区的建立乐观其成，相信该机制会为包括浙江在内的中国各地带来更多的发展机遇。越南外交部部长助理范光荣代表东盟代表团致辞，他说，浙江省与包括越南在内的东盟各国经贸往来业已取得可喜成绩，并且未来发展潜力巨大。2011年是东盟与中国建立战略合作伙伴关系20周年，东盟与中国、与中国各地方政府的合作必将进一步深入。

省委常委、秘书长李强，副省长龚正，省外办主任阮忠训、副主任陆国灏等参加会见和宴请。

中国—东盟高官磋商是中国与东盟重要的年度磋商机制，轮流在中国和东盟国家举行。

【韩国忠清北道文化旅游局长访问浙江】 2011年4月4日至9日，韩国忠清北道文化旅游局局长李桢烈一行访问浙江。6日，省外办副主任陆国灏会见代表团一行。李桢烈转交了忠清北道知事李始钟致浙江省省长吕祖善的信，表达了希望借杭州—清州定期国际航班开通之契机，发展忠清北道与浙江友好关系的愿望。

4月28日，吕祖善礼节性回函表示感谢，并希望增进相互了解和友谊，推动双方务实合作。

【印尼商务代表团访问浙江】 2011年4月19日，印尼中华总商会总主席纪辉琦率印尼商务代表团主要成员一行60人访问浙江。省长吕祖善会见代表团主要成员，双方就建立长效合作机制、定期举办交流活动、为双方相互投资提供必要的咨询和指导达成共识，还就沿海和海岛经济、石油、天然气、旅游、棕榈油、橡胶、煤电等领域开展交流和合作进行了探讨。省外办主任阮忠训、副主任陆国灏等参加会见。

会见前，副省长龚正宴请代表团全体成员。陆国灏参加宴请。

20日，龚正陪同印尼工业部部长默罕默德·苏雷曼·希达悦出席"走进印尼"经贸交流会，共同致辞并见证了印尼工业部与浙江省商务厅、印尼中华总商会与中国浙江品牌(印尼)中心、浙江国际投资促进中心合作备忘录的签字仪式。陆国灏等陪同参加上述活动。

【东北亚名人会第6次会议】 2011年4月24日至25日在杭州举行，由新华社浙江分社举办，来自中日韩三国的前政府领导人、知名专家学者和企业家近30人与会。

在24日举行的欢迎仪式上，省委书记、省人大常委会主任赵洪祝致辞。他对各位嘉宾的到来表示欢迎，并简要介绍了浙江省省情。赵洪祝指出，东北亚名人会规格高、影响大。本次会议期间，与会代表将共商中、日、韩三国在金融、贸易、环境、能源、文化、教育等领域的合作与发展大计。希望与会嘉宾能够借此机会进一步加深对浙江的了解，拓展双方在经贸、环境、人文等领域的合作，并对浙江经济社会发展提出宝贵意见。

新华社社长李从军、外交部部长助理胡正跃等在仪式上致辞。省委常委、宣传部长茅临生出席欢迎仪式。

东北亚名人会是新华社、日本经济新闻社和韩国中央日报社联合发起的三国知名人士论坛，自2006年起每年召开一次会议，在三国轮流举办。

【菲律宾驻沪总领事访问浙江】 2011年5月12日，副省长龚正会见来浙访问的菲律宾新任驻沪总领事傅查理。省外办主任阮忠训、副主任陆国灏等参加会见。

【印尼前总统访问浙江】 2011年5月18日至19日，印尼前总统、印尼民主斗争党总主席梅加瓦蒂一行7人访问浙江。

18日，省政协主席乔传秀会见并宴请梅加瓦蒂一行。乔传秀指出，在中国和印尼两国关系快速发展的大背景下，浙江与印尼的友好合作也日益深入，经贸交流成果丰硕。希望在梅加瓦蒂总主席的关注和推动下，充分挖掘浙江和印尼在经贸、社会、教育、卫生、文化等领域的合作潜力，深入推动双方友好往来和合作共赢。

省外办主任阮忠训、副主任陆国灏等参加会见和宴请。

【韩国国会法制室代表团访问浙江】 2011年5月26日，韩国国会事务处立法次长金成坤(副部级)率韩国国会法制室代表团访问浙江。省人大常委会副主任王永明会见并宴请代表团一行。双方就进一步加深浙江省人大与韩国国会之间的相互了解，促进双方在立法层面的经验交流达成共识。

省外办副主任陆国灏等参加会见和宴请。

【新加坡吉宝集团董事长访问浙江】 2011年5月30日至6月1日，新加坡吉宝集团董事长、新加坡前新闻通讯艺术部部长李文献一行12人访问浙江。

31日，省长吕祖善会见李文献一行。吕祖善表示，吉宝集团主要业务集中在岸外与海事、生态城镇开发与城市基础设施建设等领域，双方在舟山群岛新区的开发领域合作潜力巨大。副省长毛光烈、省政府秘书长张鸿铭、省外办主任阮忠训等参加会见。

当日，常务副省长陈敏尔与李文献一行共进早茶。

6月1日，副省长陈加元出席由浙江—新加坡经贸理事会主办的中国浙江—新加坡可持续发展座谈会并致辞。浙新双方领导见证了吉宝集团与临安市政府、杭州东部软件园签署的3个框架协议。

阮忠训等参加上述活动。

【以色列SHENG-BDO公司执行总监访问浙江】 2011年6月15日，以色列SHENG-BDO公司执行总监马奕良一行访问浙江。省外办副主任陆国灏宴请马奕良一行，双方就在再生能源技术领域的进一步合作交换了意见。

马奕良一行拜会了省科技厅、省农业厅、省环保厅等部门。

【东盟六国驻沪总领事出席“携手浙商”活动】 2011年6月16日至17日，省工商联在杭州举办2011“携手浙商”活动。由新加坡、泰国、马来西亚、菲律宾、越南、柬埔寨等东盟六国驻沪总领事、领事组成的代表团参加活动。省政协副主席、省工商联主席徐冠巨宴请代表团一行。省外办副主任陆国灏参加宴请。

在杭期间，六国使节与徐冠巨及来自全省各地的30多名企业家代表进行了沟通和洽谈，并考察了华立集团、富通集团。

【菲律宾众议院代表团访问浙江】 2011年6月26日至28日，以菲律宾自由党联合主席、众议长费利西亚诺·贝尔蒙特为团长的菲律宾众议院代表团访问浙江。菲律宾驻上海总领事傅查理等随团来访。

26日，省委书记、省人大常委会主任赵洪祝会见并宴请代表团一行。赵洪祝向客人介绍了浙江省基本情况以及“十二五”规划提出的目标任务。他指出，浙江和菲律宾在经贸往来、高层互访以及友城合作等领域取得了显著发展，相信贝尔蒙特主席此访将进一步推动中菲、浙菲在经贸、农业、矿产等领域的友好交流与合作。贝尔蒙特表示，今后将在矿产、基础设施、电子元件加工等领域加强与浙江的交流合作。菲律宾拥有漫长的海岸线，在发展渔业等海洋产业领域与浙江具有互补优势，希望双方能深入挖掘合作潜力，实现共赢发展。

省委常委、秘书长李强，省政协副主席徐辉，省人大常委会秘书长姚民声，省外办副主任陆国灏等参加会见和宴请。

【缅甸外交部政治司司长访问浙江】 2011年7月7日至9日，缅甸外交部政治司司长吴浩督山一行访问浙江。7日晚，省外办副主任陆国灏会见并宴请代表团一行。

代表团在杭期间考察了灵隐寺、中国茶叶博物馆等。

【韩国驻沪总领事访问浙江】 2011年7月11日，省委书记、省人大常委会主任赵洪祝会见来访的韩国新任驻沪总领事安总基。赵洪祝对安总基履新表示祝贺，并简要介绍了浙江经济社会发展情况。他指出，浙江与韩国人员往来频繁，经贸合作紧密，双方合作交流已经具有良好基础。希望总领事能一如既往地关注、支持浙江的改革发展，利用总领事馆这一平台宣传推介浙江，进一步推动双方经济上优势互补、文化上交流互鉴和各领域的往来互通。

省委常委、秘书长李强，省外办主任阮忠训、副主任陆国灏等参加会见。

【大韩贸易投资振兴公社杭州代表处开馆】 2011年7月19日，大韩贸易投资振兴公社杭州代表处开馆，韩国贸易投资振兴公社社长洪锡禹、韩国驻上海总领事安总基主持开馆庆典并致辞。省外办副主任陆国灏、省商务厅副厅长韩杰、杭州市副市长佟桂莉应邀出席典礼并致贺词。

大韩贸易投资振兴公社是韩国政府属下非赢利贸易促进机构，在中国13个城市设立了常驻机构。

【印度驻华大使访问浙江】 2011年7月25日，印度驻华大使苏杰生在印度驻上海总领事戴思锐陪同下访问浙江。副省长龚正会见苏杰生一行。龚正指出，浙江民间资本和企业发达，鼓励企业“走出去”发展，但存在缺乏对印度市场情况的了解、缺乏跨国经营人才、海外融资银行贷款困难等几大问题，希望能依托印度驻上海总领馆，发现更多商机，实现优势互补，使双方经贸合作取得多赢共赢效果。省外办副主任陆国灏等参加会见。

在杭期间，苏杰生一行参观了灵隐寺，观看了大型实景演出《印象西湖》，游览了老龙井御茶园、西湖等风景名胜。

【韩国忠清北道经济通商局长访问浙江】 2011年8月7日至9日，韩国忠清北道经济通商局局长金京镛一行访问浙江。8日，省外办副主任陆国灏会见并宴请代表团一行。双方就开展友好交流事宜进行了商谈。

在杭期间，代表团还走访了省文化厅，邀请浙江文艺团组参加2011年10月初忠清北道举办的“第一届中国留学生庆典”演出。

【中国驻以色列大使访问浙江】 2011年8月13日，省委书记、省人大常委会主任赵洪祝会见中国驻以色列大使赵军一行。省外办主任阮忠训参加会见，商讨浙江与以色列友好交流事宜。

【中国驻朝鲜大使访问浙江】 2011年8月23日，省委书记、省人大常委会主任赵洪祝会见中国驻朝鲜大使刘洪才夫妇一行。省外办主任阮忠训、副主任陆国灏等参加会见。

【东盟常驻代表委员会代表团访问浙江】 2011年8月25日至27日，东盟常驻代表委员会代表团一行12人，在中国驻东盟大使佟晓玲等陪同下访问浙江。

25日，省委书记、省人大常委会主任赵洪祝会见代表团一行。赵洪祝对东盟代表团继3月份出席在浙江举办的第17次中国—东盟高官磋商之后再次来访表示欢迎，并表示，2011年是“十二五”规划起步之年，作为中国海洋经济示范区，海洋经济成为浙江新的经济增长点。而东盟绝大多数成员国也拥有丰富的海洋资源，希望能与东盟各国在原有基础上，推动双方在海洋经济领域的互利合作。

印尼常驻东盟代表努拉代表东盟代表团致辞。努拉简要介绍了东盟整体经济发展情况，希望与中国特别是浙江省进一步发展经贸关系。他指出，东盟大部分国家拥有丰富的海洋资源，与浙江省在海洋经济领域的合作前景广阔。

省委常委、秘书长李强，省外办主任阮忠训、副主任陆国灏等参加会见。

【泰国驻沪副总领事访问浙江】 2011年9月9日，泰国驻上海副总领事牛泰蓬·康卡贺兰一行访问浙江，拜访省外办，协商安排泰国国王孙女吉蒂亚帕公主访杭事宜。

【泰国公主访问浙江】 2011年9月16日至17日，泰国国王孙女帕差拉·吉蒂亚帕公主一行140人访问浙江，游览了杭州西湖、河坊街和桐乡乌镇，品尝了龙井茶。

吉蒂亚帕公主是泰王室重要成员，此系其首次访问浙江。代表团主要成员还包括泰国最高法院院长、多个部委高官等政界要人。

【越南党政干部考察团访问浙江】 2011年9月24日至28日，以交通运输部副部长阮玉东为团长的越南党政干部考察团访问浙江。

27日晚，省政协副主席黄旭明会见并宴请考察团一行。黄旭明表示，近年来浙江省与越南在经贸、投资、旅游等领域的交流发展很快，双方进一步发展的潜力巨大，希望今后加强合作，推动双方的经济社会发展，提高人民生活水平。阮玉东表示，浙江省经济实力在中国名列前茅，令人敬佩，此访使代表团团员体验了中国最具幸福感的地方。他希望浙江省与越南及地方各省市加强联系，进一步增进两国传统友谊，为进一步发展两党两国友好关系作出积极贡献。

省外办副主任陆国灏等参加会见和宴请。

访浙期间，考察团还赴宁波市参观考察。

【孟加拉国外交秘书访问浙江】 2011年10月15日至16日，孟加拉国外交秘书卡耶斯一行6人来华磋商后顺访浙江。代表团游览了西湖、雷峰塔和花港观鱼等风景名胜。

【巴基斯坦国民议会妇女代表团访问浙江】 2011年10月18日至20日，以巴基斯坦国民议会议员亚斯敏·拉赫曼为团长的巴基斯坦国民议会妇女代表团访问浙江。

20日中午，省人大常委会副主任厉志海会见并宴请代表团一行。厉志海说，浙江与巴基斯坦经济互补性强，经贸合作取得了长足发展，希望双方进一步增进互信，密切往来，推动实质性交流合作。亚斯敏·拉赫曼对浙江经济社会发展取得的成就给予高度评价。她表示，浙江省对偏远地区和贫困人口给予特别政策倾斜的做法值得巴方借鉴，希望中方能一如既往地支持和指导巴基斯坦的经济社会发展。巴基斯坦和浙江在经济上有着紧密联系，希望双方能进一步深化互利合作。

省外办党组成员、人秘处处长陈江风参加会见和宴请。

访浙期间，代表团还考察了东阳市。

【韩国忠清北道经济通商局考察团访问浙江】 2011年10月18日至22日，以忠清北道经济通商局未来产业课系长李在荣为团长的韩国忠清北道经济通商局考察团访问浙江，拜会省外办，表达了与浙江省开展合作的愿望，并赴义乌参加国际小商品博览会。

【泰国前总理枢密院大臣访问浙江】 2011年10月25日至27日，泰国前总理枢密院大臣素拉育一行5人访问浙江。

26日晚，省政协主席乔传秀会见并宴请素拉育一行。乔传秀表示，浙江十分重视与泰国的交流合作。2011年，浙江海洋经济发展示范区建设、舟山群岛新区建设和义乌市国际贸易综合改革试点先后上升为国家战略，这给浙江与泰国的交流提供了更大的舞台和合作空间。希望双方利用这些有利契机，加强交流合作，促进共赢发展。

素拉育表示，泰国罗勇府工业比较发达，与浙江建立友好关系有助于促进双方技术交流与合作，更好地推动泰中两国关系发展。

省外办副主任陆国灏等参加会见和宴请。

【黎巴嫩社会进步党副主席访问浙江】 2011 年 11 月 7 日，黎巴嫩社会进步党副主席杜雷德·亚杰继 2008 年访杭后再访浙江。省外办副主任陆国灏宴请杜雷德·亚杰一行。

【日本国际茶道·香道丹月流宗家访问浙江】 2011 年 11 月 8 日，日本国际茶道·香道丹月流宗家丹下明月应邀来浙江树人大学讲学，省外办副主任陆国灏宴请丹下明月夫妇一行。

【印尼专业集团党干部考察团访问浙江】 2011 年 11 月 15 日至 18 日，以印尼专业集团党外联主席伊丽斯(副部级)为团长的印尼专业集团党干部考察团一行 15 人访问浙江。

15 日，省政协副主席黄旭明会见并宴请考察团一行。黄旭明表示，浙江省十分重视与世界各个国家和地区的友好往来及互利合作，希望能进一步深化与印度尼西亚的友好关系，实现共赢发展。伊丽斯表示，希望双方进一步增进了解和互信，推动开展工业、海洋渔业等领域的交流合作；希望浙江省有更多的企业，尤其是机械制造业和海洋经济等相关企业前往印尼投资。

省外办副主任陆国灏等参加会见和宴请。

访浙期间，考察团还赴义乌市考察访问。

【浙江—新加坡经贸理事会新加坡主席访问浙江】 2011 年 11 月 22 日，省委副书记、代省长夏宝龙会见来访的新加坡新闻通讯艺术部兼环境及水源部高级政务部长、浙江—新加坡经济贸易理事会新方主席傅海燕一行。

夏宝龙说，近年来，浙江与新加坡交往日趋紧密，尤其是浙江—新加坡经济贸易理事会成立以来，双方在经贸往来及其他领域的合作都得到了长足发展。2011 年以来，浙江海洋经济发展示范区、舟山群岛新区和义乌市国际贸易综合改革试点等三大国家战略相继获批，浙江的发展迎来了新的历史性机遇，新加坡在船运、物流、海事、金融等方面有着丰富的经验，双方在海洋经济等领域有着广阔的合作空间。欢迎更多的新加坡企业来浙江投资兴业，尤其是将更多资本投向船舶、新型装备制造、港口建设等临港产业，在更大范围内实现互利双赢。

省政府秘书长张鸿铭，省外办主任阮忠训、副主任陆国灏等参加会见。

【日本经济研究中心中国研究室室长访问浙江】 2011 年 11 月 25 日，日本经济研究中心中国研究室室长北原基彦访问浙江，拜会省外办，了解浙江与日本福井县的友好交流情况。

【韩国忠清南道上海代表处首席代表访问浙江】 2011 年 11 月 29 日，韩国忠清南道上海代表处首席代表李宗旻一行访问浙江，与省外办、省贸促会就今后互通投资说明会(展会)信息、加强企业家洽谈对接、为经贸合作搭好平台等事宜交换意见。

省外办副主任陆国灏会见来宾。

(金　立)

欧洲和非洲

【西班牙中西百货协会主席访问浙江】 2011 年 1 月 15 日，省政协副主席徐冠巨会见西班牙中西百货协会执行主席夏永平一行。

徐冠巨向客人介绍了浙江省经济社会发展情况，赞赏西班牙中西百货协会在维护西班牙华侨华人合法权益、促进祖国和平统一等方面所做的大量卓有成效的工作，希望该协会在这方面继续努力。

【刚果(金)加丹加省省长访问浙江】 2011 年 1 月 20 日至 23 日，刚果(金)加丹加省省长穆伊斯一行15人访问浙江。21日，省政府副秘书长夏海伟会见代表团一行。双方就加强经贸投资往来事宜进行了探讨。

省外办副主任顾建新等参加会见。

【瑞士新任驻沪总领事访问浙江】 2011年2月21日，瑞士新任驻沪总领事史伦博一行2人访问浙江。

副省长龚正会见史伦博一行。龚正指出，浙江与瑞士弗利堡州、提契诺州、汝拉州已建立友好关系，在经贸、投资、教育、医疗、文化、体育和慈善等领域开展了富有成效的交流合作，相信史伦博总领事的到访能进一步推动瑞士与浙江开展全方位的交流合作，实现互利共赢。

史伦博表示，将大力支持和推动瑞士与浙江深化友好合作，密切双方企业的经贸投资往来。

省外办副主任顾建新、省商务厅巡视员鞠雅莲参加会见。会见后，顾建新宴请史伦博一行。

【德国工商大会上海办事处首席代表访问浙江】 2011年3月1日，德国工商大会上海办事处首席代表依安·诺特一行访问浙江。省外办副主任顾建新会见诺特一行。双方就加强浙江与德国的经贸往来以及浙江与德国石荷州的友好合作进行了探讨。

【意大利驻沪总领事访问浙江】 2011年3月15日，意大利新任驻沪总领事德卢卡一行2人访问浙江。省委书记、省人大常委会主任赵洪祝会见并宴请德卢卡一行。赵洪祝简要介绍了浙江省经济社会发展情况。他说，浙江省一直努力推进与意大利在各领域的务实合作，并取得了显著成效。浙江将一如既往推进双方在经贸、科技和文化等领域的互利合作。同时，真诚希望德卢卡总领事不遗余力推动双方在各领域的交流与合作。

德卢卡说，浙江省与意大利具有很大的合作空间与潜力，他将大力支持和推动意大利与浙江省在各领域的交流合作，进一步密切双方企业经贸投资往来。

省委常委、秘书长李强，省外办主任阮忠训，省商务厅副厅长周日星等参加会见和宴请。

【德国学术交流中心亚洲及太平洋地区部门负责人访问浙江】 2011年3月19日，德国学术交流中心亚洲及太平洋地区部门负责人别尔克一行2人访问浙江。省外办副主任顾建新与代表团就浙江与德国在教育领域的合作进行了探讨。

【中国驻马里大使访问浙江】 2011年3月22日至23日，中国驻马里大使曹忠明夫妇访问浙江。省外办副主任顾建新宴请曹忠明夫妇。

曹忠明考察了省卫生厅，了解浙江在马里医疗队的情况及与马里医疗卫生合作情况。

【英国驻沪总领事访问浙江】 2011年3月23日，英国驻沪总领事戴伟绅一行访问浙江，与省教育厅副厅长蒋胜祥就进一步扩大高校合作、推广宁波诺丁汉大学合作办学模式交换了意见。

【俄罗斯AFK SISTEMA集团董事局主席访问浙江】 2011年4月12日，副省长毛光烈会见俄罗斯AFK SISTEMA集团董事局主席弗拉基米尔·叶甫图申科夫及中兴通讯董事局代表团一行。

毛光烈说，浙江省高度重视战略性新兴产业的发展，出台了一系列政策措施，营造良好的投资经营环境。希望代表团能进一步了解浙江，在更多领域、更高层次推进双方合作向纵深发展，促进互惠互利，实现共赢发展。

【卢森堡驻沪总领事访问浙江】 2011年4月19日至21日，卢森堡驻沪总领事费瑞朋一行访问杭州、宁波和温州。21日中午，省外办副主任顾建新宴请费瑞朋一行。

在杭州期间，费瑞朋一行考察了娃哈哈集团、传化科技城有限公司和万向集团。在宁波期间，费瑞朋一行考察了太平鸟服饰、雅戈尔集团和爱盛服饰。在温州期间，温州市市长赵一德会见费瑞朋一行，卢森堡客人考察了正泰集团、开元集团和法派集团。

【世界包装组织主席访问浙江】 2011年4月20日，世界包装组织主席皮尔森访问浙江，副省长毛光烈会见代表团一行。双方就亚洲包装中心的建设事宜交换了意见。省外办副主任彭波参加会见。

【英国驻沪总领事访问浙江】 2011年4月21日，英国驻沪总领事戴伟绅率团访问浙江，副省长毛光烈会见代表团一行。毛光烈向客人介绍了浙江省经济社会发展情况。他说，浙江省发展信息化，特别是物联网、云计算等方面具有良好的基础和条件，市场前景广阔。近年来，浙江省与英国在这些领域的合作卓有成效，相信总领事来访能继续深化双方的交流与合作，加强优势互补，整合有效资源，实现双赢发展。

省外办副主任顾建新参加会见。

戴伟绅参加了第5届中国杭州国际电子信息博览会开幕式。

【苏丹全国大会党对外关系部部长访问浙江】 2011年4月26日至27日，苏丹全国大会党对外关系部部长、总统顾问伊斯梅尔一行8人访问浙江。

26日晚，省委书记、省人大常委会主任赵洪祝会见并宴请伊斯梅尔一行，并介绍了浙江省经济社会发展情况。他希望双方进一步挖掘经贸领域合作潜力，不断拓展在加工制造、能源、矿产资源等方面的商贸往来；进一步扩大直接投资，努力促使产业投资成为两地经贸合作的新亮点；进一步扩大人文交流，增进两地人民的相互了解，巩固两国传统友谊。同时，浙江愿继续深化与苏丹全国大会党的党际交往，不断丰富交往的内涵和形式，为中苏友好注入新动力。伊斯梅尔表达了与浙江方面共同推进交流合作的愿望。他表示将继续致力于为中国企业投资苏丹提供方便，希望浙江多鼓励企业赴苏丹投资兴业。

省委常委、秘书长李强，省外办主任阮忠训，省商务厅厅长金永辉，省外办副主任顾建新等参加会见和宴请。

代表团考察了正泰太阳能科技公司、传化大地有限公司。

【摩尔多瓦驻华大使访问浙江】 2011年5月9日至10日，摩尔多瓦驻华大使阿纳托利·乌列基安一行4人访问浙江。

9日，副省长龚正会见乌列基安一行。龚正表示，浙江省十分重视发展与摩尔多瓦的友好关系，愿为推动双方的交流合作创造更多的机会。乌列基安详细介绍了摩尔多瓦在浙江德清县规划的“国际葡萄酒博览中心”项目情况以及摩尔多瓦葡萄酒产业现状。国际葡萄酒博览中心已被摩尔多瓦政府列为重点发展项目，摩尔多瓦驻华大使馆将积极推动该项目。龚正指出，摩尔多瓦政府将“国际葡萄酒博览中心”项目落户浙江是明智的选择。但考虑到浙江土地资源紧缺，对土地指标控制比较严格，希望该项目能因地制宜，在互利互惠的基础上逐步推进。

省商务厅厅长金永辉、省外办副主任顾建新、德清县副县长王少华等参加会见。

10日，省外办主任阮忠训宴请乌列基安一行。下午，乌列基安赴德清县武康镇考察，双方就项目选址、土地开发指标等问题交换了意见。在浙期间，乌列基安一行还参观了亿丰花卉公司的中国玫瑰生态园。

【布隆迪内政部长访问浙江】 2011年5月11日，省委常委、秘书长、政法委书记李强会见布隆迪内政部长爱德华·恩杜维马纳一行。

李强向客人介绍了浙江省经济社会发展情况。他说，近年来，浙江与包括布隆迪在内的非洲许多国家开展了形式多样的友好交流和经贸合作，取得了令人满意的成果。浙江省愿意继续加强与布隆迪的交流和合作，相信部长此行能进一步增进对浙江省的了解，把双方友好合作关系提高到一个新水平。

恩杜维马纳表示希望能增进

双方了解，实现更加紧密的合作。

【莫桑比克驻华大使访问浙江】 2011年5月12日至14日，莫桑比克驻华大使安东尼奥·伊纳西奥一行2人访问浙江。13日晚，省外办副主任顾建新宴请东尼奥·伊纳西奥一行。双方就浙江省与莫桑比克的交流以及莫桑比克高层领导访浙等事宜进行了探讨。

伊纳西奥走访了省商务厅，参观了正泰太阳能科技公司。

【非洲英语国家外交官研修班代表团访问浙江】 2011年5月16日至20日，非洲英语国家外交官研修班一行41人访问浙江，考察浙江省经济社会发展现状。

17日晚，省外办副主任顾建新宴请代表团一行。

【首届非洲研究论坛·杭州贸易投资分论坛】 2011年5月17日在杭州举行，由中国非洲问题研究会主办，非洲投资联盟和非洲投资网承办。此次论坛旨在促进中非经贸合作区的招商引资，大力支持浙江省民营企业进入非洲，并就非洲形势与投资环境进行学术交流。中国非洲问题研究会会长、中国国际经济交流中心秘书长、中国商务部原副部长魏建国，浙江省副省长龚正出席论坛开幕式并讲话。龚正在致辞中指出，非洲是个充满机遇的大陆，我们要加强对非洲的研究，把浙江的“走出去”战略推向新的台阶。中午，龚正宴请出席论坛的贵宾。省外办副主任顾建新等参加开幕式和宴请。

阿盟、刚果(金)、几内亚、莱索托、尼日尔、塞内加尔、乌干达、津巴布韦驻华大使和埃塞俄比亚、尼日利亚、南非、多哥驻华外交官也出席了首届论坛。

【意大利外交部全权公使访问浙江】 2011年5月18日，意大利外交部全权公使、中意政府委员会协调员、前意大利驻沪总领事罗西诺一行7人访问浙江，拜会省外办及省科技厅，商谈浙江与意大利艾米利亚—罗马涅大区及普利亚大区开展新能源和环保项目合作事宜。

省外办副主任顾建新宴请代表团一行。

【马里前总理访问浙江】 2011年5月25日至28日，马里前总理凯塔一行6人访问浙江。27日，省人大常委会副主任程渭山会见并宴请凯塔一行。程渭山简要介绍了浙江省经济社会发展情况和浙江省人民代表大会的基本情况。他指出，中马两国人民友谊深厚，浙江省向马里派遣医疗队已有40多年历史。相信凯塔前总理此次来访能进一步增进对浙江的了解，推动马里与浙江多领域的交流和合作。凯塔介绍了马里议会的基本情况，他表示将大力推动马里与浙江深化合作，进一步密切双方经贸往来。

省人大常委会副秘书长吴信林、外事工作委员会副主任毛雪非，省外办副主任陆国灏等参加会见和宴请。

凯塔一行还赴绍兴和义乌，考察了绍兴中国轻纺城、义乌国际商贸城和梦娜袜业。绍兴市市长钱建民、义乌市委副书记陈秀仙分别会见和宴请凯塔一行。

【莫桑比克外长访问浙江】 2011年6月4日至5日，莫桑比克外长巴洛伊夫妇一行8人访问浙江。

5日中午，省政协副主席黄旭明会见并宴请巴洛伊一行。黄旭明向客人简要介绍了浙江省经济社会发展和省政协机构及运作等情况。他表示，巴洛伊外长此行定能进一步增进对浙江的了解，推动浙江与莫桑比克多领域的交流和合作。巴洛伊介绍了莫桑比克的基本情况。

省政协副秘书长叶子挺、省外办副主任顾建新、省商务厅副厅长韩杰参加会见和宴请。

访浙期间，巴洛伊一行考察了浙江传化大地有限公司，游览了西湖、雷峰塔和中国茶叶博物馆等。

【莫桑比克解放阵线党代表团访问浙江】 2011年6月7日，省委书记、省人大常委会主任赵洪祝在宁波会见由政治委员会委员马加里达·塔拉帕率领的莫桑比克解放阵线党代表团一行。

赵洪祝介绍了浙江省经济社会发展情况。他说，近年来，浙江与莫桑比克的经贸往来日渐频繁。在新的国际形势下，浙江与莫桑比克的交流和合作面临新的机遇。我们愿与莫方一道，发挥各自优势，扩大贸易和投资合作，推动共同发展，包括进一步加强在建筑、农业、基础设施建设、渔业、制药、能源、矿业等方面的互利合作，探索新的合作模式；鼓励有实力、信誉好的浙江企业赴莫桑比克投资，实现互利双赢；拓展社会领域和人文交流，加深彼此的了解和认同，巩固两国两地人民之间的传统友谊。

马加里达·塔拉帕表示愿意推动莫桑比克与浙江发展更为紧密、有效的经贸文化等多方面的交流合作。

省委常委、宁波市委书记王辉忠，省委常委、秘书长李强等参加会见。

【土耳其新任驻沪总领事访问浙江】 2011年6月10日，土耳其新任驻沪总领事丹尼斯·艾柯访问浙江。省外办主任阮忠训与艾柯就浙江和土耳其的友好交流合作进行了探讨。副主任顾建新参加会见。会见结束后，顾建新宴请艾柯。

【意大利托斯卡纳大区主席访问浙江】 2011年7月6日，意大利托斯卡纳大区主席恩里科·罗西一行6人，在意大利驻沪总领事德卢卡等陪同下访问浙江。副省长毛光烈会见并宴请罗西一行。毛光烈表示，近年来浙江与意大利保持着良好的合作势头，建议加强双方在品牌推广、工业设计、产品营销等领域的合作，以纺织技术研发为抓手，促进双方的实质性交往。罗西对此表示赞同，并邀请浙江企业参与托斯卡纳中意纺织技术研发中心建设。会见结束后，毛光烈和罗西共同签署《浙江省与意大利托斯卡纳大区合作备忘录》。

省政府副秘书长孟刚、省科技厅厅长蒋泰维、省商务厅厅长金永辉、省外办副主任陆国灏参加上述活动。

访浙期间，罗西一行参观考察了阿里巴巴集团，游览了西湖、雷峰塔等风景名胜。

【英国驻沪领事访问浙江】 2011年7月8日，英国驻上海政治经济新闻领事艾理一行2人访问浙江。艾理走访了省发改委、省经信委和省社科院，详细了解了浙江宏观经济走向和私营经济发展情况。

【毛里求斯总统访问浙江】 2011年7月8日，毛里求斯总统贾格纳特一行17人访问义乌。义乌市委书记黄志平设便宴招待代表团一行。晚上，义乌市市长何美华会见并宴请代表团一行。9日，代表团访问诸暨，诸暨市委书记王继岗会见并宴请代表团一行，副市长朱烨参加会见和宴请。

贾格纳特一行考察了义乌国际商贸城和诸暨达亨集团。

【俄罗斯驻联合国大使访问浙江】

2011年7月12日，俄罗斯驻联合国大使丘尔金·维塔利夫妇访问浙江。省外办副主任彭波宴请丘尔金夫妇，双方就未来浙俄交流与合作等问题进行了探讨。丘尔金·维塔利夫妇游览了西湖、雷峰塔等名胜。

【荷兰驻沪总领事访问浙江】

2011年7月27日，荷兰驻沪总领事汪一力一行2人访问浙江，进行离职前的拜访。中午，省外办副主任顾建新宴请汪一力一行。

【西欧共产党联合考察团访问浙江】 2011年8月13日至17日，西欧共产党联合考察团访问浙江。14日晚，省委常委、组织部长蔡奇会见并宴请考察团一行。蔡奇向客人介绍了浙江省经济社会发展近况及地方党建情况。轮值团长、意大利共产党人党移民事务负责人毛·穆索利诺介绍了欧洲左翼运动的近况。省委组织部副部长庄跃成、省外办副主任顾建新等参加会见和宴请。考察团一行游览了西湖、雷峰塔和胡雪岩故居等名胜。

考察团访问义乌时，义乌市委书记黄志平会见、市委副书记陈秀仙宴请考察团一行。考察团参观了义乌国际商贸城，并与新光饰品公司党支部就民营企业党建进行了座谈。考察团访问宁波期间，宁波市委常委、组织部长朱伟会见并宴请考察团一行。考察团参观了宁波高新科技园区、赛尔富电子有限公司和宁波81890市民热线。

【诺基亚西门子公司大中华区董事长兼总裁访问浙江】 2011年9月13日至14日，诺基亚西门子公司大中华区董事长兼总裁张志强一行访问浙江。13日，副省长毛光烈会见并宴请张志强一行。毛光烈向客人简要介绍了浙江省经济社会发展近况。他希望诺基亚西门子公司充分利用浙江大力推动转型升级的大好机遇，进一步密切与浙江通信和软件企业的联系，主动参与浙江智慧城市试点建设，促进双方共同发展。张志强介绍了诺基亚西门子公司全球最新战略和杭州研发中心发展情况。他表示，将进一步密切与浙江的合作，积极参与浙江智慧城市试点等重要项目。

省政府副秘书长孟刚、省外办副主任顾建新、省经信委副主任吴家曦、杭州市副市长佟桂莉、中国电信浙江公司总经理张新建、中国联通浙江分公司总经理郭晓科、中国移动浙江公司副总经理刘尧根等参加会见和宴请。

【卢森堡驻沪总领事访问浙江】 2011年9月22日，卢森堡驻上海总领事马可宁一行2人访问浙江，与省外办主任阮忠训就浙江与卢森堡的交流合作进行了友好会谈。

【毛里求斯总统访问浙江】 2011年9月27日至28日，毛里求斯总统阿内贾德·贾格纳特及其夫人一行11人访问浙江。贾格纳特此行主要目的是出席2011达之路非洲投资高峰论坛。

27日晚，省委副书记、代省长夏宝龙会见并宴请贾格纳特一行及出席论坛的部分外宾。夏宝龙简要介绍了浙江省经济社会发展情况。他表示，浙江重视发展与毛里求斯的友好关系，积极推动双方在各领域的交流合作，并取得了一定成效。希望双方进一步挖掘合作潜力，不断拓展在贸易、旅游、投资等方面的往来。贾格纳特表示，欢迎包括浙江在内的中国企业和客商到毛里求斯考察访问、投资兴业，也希望进一步加强双方在其他领域的交流合作。

副省长龚正，省政府秘书长张鸿铭、副秘书长夏海伟，省外办主任阮忠训，省发改委主任孙景淼，省商务厅厅长金永辉、副厅长韩杰等参加会见和宴请。

【德国洪堡大学校长访问浙江】 2011年9月30日，德国洪堡大学校长奥伯茨一行7人访问浙江。省外办副主任顾建新宴请代表团。双方就浙江与德国在教育领域的交流进行了友好交谈。

代表团访问了浙江大学，游览了西湖。

【乌克兰驻华大使访问浙江】 2011年10月2日，乌克兰驻华大使尤里·科斯坚科夫妇一行3人访问浙江。省外办副主任顾建新宴请科斯坚科夫妇一行，双方就推进浙江与乌克兰的友好交流和合作进行了探讨。

【土耳其伊兹米尔省发展署专家访问浙江】 2011年10月16日至18日，土耳其伊兹米尔省发展署2名专家访问浙江。代表团一行走访了省中小企业局、省国际投资促进中心，并考察了娃哈哈集团、传化集团和浙江正泰太阳能科技有限公司。

【加纳前总统访问浙江】 2011年10月24日至28日，加纳前总统、非盟索马里问题特使罗林斯一行4人访问浙江。

26日，省人大常委会副主任冯明会见并宴请代表团一行。

罗林斯此次来浙的主要目的是参加中非智库论坛。

省外办副巡视员余亦平参加会见和宴请。

【中非合作论坛第8届高官会】 2011年10月26日至27日在杭州举办，共有来自50个非洲国家及8个国际组织的187名官员以及中方中非合作论坛后续行动委员会成员单位的27名代表参加。

外交部副部长翟隽和商务部副部长傅自应出席会议。

26日晚，省委书记、省人大常委会主任赵洪祝会见并宴请前来出席高官会的非洲各国嘉宾。赵洪祝对各位来宾的到来表示欢迎，并祝中非合作论坛第8届高官会圆满成功。赵洪祝说，此次高官会在浙江举办，使浙江有机会深度参与中非合作论坛，同时也为进一步加强浙江与非洲各国的友谊和合作创造了有利条件。浙江省将坚决贯彻国家总体外交方针，一如既往地同非洲国家加强战略互信，深化互利合作，扩大人文交流，为促进双方携手发展、共同繁荣而不懈努力。埃及代表团团长、埃及外交部负责非洲事务的部长助理穆娜代表非洲各国高官感谢浙江省为这次高官会作出了周到的安排，表示要进一步推动非洲同浙江的友好往来和互利合作。

外交部副部长翟隽，省委常委、秘书长李强，副省长龚正，省政府副秘书长夏海伟，省外办主任阮忠训，省发改委主任孙景淼，省商务厅厅长金永辉，省外办副主任顾建新，以及来自商务部、财政部、文化部等部委的领导出席会见和宴请。

作为高官会配套活动的首届中非智库论坛于10月27日在杭州开幕。本次论坛为期3天，在杭州与金华两地举行。其间，来自中国、非洲50个国家、非盟等非洲地区组织及部分其他国家、地区著名智库的知名学者和官员，就新世纪第二个十年里的中非关系这个大议题，围绕安全问题、经贸往来、智库交流等展开研讨。外交部副部长翟隽、国家开发银行副行长李吉平、副省长龚正出席开幕式并致辞。夏海伟、顾建新等参加开幕式。

高官会结束后，非洲各国高官赴义乌考察了国际商贸城、梦娜袜业和巨龙箱包公司。

【德国汉斯·塞德尔基金会东北亚处处长访问浙江】 2011年11月2日，德国汉斯·塞德尔基金会东北亚处处长朗格一行3人访问浙江。省外办主任阮忠训宴请朗格一行，双方就浙江与德国在教育领域的合作进行了友好交流。

【罗马尼亚伊尔福夫县议会主席代表访问浙江】 2011年11月7日，罗马尼亚伊尔福夫县议会主席代表王岩一行2人访问浙江，与省外办欧非处就双方未来开展友好交流和合作等事宜进行了探讨。

【意大利普利亚大区主席访问浙江】 2011年11月9日至11日，意大利普利亚大区主席文杜拉一行7人访问浙江。

10日，代省长夏宝龙会见并宴请文杜拉一行，出席2011中意区域创新暨国际技术项目展示对接会的意大利艾米利亚－罗马涅大区和托斯卡纳大区政府代表一同参加。夏宝龙简要介绍了浙江省经济社会发展近况。他表示，浙江省与意大利的交流源远流长，双方在各领域的友好交流与互利合作取得了积极成效。希望双方进一步加强合作，携手共创美好未来。文杜拉表示，非常愿意与浙江省发展友好关系，积极开拓在经贸、文化、环保和科技创新等领域的交流合作。

省政府秘书长张鸿铭、省外办主任阮忠训、省科技厅厅长蒋泰维、省商务厅厅长金永辉等参加会见和宴请。

10日，文杜拉一行出席了2011中意区域创新暨国际技术项目展示对接会开幕式。开幕式前，副省长毛光烈礼节性会见文杜拉及其他前来参加活动的主要外宾，双方就进一步加强在科技创新领域的交流合作进行了会谈。

在杭期间，文杜拉一行还游览了西湖名胜。

【爱尔兰驻沪总领事访问浙江】 2011年11月11日，副省长龚正会见来访的爱尔兰驻沪总领事高睦礼一行。龚正简要介绍了浙江省经济社会发展近况和调整经济发展结构、保持经济平稳较快发展的有关举措。他希望总领事关注、支持浙江的改革发展，利用驻沪总领馆平台宣传推介浙江，加强双方在经济、文化、旅游等领域的交流合作。

省政府副秘书长夏海伟，省外办主任阮忠训、副主任顾建新，省商务厅副巡视员陈晓龙等参加会见。中午，阮忠训、顾建新宴请高睦礼一行。

【荷兰驻沪总领事访问浙江】 2011年11月11日，荷兰驻沪总领事鄱佩德一行2人访问浙江。副省长龚正会见鄱佩德一行。龚正简要介绍了浙江省经济社会发展近况。他希望双方发挥各自优势，进一步深化合作，推进互利共赢发展。鄱佩德说，自杭州—阿姆斯特丹国际航线开通以来，包括浙江在内的长三角地区同荷兰的交往快速升温。他欢迎更多的浙江企业到荷兰投资兴业。

省政府副秘书长夏海伟，省外办主任阮忠训、副主任顾建新，省商务厅副巡视员陈晓龙参加会见。会见结束后，阮忠训、顾建新宴请鄱佩德一行。

【博茨瓦纳驻华大使访问浙江】 2011年11月16日，博茨瓦纳驻华大使萨萨拉·查萨拉·乔治一行2人访问浙江。博茨瓦纳客人访问了省地质勘探局和诸暨市。

【阿尔及利亚国民议会外委会主席访问浙江】 2011年11月17日至19日，阿尔及利亚国民议会外委会主席西阿维夫一行7人访问浙江。

18日，省人大常委会副主任程渭山会见并宴请西阿维夫一行。程渭山向客人简要介绍了浙江省经济社会发展和省人大机构及运作等情况。他表示，浙江与阿尔及利亚合作潜力较大，相信西阿维夫主席此行能进一步增进对浙江省的了解，推动浙江与阿尔及利亚多领域的交流和合作。西阿维夫表示，通过此次访问亲身感受了浙江经济社会的快速发展，他将大力推动阿尔及利亚与浙江省深化合作，进一步密切双方经贸往来。

省外办副主任顾建新、省人大常委会外事工作委员会副主任阮龙生参加会见和宴请。

访浙期间，西阿维夫一行考察了娃哈哈集团，游览了西湖、雷峰塔和河坊街等名胜，并观看了大型歌舞《宋城千古情》。

【渣打集团首席执行官访问浙江】 2011年11月18日，渣打集团首席执行官冼博德一行4人访问浙江。

省委书记、省人大常委会主任赵洪祝会见冼博德一行。赵洪祝向客人介绍了浙江省经济社会发展情况。他指出，近年来，渣打集团在浙江的业务稳步扩展，双方已经取得了丰硕的合作成果。浙江是中国大陆金融规模增长最快、金融资产质量最好、金融生态最优的省份之一。浙江经济发展方式不断转变、居民收入水平和企业发展水平不断提高、地方金融改革不断深入，为双方进一步合作创造了良好的机遇。他希望渣打集团抓住机遇，不断扩大在浙江的发展规模，积极参与浙江省经济转型升级。浙江省委、省政府将一如既往支持渣打集团在浙发展。冼博德表示，渣打集团将继续为浙江中小企业的发展提供金融支持。浙江民营经济、外贸发达的特点与渣打集团的传统服务优势非常契合，渣打集团愿在浙江企业“走出去”方面提供帮助。

省委常委、秘书长李强，省外办主任阮忠训，省金融办主任丁敏哲，省银监局局长杨小苹，省外办副主任顾建新等参加会见。

【爱沙尼亚驻沪总领事访问浙江】 2011年11月30日，副省长龚正会见来访的爱沙尼亚驻沪总领事任华一行。龚正简要介绍了浙江省经济社会发展近况和调整经济发展结构、保持经济平稳较快发展的有关举措，希望总领馆能多关注、支持浙江的改革发展，利用总领馆平台宣传推介浙江，加强双方在经济、文化、旅游等领域的交流合作。

省政府副秘书长夏海伟、省外办副主任顾建新、省商务厅副厅长胡濰康等参加会见。中午，顾建新宴请任华一行。

【中国—联合国司法研讨会】 2011年12月1日至3日在杭州举办。1日，省外办副主任顾建新宴请与会的中外方代表，介绍了浙江省经济社会发展情况。与会人员考察了绍兴。

【赵洪祝在京宴请奥地利萨尔茨堡州前副州长、中国事务特使】 2011年12月8日，省委书记、省人大常委会主任赵洪祝在北京宴请奥地利萨尔茨堡州前副州长、中国事务特使艾瑟尔一行6人。双方就浙江省与萨尔茨堡州及保时捷控股公司的合作进行了友好交谈。

（王　悦）

美洲和大洋洲

【新西兰姊妹城市协会驻华代表访问浙江】 2011年1月17日至18日，新西兰姊妹城市协会驻华代表、新西兰驻上海总领事馆前副总领事罗仕理一行2人访问浙江，拜会省外办，商讨浙江省与新西兰城市建立友城的可能性。

【澳大利亚驻沪副总领事来浙调研】 2011年1月18日，澳大利亚驻上海副总领事叶仁庭一行3人访问浙江，先后拜会省发改委和省金融办，了解浙江企业应对国际金融危机的情况和浙江省"十二五"规划的战略方向。省外办副主任彭波宴请叶仁庭一行。

【美国驻华使馆专员访问义乌】 2011年2月24日，美国驻华使馆专员何杰福一行3人访问义乌市，与浙江省饰品行业协会副会长周游等进行工作座谈，并参观了浙江新光饰品公司。义乌市检验检疫局副局长吴荣跃等出席座谈会。义乌市外办主任冯美兰宴请何杰福一行。

【美国驻沪总领馆经济官来浙调研】 2011年3月1日，美国驻上海总领事馆经济官冯以宏一行5人访问浙江，走访了万向集团，了解新能源汽车发展、万向集团在美投资情况等。

【美国辉瑞公司部门总经理访问浙江】 2011年3月3日，美国辉瑞公司新兴市场及成熟产品部总裁兼总经理大卫·西蒙斯一行7人访问浙江。

3日，副省长毛光烈会见西蒙斯一行。毛光烈向客人介绍了浙江省经济社会发展近况及浙江省在吸引外资、推进医疗体制改革方面采取的措施。西蒙斯表示，辉瑞公司希望能与浙江省海正药业开展合作，助推浙江生物医药产业的培育和发展。

省经信委主任谢立群、省政府副秘书长孟刚、省外办副主任彭波、省经信委副主任王素娥、省药监局副局长吴宁一等参加会见。

【澳大利亚驻华公使级参赞来浙调研】 2011年3月10日，澳大利亚驻华使馆国库部公使级参赞麦烨明在澳大利亚驻上海副总领事叶仁庭的陪同下访问浙江，拜会省发改委、省银监局、省金融办和浙江东方集团股份有限公司，了解浙江省经济社会发展情况，尤其是金融和对外经济发展状况。

【加拿大驻沪总领事访问浙江】 2011年3月11日，加拿大驻上海总领事潘乃德一行3人访问浙江，与杭州市卫生局座谈，并考察了阿里巴巴集团。省外办主任阮忠训宴请潘乃德一行。

【美国驻沪副总领事来浙调研】 2011年3月14日至15日，美国驻上海副总领事吴志祥一行4人访问宁波，参观宁波华德汽车零部件有限公司、天合(宁波)电子元件紧固装置有限公司和吉利汽车有限公司，了解宁波汽车行业发展情况，并考察宁波港。

【IBM全球高级副总裁访问浙江】 2011年3月21日，IBM全球高级副总裁罗睿兰一行访问浙江，出席浙江省举办的"2011智慧浙江技术论坛"。省长吕祖善会见罗睿兰一行。副省长毛光烈、省外办主任阮忠训等参加会见。

【墨西哥下加利福尼亚州高等技术大学校长访问浙江】 2011年3月22日至23日，墨西哥下加利福尼亚州高等技术大学校长费尔南多·莱昂·加西亚访问浙江，拜会浙江工业大学和杭州师范大学，并与浙江工业大学签署友好合作备忘录。

23日，省外办副巡视员余亦平宴请费尔南多·莱昂·加西亚。

【美国芝加哥市长访问浙江】2011年3月23日至25日，美国芝加哥市市长理查德·戴利一行20人访问浙江。

24日，省长吕祖善会见并宴请戴利一行。吕祖善说，中美建交32年来，浙江与美国在经贸、教育、科技、文化等领域的交流日益扩大，美国在浙投资的企业不断增多，也有越来越多的浙江企业赴美投资发展。芝加哥在金融、农业、制造业等方面优势突出，浙江省将全力推进双方在这些领域的广泛交流与合作。

戴利表示，芝加哥与中国的关系正日益加强。芝加哥正在着力打造"对华最友好的美国城市"。2011年初，中国国家主席胡锦涛成功访问芝加哥，不仅增进了友谊，也为双方今后的经贸交流合作创造了更多机会。

省政府秘书长张鸿铭、省外办主任阮忠训、全国友协美大部主任谢元、省商务厅厅长金永辉、省发改委副主任黄勇、省旅游局副局长方敬华、省外办副巡视员余亦平等参加会见和宴请。

24日，芝加哥市政府与浙江省外办、省发改委、省商务厅、省旅游局共同举办芝加哥经贸投资和旅游环境介绍会。阮忠训代表浙江省在介绍会上致辞，余亦平主持会议。浙江省约60家企业应邀与会。

25日，戴利一行参观了万向集团电动汽车电池厂区，并与万向集团董事局主席鲁冠球签署"'10万美国学生在中国'——芝加哥万向合作项目"。谢元、余亦平出席签字仪式。

【秘鲁驻沪总领事访问浙江】2011年3月28日，秘鲁驻上海总领事迭戈·阿尔瓦拉多访问浙江。

副省长龚正会见阿尔瓦拉多。龚正说，浙江省与秘鲁经济具有很强的互补性，尤其在农业、矿业和渔业等领域具有广阔的合作前景。浙江省政府愿与秘鲁驻上海总领事馆共同努力，推动双方交流合作迈上新台阶。

迭戈·阿尔瓦拉多介绍了近年来秘鲁农牧业、矿业等领域的发展情况。他表示，秘鲁很多轻工业品来自中国，中国也是秘鲁矿产品的最大买家。加强与浙江的经贸合作对于秘鲁发展基础设施和制造产业具有重要意义。

省政府副秘书长夏海伟、省外办主任阮忠训、省商务厅副厅长徐焕明、省外办副巡视员余亦平参加会见。

【加拿大驻沪总领馆官员访问浙江】 2011年3月29日，加拿大驻上海总领事馆高级商务专员张申文访问浙江，拜会省外办。省外办副巡视员余亦平宴请张申文。

【斐济妇女代表团访问浙江】2011年4月18日至23日，斐济总统夫人埃迪·考伊拉·奈拉蒂考率妇女代表团访问浙江。

19日，省长吕祖善会见奈拉蒂考夫人一行。吕祖善表示，浙江与斐济合作空间广阔。希望双方加强小商品直接贸易、妇女事业、扶贫事业等方面的交流与合作。奈拉蒂考夫人高度评价斐济与中国、特别是与浙江的友好关系。她表示，代表团此行将学习中国在经济社会发展方面取得的成就和经验，并感谢中国政府一直以来给予斐济的支持和帮助。

会见结束后，吕祖善和奈拉蒂考共同出席浙江省向斐济赠送500台家用缝纫机交接仪式。省政府副秘书长、办公厅主任俞仲达，省外办主任阮忠训，省妇联主席厉月姿，省外办副巡视员余亦平参加会见和赠送仪式。

20日，义乌市市长何美华在义乌会见奈拉蒂考一行。副市长傅春明宴请代表团。

在浙期间，代表团还参观了杭州市上城区上羊市街"姐妹手工坊"、都锦生博物馆、义乌国际商贸城、新光饰品集团和诸暨华东国际珠宝城，并游览了西湖风景名胜。

【墨西哥杜兰戈州州长访问浙江】2011年4月20日，墨西哥杜兰戈州州长卡尔德拉一行访问浙江。副省长龚正会见卡尔德拉一行。省外办副巡视员余亦平等参加会见。

【美国驻华使馆商务参赞来浙调研】 2011 年 4 月 28 日，美国驻华使馆公使衔商务参赞蔡瑞德一行 3 人访问浙江，拜会万向集团，了解新能源产业发展和万向集团对美投资情况。

【中国驻哥斯达黎加大使访问浙江】 2011 年 5 月 6 日至 8 日，中国驻哥斯达黎加大使李长华一行 2 人访问杭州、绍兴等地，考察浙江社会发展情况。7 日，省委副书记夏宝龙宴请李长华一行，省外办主任阮忠训、副巡视员余亦平等参加宴请。

【斐济前驻华大使访问浙江】 2011 年 5 月 10 日，斐济前驻华大使何志美专程访问浙江，拜会省外办主任阮忠训，转呈斐济总统夫人致吕祖善省长的感谢信，并就进一步加强斐济与浙江省的友好交往进行探讨。省外办副巡视员余亦平参加会见。

【美国希伯学者代表团访问浙江】 2011 年 5 月 11 日至 13 日，美国希伯学者代表团一行 24 人访问浙江。代表团参观了杭州市江干区丁桥镇皋城村，考察新农村建设。

【美国国会前众议员代表团访问浙江】 2011 年 5 月 17 日至 18 日，美国国会前众议员代表团访问浙江，了解中国在贸易、可持续发展和知识产权保护等方面的政策。省人大常委会副主任王永明会见代表团。省人大常委会秘书长姚民声、外事委副主任王成云、代表与选举任免工作委员会副主任袁薇，省外办副巡视员余亦平等参加会见。

代表团参观了阿里巴巴集团、万向集团、贝因美集团和浙江大学能源清洁利用国家重点实验室。

【美国白宫实习生代表团访问浙江】 2011 年 5 月 18 日至 19 日，美国白宫实习生代表团访问浙江。代表团与省发改委进行了座谈，了解浙江省经济社会发展近况。省外办副巡视员余亦平宴请代表团一行。代表团还拜会了万向集团和阿里巴巴集团，游览了西湖风景名胜。

【美国默克公司执行副总裁访问浙江】 参见第 106 页**【美国默克公司代表团访问浙江】**。

【美国国务院政府间事务特别代表访问浙江】 2011 年 5 月 25 日至 26 日，美国国务院政府间事务特别代表瑞塔·路易斯一行 9 人访问浙江。

25 日，省委书记、省人大常委会主任赵洪祝会见并宴请路易斯一行。赵洪祝说，浙江与美国各州经济互补性较强，各领域合作前景广阔。即将于 7 月在美国盐湖城举办的首届中美省州长论坛将有利于推动浙江与美国各州的经贸往来和人文交流。路易斯通报了首届中美省州长论坛的有关安排。她表示相信中美地方政府间的对话和交流将推动中美关系更好地向前发展，希望中美省州长论坛成为中美两国地方政府间有效的对话机制和交流平台。

省委常委、秘书长李强，省外办主任阮忠训，省商务厅厅长金永辉，省贸促会会长铁建设，省外办副巡视员余亦平等参加会见和宴请。

访浙期间，代表团还拜会了省商务厅和省贸促会，就浙江省与美国在经贸、投资等领域交流合作情况及存在的主要问题进行了沟通探讨。

【浙医一院与美国 UCLA 医学中心联合成立肝病中心】 2011 年 6 月 2 日，浙江大学医学院附属第一医院与美国加州大学洛杉矶分校医学中心在杭州举行合作签约暨联合肝病中心成立大会。省人大常委会副主任、浙江大学党委书记金德水，副省长郑继伟，省卫生厅厅长杨敬，省外办副巡视员余亦平，浙医一院院长郑树森等出席成立大会。

【美国驻沪总领馆经济官来浙调研】 2011 年 6 月 13 日，美国驻上海总领事馆经济官黎健恒一行

2人访问浙江，拜会省工商局、省版权局和省知识产权局，交流知识产权保护信息。

【美国驻沪总领事访问浙江】 2011年6月13日至14日，美国驻上海总领事康碧翠访问绍兴。康碧翠一行拜会了绍兴市外侨办、绍兴市历史文化名城保护管理办公室，并在绍兴文理学院发表以妇女权益为主题的演讲。绍兴市外侨办宴请康碧翠一行。省外办副巡视员余亦平等参加宴请。

【加中贸易理事会总裁访问浙江】 2011年6月20日，加中贸易理事会总裁彼得·海德一行4人访问浙江，考察了阿里巴巴集团和杭州橡胶集团。省外办主任阮忠训设午宴招待海德一行。

【中国驻新西兰大使访问浙江】 2011年6月25日至7月3日，中国驻新西兰大使徐建国一行2人访问浙江，考察浙江省社会发展情况，并拜会省外办。7月1日，省外办主任阮忠训宴请徐建国一行。

【加拿大驻沪总领事访问浙江】 2011年7月6日，即将离任的加拿大驻上海总领事潘乃德一行3人访问浙江，拜会省外办。省外办主任阮忠训宴请代表团，副巡视员余亦平参加宴请。

【斐济外交和国际合作部长访问浙江】 2011年7月12日至14日，斐济外交和国际合作部部长伊诺凯·昆布安博拉一行3人访问浙江。

12日，省长吕祖善会见昆布安博拉一行。吕祖善表示，近年来，浙斐双方高层往来日趋频繁，友好关系稳步发展。浙江与斐济的经济互补性很强，尤其是浙江海洋经济发展示范区、舟山群岛新区和义乌国际贸易综合改革试点上升为国家战略后，浙江进入新的发展机遇期，为双方合作带来更加广阔的前景。希望双方进一步推动旅游、小商品贸易、农业及海洋经济等领域的合作与交流。昆布安博拉介绍了斐济发展近况，希望进一步拓展与中国，特别是与浙江的友好关系，加强在各领域的交流与合作。

副省长龚正，省政府副秘书长、研究室主任李学忠，省政府副秘书长夏海伟，省外办主任阮忠训，省商务厅厅长金永辉等参加会见。会见结束后，龚正代表吕祖善宴请昆布安博拉一行。

13日、14日，伊诺凯·昆布安博拉一行访问义乌。义乌市委书记黄志平和市长何美华分别宴请代表团一行。

在浙期间，代表团参观了中国茶叶博物馆、义乌国际商贸城、贝克曼服饰公司、浙江晨云实业公司和诸暨市天洁集团，并游览了西湖名胜。

【澳大利亚新南威尔士州议会执政党党鞭访问浙江】 2011年7月24日至26日，澳大利亚新南威尔士州议会执政党党鞭戴若尔·麦圭尔一行4人访问杭州、金华和台州等地。代表团拜会了省人大常委会外事工作委员会副主任阮龙生，了解人民代表大会制度以及浙江省人大有关情况。

【IBM公司全球副总裁访问浙江】 2011年8月10日至11日，IBM公司全球副总裁、大中华地区政府与公众事业部总经理范宇一行6人访问浙江。

11日，省委常委、组织部长蔡奇会见并宴请范宇一行。蔡奇简要介绍了浙江省经济社会发展近况，希望IBM公司进一步加深对浙江的了解，充分利用浙江在人力资源、政策支持等方面的有利条件，提升双方合作水平。浙江省政府将一如既往地对IBM公司在浙发展给予积极支持。

范宇简要通报了IBM公司在浙江的经营情况和未来业务发展规划，表达了在海洋经济发展、台风预测、智慧城市建设、金融服务平台、物流等方面加强与浙江合作的愿望。

杭州市委常委、组织部长于跃敏，省外办副主任彭波，省经信委副主任吴家曦，杭州市滨江区委书记、区长张耕参加会见和宴请。

【加拿大驻沪领事访问浙江】

2011年8月12日，加拿大驻上海领事、安大略省政府驻上海代表处代表黄文楚一行3人访问浙江，拜会省发改委、省商务厅、省住房和城乡建设厅及省外办，就9月下旬安大略省建筑业代表团来杭举办研讨会事宜与上述单位进行沟通协调。省外办副巡视员余亦平宴请黄文楚一行。

【美国辉瑞公司业务总裁访问浙江】 2011年8月12日至13日，美国辉瑞公司全球生物制药集团新兴市场和成熟产品业务总裁兼总经理大卫·西蒙斯一行6人访问浙江。

12日，省委书记、省人大常委会主任赵洪祝会见并宴请大卫·西蒙斯一行。赵洪祝表示，辉瑞公司与浙江合作，将对提升浙江医药行业总体水平、改善浙江人民医疗健康水平起到良好的促进作用。希望辉瑞公司进一步提升浙江市场和浙江省有关医药企业在公司总体布局中的战略地位，推动双方合作项目早日落地、早日投产、早出效益。

西蒙斯表示，辉瑞公司拥有世界一流的销售网络和创新团队，浙江海正药业等制药企业拥有世界一流的生产能力，双方的合作将促进浙江经济发展和制药产业升级，符合浙江未来经济发展规划，并将为浙江人民的健康带来更大福祉。

省委常委、秘书长李强，省委副秘书长舒国增，省外办主任阮忠训，省商务厅厅长金永辉，省外办副巡视员余亦平等参加会见和宴请。

【美国高盛公司董事总经理访问浙江】 2011年8月13日至16日，美国高盛公司董事总经理王铁飞一行6人访问浙江，拜会省外办，探讨双方合作交流事宜。15日，省外办副主任彭波宴请王铁飞一行。

【新西兰贸易部长访问浙江】 2011年8月16日至18日，新西兰贸易部长兼气候变化国际谈判部长蒂姆·格雷泽率新西兰信息和通信代表团访问浙江。

17日，省委书记、省人大常委会主任赵洪祝会见并宴请代表团一行。赵洪祝指出，近年来，虽然受到国际金融危机等一系列国际动荡的冲击，但浙江省与新西兰的双边贸易依然增长迅速，发展势头十分良好。浙江的信息技术和物联网快速发展，涌现出一大批知名企业。相信双方合作具有广阔前景，希望通过开展对口交流，推动双方在该领域的合作。

格雷泽表示，此次率团访问浙江杭州，看重的是浙江经济发展实力和杭州在中国信息、通信业举足轻重的地位。希望新西兰通信企业能与浙江企业保持沟通联系，开展互利合作。

省委常委、秘书长李强，省外办主任阮忠训，省经信委副主任吴家曦，省商务厅副厅长胡潍康，省外办副主任彭波等参加会见和宴请。

在浙期间，格雷泽一行拜会了省经信委，考察了中国移动浙江省分公司、中国联通浙江省分公司和阿里巴巴集团，并举办了新西兰—杭州信息通信招待会。近30家浙江通信企业应邀与会。

【澳大利亚驻沪总领事访问浙江】 2011年9月9日，澳大利亚驻上海总领事孔陶杰一行2人访问浙江，向省领导辞行。副省长王建满会见孔陶杰一行。

省外办主任阮忠训、省政府副秘书长谢济建、省商务厅副厅长胡潍康、省旅游局副巡视员肖歌参加会见。阮忠训宴请孔陶杰一行。

【加拿大艾伯塔省驻沪首席代表访问浙江】 2011年9月9日，加拿大艾伯塔省驻上海代表处首席代表王瑞轩访问浙江，拜会省外办、省贸促会，探讨双方交流合作事宜。

【中美洲加勒比国家政党干部考察团访问浙江】 2011年9月13日至15日，中美洲加勒比国家政党干部考察团访问浙江。

13日，省政协副主席黄旭明会见并宴请代表团一行。黄旭明向客人简要介绍了浙江省经济社会发展近况。他说，浙江省与加勒比国家在经济社会各领域具有较强的互补性，希望今后双方进一步加强交流合作，深化互利共赢的友好关系。

代表团团长胡安·格拉称赞中国的发展成就举世瞩目，表示浙江的快速发展对加勒比国家也是一种鼓舞，代表团希望了解和学习浙江的发展经验，推动互利合作，为双方人民谋福祉。

省外办主任阮忠训、省政协副秘书长叶子挺等参加会见和宴请。

代表团参观了浙江大学和娃哈哈集团下沙工业园，游览了西湖。

【美国路易达孚高桥能源公司总裁访问浙江】 2011年9月15日，美国路易达孚高桥能源有限公司总裁威廉·里德一行访问浙江，拜会副省长龚正，探讨与浙江开展合作事宜。省外办副主任陆国灏等参加会见。

【美国驻沪总领事访问浙江】 2011年9月16日至17日，美国新任驻上海总领事葛瑞风一行7人访问浙江。

16日，副省长龚正会见葛瑞风一行，介绍了浙江省经济社会发展近况。他表示，近几年，浙江在应对国际金融危机等国际重大局势变化的过程中，深切感受到加强国际交流合作，特别是与美国开展经贸、投资合作的重要性。浙江省将在促进中美进出口贸易平衡方面多做工作，希望能从美国进口更多的先进技术和设备。期待在总领事的关注和支持下，浙江与美国的经贸合作关系取得新的发展。

葛瑞风盛赞浙江的巨大变化和浙江省政府所做的大量工作。他说，今年美国启动了“十万强”项目，旨在鼓励更多的留学生赴中国学习和生活，推动双方文化交流。希望双方在经贸、科技、文化、教育等领域开展互利共赢的交流合作。

省外办主任阮忠训、省商务厅副厅长韩杰、省旅游局副局长叶建国等参加会见。

阮忠训宴请代表团。

在杭期间，代表团还访问了万向集团，并举办了美国旅游推广活动和美式烧烤晚餐。

【美国福特汽车公司全球副总裁访问浙江】 2011年9月20日，美国福特汽车公司全球副总裁韩瑞麒一行5人访问浙江。

省委副书记、代省长夏宝龙会见韩瑞麒一行。夏宝龙希望福特带来新的理念、新的技术、新的营销手段和新的企业文化，助推浙江汽车产业发展。韩瑞麒表示，福特汽车公司期待与浙江省开展更多的合作，在中国获得更大的发展。

副省长毛光烈、杭州市市长邵占维、省政府秘书长张鸿铭、省外办主任阮忠训参加会见。

【思科执行副总裁访问浙江】 2011年9月21日至24日，思科系统国际有限公司执行副总裁兼首席全球化业务负责人威兰珂一行6人访问浙江，探讨与浙江开展合作事宜。

23日，副省长龚正会见并宴请代表团。杭州市市长邵占维、省政府副秘书长夏海伟、省商务厅厅长金永辉、省外办副巡视员余亦平等参加会见和宴请。

【省外办与美国伊利诺伊州签署《校际交流合作意向书》】 2011年9月22日，省外办副巡视员余亦平与美国伊利诺伊州州长帕特·奎因在上海签署《浙江省人民政府外事办公室与伊利诺伊州开展校际交流合作意向书》，以推动两省州开展“千校结好”活动。

【博鳌亚洲论坛秘书长访问浙江】 2011年10月7日至9日，博鳌亚洲论坛秘书长、中国前驻美大使周文重一行2人访问浙江，考察浙江省经济社会发展情况。7日，省委常委、秘书长李强宴请周文重一行。省外办副主任彭波参加宴请。

【赵洪祝率浙江代表团出席首届中美省州长论坛第二次对话】 2011年10月19日，首届中美省州长论坛第二次对话在北京举行。省委书记、省人大常委会主任赵洪祝率浙江代表团出席对话。此次对话是7月在美国盐湖城举办的首届中美省州长论坛的延续，由中国人民对外友好协会、美国全国州长协会共同举办。北京、湖南、辽宁、安徽、江西、山东、云南、浙江等8个省市的主要领导和美国华盛顿州、北卡罗来纳州、佐治亚州、夏威夷州、关岛、北马里亚纳群岛等6个州(属地)的州长(总督)出席对话。

中国外交部副部长崔天凯、美国副国务卿霍马茨在对话会上致辞。中国对外友协会长李小林,美国全国州长协会主席、华盛顿州州长葛瑞格尔共同主持对话会。

与会双方围绕"促进地方经济发展"和"促进地方就业"两个议题进行了热烈的交流讨论。赵洪祝在会上作《促进地方就业》的主旨发言,并与美国副国务卿霍马茨进行了会晤。

省外办主任阮忠训、省委副秘书长舒国增、省商务厅厅长金永辉、省外办副巡视员余亦平等参加对话及会见。

【美国前国务卿助手访问浙江】 2011年10月25日至26日,美国前国务卿黑格的助手伍迪·戈德伯格一行3人访问浙江。25日,省外办副巡视员余亦平宴请戈德伯格一行,双方就加强浙江省与美国的关系交换了意见。

【美国驻华经济参赞来浙调研】 2011年11月1日,美国驻华使馆公使衔经济参赞魏伟良一行6人访问浙江,拜会省外办和省商务厅,商谈有关中美省州长对话及中美经济合作事项。省外办主任阮忠训宴请魏伟良一行,副巡视员余亦平参加宴请。

【美国雅培公司副总裁访问浙江】 2011年11月2日,美国雅培公司副总裁伊莲·利文沃思一行10人访问浙江。

省委副书记、代省长夏宝龙会见伊莲·利文沃思一行。夏宝龙表示,雅培公司是世界知名的多元化医疗保健公司,此次雅培公司将浙江嘉兴作为新项目投资地,浙江省十分欢迎。

伊莲·利文沃思表示,雅培公司在中国市场的业务发展十分迅速,中国已经成为公司除美国以外的最大市场。雅培公司拟在嘉兴设立的新工厂将是其在全球最大的项目之一。

省政府秘书长张鸿铭、省外办主任阮忠训、嘉兴市委书记李卫宁、省发改委主任孙景淼、省商务厅厅长金永辉、省卫生厅厅长杨敬、省政府办公厅副主任朱重烈、省外办副巡视员余亦平等参加会见。

【中国驻澳大利亚大使访问浙江】 2011年11月11日至15日,中国驻澳大利亚大使陈育明一行2人访问杭州、淳安和义乌等地,考察浙江省经济社会发展情况,并拜会省外办。11日,省外办副主任彭波宴请陈育明一行,副巡视员余亦平参加宴请。

【中国驻里约热内卢总领事访问浙江】 2011年11月15日至17日,中国驻巴西里约热内卢总领事陈小玲一行3人访问杭州、宁波和温州等地,考察浙江省经济社会发展情况。16日,省外办主任阮忠训宴请陈小玲一行,副巡视员余亦平参加宴请。

17日,省委书记、省人大常委会主任赵洪祝会见陈小玲,双方探讨了浙江省与巴西加强友好交流事宜。阮忠训等参加会见。

【澳大利亚驻沪总领事来浙调研】 2011年11月23日,澳大利亚驻上海新任总领事柯未名访问浙江,拜会省发改委、省商务厅和省外办,了解浙江省经济社会发展现状及包括"十二五"规划在内的未来发展战略。省外办主任阮忠训宴请柯未名一行,省外办副巡视员余亦平参加宴请。

【加拿大学术文化宣传暨浙江大学"加拿大日"活动】 2011年11月29日,由加拿大驻上海总领馆和浙江大学合作举办的加拿大学术文化宣传暨浙江大学"加拿大日"活动在浙江大学举行。浙江大学副校长吴平、加拿大驻上海代总领事裘恩瑞出席开幕式并致辞。省外办副巡视员余亦平、省卫生厅副厅长徐润龙、省住建厅副巡视员周伟群及省文化厅、省教育厅等部门代表出席开幕式。开幕式后,裘恩瑞就进一步加强加拿大和浙江省各厅局的交流合作,与各厅局领导进行了会谈。

(董丹丹)

友好城市交流

亚 洲

·日 本·

【浙江省与静冈县友好交流概况】 2011年1月13日，省外办为2010年度日韩友城研修生举行新年会，共贺新年。

2月11日，省外办为日本静冈、枥木、福井三县在浙研修生举行欢送会。

2月15日，静冈县教育委员会社会教育课课长释精子一行3人访问省外办，就两省县青年交流问题进行工作会谈。省外办副主任陆国灏会见代表团一行。

2月21日至23日，以省外办主任阮忠训为团长的工作组访问静冈县，参加首届“观富士庆典”活动，并与静冈县文化观光部部长代理君塚秀喜等就2011年度交流事宜进行工作会谈。

3月10日，省外办为静冈县厅在浙研修生平尾和规举行欢送会。

3月11日，日本遭受9级特大地震灾害。省委书记、省人大常委会主任赵洪祝和省长吕祖善分别致函静冈县知事川胜平太，请其转达浙江省人民对日本灾区人民的慰问。

3月18日，浙江省以省委书记、省人大常委会主任赵洪祝和省长吕祖善的名义向日本灾区捐赠人民币100万元，捐赠款通过静冈县政府转交日本红十字会。

4月20日，静冈“富士之乡临时代理大使”秋冈荣子一行2人拜访省外办，转交静冈县知事川胜平太给省委书记、省人大常委会主任赵洪祝和省长吕祖善的感谢信。

4月20日，静冈县公务员加纳理子抵杭，开始为期一年的研修。

5月30日中午，副省长王建满会见并宴请以对外关系辅佐官东乡和彦为团长的静冈县政府代表团。王建满向客人简要介绍了浙江省经济社会发展近况。他表示，浙江省和静冈县自结好以来，在经济、科技、文化、卫生、教育以及青少年交流领域开展了丰富多彩、形式多样的交流，双方友好关系稳步发展，成为浙江国际友好关系的典范。2012年将迎来两省县结好30周年，浙江省相关部门已在积极筹备相关纪念活动，希望浙静双方能以此为契机，深化各领域的友好往来。东乡和彦对日本发生大地震后浙江省人民捐赠100万元赈灾款表示衷心的感谢，并转交了静冈县知事川胜平太致省长吕祖善的亲笔信。他表示，希望2012年的纪念活动以两省县省长、知事互访作为主要内容，开展各项交流活动。省外办副主任陆国灏等参加会见和宴请。

5月30日，静冈县教育委员会青年交流工作组一行2人访问省外办，双方就2012年浙江—静冈结好30周年之际继续深入和扩大青年交流达成共识。

6月16日，省外办主任阮忠训会见静冈县企画广报部部长大须贺淑郎一行4人，双方就2011年浙静结好30周年纪念活动交换意见。

7月18日，静冈县教育委员会社会教育课课长活洲美奈子一行3人访问浙江，与省外办就8月静冈县青年交流代表团访问浙江日程等事宜进行了讨论。

8月12日至19日，静冈县青年友好代表团访问浙江。

8月22日至24日，以静冈县地域外交课课长后藤淳为团长的静冈县定期协商团一行7人访问浙江，与省外办围绕2012年举办两省县结好30周年系列活动等相关事宜进行工作会谈。代表团还分组拜会了省文化厅、省文联和省交响乐团等单位。

9月1日，2011年度静冈县研修生小久江美保抵达浙江开始研修。

9月26日，省环境监测中心环保验收监测部副部长姚德飞和浙江大学医学院附属邵逸夫医院医师陈艺成赴静冈县开始为期6个月的研修。

10月11日至13日，省政协前主席、中国国际茶文化研究会会长周国富率浙江茶文化代表团访问静冈。静冈县知事川胜平太会见并宴请代表团一行，双方就2012年两省县结好30周年庆祝活动交换意见。代表团与静冈县相关茶道团体进行了友好交流。

10月11日至13日，静冈县生活环境部部长代理伊熊元则一行6人访问浙江。13日，省外办副主任陆国灏会见访问团一行。访问团拜访了省环保厅，与省环保厅副巡视员王以淼等就2012年浙静结好30周年庆祝活动进行了工作座谈。访问团一行还拜会了杭州西湖世界文化遗产监测管理中心，中心负责人介绍了西湖综合治理和申遗经验。

10月12日，省地震局主任科员徐刚赴静冈县开始为期6个月的研修。

10月27日至28日，静冈县文化财团副理事长松浦孝治一行7人访问浙江，与省文化厅等单位交流，探讨2012年两省县结好30周年期间的文化领域交流活动。松浦孝治一行还拜会了省外办、省文化厅、省交响乐团、杭州剧院等。27日，省外办副主任陆国灏宴请松浦孝治一行。

10月31日至11月4日，静冈新闻社尾原崇也、静冈放送报道局柏木秀晃等2人参加由省委外宣办、省外办联合举办的“连线浙江——国际友城媒体记者考察采访活动”，赴杭州、义乌、宁波三地，考察了中南卡通、杭州创意生态城、义乌中国商贸城、吉利汽车及宁波港等。

11月22日，省委副书记、代省长夏宝龙会见静冈县副知事大村慎一和静冈县日中友好协议会理事长栗原绩等静冈县代表团主要成员。夏宝龙对浙静结好30周年纪念活动筹备情况表示肯定，并对“3·11”日本大地震中受灾的日本人民表示慰问。他指出，静冈县是浙江省最早结好、最为重要的国际友城之一。浙江珍惜双方友好关系，并将着力推动两省县友好往来与合作迈上新台阶，还表示将率浙江省代表团于2012年4月访问静冈，参加浙静结好30周年纪念活动。大村慎一说，2012年将迎来静冈县与浙江省结好30周年，双方在22日的筹备工作协调会上已就15个领域的20多项结好纪念活动达成一致。2010年，由川胜平太知事倡导的“3776静冈县民访浙计划”取得圆满成功，共有6042名静冈县民访问浙江，人数超过预期目标(3776人)。大村慎一还对西湖申遗成功表示祝贺。省政府秘书长张鸿铭，省外办主任阮忠训、副主任陆国灏等参加会见。

11月22日，副省长龚正出席浙静结好30周年纪念活动筹备工作协商会。浙静双方就2012年4月浙江代表团出访静冈县、11月静冈县派团访浙及全年的交流工作进行了协商。之后，龚正出席了浙江·静冈经济交流促进机构第20次年会并致辞。中午，龚正宴请静冈县代表团部分成员。省政府副秘书长夏海伟、省外办副主任陆国灏参加上述活动。

11月22日，省政协前主席、中国国际茶文化研究会会长周国富宴请静冈县副知事大村慎一等静冈县代表团主要成员。

11月25日至12月2日，以团省委副书记、省青联副主席王征为团长的浙江青年友好代表团访问静冈县。

12月5日至9日，省外办组织来自日本三县的在浙研修生一行6人赴金华、衢州等地进行省内研修活动。研修生们访问了金字火腿股份有限公司、衢州来飞户外用品有限公司等民营企业，参观了金华古子城、兰溪市博物馆、诸葛八卦村、衢州孔庙、龙游民居苑、江郎山等。

【浙江省与枥木县友好交流概况】

2011年1月13日，省外办亚洲处为2010年度日韩友城研修生举行新年会，共贺新年。

2月11日，省外办为日本静冈、枥木、福井三县在浙研修生举行欢送会。

2月22日至25日，浙江省中国旅行社有限公司、浙江君威国际旅行社有限公司、浙江妇女国际旅行社有限公司、浙江省中青国际旅游有限公司和杭州十九楼网络传媒有限公司相关负责人受枥木县政府邀请赴枥木县访问，考察了该县的历史文化景观、温泉、酒店等旅游设施。

3月11日，日本遭受特大地震灾害。省委书记、省人大常委会主任赵洪祝，省长吕祖善分别致函枥木县知事福田富一，请其转达浙江人民对日本灾区人民的慰问。

6月6日至11日，枥木县国际课畑守义方和驻香港事务所所长渡边邦彦来浙江参加“浙洽会”，并拜会省外办和省旅游局，访问部分旅行社，就进一步扩大浙江省赴枥木县旅游市场和进口枥木县农产品等交换意见。

7月5日至7日，由省科技厅主办，省对外科技交流中心承办的2011年日本专家浙江行——中小企业现场管理与经营诊断活动在浙江举行。此次活动聘请枥木县技术士会的菅井俊郎、平间升讲课，日本专家还考察了浙江天瑞汽车零部件有限公司、浙江索拉贝特能源科技有限公司和嘉兴市四通车轮制造有限公司，当场指出生产管理现场存在的问题，并提出了改善意见。

9月1日，2011年度枥木县研修生田中丰抵达浙江开始研修。

10月1日至8日，由省老龄委主办的“庆祝中国共产党成立90周年暨纪念辛亥革命100周年老年书画展”在省老年活动中心举行，枥木县选送多幅作品参展。

10月22日至28日，由省科技厅牵头，浙江中小企业负责人一行15人访问枥木县，拜会县政府，考察了枥木县技术产业中心，并参观6家当地企业。

11月10日，2011国际技术展示对接会在浙江举行。由枥木县技术士会派遣的5名技术专家和企业管理人员参会。

12月5日至9日，省外办组织来自日本三县的在浙研修生一行6人赴金华、衢州等地进行省内研修活动。

【浙江省与福井县友好交流概况】

2011年1月13日，省外办亚洲处为2010年度日韩友城研修生举行新年会，共贺新年。

2月11日，省外办为日本静冈、枥木、福井三县研修生举行欢送会。

2月23日至24日，以省外办主任阮忠训为团长的工作组访问福井县，拜会知事西川一诚、副知事旭信昭，与福井县观光营业部部长五十岚嘉也等就2011年度交流事宜进行工作会谈。工作小组还拜访了福井县日中友协和福井县商工会议所联合会。

7月27日至28日，由福井县产业劳动部、观光营业部和福井县商工会议所组成的福井县经济交流代表团访问浙江。27日，副省长龚正会见并宴请代表团一行。龚正指出，浙江省与福井县自1993年缔结友好省县关系以来，在经贸、科技、旅游等诸多领域开展了形式多样的交流合作，取得丰硕成果。相信代表团此行能进一步增进对浙江的了解，共同推动双方友好关系健康稳定发展。福井县经济交流代表团表示愿意充分利用友好省县这一平台和网络，进一步完善两省县交流机制，深化两省县经贸合作，推动旅游等多领域的交流与发展。省政府副秘书长夏海伟、杭州市副市长佟桂莉、省外办副主任陆国灏等参加会见。在浙期间，代表团主要成员还拜访了旅游、媒体、医院、高校等部门和机构，商讨了两省县在相关领域的具体合作事宜。28日，陆国灏宴请代表团主要成员。当晚，福井县观光大使任命仪式在杭举行，历年赴福井国际交流员、技术研修生代表出席。

8月1日，省农业科学院助理研究员祁永斌、省立同德医院主治医师金冶和杭州电视台朱翼三人前往福井县开始为期8个月的研修。

9月1日，2011年度福井县研修生山田佳代子、木下霞、大仓亚莉沙抵达浙江开始研修。

9月5日，省委书记、省人大常委会主任赵洪祝会见并宴请福井县议会议长田中敏幸一行。赵洪祝说，多年来，两国及两省县在诸多领域的交流合作取得了丰硕成果，特别是在面对重大灾难时，彼此都伸出援助之手，充分体现了两国人民的友好情谊。赵洪祝对田中敏幸议长高度重视浙福友谊，为中日友好以及浙福友好所做的努力表示感谢和赞赏，并表示今后浙江省与福井县政府、人大与议会之间应继续保持友好交流关系，推动文化、教育、艺术、青少年交流等领域进一步开展交流与合作，造福两省县人民。田中敏幸表示，“3·11”日本特大地震后，浙江省给予了日本大力支持和援助，对此他深表谢意。福井县重视与东亚各国特别是与中国以及浙江省开展互惠合作，希望与浙江进一步开展友好往来。福井县将在上海成立福井县经贸中心，旨在加强与上海市和浙江省的经贸关系，希望能得到浙江的关注和支持。田中敏幸对西湖申遗成功表示祝贺，表达了进一步加强与浙江在旅游、文化、青少年、能源等领域互利合作的愿望。福井县议员介绍了福井县旅游资源，并邀请浙江人民前往观光旅游。省人大常委会副主任厉志海、秘书长姚民声，省外办主任阮忠训等参加会见和宴请。

10月5日至19日，省自然博物馆与福井县立博物馆对浙江恐龙化石进行野外调查，调查了东阳、缙云、金华、仙居、永康、嵊州等化石点，发现多处新的恐龙、恐龙蛋和恐龙脚印化石点。

10月19日至21日，福井县知事访问浙江先遣团一行4人访问浙江，就11月福井县知事西川一诚访浙事宜进行磋商。

11月2日，省委书记、省人大常委会主任赵洪祝会见并宴请福井县知事西川一诚一行。赵洪祝简要介绍了浙江省经济社会发展近况。他说，浙江省和福井县自1993年建立友好省县关系以来，双方交流合作已形成官民并举、全面推进的良好局面。2012年将迎来中日邦交正常化40周年，期待两省县以此为契机，续写友好交流新篇章。赵洪祝介绍了正在积极实施的“千校结好”行动计划，希望能同知事一道，积极促成两地中小学校结好，为中日世代友好培养接班人。西川一诚表示，福井自与浙江结好以来，双方在经济、教育、文化等领域开展了一系列友好交流活动，取得了显著成果。已有18家福井企业在浙江投资设厂，实现了良好的发展。其中“浙·福经济交流促进机构”发挥了重要作用。在谈到旅游合作时，他表示，2011年9月日本政府放宽了对中国个人赴日旅游签证的限制，希望能有更多的浙江游客赴福井旅游观光。西川一诚对“千校结好”行动计划表示感兴趣，他说，福井是日本教育强县，他将全力推动福井县与浙江省的教育交流合作。省委副秘书长、办公厅主任潘家玮，省外办主任阮忠训、副主任陆国灏等参加会见和宴请。

11月2日，省委副书记、代省长夏宝龙会见福井县知事西川一诚一行。夏宝龙对西川一诚到访表示欢迎，并愉快地回忆了2007年访问福井时的情景。他表示，自1993年双方结好以来，两省县在经贸、农业、教育、文化、旅游等领域开展了形式多样的交流合作，取得较为显著的成果。相信知事此次来访必将进一步推动两省县友好关系的持续发展和各领域交流合作的深入。西川一诚对夏宝龙代省长履新表示祝贺。在谈到今后两省县交流时，他表达了加强在经济和旅游领域交流合作的愿望。他说，两省县可通过召开专门的企业对接会、互派经济交流考察团等形式，进一步加强在经济领域的交流与合作。省政府秘书长张鸿铭，省外办主任阮忠训、副主任陆国灏等参加会见。

10月31日至11月4日，福井电视台东京支局相模康二等参加了由省委外宣办、省外办联合举办的“连线浙江——国际友城媒体记者考察采访活动”，赴杭州、义乌、宁波三地，考察了中南卡通、杭州创意生态城、义乌中国商贸城、吉利汽车及宁波港等。

12月5日至9日，省外办组织来自日本三县的在浙研修生一行6人赴金华、衢州等地进行省内研修活动。

·韩　国·

【浙江省与首尔市友好交流概况】 2011年4月25日至29日，“2011年第2届中韩面向未来交流事业”活动在首尔市举行。省友协派员参加活动。

11月7日至11日，省海洋与渔业局派员参加在首尔举办的“2011中国高级公务员市政研修”活动。

11月7日至11日，省海洋与渔业局派员赴韩参加韩国外交通商部组织的“21世纪韩中两国走向未来交流”活动。

11月，省委书记、省人大常委会主任赵洪祝致函新任首尔市市长朴元淳表示祝贺。朴元淳在10月26日举行的韩国地方选举中，以无党派人士身份当选首尔市新一任市长。

12月1日，以省政协副主席王永昌为团长的浙江省政协代表团访问首尔，会见首尔市议会副议长梁準郁。双方就今后两省市之间开展交流事宜交换了意见。

【浙江省与全罗南道友好交流概况】 2011年1月13日，省外办亚洲处为来自日韩友城的研修生举行新年会，共贺新年。全罗南道研修生尹善周参加。

2月22日，省外办副主任陆国灏为韩国研修生尹善周送行。尹善周作为全罗南道2010年度交流公务员在杭研修工作一年，其间在浙江大学学习2个月中文，后在省商务厅工作10个月。

4月12日，2011年度全罗南道交流公务员姜景文抵杭开始为期一年的研修。姜景文在浙江大学学习2个月汉语，7月开始在省国际教育协会研修工作10个月。

6月8日，全罗南道上海事务所首席代表李宰成应邀率团赴宁波参加“浙洽会”相关活动。

6月27日至28日，全罗南道议长李镐均率全罗南道议会代表团一行25人访问浙江。27日，省委书记、省人大常委会主任赵洪祝会见并宴请代表团一行。赵洪祝说，浙江省和全罗南道自1998年结好以来开展了多领域交流，双方高层互访不断，浙江省人大与全罗南道议会之间也建立了紧密的沟通联系，相信李镐均议长此次亲自率团来访定能进一步深化双方人大和议会间的互信与友谊，推动两省道更高层次、更宽领域的交流与合作。浙江省十分重视与韩国的交流合作。2010年浙江省与韩国贸易额达到108.88亿美元，韩国有1502家企业在浙江省投资，浙江省也有94家企业在韩国投资。李镐均表示，全罗南道期待与浙江在更多领域开展深入的合作。省委常委、秘书长李强，省人大常委会副主任冯明，省人大常委会副秘书长、办公厅主任李理，省外办副主任陆国灏等参加会见和宴请。访浙期间，代表团一行参观了浙江省人民大会堂、韩国临时政府杭州纪念馆。

7月29日至8月3日，由台州仙居中学25名学生及5名带队干部、老师组成的浙江省青少年代表团应邀访问全罗南道。师生们参加了丽水国际青少年节、中韩青少年联欢、民宿等活动。浙江省—全罗南道青少年代表团互访活动自1999年开始已逾10年，交流人数达390人次。

10月17日至20日，以全罗南道经济副知事郑顺南(副省级)为团长的全罗南道学术代表团访问浙江，并出席在舟山举行的第13届浙江省·全罗南道海洋经济学术研讨会。17日，副省长龚正在杭州会见并宴请代表团一行。龚正说，浙江省与全罗南道自1998年结好以来，双方高层互访不断，在经贸、学术、教育、体育等领域开展了形式多样的交流合作，取得了积极成效。浙江省十分重视发展海洋经济，全罗南道在开发利用海洋资源方面有较为先进的理念与经验，希望两省道进一步深化在海洋经济领域的互利合作。省政府副秘书长夏海伟、省外办副主任陆国灏、省海洋与渔业局副巡视员陈畅等参加会见和宴请。18日，全罗南道代表团赴舟山访问，舟山市市长周国辉会见并宴请代表团一行。19

日，由省外办、省海洋与渔业局、韩国全罗南道经济产业局主办，舟山市外侨办、舟山市海洋与渔业局承办的第13届浙江省·全罗南道海洋经济学术研讨会在舟山举行。本届学术研讨会的主题为“海洋经济”。开幕式上，郑顺南代表全罗南道政府致贺词，舟山市副市长王忠志介绍了舟山海洋经济及舟山群岛新区的有关情况。省外办副主任陆国灏、省海洋与渔业局副局长俞永跃等出席开幕式。开幕式后，中韩双方5位专家和学者围绕浙江省和全罗南道海洋资源状况、海洋经济可持续发展等内容进行了专题演讲。全省海洋及渔业相关部门、舟山市各政府部门、浙江海洋学院等共计200余人与会。在杭期间，代表团成员游览了西湖，参观了韩国临时政府杭州纪念馆。在舟山期间，代表团主要成员游览了普陀山。

12月15日至17日，省外办副主任陆国灏率浙江省友好代表团访问全罗南道。代表团出席了浙江省—全罗南道中小学校校际结好签约仪式。杭州拱宸桥小学、绍兴柯灵小学和天台平桥中学分别与韩国古西初等学校、一老东初等学校、中马高等学校签署缔结国际校际关系协议书，省教育厅与全罗南道18所中小学校长签订缔结国际校际关系意向书。访问期间，代表团参观了全罗南道相关友好学校。

·泰　国·

【浙江省与彭世洛府友好交流概况】 2011年5月，浙江省派出1名衢州市小学教师赴彭世洛府醒民学校支教一年。

7月，浙江省派出2名衢州市小学教师赴彭世洛府醒民学校开展暑期支教工作。

【浙江省与罗勇府友好交流概况】 参见第58页**【乔传秀率团访问泰国、马来西亚和印度尼西亚】**。

·印度尼西亚·

【浙江省与东爪哇省友好交流概况】 参见第58页**【乔传秀率团访问泰国、马来西亚和印度尼西亚】**。

·阿联酋·

【浙江省与沙迦酋长国友好交流概况】 2011年3月2日至13日，副省长龚正率浙江省政府代表团赴阿联酋、伊朗、沙特阿拉伯访问。省外办副主任陆国灏等陪同出访。在阿联酋访问期间，代表团拜会了阿联酋外贸部部长鲁卜娜谢赫、副部长阿布杜拉·沙利赫，沙迦市政委员会主席萨利姆·沙姆斯，沙迦工商会主席艾哈迈德·穆德法尔，浙江—沙迦合作促进委员会沙迦方主席赛义德·贾尔万，迪拜工商会董事拉希德·马祖里等，就推进浙江省与阿联酋在经贸、旅游、文化领域的合作交流达成广泛共识。在沙迦期间，举办了浙江—沙迦合作促进委员会成员会议暨企业家见面会，龚正介绍了浙江省经济社会概况及对外合作规划。浙江—沙迦合作促进委员会成员会议就开展经济、贸易、旅游等领域的实质性交流与合作达成共识，双方今后将着力加强在港口、自由贸易区、展会等领域的人员交流与往来。会议结束后，代表团参观了阿联酋沙迦国际机场自由贸易区、迪拜中国商品城(龙城)，了解有关物流、优惠政策、市场辐射等情况，并走访部分浙江商户，调研浙江企业“走出去”情况，听取他们的意见和建议。代表团还专程拜会中国驻迪拜总领事詹京保，听取对浙江省开展对外经贸合作的意见。

9月26日至28日，副省长王建满率浙江省政府代表团访问阿联酋。参见第59页**【王建满率团访问西班牙、阿联酋和瑞士】**。

10月31日至11月4日，阿联酋沙迦市媒体与公共关系部部长纳达·阿尔·苏瓦迪和沙迦市政委员会媒体顾问罗达·达赫尔等2人参加由省外宣办、省外办联合举办的“连线浙江——国际友城媒体记者考察采访活动”，赴杭州、义乌、宁波三地，实地考察了中南卡通、杭州创意生态城、义乌中国商贸城、吉利汽车及宁波港等。

·越　南·

【浙江省与胡志明市友好交流概况】 2011年7月4日至9日，胡志明市总监察长林廷战率胡志明市监察局代表团访问浙江。省纪委副书记、省监察厅厅长马光明会见代表团，介绍了浙江省行政监察和惩防体系建设等情况。代表团访问了嘉兴、金华、宁波等地，参观考察了义乌中国小商品城、宁波北仑港、奉化滕头村等。

11月20日至26日，省监察厅厅长马光明率浙江省监察厅代表团对胡志明市进行回访。代表团拜访了越南国家监察总署副总监察长陈德亮，分别与胡志明市监察局、胡志明市第一郡人民委员会及第五郡人民委员会进行了工作座谈。

·马来西亚·

【浙江省与霹雳州友好交流概况】 2011年10月12日至13日，霹雳州拿督陈锦一行2人访问浙江。12日，省委常委、秘书长李强会见陈锦一行。省外办副主任陆国灏、副巡视员余亦平等参加会见。陈锦一行还拜访了省海洋与渔业局，就今后开展渔业合作具体项目进行了洽谈。

12月7日，霹雳州拿督陈锦一行2人再访浙江，与省海洋与渔业局等有关单位进行了交流。

（金　立）

欧洲和非洲

·比利时·

【浙江省与西弗兰德省友好交流概况】 2011年3月17日，西弗兰德省政府外事局欧洲事务专员克里斯蒂安·范达姆访问浙江，与省外办欧非处就两省交流项目交换意见。

5月16日至19日，西弗兰德省政府外事局欧洲事务专员克里斯蒂安·范达姆率工作组访问浙江。16日，工作组与省外办副主任顾建新等进行工作会谈。双方总结了2010年9月西弗兰德省省长保罗·拜恩访浙后两省业已取得的合作成果，商讨了2011年9月在西弗兰德省举行两省经贸促进委员会第二次会议的准备工作。17日，西弗兰德省工作组成员TER DUINEN餐饮学院与杭州中策职业技术学校和良渚职业高级中学分别签署合作协议书；西弗兰德省普伦威公司与传化高科技园签署租赁合同。工作组还拜会了省教育厅、省商务厅、省农业厅、省工商联、省科协和省农科院、乔司职业高中、浙江商业职业技术学院和浙江旅游职业学院。

11月6日至11日，西弗兰德省省长保罗·拜恩一行14人访问浙江。10日，省委书记、省人大常委会主任赵洪祝会见并宴请保罗·拜恩一行。赵洪祝简要介绍了浙江省经济社会发展近况。他指出，浙江省与西弗兰德省在经贸、教育等多个领域的合作取得了可喜成绩，特别是两省建立了经济和贸易促进委员会，为推动两省经贸合作提供了良好平台。保罗·拜恩回顾了两省结好11年来各领域的交流，高度评价合作成果，对今后的交流合作充满信心。省委常委、秘书长李强，省外办主任阮忠训，省商务厅厅长金永辉，省农业厅厅长史济锡，省外办副主任顾建新，省工商联副主席尹健，省贸促会副会长徐山，浙江工业大学副校长盛颂恩参加会见和宴请。

9日，省人大常委会副主任冯明宴请保罗·拜恩一行。冯明回顾了9月对西弗兰德省的访问以及双方召开的经贸促进委员会第二次会议，希望两省今后能加强人大、议会的交流合作。省人大常委会外事工作委员会副主任阮龙生、省外办副主任顾建新参加宴请。

9日，普威伦化工有限公司开业仪式在传化科技城举行。省政协副主席、省工商联主席徐冠巨和保罗·拜恩出席开业仪式并致辞。省外办副主任顾建新参加开业仪式。

访浙期间，保罗·拜恩一行考察了浙江工业大学，出席了浙江工业大学与西弗兰德省水务研究中心环境科学和工程合作协议签字仪式，拜访了省科协，并赴嘉兴参加了2011长三角·嘉兴投资贸易洽谈会以及嘉兴市与西弗兰德省合作交流会，考察了嘉兴经济技术开发区、创新创意软件园等。代表团成员、西弗兰德省分管农业的副省长巴特·纳亚特还拜访了省贸促会、省国际投资促进中心、省农科院以及新迪集团，就两省开展贸易、农业领域交流进行探讨。

·德 国·

【浙江省与石荷州友好交流概况】 2011年4月14日，石荷州经济技术促进中心外资处处长高斯一行3人访问浙江。省外办副主任顾建新宴请代表团一行。双方就浙江与石荷州在经贸领域的合作以及2011年8月两省州结好25周年庆祝活动等事宜进行了交流。

6月5日至9日，石荷州欧洲及联邦事务州务秘书玛汝斯一行11人访问浙江。7日，浙江省·石荷州促进委员会第7次会议在宁波召开。该机构中方主席、副省长龚正出席会议并致辞。他回顾了浙江省与石荷州自1986年建立友好省州关系以来在各领域开展交流合作所取得的丰硕成果，高度赞赏两省州促进委员会自1995年成立以来为双方友好关系发展奠定的良好基础，并提出了继续保持高层往来、扩大合作领域、创新合作机制、突出合作重点等四项建议。会议总结了2009年9月促进委员会第6次会议以来所进行的项目情况，提出了今后两年的合作设想。省政府副秘书长夏海伟，省外办主任阮忠训、副主任顾建新，以及两省州促进委员会成员参加会议。会后，龚正与德方主席、石荷州州务秘书玛汝斯共同签署浙江省·石荷州促进委员会第7次会议备忘录。7日，阮忠训在宁波宴请代表团一行，双方进行了友好的交流。在杭州期间，玛汝斯一行参观了浙江大学、浙江科技学院以及浙江佳力风能技术有限公司，并出席了石荷州经济技术促进公司驻杭州办事处成立15周年庆祝活动。在宁波期间，玛汝斯一行参加了第13届“浙洽会”开幕式和开幕招待会，并参观了“浙洽会”各展馆和石荷州展台。

11月1日，德国石荷州高校代表团访问浙江。省外办副主任顾建新宴请代表团一行，双方就浙江省与石荷州在高等教育领域的合作进行了友好交流。

·意大利·

【浙江省与艾米利亚—罗马涅大区友好交流概况】 2011年4月15日，意大利艾米利亚—罗马涅大区费拉拉大学教授、中意政治学院项目负责人马克·迪·托马索一行2人访问浙江，与省外办及省外专局就6月份浙江省公务员赴艾米利亚—罗马涅大区进行公务员交流事宜进行商谈。

9月21日至22日，费拉拉大学教授、中意政治学院项目负责人马克·迪·托马索一行2人访问浙江，拜会省外办及省外专局，了解6月份浙江省20名公务员赴意大利开展中国—意大利企业战略和政府政策培训活动后的反馈情况及下一年培训计划。

11月9日至11日，艾米利亚—罗马涅大区教育、科研厅厅长帕特里奇奥·碧昂基一行3人访问浙江。10日，代表团一行出席2011中意区域技术创新暨国际技术项目展示对接会开幕式。中午，出席代省长夏宝龙会见并宴请普利亚大区主席文杜拉一行活动。下午，与省外办副主任顾建新就两省区进一步加强在经贸、文化、教育、科技、人员培训等领域的交流合作进行会谈。代表团一行还拜会了浙江大学，就开展校际交流进行了探讨。

·丹 麦·

【浙江省与西兰岛大区友好交流概况】 2011年5月29日至6月1日，西兰岛大区政府发展与国际关系首席顾问克里斯蒂安·普瑞姆德尔率大区专家代表团访问浙江，省外办副主任顾建新、杭州市外办副主任杜士根分别宴请代表团。代表团拜会了省发改委、省科技厅、省商务厅、省卫生厅、省教育厅，考察了浙江大学、浙大科技园，并分5组考察了省农科院、杭州高新技术开发区、浙江工业大学、省工商联、萧山区外经局、义乌工商职业技术学院、浙江旅游职业学院、浙江医学高等专科学校等，与各单位就进一步深化合作进行了探讨，为大区主席尼尔森8月访浙做准备。6月1日，代表团回请中方各合作单位以示感谢，省外办副主任顾建新出席回请宴会。

8月28日至9月1日，西兰岛大区主席尼尔森一行16人访问浙江。31日，省委书记、省人大常委会主任赵洪祝会见并宴请尼尔森一行。赵洪祝对西兰岛大区代表团来访表示欢迎，并简要介绍了浙江省海洋经济发展情况。他希望尼尔森主席对浙江的海洋经济发展提出宝贵意见，鼓励更多西兰岛大区企业参与到舟山群岛新区建设中来，分享浙江海洋经济发展的机遇，并建议进一步加强两省区科研机构、高等院校、企业间的联系与合作，特别是在可再生能源、清洁能源开发利用和智能(信息化)医疗技术应用方面深入开展交流合作。尼尔森感谢赵洪祝书记的热情接待，并高度赞扬两省区业已达成的合作成果，建议双方进一步扩大交流、深化合作。省委常委、秘书长李强，省外办主任阮忠训参加会见和宴请。31日，代省长夏宝龙会见尼尔森一行。夏宝龙对西兰岛大区在杭州成功举办“中国浙江省—丹麦西兰岛大区商务日”表示祝贺，双方就建立政府间合作长效机制深入交换了意见。会见结束后，夏宝龙与尼尔森共同签署《友好交流与合作会谈纪要》。省政府秘书长张鸿铭、省外办主任阮忠训、省发改委主任孙景淼、省经信委主任谢立群、省商务厅厅长金永辉、省卫生厅厅长杨敬等参加会见及签字仪式。会见结束后，阮忠训宴请尼尔森一行。30日，省外办会同省经信委、省商务厅、省工商联，与丹麦哥本哈根投资发展局共同举办“中国浙江省—丹麦西兰岛大区商务日”，阮忠训出席并致辞。省内39家企业共50余人参加商务日活动。在杭期间，代表团成员还分别走访了省经信委、省教育厅、省商务厅、省环保厅、省贸促会，考察了杭州国家高新技术产业开发区、浙江大学教育学院、省农科院和省气候中心，就经贸、教育、新能源、环保、农业科技等议题与各相关单位交换意见。其中，浙江大学教育学院与罗斯基勒大学签署校际合作协议；浙江医学高等专科学校与西兰岛大学学院签署《谅解备忘录》。在宁波期间，代表团一行考察了北欧工业园、中国科学院宁波材料技术与工程研究所，并与舟山市科技局进行了会谈。

◎丹麦西兰岛大区主席斯蒂·巴奇·尼尔森访问浙江

·瑞　士·

【浙江省与弗利堡州友好交流概况】 2011年6月7日至11日，弗利堡州副州长兼经济和就业部部长比特·冯朗特一行26人访问浙江。8日，副省长龚正会见比特·冯朗特等。龚正简要介绍了浙江省经济社会发展近况。他表示，浙江省与弗利堡州自建立友好关系以来，各项交流合作稳步推进且进展顺利。此次冯朗特副州长一行来访，并在宁波“消博会”设展，必将掀开两省州交流合作新篇章。相信今后双方在经贸、农业、科技创新、人员交流等领域的交流与合作一定会实现互利共赢。比特·冯朗特简要介绍了弗利堡州相关情况。他建议双方今后在农业、高等教育、创新和人员培训等领域扩大交流、深化合作,将双方的合作提高到新的层次。省外办副主任顾建新、省商务厅副厅长韩杰参加会见。会见结束后,顾建新宴请比特·冯朗特一行。7日,比特·冯朗特等7人应邀参加了"浙洽会"、"消博会"招待酒会。8日,龚正与比特·冯朗特共同为弗利堡州在"消博会"的展台剪彩。当天下午,比特·冯朗特一行出席了由宁波市组织的国际友城经贸交流会,并在会上作弗利堡州经贸投资环境推介。在宁波期间,比特·冯朗特一行还考察了宁波诺丁汉大学可持续能源技术中心、宁波化工经济技术开发区和宁波港。

(王　悦)

美洲和大洋洲

·美　国·

【浙江省与印第安纳州友好交流概况】 2011年1月20日至21日,美国"全球印第安纳"教育交流协会董事邹东江访问浙江,拜会省外办美大处,商谈2011年美国印第安纳州与浙江省教育交流事宜。

3月7日至12日,印第安纳州对华业务代表、太平洋贸易公司总裁丹尼斯·凯利访问浙江。凯利拜会了省人大常委会、省发改委、省卫生厅、省商务厅、省环境科学研究院(以下简称"省环科院")和省博物馆,商谈双方合作事宜。7日,省外办副主任彭波宴请凯利。

3月17日至18日,省外办副主任彭波率浙江省工作小组访问印第安纳州,与州经济发展部等相关部门负责人商谈7月中旬省委书记、省人大常委会主任赵洪祝访问印第安纳州并举办经贸研讨会及文化表演等事宜,考察了相关场地。

3月21日至24日,印第安纳州阿尔卡特郡郡长特伦斯·罗迪诺一行9人访问杭州、金华,商谈该郡与浙江省及金华市开展交流合作事宜。21日,省外办副主任彭波宴请代表团。

4月4日至8日,印第安纳州玛丽安大学卢格·弗朗西斯科全球研究中心主任皮埃尔·阿特拉斯访问浙江,拜会省社科院,商谈省社科院与印第安纳州萨加摩尔研究院合作交流计划,并拜会浙江大学公共管理学院。6日,省外办副巡视员余亦平宴请阿特拉斯。

4月5日至8日,美国"全球印第安纳"教育代表团访问杭州、衢州、台州和丽水等地。该代表团由"全球印第安纳"教育交流协会执行主任菲利普·博利率领,成员为印第安纳州各学校校长和教师。在浙期间,代表团访问了杭州、衢州、台州等地的姊妹学校,与学校师生开展交流;菲利普·博利在丽水市考察了拟与印州学校开展校际合作的候选学校。5日晚,省外办副巡视员余亦平宴请菲利普·博利。7日,菲利普·博利代表"全球印第安纳"和美方学校宴请浙江省姊妹学校代表。余亦平参加宴请。

4月6日至7日,美国"全球印第安纳"教育交流协会执行主任菲利普·博利一行3人访问丽水市,考察了该市的几所中小学,拟促成这些学校与印第安纳州的学校结为姊妹学校。

4月18日至19日,印第安纳州对华业务代表、太平洋贸易公司总裁丹尼斯·凯利访问浙江,拜会省外办、省人大常委会外事工委、省卫生厅、省环保厅、省商务厅和万向职业技术学院,探讨交流合作事宜。18日,省外办副巡视员余亦平宴请凯利。

7月13日至28日,省委书记、省人大常委会主任赵洪祝率领浙江省代表团访问美国、阿根廷和巴西。在美国期间,赵洪祝会见了印第安纳州州长米奇·丹尼尔斯,并共同出席在印州举办的"2011浙江—印第安纳投资贸易洽谈会",观看浙江省"彩蝶女乐"演出。赵洪祝与丹尼尔斯签署《中华人民共和国浙江省与美利坚合众国印第安纳州友好省州关系拓展协议》,并共同见证了两省州在经贸、教育等领域的交流合作协议或备忘录的签署。参见第57页【**赵洪祝率团访问美国、阿根廷和巴西**】。

7月24日至27日，印第安纳州对华业务代表、太平洋贸易公司总裁丹尼斯·凯利访问浙江，拜会省人大常委会、省外办、省商务厅、省环科院、省国际投资促进中心和浙江物产集团金属公司，商谈合作事宜。26日，省外办副巡视员余亦平宴请凯利。

8月27日至31日，印第安纳州对华业务代表、太平洋贸易公司总裁丹尼斯·凯利访问浙江，拜访省外办、省商务厅和省国际投资促进中心，探讨交流合作事宜。

9月1日至3日，美国“全球印第安纳”教育交流协会主席马可力一行2人访问浙江，与省外办、省教育厅进行工作会谈，商谈印第安纳州与浙江省教育交流事宜，共同推动“千校结好”项目。2日，省外办副巡视员余亦平宴请马可力一行。

9月19日至20日，印第安纳州代表团访问浙江。代表团由印州农业部官员、地方政府官员和经贸领域的企业家组成，旨在进一步推动印州与浙江在经贸、农业和地方友城领域的交流与合作。19日，代表团与省商务厅共同举办“浙江—印州经贸合作及企业见面会”，与省外办共同举办“浙江—印州地方友城对接会”。省外办副巡视员余亦平出席友城对接会，并于当晚宴请代表团一行。20日，代表团部分成员分别前往嘉兴、海盐、兰溪和绍兴县，与各县市开展对口交流。

10月23日至11月1日，应“全球印第安纳”教育交流协会的邀请，省教育厅和省外办组织浙江省11所中小学校长和英语教师一行20人赴印第安纳州，访问姊妹学校，开展教育交流。

11月15日至19日，印第安纳州韦恩堡市市长汤姆·亨利一行12人访问浙江。15日至17日，代表团访问台州市，与台州市签署《台州市与韦恩堡市建立友好城市关系意向书》，并与台州市商务局共同举办“台州—韦恩堡经贸座谈会”。代表团还考察了吉利集团等台州企业，参观了椒江区第二中学等3所中小学。17日，代表团拜会省外办，就加强浙江省城市和印第安纳州城市间的友好交往与省外办进行探讨。18日，省外办副巡视员余亦平会见并宴请代表团。

【**浙江省与新泽西州友好交流概况**】　2011年3月13日至15日，省外办副主任彭波率浙江省工作小组访问新泽西州，与新州州长办公室、州经济发展中心等相关部门负责人商谈7月中旬省委书记、省人大常委会主任赵洪祝访问新泽西州以及在新州举办两省州结好30周年庆典活动等相关事宜，并考察相关场地。

5月27日至6月7日，应美国新泽西州政府、古巴马坦萨斯省政府和荷兰弗里福兰省政府的邀请，省委常委、组织部长蔡奇率浙江省代表团对美国、古巴和荷兰进行友好访问。5月30日，浙江民营资本和海外人才智力对接活动在新泽西州举行。蔡奇在活动上发表主旨演讲，中国驻纽约总领事彭克玉到会致辞。此次对接活动在招才引智、引进海外高层次人才和合作项目方面取得成效。31日，代表团与新泽西州政府举行工作会谈，就7月两省州举办结好30周年庆祝活动和赵洪祝访问新泽西州事宜作进一步的沟通协调，双方就重要问题达成一致。蔡奇一行还考察了威廉·帕特森大学，参观了该校商学院和金融交易室。

6月10日至12日，新泽西州肯恩大学常务副校长菲利浦·康奈利一行4人访问浙江，拜会杭州师范大学和浙江传媒学院，商讨肯恩大学与上述学校的合作交流事宜。10日，省外办副巡视员余亦平宴请代表团。

7月13日至28日，省委书记、省人大常委会主任赵洪祝率领浙江省代表团访问美国、阿根廷和巴西。访问美国期间，赵洪祝会见了新泽西州州长克里斯·克里斯蒂，并共同出席浙江省和新泽西州结好30周年庆祝活动，与克里斯蒂签署友好省州关系拓展协议，共同见证了两省州在经贸、教育等领域的合作交流协议或备忘录的签署。赵洪祝还与古达格诺副州长一起出席了在威廉·帕特森大学举办的“2011浙江—

新泽西投资贸易洽谈会"以及在肯恩大学举办的"浙江图片展"及开幕式并剪彩。

【浙江省与特拉华州友好交流概况】 2011年6月8日，特拉华州国际贸易发展署署长约翰·帕斯特一行2人访问浙江宁波，参加第13届"浙洽会"。省外办主任阮忠训宴请代表团。

7月13日至28日，省委书记、省人大常委会主任赵洪祝率领浙江省代表团访问美国、阿根廷和巴西。在美国盐湖城期间，赵洪祝与特拉华州州长杰克·马克签署《浙江省与特拉华州友好交流与合作备忘录》，并共同见证两省州部门签署在特拉华州建立浙江中小企业创业园区协议书。参见第57页**【赵洪祝率团访问美国、阿根廷和巴西】**。

8月29日至9月1日，特拉华州国际贸易发展署署长约翰·帕斯特一行2人访问浙江，拜会省外办，商谈特拉华州与浙江省加强交流合作事宜。30日中午，省外办副巡视员余亦平宴请代表团。

10月25日，特拉华州州务卿杰夫·布洛克一行3人访问浙江，出席浙江中小企业融资洽谈会，并拜会省外办领导，就两省州进一步加强交流合作以及共同推动"千校结好"项目事宜进行探讨。省外办主任阮忠训宴请代表团一行，省外办副巡视员余亦平参加宴请。

【浙江省与北卡罗来纳州友好交流概况】 2011年7月13日至28日，省委书记、省人大常委会主任赵洪祝率领浙江省代表团访问美国、阿根廷和巴西。在美国盐湖城期间，赵洪祝与北卡罗来纳州（简称"北卡州"）州长贝弗利·普度签署《浙江省与北卡罗来纳州友好交流与合作备忘录》，并与贝弗利·普度州长共同见证世方药业与杭州市滨江区签署合作协议书。参见第57页**【赵洪祝率团访问美国、阿根廷和巴西】**。

10月19日至20日，北卡州州长贝弗利·普度率政府、企业和教育代表团访问浙江。20日上午，省委书记、省人大常委会主任赵洪祝陪同普度参观了位于杭州市滨江区的世方药业研发实验室，出席世方药业杭州研发中心奠基仪式并致辞。赵洪祝说，浙江省与北卡州建立友好交流关系仅3个月，双方的交流合作已有了重要进展，发展态势良好。世方药业是两省州合作关系的先行者，医药和生物科技是两省州未来自身发展与双边合作的重要方向。希望北卡州三角研究园和杭州滨江高新技术开发区在现有合作基础上，积极考虑建立姊妹园区关系，为增强两省州创新能力作出贡献。普度盛赞世方药业开创了美中企业合作的新篇章。她认为，世方药业模式得以成功运作，是美中两国生命科学领域先进技术和投资机会紧密结合的成果，必将推动两省州医药产业发展和人民生活水平提高。普度表示，北卡州众多企业十分期待通过与浙江企业在资本、技术等方面的合作，在中国获得发展机会，相信北卡州与浙江省的友好关系将迈上新台阶。参观世方药业研发实验室时，赵洪祝还见证了普度为世方药业董事长吴劲梓颁发祝贺状的仪式。省委常委、秘书长李强，杭州市市长邵占维，省外办主任阮忠训，省委副秘书长舒国增，省委组织部副部长姚志文，杭州市副市长佟桂莉，省外办副巡视员余亦平，杭州市滨江区委书记张耕等陪同出席上述活动。奠基仪式结束后，赵洪祝宴请普度一行。李强、邵占维、阮忠训、余亦平、张耕等陪同出席宴请。浙江建投集团等浙江省5家企业参加宴请，与北卡州企业开展对接交流；浙江工业大学和浙江旅游职业学院分别与北卡罗来纳州立大学和哈里森学院建立校际联系。在杭期间，普度一行还参观了正泰集团和阿里巴巴集团。

【浙江省与密苏里州友好交流概况】 2011年7月13日至28日，省委书记、省人大常委会主任赵洪祝率领浙江省代表团访问美国、阿根廷和巴西。在美国盐湖城期间，赵洪祝会见了密苏里州州长杰雷米·尼克松，并与尼克松共同见证正泰集团与MEMC公司签署战略合作备忘录。参见第57页**【赵洪祝率团访问美国、阿根廷和巴西】**。

10月27日，密苏里州（简称“密州”）州长杰雷米·尼克松一行13人访问浙江。省委书记、省人大常委会主任赵洪祝会见并宴请尼克松一行。赵洪祝说，浙江与密州的经贸合作已有良好基础，密州产业门类齐全，与浙江在农业、制造业、战略新兴产业等领域互补性较强，有许多地方可以互相借鉴、共同提高，合作潜力巨大。希望双方能够开拓思路，开展更多务实有效的合作，实现互利双赢。尼克松表示，密州十分重视发展与浙江的合作。密州MEMC公司与正泰集团在太阳能产业方面的合作是双方发展友好关系的良好开端。希望有更多的浙江企业与密州企业开展合作和交流，推动双方关系不断发展。会见结束后，赵洪祝与尼克松共同签署《浙江省与密苏里州友好交流与合作备忘录》，并见证《浙江省商务厅与密苏里州经济发展部合作意向备忘录》签字仪式。省委副秘书长、办公厅主任潘家玮，省外办主任阮忠训，省商务厅厅长金永辉，省贸促会会长铁建设，省农业厅副厅长赵兴泉，省外办副巡视员余亦平等参加会见、宴请和签字仪式。

在杭期间，尼克松一行参观考察了正泰太阳能科技有限公司。

·澳大利亚·

【浙江省与西澳州友好交流概况】 2011年2月16日至20日，省外办主任阮忠训率浙江省外办工作小组访问澳大利亚，拜访了西澳州下议院议长伍德汉姆斯、西澳州政府发展部投资贸易局局长包宁生、教育部官员大卫·洛依德等，并与浙江省·西澳州交流委员会西澳分会成员举行工作会议，探讨下一阶段的交流合作事宜，达成多项共识。

5月1日至4日，西澳州政府副总理基姆·汉默斯一行7人访问浙江。3日，副省长王建满会见并宴请汉默斯一行。王建满简要介绍了浙江省经济社会发展情况和旅游业发展状况。汉默斯表示，旅游业是西澳州除矿业以外的重点发展产业，希望两省州推动旅游领域的合作。省外办主任阮忠训、省政府办公厅副主任谢济建、省旅游局副局长许澎、省外办副巡视员余亦平、省旅游集团副总经理李天平等参加会见和宴请。1日，阮忠训宴请汉默斯一行，余亦平参加宴请。3日，汉默斯出席由西澳州政府、浙江省外办、省工商联、省贸促会共同举办的西澳经贸推介座谈会。浙江省5家企业应邀与会。省外办副巡视员余亦平、省贸促会副会长胡纲高出席推介座谈会。访浙期间，汉默斯还参观了娃哈哈集团，出席西澳州政府旅游局组织的西澳旅游小型推介午餐会，参观了杭州南宋官窑博物馆。

6月8日至10日，西澳州政府驻华商务代表处首席代表庄彬俊访问浙江，拜会娃哈哈集团，并在西澳州经贸投资推介会上介绍了投资西澳的相关情况。9日中午，省外办副巡视员余亦平宴请庄彬俊。

7月7日，“土地和身体——澳大利亚沃伯顿原住民艺术展”在杭州西湖美术馆开幕，省外办

◎省委书记、省人大常委会主任赵洪祝会见美国密苏里州州长杰雷米·尼克松

副巡视员余亦平等出席开幕式。

8月9日至16日，浙江省新闻代表团访问西澳州。代表团采访了西澳州总理科林·巴尼特、副总理基姆·汉默斯、下议院前议长弗雷德·里贝林、西澳州农业部副部长罗勃·迪伦、西澳州发展部国际贸易投资促进局局长包宁生等，了解浙江省与西澳州互利合作近况。代表团还参观了浙江省与西澳州的友好合作项目。

8月14日至20日，浙江省·西澳州交流委员会浙江分会部分成员单位代表团访问澳大利亚。该代表团由省发改委、省公安厅、省农业厅、省商务厅、省卫生厅和省旅游局领导组成。在澳期间，代表团成员参加了在珀斯举行的浙江省·西澳州交流委员会第四次会议，并与西澳州政府相关部门就加强双方合作进行了磋商。

8月14日至25日，副省长龚正率浙江省政府代表团对澳大利亚、阿根廷和乌拉圭进行友好访问。在澳期间，龚正拜会了西澳州总理科林·巴尼特、副总理基姆·汉默斯、中国驻珀斯总领事汪银儿，并出席在西澳州首府珀斯举行的浙江省—西澳州经贸投资论坛开幕式、浙江省—西澳州公共卫生研讨会开幕式、浙江省·西澳州交流委员会第四次会议。参见第58页**【龚正率团访问澳大利亚、阿根廷和乌拉圭】**。

8月19日至22日，西澳州议会下议院议长格兰特·伍德姆斯一行8人访问浙江。19日晚，省委书记、省人大常委会主任赵洪祝会见并宴请伍德姆斯一行。赵洪祝简要介绍了浙江省经济社会发展近况和舟山群岛新区概况，希望伍德姆斯议长在舟山考察期间，为舟山群岛新区建设提出宝贵意见，并欢迎西澳企业参与舟山群岛新区建设，分享浙江海洋经济发展成果。省人大常委会副主任冯明、秘书长姚民声，省外办主任阮忠训，省人大常委会外事工作委员会副主任阮龙生等参加会见和宴请。伍德姆斯还访问了舟山市，听取了舟山市委书记、市人大常委会主任梁黎明关于舟山群岛新区概况的介绍，并考察了舟山旭旺养殖场和金塘港区。双方表示将在舟山群岛新区建设中积极寻找合作机遇，拓展海水养殖、码头建设等方面的合作。访浙期间，伍德姆斯一行还游览了杭州西溪湿地、灵隐寺等风景名胜，参观了浙江博物馆。

9月15日至17日，西澳州政府副总理基姆·汉默斯一行7人访问浙江。16日晚，副省长龚正会见汉默斯一行。龚正介绍了浙江省经济转型升级情况以及未来发展方向。汉默斯认为，西澳经济在金融危机后的较快恢复得益于该州与中国密切的经贸往来，他对双方关系的未来发展前景表示乐观。龚正和汉默斯均表示期待两省州在各自新的发展进程中寻找更多的互补资源，开展务实合作。会见结束后，龚正和汉默斯共同见证了《浙江省旅游局与西澳旅游局旅游合作协议》签字仪式。随后，龚正宴请汉默斯一行。省外办副主任陆国灏、省旅游局副局长许澎参加会见和宴请。15日晚，省外办主任阮忠训宴请代表团。在浙期间，汉默斯还与省旅游局局长赵金勇就开展双方旅游合作进行了商谈，并出席由西澳州政府主办的西澳旅游推介系列活动。

·牙买加·

【浙江省与圣詹姆斯大区友好交流概况】 2011年11月，省政协副主席王永昌率浙江省政协代表团访问牙买加，拜会了中国驻牙买加大使郑清典、浙江省—圣詹姆斯大区友好协会副会长克林顿·陈、蒙特哥贝市市长辛特莱尔等。

·巴　西·

【浙江省与巴拉纳州友好交流概况】 2011年7月13日至28日，省委书记、省人大常委会主任赵洪祝率浙江省代表团访问美国、阿根廷和巴西。在巴西期间，赵洪祝与巴拉纳州副州长弗拉维奥·阿内斯等官员进行了会谈，并考察了巴拉纳州科技研究所。参见第57页**【赵洪祝率团访问美国、阿根廷和巴西】**。

·乌拉圭·

【浙江省与科罗尼亚省友好交流

概况】2011年8月22日至25日，副省长龚正率浙江省政府代表团访问乌拉圭。在乌拉圭首都蒙特维迪亚，代表团与科罗尼亚省省长沃尔特·齐默进行了会谈，商议推进两省间友好交流，规划未来几年的友好合作。

·古　巴·

【浙江省与马坦萨斯省友好交流概况】 2011年2月24日，由浙江省提供全额奖学金，马坦萨斯省医生约翰·佩尔多莫·德尔卡多和薇薇安·桑切斯·埃尔南德斯抵达浙江中医药大学，进行为期一学年的中医课程学习。省外办定期与两名医生进行交流，了解其学习生活情况。12月20日，两名医生顺利完成学业返回古巴。

6月2日至4日，省委常委、组织部长蔡奇率浙江省代表团访问马坦萨斯省。蔡奇与马坦萨斯省人民权力代表大会副主席米雷蒂·德尼斯进行了会谈，并参观了马坦萨斯省法乌斯蒂诺医院和马坦萨斯大学。参见第55页**【蔡奇率团访问美国、古巴和荷兰】**。

10月20日至22日，省委常委、副省长葛慧君率浙江省代表团访问马坦萨斯省。葛慧君与马坦萨斯省人民权力代表大会副主席米雷蒂·德尼斯进行了会谈，并考察了赛巴·摩恰集体农场。参见第60页**【葛慧君率团访问墨西哥、古巴和加拿大】**。

（董丹丹）

浙江省友好关系一览表

序号	地区	中方城市	对方城市	对方国家
1	美洲	浙江省	新泽西州	美国
2		浙江省	巴拉那州	巴西
3		浙江省	印第安纳州	美国
4		浙江省	科罗尼亚省	乌拉圭
5		浙江省	圣詹姆斯大区	牙买加
6		浙江省	马坦萨斯省	古巴
7		浙江省	纽芬兰省	加拿大
8		浙江省	得克萨斯州	美国
9		浙江省	门多萨省	阿根廷
10		浙江省	梅里达州	委内瑞拉
11		浙江省	米却肯州	墨西哥
12		浙江省	卡亚俄大区	秘鲁
13		浙江省	艾森大区	智利
14		浙江省	巴省	斐济
15		浙江省	特拉华州	美国
16		浙江省	北卡罗来纳州	美国
17		浙江省	密苏里州	美国
18		杭州市	马萨诸塞州波士顿市	美国

续表

序号	地区	中方城市	对方城市	对方国家
19	美洲	杭州市	帕拉马里博市	苏里南
20		杭州市	库里蒂巴市	巴西
21		杭州市	拉塞雷纳市	智利
22		杭州市	坎昆市	墨西哥
23		杭州市	印第安纳州波利斯市	美国
24		杭州市	蒙特哥贝市	牙买加
25		杭州市	楠迪市	斐济
26		余杭区	印第安纳州安德森市	美国
27		富阳市	列弗班克市	美国
28		宁波市	特拉华州威尔敏顿市	美国
29		宁波市	萨里市	加拿大
30		宁波市	休斯顿市	美国
31		宁波市	桑托斯市	巴西
32		宁波市	密尔沃基市	美国
33		宁波市	杰克逊维尔市	美国
34		宁波市	曼萨尼约市	墨西哥
35		慈溪市	加州贝克斯菲尔德市	美国
36		余姚市	沃尔纳特市	美国
37		温州市	新泽西州尤宁郡	美国
38		温州市	本拿比市	加拿大
39		温州市	帝工郡	美国
40		温州市	加利福尼亚州匹茨堡市	美国
41		温州市	德克萨斯州博尔郡	美国
42		安吉县	艾尔蒙迪市	美国
43		德清县	蒙特赛罗市	美国
44		嘉兴市	印第安纳州布鲁明顿市	美国
45		嘉兴市	坦帕市	美国
46		嘉兴市	昆西市	美国
47		嘉兴市	洛克维尔市	美国
48		嘉兴市	达蒙维市	加拿大

续表

序号	地区	中方城市	对方城市	对方国家
49	美洲	秀洲区	林肯郡	美国
50		嘉善县	明尼苏达州摩瑞斯市	美国
51		平湖市	华盛维尔市	美国
52		桐乡市	安大略省韦兰市	加拿大
53		绍兴市	密苏里州开普吉拉多市	美国
54		绍兴市	加利福尼亚州卡马里罗市	美国
55		绍兴市	新泽西州萨默塞特郡	美国
56		绍兴市	佛罗里达州杰克逊威尔市	美国
57		绍兴市	贝伦市	巴西
58		诸暨市	拉朋地市	美国
59		诸暨市	印第安纳州曼西市	美国
60		上虞市	洛克哈特市	美国
61		金华市	印第安纳州阿尔卡特郡	美国
62		衢州市	明尼苏达州雷德温市	美国
63		舟山市	加利福尼亚州里士满市	美国
64		台州市	圣保罗州桑托斯市	巴西
65		台州市	伊基克市	智利
66		台州市	桑贡萨洛市	巴西
67		丽水市	罗威市	美国
68		丽水市	塔尔卡市	智利
69	大洋洲	浙江省	西澳州	澳大利亚
70		浙江省	波纳佩州	密克罗尼西亚联邦
71		杭州市	堪培拉市	澳大利亚
72		杭州市	兰德维克市	澳大利亚
73		宁波市	奥克兰大区怀特克里市	新西兰
74		北仑区	宝活市	澳大利亚
75		温州市	伊普斯维奇市	澳大利亚
76		湖州市	阿拉特市	澳大利亚
77		嘉兴市	班布里市	澳大利亚
78		绍兴市	白马市	澳大利亚

续表

序号	地区	中方城市	对方城市	对方国家
79	大洋洲	上虞市	维多利亚州云顿市	澳大利亚
80		金华市	高士夫市	澳大利亚
81		温岭市	昆士兰州洛根市	澳大利亚
82	欧洲	浙江省	上诺曼底大区	法国
83		浙江省	石荷州	德国
84		浙江省	新西伯利亚州	俄罗斯
85		浙江省	瓦莱达奥斯塔自治区	意大利
86		浙江省	卢瓦尔·歇尔省	法国
87		浙江省	迦太罗尼亚大区	西班牙
88		浙江省	西弗兰德省	比利时
89		浙江省	乌普萨拉省	瑞典
90		浙江省	下奥州	奥地利
91		浙江省	卢夫诺州	乌克兰
92		浙江省	巴兰尼亚州	匈牙利
93		浙江省	阿尔卑斯—滨海省	法国
94		浙江省	阿斯图里亚斯大区	西班牙
95		浙江省	坎帕尼亚大区	意大利
96		浙江省	赤塔州	俄罗斯
97		浙江省	提契诺州	瑞士
98		浙江省	伊斯特利亚省	克罗地亚
99		浙江省	车臣共和国	俄罗斯
100		浙江省	皮尔森州	捷克
101		浙江省	西兰岛大区	丹麦
102		浙江省	汝拉州	瑞士
103		浙江省	瓦尔纳大区	保加利亚
104		浙江省	艾米利亚—罗马涅大区	意大利
105		浙江省	弗利堡州	瑞士
106		浙江省	中部马其顿省	希腊
107		浙江省	北挪威省	挪威
108		浙江省	约克·恒勃大区	英国

续表

序号	地区	中方城市	对方城市	对方国家
109	欧洲	杭州市	西约克郡利兹市	英国
110		杭州市	汉诺威市	德国
111		杭州市	特兰托市	意大利
112		杭州市	魏尔茨堡市	德国
113		杭州市	海牙市	荷兰
114		杭州市	尼斯市	法国
115		杭州市	布达佩斯市	匈牙利
116		杭州市	喀山市	俄罗斯
117		杭州市	日内瓦市	瑞士
118		杭州市	奥维耶多市	西班牙
119		杭州市	卢加诺市	瑞士
120		杭州市	比萨市	意大利
121		杭州市	隆德市	瑞典
122		杭州市	塔林市	爱沙尼亚
123		杭州市	德累斯顿市	德国
124		杭州市	奥洛莫乌茨市	捷克
125		杭州市	奥鲁市	芬兰
126		余杭区	维特	荷兰
127		宁波市	北威州亚琛市	德国
128		宁波市	上诺曼底大区鲁昂市	法国
129		宁波市	巴塞罗那市	西班牙
130		宁波市	维也纳新城市	奥地利
131		宁波市	维斯普雷姆市	匈牙利
132		宁波市	瓦尔纳市	保加利亚
133		宁波市	斯塔万格市	挪威
134		宁波市	诺丁汉市	英国
135		宁波市	维罗纳市	意大利
136		宁波市	彼得哥什市	波兰
137		宁波市	佛罗伦萨市	意大利
138		宁波市	敖德萨市	乌克兰

续表

序号	地区	中方城市	对方城市	对方国家
139	欧洲	宁波市	安特卫普市	比利时
140		宁波市	塔尔图市	爱沙尼亚
141		温州市	瓦伦西亚大区阿利坎特市	西班牙
142		温州市	普拉托市	意大利
143		温州市	勒瓦鲁瓦市	法国
144		温州市	吉森市	德国
145		温州市	科沃拉市	芬兰
146		温州市	那不勒斯市	意大利
147		温州市	圣彼得堡市	俄罗斯
148		温州市	巴塞罗那市	西班牙
149		瑞安市	瓦伦西亚大区库耶拉市	西班牙
150		湖州市	卢瓦亥蒙达尔纪市	法国
151		湖州市	雷嘎纳斯市	西班牙
152		湖州市	梅克内斯市	摩洛哥
153		德清县	梅尔市	法国
154		长兴县	卡尔马省	瑞典
155		长兴县	特鲁艾尔市	西班牙
156		安吉县	布希圣乔治市	法国
157		嘉兴市	圣地费尔市	挪威
158		嘉兴市	里比市	丹麦
159		嘉兴市	哈勒市	德国
160		嘉兴市	普利茅斯市	英国
161		桐乡市	巴塞罗那省马达罗市	西班牙
162		绍兴市	菲英岛欧登塞市	丹麦
163		绍兴市	海滨夏隆省鲁瓦扬市	法国
164		绍兴市	卢瓦尔·歇尔省布洛瓦市	法国
165		绍兴市	马切拉塔省	意大利
166		绍兴市	拜罗伊特市	德国
167		绍兴市	吕贝克市	德国
168		绍兴市	列宁大区	俄罗斯

续表

序号	地区	中方城市	对方城市	对方国家
169	欧洲	绍兴市	艾克斯市	法国
170		绍兴市	佩奇市	匈牙利
171		诸暨市	欧文卡利市	瑞典
172		诸暨市	波里市	芬兰
173		上虞市	托伦特市	西班牙
174		金华市	霍拉布隆市	奥地利
175		金华市	迪恩市	德国
176		金华市	考沃拉市	芬兰
177		东阳市	克罗斯特伯格市	奥地利
178		衢州市	库塔伊西市	格鲁吉亚
179		衢州市	万纳佐尔市	亚美尼亚
180		衢州市	卡坦扎罗省	意大利
181		台州市	纳维尔市	法国
182		台州市	波尔巴市	葡萄牙
183		椒江区	季米托洛夫市	保加利亚
184		丽水市	爱琴岛市	希腊
185	非洲	浙江省	东开普省	南非
186		浙江省	哈博罗内市	博茨瓦纳
187		浙江省	塞得港省	埃及
188		杭州市	达米埃塔市	埃及
189		杭州市	阿加迪尔市	摩洛哥
190		杭州市	阿斯旺市	埃及
191		杭州市	开普敦市	南非
192		宁波市	曼德拉市	南非
193		宁波市	马拉喀什市	摩洛哥
194		温州市	沃湾市	纳米比亚
195		温州市	让蒂尔港市	加蓬
196		金华市	金·威廉姆斯市	南非
197		义乌市	达累斯萨拉姆市	坦桑尼亚

续表

序号	地区	中方城市	对方城市	对方国家
198	亚洲	浙江省	静冈县	日本
199		浙江省	福井县	日本
200		浙江省	枥木县	日本
201		浙江省	哈瓦利省	科威特
202		浙江省	全罗南道	韩国
203		浙江省	达尔汉乌勒省	蒙古
204		浙江省	承天—顺化省	越南
205		浙江省	彭世洛府	泰国
206		浙江省	布拉干省	菲律宾
207		浙江省	首尔市	韩国
208		浙江省	沙迦酋长国	阿联酋
209		浙江省	万丹省	印尼
210		浙江省	罗勇府	泰国
211		杭州市	岐阜县岐阜市	日本
212		杭州市	本格特省碧瑶市	菲律宾
213		杭州市	京都府向日市	日本
214		杭州市	福井县福井市	日本
215		杭州市	春川市	韩国
216		杭州市	全罗南道丽水市	韩国
217		杭州市	佛统市	泰国
218		杭州市	力象市	老挝
219		杭州市	狭山市	日本
220		杭州市	奥法基姆市	以色列
221		杭州市	勒利德布尔市	尼泊尔
222		杭州市	贝特谢梅什市	以色列
223		杭州市	西归浦市	韩国
224		杭州市	首尔市江东区	韩国
225		杭州市	庆尚北道庆山市	韩国
226		杭州市	松江市	日本
227		杭州市	上尾市	日本

续表

序号	地区	中方城市	对方城市	对方国家
228	亚洲	杭州市	札幌市	日本
229		杭州市	岩国市	日本
230		杭州市	斯里贾亚瓦德纳普拉市	斯里兰卡
231		杭州市	水原市	韩国
232		萧山市	山梨县山梨市	日本
233		淳安县	奥多摩町	日本
234		宁波市	京都府长冈京市	日本
235		宁波市	岛根县益田市	日本
236		宁波市	长野县上田市	日本
237		宁波市	全罗南道顺天市	韩国
238		宁波市	大邱广域市	韩国
239		鄞州区	南砺市	日本
240		象山县	爱媛县吉田町	日本
241		象山县	瓮津郡	韩国
242		余姚市	全罗南道罗州市	韩国
243		余姚市	茨城县常陆太田市	日本
244		奉化市	琦玉县入间市	日本
245		奉化市	塔玛市	以色列
246		温州市	宫城县石卷市	日本
247		温州市	广岛县吴市	日本
248		温州市	仁川广域市中区	韩国
249		湖州市	静冈县岛田市	日本
250		湖州市	灵岩郡	韩国
251		德清县	矢板市	日本
252		安吉县	宫之城町	日本
253		安吉县	全罗南道潭阳郡	韩国
254		嘉兴市	静冈县富士市	日本
255		嘉兴市	福井县春江町	日本
256		嘉兴市	江原道江陵市	韩国
257		平湖市	福井县小浜市	日本

续表

序号	地区	中方城市	对方城市	对方国家
258	亚洲	海盐县	福岛县富冈町	日本
259		海盐县	全罗南道长兴郡	韩国
260		绍兴市	富山县福光町	日本
261		绍兴市	福井县芦原町	日本
262		绍兴市	兵库县西宫市	日本
263		绍兴市	全罗南道丽川郡	韩国
264		绍兴市	静冈县富士宫市	日本
265		绍兴市	首尔市龙山区	韩国
266		绍兴市	枥木县小山市	日本
267		绍兴县	全罗南道潭阳郡	韩国
268		诸暨市	象泻町	日本
269		诸暨市	中央省伦县	蒙古
270		上虞市	京畿道富川市	韩国
271		上虞市	茨城县神栖市	日本
272		新昌县	庆尚南道陕川郡	韩国
273		金华市	枥木县枥木市	日本
274		衢州市	枥木县佐野市	日本
275		衢州市	苏姆盖依特市	阿塞拜疆
276		舟山市	宫城县气仙沼市	日本
277		舟山市	伊慕斯市	菲律宾
278		普陀区	全罗南道谷城郡	韩国
279		台州市	务安郡	韩国
280		台州市	福井县敦贺市	日本
281		临海市	江原道横城郡	韩国
282		温岭市	大田广域市西区	韩国
283		天台县	枥木县岩舟町	日本
284		天台县	全罗南道和顺郡	韩国
285		天台县	岩手县平泉町	日本
286		丽水市	静冈县三岛市	日本
287		丽水市	韩国丽水市	韩国
288		龙泉市	康津郡	韩国

部门外事

省发改委

【涉外工作概况】 2011年，浙江省发展和改革委员会(简称“省发改委”)接待来访外宾9批次100余人次。组团出访考察天然气海外投资的政策与合作事宜、考察国外政府项目稽查监管工作等，派员参加德国循环经济培训。

【澳大利亚驻沪副总领事访问省发改委】 2011年1月18日，澳大利亚驻上海副总领事叶仁庭一行访问省发改委。省发改委副主任黄勇以及有关处室负责人向客人介绍了浙江省2010年经济社会发展情况和下一个五年计划的战略方向。双方就进一步扩大和加强交流与合作交换了意见。

【澳大利亚驻华使馆公使级参赞访问省发改委】 2011年3月10日，省发改委副主任黄勇会见来访的澳大利亚驻华使馆公使级参赞麦烨明一行，有关处室负责人参加会见。黄勇介绍了浙江省经济社会发展情况，双方就进一步建立合作关系交换了意见。

【美国白宫实习生代表团访问省发改委】 2011年5月18日，美国白宫实习生代表团访问省发改委。省发改委巡视员谢晓波向客人介绍了浙江省概况、2010年浙江省经济社会发展情况以及今后五年发展规划。

【丹麦新西兰地区技术代表团访问省发改委】 2011年5月24日，丹麦新西兰地区技术代表团访问省发改委。外资处负责人向代表团介绍了浙江省概况、2010年浙江省经济社会发展情况以及今后五年发展规划。双方就加强双边交流和投资领域的合作进行了友好商谈。

【英国驻沪领事访问省发改委】 2011年7月8日，英国驻上海总领馆政治、经济、新闻领事艾里访问省发改委。外资处负责人向客人介绍了浙江省经济社会发展情况。双方就今后加强交流和合作进行了友好商谈。

【加拿大驻沪领事访问省发改委】 2011年8月12日，加拿大驻沪总领馆领事菲利普访问省发改委。外资处负责人向客人介绍了浙江省经济社会发展情况。双方就进一步扩大和加强交流与合作交换了意见。

【省发改委考察团访问俄罗斯、土耳其和卡塔尔】 2011年10月26日至11月6日，省能源局煤炭石油天然气处与省住房和城乡建设厅、宁波市发改委、浙江省天然气开发有限公司等联合组成考察团出访俄罗斯、土耳其、卡塔尔，考察液化天然气(LNG)产业发展及LNG资源情况，并与卡塔尔天然气公司、土耳其TOTAL公司、俄罗斯ALLTECH投资公司进行了会谈，商谈合作事宜。

【澳大利亚驻沪总领事访问省发改委】 2011年11月23日，澳大利亚驻上海新任总领事柯未名访问省发改委。省发改委副主任黄勇及外资处负责人向客人介绍了浙江省经济社会发展情况。双方就进一步扩大和加强交流与合作交换了意见。

【浙江—新加坡经济贸易理事会第7次会议】 2011年11月28

日在杭州召开。省发改委副主任黄勇参加会议。会议就浙江、新加坡经济贸易情况进行了研讨，并就促进浙江—新加坡经贸合作进行了沟通和交流。

【英国驻沪副领事访问省发改委】 2011年12月15日，英国驻上海副领事路易斯·比瑟一行访问省发改委，介绍并推荐英国志奋领奖学金，双方就培育人才议题进行了友好交流。

（徐　峰）

省经信委

【涉外工作概况】 2011年，浙江省经济与信息化委员会（简称"省经信委"）接待各类访问考察团组15批；自组因公出国（境）团组21批45人次，分别赴美国、英国、意大利、澳大利亚等国家和地区进行培训考察、商务洽谈等活动；派遣23批24人次，参加国家和省有关部门组织的赴国外考察学习团组。

【韩国三星公司代表访问省经信委】 2011年3月10日，省经信委副主任吴家曦会见来访的韩国三星公司大中华区副总裁柳在润一行。吴家曦向客人介绍了浙江省经济发展的基本情况，双方就浙江省和杭州市电动汽车产业发展状况、有关政策和投资环境以及韩方意在中国投资的动力电池项目进行了交流。

【浙江中小企业产业升级暨中日投资与技术合作交流会】 2011年4月19日在杭州举行，由省中小企业局会同北京大江投资有限公司、日本大和证券资本市场株式会社等机构共同举办。交流会上，日本大和证券资本市场株式会社等日方机构推介的防震技术、电池技术、医疗检测技术等引起中方代表浓厚的兴趣。

浙江省各地市经（贸）委中小企业处处长、50多个专业协会秘书长、中小企业代表及日方企业代表120多人参加交流会。

【世界包装组织主席访问浙江】 2011年4月20日，世界包装组织主席基斯·皮尔森和秘书长卡尔访问浙江。副省长毛光烈会见基斯·皮尔森一行。毛光烈向客人介绍了浙江省经济社会发展的基本情况。基斯·皮尔森介绍了世界包装组织的基本情况，希望加强与浙江包装产业的合作。

省经信委副主任吴家曦、省外办副主任彭波等参加会见。

【英国驻沪总领事参加杭州电子信息博览会】 2011年4月21日，副省长毛光烈会见来杭参加第5届中国杭州电子信息博览会的英国驻上海总领事戴伟绅一行。双方就英国和浙江在信息技术领域开展的合作情况进行了交流，毛光烈希望双方将合作范围从信息通信领域拓展到生物制药、物联网和创意产业等其他领域。

省政府副秘书长孟刚、省经信委主任谢力群、省外办副主任顾建新等参加会见。

【省中小企业局中小企业创业创新考察团赴欧洲考察】 2011年5月11日至22日，省经信委副主任楼志鸣率浙江省中小企业局中小企业创业创新考察团赴意大利、瑞士、法国进行考察交流。代表团走访了意大利拉齐奥大区经济企业促进发展署及下属的"菲拉斯"机构、瑞士日内瓦企业服务工商会、法国下诺曼底大区工商会等多家单位，就加强政府职能转变、帮助小微企业创业、拓宽中小企业融资渠道、大力发展民间中介机构、加强知识产权保护等内容进行了交流。

【美国默克公司代表团访问浙江】 2011年5月19日，副省长毛光烈会见来访的美国默克公司执行副总裁狄威力一行。毛光烈说，真诚欢迎像默克这样的企业来浙江开展各种形式的合作，希望客人此行能进一步了解浙江、深化合作，推动各项合作事宜有效落实，促进双方友好关系再上新台阶。狄威力向毛光烈介绍了默克公司的基本情况，希望加强与浙江卫生领域及制药行业的合作。

省政府副秘书长孟刚、省经信委主任谢力群以及省外办、省人保厅、省卫生厅等有关部门领导参加会见。

【省中小企业局局长应邀赴美参会】 2011年6月5日至10日，省中小企业局局长高鹰忠应邀赴美国参加在马萨诸塞州伍斯特理工学院举办的第2届美中之桥大会，并作《浙江省经济展望和创新》的主题演讲。

【省经信委与英方洽谈拓展合作事宜】 应英国驻上海总领馆的邀请，2011年6月13日，省经信委副巡视员林华一行赴上海与英方洽谈拓展合作事宜。2009年，省经信委与英国投资贸易总署签署《关于建立长期战略合作关系备忘录》(MOU协议)，双方在信息技术领域开展了一系列交流活动，取得很好的效果。2011年4月，英方提出希望扩大合作范围。此次，省经信委与英方就信息通信技术行业、金融服务业、低碳节能环保行业、航空航天产业、汽车与机械制造业、创意产业等的交流合作进行了深入的探讨，双方达成一致意见，决定尽快签订各有关领域的MOU协议，并制定1～3年合作行动计划。

【省经信委与以色列、加拿大洽谈合作事宜】 2011年6月13日，省经信委副巡视员林华一行拜访以色列、加拿大等国驻上海总领馆，就开展合作事宜进行洽谈。在以色列总领馆，林华与总领事艾雅克、商务参赞等举行了会谈，双方一致认为，可在以色列具有优势的生物医药、水处理技术、信息产业等高科技领域开展广泛的合作，加强彼此政府间的联系与企业间互访。在拜访加拿大总领馆时，林华希望双方增加互访，拓宽合作领域。

【省中小企业局与美国特拉华州国际贸易发展署签署战略合作备忘录】 2011年7月11日至20日，省中小企业局局长高鹰忠率先遣团赴美国考察，代表省中小企业局与美国特拉华州国际贸易发展署签署战略合作备忘录，进一步明确了加强双方中小企业间合作交流的领域、形式和内容。

◎新西兰代表团访问省经信委

【爱尔兰驻沪商务参赞访问省经信委】 2011年8月3日，省经信委副主任吴家曦会见来访的爱尔兰驻上海总领馆商务参赞安迪生。双方介绍了各自的经济社会发展情况，并就爱尔兰与浙江企业的意向合作项目进行了深入的探讨。双方都希望加强沟通和交流，在软件与信息服务、生物医药等重点领域进一步开展合作。

【浙江与新西兰开展信息和通信产业对接活动】 2011年8月17日，由新西兰贸易部长兼气候变化国际谈判部长蒂姆·格雷泽、驻华大使伍开文、驻沪总领事隋新、信息通信行业协会主席巴内特·麦德瑞等组成的新西兰信息通信产业代表团访问省经信委。省经信委副主任吴家曦主持了双方系列对接活动。蒂姆·格雷泽介绍了新西兰通信产业发展状况以及随团来访企业情况。省经信委着重介绍了浙江省信息、软件、通信等产业发展的基本情况，双方就信息产业投资政策、通信行业的准入机制等相关内容进行了交流和探讨。

当晚，省经信委组织省内信

息与通信产业的20家龙头骨干企业参加了新西兰—杭州信息通信产业招待会，两国企业面对面互动了解，商谈合作。

【省经信委与丹麦西兰岛大区代表团举行经济合作洽谈会】 2011年9月1日，省经信委副主任吴家曦会见来访的丹麦西兰岛大区主席斯蒂·巴奇·尼尔森一行，双方举行了开展经济合作洽谈会。尼尔森介绍了西兰岛大区经济发展情况以及丹麦瑞索国家实验室等随团来访企业的情况。省经信委着重介绍了浙江省新能源产业、资源综合利用、智慧城市建设以及印刷行业等领域发展的情况。双方就在风能、生物质能的综合利用、循环经济、智能电网建设等领域开展经济合作进行了商讨。

同期，省经信委组织十余家新能源和包装印刷行业企业，参加了在杭州举办的丹麦—中国商务研讨会。参会企业对丹麦瑞索国家实验室先进的新能源研究技术、斯坦森博格公司推荐的全息印刷技术表现出浓厚的兴趣和进一步合作意愿。

【省经信委考察团访问芬兰、丹麦和瑞典】 2011年9月14日至23日，由省经信委主任谢力群任团长的新能源和高端装备制造业领域考察团赴芬兰、丹麦和奥地利考察。考察团了解了北欧国家新能源领域的最新研究成果、发展趋势，考察了风能、潮汐能、太阳能等新能源产品，与各国交流了高端制造业的发展情况和经验，探讨了合作方式和途径。

【省经信委考察团赴罗马尼亚、匈牙利和克罗地亚考察】 2011年9月19日至30日，由省经信委副主任吴家曦率领的省经信委考察团，赴罗马尼亚、匈牙利和克罗地亚进行加工业、造船、汽车配件等行业的考察和交流活动。考察团与当地政府部门、商会、中国投资商及中国大使馆参赞等就开展汽车配件加工、中医药人才和技术输出、服装企业“走出去”等项目合作进行了探讨。

【省中小企业局与美国富顿集团举办浙江品牌产品推广活动】 为帮助浙江企业扩大对美国的出口，增强浙江企业的团体竞争力，省中小企业局与美国富顿集团合作，分别于2011年9月28日至29日、12月8日、12月11日，在杭州、绍兴、嘉兴三地举办“浙江品牌产品（美国）推广基地”推介活动，参加活动的浙江企业超过150家，推广产品以家纺、家居、礼品、小家电为主。

【省经信委考察团赴美国、巴西考察】 2011年10月4日至13日，省经信委考察团赴美国、巴西考察医药研发和农药管理工作。考察团拜访了美国洛杉矶郡政府和巴西政府政策研究所等机构，参观了辉瑞制药全球研究和发展部，并与美国、巴西相关部门和企业交流了医药和农药产业的管理经验。

【省经信委与英国签署经济合作备忘录】 2011年10月10日，省

◎省经信委与英国驻上海总领事馆签署《关于经济合作的谅解备忘录》

经信委副主任吴家曦与英国驻上海副总领事雅克·布克签署《关于经济合作的谅解备忘录》。该《备忘录》是对2009年省经信委与英国投资贸易总署签署的《关于建立长期战略合作关系备忘录》的拓展。新的《备忘录》中，双方确定高端装备制造业、物联网和新一代信息技术、生物医药、新材料、新能源、创意产业、低碳节能环保和金融服务业等为重点合作领域。双方还制定了《2011年—2013年经济合作行动方案》。

【省经信委民爆行业考察团访问南非、瑞士和阿联酋】 2011年10月12日至23日，由省经信委副厅级纪检员邢宝忠任团长的浙江民爆行业考察团赴南非、瑞士和阿联酋，考察各国民爆器材行业法律、法规体系建设情况，行业监管运行模式，了解前沿工艺和技术，以及行业安全、健康和环境管理理念，并走访了有关企业和科研单位，寻求合作机会。

【美国特拉华州州务卿访问浙江】 2011年10月23日至26日，美国特拉华州州务卿杰弗里·布洛克一行来杭参加第2届"中国·浙江成长型企业投融资大会"，并进行访问交流。

【省经信委组团赴意大利进行产业集群培训】 2011年11月21日至12月12日，省经信委组织部分省级产业集群示范区所在地经信委(局)有关负责人一行14人赴意大利进行产业集群培训。

培训团听取了佛罗伦萨大学、比萨大学等高校专家关于意大利产业集群发展情况、中小企业发展、新兴产业及高技术产业发展等方面的讲座或报告，走访了比亚乔摩托车制造、特伦托葡萄酒合作社等企业，学习了意大利产业集群的发展历史、现状、特点以及政府在培育发展产业集群战略、规划、政策方面的经验。

【省经信委无线电管理局组团访问澳大利亚、新西兰】 2011年11月24日至12月3日，省经信委无线电管理局副局长邹武祥率团对澳大利亚和新西兰进行工作考察。考察团就两国无线电频谱管理部门的主要工作情况以及新一代移动通信网络频谱规划、技术标准、频谱管理政策法规等问题，同悉尼科技大学、奥克兰大学有关专家进行了交流。

【肯尼亚出口促进委员会代表团访问省经信委】 2011年12月1日，肯尼亚出口促进委员会主席彼得·聂鲁·尼得维加率团访问省经信委，省经信委副主任吴家曦会见代表团。彼得介绍了肯尼亚的经济发展情况和今后几年重点发展的产业。双方都希望加强沟通和交流，在纺织业、互联网和信息服务、旅游业等领域进一步开展合作。

(胡滕梦　岑利明)

省教育厅

【涉外工作概况】 2011年，浙江省教育厅(简称"省教育厅")接待外宾16余批160余人次。完成厅机关计划内因公出国团组14批30人次，另外赴澳门1批1人次、赴香港2批2人次。帮助直属单位完成17批37人次出国(境)访问的申报工作。

全省高校共招收外国留学生13004人，占全日制在校生总数的1.35%，比上年增长23%。其中长期生9967人、学历生4113人。全省共有68人参加国家留学基金出国留学项目，其中国家公派研究生项目7人、博士后项目4人、高级研究学者2人、访问学者55人。

2011年，全省有中外合作办学机构9家、项目99个，共招收新生11262人。

【《浙江省高等教育国际化发展规划》颁布】 2011年1月10日，省教育厅正式印发《浙江省高等教育国际化发展规划(2010—2020年)》。《规划》全面分析了全省高等教育国际化发展现状，明确了今后十年全省高等教育国际化发展的指导思想及目标任务。这是全国第一个正式出台的教育国际化专项规划。

【全省高等教育国际化工作会议】 2011年2月28日在杭州召开，全省高校党委书记、校长参加。这是浙江省历史上第一次召开高等教育国际化专题会议。省教育厅厅长刘希平出席会议并作动员讲话。会议任务是全面部署、落实《浙江省高等教育国际化发展规划》。

【启动《留学浙江行动计划》】 2011年3月25日，省教育厅印发《留学浙江行动计划》。该《计划》明确了全省外国来华留学生教育管理工作在今后一段时期的工作目标、工作重点和工作思路等。为实施该《计划》，经省教育厅推荐，教育部评审，新增浙江科技学院、温州医学院为具有中国政府奖学金来华留学生院校招生资格的院校。此外，杭州市、宁波市、义乌市设立了外国留学生奖学金。至此，浙江省已初步构建起中国政府、浙江省政府、市县政府、高校等以政府为主导的多渠道的来华留学生奖学金体系。

·相关链接·

《留学浙江行动计划》

根据《留学浙江行动计划》，浙江省将建设成为国内来华留学生规模和层次增长最快的地区之一。到2020年，全年留学生人数占全省高校在校生总数的比例达到4%以上，其中学历留学生超过50%，研究生层次的留学生占10%以上。浙江省政府奖学金留学生达到3000人。来浙留学生源国别和层次类别实现均衡、多元。培养一批来华留学教育的高水平师资，形成一批国际化专业和特色课程群，建立有浙江特色的来华留学工作体系，扶持若干所高校成为全国来华留学教育示范基地。

【苏格兰校长代表团访问浙江】 2011年4月10日至13日，苏格兰校长代表团访问浙江。代表团此行旨在为浙江省与苏格兰中小学搭建交流平台，推动双方在基础教育领域的合作。代表团参观了杭州外国语学校、杭州绿城育华学校、杭州胜利小学等。苏格兰校长们深入课堂，了解中小学开展教育教学、课程设置、教师培训等方面的情况，与教师、学生亲切交谈，并与相关学校就合作事宜进行了座谈。

12日，代表团拜访省教育厅，参加了苏格兰—浙江中小学校长教育结对交流会，与浙江省66所中小学校长进行了结对座谈，并与约40所学校初步确定合作意向。

【美国教育厅长代表团访问浙江】 2011年5月3日至5日，美国教育厅长代表团访问杭州外国语学校和胜利小学，并与省教育厅领导就现代教育理念、教育行政部门工作职责、现代教育技术的推广和应用、高等职业教育、教师队伍建设、高考制度改革和学生创造力的培养等话题进行了互动交流。

【外籍专家送教下乡】 2011年5月6日至7日、8月24日至27日、12月9日至11日，省教育厅先后3次组织14位外籍教师深入天台、嵊泗、景宁、遂昌、松阳等5个山区、海岛县，为当地600余名教师进行英语教学培训。

“外籍专家送教下乡”是省教育厅开展的特色活动之一。

【举办“悦读浙江”外国留学生读书活动】 2011年5月，省新闻办、省教育厅、省出版联合集团启动实施“悦读浙江”外国留学生读书活动。主办单位在全省外国留学生较为集中的21所高校设立了图书专柜，向外国留学生免费提供、赠阅20多万册浙版中外文图书和期刊，并组织外国留学生开展读书征文比赛。此次读书活动共收到参赛作品170多篇，经评选，浙江大学林正涵(意大利)的《西塘一走》、温州医学院库史(印度)的《一个走得再远也无法忘怀的地方》、浙江师范大学裴辉强(越南)的《子夜列车的思念》等3篇作品获得一等奖，另有35篇作品分别获得二、三等奖和优秀奖。

【“千校结好”行动计划开始实施】 2011年7月4日，省教育厅会同省外办组织召开全省“千校结好”工作会议。会议回顾总结了

“千校结好”前一阶段工作，部署了下一阶段工作。省外办主任阮忠训、省教育厅副厅长蒋胜祥出席会议并讲话。省外办、省教育厅及各市外办、教育局相关人员参加会议。

为加快实施“千校结好”行动计划，省教育厅、省外办专门成立了“千校结好”行动计划实施协调小组，并按照全省3年结对1000所的目标下达了各地“千校结好”的任务指标。省教育厅与省外办配合，组织省内部分中小学校长主动到浙江省的友好省州(道)和香港开展结好活动，2011年全省结对境外学校306所。

2010年下半年，省外办、省教育厅酝酿开展“千校结好”行动计划，计划用2～3年，在全省推选1000所中小学与国(境)外学校结好。

【香港办学团体和教育社团访问团访问浙江】 2011年7月24日至29日，香港办学团体和教育社团浙江访问团来浙江省交流访问。访问团成员与浙江省中小学校长、幼儿园园长就道德教育及其课程设置、教学实践等问题进行了交流，参观了杭州的阿里巴巴集团和中南动漫制作中心、青少年发展中心等。

【英国中小学校长代表团访问浙江】 2011年10月18日至22日，英国中小学校长代表团访问湖州市。英国盖茨海德地区的教育署官员和9所中小学校长分赴湖州中学、湖州二中、月河小学、练市小学、长兴实验小学等9所结对学校，了解中国的教育制度，体验校园文化，参与课堂活动，并与当地学校进行了广泛深入的交流。湖州市教育局与英国盖茨海德地区教育署、中英各结对学校分别签署合作备忘录。

【“走进浙江”首届全国外国留学生才艺展演暨第5届“梦行浙江”活动】 2011年11月22日，由教育部国际合作与交流司、省教育厅、省新闻办、省广电集团、省出版联合集团等共同组织的“走进浙江”——首届全国外国留学生才艺展演暨第5届“梦行浙江”文艺晚会在杭州师范大学举行。来自全国18所高校的约170名外国留学生参加了文艺表演。晚会上，还进行了“悦读浙江”外国留学生读书征文比赛颁奖仪式。

教育部副部长郝平、副省长郑继伟、省教育厅厅长刘希平等出席晚会。

【浙江省两所孔子学院获“先进孔子学院”称号】 2011年12月12日，全国第6届孔子学院大会在北京召开。浙江师范大学承办的喀麦隆雅温得第二大学孔子学院和浙江科技学院承办的罗马尼亚克鲁日大学孔子学院获得2011年度“先进孔子学院”称号。

【浙江省高校优秀中青年骨干教师出国研修项目】 2011年，省教育厅继续向国家留学基金管理委员会争取支持，将原来的选派规模扩大25%。经省里初评、联合评审，最终116人获该项目公派出国留学资格，资助经费总额1590万元。

【中外合作办学取得新进展】 2011年，经省政府批准，浙江省新设立两所非独立设置的中外合作办学机构——浙江越秀外国语学院印第安纳波利斯大学国际学院和宁波城市职业技术学院中澳合作技术与继续教育学院。教育部正式批准筹建独立设置的中外合作办学机构——温州肯恩大学。浙江省已获教育部批准备案的中外合作办学项目，包括本科层次3项、专科层次3项、高中层次2项。

【加快汉语国际推广步伐】 2011年，浙江科技学院、浙江师范大学、浙江传媒学院分别在德国、莫桑比克、英国等国家成功申办新的孔子学院。至此，浙江省已有9所高校在11个国家举办14所孔子学院。

此外，2010年12月、2011年1月，杭州外国语学校与台州回浦教育集团先后获国家汉语国际推广领导小组办公室批准，分别与美国钻石谷学校和沙格林学校共同建立了孔子课堂，主要招收当地学生，传授中国文化等。

（钱晓晴）

省科技厅

【涉外工作概况】 2011年，浙江省科学技术厅(简称“省科技厅”)组织19批36人次赴国(境)外进行业务考察、培训、展览，与国外科研机构、大学以及企业开展科技合作；组织实施国际科技合作项目54项；接待国外专家学者、友好人士、驻华使领馆和政府官员20多批100余人次；举行科技论坛、研讨会、项目对接会、展览会10余场；组织全省科技外事管理干部进行培训，100多名科技外事管理人员参加学习。

【弗劳恩霍夫建筑创新中国研讨会】 2011年3月18日在浙江大学举行，由省科技厅、德国弗劳恩霍夫应用研究促进协会和德中生态商务平台共同举办。浙江省内知名房产开发商、建筑设计院、工程公司、建筑节能相关产品制造企业、高校、研究院所和中介机构代表共130余人参加研讨会。

德国弗劳恩霍夫应用研究促进协会建筑物理研究所、太阳能系统研究所和德国建筑创新联盟的6位专家分别作专题报告，介绍德国建筑节能领域最新技术。中外专家围绕建筑物保温、建筑外墙系统集成、太阳能制冷、建筑节能模拟与监控等进行了互动讨论。

【2011智慧浙江技术论坛】 2011年3月21日在杭州举行，由省科技厅主办，浙江大学、浙大网新和IBM公司协办。省科技厅副厅长蔡秀军主持会议，副省长毛光烈出席论坛并讲话。IBM公司全球副总裁、新兴市场总经理李博诺和浙江大学副校长吴朝晖致辞。IBM公司专家就云技术、物联网、聚光光伏、海水淡化等领域的最新研究进展情况作专题报告。省级有关部门负责人、有关地市负责人、部分在杭高校师生等共120余人参加论坛。

论坛期间，浙江大学、浙大网新、IBM公司三方签署共建“浙江省绿色智慧城市联合研发中心”合作备忘录。舟山市人民政府、IBM公司、浙大网新三方签署开展科技合作谅解备忘录。

论坛开始前，省长吕祖善和省政府秘书长张鸿铭分别会见IBM公司全球高级副总裁罗睿兰一行和IBM公司大中华区董事长钱大群一行。省科技厅厅长蒋泰维、副厅长蔡秀军分别参加会见。

【第24届中国(浙江)国际科研医疗仪器设备技术交流展览会】 2011年3月23日至26日在杭州举行，由省科技厅、省卫生厅主办。来自美国、英国、德国、法国、丹麦、意大利、日本、澳大利亚、新西兰、俄罗斯、巴西、韩国、以色列、新加坡和中国香港等20多个国家和地区，以及中国内地的250余家知名厂商或代理商参展，展出国际最先进的科研和医疗仪器设备，推介最新科研成果。共有10000多名专业人员前来参观、交流、洽谈，总成交额4.3亿元人民币。

【浙江加州国际纳米院美方理事长访问省科技厅】 2011年3月29日，省科技厅厅长蒋泰维会见来访的浙江加州国际纳米技术研究院(简称“纳米院”)美方理事长罗依·杜曼尼和美方副院长周亚夫，对美方长期以来为纳米院的建设和发展所作出的贡献表示感谢。双方围绕加快纳米院发展、促进中美纳米技术合作与交流等问题进行了讨论。

纳米院常务副院长杨辉等参加会见。

【中美网络知识产权保护交流会】 2011年3月30日在杭州举行，由省知识产权局和美国专利商标局共同举办。省知识产权局，浙江省法院、检察院、司法系统，高校及网络交易平台相关人员，美国联邦法院法官辛普森，美驻华使馆高级知识产权专员、专利商标局律师，美国驻沪使馆经济领事和知识产权律师参加交流会。

会上，省知识产权局副局长吴坚、省法院等单位负责人分别介绍了浙江省保护专利权专项行动和浙江省网络知识产权刑事、民事保护情况。辛普森介绍了美国联邦法院审理网络著作权侵权相关情况。与会人员围绕网络知识产权保护的难点、热点问题进行了交流。

【俄罗斯纳米技术股份公司代表团访问浙江】 2011年4月11日至12日，俄罗斯纳米技术股份公司科技鉴定部主任谢尔盖一行访问浙江。省科技厅副厅长寿剑刚会见并宴请俄方客人。谢尔盖一行此次来访，旨在落实中国科技部与俄罗斯国家纳米技术股份公司达成的关于建立中俄纳米技术战略合作联盟协议的任务，推动俄罗斯与浙江省在纳米技术领域的合作。

11日，代表团与浙江省纳米技术领域专家和相关企业代表在浙江加州纳米技术研究院举办项目推介会和交流会。俄方代表介绍了俄罗斯纳米技术股份公司概况。浙江大学、浙江科技学院、温州大学、中国计量学院等高校与会专家和省内从事纳米相关行业的企业代表共20人参加会议，与俄方进行项目洽谈。通过交流，双方提出了投资领域和合作方式的初步建议。

会后，代表团成员赴浙江正泰太阳能科技有限公司、中国计量学院和浙江节能实业发展有限公司绿色节能示范楼等进行了实地考察。

【日本贸易振兴机构上海代表处派员访问浙江】 2011年4月13日，省知识产权局副局长吴坚会见来访的日本贸易振兴机构上海代表处部长宫原一行，向他们介绍了浙江省打击侵犯知识产权和制售假冒伪劣商品专项行动的情况，以及浙江省开展保护专利权专项行动的情况。双方就知识产权保护合作与交流等问题进行了座谈交流。

【以色列海法大学校长访问省科技厅】 2011年4月25日，省科技厅厅长蒋泰维、副厅长蔡秀军、纪检组长徐鸣华会见并宴请来访的以色列海法大学校长法拉吉一行。厅领导向客人介绍了浙江省经济、社会和科技发展情况，希望能与以方进一步开展科技合作和交流。

临安市代表参加会见，并介绍了青山湖科技城的规划和建设情况，以色列土萨投资公司代表介绍了该公司与浙江省科技厅、临安市合作共建的“以色列科技产业园”初步规划方案。

法拉吉对与浙江开展科技合作十分感兴趣，希望双方加强交往，在相互了解的基础上，进一步明确合作领域和合作方式。

【省科技厅与美国思科公司签署战略合作备忘录】 2011年4月26日，双方在杭州举行签字仪式。省科技厅厅长蒋泰维出席签字仪式并致辞，副厅长蔡秀军代表省科技厅签字。双方拟在青山湖科技城的智能化设计及建设、浙江省互联网研发、智能交通、企业信息化、信息技术人才培养等方面进行深入的合作。签字仪式上，举办了智能互联城市技术交流会。美国思科公司的专家就智能互联城市技术的最新研究进展作专题报告。临安市政府、青山湖科技城管委会、浙江省计算技术研究所、中国电子科技集团52所、浙大网新、中控科技集团有限公司等相关部门、企业负责人参加签字仪式和交流会。

【中美知识产权研讨会】 2011年4月29日在杭州举行，由省知识产权局主办。省知识产权局副局长吴坚出席会议并致辞，美国知识产权法律协会主席大卫·希尔等作主题报告，主要探讨美国337条款、美国商业秘密保护等问题，并结合具体案例，讲解在美国如何应对知识产权诉讼等。浙江省11个地级市、义乌市及部分县(市、区)科技局、知识产权局相关管理人员，企业知识产权管理人员，中介服务机构人员等近60人参加研讨会。参会人员结合实际工作，与美国专家进行了互动交流。

【中德科技合作与学术交流研讨会】 2011年5月5日在浙江大学举行，由省科技厅、德国驻华使馆、德意志学术交流中心、中德科学中心、德国弗劳恩霍夫应用促进协会和德国亥姆霍兹联合会共同举办。省内高校、科研院所和企业代表共140余人参加会议。

德国驻华使馆科技参赞韩明德出席会议，并介绍了德国科研及德中科技合作情况。德国4家知名科研机构的驻华代表分别介绍了各自机构概况以及中国学者申请科研项目、奖学金的途径及方式。中德双方代表就生物能源、太阳能、机械装备业等领域的科研合作进行了互动讨论。

会前，省科技厅副厅长王宏理会见并宴请德方代表。

【丹麦西兰岛大区专家代表团访问省科技厅】 2011年5月30日，省科技厅副厅长蔡秀军会见来访的丹麦西兰岛大区政府发展与国际关系首席顾问克里斯蒂安·普利姆戴尔率领的专家代表团一行。蔡秀军向客人介绍了浙江科技发展概况。代表团成员、丹麦瑞索实验室高级顾问严斯·里诺夫介绍了瑞索实验室的有关情况。双方就开展国际科技合作，主要是深化与瑞索实验室的合作交换了意见。双方认为，今后要创造更多机会，加强彼此间的合作与交流。瑞索实验室在风能等方面的研究居世界领先地位。

浙江运达风电股份有限公司和省气候中心负责人参加会见，并分别介绍了与丹麦开展科技合作的情况以及未来合作设想。

【美国驻沪经济领事拜会省知识产权局】 2011年6月13日，省知识产权局副局长吴坚会见来访的美国驻沪经济领事黎健恒一行，向他们介绍了浙江省打击侵犯知识产权和制售假冒伪劣商品专项行动等情况。双方就知识产权保护等进行了座谈交流。

【"巨化中俄氟化工联合研发中心"成立】 2011年6月18日，"巨化中俄氟化工联合研发中心"（简称"研发中心"）在杭州揭牌。科技部国际合作司副司长马林英、省科技厅副厅长丁康生、巨化集团公司董事长杜世源、俄罗斯应用化学科学中心总经理沙巴瓦洛夫参加揭牌仪式并讲话。衢州市副市长罗卫红、临安市有关领导参加揭牌仪式。

研发中心以中国、俄罗斯和国际市场需求为导向，联合开展含氟精细化学品、含氟高分子材料、消耗臭氧层物质替代品，特别是与新能源、新环保相关的含氟高新技术的科研开发工作，着力加速科研成果的产业化。研发中心还将入驻青山湖科技城，充分利用科创基地创新资源集聚优势，推进高新技术及其产品的科研开发和中试转化。

揭牌仪式上，巨化集团公司与俄罗斯应用化学科学中心签署2项氟化工合作开发项目协议书。

【省科技厅与美国佐治亚州立大学签署合作备忘录】 2011年6月20日，省科技厅副厅长蔡秀军会见来访的美国佐治亚州立大学校长马奕良一行，向客人介绍了浙江科技发展概况及省科创基地（青山湖科技城）建设情况，表示欢迎佐治亚州立大学来浙江建立相关研发机构，或设立合作教育机构。马奕良表示，非常有兴趣与浙江开展科技教育等方面的交流和合作，并将积极推动研究成果在浙江的转化和产业化。

会见后，蔡秀军和马奕良分别代表省科技厅和佐治亚州立大学签署合作备忘录。

省对外科技交流中心负责人参加会见，并就开展科技管理人才培训及科技企业管理者培训与美方进行了探讨。

【2011日本专家浙江行中小企业现场管理与经营诊断活动】 2011年7月5日至7日举行，由省科技厅主办，省对外科技交流中心承办。活动内容由专题研讨会和企业现场诊断两部分组成。

日本枥木县技术士会的制造业管理专家营井俊郎、平间升在研讨会上作主题报告，介绍了企业经营诊断和改善实践、5S推进方式等。省内制造业企业80多名代表参加研讨会。

日本专家和浙江省40多位企业代表考察了浙江天瑞汽车零部件有限公司、浙江索拉贝特能源科技有限公司和嘉兴市四通车轮制造有限公司。日本专家当场指出了各公司生产管理现场存在的问题，并提出了改善方案，受到企业的欢迎。

【成立中意纺织服装联合研究中心协调会】 2011年7月12日，科技部国际合作司在温州召开成立中意纺织服装联合研究中心协调会。国际合作司副司长陈霖豪，省科技厅、上海市科委、温州市政府、温州市科技局、温州市服装发展公司、浙江理工大学、浙江现代纺织工业研究院、东华大学、绍兴高新区管委会、省对外科技交流中心等相关单位30余人出席会议。

建设中意纺织服装联合研究中心是科技部与意大利托斯卡纳大区政府商定的一项合作任务，并列入浙江省与科技部部省会商议题。省科技厅为该项目主要承担单位。

会上，省科技厅国际合作处代表汇报了项目前期工作进展情况和下一步工作建议，牵头单位温州服装发展公司提出了中意纺织服装联合研究中心建设初步方案。共建单位浙江理工大学、浙江现代纺织工业研究院和东华大学等相关负责人分别就开展中心建设任务发表意见。他们表示，将通过产学研结合，发挥各方特长，尽快与外方沟通确定合作主题，早日启动中心的建设工作。

【中美知识产权保护制度研讨会】 2011年7月27日在杭州召开，由省知识产权局和美国专利商标局主办，中国计量学院承办。省知识产权局副局长吴坚、中国知识产权研究会副秘书长马秀山、中国计量学院校长林建忠，美国专利商标局副局长特里萨·瑞亚出席会议并致辞。省人民检察院、省高级人民法院、省商务厅、省工商局和浙江各地知识产权管理部门及高校、科研院所、企业、律师事务所等200余人参加研讨会。

吴坚介绍了中国知识产权法律法规体系和浙江省保护专利权专项行动的有关情况。他指出，通过几年的努力，浙江省保护知识产权的力度不断加大，执法水平不断提高，创新、创业的社会环境和氛围得到明显改善。

特里萨·瑞亚介绍了美国专利制度改革的背景和最新进展，并对新修改的美国专利法涉及的主要内容及其对专利申请的影响作了讲解。美国驻广州总领事馆知识产权专员王伟柏、中国计量学院知识产权学院副院长陶丽琴分别就美国商标保护制度和中国知识产权人才培养作主题演讲。

◎中美知识产权保护制度研讨会在杭州召开

【法国驻华使馆知识产权协调员访问浙江】 2011年8月22日，法国驻华使馆知识产权协调员、法国工业产权局驻华联络员吴天南来浙江访问，了解浙江省知识产权保护工作情况。省知识产权局副局长吴坚、省工商局副局长张雪林会见吴天南。吴坚介绍了浙江省专利权保护和专利工作情况，张雪林介绍了浙江省保护商标权的现状和采取的措施。双方就专利资助、驰名商标和著名商标保护、法国知识产权保护机制等内容进行了交流。

吴天南赴温州考察了温州市知识产权服务园和德力西电器有限公司，与知识产权服务园内企业就园区合作培训等问题进行座谈，与德力西公司就企业知识产权保护问题进行了探讨。

【第3届中国浙江—加拿大艾伯塔生命科学国际论坛】 2011年9月20日至21日在杭州举行，由省科技厅、省卫生厅和艾伯塔省卫生部首席公共卫生官办公室共同主办。论坛的主题是食品安全和环境污染的科学风险评估与管理。加拿大和浙江等省的卫生行政、疾控部门，以及有关大学、科研院所等机构的200余位代表参加论坛。

论坛开幕式由省卫生厅副厅长马伟杭主持，省科技厅副厅长蔡秀军讲话。省卫生厅厅长杨敬、国务院发展研究中心国际合作局局长孙兰兰和艾伯塔省卫生部首席公共卫生官安吉·科若佛等出席开幕式。

论坛邀请食品安全、人群健康风险评估和管理方面的国内外14位专家作了17场专题报告。

【新西兰驻沪总领事拜访省科技厅】 2011年9月29日，新西兰驻沪总领事隋新、新西兰驻华使馆教育参赞葛佑兰等拜访省科技厅。省科技厅副厅长蔡秀军会见隋新一行，向客人介绍了浙江省经济、社会、科技发展情况和“十二五”科技发展规划，重点介绍了青山湖科技城及浙江海洋科技发展情况。他希望双方在多个领域开展科技合作，进一步加强交流，开拓新的合作空间。隋新和葛佑兰表示，将积极支持、全力推进新西兰与浙江的科技合作。通过座谈交流，双方一致认为，可将水资源保护、食品安全、海洋科技、农业等领域作为今后的合作重点。

省科技厅国际合作处、浙江省对外科技交流中心负责人等参加会见。

【芬兰国家技术创新局上海办事处主任访问省科技厅】 2011年10月24日，芬兰国家技术创新局上海办事处主任兼芬兰驻沪总领馆科技领事贺亚盟一行访问省科技厅。双方认为，今后要进一步深化在科技领域的合作，实现互利共赢。

【白俄罗斯科技代表团访问省科技厅】 2011年11月9日，省科技厅厅长蒋泰维会见前来参加“2011中国浙江网上技术市场活动周中意区域创新暨国际技术项目展示对接会”的白俄罗斯科技代表团，并与白俄罗斯国家科学院副院长亚历山大·利莫维奇、白俄罗斯国立大学科技副校长伊瓦什科维奇·奥列格和该校国际事务顾问兼对华科学技术合作委员会秘书长维亚切斯拉夫·列昂诺夫进行了会谈。蒋泰维向客人介绍了浙江省近年来科技、经济发展情况及“十二五”科技发展重点领域。蒋泰维建议，双方可通过建立联合研发中心、开展科技人员互派交流、进行科技成果转让等多种形式加强交流，进一步深化合作。

【美国佐治亚州立大学副校长访问浙江】 2011年11月10日，省科技厅厅长蒋泰维会见来杭参加“2011中国浙江网上技术市场活动周中意区域创新暨国际技术项目展示对接会”的美国佐治亚州立大学副校长维海梅尔一行。蒋泰维感谢他们携带诸多科研成果专程前来参加对接会，希望佐治亚州立大学能与浙江省的科研机构和企业在草莓、杨梅等水果的保鲜方面开展实质性合作。维海梅尔表示，要与浙江进一步加强交流，开展科技合作，开拓新的合作空间。

省知识产权局局长洪积庆、浙江加州国际纳米技术研究院副院长吴兰参加会见。

【2011中国浙江网上技术市场活动周中意区域创新暨国际技术项目展示对接会】 2011年11月10日至11日在杭州举行。副省长毛光烈出席开幕式并参观了对接会现场。省科技厅厅长蒋泰维在开幕式上致辞。这是浙江省第十次举办中国浙江网上技术市场活动周，本次活动主题为“支撑发展、服务转型、合作共赢”。

中意区域创新暨国际技术项目展示对接会分“中意创新技术展”和“国际创新技术展”两部分。在“中意创新技术展”中，意大利艾米利亚—罗马涅、托斯卡纳和普利亚三个大区的有关企业和大学共31家机构携48项科技项目参展，内容涉及再生能源、先进制造、新材料和环保等领域；在“国际创新技术展”中，美国、德国、英国、日本、以色列、俄罗斯、白俄罗斯、乌克兰、荷兰等9个国家的14家大学、知名研发机构、科技中介机构和相关企业携120项科技项目参展。

浙江省各市、县(市、区)科技局有关处室负责人，相关高校、科研院所和企业负责人参加了项目展示对接会。

【东盟八国知识产权官员访问浙江】 2011年11月22日，马来西亚、新加坡、老挝等东盟八国知识产权官员访问省知识产权局，副局长吴坚会见来宾，向他们介绍了浙江省知识产权保护工作情况。马来西亚、新加坡等国官员介绍了各自国家知识产权保护情况，代表团成员对浙江省知识产权保护所取得的成绩表示赞赏。

【2011海外清华学子浙江行】 2011年12月21日在杭州正式启动。省委书记、省人大常委会主任赵洪祝，省委副书记、代省长夏宝龙，清华大学党委书记胡和平在启动仪式上讲话。省领导黄坤明、毛光烈，清华大学副校长程建平等出席仪式。省委常委、组织部长蔡奇主持仪式。浙江清华长三角研究院负责人和海外学子参加启动仪式。

本次活动邀请到美国、加拿大、日本、瑞典、英国等地以清华大学校友为主的海外高层次人才参加，其专业主要集中在信息技术、生物医药、高端装备制造、节能环保、新能源、新材料等高科技领域。

赵洪祝代表省委、省政府对各位海外学子的到来表示欢迎。他说，浙江是一片创业创新的沃土，是海外学子回国创业发展的理想之地。当前，浙江要在推进“三大国家战略”、“四大建设”等方面取得新突破，尤其需要各类人才特别是海外高层次人才来浙创业创新发展，构筑强大的人才保障和智力支撑。希望各位学子抓住国内发展的大好时机，特别是浙江未来发展的美好前景，让智慧汗水在浙江挥洒、成功事业在浙江开创、报国抱负在浙江实现。

夏宝龙表示，衷心希望通过这次活动，能让大家进一步认识浙江、关注浙江、喜爱浙江、结缘浙江，有更多的海外学子来浙江干一番事业、创一片天地，共建浙江美好未来。

省科技厅厅长蒋泰维介绍了“海外清华学子浙江行”活动情况。2011年是浙江省和清华大学第三次举办“海外清华学子浙江行”活动。在前两次活动中，共有140余位海外学子到浙江考察，促成了50多人回国创新创业，其中30多人落户浙江。

启动仪式上，还举行了人才和项目引进签约仪式。

【美国工程院院士访问浙江】 2011年12月26日，省科技厅厅长蒋泰维会见美国国家工程院院士、浮海风电公司董事长鲍亦和一行。蒋泰维对鲍亦和携带科研成果专程来浙江洽谈交流表示欢迎，并介绍了浙江科技情况。蒋泰维认为，鲍亦和博士带来的风电技术非常实用，他希望鲍亦和博士与浙江省内的大学、科研机构和企业积极开展合作，进一步研究并细化项目可行性方案和产业化投资方案。省风电产业技术创新战略联盟主要成员单位负责人与鲍亦和就有关风电项目进行了交流座谈。

省科技厅副厅长丁康生及有关处室人员，省侨办副巡视员李培培参加会见和座谈。

（张　健）

省高级人民法院

【外事工作概况】 2011年，浙江省高级人民法院（简称“省法院”）组织全省法院出访团组6批70人次，参加“双跨”团组出访4人次，赴美国、巴西、阿根廷、瑞典、瑞士、土耳其、英国、意大利、韩国和澳大利亚等国家考察、培训。办理涉外送达案件403件。

【省法院法官应邀参加美国国际访问者项目】 应美国国务院的邀请，2011年3月4日，省法院民三庭法官高毅龙赴美国参加美国国际访问者项目。其间，高毅龙访问了美国总统贸易代表办公室、国际知识产权联盟、美国唱片行业协会、美国商务部专利与商标局、美国国土安全局、美国司法部和美国国务院，并就知识产权国际保护方面的有关问题与美方交换了意见。

【境内外媒体和外国驻华机构代

表列席知识产权审判工作会议】 2011年4月14日，省法院第三次邀请境内外媒体和外国驻华机构代表列席浙江法院知识产权审判工作会议暨知识产权审判新闻发布会。美国驻沪总领事馆、中国欧盟商会、日本贸易振兴机构等3家外国政府和国际组织驻华机构代表，与来自《人民日报》、日本读卖电视台、日本《化学工业日报》、香港《文汇报》等41家境内外新闻媒体记者应邀列席浙江法院知识产权审判工作会议。会前，与会者旁听了法国轩尼诗公司与顾玉辉等侵犯商标专用权及不正当竞争纠纷案的二审公开宣判。在新闻发布会上，省法院公布了2010年度浙江法院10个知识产权典型案例，并就浙商企业如何在国外应对知识产权诉讼、网吧和网站经营者如何避免侵犯他人著作权等热点问题回答了记者的提问。

【省法院院长赴老挝等国考察】 2011年4月16日至27日，省法院院长齐奇参加由最高人民法院院长王胜俊为团长的最高法院法官代表团赴老挝、泰国和越南，进行以“让司法贴近民众，让民众接近司法”为主题的司法考察。

【浙江法官代表团赴意大利、英国考察】 2011年6月8日至17日，省法院党组成员、纪检组长蒋永志率浙江法官代表团赴意大利和英国进行以“审判监督与管理”为主题的司法考察。代表团访问了意大利威尼斯上诉法院、博洛尼亚上诉法院，英国爱丁堡郡和爱丁堡地方法院。

【浙江法官代表团赴瑞士、瑞典和土耳其考察】 2011年6月20日至7月1日，省法院审判委员会专职委员宓晓平率浙江法官代表团赴瑞士、瑞典和土耳其考察。代表团先后参观了瑞士洛桑地区法院、瑞典斯德哥尔摩上诉法院和土耳其安卡拉高等法院以及瑞典维格律师事务所，分别旁听了瑞士洛桑地区法院、安卡拉高等法院的两起刑事案件的庭审过程，并对三国的司法体制、法官的选任、培养和管理模式、法院在国家经济发展中尤其是世界金融危机时期的能动作用以及司法改革等问题进行了考察了解。

【浙江法官代表团赴澳大利亚培训】 2011年6月26日至7月16日，省法院执行局副局长、执行综合处处长聂纵率浙江法官代表团赴澳大利亚皇家墨尔本理工大学，就“诉讼模式与案件管理”主题进行司法培训。其间，培训团访问了新南威尔士州高等法院、司法委员会以及昆士兰科技大学，就司法体系、法官制度、司法理念、庭审情况等与新南威尔士州高等法院的法官等进行了交流，旁听了庭审，并参加了当地的模拟法庭。

【浙江法官代表团赴巴西、阿根廷考察】 2011年9月20日至29日，省法院党组成员、政治部主任华关祥率浙江法官代表团赴巴西、阿根廷进行以“便民诉讼机制”为主题的考察交流。代表团参观了巴西圣保罗市胡亦巴博萨劳工及犯罪法院，旁听了该院的一起刑事案件庭审，与该院院长、法官代表进行了座谈；参观了阿根廷布宜诺斯艾利斯市阿维辖内达法院，与该院院长、法官代表及阿维辖内达检察院检察长、检察官代表等进行了座谈。

【浙江法官代表团赴美国培训】 2011年10月23日至11月12日，省法院立案二庭庭长张勤率浙江法官代表团就“审判质量与效率评估”主题赴美国加州州立大学波莫纳分校培训。培训团先后访问了加利福尼亚州波莫纳郡高级（初审）法院、洛杉矶高等法院、洛杉矶律师公会、华盛顿高等法院、华盛顿大学、新泽西州法院、哥伦比亚联邦地区法院以及加州芝诺男子监狱，并旁听了案件的庭审。

【省法院庭长参加联合国国际贸易法律委员会会议】 2011年10月30日至11月6日，省法院民二庭庭长章恒筑随商务部一行3人，赴奥地利参加联合国国际贸易法律委员会破产法工作组第40届会议，结合中国的破产立法实践阐述了中方立场，介绍了中国破产法律规定和中国法院在破产案件审理中的做法。

【浙江法官代表团赴韩国培训】2011年11月13日至12月3日，省法院执行局副局长、执行庭庭长傅松苗率浙江法官代表团赴韩国进行以“民事审判机制”为主题的培训。培训团访问了韩国大法院、韩国司法研修院、釜山地方法院以及大检察厅、警察厅和律师事务所等与司法审判相关的部门。

【全国法院外事工作座谈会】2011年11月16日至18日会在杭州召开。最高人民法院党组副书记、常务副院长沈德咏出席会议并讲话。省委副书记、政法委书记李强和省法院院长齐奇分别在大会开幕式上致辞。省法院在会上作经验交流。来自全国各高级人民法院分管外事工作的副院长、外事办公室主任暨负责司法协助工作的人员及15个副省级城市中级人民法院分管外事工作的副院长和最高人民法院相关部门负责人共130余人参加会议。

（徐亦男）

省检察院

【涉外工作概况】2011年，浙江省人民检察院（简称“省检察院”）组织检察代表团6批47人次，分别赴澳大利亚、新西兰，新加坡、南非、巴西、阿根廷、瑞典、丹麦、日本、韩国进行考察和培训；接待来访3批33人次；派出2人次分别参加省有关部门组团赴美国、加拿大、法国、意大利和罗马尼亚考察，3人次参加最高人民检察院组团赴美国、德国培训。

年内，接受最高人民检察院交办，省检察院办理国际司法协助案件2件，办理香港特别行政区廉政公署个案协查案件1件，办理澳门特别行政区廉政公署个案协查案件1件。

应美国、加拿大、印度、伊朗等国驻上海领馆和印尼驻华大使馆的要求，2011年省检察院安排领事探视被羁押的外籍犯罪嫌疑人9人次，指导有关市检察院对3件涉外刑事犯罪案件的处理。

【浙江省检察代表团访问澳大利亚、新西兰】2011年1月17日至26日，省检察院副检察长刘晓刚率浙江省检察代表团对澳大利亚、新西兰进行访问考察。代表团访问了澳大利亚新南威尔士州检察总署、新西兰惠灵顿市政府和新西兰总检察院，考察了澳大利亚、新西兰两国法律制度、检察体制和职能，双方就反腐败、打击刑事犯罪以及刑罚执行工作等进行了交流。

【浙江省检察代表团访问新加坡、南非】2011年6月7日至16日，省检察院检察长陈云龙率浙江省检察代表团对新加坡、南非进行访问考察。代表团访问了新加坡检察总署、南非司法和宪法发展部，考察了两国的法律制度、检察体制，双方就打击贪污犯罪的立法与实践等主题进行了座谈交流。

【浙江省检察代表团赴澳大利亚培训】2011年6月18日至7月8日，浙江省检察代表团赴澳大利亚皇家墨尔本理工大学进行以“法律职业素能与刑事检控技能”为主题的培训交流。代表团学习了澳大利亚法律体系概述、法院系统管理、审判程序、西方法律法学等课程，考察了维多利亚州地方法院、维多利亚州民事和行政仲裁庭、墨尔本大学法学院、维多利亚州警察厅检察官办公室、维多利亚大学法学院等高等院校和地方司法机构。

【浙江省检察代表团访问巴西、阿根廷】2011年6月21日至30日，省检察院党组成员、检察委员会专职委员王祺国率浙江省检察代表团对巴西、阿根廷进行访问考察。代表团访问了巴西里约检察院、阿根廷布宜诺斯艾利斯最高检察院，对巴西、阿根廷两国检察机关参与民事、行政公益诉讼，检察官在审查起诉、提起公诉和支持公诉中的自由裁量权及其制约，刑事诉讼中的检警关系等进行了深入的考察。

【泰国检察代表团及荷兰代表访问省检察院】 2011年7月6日至8日，泰国总检察院国际合作局局长西里萨克·提亚蓬率泰国检察代表团，以及荷兰高级检察官、国际检察官联合会前任秘书长亨克·马科特·舒尔茨访问省检察院。省检察院副检察长顾雪飞会见泰国检察代表团及荷兰代表一行。

【柬埔寨检察代表团访问省检察院】 2011年7月6日至8日，柬埔寨最高法院总检察厅高级检察官潘瓦拉率柬埔寨检察代表团访问省检察院。省检察院副检察长张雪樵会见代表团一行。

【国际反贪局联合会第3届研讨会会议代表访问省检察院】 最高人民检察院(简称"高检院")于2011年7月2日至10日在上海举办国际反贪局联合会第3届研讨会。根据高检院安排，国际检察官联合会副主席、喀麦隆北贾鲁阿上诉法院副院长巴塞尔·乔治·艾隆巴特等19名会议代表于7月7日至8日访问省检察院。省检察院副检察长顾雪飞会见来访客人。来宾们访问了宁波市人民检察院。

【协助香港廉政公署调查取证】 2010年底，中国香港特别行政区廉政公署因所调查的OIL公司迟文铎、周淑美商业贿赂案涉及浙江省金华、宁波、温州、台州、杭州等市，通过最高人民检察院请求省检察院进行个案协查。省检察院会同杭州、宁波、温州、金华、台州市检察院进行了初步调查。经高检院同意，2011年7月，香港廉政公署派出6名调查人员分2组赴浙江省会见证人。根据中国刑事诉讼法有关规定，省检察院分别会同杭州、金华市检察院和宁波、台州、温州市检察院对涉案证人进行了询问，调取了相关书证，并将调查取得的证据移交香港廉政公署调查人员。

【协助俄罗斯总检察院调查取证】 2011年8月，俄罗斯联邦总检察院请求中国最高人民检察院就第16018号刑事案件提供司法协助，案涉浙江省宁波市一企业。高检院于8月30日将该案交省检察院办理。省检察院会同宁波市人民检察院到相关企业和人员处调查取证，于10月31日完成协助调查取证工作并将相关证据材料通过高检院移交俄罗斯联邦总检察院。

【浙江省检察代表团访问瑞典和丹麦】 2011年9月4日至25日，省检察院党组成员、政治部主任任国率浙江省检察代表团赴瑞典、丹麦进行考察访问。代表团访问了瑞典司法部、瑞典总检察院和丹麦总检察院，分别就反腐败、知识产权保护两个专题与对方进行了深入的交流。

【浙江省检察代表团访问日本和韩国】 2011年10月17日至26日，省检察院党组成员、纪检组长宋涛率浙江省检察代表团赴日本、韩国考察访问。代表团访问了日本静冈县政府、静冈地方检察厅和韩国首尔高等检察厅、中央地方检察厅，就职业人才培养、检察人员分类管理及保持司法廉洁等问题进行了广泛的考察交流。

（莫舟强）

省公安厅

【涉外工作概况】 2011年，浙江省公安厅(简称"省公安厅")接待国外来访团组29批672人次；先后派遣49批76人次出国(境)访问、考察、培训。

【浙江省公安代表团赴利比里亚为维和警队授勋】 应联合国的邀请，2011年3月26日至4月1日，省公安厅党委委员、政治部主任华乃强率省公安厅代表团赴利比里亚看望慰问由省公安厅选拔组建的中国第九支驻利比里亚民事维和警队，并参加联合国授予浙江省维和警员和平勋章的授勋仪式。

其间，代表团拜会了联合国驻利比里亚特派团最高负责人、联合国安理会秘书长驻利比里亚特别代表玛格丽特·罗伊和联合国驻利比里亚特派团维和警察总监高塔·沙旺，并出席由浙江维和警队捐建的当地一警局的剪彩仪式。

代表团还顺访法国，就警察培训与法国内政部进行了交流。

【亚非国家出入境管理研修班】 2011年4月8日至28日，由商务部主办、浙江警察学院承办的国家对外援助培训项目——亚非国家出入境管理研修班在杭州举办。来自亚洲、非洲等发展中国家出入境管理部门的司、处级官员共25人参加研修。

在浙期间，研修班官员还考察了杭州和桐乡两地的公安机关。

【浙江省公安考察团访问英国、克罗地亚】 2011年4月10日至19日，省公安厅副厅长陈重天率考察团赴英国、克罗地亚进行警务考察。

考察团参观访问了英国打击严重有组织犯罪侦查局、苏格兰警察学院、克罗地亚诺伍斯克市政府，并拜会中国驻英、克大使馆和当地华人华侨社团，就共同关心的出入境管理、警员培训、海外中国公民保护工作等问题进行了广泛的交流和探讨。

【"警察教育国际化"研讨会】 2011年4月19日至23日，由公安部国际合作局主办、浙江警察学院承办的2011年度引智项目"警察教育国际化"研讨会在杭州举行，来自澳大利亚、韩国、新加坡、美国等国家的7名专家参会。

在浙期间，外国专家考察了义乌、海宁等地的公安机关。

【美国得克萨斯州警察研修团访问浙江】 2011年5月4日至14日，以美国山姆·休斯顿州立大学刑事司法中心马格达莱姆·德纳姆为团长的美国得克萨斯州警察研修团来浙江考察研修。

在浙期间，研修团先后赴杭州、舟山、义乌、桐乡等地的公安机关参观考察。

【沙特有组织金融犯罪执法研修班】 2011年5月8日至8月7日，公安部主办、省公安厅承办、浙江警察学院负责实施的外警培训项目——沙特有组织金融犯罪执法研修班在杭州举办。来自沙特内政部的20名官员参加研修。

研修班官员先后赴杭州、宁波、嘉兴、湖州、绍兴、金华、台州、义乌等地公安机关考察经济犯罪侦查业务，还参观了北京、上海两地的公安机关。

【发展中国家大型活动安全保卫研修班】 2011年5月10日至30日，由商务部、公安部主办，省公安厅承办的国家对外援助培训项目——发展中国家大型活动安全保卫研修班在浙江警察学院举办。来自亚洲、非洲、南美洲等发展中国家的25名司、处级官员参加研修。

在浙期间，研修班成员考察了杭州、诸暨等地的公安机关。

【泰国中高级执法官员培训班】 2011年6月1日至10日，由公安部主办、省公安厅承办的外警培训项目——泰国中高级执法官员培训班在浙江警察学院举办。来自泰国警察、司法部门的14名司、处级官员参加培训。

在浙期间，培训班官员考察了诸暨市公安局。

【巴基斯坦禁毒部队代表团访问浙江】 2011年6月4日至5日，巴基斯坦禁毒部队国际合作处副处长穆罕默德·阿米尔·拉菲克和特别侦查处副处长拉贾·解航吉·阿克塔来浙考察。

在浙期间，代表团赴绍兴市公安局进行了案件协作等交流活动。

【非洲法语国家中高级警官研修班】 2011年6月7日至27日，由商务部主办、浙江警察学院承办的国家对外援助培训项目——非洲法语国家中高级警官研修班在杭州举办。来自非洲发展中国家警察部门的25名司、处级官员参加研修。

在浙期间，研修班官员考察了德清县公安局。

【塔吉克斯坦边防管理培训班】

2011年6月14日至28日在浙江警察学院举办，由公安部主办，省公安厅承办。来自塔吉克斯坦国安委边防部门的15名官员参加培训。

在浙期间，培训班官员考察了省公安厅边防总队和海宁市公安局。

【荷兰禁毒代表团访问浙江】 2011年7月5日至7日，以荷兰国家合成毒品公共检察官思博为团长的荷兰国家警察局禁毒代表团访问浙江。代表团与省公安厅禁毒总队就毒品形势、易制毒化学品管理工作进行了业务会谈，参观考察了国际香精香料浙江公司。

6日，省公安厅副厅长董晓伟会见并宴请代表团一行。

【太平洋岛国中高级警官研修班】 2011年7月5日至25日，由商务部主办、浙江警察学院承办的国家对外援助培训项目——太平洋岛国中高级警官研修班在杭州举办。来自太平洋岛国警察部门的25名司、处级官员参加研修。

在浙期间，研修班官员先后赴杭州、长兴县等地考察警务工作。

【刚果(布)出入境或身份信息化管理研修班】 2011年7月7日至27日，由商务部主办、浙江警察学院承办的国家对外援助培训项目——刚果(布)出入境或身份信息化管理研修班在杭州举办。来自刚果(布)的20名司、处级官员参加研修。

研修班官员先后赴杭州、东阳等地考察公安工作。

【柬埔寨高级警官研修班】 2011年7月12日至26日，由公安部主办、省公安厅承办的外警研修项目——柬埔寨高级警官研修班由浙江警察学院负责实施。来自柬埔寨内政部的15名司、处级官员参加研修。

在浙期间，研修班官员赴杭州、桐乡等地考察了警务工作。

【沙特内政部执法培训代表团访问浙江】 2011年7月23日至25日，以沙特特种部队司令穆罕默德·本·哈马德·欧玛尼为团长的沙特内政部执法培训代表团来浙考察警务工作。23日，省公安厅副厅长凌秋来会见并宴请代表团一行。

在浙期间，代表团参观考察了浙江警察学院和杭州市公安局特警支队。

【浙江省公安机关单独组建的中国赴利比里亚维和警队凯旋】 2011年8月1日，由浙江省18名优秀民警组成的中国第9批赴利比里亚维和警队圆满完成14个月的民事维和使命凯旋。省公安厅党委书记、厅长孙建国接见警队队员，高度赞扬他们在利比里亚维和期间的出色表现。作为浙江省派出的第一支成建制维和警队，18名队员于2010年6月赴利比里亚任务区执行维和任务，出色完成了任务，为当地的和平、稳定与发展作出了突出贡献，受到联合国秘书长特使、联合国驻利比里亚特派员以及利比里亚警方的高度赞扬。

◎浙江赴利比里亚维和警队凯旋

【非洲法语国家出入境管理研修班】 2011年8月2日至22日，由商务部主办、浙江警察学院承办的国家对外援助培训项目——非洲法语国家出入境管理研修班在杭州举办。来自非洲发展中国家出入境管理部门的25名司、处级官员参加研修。

研修班官员还参观考察了杭州和海宁两地的公安机关。

【浙江省公安考察团访问芬兰、瑞典】 2011年8月26日至9月4日，省公安厅副厅长凌秋来率考察团赴芬兰、瑞典考察。

考察团参观了芬兰南萨沃省救援部和瑞典韦克舍市市政厅，重点就应急救援、消防机构设置、消防救援制度建立和人员培训等问题与对方进行了交流和探讨。

【亚洲国家打击电信诈骗研修班】 2011年8月30日至9月19日，由商务部主办、浙江警察学院承办的国家对外援助培训项目——亚洲国家打击电信诈骗研修班在杭州举办。来自亚洲有关国家内政部、警察部队的司、处级官员共25人参加研修。

在浙期间，研修班官员考察了杭州市刑侦支队、拱墅区公安分局、宁波市公安局江东分局。

【第21期香港纪律部队国情培训班暨首期浙江班】 2011年9月19日至28日，由中央人民政府驻香港特别行政区联络办公室警务联络部主办、浙江警察学院承办的第21期香港纪律部队国情培训班暨首期浙江班在杭州举办，共有35名香港纪律部队官员参加培训。20日，省公安厅党委委员、政治部主任华乃强出席开班仪式并致辞。

在浙期间，培训班官员先后赴杭州、淳安、义乌、东阳等地进行警务考察。

【浙江省公安考察团访问德国、法国和意大利】 2011年10月9日至20日，浙江省公安考察团赴法国、意大利和德国开展易制毒化学品管理工作考察。考察团就制毒化学品原料和配剂管控、易制毒化学品管理的经验和做法进行了考察交流。

【发展中国家大型活动安全保卫研修班(第2期)】 2011年10月11日至31日，由商务部主办、浙江警察学院承办的国家对外援助培训项目——发展中国家大型活动安全保卫研修班(第二期)在杭州举办。来自发展中国家警察部门的20名司、处级官员参加研修。

在浙期间，研修班官员还考察了杭州和诸暨两地的公安机关。

【朝鲜平壤市人保局代表团访问浙江】 2011年10月21日至24日，以平壤市人保局政治部部长金哲为团长的朝鲜平壤市人保局代表团来浙访问。21日，省公安厅党委副书记、副厅长张景华会见并宴请代表团一行。

在浙期间，代表团赴淳安县进行了参观考察。

【中国与东盟警察组织高级警官研修班】 2011年10月23日至11月2日，公安部主办、省公安厅承办的外警培训项目——中国与东盟警察组织高级警官研修班由浙江警察学院具体实施。来自东盟各成员国警察部门和东盟秘书处的30名官员参加研修。

在浙期间，研修班官员考察了海宁市公安局。

【香港纪律部队文化交流团访问浙江】 2011年10月26日至30日，由香港特别行政区警务处、入境事务处、消防处、海关和惩教署警务人员组成的香港纪律部队文化交流团130余人来浙考察交流。

代表团参观考察了宁波、温州和嘉兴等地的警务工作和经济、文化建设。

【浙江省公安考察团赴美国监造直升机】 2011年11月1日至6日，省公安厅党委委员、办公室主任石小忠率考察团赴美国费城执行直升机监造任务。考察团实地考察了阿古斯特维斯特兰公司直升机生产线，察看了即将交付使用的直升机，并与厂方代表和技术人员就直升机性能及选装设备的安装等相关问题进行了技术交流。考察团还看望了正在阿古斯特维斯特兰公司培训学院接受飞行培训的省公安厅警航飞行员。

省公安厅于 2011 年 1 月 18 日与意大利阿古斯特维斯特兰有限公司签署直升机采购合同，正式启动省公安厅警务航空队组建工作。年内，省公安厅先后组织 2 批 10 人次赴美国进行直升机监造，2 批 7 人次进行航空专业及机务培训。

【“警察与媒体”国际讲坛】 2011 年 11 月 7 日至 8 日在杭州举行，由公安部办公厅、公安部国际合作局和省公安厅共同主办，浙江警察学院承办。来自英国、美国、新西兰、加拿大、澳大利亚等国的 17 名警务新闻宣传专家，公安部有关业务局以及各省、市、自治区公安机关的新闻宣传部门专家代表 60 余人参会。省公安厅党委委员、政治部主任华乃强在开幕式上致欢迎词。

外国专家赴嘉善县公安局考察了警务工作。

【刚果(金)边防和出入境管理官员研修班】 2011 年 11 月 11 日至 25 日，由商务部主办、浙江警察学院承办的国家对外援助培训项目——刚果(金)边防和出入境管理官员研修班在杭州举办。来自刚果(金)内政部下属的移民总局、国际刑警局等单位的司、局级主管官员共 25 人参加研修。

在浙期间，研修班官员参观考察了杭州边防检查站(萧山国际机场)和金华市公安局。

【浙江省公安考察团访问南非、匈牙利和捷克】 2011 年 11 月 29 日至 12 月 9 日，省公安厅党委副书记、副厅长张景华率浙江省公安考察团赴南非、匈牙利和捷克进行警务考察。

考察团参观了南非国家警察总局、南非应急反应局、南非华人警民合作中心、匈牙利国家警察培训中心、捷克克拉德诺市政府和市警察局，重点就群体性突发事件处置工作、警务指挥决策体系建设、大型活动安全保卫、执法监督模式等内容与对方进行了交流和探讨。

【第 22 期香港纪律部队国情培训班暨第 2 期浙江班】 2011 年 12 月 5 日至 15 日在杭州举办，由中央人民政府驻香港特别行政区联络办公室警务联络部主办，浙江警察学院承办，共有 35 名香港纪律部队官员参加培训。省公安厅党委委员、政治部主任华乃强出席开班仪式并致辞。

在浙期间，培训班官员考察了杭州和绍兴的公安机关。

【浙江省公安考察团访问韩国】 2011 年 12 月 12 日至 17 日，浙江省公安厅考察团赴韩国全罗南道进行友好访问。代表团就社会管理创新、警务工作运行模式和队伍管理建设等问题进行了考察和交流。

【香港特别行政区保安局代表团访问浙江】 2011 年 12 月 28 日至 30 日，以香港特别行政区保安局局长李少光为团长的香港特别行政区保安局代表团来浙访问。省委常委、公安厅长刘力伟，省公安厅副厅长郑兴军，省卫生厅副厅长马伟杭，省公安厅党委委员、办公室主任石小忠会见并宴请代表团一行。

李少光一行还赴宁波、台州等地进行参观访问。

(何　丹)

省司法厅

【涉外工作概况】 2011 年，浙江省司法行政系统应邀派出 18 个团组 108 人次，出访奥地利、匈牙利、乌克兰、芬兰、德国、英国、美国、阿根廷、澳大利亚、加拿大、南非、土耳其、新加坡、巴西、智利及香港等国家和地区；接待来自加拿大、澳大利亚、美国和香港地区的访问团组 4 个 8 人次。

【加拿大不列颠哥伦比亚省司法学院代表团访问浙江警官职业学院】 2011 年 3 月 18 日，加拿大不列颠哥伦比亚省司法学院国际部主任肯·戴维斯一行到浙江警官职业学院访问，省司法厅副厅长季培军、浙江警官职业学院党委书记周祖勇与代表团进行了座谈交流。

【省司法厅长随司法部团组赴奥地利、匈牙利和乌克兰考察】 2011年4月11日至22日，省司法厅厅长赵光君随司法部副部长郝赤勇率领的中国司法代表团出席在奥地利维也纳召开的联合国预防犯罪和刑事司法委员会第20届会议，并于会后访问匈牙利和乌克兰，考察了两国的司法体制及司法改革情况。

【省司法厅干部随司法部团组赴芬兰访问】 2011年5月15日至21日，省司法厅纪委书记周松林一行随中国司法代表团出席在芬兰库奥皮奥召开的中芬罪犯矫正与康复国际研讨会，会后周松林一行对芬兰的监狱管理、刑罚执行工作进行了专题考察。

【澳大利亚查尔斯特大学代表团访问浙江警官职业学院】 2011年6月8日，澳大利亚查尔斯特大学警察学院院长罗丝玛丽·乌尔斯顿一行访问浙江警官职业学院，学院党委书记周祖勇与代表团就进一步加强两校之间的交流和合作进行了座谈。

【省司法厅干部随司法部团组赴德国培训】 2011年6月19日至7月9日，省司法厅选派厅办公室主任朱小明、省乔司监狱监狱长张仲祥随司法部团组前往德国进行刑罚执行和教育矫治理论研究培训。10月22日至11月11日，省司法厅选派省第一监狱副监狱长董长青随司法部团组前往德国进行监狱高级管理人员培训。

【省司法厅干部随司法部团组赴英国培训】 2011年6月25日至7月15日，省司法厅选派省法律援助中心副主任李燕丽随司法部团组前往英国进行法律援助管理干部培训。受司法部委托，10月8日至28日，浙江警官职业学院院长黄兴瑞担任团长，率司法部团组前往英国进行高等法律职业教育管理干部培训。

【省司法厅干部随司法部团组赴美国培训】 2011年7月16日至8月5日，省司法厅选派厅组织教育处处长厉君志随司法部团组前往美国进行司法行政教育培训。

【省司法厅干部随司法部团组赴美国、阿根廷考察】 2011年7月20日至31日，省司法厅政治部主任俞世裕随司法部政治部副主任卢恩光率领的代表团前往美国、阿根廷访问，考察两国的司法行政体制、工作机制以及司法行政官员的任用选拔和考核工作。

【浙江警官职业学院组团赴澳大利亚培训】 2011年8月3日至23日，浙江警官职业学院组织20名骨干教师前往查尔斯特大学培训。

【浙江警官职业学院组团赴美国培训】 2011年8月17日至9月6日，浙江警官职业学院组织20名管理干部和骨干教师前往西洛杉矶学院进行管理干部能力提升培训。

【省监狱管理局组团赴英国培训】 2011年9月1日至21日，省监狱管理局组织监狱系统一行18人赴英国进行犯罪矫正工作及监狱戒备度研究培训，其间参观访问了有关监狱。

【浙江警官职业学院副院长随教育部团组赴加拿大培训】 2011年9月4日至10月1日，浙江警官职业学院副院长钱美兰随教育部团组前往加拿大进行高职院校领导海外培训，学习职业教育管理体制及院校治理、以就业为导向进行专业设置和课程开发等方面的经验。

【省司法厅副厅长赴南非、土耳其考察】 2011年10月10日至19日，省司法厅副厅长葛炳瑶一行6人前往南非、土耳其，考察两国社区矫正制度的结构和基本内容、社区矫正机构的基本形式及其管理模式、社区矫正工作者需具备的条件、监狱与社区矫正的衔接等。

【香港律政司派员来浙交流培训】 根据省司法厅与香港特别行政区政府律政司2004年1月签署的《法律服务合作协议书》，2011年10月17日至28日，香港特别行政区政府律政司选派民事法律科高级政府律师梁文亮来浙交流培训。

【美国伍斯特州立大学代表团访问浙江警官职业学院】 2011年10月18日，美国伍斯特州立大学校长办公室国际项目顾问卡尔·赫林和国际事务办公室代表凯蒂·帕伦博访问浙江警官职业学院，学院党委书记周祖勇与代表团就加强两校之间的交流和合作进行了座谈。

【省司法厅副厅长随省委组织部团组赴新加坡、香港培训】 2011年10月18日至11月2日，省司法厅副厅长林丹军随省委组织部举办的省直有关单位和市、县（市、区）省管干部或省管后备干部社会管理创新专题研究班赴新加坡、香港培训，系统学习社会管理的基本理论和方法。

【省公证协会代表团赴巴西、智利和古巴考察】 2011年11月7日至18日，省公证协会一行6人前往巴西、智利和古巴，考察公证机构在三个国家的法律地位、职能、执业范围、执业流程以及在社会管理中的作用等。

【省戒毒协会代表团赴加拿大、美国考察】 2011年12月4日至13日，省戒毒协会一行6人前往加拿大和美国，考察社区戒毒的管控方式、对戒毒采取的措施及成果，以及对吸毒人员的处罚和提供的帮助等。

【省监狱管理局代表团赴俄罗斯、匈牙利和捷克考察】 2011年12月16日至27日，省监狱管理局副局长戚建烈一行5人访问俄罗斯、匈牙利和捷克，考察三国的监狱管理体系和矫正体系及相关制度、监狱戒备度等级分类和安全戒备实施、管理人员的分类和配置、罪犯劳动和轻罪惩罚等。

（陈俊伟）

省人力社保厅

【2011浙江—港澳现代服务业高端人才招聘会】 2011年3月26日在香港举行，由省委人才办、省人力社保厅、省政府港澳事务办公室主办。招聘会上，全省74家知名企事业单位推出中高层次岗位1026个、科技项目31个，共有1000余人前来应聘，达成意向165人，现场录用8人，达成合作意向项目7个。

【第5届长三角（浙江）外国文教专家供需见面会】 2011年4月23日在杭州召开，由江浙沪三省（市）外国专家局和国家外国专家局国外人才信息研究中心联合举办。供需见面会共设86个展位，推出1100余个岗位需求。浙江省共有39家大专院校、中等教育和语言培训机构等单位前往设展招聘，推出外国专家需求岗位800个，涉及英语、法语、日语、西班牙语、管理、国际贸易等专业。来自美国、英国、加拿大等16个国家和地区的658名外国专家到场洽谈，其中100余名外国文教专家与浙江省用人单位达成聘用意向。

【2011浙江民营资本与海外人才智力对接活动】 2011年5月28日、30日分别在美国硅谷和纽约举行，由省委组织部、省人力社保厅、省外办主办。浙江省共有133家企事业单位、园区参加对接活动，推出引才需求岗位1245个、科技项目需求162个，共有近1700名海外高层次人才参加两场对接活动，其中1030人次达成人才引进与科技合作项目初步合作意向，202人次当场确认合作意向。

【第13届“浙洽会”海外高层次人才智力合作洽谈会】 2011年6月8日至9日，在第13届“浙洽会”期间，省人力社保厅会同宁波市人力社保局举办了海外高层次人才智力合作洽谈会。美国、法国、意大利、乌克兰、日本等14个国家16个专家组织的17名代表到会，与浙江省各市、有关部门和企事业单位进行引智项目对接洽谈，全省共推出引智项目421项，达成合作意向253项。

【国际劳工组织北京局调研浙江省反就业和职业歧视】 2011年7月20日至21日，国际劳工组织北京局副局长管静与人力资源和社会保障部国际合作司调研员荣四才等一行3人来浙江省开展反就业和职业歧视调研，了解浙江省履行《1985年消除就业和职业歧视公约》(第111号)情况。调研组与省人力社保厅、省妇联等相关部门进行了专题座谈，各部门介绍了浙江省妇女、少数民族和残疾人就业的主要情况，重点介绍了消除就业和职业歧视出台的政策和采取的主要措施，并就近年来法院、劳动仲裁、劳动保障监察等相关部门受理和处理的有关就业歧视的案件和工作中存在的问题进行了探讨。调研组还到杭州、宁波有关单位进行实地考察。

【世界技能大赛信息系统操作人员座谈会】 2011年8月1日至4日在杭州召开。人力资源和社会保障部国际合作司副司长戴晓初、中国就业培训技术指导中心副巡视员袁芳、省人力社保厅副厅长傅玮出席开幕式。世界技能组织技术委员会候任主任、澳大利亚世界技能组织技术代表约翰·希尔向参会的部分省市和行业、企业相关专业人员介绍了世界技能大赛竞赛信息系统。

◎副省长陈加元向获得"西湖友谊奖"的外国专家颁奖

【日本大分"一村一品"国际交流推进协会理事长访问浙江】 2011年8月30日至31日，日本大分"一村一品"国际交流推进协会理事长平松守彦到浙江访问，国家外国专家局局长张建国和浙江省副省长陈加元会见平松守彦一行。双方就浙江省加强和日本大分县的交流与合作交换了意见。国家外国专家局法规司司长夏鸣九、省人力社保厅厅长乐益民、省外国专家局局长黎雯等参加会见。

【省政府颁发2011年度"西湖友谊奖"】 2011年9月15日，省政府在杭州举行2011年度浙江省外国专家"西湖友谊奖"颁奖大会，省人力社保厅厅长乐益民主持大会。省委副书记、代省长夏宝龙在颁奖大会前会见了参加大会的外国专家及配偶。副省长陈加元、国家外国专家局副局长刘延国出席颁奖大会并讲话，省政府副秘书长施利民宣读省政府授予外国专家"西湖友谊奖"的决定。21名在浙江工作的外国经济技术和文教专家被省政府授予"西湖友谊奖"。省教育厅、省外办等有关厅局、各市人力社保部门负责人参加颁奖大会。

【中国—意大利产业政策培训项目负责人访问浙江】 2011年9月20日至21日，中国—意大利产业政策培训项目负责人、意大利费拉拉大学教授马可·迪·托马索一行2人访问浙江。省外国专家局局长黎雯会见马可·迪·托马索一行，双方对2011年6月26日至7月9日举办的第一期“中国浙江—意大利企业战略和政府政策培训”项目进行了总结回顾，并对进一步合作作了探讨。

【第1期浙江省现代物流高级人才赴英培养项目总结汇报会】 2011年10月21日在杭州举行。省人力社保厅、省发改委、省外国专家局、浙江供应链协会相关负责人到会并讲话。英国华威大学WMG学院亚太地区总管史蒂芬·雷诺参加会议，并对该培训项目作了回顾总结。受训学员代表对在英国的学习培训情况作了总结，并对如何将各自工作与浙江省物流业的发展相结合提出了设想。

【中国海洋科技创新引智园区专家咨询委员会聘请仪式暨首次咨询会议】 2011年11月10日，中国海洋科技创新引智园区成立专家咨询委员会并举行首次咨询会议，聘请来自英国、波兰、泰国等8名国际海洋领域知名专家，为园区规划建设、人才智力引进、项目审定等提供信息咨询与智力支持，并开展咨询和专题讲座。

中国海洋科技创新引智园区是国家外国专家局与浙江省人民政府合作共建、落户舟山的一个国家级引智平台。

【浙江省外国文教专家聘请工作业务培训班】 2011年11月10日至13日在金华举办。省外国专家局局长黎雯、国家外国专家局科教文卫专家司副司长陈化北出席培训班并讲话，全省共有200余家外国文教专家聘请资格单位的211名工作人员参加培训。国家外国专家局科教文卫专家司、省民宗委、省外办、省公安厅出入境管理局等相关部门的业务处室负责人到场授课，分别就聘请外国文教专家的方针政策、涉外宗教政策、外国专家来华工作外事政策、外国人出入境管理等内容进行了讲解。

【2011中美国际物流大会】 2011年11月28日至29日在舟山召开，由中国国际贸易促进委员会、中国交通运输协会、中国国际人才交流基金会和美国运输与物流协会联合主办，省人力社保厅、舟山市人民政府、浙江海洋学院共同承办。来自国际物流领域的官员及专家学者近200人参会。会议以“绿色物流、绿色港口”为主题，围绕物流推动海洋经济发展、物流与港口可持续发展等热点议题展开讨论，为浙江舟山群岛新区“国际物流岛”建设和港航物流业发展建言献策。

【2012浙江省外国专家迎新茶话会】 2011年12月28日下午在浙江宾馆举行，由浙江省人民政府主办，省人力社保厅、省外国专家局承办。副省长陈加元及省政府办公厅、省人力社保厅、省委组织部、省外办、省外宣办等部门负责人与在浙工作的120余名外国专家和国际友人及其配偶欢聚一堂，共迎新年。陈加元代表省政府向外国专家和国际友人致以新年的问候和美好的祝愿。

会上，浙江艺术职业学院的演职人员表演了精彩的文艺节目。

（王　锟）

省国土资源厅

【涉外工作概况】 2011年，浙江省国土资源厅(简称“省国土资源厅”)完成因公出国(境)报批任务7批51人次，其中参团1批1人、组团6批次50人次。实际完成出访任务7批51人次。下达批复9批9人次。

【浙江省国土资源考察团访问南非、土耳其和尼日利亚】 2011年9月19日至30日，以副巡视员王功逸为团长的浙江省国土资源厅代表团对南非、土耳其、尼日利亚三国进行国土资源管理考察。

在南非，考察团与国家议会代表、布瑞德市政府代表进行了会谈和交流；应邀参加了南非浙江商会、温州商会、义乌商会等组织的座谈会；走访了浙江华友钴业股份有限公司在南非的子公司——东方国际矿业公司，了解浙江企业在非洲投资勘查开发矿产资源的情况和企业对政府的要求。

在土耳其，考察团与卡什市政府、伊斯坦布尔市工程师协会的相关部门负责人进行了会谈和交流，了解土耳其矿产资源勘查、开采、矿山地质环境保护与治理等相关政策。与埃达姆巴巴公司负责人进行了座谈，探讨浙江企业与土耳其企业合作勘查开采矿产资源的相关事宜。

在尼日利亚，考察团与阿姆渥欧多芬市市长及有关部门负责人进行了座谈和交流；走访了中昊海外建设工程有限公司驻尼日利亚机构，了解尼日利亚涉外矿业投资相关政策、企业生产情况等。

【浙江省国土资源代表团赴美国培训】 2011年10月16日至11月5日，以省国土资源厅信息中心主任严庆良为团长的20人培训团赴美国进行业务培训。培训团在加州大学波莫纳分校学习了地质灾害的应急管理，参观了加州七橡树水利工程、橙县应急管理部门、河滨县防洪设施等，并与美方10多位专家教授进行了座谈交流，了解美国自然灾害应急管理的做法和经验。

【浙江省国土资源考察团访问美国、墨西哥和古巴】 2011年10月23日至11月3日，以厅长楼小东为团长的浙江省国土资源厅代表团一行6人，赴美国、墨西哥、古巴三国进行国土资源利用和管理考察。考察团学习了三国国土资源开发利用、城市规划、港口建设与湿地保护等方面的经验，向国外同行介绍了浙江省国土资源开发、矿业管理、土地管理的基本情况。

【浙江省国土资源考察团访问美国、墨西哥和哥伦比亚】 2011年10月23日至11月3日，以副巡视员张志勋为团长的浙江省国土资源厅代表团一行6人，赴美国、墨西哥、哥伦比亚三国进行国土资源利用和管理考察。考察团先后与美国旧金山市政府、波哥大州政府和墨西哥土地产权规范化委员会等部门就土地利用规划、土地执法监察、土地管理相关法律法规，以及卫星遥感监测技术的应用等问题进行了交流，了解了美国、墨西哥和哥伦比亚在土地管理方面的做法和经验。

【浙江省国土资源考察团访问英国、瑞士和意大利】 2011年11月12日至23日，以副厅长潘圣明为团长的浙江省国土资源考察团对英国、瑞士、意大利三国进行国土资源管理考察。

在英国，考察团与惠灵顿市政府交流了城市规划、能源和矿产资源开发利用管理情况。

在瑞士，考察团与伯尔尼城市建设部国土资源局交流了瑞士城市的发展和演变过程，联邦、州、市镇三级空间规划管理部门的职责权限和机构设置等。

在意大利，考察团与罗马省国土资源与环境局交流了国土资源管理经验，并就城市发展规划、古罗马遗迹保护、农场度假村规划建设、农产品安全等内容进行了深入的探讨。

【浙江省国土资源考察团访问阿联酋、南非】 2011年11月21日至30日，以总规划师盛乐山为团长的浙江省国土资源考察团赴南非和阿联酋进行国土资源管理考察。

在南非，考察团与开普敦市第九区区长姆帕库可·纽次、南非议员王翊儒进行了会谈，双方就经济社会发展、资源规划、环境保护以及廉租房建设等内容进行了深入的交流与探讨。

在阿联酋，考察团与格尔富国际石油公司董事穆罕穆德·拉希德·阿姆利等进行了会谈，双方就能源资源的合理利用和环境保护规划进行了交流。

（周　展）

省交通运输厅

【涉外工作概况】 2011年，浙江省交通运输厅（简称“省交通运输厅”）组织出访团组21批，参加交通运输部等组织的“双跨”团组9

批，共计出国134人次；完成政审批件31个、行前安全教育21次；护照收缴率达到100%。

【浙江省交通考察团访问波兰、捷克和匈牙利】 2011年3月21日至4月1日，省交通运输厅总工程师卞钧霈率大都市交通枢纽的总体布局和设计考察团赴波兰、捷克、匈牙利访问，与上述三国相关单位的管理人员和专家就大型交通枢纽、都市公共交通以及城乡交通的布局、建设和管理等技术问题进行了交流与研讨，并实地考察了铁路、公路、地铁换乘中心。

【浙江省交通考察团访问南非、希腊和土耳其】 2011年7月23日至8月3日，省纪委驻省交通运输厅纪检组长耿洛佳率公路生态建设和管理考察团访问南非、希腊和土耳其，与南非开普宛兰德市政府、希腊圣帕拉斯凯维市政府和土耳其伊斯坦布尔市政联合会有关政府官员、管理人员及专家就公路生态建设和管理等方面的问题进行了广泛深入的探讨。

【浙江省交通考察团访问俄罗斯、白俄罗斯和波兰】 2011年7月27日至8月7日，省交通运输厅副厅长徐纪平率航道建设及航道与港口协调发展考察团赴俄罗斯、白俄罗斯、波兰访问，与三国相关单位的管理人员和技术专家就土地政策支持、招商引资、航道建设、港口航道集疏运体系等问题进行了交流和探讨。

【浙江省交通考察团访问南非、瑞士和意大利】 2011年8月30日至9月10日，省交通运输厅副巡视员周群率旅游客运管理体系考察团赴南非、瑞士和意大利访问，与三国相关单位的管理人员及专家就道路旅游客运管理体制、政策法规、规划理念、政府管理部门对旅游客运企业的监管措施等进行了交流和研讨。

【第12届东北亚港湾局长会议】 2011年10月9日在杭州举行。中国交通运输部水运局局长宋德星、日本国土交通省港湾局局长山县宣彦、韩国国土海洋部港湾局局长姜范九出席会议，交流了各国港口发展情况和重大事件，就“港口物流发展”交换了意见，并签署会议纪要。省交通运输厅副厅长王德宝、省港航局局长戚步云参加会议。

【第12届东北亚港口论坛】 2011年10月10日在杭州召开。中国、日本、韩国的港口管理部门、港口协会代表及大连、宁波、南京等港口企业负责人共100多人参加论坛。省交通运输厅副厅长王德宝、省港航局局长戚步云出席论坛。

东北亚港口论坛是一个以港口及相关专题为主要内容的技术性论坛，2011年会议的主题是“港口物流发展政策和措施”、“集装箱运输信息化发展对策”及“港口应对自然灾害的防治”，中、日、韩三方专家就3个专题分别作主题演讲和现场答疑。

【浙江省交通考察团访问德国、意大利和匈牙利】 2011年10月25日至11月5日，省交通运输厅副巡视员胡继祥率综合交通运输规划与管理考察团赴德国、意大利、匈牙利访问，与三国相关单位的官员及专家就综合交通运输的法律与法规、规划与设计、管理体制与机制以及综合交通运输在国民经济发展中的地位与作用等进行了交流和探讨。

【东北亚物流信息共享服务网络接口开通仪式】 2011年12月5日至7日在杭州举行。副省长王建满、交通运输部总规划师戴东昌、日本国土交通省大臣官房审议官加藤由起夫、韩国国土海洋部物流政策官朴宗钦出席仪式并致辞，日本国土交通省交通审议官北村隆志和韩国国土海洋部次官金熙国发表了视频贺词。省交通运输厅厅长郭剑彪、省运管局局长赵雁及来自欧盟、日本、韩国的20多名官员和专家参加会议。

东北亚物流信息服务网络是中日韩三国运输与物流部长机制倡导下构建的国际性、非盈利的物流信息互联、交换和共享技术交流与应用合作机制，主要目的是促进东北亚各国间物流信息平台的互联互通，实现物流信息交换和资源共享。开通仪式上，中日韩三国的3个试点港口的集装箱船舶动态信息共享接口正式对接，实现了宁波一舟山港、东京一横滨港、釜山港三港的集装箱船舶动态信息共享，标志着全球首个国际性物流信息共享合作机制正式发挥作用。

【浙江交通走出国门】 2011年，省交通运输厅所属浙江省交通规划设计研究院继续加大海外市场开拓力度，不断深化与上海建工集团的长期合作，继续承接柬埔寨、赞比亚等国家的公路、水运工程勘察、设计及前期工作。与中国中冶集团建立了海外项目合作关系，并开展了斯里兰卡科伦坡外环路三期工程的勘察、设计工作。年内先后派出专业技术人员100余人次赴境外开展勘察、设计工作。

（顾朱官）

省农业厅

【涉外工作概况】 2011年，浙江省农业厅(简称“省农业厅”)组派各类出访团组11批95人次；参加农业部和省有关部门组团9批10人次。接待来自日本、韩国、瑞士、以色列、比利时、美国和澳大利亚等国家的来宾共16批111人次。

【浙江省农业代表团赴美国培训】 2011年1月5日至25日，省农业厅组织从事农机管理的人员以及专业技术人员共14人，赴美国进行农产品加工机械化技术培训。培训主要在马里兰大学东海岸校区(农学院)和特拉华大学机械工程系进行。培训期间，代表团拜访了加州农场局联盟、弗吉尼亚州农业部、美国国家图书馆和农业网络信息中心、美国玉米协会、橙郡农业厅等。

【浙江省农业代表团访问英国和西班牙】 2011年3月14日至23日，以省农业厅纪检组长马万里为团长的浙江省农业代表团赴英国、西班牙进行考察访问。在英国，代表团率领浙江部分农产品出口企业首次参加了IFE国际食品饮料展。在西班牙，代表团拜访了科里亚多比利亚尔瓦市政府，与该市的农业官员进行座谈交流，并考察了西班牙的农业协会和农产品生产、加工企业。

【日本静冈县国际农友会代表团访问浙江】 2011年3月17日，省农业厅副厅长赵兴泉会见日本静冈县国际农友会会长水野薰一行。赵兴泉肯定了静冈县国际农友会多年来接受浙江赴日研修生、实习生，为推动和促进两省县农业合作交流所作的贡献，向来宾介绍了浙江农业发展情况。代表团与浙江20多名赴日研修、实习生进行了座谈交流，拜访了省农科院园艺研究所，并参观了浙江森禾集团花卉苗木种植基地。

【浙江省农业代表团访问以色列和土耳其】 2011年4月10日至19日，以省农业厅总农艺师王建跃为团长的浙江省农业代表团一行5人，赴以色列、土耳其进行农牧业生产管理和农业科研考察访问。

在以色列，代表团拜访了农业部农业研究院、奶牛种牛场、莫沙夫花卉农场、专业从事滴灌系统研究和设备生产的耐特菲姆公司、海泽拉基布兹、内盖夫沙漠农业研究中心等。代表团与相关负责人就农牧业科研、设施、技术等内容进行了交流。

在土耳其，代表团拜访了土耳其贸易有限公司和伊斯坦布尔农产品市场，就农产品贸易方面的合作进行了交流。

【韩国全罗南道农业技术院代表团访问浙江】 2011年5月21日至23日，韩国全罗南道农业技术院院长朴敏洙一行7人访问省农业厅，就进一步深化双方农业合作，以及2012年韩国国际农业博览会参展邀请事宜进行协商。省农业厅副厅长赵兴泉会见代表团，向客人介绍了浙江农业的基本情况。代表团参观了勿忘农集团现代农业创新园，了解蔬菜、水果新品种的栽培情况，考察了勿忘农菇业有限公司的食用菌生产加工车间。代表团还举办了2012年韩国国际农业博览会说明会，省内多家农业企业和展览公司的代表应邀与会，与韩方进行了互动交流，部分企业代表当场签订了参展协议。

【日本静冈县经济产业部代表团访问浙江】 2011年5月30日，省农业厅副厅长赵兴泉会见日本静冈县经济产业部部长吉林章仁一行。赵兴泉向客人介绍了浙江农业产业发展概况，希望今后双方在农业领域拓展合作。双方还就2012年为纪念浙静友好30周年在浙江举办浙江省·静冈县茶叶博览会事宜进行了商谈并达成共识。

【瑞士弗利堡州副州长访问省农业厅】 2011年6月7日，省农业厅副厅长赵兴泉会见以副州长比特·冯朗特为团长的弗利堡州政府与企业家代表团，向客人介绍了浙江农业概况，并表达了加强浙江与弗利堡州农产品贸易合作，加快双方农业人才、技术交流的愿望。弗利堡州副州长兼机构、农业与森林部部长帕斯卡尔·高尔曼伯夫介绍了弗利堡州农业概况，并认同浙江省与弗利堡州间农业经济的互补性以及未来广阔的合作前景。

【浙江省农业代表团访问澳大利亚和新西兰】 2011年9月7日至16日，以省农业厅副厅长叶新才为团长的浙江省农业代表团赴澳大利亚、新西兰进行农业产业和农产品质量安全监管考察访问。在澳大利亚，代表团参观了澳大利亚国际食品展，拜访了新南威尔士州基础产业部和澳大利亚农药兽药管理局，并与相关专业技术人员进行座谈交流。在新西兰，代表团拜访了韦特克雷市政府，并考察了当地农牧场。

【浙江省农业代表团访问俄罗斯、奥地利和匈牙利】 2011年9月14日至25日，以省畜牧兽医局局长张火法为团长的浙江省农业代表团赴俄罗斯、奥地利和匈牙利进行考察访问。在俄罗斯，代表团参观了莫斯科国际食品展览会。在奥地利，代表团拜访了下奥地利州外办和农林局畜牧处，考察了下奥地利州生态肉牛饲养家庭型农场。在匈牙利，代表团拜访了匈牙利中央农业办公室动物育种理事会，并考察了霍尔托巴吉养鹅股份公司、匈牙利奶牛养殖场和动物保护休闲观光农业，双方就畜牧业发展政策方面的问题进行了座谈交流。

【美国生猪健康与猪肉安全考察团访问浙江】 2011年9月16日，省农业厅副厅长赵兴泉会见美国生猪健康与猪肉安全考察团一行，向客人介绍了浙江农业概况，畜牧业尤其是生猪健康养殖及安全生产的现状和发展方向，希望双方能尽快建立技术上的合作途径，以推动安全的畜牧发展。双方就浙江省生猪养殖、疫病防治、饲料安全管理、兽药监测等问题进行了讨论，并就未来进一步强化技术交流、促进饲料进出口贸易等达成共识。

【浙江省农业代表团访问德国、法国和荷兰】 2011年10月9日至20日，以省农业厅副厅长陈利江为团长的浙江省农业代表团赴德国、法国和荷兰进行考察访问。在德国，代表团参观了科隆国际食品博览会。在法国，代表团拜访了马恩省农业厅，参观了当地奶牛养殖场和葡萄种植场。在荷兰，代表团拜访了荷兰南部农业和园艺业协会，参观了全球最大的鲜花批发市场。

【浙江省农业代表团赴澳大利亚培训】 2011年11月9日至29日，省农业厅组织畜牧系统专业技术人员和大型养殖企业主要负责人共19人赴澳大利亚进行动物疫病防控设施建设培训。代表团拜访了新南威尔士州基础产业部橘镇农业研究所，昆士兰大学兽医学院、动物门诊中心、动物疫病诊疗研究所，新南威尔士州伊利莎白动植物研究所以及澳洲基因公司等。

11月15日至12月5日，省农业厅组织从事农机管理的人员和专业技术人员共14人赴澳大利亚进行数字农业装备技术培训。维多利亚大学、墨尔本大学的专家为培训团进行了授课讲解，主要内容包括数字农业装备生产应用、信息开发和应用管理技术等。

【组织农产品出口企业赴国外参展】 2011 年，省农业厅组织省内农产品出口企业分别参加了日本、德国、美国、韩国、马来西亚、澳大利亚、比利时、英国、俄罗斯、南非、阿联酋等 12 个国际食品博览会，参展企业 250 家(次)，参展人员 459 人，共设摊位 312 个。

（单红玲）

省林业厅

【涉外工作概况】 2011 年，浙江省林业厅(简称“省林业厅”)组织出访团组 5 批 29 人次，参加国家林业局、团中央组团 5 批 5 人次；接待来访外宾 4 批 12 人次。

【联合国粮农组织专家到龙泉调研】 2011 年 3 月 23 日至 24 日，联合国粮农组织“支持中国集体林权改革的政策、法律和制度建设并促进知识交流”项目专家乔治一行 2 人到龙泉市调研集体林权制度改革工作，国家林业局政策法规司副司长祁宏、省林业厅总工程师蓝晓光陪同调研。

调研组先后考察了龙泉市肖庄笋竹专业合作社食品加工厂、龙泉市林权服务中心、龙泉能福营造林合作社住龙镇碧龙村基地，并与林权中心工作人员、合作社负责人等就林权抵押贷款、林改的支持政策、森林可持续经营以及合作社对社会、环境等方面的推动作用进行了交谈。

2009 年龙泉市被确定为联合国粮农组织“支持中国集体林权改革的政策、法律和制度建设并促进知识交流”项目县，龙泉市是浙江省唯一一个实施县。此次调研是联合国粮农组织对该项目的中期评估。

【加拿大林业代表团到浙江考察访问】 2011 年 8 月 5 日至 7 日，以加拿大农业部助理副部长、艾伯塔省可持续发展资源部特别顾问兰博士为团长的艾伯塔省林业代表团到浙江考察访问，省林业厅副厅长邢最荣陪同考察。双方交流和探讨了森林资源利用和林业产业可持续发展等问题。

邢最荣向代表团介绍了浙江省林业产业发展情况，并邀请客人参加义乌森博会。加拿大代表团对加强双方木材加工利用和参加义乌森博会表示了浓厚兴趣，并表示欢迎浙江省企业进口该省锯材或定向刨花板，或就投资、收购当地加工企业进行合作接洽。

代表团实地考察了南浔的久盛木业、世友木业和安吉的永裕竹业等木竹加工企业，与当地林业主管部门、企业主就加强双方木材加工利用的合作进行了交流。

【“2011 年度国际种植者”评委会考察团考察虹越花卉公司】 2011 年 8 月 19 日至 20 日，国际园艺生产者协会主席杜克·法博率“2011 年度国际种植者”评委会考察团考察浙江虹越花卉有限公司。省人大常委会副主任程渭山、省林业厅厅长楼国华及总工程师蓝晓光先后会见杜克·法博一行。

“2011 年度国际种植者”评委会考察团受国际园艺生产者协会和国际花卉栽培组织委派，主要考察参选企业的经济效益、产品技术创新性、专业化市场化程度、环境标准、员工福利政策等各方面的情况。2011 年 7 月，浙江虹越花卉有限公司被推荐代表中国参加当年的评选活动。考察团考察了虹越花卉浙江海宁、江苏无锡的花卉生产基地与卖场，听取了生产经营情况的介绍。

【浙江省林业代表团访问英国、西班牙】 2011 年 9 月 2 日至 11 日，省林业厅纪检组长陈亚敏率浙江省林业代表团访问英国、西班牙。

代表团考察了英国皇家植物园、伦敦国家级湿地中心，西班牙曼沙纳尔河上河谷地区公园，并与英国、西班牙有关专家和管理人员就森林资源及生物多样性保护、林业生态建设、城市绿化、有害生物防治与检疫、林业产业建设、森林经营等进行了深入的探讨和交流。

【浙江省林业代表团访问智利、墨西哥和古巴】 2011年9月19日至30日，省林业厅厅长楼国华率浙江省林业代表团访问智利、墨西哥和古巴。

代表团走访了智利国家林业局、墨西哥墨西哥州森林保护局和古巴农业部，实地考察了圣地亚哥附近的人工林和天然林，墨西哥坎昆国际会议中心和热带红树林，古巴国家植物园、哈瓦那城市森林，并与三国的有关专家和管理人员就生物多样性保护、人工林建设、防护林建设、城市绿化、珍贵树种培育与利用、有害生物防治、森林防火等进行了深入的探讨和交流。

【浙江省林业代表团访问澳大利亚、新西兰】 2011年10月11日至20日，省林业厅副厅长邢最荣率浙江省林业代表团访问澳大利亚、新西兰。代表团走访了澳大利亚莫道克大学、新西兰林业研究院，考察了两国的城市绿化、植物园、热带雨林保护区、红树林，并与两国有关专家和管理人员就林业生态体系建设、沿海防护林、森林资源保护、木材产品加工利用、林业产业、林业科学研究等进行了深入的探讨和交流。

【第2届中国国际林业产业博览会暨第4届中国义乌国际森林产品博览会】 2011年11月1日至4日在义乌市举办。全国政协原副主席张思卿、国家林业局局长贾治邦、浙江省代省长夏宝龙按动水晶球为博览会启幕。

浙江省委书记赵洪祝为博览会发来贺信，国家林业局副局长赵树丛，浙江省委常委、副省长葛慧君等分别在开幕式上致辞。

海峡两岸关系协会副会长李炳才、省人大常委会副主任程渭山、肯尼亚林业和野生动物部部长诺·威克撒、菲律宾班格特省省长内斯特·丰望、乌干达水利和环境部环境国务部长姆拿巴·佛拉维亚·纳布格雷、越南农业与农村发展部副部长华都尼等出席开幕式。

本届博览会实现展览成交额50.18亿元，其中外贸成交额26.09亿元，占总成交额的52%；共有来自100多个国家和地区的超过13.25万名境内外采购商参会，其中境外客商6500余人。

【国际茶花协会主席考察金华国际山茶物种园】 2011年11月8日，国际茶花协会主席肖特夫人一行4人对浙江金华国际山茶物种园申报“世界杰出茶花公园”有关事项进行考察。

肖特认为，金华国际山茶物种园在山茶物种保护、科研开发、宣传茶花文化、推动茶花产业发展等方面对世界山茶研究作出了重要的贡献，是目前世界上收集山茶物种最多的山茶专类园。

【浙江省林业代表团访问韩国、俄罗斯】 2011年11月21日至30日，省林业厅巡视员叶胜荣率浙江省林业代表团访问韩国、俄罗斯。

代表团走访了韩国山林部、首尔市政府绿色城市局和俄罗斯交流中心，考察了首尔的城市绿化与林业生态建设情况、韩国山林科学研究院的森林产品博物馆，俄罗斯圣彼得堡、莫斯科的城市森林建设，并与韩国、俄罗斯有关专家和管理人员就城市绿化与林业生态建设、森林资源保护与利用、森林经营、森林资源培育等进行了深入的探讨和交流。

【浙江省林业代表团访问毛里求斯、南非】 2011年12月5日至14日，省林业厅总工程师蓝晓光率浙江省林业代表团访问毛里求斯、南非。

代表团走访了毛里求斯农林牧业和食品安全部，南非斯坦陵布什大学农林系、西开普省投资贸易发展局、非洲浙江总商会。考察了毛里求斯国家植物园、沿海防护林；南非比勒陀利亚国家动物园、开普敦克斯腾伯斯国家植物园、好望角自然保护区和比林斯堡野生动物园等，并与有关专家和管理人员就城乡绿化、生物多样性保护、森林资源保护、森林健康、森林经营等进行了深入的探讨和交流。

（肖　林）

省商务厅

【涉外工作概况】 2011年，浙江省商务厅(简称“省商务厅”)接待外宾70批逾1000人次，其中政府官员约460人，总领事以上约100人；世界500强企业中国区负责人以上约70人。

【挪威斯考根海运集团总裁访问省商务厅】 2011年1月20日，省商务厅厅长金永辉会见挪威斯考根海运集团总裁莫里茨·斯考根一行5人，双方就继续推进斯考根公司在浙建造船舶出口纠纷的解决方案进行了交流。

【印度印孚瑟斯公司中国首席执行官访问省商务厅】 2011年1月27日，省商务厅副厅长周日星会见来访的印度印孚瑟斯中国首席执行官朗格一行6人，双方就进一步加强沟通、建立定期会面机制等事项达成一致意见。

省人力社保厅、杭州市有关部门负责人参加会见。

【日本静冈县日中友好协会专务理事访问省商务厅】 2011年2月24日，省商务厅副厅长胡潍康会见日本静冈县日中友好协会专务理事伊藤利信。双方就合作办好产业交流会等议题进行了交流。

浙江省·静冈县经济交流促进机构(以下简称“浙静机构”)浙江省委员会事务局负责人陪同会见。

【德国工商大会上海代表处首席代表访问省商务厅】 2011年3月1日，省商务厅副厅长韩杰会见来访的德国工商大会上海代表处首席代表吕阳一行3人。双方就进一步促进浙江与德国经贸投资合作进行了交流。

【美国印第安纳州对华业务代表访问省商务厅】 2011年3月10日，省商务厅党组成员、办公室主任马建国会见来访的美国印第安纳州对华业务代表、太平洋贸易公司总裁凯利一行2人。双方就进一步增进合作进行了交流。

【新加坡国际企业发展局官员访问省商务厅】 2011年3月17日，省商务厅巡视员鞠雅莲会见新加坡国际企业发展局中国司副司长王俐恩一行3人。双方就浙江—新加坡经济贸易理事会第七次会议的组织工作进行了衔接。

【美国芝加哥市长访问浙江】 2011年3月23日至25日，美国芝加哥市市长理查德·戴利率领由政府官员和商界人士组成的经贸代表团访问浙江，举办芝加哥经贸投资和旅游环境介绍会，并参观考察万向集团。

24日上午，芝加哥经贸投资和旅游环境介绍会在杭州举行。商务部驻杭州特派员办事处副特派员孔令羽、省商务厅副巡视员陈晓龙，省发改委、全国友协、省外办、省旅游局有关负责人出席。省商务厅组织了30多家企业50余人参会。会上，双方交流了各自投资环境及优惠政策。

24日下午，省长吕祖善会见戴利一行。省商务厅厅长金永辉参加会见。

25日，戴利一行参观了万向集团，并与万向集团正式签署合作协议，积极参与“十万美国学生在中国”活动。

·相关链接·

“十万美国学生在中国”计划

“十万美国学生在中国”计划是由美国总统奥巴马在2009年11月访问中国期间宣布的。2010年5月，中美签署双边协议后，万向美国公司与芝加哥市积极进行沟通，双方商定，该项目在杭州率先启动。

根据该计划，在未来4年内，美国将组织10万名学生到中国学习交流，以加深中美在教育、科技和体育等领域的互动合作。芝加哥市公立学校将在每年暑期选派一批中学生来华作短期学习交流，万向集团将以杭州万向职业技术学院为平台建立基地，选派优秀教师成立专门的项目协调小组，组织美国学生参加一系列参观、交流和研讨活动。

【日本大阪国际见本市委员会理事长访问省商务厅】 2011年4月8日，省商务厅厅长金永辉、副厅长陈如昉会见来访的日本大阪国际见本市委员会理事长中野宪二、前任理事长鳄渊文雄一行6人。双方就合作办好2011大阪展等议题进行了交流。

【葡萄牙驻沪总领事访问省商务厅】 2011年4月11日，省商务厅副厅长韩杰会见来访的葡萄牙驻上海总领事若阿金·雷蒙斯一行7人。双方就进一步扩大浙江与葡萄牙及葡语系国家的经贸往来进行了交流。

【印尼中华总商会代表团访问浙江】 2011年4月19日至22日，印尼中华总商会总主席纪辉琦率团100余人访问浙江。印尼工业部部长希达悦、印尼投资协调委员会副主任阿哈麻等同团来访。

20日，由印尼中华总商会主办、省商务厅协办的“走进印尼”经贸交流会在杭州举行。副省长龚正、希达悦出席并致辞。省商务厅组织了省内140余名政府和企业代表到会。会上，印尼工业部与省商务厅签署合作备忘录，印尼中华总商会分别与中国浙江品牌(印尼)中心、浙江省国际投资促进中心签署友好合作备忘录。交流会结束后，印尼代表团考察了华立集团、众望控股集团。

【墨西哥杜兰戈州州长访问浙江】 2011年4月20日，墨西哥杜兰戈州州长霍尔赫·伊赫拉·卡德拉率领政府官员、企业家及媒体代表一行31人访问浙江。墨西哥中华企业家协会、墨西哥浙江企业家商会负责人同团来访。

副省长龚正会见卡德拉一行。双方就推动互利合作、实现共赢发展等议题交换了意见。省商务厅副厅长胡潍康参加会见。

卡德拉一行还赴万向集团考察，并拜访集团董事局主席鲁冠球。

【新加坡国际企业发展局局长访问省商务厅】 2011年4月21日，省商务厅厅长金永辉、巡视员鞠雅莲会见来访的新加坡国际企业发展局局长张永昌一行。双方就进一步推动浙江省与新加坡经贸投资合作进行了交流。

【尼尔森集团消费品礼品展览会副总裁访问省商务厅】 2011年4月22日，省商务厅厅长金永辉、巡视员鞠雅莲会见来访的尼尔森集团消费品礼品展览会高级副总裁克里斯托弗·麦凯布一行，双方就组织赴美参加展览会等议题进行了交流。

【日本静冈县铃与集团常务董事访问省商务厅】 2011年4月25日，省商务厅副厅长韩杰会见日本静冈县铃与集团常务董事、SSK食品株式会社常务董事铃木健一郎一行，铃木健一郎介绍了公司在浙江的投资计划。

浙静机构浙江委员会事务局负责人陪同会见。

【挪威斯考根海运集团总裁访问省商务厅】 2011年4月26日，省商务厅厅长金永辉会见挪威斯考根海运集团总裁莫里茨·斯考根一行。双方就尽快解决斯考根公司在浙建造船舶出口纠纷一事进行了交流，斯考根公司对省政府各有关部门所做的工作表示感谢。

【保加利亚驻沪商务领事访问省商务厅】 2011年5月5日，省商务厅副厅长韩杰会见来访的保加利亚驻上海商务处商务领事吕勃米尔·迪米特罗夫，双方就进一步合作推动保加利亚工业园项目进行了交流。

【香港贸发局杭州办事处首席代表访问省商务厅】 2011年5月9日，省商务厅副厅长陈如昉会见香港贸发局杭州办事处首席代表陈嘉贤一行，双方就进一步合作实现“老课题新推动”进行了交流。

【莫桑比克驻华大使访问省商务厅】 2011年5月13日，省商务厅副厅长胡潍康会见莫桑比克驻华大使安东尼奥·伊纳西奥一行，双方就推动浙江与莫桑比克经贸往来等议题进行了交流。

【挪威驻沪总领事访问省商务厅】 2011年5月16日,省商务厅厅长金永辉会见挪威驻上海总领事博雄、斯考根(中国)投资有限公司负责人。杭州海关、省外办有关负责人出席。金永辉介绍了浙江省处理挪威斯考根公司船舶出口纠纷案的进展情况,并会同有关部门解答了相关问题。博雄对浙江省所做的大量工作表示衷心感谢。

【首届非洲研究论坛·杭州贸易投资分论坛】 2011年5月17日在杭州举行。阿盟、刚果(金)、几内亚、莱索托、尼日尔、塞内加尔、乌干达、津巴布韦驻华大使和埃塞俄比亚、尼日利亚、南非、多哥驻华外交官及外交部、商务部官员,省外办、省商务厅相关负责人及企业代表近30人参会。副省长龚正出席并讲话。

【2011浙江出口商品(河内)交易会】 2011年5月18日至20日在越南河内举办。省商务厅党组成员、省纪委驻厅纪检组长秦忠出席交易会开幕式并致辞,越南工贸部副部长阮成边、中国驻越南大使馆经济商务参赞胡锁锦等到场祝贺。

交易会面积4000平方米,设标准展位158个,参展企业116家。展品涉及机械、电子、建筑及装饰材料、纺织面料和家居用品等。展会期间接待约4500人次,成交324笔,实际交易额415万美元,实现意向交易额2649万美元。

【新加坡吉宝集团高管访问省商务厅】 2011年5月20日,省商务厅厅长金永辉会见新加坡吉宝集团组合工程顾问兼董事罗华端一行,双方就促进浙江与新加坡在可持续发展领域合作进行了交流。

【俄罗斯新西伯利亚省代表团访问省商务厅】 2011年5月25日,省商务厅副厅长韩杰会见俄罗斯新西伯利亚建筑委员会副主席立特维诺夫,新西伯利亚财政总监、省长经济顾问奥夫钦诺夫一行,俄罗斯浙江华侨华人联合会会长虞安林陪同会见。双方就探索浙江与俄罗斯合作模式进行了交流。

【美国国务院政府间事务特别代表访问省商务厅】 2011年5月26日,省商务厅厅长金永辉会见来华协调首届中美省州长论坛有关事宜的美国国务院政府间特别事务代表瑞塔·路易斯一行,双方就合作办好论坛、促进企业间交流互动等议题交换了意见。

【日本静冈县经济产业部长访问省商务厅】 2011年5月30日,省商务厅厅长金永辉、副厅长韩杰会见静冈县经济产业部部长、浙静机构静冈县委员会副主席代表吉林章仁一行,双方就继续加强合作办展事宜进行了交流。

浙静机构浙江省委员会事务局负责人陪同会见。

【丹麦西兰岛大区专家代表团访问省商务厅】 2011年5月30日,省商务厅副厅长韩杰会见由丹麦西兰岛大区政府发展与国际关系首席顾问克里斯蒂安·普利姆戴尔率领的专家代表团,双方就加强浙江与丹麦经贸投资往来进行了交流。西兰岛大区增长与发展中心、哥本哈根投资促进局代表作了相关推介。

【浙江—新加坡可持续发展座谈会】 2011年6月1日在杭州举行。座谈会由省商务厅厅长金永辉主持,副省长陈加元出席并讲话,省政府副秘书长施利民、省商务厅副厅长陈如昉及省外办、省住建厅等有关部门,新加坡吉宝集团和新加坡国际企业发展局负责人出席会议。会议指出,双方要进一步加深沟通,增进了解,不断寻找合作机会。

会上,新加坡吉宝集团与临安市政府、杭州东部软件园等签订一系列合作协议。

【马来西亚柔佛州行政部副部长访问省商务厅】 2011年6月7日,省商务厅副厅长胡潍康会见马来西亚柔佛州行政部副部长兼国际贸易、工业、能源、水务通讯及环境委员会主任陈国煌一行,双方就进一步增强浙江与马来西亚经贸合作关系进行了交流。

【利用"浙洽会"积极开展经贸活动】 2011年6月8日，第13届中国浙江投资贸易洽谈会、第10届中国国际日用消费品博览会和第4届中国开放论坛在宁波开幕，到会外商10191人，其中85.6%的客商直接从境外赴会；共签订协议外资38.4亿美元，同比增长20.6%；消博会成交6.17亿美元，同比增长3.5%；13个浙江国际友好城市和16个境外投资机构参加展示和洽谈，共举办各类活动100多项。

省商务厅在本届活动中举办了浙江产业集聚区与跨国公司对接洽谈会、境外投资说明会、浙江服务外包产业发展论坛、大型超市及跨国采购产销对接洽谈会等四大活动。

【日本丸红株式会社执行董事访问省商务厅】 2011年6月13日，省商务厅副厅长徐焕明会见日本丸红株式会社执行董事、中国地区副总代表、上海分公司董事长兼总经理世一秀直一行，双方就推动丸红公司在浙江发展等议题进行了交流。

【中国—东盟经贸关系研修班访问省商务厅】 2011年6月24日，省商务厅接待了由柬埔寨、印尼、老挝、缅甸、菲律宾、越南等国家商务和投资促进部门官员组成的中国—东盟经贸关系研修班一行25人，中国—东盟博览会秘书处副秘书长郝志刚陪同来访。副厅长陈如昉与该班学员就深化经贸投资合作进行了座谈。代表团考察了杭州经济技术开发区。

【保加利亚驻沪代总领事访问省商务厅】 2011年7月5日，省商务厅副厅长韩杰会见来访的保加利亚驻上海代总领事吕勃米尔·迪米特罗夫。双方就9月中旬保加利亚高层访华有关事宜进行了交流。

【赴美举办经贸投资促进活动】 2011年7月13日至22日，省委书记、省人大常委会主任赵洪祝率浙江省政府代表团赴美国进行友好访问，参加了在盐湖城举行的首届中美省州长论坛，分别举行了浙江—印第安纳投资贸易洽谈会、浙江—新泽西投资贸易洽谈会和浙江省—新泽西州结好30周年庆祝大会等系列活动。由省商务厅厅长金永辉、副厅长徐焕明率领的有125家企业、18家投资促进机构参加的浙江商务代表团随行出访，与美方签署项目46个，协议总金额42.1亿美元。

【香港生产力促进局首席顾问访问省商务厅】 2011年7月27日，省商务厅副厅长陈如昉及省发改委、省工商联有关领导会见香港生产力促进局首席顾问梁建成一行。双方就推进浙江省海洋经济建设、加强浙港双方多层次交流合作等议题进行了座谈。

【日本静冈县客人访问省商务厅】 2011年8月3日，省商务厅副厅长陈如昉会见静冈县日中友好协议会专务理事伊藤利信一行。双方就进一步合作办好大阪展，推动浙江与静冈县企业间经贸和技术交流等议题进行了交流。

【加拿大驻沪领事访问省商务厅】 2011年8月12日，省商务厅副厅长韩杰会见加拿大驻上海总领事馆领事、安大略省政府驻上海代表处代表黄文楚一行。双方就安大略省经济发展贸易厅于9月组织建筑行业代表团访问杭州并举办研讨会一事进行了交流。

【丹麦西兰岛大区主席访问省商务厅】 2011年8月29日，省商务厅厅长金永辉会见丹麦西兰岛大区主席尼尔森一行。双方就推动浙江与丹麦在清洁能源、海洋渔业、高新技术研发等领域的合作进行了交流。

【香港贸发局展览事务高级经理访问省商务厅】 2011年8月31日，省商务厅副厅长陈如昉会见香港贸发局展览事务高级经理温少文一行，双方就保持紧密合作、打造高质量的展览平台等议题进行了交流。

【新加坡考察团访问浙江】 2011

年9月1日,新加坡中华总商会主任林维祺、新加坡高科技公会会长陈中山、新加坡国家环境局助理司长程凯丰及新加坡企业家代表一行来浙江考察。省商务厅巡视员鞠雅莲会见新加坡客人,双方就促进企业合作、发展低碳经济等议题进行了交流。

【2011浙江出口商品(大阪)交易会】 2011年9月13日至16日在大阪国际展览中心举行,由商务部和浙江省人民政府主办。中国有关机构代表及各界嘉宾、客商近400人出席13日举行的开幕仪式。交易会展会总面积6729平方米,设标准展位329个,参展企业216家,参展商品550余种。

【美国路易达孚高桥能源公司总裁访问浙江】 2011年9月15日,副省长龚正会见来访的美国路易达孚高桥能源有限公司总裁威廉·里德一行6人,双方就发展海洋经济、实现共赢互利等议题进行了交流。

省政府副秘书长夏海伟、省发改委、省国土资源厅、省商务厅、省外办、省海洋与渔业局、省港航管理局、杭州海关及舟山市有关负责人陪同会见。

【组织参加"印第安纳—浙江经贸合作及企业见面会"】 2011年9月19日,由美国印第安纳州农业部与浙江省商务厅共同举办的印第安纳—浙江经贸合作及企业见面会在杭州举行。印第安纳州政府和企业代表团全体成员、浙江省有关部门、农业经贸企业和有关机构代表共70余人参加会议。印第安纳州副州长办公室副幕僚长大卫·特瑞尔主持会议,省商务厅副厅长韩杰出席并致辞。会上,浙江企业与印第安纳州企业进行了对接洽谈。

【2011中国浙江商务周】 2011年9月22日至28日在杭州举行。本届商务周由省商务厅主办,以"商务助推企业提升价值"为主题,共举办10场活动,包括5场展览、4场企业对接洽谈会议、1个购物节,吸引了来自欧美、亚洲、非洲等近70个国家和地区的100多家境外机构与企业,以及省内外6000多家企业参与,参与人数13.7万人次。

【美国思科全球执行副总裁访问浙江】 2011年9月23日,副省长龚正会见来访的美国思科全球执行副总裁威兰珂一行,双方就推进浙江省电子信息产业发展、培养服务外包人才等议题进行了交流。思科公司与省商务厅、杭州市政府、浙大网新科技股份有限公司联合签署合作备忘录。

省政府副秘书长夏海伟,省商务厅、省外办、浙江大学、杭州市及浙大网新有关负责人陪同会见。

【坦桑尼亚工业、贸易与市场部常务秘书访问省商务厅】 2011年9月28日,省商务厅厅长金永辉、副厅长韩杰会见来访的坦桑尼亚工业、贸易与市场部常务秘书乔伊斯一行,双方就打造浙江与坦桑尼亚经贸对话窗口等议题进行了交流。

【意大利驻沪总领事访问省商务厅】 2011年10月14日,省商务厅厅长金永辉会见来访的意大利驻上海总领事德卢卡一行。双方就进一步扩大浙江与意大利经贸对话、加强优势互补进行了交流。

【美国副助理国务卿访问省商务厅】 2011年10月18日,省商务厅副厅长周日星会见美国国务院副助理国务卿麦卡西一行,双方就进一步推动浙江省企业"走出去"拓展美国市场交换了意见。

【组织参加第8届中国—东盟博览会】 2011年10月21日至26日,第8届中国—东盟博览会在广西南宁举行。其间,东盟国家、中国国家有关部委、商协会等共举办了近50场次推介会、研讨会,其中"走出去"方面的活动20余场。省商务厅副厅长韩杰带领有关市、县商务局领导和企业家30余人参加了相关投资促进活动。

【承担及参加首届世界浙商大会活动】 2011年10月23日至28

日，首届世界浙商大会在浙江省举行。省商务厅与省工商联共同邀请了46家跨国公司60位嘉宾参会，其中世界500强32家。与会跨国公司行业覆盖面广，涉及研发中心、高新技术、金融证券、商贸服务、通信技术、汽车制造等领域。

【印度驻沪总领事访问省商务厅】 2011年10月24日，省商务厅副厅长韩杰会见印度驻上海总领事戴思锐一行，双方就合作举办经贸投资促进活动进行了商谈。

【中国入世经验研讨交流班（老挝团）访问浙江】 2011年10月26日，由商务部主办的“中国入世经验研讨交流班”（老挝团）一行30余人访问浙江。巡视员鞠雅莲与研讨班官员就老挝加入WTO话题进行了座谈。

【省商务厅与美国密苏里州签署经贸合作意向备忘录】 2011年10月27日，美国密苏里州州长杰雷米·尼克松访问浙江，省委书记、省人大常委会主任赵洪祝会见尼克松一行。省商务厅厅长金永辉参加会见，并与密苏里州经济发展部部长大卫·科尔签署加强经贸交流、开展经贸合作的意向备忘录。

【埃塞俄比亚中国商会会长访问省商务厅】 2011年10月27日，省商务厅副厅长韩杰会见埃塞俄比亚中国商会会长孙国强一行，双方就服务企业、协助浙江企业落地非洲市场进行了交流。

【美国驻华经济参赞访问省商务厅】 2011年11月1日，省商务厅副厅长韩杰会见美国驻华公使衔经济参赞魏伟良一行，双方就继续挖掘投资潜力、促成更多好项目落地发展、进一步推动两地全方位合作等议题交换了意见。

【外国驻华使节团参观浙江企业】 2011年11月10日至11日，省商务厅接待了由商务部外贸司负责人带队，尼日利亚、柬埔寨、保加利亚、巴西等8个国家驻华使馆的公使衔参赞、一秘组成的驻华使节团，并陪同考察了万向集团、杭州轻工工艺纺织品进出口公司。

【组织参加“首届中国海洋经济投资洽谈会”】 2011年11月10日至12日，由浙江省人民政府、国家海洋局主办的首届中国海洋经济投资洽谈会在宁波举办，省商务厅厅长金永辉出席。省商务厅邀请了美国芝加哥中国商会、沃尔玛（中国）投资有限公司、甲骨文股份有限公司、毕马威中国公司等20余位各国客商参加相关活动。

【日本株式会社明电舍副社长访问省商务厅】 2011年11月14日，省商务厅副厅长韩杰会见来访的日本株式会社明电舍副社长正木浩三一行，双方就引进日本低碳环保项目进行了交流。

【日本安藤株式会社董事长访问省商务厅】 2011年11月17日，省商务厅副厅长陈如昉会见日本安藤株式会社董事长安藤一郎一行，双方就加强浙江与日本经贸投资合作事宜进行了交流。

【日本大阪国际见本市委员会理事长访问省商务厅】 2011年11月21日，省商务厅厅长金永辉、副厅长陈如昉会见日本大阪国际见本市委员会理事长中野宪二一行，双方就进一步提升2012年大阪展办展水平进行了交流。

【日本静冈县经济产业部长访问省商务厅】 2011年11月22日，省商务厅厅长金永辉、副厅长韩杰会见浙静机构静冈县委员会副主席、静冈县经济产业部部长吉林章仁一行，双方就浙静结好30周年有关庆祝活动的筹备工作进行了衔接。

【澳大利亚驻沪总领事访问省商务厅】 2011年11月23日，省商务厅副厅长陈如昉会见澳大利亚驻上海总领事柯未名一行，双方就加强合作、促进浙江与澳大利亚经贸投资往来等议题进行了交流。

【浙江—新加坡经济贸易理事会第7次会议】 2011年11月24日在舟山市召开。理事会双方成员、浙江省各市人民政府领导、省内有关企业代表、新加坡有关政府领导以及新方企业代表共100余人出席会议。

理事会浙方主席、浙江省副省长龚正和理事会新方主席、新加坡新闻通讯及艺术部兼环境及水源部高级政务部长傅海燕共同主持会议并分别致辞。理事会中方秘书长、省商务厅巡视员鞠雅莲向大会报告了2012年的工作计划。省发改委就浙江省"十二五"规划和海洋战略作专题发言，舟山市人民政府介绍了舟山群岛新区规划。随后，理事会浙方副主席、省商务厅厅长金永辉宣读了本次会议的会议纪要，双方主席签署会议纪要。

会前，代省长夏宝龙会见傅海燕，双方就进一步加强合作进行了交流。

傅海燕一行考察了杭州、宁波和舟山市。

【加拿大多伦多市副市长访问省商务厅】 2011年11月29日，省商务厅党组成员、省纪委驻厅纪检组长黄克旭会见加拿大多伦多市副市长迈克尔·汤普森一行，双方就以经贸交往为抓手、互相取长补短等议题进行了交流。

【肯尼亚出口促进局局长访问省商务厅】 2011年12月1日，省商务厅副厅长胡潍康会见肯尼亚出口促进局局长恩杜维加一行，双方就扩大肯尼亚对浙江出口、促进双向投资健康有序发展等议题进行了交流。

【香港国际工商联合会主席访问省商务厅】 2011年12月7日，省商务厅副巡视员陈晓龙会见香港国际工商联合会主席左丹红，双方就促进浙港经贸投资往来进行了交流。

【美国庄臣公司大中华区董事总经理访问省商务厅】 2011年12月8日，省商务厅副厅长陈如昉会见美国庄臣公司大中华区董事总经理黄祖晖一行，双方就促进公司在浙江省健康有序发展进行了交流。

【新加坡奥德曼集团有限公司董事局主席访问省商务厅】 2011年12月9日，省商务厅厅长金永辉会见新加坡奥德曼集团有限公司董事局主席戴金成一行，双方就进一步推进该公司在舟山的投资项目进行了交流。

【"2011年民营企业对话世界500强"活动】 2011年12月14日在宁波举行，由商务部投资促进事务局、中国外商投资企业协会、浙江省商务厅和宁波市政府共同主办。

省商务厅、宁波市与上海美国商会及企业代表团进行了座谈。省商务厅副厅长韩杰出席并作相关推介。

会后，韩杰陪同省政府副秘书长夏海伟会见了大众、博世、德勤等跨国公司高管和有关商协会主要负责人。

【美国亚洲金融协会代表团访问省商务厅】 2011年12月14日，省商务厅厅长金永辉会见美国亚洲金融协会董事会联席主席张克一行，双方就推动浙江省金融业招商引资进行了交流。

【印度投资说明会】 2011年12月15日在杭州举行，由印度驻上海总领馆主办，浙江省商务厅协办。印度驻上海总领事戴思锐率印方代表团出席会议并发表演讲。省商务厅组织了省内百余家企业代表参会，副厅长韩杰到会并致辞。

【斯考根(中国)投资有限公司总裁访问省商务厅】 2011年12月20日，省商务厅厅长金永辉会见斯考根(中国)投资有限公司总裁王世刚一行。斯考根方面对浙江省有关部门为解决有关纠纷所做的工作表示感谢。

【比利时西弗兰德省中国区代表访问省商务厅】 2011年12月29日，省商务厅副厅长周日星会见比利时西弗兰德省中国区代表殷玲姑、比利时欧洲市场中心项目中国区总代表陆建萍，双方就浙江文化品牌中心项目有关情况进行了交流。

（李　琳　胡真舫）

省文化厅

【对外对港澳工作概况】 2011年，浙江省文化厅(简称“省文化厅”)实施对境外文化交流项目767起7300人次。其中:对外文化交流项目503起5904人次，对港澳文化交流项目113起562人次。项目总数中，引进项目639起5571人次，派出项目128起1729人次。

【浙江曲艺杂技总团赴印度等国演出】 2011年2月11日至26日，省文化厅组派浙江曲艺杂技总团携大型杂技专场《天堂风情》赴孟加拉国、印度、尼泊尔三国开展“欢乐春节”巡演活动，共演出9场，观众逾2万人次。此次活动由文化部、浙江省文化厅主办。艺术团分别在孟加拉国首都达卡演出2场，在印度孟买市、塔那市各演出2场，在尼泊尔首都加德满都演出3场。

这是中国第一次在上述三国举办大型春节文化活动，浙江曲艺杂技总团展示了多姿多彩的中华文化艺术，受到三国民众和媒体的广泛好评。

【积极引进高水平外展项目】 2011年3月18日至5月20日，浙江省博物馆在孤山馆区西湖美术馆举办“印度现代艺术展:现代性的气质”，展出97件来自印度国家现代美术馆的馆藏绘画和雕塑珍品，展现自19世纪50年代以来印度艺术发展的概貌，此展也是“中国·印度节”的重要组成部分。

4月25日至7月31日，“夏威夷传奇——夏威夷与波利尼西亚土著文化展”在浙江省博物馆武林馆区举办，展出来自夏威夷和波利尼西亚地区的珍贵文物149件，均为美国毕士普博物馆藏品。

7月7日至8月4日，作为“想象澳大利亚——澳大利亚文化年在中国”的重点项目以及“千峰翠色——浙江青瓷风韵”赴澳展览的回展，“土地和身体——澳大利亚沃伯顿原住民艺术展”在杭州西湖美术馆举办，65件展品均由地处偏远的西澳沃伯顿社区的恩冈雅特加拉族人创作。

10月12日至23日，由印度驻上海总领事馆、印度文化关系委员会、浙江省博物馆联合举办的“旅行的罗曼史——泰戈尔艺术展”在西湖美术馆举办，展出100余幅珍贵图像，展示了泰戈尔的非凡艺术成就，再现了泰戈尔访问中国的足迹。

此外，2011年浙江美术馆还先后举办“佐喜真美术馆藏凯绥·珂勒惠支原作展”、“浪漫的约会——让·皮埃尔作品展”、“留真——中国名家像传·新加坡摄影艺术家蔡斯民影展”。

【浙江京剧团赴塞浦路斯、日本演出】 2011年7月7日至15日，浙江京剧团团长翁国生率实验京剧《王者俄狄》剧组一行15人赴塞浦路斯参加第15届“国际古希腊戏剧节”演出。

7月24日至8月1日，浙江京剧团一行8人赴日本岐阜举办“世界非遗·中国京剧鉴赏会”，并赴美浓市参加“市民文化艺术节”，与该市市民文化会馆演员合演大型音乐剧《金色的凤凰》。演出均受到当地观众的欢迎和好评。

【“彩蝶女乐”赴美国演出】 为配合省委书记、省人大常委会主任赵洪祝访问美国新泽西州，庆祝浙江省与新州结好30周年、赴印第安纳州参加经贸洽谈会活动，2011年7月16日至23日，省文化厅副厅长杨越光率浙江歌舞剧院有限公司“彩蝶女乐”演出组赴印第安纳州和新泽西州演出。18日晚，“彩蝶女乐”在印第安纳州州府印第安纳波利斯精彩献演。赵洪祝、印州州长米歇尔·丹尼尔斯、中国驻芝加哥总领事杨国强等观看了演出，300多名当地经贸界、文化界人士出席。演员们精湛的演技，以及节目中体现的中国音乐的独特魅力，得到美国观众的广泛赞誉。

【浙江交响乐团赴欧洲巡演】 2011年9月15日至10月2日，浙江交响乐团赴意大利、奥地利、捷克、德国、瑞典、比利时六国巡回演出，成功举行8场音乐会。此次巡演，是中国交响乐团首次应邀参加两大国际顶级音乐节——意大利MITO音乐节和布拉格德沃夏克音乐节，也是浙江交响乐团2009年独立建制以来第一次大规模的海外亮相，开创了交响乐团与民营企业（吉利控股集团）合作走向世界的成功范例。参见第239页**【浙江（吉利）交响乐团赴欧洲巡演】**。

【驰骋之美——19～20世纪哈萨克斯坦装饰与实用艺术展】 2011年9月23日至11月23日在中国丝绸博物馆举行，由省文化厅主办，中国丝绸博物馆与哈萨克斯坦卡斯杰耶夫国家艺术博物馆共同承办。艺术展共展出80套119件传统的哈萨克民间手工艺品，包括毛毡装饰物、刺绣、手织羊毛地毯以及金属和皮革艺术品，展品工艺精湛、内容丰富，反映了哈萨克斯坦实用艺术的特点和风格。

【2011中国文化聚焦——浙江文化节】 2011年11月6日至17日，以省文化厅厅长杨建新为团长的浙江文化代表团赴埃塞俄比亚首都亚的斯亚贝巴和津巴布韦首都哈拉雷举办"2011中国文化聚焦——中国浙江文化节"活动。本次浙江文化节的主要内容包括"物华天工——中国浙江非物质文化遗产展"、"中津艺术家联袂演出"、专场文艺晚会和"锦绣浙江——浙江摄影图片展"。文化节向埃塞俄比亚和津巴布韦人民展示了浙江灿烂多姿的文化，扩大了中华文化的影响，受到当地民众的赞赏和媒体好评。

本次文化节是浙江省第一次在非洲举办大型文化活动，由文化部、中国驻埃塞俄比亚大使馆、中国驻津巴布韦大使馆、浙江省文化厅联合主办。

11月9日下午，中共中央政治局委员、书记处书记、中宣部部长刘云山，中宣部副部长王晓晖，中共中央对外联络部副部长艾平，浙江省委常委、宣传部长茅临生，中国驻埃塞俄比亚大使顾小杰，埃塞俄比亚人民革命民主阵线全国执委会委员、党总部负责人雷德旺，埃塞俄比亚文化与旅游部国务部长塔德莱·达勒卓等共同为文化节活动"物华天工——中国浙江非物质文化遗产展"开幕剪彩。

11月15日晚，"2011中国文化聚焦·浙江文化节——中津艺术家联袂演出"在哈拉雷庆典中心大剧院举行，刘云山观看了演出。王晓晖、艾平、茅临生，中国驻津巴布韦大使忻顺康，津巴布韦民盟主席莫约，津巴布韦教体文部长大卫·考塔特，津巴布韦民盟行政书记、总统府国务部长穆塔萨，津巴布韦民盟外事书记穆登盖、行政书记巩博、青年书记赛库萨那等一同观看演出。

【"从杭州到卢卡：穿越历史的丝绸之路"在意大利展出】 2011年11月12日至2012年1月31日，由浙江省文化厅、意大利卢卡市政厅主办，中国丝绸博物馆和意大利卫匡国研究中心承办的"从杭州到卢卡：穿越历史的丝绸之路"展览在卢卡市博物馆展出。卢卡省省长斯代法诺·巴切里、卢卡市市长马乌罗·法维拉、中国驻意大利使馆文化参赞张建达及100多位各界来宾出席开幕式。该展被文化部纳入意大利"中国文化年"项目。中国丝绸博物馆共提供30组38件展品，其中仿复制品19组24件、模型及机具等11组14件。意方提供了图书文献、中亚丝绸服饰、意大利丝绸服饰等展品。现场还安排了织机表演等互动项目。

【文艺团体出国（境）交流演出频繁】 2011年，浙江省各文化艺术团体出国（境）演出主要的有：浙江歌舞剧院、浙江京剧团赴美国参加在洛杉矶圣盖博大剧院举办的"钱塘春　浙江情——2011迎新春文艺晚会"，浙江曲艺杂技总团赴瑞士演出，浙江交响乐团赴德国参加浙江省与石荷州结好25周年庆祝活动演出，浙江昆剧团赴香港参加纪念昆曲大师周传瑛先生100周年诞辰演出活动并应香港志莲净苑邀请赴港演出，浙江艺术职业学院艺术团赴韩国忠清北道清州市参加韩国"第一届中国人留学生庆典"等活动。

浙江艺术团(浙江歌舞剧院为主,浙江昆剧团、浙江小百花越剧团、浙江艺术职业学院、浙江曲杂总团、杭州师范大学参加)赴香港浙江省同乡会联合会演出。

【对外文化学术交流与合作】 2011年,浙江省博物馆、浙江省文物考古研究所、中国丝绸博物馆、浙江自然博物馆、浙江艺术职业学院、浙江美术馆等单位分别与美国大都会艺术博物馆、美国奥龙尼大学、美国自然博物馆、国际古脊椎动物学会、加拿大文物保护研究所、英国大英博物馆、丹麦哥本哈根大学纺织品研究中心、拉脱维亚国家艺术博物馆、俄罗斯克拉斯诺达尔州立文化艺术大学、乌克兰基辅国立应用艺术与设计学院、日本金泽大学、日本滋贺县立琵琶湖博物馆、新加坡管理大学、新加坡国家美术馆、韩国国立光州博物馆、肯尼亚国立博物馆等文化机构开展文化学术交流和合作。

【稳步推进对外文化贸易发展】 2011年,浙江省积极推动文化产品和服务"走出去",努力扩大浙江省文化产品和服务的国际市场份额。国有、民营文化艺术团体大力开拓海外市场,动员社会力量,通过文化产品出口的渠道将浙江文化输出到国际文化市场。是年,浙江曲艺杂技总团、浙江昆剧团、浙江京剧团、杭州越剧院、绍兴县小百花艺术中心分别赴瑞士、德国、日本、新加坡和香港地区演出,并入选年度省商业性文化产品出口指导目录。

【营业性涉外演出繁荣有序】 2011年,浙江省积极引进国外及港澳等地区高水平艺术院团和优秀艺人,活跃演出市场,丰富社会文化生活。是年,来浙演出的世界知名大型艺术团组有德国柏林交响乐团、美国曼托瓦尼轻音乐团、美国瑰宝舞蹈团、俄罗斯芭蕾国立剧院、韩国国立舞蹈团、朝鲜血海歌剧团、法国爱乐乐团、维也纳古典交响乐团、南非非洲脚印舞蹈团、土耳其火舞艺术团等。

(张　雁)

2011年省文化厅重要出访团组

序号	出访时间	团长(职务)	人数	出访地点	备注
1	3月15～24日	副厅长田宇原	10	英国、德国	参加文化部组团考察工业遗产保护与开发
2	6月21～30日	副厅长鲍贤伦	4	法国、瑞典	参加"西湖申遗"工作并考察文化遗产
3	8月13～18日	副厅长陈瑶	4	美国、波多黎各	参加第77届国际图联大会
4	9月26日～10月2日	厅长杨建新	5	日本	为浙江省博物馆接受香港曹其镛先生捐赠漆器文物考察

省卫生厅

【涉外工作概况】 2011年,浙江省卫生厅(简称"省卫生厅")审核和组织出国(境)团组130批395人次;邀请国(境)外来访团组4批7人次;接待国(境)外来访团组10批33人次。

【加拿大休迪斯医院执行董事来浙交流】 2011年3月25日,"医院精细化管理学术论坛"在杭州举行。加拿大多伦多休迪斯医院执行董事达利尔·厄克特出席论坛,并作题为《世界最佳医院之一休迪斯医院的经营管理模式》的专题报告。来自全省综合性医院、中医院、民营医院的管理人员参会。

【吴邦国接见援纳米比亚医疗队】

2011年5月22日，正在纳米比亚访问的全国人大常委会委员长吴邦国接见浙江省医疗队部分工作人员并合影留念。

【浙江省卫生代表团访问美国、瑞士和希腊】 参见第56页**【郑继伟率团访问美国、瑞士和希腊】**。

【浙江省援马里医疗队顺利交接】 根据中非合作论坛峰会精神和温家宝总理在2010年全国援外工作会议上关于医疗援外工作要向受援国大城市、中国援助的医院集中的指示，浙江省第22批援马里医疗队自2011年7月抵达马里起，全部集中至中国新援建的马里首都巴马科马里医院工作。医疗队31名队员分两批前往马里。7月10日，总队长金戈率领医疗技术骨干、翻译、厨师等13名队员第一批抵达马里，进行撤点前的物资清点、工作交接和合作医院开张前的准备等。第二批24名队员于7月25日抵达马里。新老医疗队工作交接顺利。

【实施省级医疗单位临床技术国际交流项目】 为规范浙江省省级医疗单位临床技术国际交流项目的实施和管理，2011年7月28日，省卫生厅、省财政厅联合下发《浙江省省级医疗单位临床技术国际交流项目实施方案》。经过项目申报、项目初审、专家评审和省卫生厅网站公示，2011年项目共资助省级医院派遣69名医护人员赴国(境)外学习进修，邀请18名国(境)外专家来访进行业务交流。

【爱尔兰卫生部长访问省卫生厅】 2011年9月2日，省卫生厅副厅长马伟杭会见来访的爱尔兰卫生部长詹姆斯·莱利一行。马伟杭介绍了浙江省卫生概况，重点介绍了浙江省妇幼卫生工作以及基层卫生工作进展情况和重大项目。莱利介绍了爱尔兰在社区卫生方面的经验和做法。双方就医疗资源设置和投入、慢性病预防和控制等进行了交流，并就双方未来合作的可能性进行了探讨。

代表团访问了浙江大学医学院附属儿童医院。

◎第3届中国浙江—艾伯塔生命科学国际论坛在杭州召开

【第3届中国浙江—艾伯塔生命科学国际论坛】 2011年9月20日至21日在杭州召开。此次论坛的主题是:食品安全和环境污染的科学风险评估和管理。

论坛由浙江省卫生厅、浙江省科技厅、加拿大艾伯塔省卫生部首席公共卫生官办公室联合主办，浙江省疾病预防控制中心、浙江省医疗卫生国际合作发展中心、艾伯塔省毒理中心承办。来自浙江省、加拿大和国内其他省市的卫生行政部门、疾控机构、大学、科研院所等的200余位代表参与论坛。论坛邀请国内外食品安全、人群健康风险评估和管理领域的14位专家作了17场报告。

9月19日，浙江省疾病预防控制中心与艾伯塔省毒理中心签署人类健康风险评估与风险管理教材编辑和培训推广合作意向书。

【省卫生厅选拔骨干医生赴德国培训】 根据省卫生厅与德国德中科技交流基金会有关协议，2011年，省卫生厅派遣49名临床骨干医生赴德国对口医院进行为期3个月的临床专业培训。9月24日，省卫生厅召开项目总结会，回国学员在会上表示对该项目的认可。

【浙江省人民医院与马里医院建立友好医院关系】 为尽快提升马里医院的业务水平，根据马里卫生部的要求，省卫生厅同意浙江省人民医院与马里医院建立友好医院关系。双方医院于2011年9月在马里签署协议。根据协议，浙江省人民医院将定期派遣医学专家赴马里医院指导工作，每年接受马里医院年轻医生来浙江进修学习。

【省卫生厅派遣骨干医生赴英国进修】 2011年，省卫生厅与英格兰西南卫生局达成协议，派遣临床医生赴英国接受为期3个月的短期进修。第一批20名医生于9月至12月赴英国进修。培训人员来自省级医院及市县级医院；培训内容涉及专业包括骨科、手外科、膝髋关节外科、心内科、眼科、消化科、儿科、妇科肿瘤、妇产科、急诊医学、呼吸科和肾病科。

【省卫生厅与英国皇家全科医师学会签订第三期《谅解备忘录》】

2011年10月10日，浙江省卫生厅与英国皇家全科医师学会签订关于开展全科医学合作的第三期《谅解备忘录》，副厅长马伟杭和英国皇家全科医师学会代表嘉斯·马宁代表合作双方签字。根据第三期《谅解备忘录》，双方将共同创办"浙江省全科医学国际培训中心"。

【第21批援马里医疗队被评为先进集体】 2011年10月26日至27日，浙江省第21批中国援马里医疗队总结暨表彰会在杭州召开。第21批援马里医疗队被评为"浙江省援外医疗工作先进集体"，尹来等6人被评为"浙江省援外医疗工作先进个人"。相关市卫生局以及派员单位领导和第21批全体医疗队员出席会议。

第21批援马里医疗队31名队员分别坚守在马里的卡地、锡加索和马尔格拉三所医院工作岗位。2009年7月至2011年7月，医疗队克服气候炎热、疾病肆虐、生活艰苦、工作条件简陋等诸多困难，共完成门诊126284人次，住院病例10693人次，抢救危重病例3787人次，开展各类手术5750人次。结束援外任务前夕，全体队员均获得马里总统授予的国家荣誉勋章，其中28名队员获国家骑士勋章、3名随队厨师获国家雄狮勋章。这是中国援马里医疗队43年来，马里政府授予中国医生国家骑士勋章最多的一次。

【法国专家参加浙江省急救医学高级论坛】 2011年11月3日至5日，浙江省急救高级论坛在浙江宾馆召开。法国第戎教学医院急救中心教授弗瑞兹、南特教学医院急救科教授贝迪尔应邀出席，分别作专题报告。法国专家还参观了浙江省人民医院和杭州市急救中心，并就未来双方的合作交流进行了洽谈。

【加拿大艾伯塔省家庭医师学会代表团访问浙江】 2011年11月16日至19日，加拿大艾伯塔省家庭医学专家约翰·赵和雪莉·薛

◎浙江省卫生厅与英国皇家全科医师学会签订关于开展全科医学合作的第三期《谅解备忘录》

普就中加家庭医学合作项目来浙江进行工作访问。

2011年6月，省卫生厅与加拿大家庭医师学会和艾伯塔大学签署关于在家庭医学领域开展合作的《谅解备忘录》。加方专家此次来访的主要目的是：落实双方《合作备忘录》所达成的协议；了解浙江省全科医生培养体制、医院及城乡社区卫生服务工作模式；探讨加方专家到浙江大学任教的可能性；讨论浙江省部分全科医生到艾伯塔进行短期进修的可行性；协助浙江省创建全科医生培训与考核体系等。

加拿大专家先后访问了浙江大学医学院附属第一医院、浙江大学医学院、浙江大学医学院附属第一医院良渚门诊部和淳安县卫生局等。

【日本静冈县健康福祉部代表团访问省卫生厅】 2011年11月23日，日本静冈县健康福祉部部长池谷享士一行4人访问省卫生厅，副厅长马伟杭会见池谷一行。

双方介绍了各自卫生概况，回顾了两省县建立友好省州关系以来在医疗卫生领域的合作。关于未来双方的合作，马伟杭提议：双方共同努力，促使已有的院际合作关系得到长效发展，并借助合作关系加强重点学科的建设；静冈县与浙江大学医学院附属医院建立和发展合作关系；双方在老年病学方面开展合作；加强卫生行政部门的人员交流以及在政策研究和卫生规划等方面的探讨与合作。池谷表示，希望能够实现以上提议，同时欢迎浙江省卫生代表团于2012年两省县建立友好关系30周年之际访问静冈县。

代表团还访问了浙江省人民医院、浙江大学医学院以及浙江大学医学院附属邵逸夫医院，与邵逸夫医院签订合作协议。

【改善中国城乡贫困人群就医环境中英合作项目结束】 在浙江省10个县实施的"改善中国城乡贫困人群就医环境中英合作项目"于2011年结束。根据项目要求，项目地区都建立了社区卫生委员会；项目县的医疗机构首次引入了循证医学，培训医务人员规范诊疗程序，做到合理诊断和合理用药，明显减少了抗生素和大输液的滥用。

为了加速提高边远贫困地区社区卫生服务水平，2008年省卫生厅与英国伦敦大学合作，开展为期3年的"改善中国城乡贫困人群就医环境中英合作项目"。项目经费由英国国际发展署资助，总额330万英镑。项目目标是在中国项目地区创建高效、透明的卫生管理体制。

（麻欢萍）

◎"2011年浙江省急救高级论坛"在杭州召开

省环保厅

【涉外工作概况】 2011年，浙江省环境保护厅（简称"省环保厅"）接待来自日本、以色列、美国、加拿大、德国、挪威、丹麦等国和欧盟的外宾11批76人次；组织或参加赴欧洲、美国、加拿大、澳大利亚、南非、土耳其、阿联酋、巴西、智利、古巴、韩国、日本及香港等国家和地区考察、培训和研修技术交流团组22批50人次。

【省环保厅代表团访问捷克、波兰和匈牙利】 2011年5月8日至19日，省环保厅总工程师陈茜率省环保代表团赴捷克、波兰和匈牙利三国进行流域水管理、水资源保护及水污染控制技术考察。

在捷克，代表团与该国环境部的官员进行了座谈，实地考察了捷克境内多瑙河和其他湖泊、河流的水质情况及自然生态环境的保护、建设情况。

在波兰，代表团与波兰环境部对外合作司司长卡特琳娜·莱特、环保部总顾问及负责水、大气、环保产业等环境领域的相关负责人进行了座谈，详细了解波兰的环境保护政策以及水环境保护、污染源管理方面的经验，并考察了波兰境内河流和空气质量及自然生态环境的保护、建设情况。

在匈牙利，代表团与瓦石洲污水处理厂主任工程师等就污水处理技术和污泥的后期处理等有关问题进行了交流和沟通，实地考察了该厂处理污水的进水、出水、生物处理等设备运行情况。

【浙江省环保管理技术人员赴德国培训】 2011年8月29日至9月11日，省环保系统8名环境管理技术人员赴德国石荷州进行环境管理进修培训。

培训团与该州农业与环境部就新能源、气候变化、公共交通、噪声防治等进行了交流，参加了欧盟、德国、石荷州环境法律框架介绍、德国工业企业的清洁空气管理和减排、水处理等12次专题讲座培训，实地考察了生产环境监测设备的BBE公司等9家企业，还考察了石荷州自然与环境教育中心、基尔大气监测站点、吕贝克应用科技大学等环境科研教育机构及设施。

【丹麦西兰岛大区主席访问省环保厅】 2011年8月31日，丹麦西兰岛大区主席尼尔森率代表团访问省环保厅，厅长徐震、副厅长卢春中会见代表团。

徐震向客人简要介绍了浙江省环境保护工作的基本情况，希望西兰岛大区能够将环境保护的先进技术、装备和管理经验介绍给浙江，进一步促进双方的合作和交流。

尼尔森高度肯定浙江省环境保护工作取得的成就，同时希望双方环境保护机构的合作交流能得到进一步加强。西兰岛大区罗斯基勒大学院长汉娜·兰斯·安德斯介绍了罗斯基勒大学的概况以及可以和浙江开展合作的环境保护培训内容，并邀请省环保厅组团访问西兰岛大区。

【日本静冈县生活·环境部代表团访问省环保厅】 2011年10月13日，日本静冈县生活环境部部长代理伊熊元则一行6人访问省环保厅，副巡视员王以淼会见代表团。双方详细讨论了为庆祝2012年浙江省与静冈县建立友好省县关系30周年、进一步深化拓展环保领域合作交流的具体计划。

【浙江省环保厅代表团访问巴西、智利和古巴】 2011年11月14日至25日，省环保厅副厅长卢春中率领由环境管理部门人员组成的省环保厅代表团赴巴西、智利和古巴进行固体废物管理和处置技术考察。

在巴西，代表团拜访了圣保罗州容迪亚伊市废物处理管理部门，了解巴西环境保护的职能机构及主要职责、巴西的垃圾处理模式及运行状况等，并考察了容迪亚伊市废物处置中心处理垃圾的全过程。

在智利，代表团拜访了智利环保部，了解智利环境管理部门的机构设置、智利的环境政策基本原则。考察了圣地亚哥固体废物处理厂。

在古巴，代表团与哈瓦那废物处理公司进行了座谈，了解古巴废物处理的发展情况。

代表团在出访期间，向当地政府和环境管理部门介绍了浙江省近几年在环境保护及固体废物基础设施建设和管理等领域取得的成绩，对双方在环境保护尤其是固体废物处置管理和技术方面的交流、合作提出了意见建议。

【浙江省环保厅代表团访问南非、

土耳其和阿联酋】 2011年11月21日至12月2日，省环保厅党组成员、机关党委专职副书记章斐龙率省环保系统人员组成的代表团赴南非、土耳其和阿联酋，进行生态环境保护和环境保护技术考察。

在南非，代表团访问了开普宛兰德市政府，了解市政健康服务部门的工作内容、运转方式等。代表团重点对开普敦大学的“共熔点凝固结晶”污水处理技术进行了考察，双方就合作的可能性进行了探讨。代表团还考察了开普敦的自然环境。

在土耳其，代表团与卡斯市政府官员就污水管网收集和污水处理技术进行了交流。

在阿联酋迪拜，代表团了解了阿联酋和迪拜的环保工作情况，考察了阿联酋海湾生物环保公司。

（邱中云）

省广电局

【涉外工作概况】 2011年，浙江省广播电影电视局（简称“省广电局”）自组出国团组4批34人次，其中一批为培训团组。接待芬兰、日本等国客人4批51人次。

【省广电局考察团访问芬兰、瑞典】 2011年7月10日至19日，以副局长王国富为团长的浙江省广播电影电视局考察团对芬兰、瑞士进行考察访问。

在芬兰，考察团走访了大众明天传媒公司，了解北欧广播影视产业发展情况及欧洲受众的收听收看习惯等。王国富与该公司首席执行官赵亦农达成三项初步合作意向：在芬兰举办一个中国影视展，共创一个宣传中国的影视平台；合拍一部影视剧；积极创造条件，合建一个北欧影视基地。

在瑞典，考察团访问了NET公司总部，参观了该公司最新的数字产品，与瑞方交流了相关技术问题。考察团希望有机会能与NET公司技术专家作进一步的交流，并希望NET公司能为浙江地方广播电视台提供最先进的技术设备。

【阿拉伯国家广播电视记者团访问浙江】 2011年7月14日至19日，阿拉伯国家联盟媒体资料专员、秘书长莎依玛·穆罕默德率团访问浙江。

记者团考察了浙江日报报业集团、浙江广电集团、浙江华数集团、杭州（滨江）国家高新技术产业开发区等，并与省广电局就浙江动漫产业发展、三网（电信、移动、广电）融合发展、报网合一等问题进行了座谈。

省广电局局长张宝贵会见记者团一行。

【芬兰大众明天传媒公司代表团访问浙江】 2011年9月17日至20日，芬兰大众明天传媒公司亚洲区负责人杨敏霏率团访问浙江。代表团成员赴杭州百乘影视有限公司、诸暨市广播电视台，对浙江电视剧制作、宣传发行、地方电视台的对外宣传等进行了考察，并与当地影视业人士进行了座谈。

【浙江广电代表团赴法国、奥地利和瑞士开展国际交流】 2011年10月3日至13日，省广电局局长张宝贵率浙江广电代表团赴法国、奥地利、瑞士三国开展广播影视文化国际交流活动。代表团参加了法国戛纳电视节，访问了奥地利联邦新闻署，拜会奥中友协，并考察了瑞士EVP电视制作公司。

省广电局与浙江省商务厅、中国国际动漫节展会办公室首次联合组织浙江华策、中南卡通、博采传媒等15家民营影视动画公司携320部作品参加了戛纳国际电视节秋季展，以“浙江影视”概念设展位23个，总面积130余平方米。展会期间，浙江省参展企业与来自加拿大、意大利、西班牙、德国、美国、新加坡、韩国等国家的采购商进行了200余场洽谈，现场签约20个，达成初步意向60个，涉及交易金额1585万美元。代表团会晤了戛纳电视节组委会，双方深入交流了版权交易、知识产权等问题。张宝贵接受了《欧洲时报》记者专访，详细介绍了浙江影视制作及对外交流合作情况。展会官方新闻《MIP NEWS》连续两天报道了浙江省影视参展企业取得的成果，对浙江动画取得的成绩给予高度评价。

在奥地利，代表团会晤了奥地利联邦新闻署署长沃尔夫冈·特里默尔，双方进行了友好交流。

在瑞士，代表团访问考察了EVP电视制作机构，与该机构管理层就节目制作与播出的高度分离、节目制作有效节约人力和机成本等问题进行了座谈。

【浙江广播电视业务管理团赴美国培训】 2011年10月4日至23日，浙江广播电视业务管理培训团一行18人赴密苏里大学新闻学院培训，参加培训的学员主要是市县级广播电视业务管理人员。培训团一行听取了美国电视媒体概况介绍，听取了电视产业媒体融合与新媒体发展战略等5个专题讲座，实地考察了KOMU电视台、ABC电视台"早安美国"早间新闻栏目、CBS电视台新闻秀节目制作以及凤凰卫视美洲总部等主流媒体，并与之进行了广播电视业务交流。

【日本广播协会在浙江调研】 2011年10月16日至18日，日本广播协会(NHK)放送文化研究所主任研究员山田贤一到浙江调研。山田贤一到浙江华数集团、玄机科技公司等，对浙江数字电视发展、三网融合发展、浙江动漫产业发展等情况进行了调研。

【浙江广电代表团访问英国、德国和法国】 2011年11月10日至19日，省广电局副局长马乐其率浙江广电代表团赴英国、法国、德国三国考察。

代表团访问了位于英国伦敦的凤凰卫视欧洲台有限公司、法国巴黎的BFM广播公司、德国科隆的RTL广播公司。代表团与三国同行进行了广泛的接触沟通，双方就广播影视节目制作、传播、营销一体化模式及管理人才队伍培训等签订了意向性协议书。

【东盟国家电视摄制组到浙江采访】 2011年12月14日至17日，印度尼西亚、新加坡、泰国、越南、柬埔寨等东盟五国的主流电视台摄制组一行15人赴浙江采访。在浙期间，摄制组对杭州西湖、西湖龙井茶叶基地、义乌小商品市场等进行了采访拍摄。

（汪　震）

省体育局

【涉外工作概况】 2011年，浙江省体育局(简称"省体育局")派遣85批329人次，赴39个国家和地区参加比赛或交流访问；接待来自澳大利亚、加拿大、法国、意大利、日本、韩国、俄罗斯、美国、伊朗、叙利亚等29个国家和地区的28个团(队)591人次来浙江进行田径、足球、篮球、排球、乒乓球、武术等访问交流、训练比赛。

【2011年中国室内五人制足球国际锦标赛】 2011年6月1日至5日，由中国足球协会主办，浙江省足球协会、黄龙体育中心、杭州市体育局共同承办的2011年"福迪汽车"杯中国室内五人制足球国际锦标赛在浙江省黄龙体育中心举行，中国、巴西、日本、伊朗和罗马尼亚5支代表队参加比赛。四战全胜的巴西队获得冠军，日本队、伊朗队、罗马尼亚队、中国队分列二、三、四、五名。

【第8届浙江国际传统武术比赛】 2011年7月16日至18日在省黄龙体育中心举行，由省体育局、省友协主办，省黄龙体育中心、省对外体育交流中心、省武术协会承办。省委常委、秘书长、省友协会长李强参加了7月17日上午举行的开幕式并宣布开赛。

来自美国、荷兰、澳大利亚、日本、韩国、墨西哥、意大利、西班牙、德国、瑞士、法国、加拿大等12个国家的90名选手和中国台北、香港等地区及内地14个省、市、自治区240个代表队的4186名运动员报名参赛。

本次比赛设男、女20个年龄组别，长拳、太极、南拳和其他传统拳类等25个系列,750个项目类,8945个单练、88项对练、203项集体、728项个人全能等近万个项目。产生总团体大奖和男女少年儿童组、青年组、中年组、老年组等10项个人全能大奖,总奖金16万元人民币。

【第3届中德体育研讨会】 2011年11月1日至2日在杭州举行,由国家体育总局和德国内政部共同主办,省体育局承办。会议由国家体育总局外联司副司长宋克勤主持,总局政法司司长张剑、浙江省体育局局长李云林到会致辞。

研讨会上,来自中德两国体育界的专家和学者就体育管理、体育设施利用和优秀运动员的心理支持等问题进行了深入的探讨和交流。

【第4届中韩青少年体育交流大会】 2011年11月1日至7日,第4届中韩青少年体育交流大会第二阶段活动在宁波、温州举行,由国家体育总局和大韩体育奥委会主办,省体育局和宁波市、温州市人民政府共同承办。团长高焕升率领的韩国青少年体育代表团一行79人参加了本次交流活动,交流项目是篮球、乒乓球、羽毛球。

第4届中韩青少年体育交流大会第一阶段活动于2011年7月25日至31日在韩国全州举行,省体育局选派由宁波、温州市青少年运动员为主组成的73人交流团赴韩国交流访问,交流项目有男女篮球、乒乓球、羽毛球。

【“百年中行杯”2011年杭州国际马拉松赛】 2011年11月6日上午8时在省黄龙体育中心广场鸣枪。比赛由中国田径协会、杭州市政府和省体育局主办。来自37个国家和地区的2.3万名跑步爱好者参加,这是杭州历届马拉松参加人数最多的一次。比赛设传统的全程马拉松(42.195千米)、半程马拉松(21.0975千米)、短程马拉松(13千米),小马拉松(6.8千米)、家庭跑(1.2千米)和情侣跑(3.5千米),还特别设置了“cosplay化装组”。经过比赛,肯尼亚选手获全程男子组前三名,中国选手获得全程女子组冠亚军。

【中美乒乓外交40周年纪念杭州站活动】 2011年12月9日至11日在杭州举行,由中国乒乓球协会主办、国家体育总局对外体育交流中心、浙江省体育局承办。9日,美国乒乓球协会主席彼得·唐纳德·斯卡德纳率领美国乒乓球代表团和国际乒联终身名誉主席、中国乒协名誉主席徐寅生等16人组成的中国乒乓球代表团出席了浙江省政府举办的庆祝中美乒乓外交40周年宴会。10日上午在浙江大学玉泉校区邵逸夫体育馆,中国乒协副主席、世界冠军陆元盛,1971年访美老将、中国乒协官员、世界冠军齐宝香,浙江省乒乓球队总教练鲁尧华等老将,与美国乒乓球男子单打冠军蒂莫西王等美方运动员进行友谊赛;下午,双方一起参观了中美联合公报修改地——西湖国宾馆八角亭和花港公园内象征中美友谊的红杉树,并在黄龙体育中心种植了具有象征意义的友谊树。

中方纪念活动依次在北京、杭州和上海举行。美方纪念活动于7月1日至9日在密尔沃基、旧金山和洛杉矶举办。应美国奥委会的邀请,国家体育总局副局长、中国奥委会副主席、中国乒乓球协会主席蔡振华率中国奥委会和中国乒乓球协会代表团一行17人(浙江省体育局纪检专员夏建成参团)赴美国出席中美乒乓外交40周年纪念活动。

【日本京都日中武道研究会研修团访问浙江】 2011年12月29日至2012年1月5日,以吉村京子为团长的日本京都日中武道研究会代表团来浙江,与浙江省武术协会、浙江省对外体育交流中心进行交流。代表团成员向浙江省传统武术教练学习了二十四式太极拳、基本刀术、基本剑术、太极扇、吴式太极剑、杨式太极拳、武式太极拳、形意拳、剑、八卦掌、枪和棍术等传统武术项目。他们也向中方展示了日本的合气道等传统项目。学习结束后由浙江省武术协会对其所学的项目进行考核并颁发学习证书。1月3日至4日,代表团成员前往武义,与武义县武术协会进行交流并游览了俞源太极星象村、郭洞等风景名胜。

日本京都日中武道研究会旨在民间研究日本武道和中国武术。该研究会自1984年首次来浙江省进行武术交流以来,已连续28年来浙访问,时间均安排在每年元旦期间,历时5～7天。

双方商定,在2014年友好交流30周年之际,将举行纪念和庆祝活动。

(刘　杰)

2011年省体育局接待的部分来访团组

序号	来访时间	团组名称	团组负责人	人数	目的
1	2月26日～3月2日	亚冠联赛官员	伊斯雷尔·丹尼尔·西蒙	6	亚冠联赛
2	2月28日～3月2日	日本鲸八足球俱乐部	斯托伊·科维奇	49	亚冠联赛
3	3月1～2日	亚足联官员	铃木德昭	4	亚冠联赛
4	3月7日	比利时体育赛事考察团	路易·得·弗利斯	3	访问
5	3月7～13日	日本高中生乒乓球队	冈田文晴	18	训练
6	3月25日	新加坡单项协会考察团	张思乐	13	访问
7	4月4～7日	阿联酋阿尔艾因足球俱乐部	玛马吉德·哈马德	56	亚冠联赛
8	5月8～12日	美国体育考察团	勒费尔·戴维	8	考察访问
9	5月9～12日	韩国首尔FC足球俱乐部	皇甫官	47	亚冠联赛
10	5月19～25日	新加坡国家沙滩排球队	张杰山	8	训练
11	5月26日～6月1日	犹他闪光职业篮球俱乐部	凯文·杨	11	比赛
12	5月31日～6月15日	印度羽毛球队	玛哈简	1	训练
13	6月1～5日	新加坡运动专家	林书贤	1	访问
14	7月10日～2012年3月9日	网球	嘉姆·门福特·纳德斯	1	执教
15	7月13～17日	艺体专家访问团	朱丽娅·卡洛塔	2	访问
16	7月14～16日	英国阿森纳足球队	阿森纳·卡勒斯		比赛
17	7月20日～8月20日	法国乒乓球交流团	奎恩廷·普拉得拉	4	训练
18	8月1～2日	国际运动训练理论研讨会	由力·哈特曼	4	研讨会
19	8月7～13日	瓦尔普莱索大学女篮	弗里曼·凯斯	22	比赛访问
20	9月12～17日	关西大学生联盟乒乓球队	冈部泰治	20	交流训练
21	10月23日～11月2日	芝加哥旅行者明星职业男子篮球队	诺曼·泰瑞	11	比赛
22	11月1～4日	印尼乒乓球队	罗斯·普拉迪瓦	11	交流
23	11月2日～2012年1月15日	澳大利亚青年羽毛球队	陈升	2	训练

省海洋与渔业局

【涉外工作概况】 2011年,浙江省海洋与渔业局(简称"省海洋与渔业局")组织出访考察团16个、培训团1个,共40人次。接待外宾3批10人次。实施引进外国专家项目11个,邀请美国、以色列、挪威、匈牙利和泰国等国家的渔业专家来访11人次。

【美国三文鱼专家访问省淡水所】 2011年4月18日,美国著名三文鱼专家李·布兰肯希普率访问团来省淡水所进行交流访问。省淡水所科技人员和湖州市水产技术推广系统的技术人员共40余人参加交流会。会后,省淡水所负责人和部分科技人员与访问团作了进一步交流,双方初步达成合作意向。

【省渔业考察团访问澳大利亚、新西兰】 2011年4月26日至5月6日,以省海洋与渔业局副巡视员胡式考为团长的浙江省渔业考察团对澳大利亚和新西兰进行访问考察。考察团就水资源环境、渔业和水产养殖方面的管理和研究以及未来的合作可能性等与澳新两国科技人员进行了探讨和交流。

【美国专家访问海水养殖病害防治中心】 2011年8月11日至13日,美国弗吉尼亚州海洋科学研究院的李才文博士访问省海洋水产研究所海水养殖病害防治中心,与中心的科研人员进行了学术交流。李才文介绍了弗吉尼亚州海洋科学研究院的研究领域及最新研究成果,并作专题学术报告。李才文对省海洋研究所病害中心在三疣梭子蟹、锯缘青蟹、脊尾白虾等海产甲壳类感染血卵涡鞭虫方面的相关研究表示了浓厚兴趣。双方表示将对该寄生虫开展合作研究。

【马来西亚专家访问省海水增养殖重点实验室】 2011年8月15日,马来西亚有富中国公司的3位专家考察了省海洋水产研究所的海水增养殖重点实验室,参观了试验基地的实验室、育苗室和养殖设施,双方就石斑鱼苗种生产和商品鱼生产表达了合作意向,探讨了合作生产的模式与前景。

【省淡水所科技人员参加世界华人鱼虾营养学术研讨会】 2011年9月7日至9日,省淡水所教授级高级工程师陈建明等6位科研人员参加了在四川省成都市举办的第八届世界华人鱼虾营养学术研讨会并作学术报告。来自中国、美国、日本等国家的百余位专家、学者在会上就水产动物营养学研究和饲料开发相关环节进行了广泛深入的交流与研讨。

【2011海洋生态文明(温州)国际论坛】 2011年10月16日至19日在温州召开。由浙江省人民政府、国家海洋局主办,温州市人民政府、浙江省海洋与渔业局和国家海洋局国际合作司共同承办,来自美国、加拿大、德国、荷兰、挪威、以色列、马来西亚、泰国以及香港等9个国家和地区海洋研究领域的科学家及国内海洋学界的知名学者,联合国开发计划署、美国国家海洋和大气局、世界自然保护联盟等组织,以及国内沿海省市政府部门官员共300余人参加论坛。与会专家学者围绕"国别应对气候变化策略"、"沿海城市发展与应对气候变化"和"海岛、海岸带生态系统与气候变化的适应性"三个议题展开探讨。副省长、温州市委书记陈德荣,国家海洋局副局长陈连增,省海洋与渔业局局长赵利民等出席论坛并致辞。

【省渔业合作考察团访问日本、匈牙利和克罗地亚】 2011年11月7日至18日,以省海洋与渔业局局长赵利民为团长的浙江省渔业考察团赴日本、匈牙利及克罗地亚考察访问。

考察团分别访问了日本长崎县水产部、长崎县鱼市场和长崎县综合水产试验场,匈牙利渔业、水产养殖和灌溉研究所、鲶鱼养殖场,克罗地亚农业、渔业和农村发展部及鱼类育苗场、鱼产品加工厂、斯普林特海洋与渔业研究所,与三国的渔业界政府官员和科技人员就渔业环境保护、健康型水产养殖模式、育苗及养殖技术等共同关心的问题进行了广泛的交流和探讨。考察团与日本长崎县水产部签订了渔业合作交流备忘录，与匈牙利渔业、水产养殖和灌溉研究所签订了水产养殖合作备忘录。

【浙江省现代海洋渔业技术培训团赴德培训】 2011 年 11 月 19 日至 12 月 8 日，省海洋与渔业局组织现代海洋渔业技术培训团一行 19 人赴德国学习培训。培训团成员为来自全省海洋与渔业系统的有关行政机构、科研教育院所、推广机构的管理和技术人员。培训团参加了关于德国海洋环境资源保护、德国水产养殖与环境保护、德国水产品食品安全监管和体系等方面的讲座和交流会，并走访了不莱梅海洋资源研究院、梅克伦堡州农业渔业局、汉堡海洋渔业研究院、柏林淡水生态及内陆渔业研究院等单位。

【省海洋与渔业环境监测考察团访问加拿大、美国】 2011 年 11 月 29 日至 12 月 6 日，以省海洋与渔业局总工程师童加朝为团长的浙江省海洋与渔业环境监测考察团赴加拿大和美国访问。考察团访问了加拿大艾伯塔大学的中国学院和农业与生物学院、美国海洋鱼类保护协会、美国海洋大气管理局，与加美两国海洋与渔业有关研究人员就水产品安全、海洋生态环境保护、资源管理、气象预警报服务、海上突发事件的预警、评估及应急响应等以及未来合作事宜进行了广泛的交流。

【美国渔业专家访问省淡水所】 2011 年 12 月 9 日，美国国立健康研究院的李硕博士来省淡水所进行技术交流访问。在学术交流会上，李硕作题为《Pannexin 蛋白在垂体中的表达及其在胞外 ATP 信号分子释放中的作用》的研究报告。省淡水所科技人员与李硕进行了深入的交流和探讨。李硕还参观了该所的种质资源室和病害室。

【海水鱼营养与饲料联合实验室】 2011 年，中挪共建的联合实验室继续开发海水鱼类配合饵料。在新型蛋白源开发、鱼粉替代蛋白、主要海水养殖鱼类营养需求及消化率等方面取得阶段性进展。该联合实验室 2011 年初被农业部列为“饲料和饲料添加剂有效性试验机构”。2011 年联合实验室的主要试验是“复合植物浓缩蛋白和饲料膨化挤压技术在黑鲷饲料中的应用”以及“豆粕类蛋白部分替代黑鲷饲料中鱼粉研究”。4 月 2 日，省海洋所召开联合实验室工作会议，挪威饲料专家托朗·斯道贝肯教授通报了 2011 年开展的饲料中添加磷虾粉的试验计划。

【海水网箱金属网衣应用取得进展】 2011 年，省海洋水产研究所与国际铜业协会、比利时贝卡尔特公司在海水网箱金属网衣的应用方面进行了多次研讨，并取得实质性进展。该所与贝卡尔特公司签订了合作开发协议，并与国际铜业协会的专家一起，通过海区实试，对铜合金网衣得出安全性、强度及品质的初步评价。研究人员还共同探讨了养殖用圆柱形铜合金网衣网箱的商业前景，并提出了适合中国国情的商业模式。

（叶　丹）

省食品药品监管局

【涉外工作概况】 2011 年，浙江省食品药品监督管理局（简称“省食品药品监管局”）报批 20 个因公出国（境）团组，合计 98 人，分别赴美国、加拿大、澳大利亚、墨西哥、古巴、瑞典等国家及香港地区，参加国际会议、开展技术培训和交流访问。

【省食品药品监管局代表团访问法国、瑞士和西班牙】 2011 年 8 月 19 日至 28 日，省食品药品监管局副局长陈时飞等一行 6 人访问法国、瑞士和西班牙。在法国，代表团就浙江省药品生产车间药品生产质量管理体系改造与赛诺菲公司进行了技术交流和商谈。

在西班牙，代表团与 ESTEVE QUIMICA，S. A. 公司讨论了浙江省出口到西班牙的原料药性能及稳定性的相关情况。

【省食品药品监管局代表团访问墨西哥、古巴】 2011 年 9 月 18 日至 27 日，省食品药品监管局代表团赴墨西哥、古巴访问。

在墨西哥，代表团与墨西哥州社会保险部药品管理局就医药卫生体制、药品监管法律、药品市场准入等内容进行了深入的交流。

在古巴，代表团与该国卫生部就化学药、传统药、生物制品、医疗设备等领域的法律法规进行了交流，还参观了古巴热带药学协会和艾滋病国家级实验室。

【省医疗器械检验所代表参加国际会议】 2011 年 10 月 11 日至 18 日，浙江省医疗器械检验所一行 4 人赴澳大利亚墨尔本参加国际标准化委员会第 76 技术委员会(即光辐射安全和激光设备技术委员会)会议，参与研讨了光辐射安全和激光设备相关产品的国际标准和技术文件，以及《强脉冲光源设备安全作用于人体的使用指南》等国际技术文件的草稿，并代表中国提出意见和建议。

【省食品药品检验所代表团访问美国】 2011 年 11 月 9 日至 19 日，省食品药品检验所一行 10 人赴美国安捷伦公司，就该公司生产的全球色谱、生物质谱、电感耦合等离子体质谱系统对制药、药物代谢、有机化工产品分析检验等的解决方案进行交流，并与美方签订药物分析联合实验室的合作协议。

【省食品药品监管局派员赴美国培训】 2011 年 12 月 7 日至 27 日，经省外国专家局立项、国家外国专家局同意，省食品药品监管局选派 20 名药品监管行政人员和药学专业技术人员赴美国加州大学圣地亚哥分校进行药品分类管理培训。

（曹丽云）

省新闻出版局

【“浙江图书展”和“‘浙江印象’图片展”在葡萄牙展出】 2011 年 5 月 20 日，由浙江省对外文化交流协会、浙江出版联合集团、《葡华报—欧洲联合周报》、葡萄牙中华总商会、葡萄牙 Principia 出版社联合主办的“浙江图书展”和“‘浙江印象’摄影图片展”在葡萄牙皇宫后园展览厅举行。省委常委、宣传部长茅临生宣布展览开幕。中国驻葡萄牙使馆官员，葡萄牙政界、文化界人士，当地华人华侨代表和媒体记者等参加开幕式。

此次展览共展出浙江省出版的 2000 多种图书，涵盖文学、历史、经济、少儿、生活、保健、艺术等各门类，代表了浙江出版的整体水平。开幕式上，浙江出版文化代表团向葡萄牙中华总商会、中文学校等单位赠送了浙版图书。“‘浙江印象’图片展”展出反映浙江省历史文化、自然风光、民情风俗和人民生活的摄影作品 60 余幅，展示了浙江省经济社会发展的新变化、新成就。

开幕式上，还进行了浙江摄影出版社与葡萄牙 PRINCIPIA 出版社合作出版《认识中国》葡语版的签约仪式。这是浙江出版界和葡萄牙出版同业第一次合作出版。

【浙江报业传媒考察团访问瑞士、西班牙】 2011 年 8 月 30 日至 9 月 8 日，以省新闻出版局巡视员王汐为团长的浙江报业传媒考察团赴瑞士、西班牙考察。考察团走访了瑞士洛桑 INEDIT PUBLICATION S. A. 出版集团和西班牙 El Mundo 报业集团等，与对方就报刊业数字化、网络化发展等问题进行了交流。

【组织参加北京国际图书博览会】 2011 年 8 月 31 日至 9 月 4 日，省新闻出版局组织省内 14 家图书出版社、浙江华硕国际贸易有限责任公司等单位参加第 18 届北京国际图书博览会，参展的浙版图书 1500 多种，包括代表近年来浙版图书“走出去”成果的 60 多种外文图书和一批最新“走出去”重点推荐图书。展会期间，浙江省出版社与境外十几个国家和地区的出版机构达成版权贸易、合作出版协议和意向200多项，其中版权输出100多项。

【组织参加法兰克福书展】 2011年10月12日，全球最大书展——第63届法兰克福国际图书博览会在德国法兰克福开幕。省新闻出版局组织浙江出版联合集团等省内出版单位参展，带去了“中国非物质文化遗产丛书”、《商务汉语》、《当代中国美术》等200多种精品图书。

【英文版《历史的轨迹》在法兰克福书展引起关注】 第63届法兰克福国际书展上，浙江人黄永军推出了英文版图书《历史的轨迹：中国共产党为什么能》，引起国外读者的极大关注。

《历史的轨迹》一书由中共中央党校数位党史研究专家集体编写，该书用具有说服力的数字、娓娓道来的叙事方式，回答了读者“中国共产党为什么能够建立新中国”、“为什么能够解决13亿人的吃饭问题”等问题，使读者产生强烈的探知欲望。2011年3月该书中文版上市后，首版销量即突破20万册，并连续数月高居图书排行榜前5名，引起国外出版商的关注。

书展结束后，黄永军在马克思的故乡——德国特里尔城举行了《历史的轨迹》的推广活动。

【浙江出版考察团访问瑞士、意大利】 2011年10月25日至11月3日，以省新闻出版局局长陈昆忠为团长的浙江出版考察团前往瑞士、意大利考察出版业。

在瑞士，考察团与联邦知识产权局进行了会谈，双方探讨了政府如何采取有效措施加强版权保护。

在意大利，考察团考察了意大利数字出版社等单位，了解欧洲出版业发展现状，着重就数字出版发展情况与意方进行了交流，并向当地出版单位推荐浙版优秀图书，为今后深入开展出版合作打下基础。

【浙江版权贸易代表团访问澳大利亚、新西兰】 2011年12月7日至16日，省版权局、省政府新闻办共同组团赴澳大利亚、新西兰举办浙江版权贸易图书展。其间，分别在两国举办了“浙江精品图书展”，与两国出版界开展了一系列版权合作及图书出版发行交流活动，浙江大学出版社与澳大利亚HALSTEAD PRESS出版社、澳洲华厦传媒集团、新西兰玛克威出版社就英文版历史类、学术类图书达成版权合作意向；浙江少年儿童出版社与玛克威出版社就少儿启蒙类图书达成版权合作意向；西泠印社出版社与玛克威出版社就少儿书法图书达成版权合作意向；省新华书店与澳洲华厦传媒集团就开办网上书店事宜进行了商洽，双方将以博库书城网为平台，在澳大利亚建立相关网站。

（陈清贵）

浙江检验检疫局

【中美全地形车政策法规座谈会在金华召开】 2011年2月25日，美国消费品安全委员会驻华办公室参赞何杰福一行到金华，就全地形车（ATV）政策法规等一系列问题与中方全地形车生产企业、行业协会、政府监管部门开展交流，共商中国全地形车顺利进入美国市场的措施和对策。来自金华市政府相关部门、金华检验检疫局、浙江省休闲运动车行业协会及ATV生产企业代表等共30人参加座谈。美方代表详细阐释了美国全地形车进口方面的最新政策法规，解答了企业代表提出的问题。

何杰福一行参观了金华检验检疫局检科分院非公路机动车检测国家重点实验室，考察了浙江康迪车业有限公司，出席了2011中美全地形车政策法规座谈会。

【浙江局开展对日入境航空器辐射监测工作】 2011年3月16日，浙江出入境检验检疫局（简称“浙江检验检疫局”或“浙江局”）机场办针对日本地震后的核电站爆炸泄漏事件，积极开展对来自日本航空器的辐射监测工作，确保杭州机场出入境人员的健康安全。在全日空地服人员和机组的配合下，杭州机场办圆满完成辐射监测任务，未发现放射性物质污染。

当日下午1点30分，全日空NH929航班从东京抵达杭州萧山国际机场，机场办航空器检验检疫科两名工作人员携带个人剂量仪和电离室巡测仪提前在指定的远机位等候。经工作人员细致监测，确认未发现放射性物质污染后，允许该航班开舱下客。最后，工作人员对7名机组人员进行辐射监测，读数均在安全范围以内。此后，机场办持续开展针对来自日本的航空器辐射日常监测工作。

【中国—欧盟地理标志保护研讨会在杭召开】 2011年3月22日至23日，中国—欧盟地理标志保护研讨会在杭州举行。国家质检总局副局长孙大伟、欧盟农业委员达契安·乔罗什到会并致辞。浙江局局长阎震应邀参加会议。

研讨会上，西湖龙井茶商会会长、法国国家干邑酒行业管理局主任、帕尔马火腿联合体主席、巴爱纳橄榄油总裁等10位代表就地理标志保护工作以及对本国、本地区农业的重要推动作用作了经验交流发言。

浙江已有66个产品获得地理标志保护，数量居全国首位。

【金华检验检疫局赠泰国两头乌遗传物质抵泰】 2011年5月29日，金华检验检疫局相关人员与泰国畜牧发展部派出的两位官方兽医对浙江加华种猪有限公司的金华两头乌供体进行了现场监督采样，加贴封识，并由专人护送空运至泰国曼谷。这是浙江检验检疫局对猪遗传物质首次实施检疫。

据泰国驻华使馆农业参赞办公室反馈，金华两头乌公猪遗传物质送抵曼谷后已供同期发情的泰国母猪使用，状况良好。

【浙江局派员参加国际标准工作会议】 2011年6月8日至10日，《生丝电子检测试验方法》国际标准制定项目组在意大利科莫举行生丝电子检测国际标准第二次国际会议，来自中国、意大利、法国、瑞士、印度和日本的ISO注册专家和代表共20余人参加会议，浙江局丝检中心派出3名专家参加会议。

此项目组是由中国主导、浙江局丝类检测中心重点参加的ISO/TC38/SC23/WG05(即国际标准化组织纺织品技术委员会纤维和纱线分会天然蛋白质工作组)工作组。中国项目组对标准工作草案进行了通读，与会各国专家对标准工作草案进行了讨论，最后一致通过会议纪要。

【中美低酸罐头技术交流活动】 2011年9月13日至16日在浙江举行。本次活动由国家认证认可监管委员会、美国食品和药物管理局(简称“美国FDA”)联合举办，共有30多人参加。美国FDA专家在交流会上讲解了美国的相关法规、FDA低酸罐头和酸化食品检查要求，以及模拟现场检查。浙江局副局长戴永华和国家认监委注册部主任顾绍平分别在杭州、舟山两地参加会议。

14日至16日，美方FDA专家检查了浙江娃哈哈昌盛罐头食品有限公司、舟山海力生集团有限公司。这是美方第一次在美国以外与外国官方机构人员进行深入的交流。

【浙江局派员参加中美水产品安全研讨会】 2011年9月19日至23日，国家质检总局与美国FDA在广东湛江联合召开第一期水产品安全研讨会。来自全国各地检验检疫系统从事水产品检验监管业务工作的人员和出口水产品加工及养殖企业负责人共60余人参加，浙江局受邀派员参加研讨会。

会议期间，浙江检验检疫局代表向美方代表详细介绍了中方出口食品的管理体系、进出口水产品检验监管工作的主要做法和成效以及良好养殖规范，宣传了中方在水产品监管方面的工作，双方进行了良好的互动和交流。

【浙江省输韩水产企业顺利通过韩国检查】 2011年11月6日至12日，韩国农林水产食品部水产品检查团对浙江省获韩国注册的水产品加工企业和水生动物养殖企业进行检查。

2009年韩方曾检查浙江省

水产企业和水生动物养殖场的情况，2011年从中再次选定6家候检企业。韩方对所检企业总体情况表示满意，6家企业均顺利通过韩国官方检查。

（顾梓耀）

亚太地区小水电中心

【涉外工作概况】 2011年亚太地区小水电研究培训中心（简称“中心”）承办了3期援外培训研讨项目，来自52个国家的107位学员（官员）参加培训和研讨。接待来自土耳其、越南、印度尼西亚、印度、科索沃等国家和地区的外宾11批25人次；共派遣团组8批17人次，分赴土耳其、以色列和肯尼亚等国，执行水电合作项目设备安装指导、项目投资及设备出口洽谈等任务。

【越南水科院副院长访问中心】 2011年3月15日至18日，越南水科院副院长兼水电与可再生能源研究所所长阮武越一行3人访问中心，就双方共同申报的中越政府间长期交流项目“气候变化引起的灾害条件下农村水电应急保障技术”进行协商和部署。该项目已经两国科技联委会第八次会议通过，同意列入2011—2012年度中越政府科技合作长期交流项目。中心主任程夏蕾、水利部农村电气化研究所副所长徐锦才及中心下属杭州亚太水电设备成套技术有限公司负责人等参加会谈。双方就多个合作项目达成一致意见，并签署备忘录。

【中心设计的越南孟洪水电站并网发电】 2011年4月18日，由中心设计的越南孟洪水电站正式并网发电。孟洪水电站位于越南西北部老街省境内的孟洪河上，装机容量2×16MW，系老街省的重点工程。

【发展中国家小水电技术培训班】 2011年5月26日至7月6日，中心承办了由商务部主办的发展中国家小水电技术培训班。来自23个国家的42名学员参加培训。学员们还参观了杭州长河发电设备有限公司、浙江运达风力发电工程有限公司、浙江富春江水电设备股份有限公司、三峡电站、嵊州艇湖电站、南山电站、宁波溪口抽水蓄能电站等。

【中心承接的土耳其三电站投运发电】 2011年6月初，中心承接的土耳其水电站机电设备出口项目——奥路加一级电站、恰木将三级电站和沙拉齐电站投运发电。3座电站均由杭州亚太水电设备成套技术有限公司提供全套水轮发电机组及控制设备。

【非洲法语国家小水电技术培训班】 2011年8月18日至9月28日，中心承办了由商务部主办的非洲法语国家小水电技术培训班。来自17个非洲法语国家的40名学员参加培训。学员们还参观了杭州长河发电设备有限公司、浙江临海电机有限公司、浙江临海机械有限公司、浙江正泰集团总部及太阳能科技有限公司、三峡电站、嵊州艇湖电站、南山电站以及宁波溪口抽水蓄能电站等。

【中心设计的越南太安水电站正式并网发电】 2011年9月29日，由中心设计的越南太安水电站正式并网发电。太安水电站位于越南东北部河江省境内，装机容量2×50MW。

同日，由中心设计的越南太安220KV变电所正式并入越南国家电网运行。

【发展中国家水资源及小水电部级研讨班】 2011年11月1日至7日，中心承办了由商务部和水利部共同主办的“发展中国家水资源及小水电部级研讨班”。来自亚洲和非洲12个国家的25位高级别政府官员（包括12位部级官员）参加研讨。各国官员还考察了中国水利博物馆、绍兴曹娥江水利工程枢纽、浙江金轮机电实业有限公司、金华九峰水库、长江三峡工程及上海苏州河挡潮闸等工程。

（潘大庆）

省总工会

【涉外工作概况】 2011年,浙江省总工会(简称“省总工会”)应邀组织5个代表团29人次,出访西班牙、葡萄牙、澳大利亚、新西兰、意大利、日本、韩国等国家。接待来自7个国家和地区的工会代表团12批117人次。

【省总领导随全总代表团访问比利时、德国和意大利】 2011年3月28日至4月7日,以中华全国总工会副主席、书记处第一书记王玉普为团长的中国工会代表团赴比利时、德国和意大利访问交流。省总工会党组书记、常务副主席金长征随团出访。

【埃及全国铁路工会第5次友好访华代表团访问浙江】 2011年6月23日至25日,以总书记扎格鲁·阿卜杜·莫内姆·伊斯梅尔·哈玛德为团长的埃及全国铁路工会第5次友好访华代表团来浙江参观访问。代表团与省总工会进行了座谈交流,参观了铁路杭州站、杭州市职工维权帮扶中心。省总工会党组书记、常务副主席金长征会见代表团。省总工会副主席李锦平设宴欢迎代表团,副主席吴建宪、省总工会经费审查委员会主任蔡江平、副巡视员张彤参加宴会。

【美国变革谋胜利工会联合会代表团访问浙江】 2011年7月11日至14日,美国变革谋胜利工会联合会战略顾问乔茜·莫尼、变革谋胜利工会联合会下属产业工会联合食品商业工会战略资源部助理部长芭芭拉·吉尔伯特·陈一行访问浙江。

代表团与省总工会、杭芝机电有限公司工会、温岭新河镇羊毛衫行业工会、省财贸工会就工会行业工资集体谈判、区域性工资集体谈判、财贸工会的工资集体谈判以及全省工会工资集体谈判情况进行了交流,参观了普陀山工人疗养院。省总工会副主席吴建宪设宴招待美国客人。

【古巴马坦萨斯省总工会第7次友好访华代表团访问浙江】 2011年7月19日至21日,以书记处书记华金·佩雷斯·奥尔蒂斯为团长的古巴工人中央工会马坦萨斯省总工会第7次友好访华代表团来浙江参观访问。省总工会党组书记、常务副主席金长征会见代表团,介绍了省总工会创建和谐劳动关系、非公企业组建工会、开展工资集体谈判等方面的情况。

代表团与杭州经济技术开发区总工会进行了座谈交流,参观了百富电子技术有限公司、省总工会工人疗养院体检中心、嘉兴南湖革命纪念馆。省总工会副主席李锦平、吴建宪宴请代表团。

【省总工会代表团访问西班牙、葡萄牙】 2011年9月7日至16日,以省总工会经费审查委员会主任蔡江平为团长的浙江省总工会代表团对西班牙、葡萄牙进行友好访问。代表团拜访了西班牙加里西亚总工会、葡萄牙塞杜瓦尔总工会,听取两国工会现状和劳工权益情况的介绍,并就共同关心的问题及今后的交往与合作等问题,与上述两国工会领导人进行了座谈交流。代表团参观了加里西亚总工会职业培训中心和塞杜瓦尔地区菲斯拜化纤制造公司,并与企业工会进行了座谈交流。

【日本邮政集团劳动组合中国地方本部友好访华团访问浙江】 2011年11月1日至3日,以执行委员长池上正美为团长的日本邮政集团劳动组合中国地方本部友好访华代表团对浙江进行友好交流访问。代表团一行拜访了省总工会、省邮政工会,进行了座谈交流,参观了杭州市邮政局商务投递局、商业信函局。2日晚,省总工会、省邮政工会为代表团举行欢迎宴会,省总工会党组书记、常务副主席金长征,省邮政公司党组书记、总经理鞠勇,省总工会副主席吴建宪,省邮政工会主席裴英杰出席。

【省总工会代表团访问日本、韩国】 应日本劳动组合总联合会福井县联合会(简称“联合福井”)和韩国劳动组合总联盟庆尚南道本部(简称"庆南本部")的邀请,2011年11月3日至12日,以副巡视员张彤为团长的浙江省总工会代表团对日本、韩国进行友好访问。代表团拜访了福井县厅,与联合福井、庆南本部举行了恳谈会,双方就两国工会的现状和面临的问题进行了深入的交流和探讨。代表团还考察了日本和韩国的企业,与企业负责人和工会代表进行了座谈。

【日本联合静冈、静冈县劳福协第9次友好访华代表团访问浙江】 2011年11月14日至17日,以静冈县劳动金库理事长加藤幸博为团长的日本劳动组合总联合会静冈县联合会(简称"联合静冈")、静冈县劳动者福祉协议会(简称"静冈县劳福协")代表团来浙江参观访问。

15日,代表团拜访省总工会,双方就工会在金融危机中如何采取应对措施、保护工人权益等共同关心的问题进行了座谈交流。当晚,省总工会党组书记、常务副主席金长征设宴欢迎代表团,省总工会副主席吴建宪参加。

访浙期间,代表团还参观了杭州大和热磁电子有限公司,与杭州高新技术产业开发区总工会、杭州大和热磁电子有限公司工会进行了座谈交流。

【省总工会代表团访问新西兰、澳大利亚】 2011年12月4日至13日,以副主席周小兵为团长的浙江省总工会代表团对新西兰、澳大利亚进行友好访问。代表团拜访了新西兰工会理事会奥克兰分会、奥克兰海事工会、澳大利亚工人工会、澳大利亚工人工会昆士兰州分会,与上述工会进行了友好交流,介绍了近年来省总工会在构建和谐劳动关系、组织农民工入会、开展劳动竞赛、提高职工技能、帮扶困难职工等方面的工作。代表团还考察了布里斯班LODGE养老院。

【省总工会代表团访问西班牙、意大利】 2011年12月13日至22日,以副主席吴建宪为团长的浙江省总工会代表团对西班牙、意大利进行友好访问。代表团与西班牙工人委员会工会联合会(简称"西班牙CCOO")马德里商贸、餐饮、旅游工会,西班牙CCOO加泰罗尼亚自治区工会及意大利劳动人民工会联合会博洛尼亚大区工会进行了工作交流,就欧债危机对中小企业的影响及工会对策等进行了探讨。代表团还拜访了西班牙华人企业联合会,双方进行了座谈交流。

(刘鲁宁)

2011年省总工会接待的部分访浙团组

序号	团组名称	人数	来访时间	访问目的	团长	宴请领导
1	美国工会代表团	4	1月4～6日	参观游览	安娜·博格	吴建宪
2	巴西工人总工会访华代表团	6	4月19～21日	参观游览	洛沦索·费雷拉·普拉多	吴建宪
3	法总罗阿大区委员会访华团	5	5月31日～6月2日	参观游览	布律诺·布维埃	吴建宪
4	日本邮政集团劳动组合近畿地方本部第二次访华团	6	10月26日	参观游览	古贺信弘	
5	日中持能者交流中心	1	10月30日～11月3日	参观游览	山森一男	吴建宪
6	德国五金工会	31	11月1日	交流访问	沃尔夫冈·米勒	吴建宪
7	日教组九州地区协议会	43	12月23～24日	交流访问	宗安胜敏	李逸凡

团省委

【涉外工作概况】 2011年，共青团浙江省委员会(简称“团省委”)应邀组织6批45人次，赴日本、英国、瑞士等国家(地区)交流访问。接待来自日本、韩国、莫桑比克和香港等国家(地区)的青年代表团7批76人次。

【莫桑比克青年代表团访问浙江】

2011年3月1日至20日，以青年与体育部部长佩德里托·弗莱德·卡埃塔诺为团长的莫桑比克青年代表团访问浙江。代表团参观考察了浙江体育职业技术学院、杭州市下城区打铁关社区、义乌国际商贸城等，并就青年参与社会管理以及开展体育、经贸等交流分别进行了座谈。

副省长陈加元会见并宴请代表团，省政府副秘书长施利民，省外办副主任顾建新，团省委副书记、党组副书记周艳，团省委副书记、省青联副主席苗伟伦参加会见和宴请。

【日本静冈青年交流代表团访问浙江】 2011年8月12日至16日，以静冈县日中友好协会理事长栗原绩为团长的日本静冈县青年交流代表团访问浙江。

代表团参观了中国移动通信集团浙江有限公司客户服务中心、浙江盘石信息技术有限公司和传化集团有限公司，双方就公司体制、员工待遇、人事劳务、员工教育、技术支撑等问题进行了交流。代表团成员还分成5个小组，跟随青年时报社记者体验采访了浙江图书馆、万事利集团、外婆家餐厅、浙江省中医院中药房、浙江元通雷克萨斯4S店，并到普通市民家庭民宿一天，体验市民生活。

15日，省委常委、秘书长、省友协会长李强会见代表团一行。省外办主任阮忠训、省友协专职副会长虞希华，团省委副书记、党组副书记周艳，团省委副书记、省青联副主席苗伟伦参加会见。

【浙江省青联代表团访问香港】

2011年9月2日至6日，以团省委副书记、党组副书记、省青联荣誉主席周艳为团长的浙江省青联代表团赴香港进行交流访问。

代表团拜访了香港青年联合会、中联办，走访了浙江省青联在港委员，出席了香港各界青年庆国庆62周年暨香港青年联会会董会就职典礼系列活动。

【韩国青少年团体协议会代表团访问杭州】 2011年10月29日至30日，以会长车光善为团长的韩国青少年团体协议会代表团访问杭州。代表团参观了杭州市青少年发展中心，双方就开设青少年第二课堂、青少年文化教育配套服务等进行了交流。

【浙江青年友好代表团访问日本】

2011年11月25日至12月2日，以团省委副书记、省青联副主席王征为团长的浙江青年友好代表团赴日本进行交流访问。

在东京，代表团拜访了中国驻日使馆教育处，参观考察了东京国立博物馆。

在静冈，静冈县政府为代表团举行了欢迎晚宴，县知事川胜平太、县议会议员渥美泰一、县教育委员会教育长安倍彻等出席晚宴并致辞。代表团成员与静冈青年就如何促进两国交流、促进经济发展等话题举行了青年论坛，并开展民宿活动，体验日本市民生活。

25日，静冈县副知事大村慎一会见代表团团长王征。

【浙江省青年事务工作者代表团访问英国、瑞士】 2011年11月30日至12月9日，以省青少年发展基金会理事长兼秘书长李迪为团长的浙江省青年事务工作者代表团访问英国和瑞士。

代表团先后拜访了瑞士特伦普林青年基金会和英国国家青年局，并与特伦普林青年基金会副主任尼古拉·克鲁、莫尼克·贝利亚及英国国家青年局办公室负责人乔恩·博吉就瑞士、英国青少年的现状和有关政策，公益机构的筹资、管理、运作及与政府合作等进行了座谈。代表团成员还分别参观了瑞士的日内瓦大学、英国牛津大学城的三一学院等。

(景丽敏)

2011年团省委接待的其他来访团组

序号	来访时间	团组名称	团长	人数	访问目的
1	2月14日	日本静冈县青年交流代表团先遣团	釋精子	3人	交流访问
2	5月31日	日本静冈县青年交流代表团先遣团	山崎	2人	交流访问
3	6月10日	香港各界青年精英访浙团	陈仲尼	53人	交流访问
4	7月18日	日本静冈县青年交流代表团先遣团	活洲	3人	交流访问

省妇联

【涉外工作概况】 2011年，浙江省妇女联合会（简称“省妇联”）组织出访团组2批12人次，参加全国妇联及省政府组团3批3人次；接待外宾3批22人次。

【斐济总统夫人访问浙江】 参见第75页**【斐济妇女代表团访问浙江】**。

【浙江省妇女代表团访问美国、加拿大】 2011年8月9日至18日，以省妇联副主席金敏为团长的浙江省妇女代表团赴美国、加拿大考察两国的妇女发展工作，重点考察两国在妇女发展及家庭教育工作等方面的做法和经验。

【马来西亚多元文化妇女联合会代表团访问省妇联】 2011年9月19日，马来西亚多元文化妇女联合会一行8人访问省妇联。省妇联副主席金敏主持座谈交流会，浙江妇女干部学校党委书记来祥康，省女企业家协会代表、浙江朗莎尔维迪制衣有限公司董事长顾洁萍分别介绍了浙江省女性教育培训工作情况及女企业家企业情况。

【浙江省妇女代表团访问瑞士、瑞典和荷兰】 2011年10月9日至20日，以省妇联主席厉月姿为团长的浙江省妇女代表团考察瑞士、荷兰、瑞典的妇女创业就业工作。代表团走访了瑞士妇女协会、弗里堡妇女联盟、瑞典国际妇女协会和瑞典健康服务中心等机构并进行了座谈，了解三个国家妇女组织的发展情况、工作目标、活动内容及主要的做法和经验。

【马其顿妇女代表团访问浙江】 2011年11月11日至13日，以总统夫人玛娅·伊万诺娃为团长的马其顿妇女代表团来杭州参观访问。副省长陈加元会见并宴请代表团，向客人介绍了浙江省经济社会发展情况、浙江与马其顿的友好关系，希望代表团通过此次访问，增进对浙江省的了解，双方不断拓宽合作领域、提高合作层次，促进共同繁荣和发展。省妇联主席厉月姿、副主席张丽萍参加会见。

访浙期间，张丽萍全程陪同代表团参观考察了浙江省妇女干部学校、中国丝绸博物馆、浙江省“妇字号”龙头企业名特优农产品展销中心等。玛娅·伊万诺娃对浙江的经济社会发展、妇联工作给予高度评价，希望两国妇女组织间进一步增进交流，促进共同发展。

（徐　慧）

省科协

【涉外工作概况】 2011年，浙江省科学技术协会（简称“省科协”）应邀组织25批132人次科技工作者赴美国、德国、比利时等国家考察、参加会议、进修等。接待来自美国、德国、日本等国家和地区的代表团28批417人次。举办国际(双边)学术会议、公众科普活动24场。

【深入开展“国际医学合作项目”】 2011年,省科协继续深入开展“国际医学合作项目”。项目依托美国、德国、挪威、比利时的4家合作机构、6家省内合作医院和3家省内医学院校,开展中外双方高层互访、人员互派进修、国际会议、临床科研合作等。选派1名医生赴德国攻读博士学位、12名医生赴美国进行短期进修、2名医学生赴德国参加急诊医学夏令营活动,接收3名德国医学生、6名美国医学生、2名挪威医学生来浙实习;成功举办第四届中美院前急救流程和技能规范化培训暨浙江省院前急救师资培训、第二届西湖灾难与创伤救治国际论坛;支持了第七届杭州国际分子影像研讨会、2011脑机接口与神经修复国际研讨会等国际会议。

截至2011年底,省科协国际医学合作项目已向外派遣医学博士生18人、短期进修生80余人;选送6名浙江大学医学院、温州医学院、浙江中医药大学学生参加德国切瑞特医学中心暑期医学夏令营;接收外方实习生80余人;开展临床医学合作、医学科研合作项目10余项。

【夯实与比利时西弗兰德省科技教育协议】 2011年初,省科协选派浙江大学和浙江省质量技术监督检测研究院的两名专家参加在西弗兰德省举办的为期一年的联合国生物安全网络培训。

2月18日,省科协接待首批来自西弗兰德省两所大学的4名学生到中控集团实习。3月17日,西弗兰德省大学师生团一行39人到中控集团看望实习学生并与省科协就交换学生进修项目开展进一步交流。首批学生实习结束后,比利时两所派遣大学和接收单位中控集团都对实习效果表示满意,省科协与西弗兰德省政府作为项目组织方也进行了后期跟踪和总结,拟动员更多资源开展专业更为广泛的互派进修生项目。5月,省科协牵线比利时TER DUINEN烹饪学校与杭州中策职业学校签订合作协议;6月,比利时HOWEST大学师生团一行25人到阿里巴巴公司进行访问交流;6月22日,省科协举办科技沙龙,邀请来自比利时HOWEST大学、浙江大学、浙江工业大学等大专院校的专家学者就科技创新开展头脑风暴;11月,接待西弗兰德省企业代表团,代表团与浙江新华印刷集团公司等3家印刷企业进行了业务洽谈。

【首届中外科技馆发展网络论坛】 2011年2月22日,省科协举办首届中外科技馆发展网络论坛。论坛分为浙江和西澳两个会场,通过网络视频技术实现互动交流,浙江省科技馆馆长李瑞宏、澳大利亚西澳科技馆馆长艾伦分别担任分会场主持。在两个小时的交流时间里,双方就两省州科技馆发展情况、科技馆建设和运营管理、科技展项设计研发、科普教育课程研发等话题展开了深入的探讨。省内各市科技馆馆长、相关科普工作人员和西澳科技馆主要部门负责人参加了本次论坛,中国自然博物馆协会理事长徐善衍,省科协党组成员、秘书长董克军,澳大利亚西澳州政府驻杭州代表处代表等出席。

【省科协水利及土地资源专业科普考察团访问澳大利亚、新西兰】 2011年3月23日至4月1日,省科协组织水资源、土地资源保护等相关专业学会共5人赴澳大利亚、新西兰进行专业科普考察。代表团与邀请单位及有关方面就水资源与土地资源保护等为主题的科普活动进行了深入的交流,并就合作可能性进行了探讨。

【省科协科普项目交流团访问西班牙、瑞士和希腊】 2011年4月11日至22日,省科协党组书记、副主席鲁善增带团赴西班牙、瑞士和希腊进行科普考察。代表团向邀请单位介绍了省科协近年来开展的科学会客厅、科技咖啡馆、中外科普连线、科学行走计划等主题科普活动,并与西班牙有关方面就共同邀请科学家赴浙讲学进行了协商,与瑞士卡普了霍夫电子科技博物馆协商举办中外科普连线并达成初步意向，与希腊有关方面就开展两国古代文明和科技交流项目进行了协商。

【2011年“气候酷派”活动】 2011年4月18日，浙江省气候酷派：绿色校园行动计划暨国际青少年气候大使评选（简称“气候酷派”）活动的辅导教师培训研修班在宁波举行，2011年“气候酷派”活动正式启动。浙江省“气候酷派”活动由省科协与英国驻上海总领事馆文化教育处共同发起，在省内设立了宁波赛区，与全国其他赛区（北京、天津、重庆、昆明、佛山、东莞、香港）进行角逐。

来自英国的气候教育指导专家向参加培训的辅导教师介绍了气候变化及相关节能减碳知识等。培训会后，教师们将回到学校，组建自己的学生小队，设计校园节能减碳、应对气候变化的行动方案，参与为期8个月的“气候酷派”活动。

12月4日，举行了宁波赛区总决赛，决出一二三等奖，其中初中组、高中组各3支一等奖小队将代表宁波赛区参加全国总决赛。

省科协巡视员虞龙宝、英国驻上海总领馆文化教育领事包迈岫等出席宁波赛区总决赛并致辞。

【第4届中美急救急诊学术交流会暨院前急救流程和操作技能规范化培训】 2011年4月18日至22日在杭州举办，由省科协联合浙江省急救指挥中心、美国纽约上州医科大学共同主办，浙江省人民医院承办。此次培训围绕如何更有效利用院前急救“黄金一小时”来提高伤病员存活率这一主题展开，来自全国各地的百余名院前急救医生与急诊科医生参加培训。

省科协党组成员、秘书长董克军、美国纽约上州医科大学医院院长约翰·麦克、浙江省人民医院院长叶再元出席开幕式并致辞。

【2011西湖灾难与创伤救治国际论坛】 2011年4月21日至22日在杭州举行，由省科协联合浙江大学医学院附属第二医院、美国纽约上州医科大学、挪威奥斯陆大学、浙江省医学会急诊医学分会共同举办。来自美国、德国、比利时、新加坡及香港等国家和地区的专家学者就创伤学基础研究的进展、急诊医学发展、如何应对生化危机突发事件等进行了深入的交流和探讨。

【开展“纪念人类首次进入太空50周年”系列科普活动】 2011年，为纪念前苏联宇航员尤里·加加林完成人类首次太空飞行50周年，省科协举办了人类首次进入太空50周年图片展、“科技咖啡馆：宇宙无疆界”等相关科普活动，并邀请俄罗斯宇航员尤里·隆恰科夫、马克西姆·苏拉耶夫等于5月12日至13日访问杭州。

5月12日，省科协举办“纪念人类首次进入太空50周年图片展”开幕式，近200名杭州当地航空航天爱好者参加。省政协副主席徐辉，中国科协国际部副部长孙孟新，省科协党组书记、副主席鲁善增，俄罗斯宇航员尤里·隆恰科夫、马克西姆·苏拉耶夫等出席。图片展由俄罗斯宇航局提供原始资料。

在12日晚上举行的“科技咖啡馆：宇宙无疆界”活动中，尤里·隆恰科夫、马克西姆·苏拉耶夫作专题报告，介绍了加加林首飞太空50年来俄罗斯和世界宇航事业的发展和成就，并以其自身的太空之旅录像片向观众展示了在国际空间站里的各国宇航员们如何工作和生活。

【举办科学诠释者培训】 2011年5月14日，省科协邀请欧盟科学诠释者学院的3位专业培训师，进行“如何争做一位优秀的科学诠释者”主题培训。来自省、市、县三级科技场馆，杭州市上城区部分学校的科学老师以及大专院校的科普志愿者共100余人参加培训，上海市科协、上海市科技馆有关人员应邀参加活动。

欧盟科学诠释者学院是欧盟科学院创办、意大利国家科研委员会下属的一个学院，总部设在意大利热那亚。

【美国核医学专家来浙交流讲学】 2011年5月16日至17日，省科协、省核学会联合邀请美国肯塔基州路易斯维尔大学医院放射科核医学PET中心主任斯务雷克访问浙江。斯务雷克参观访问了浙江大学医学院附属第二医院PET中心，举办了中美核医学专题讲座。

【现代科技馆运营管理培训】 2011年5月23日至24日，省科协举办现代科技馆运行管理培训，邀请澳大利亚西澳科技馆馆长艾伦·布赖恩、科学项目主任安德鲁·汉纳、西澳大学科学诠释者专业教授南希·朗内克等5人，为全省近200位科普工作者授课。

【德国心脏专家来浙交流讲学】 2011年5月28日至30日，省科协邀请德国心脏中心共同创始人、“中国胸心外科特别贡献奖”获得者翁渝国教授访问浙江。29日，翁渝国做客省科协“科学会客厅”，向300余名杭州公众阐述了心脏移植、人工心脏、心脏保健等方面的科普知识。在浙期间，翁渝国先后到浙江医院、浙江省人民医院、浙江大学医学院附属第二医院等进行考察调研，与有关方就设立德国心脏中心浙江分中心一事进行了实质性商讨。

【意大利阿基米德时期的数学与科学展览】 2011年6月26日至7月26日、7月30日至8月28日，省科协联合意大利热那亚科技节组委会分别在省科技馆、嘉兴市科技馆举办“意大利阿基米德时期的数学与科学展览”。展览集中展示了阿基米德时代地中海地区科学家(阿基米德、毕达哥拉斯、欧几里得等)的智慧成果，设有18个互动展区，展品由意大利国家科学研究委员会研发并制作。

【省科协科普考察团访问加拿大、墨西哥】 2011年7月14日至25日，省科协副主席虞龙宝率省科协科普考察团赴加拿大、墨西哥进行科普考察。在加拿大，考察团与邀请单位及加拿大国家科技馆就科技馆展览互换展出、科技馆人员培训、科普教育课程开发等进行了交流洽谈，达成初步合作意向。在墨西哥，考察团主要了解了墨西哥城市科普开展情况和科普设施建设情况等。

【派遣医学生赴德国参加医学夏令营】 根据省科协国际医学交流项目计划，省科协选派浙江大学医学院、宁波大学医学院的两名学生，于2011年8月21日至9月3日赴德国柏林参加“2011切瑞特急救和灾难医学夏令营”。来自德国、中国、意大利、叙利亚、比利时、澳大利亚、瑞典、韩国等十余个国家的25名医学生参与此次夏令营。在德方老师的带领下，同学们学习了临床急救医学知识，初步了解了灾难医学并进行了假象演练。

【承办中国科协2011年海外智力为国服务研讨会暨联席会议】 由中国科协、浙江省政府共同主办，省科协、绍兴市委市政府、中国科协海智办共同承办的2011年海外智力为国服务研讨会暨联席会议于2011年8月26日至28日在绍兴举办，会议以“集聚海内外高端人才，服务战略性新兴产业”为主题，邀请了80多位院士专家和来自美国、加拿大、英国、德国等13个国家的200多海外科技团体负责人和高层次人才参加。

全国人大常委会副委员长、中国科协名誉主席周光召，浙江省副省长毛光烈，中国科协书记处书记张勤以及中国科学院、中组部人才局、绍兴市委市政府相关领导出席。会议期间，3家中国科协浙江海智工作基地(杭州、宁波、绍兴)挂牌成立，省内有关单位与12位院士专家、11位海外高层次人才、中科院、美国128华人科技协会等海外华人团体签订了一系列项目合作协议。

会后，宁波市科协组织部分海外专家开展了海外高层次科技人员宁波行活动。

【美国海洋研究与保护协会主席来浙交流讲学】 2011年9月1日至7日，美国海洋研究与保护协会主席、全球媒体深海探索与海洋生物科教片主要资料提供者艾迪·韦德博士访问浙江。韦德与浙江省相关海洋研究机构进行了专业合作洽谈，省科协还安排韦德与国家海洋二所相关科学家在杭州、宁波举行了两次面向公众的科普报告。

【省科协国际医学合作项目工作团访问比利时、德国和法国】 2011年9月11日至22日，省科协党组成员、秘书长董克军率国际医学合作项目工作访问团赴比利时、德国、法国进行项目合作洽谈。

在比利时，访问团会晤了西弗兰德省副省长根特·皮尔崔等政府官员，就落实双方于2010年签订的科技教育协议作进一步协商，并就开展基于网络视频技术的科普教育项目进行洽谈。

在德国，访问团与国际医学合作项目合作方德国切瑞特医学中心高层进行了会晤，确定了2011/2012年具体合作细节。访问团还探访了正在德国攻读博士和短期进修的浙江派遣医生；拜访了德国心脏中心，与德方就在浙江设立德国心脏中心浙江分中心一事进行了商讨。

在法国，访问团与萨博特慈善医院就开展全面医学合作事宜进行了商讨。

【诺贝尔物理奖得主来浙讲学】 2011年9月17日至20日，1996年诺贝尔物理学奖得主、美国斯坦福大学教授欧谢罗夫访问浙江。欧谢罗夫出席了浙江省2011年全国科普日启动仪式并做客“科学会客厅”，以《科学发展的决定因素》为题向杭州公众作科普报告。

【选送优秀科普辅导员赴意大利培训】 2011年10月16日至24日，省科协选送省科技馆科普辅导员金晓芳赴意大利参加欧盟科学诠释者学院培训，并在意大利热那亚科技节进行实践活动。

【省科协与美国科罗拉多州立大学签订合作协议】 2011年10月19日，省科协党组书记、副主席鲁善增，党组成员、秘书长董克军等会见来访的美国科罗拉多州立大学主校区常务副校长里克米兰达率领的大学代表团和可口可乐公司美国西北区副总裁阿穆高量一行，双方就框架合作及高中生合作项目进行了最终磋商，省科协与科罗拉多州立大学签订框架合作协议；省科协会同杭州二中、绍兴一中、鄞州中学等3所省内高中与科罗拉多州立大学签订高中生合作项目协议。协议商定，自2012年起，科罗拉多州立大学将接收浙江省3所合作高中校长推荐学生就读并提供奖学金，今后将扩大合作学校数量。

【澳大利亚西澳大学官员访问省科协】 2011年10月19日，省科协国际部部长张世丹等会见澳大利亚西澳大学外办官员艾伦、伊娃等，双方就开展“科技咖啡馆”、“科普连线/现场直播”等项目合作进行了商谈，达成初步合作意向。

【省科协科普项目工作团访问英国、俄罗斯】 2011年10月27日至11月6日，省科协科普项目工作团赴英国、俄罗斯进行科普考察和项目合作洽谈。

在英国，工作团参加了曼彻斯特科技节的相关活动，并与曼彻斯特科学与工业博物馆就开展“科普连线/视频直播”项目、互相参加对方科技节等进行了商讨。

在俄罗斯，工作团主要就邀请俄方科研及企业单位参加浙江省举办的大型科技展会进行了洽谈，达成初步意向。

【英国曼彻斯特科学与工业博物馆官员回访省科协】 2011年11月18日至20日，英国曼彻斯特科学与工业博物馆理解和教育部主任、曼彻斯特科技节负责人罗宾·荷盖特回访省科协。省科协党组成员、秘书长董克军及相关部门负责人和省科技馆负责人，与荷盖特就开展“科普连线/视频直播”项目、互相参加对方科技节、科技馆人员培训项目等一揽子合作建议达成初步意向。

【省科协科普项目工作团访问美国、加拿大】 2011年11月20日至29日，省科协科普项目工作团赴美国、加拿大进行科普项目合作洽谈。

访问美国期间，工作团与新泽西自由科学中心落实了2012年具体合作细节。

访问加拿大期间，工作团与安大略省科技馆就开展“科普连线/现场直播”项目以及科技馆人员培训等项目进行了商讨，达成初步合作意向。

【英国曼彻斯特大学官员访问省科协】 2011年12月21日，英国曼彻斯特大学语言文化学院中国项目主任、孔子学院副主任王小芳访问省科协。王小芳此访系11月英国曼彻斯特科学与工业博物馆来访的后续合作跟踪访问。双方就科技馆人员培训项目进行了讨论，初步达成以网络函授和赴英短期学习相结合的培训计划；双方还就省科协接受英国学生来浙短期实习项目交换了意见。

【继续开展“中外科普连线/现场直播”项目】 2011年，省科协继续开展“中外科普连线/现场直播”这一对国际科普示范项目，全年围绕科技馆发展、法医学、水土流失、活体肾移植手术现场直播、绿色能源、生物多样性等主题举办了6场活动。其中，7月12日晚举办的“中美科普现场直播之活体肾移植”直接将视角深入到美国手术室，近500名杭州观众观看了一场活体肾移植手术，美方医生还与杭州观众就手术细节、器官捐献等话题进行了越洋交流。

“中外科普连线/现场直播”项目由省科协联合美国新泽西自由科学中心于2009年联合发起，是一项通过专业互联网视频通信技术开展、主要针对青少年的科普活动。截至2011年底，已成功举办活动14场，直接聆听人群近万人次。

【继续开展“科技咖啡馆”项目】 2011年，省科协继续开展“科技咖啡馆”这一国际科普示范项目，全年在杭州、宁波、嘉兴等城市共举办8次活动。“科技咖啡馆”主题继续密切结合社会热点和一线科研，如在日本大地震后举办“科技咖啡馆之(核)灾难的医院应急与个人防护”，在纪念人类首次进入太空50周年之际举办“科技咖啡馆之宇宙无疆界”，在“蛟龙号”成功探潜5000米深海后举办“科技咖啡馆之深海探秘”，在联合国气候变化大会召开之际举办“科技咖啡馆之大气与海——地球的新陈代谢”等活动。外方报告人分别来自美国、英国和俄罗斯。

截至2011年底，“科技咖啡馆”已在杭州、宁波、嘉兴等城市举办15次，受到科技爱好者的热烈欢迎。

（陈炯炯）

省 文 联

【涉外工作概况】 2011年，浙江省文学艺术界联合会(简称“省文联”)参加“双跨”组团出访7批21人次，前往澳大利亚、新西兰、美国、加拿大、法国、意大利、瑞士、日本等国家以及香港、澳门地区，开展摄影、电影、电视、曲艺等领域的交流与合作。

【中国文联代表团访问澳大利亚】 2011年2月7日至14日，以省文联副主席吴天行为团长的中国文联代表团访问澳大利亚。代表团考察了悉尼的文化设施，赴堪培拉进行“欢乐春节”摄影展的布展工作。10日，首届“中国日”暨“中国文化年”启动仪式在中国驻澳大利亚使馆举行。包括澳大利亚众议院议长詹金斯、地区发展及地方政府部长兼艺术部长克林、反对党领袖毕晓普等在内的澳各界人士2000余人次观展。12日，“欢乐春节”摄影展在墨尔本的澳华历史博物馆巡回展出。维多利亚州华人议员林美丰，墨尔本市前市长苏震西、前副市长李锦球，大洋洲文联主席陈静等当地各界人士50余人出席开幕式。吴天行和中国驻墨尔本总领事馆文化领事陈春梅在开幕式上致辞。千余名当地市民前往观看展览。

【浙江省魔术代表团参加IBM国际魔术师协会年会】 2011年6月28日至7月3日，浙江省魔术代表团赴美国得克萨斯州的达拉斯市参加IBM国际魔术师协会年会。代表团参加和观摩了此次年会的晚会秀、近景秀、研讨会和魔术比赛，与来自世界各地的魔术师进行了交流。

“国际魔术师协会”是世界最大的魔术师和魔术表演艺术爱好者的组织，拥有近13000名成员。

【浙江省摄影家代表团访问美国、加拿大】 2011年7月16日至25日，以省文联党组成员、书记处书记柳国平为团长的浙江省摄影家代表团赴美国、加拿大进行文化交流活动。

21日，作为浙江省与新泽西州结好30周年庆典活动的重要组成部分，“印象浙江——中国浙江摄影图片展”在新泽西州肯恩大学举行。浙江省委书记、省人大常委会主任赵洪祝，新泽西州州长克里斯·克里斯蒂、副州长古达格诺出席开幕式并为摄影展剪彩。肯恩大学校长法拉希，以及新州当地名流100多人出席开幕式。摄影展结束后，展出作品全部捐赠给新泽西州政府、肯恩大学以及威廉姆·帕特森大学。

访问加拿大期间，柳国平分别与中国驻蒙特利尔总领事赵江平、加拿大中国摄影家协会举行座谈，表达了在加拿大举办浙江摄影展的愿望。双方就加强中加两国文化交流与合作进行了深入的探讨。

【浙江省电影家代表团赴法国、瑞士和意大利交流考察】 2011年7月16日至27日，以省文联书记处书记张均林为团长的浙江省电影家代表团赴法国、瑞士和意大利进行交流考察。

在法国，法国电影联盟主席瑞吉娜·哈崇德和法国影业联合会主席特里·赛贡扎克分别向代表团介绍了各自机构的职能、法国电影工业的现状，双方就现代电影工业的发展战略和影音多媒体技术的应用等进行了讨论。

在瑞士，尼永国际电影节合作交流处负责人布里吉特·摩根哈特向代表团介绍了国际电影节的组织和相关规程，以及当地政府对电影产业的支持与促进。

在意大利，代表团与意大利电影行业协会进行了座谈，意方介绍了意电影工业的现状和电影管理机构的审查制度，代表团与罗马的电影公司就合作举办电影艺术学术交流会的相关事宜进行了讨论。

【浙江省电视艺术家代表团赴大洋洲交流访问】 2011年12月1日至12日，浙江电视艺术代表团赴澳大利亚、斐济和新西兰进行电视艺术交流访问。

访问期间，代表团听取了NKIZ电视传媒公司关于澳大利亚文化以及公司运营的情况介绍，双方举行了专业研讨会，重点讨论了数字网络和有线电视公司的技术管理。代表团还与斐济电视台、新西兰华人电视台就合作事宜进行了讨论。

（俞臻娜）

省工商联

【涉外工作概况】 2011年，浙江省工商业联合会（简称“省工商联”）接待来自美国、比利时、法国、荷兰等国家以及港澳等地区的100余位客人。加强与外国驻沪总领馆的交流与合作，邀请新加坡、泰国、马来西亚等国驻沪总领馆官员参加“携手浙商”活动。

【举办欢迎出席省政协会议的海外委员酒会】 2011年1月16日，省工商联和省委统战部、省外办（港澳办）、省侨联在杭州联合举办酒会，欢迎出席省政协十届四次会议的港澳华侨委员和特邀委员，包陪庆、曹其镛、林笑云等100余名省政协港澳华侨委员和特邀委员出席。

省政协副主席、省工商联主席徐冠巨出席酒会并致辞，他感谢海外委员对浙江省经济社会发展所作的贡献，希望各位委员在新的一年里继续加强与浙江省工商界的合作，支持家乡发展。

省工商联副主席邓国安、陈以正出席酒会，党组书记汤为平主持酒会。

【部分国家驻沪总领馆官员出席省工商联工作晚餐会】 2011年3月10日，省工商联在上海举行工作晚餐会，新加坡总领事叶伟杰、泰国总领事毕伦、马来西亚总领事哈汕等来自东南亚地区6个国家的近20名驻沪总领事馆官员应邀出席。省工商联副主席陈以正向各国驻沪总领馆官员介绍了浙江省经济社会发展情况，以及浙江省民营经济和省工商联的情况，表达了进一步加强与东盟有关国家经贸交流的愿望，并希望能加强省工商联与东盟国家驻沪总领馆之间的联系，在信息交流、开展经贸活动等方面建立长效合作机制。

【法国驻华企业工商会代表团访问省工商联】 2011年3月14日，省工商联副主席陈以正会见法国驻华企业工商会副会长许朋一行。陈以正向来宾介绍了浙江省经济社会发展概况、浙江民营经济以及省工商联的有关情况。许朋介绍了法国驻华企业工商会有关情况，希望能够进一步加强与省工商联的交流，共同促进法国与浙江工商企业界的合作。

法国客人考察了浙江兆丰汽车零部件制造有限公司、浙江恒达实业集团等企业。

【省工商联副主席出席香港中华出入口商会会董就职典礼】 2011年3月24日至26日，省工商联委派副主席陈以正应邀出席香港中华出入口商会第30届会董就职典礼。陈以正专程拜会了香港中华出入口商会，对商会新一届会董表示祝贺，并转达了浙江省工商联希望与香港中华出入口商会进一步加强联系与合作的意愿。就职典礼上，陈以正代表省工商联向新一届会董会赠送了礼物。

【香港中华总商会代表团访问省工商联】 2011年3月31日，以会长蔡冠深为首的香港中华总商会代表团一行访问省工商联，省工商联组织富通集团董事长王建沂等近10名浙江省民营企业家与代表团成员进行了交流。

省政协副主席、省工商联主席徐冠巨，省工商联党组书记汤为平，副主席陈以正出席座谈会。徐冠巨向代表团介绍了2010年浙江省经济社会发展情况和浙江省“十二五”规划，希望香港中华总商会继续关心支持浙江发展，加强与浙江工商界的合作。

【省工商联商务考察团赴美国、加拿大和古巴考察】 2011年5月5日至16日，省工商联副主席陈以正率商务考察团赴美国、加拿大和古巴进行经贸考察。

在美国，新泽西州经济发展局专门组织了多家机构和公司参加的座谈会，新泽西经济发展局、新泽西州科技园、理工学院及公司代表等共30余人出席座谈会，向代表团介绍了新泽西州的投资贸易环境、优势行业等，中美企业家进行了座谈交流，寻求合作新领域。代表团还先后与美国江浙工商总会、美中企业家联合会、休斯顿美中商会、美中城市友好促进会、美国浙江总会、美国纽约中美商会等当地华人工商社团会晤，了解休斯顿、洛杉矶及纽约等地浙商的发展情况，并向当地浙商介绍了世界浙商大会的筹备情况，邀请知名浙籍工商界人士参加10月在杭州举办的世界浙商大会。

代表团一行还考察了加拿大多伦多、古巴哈瓦那等地企业，与对口企业进行了洽谈；拜会了多伦多商业发展协会、古巴中国企业家联合会等工商社团。

【省工商联组织海外客商出席浙洽会、消博会】 2011年6月7日至11日，印尼雅加达商会代表团、澳大利亚西澳中华总商会代表团、香港中华出入口商会代表团、香港厂商联合会代表团来浙参加第十三届浙江省投资贸易洽谈会和第十届中国国际日用消费品博览会。海外嘉宾参加了浙洽会、消博会开幕式，参观了两会展馆，考察了省内有关市县，并举办多场经贸推介活动。

【“2011携手浙商”活动】 2011年6月16日至17日，省工商联在杭州举办“2011携手浙商”活动。

新加坡、泰国、马来西亚、菲律宾、越南等国的驻沪总领事和商务领事应邀参加活动，与浙江省30多位民营企业家代表座谈，并考察华立集团、富通集团。省政协副主席、省工商联主席、传化集团董事长徐冠巨，省工商联副主席陈以正，省工商联副主席、省商会副会长、富通集团有限公司董事长王建沂，省商会副会长、久立集团股份有限公司董事长周志江等出席活动。

【省工商联代表团访问澳大利亚、

新西兰和新加坡】 2011年6月24日至7月5日，省工商联党组副书记黄正强率省工商联代表团赴澳大利亚、新西兰、新加坡进行商务考察。

代表团拜访了澳大利亚西澳中华总商会、中国驻珀斯总领馆、澳大利亚首都地区工商会，新加坡制造商联合会，新西兰国际经贸协会、新西兰贸易中心，考察了当地的农业畜牧业、食品加工业、先进制造业及资源开发类项目，并对当地工商社团的工作体制、运作模式进行了解和考察。

考察团还与海外华人工商社团和知名浙商进行了广泛的交流，调研浙商在海外的投资情况，并向他们介绍首届世界浙商大会，邀请他们出席大会并回乡投资。

【省工商联代表团访问瑞士、意大利和英国】 2011年7月31日至8月11日，省工商联副主席邓国安率省工商联代表团赴瑞士、意大利和英国进行商务考察。

代表团分别拜访了瑞士日内瓦经济发展署、意大利引进外资及企业发展署和英中贸易协会，与上述机构负责人和当地企业家进行了座谈交流。代表团还实地了解了相关行业和市场的投资环境、投资机会、投资流程等。

【"浙商对话世界500强"专题活动】 2011年10月25日，省工商联与省商务厅、省国资委联合主办"浙商对话世界500强"专题活动。副省长毛光烈，省政协副主席、省工商联主席、传化集团董事长徐冠巨，省政府副秘书长孟刚，省商务厅厅长金永辉，省委统战部副部长、省工商联党组书记汤为平，省工商联党组副书记黄正强，省国资副主任潘晓波，省物产集团副总经理沈光明等出席活动。高盛(亚洲)有限责任公司董事总经理张嘉临、摩根大通证券(亚太)有限公司执行董事王文琦、西门子(中国)有限公司区域总裁等18位世界500强企业亚太地区、中国区高管应邀参加对话。正泰集团股份有限公司董事长南存辉、华立集团有限公司董事局主席汪力成、富通集团有限公司董事长王建沂、久立集团股份有限公司董事长周志江、中球冠集团有限公司董事长任文达等29名浙江省知名企业家作为浙商代表参加此次活动。

【牵头举办首届世界浙商大会】 2011年10月25日至28日，省工商联牵头举办了首届世界浙商大会。省工商联邀请部分国家驻华使节、驻沪总领事，部分世界500强企业总部及亚太地区、中国地区负责人，在浙外商投资企业主要负责人和海外浙商代表等，共663人参加大会，其中海外浙商代表443人。

【比利时西弗兰德省经贸代表团访问省工商联】 2011年11月7日，比利时西弗兰德省副省长巴特·纳亚特率西弗兰德省政府经贸代表团拜访省工商联。

省工商联副主席尹健向来宾介绍了浙江省民营经济及省工商联的有关情况。巴特·纳亚特介绍了西弗兰德省的基本情况及产业特色。他说，西弗兰德省农业发达，在蔬菜种植、食品加工等方面有较丰富的经验，希望能进一步推动两地企业合作。

会上，比利时发展署、比利时小企业联合会的负责人及部分企业家与省工商联进行了友好交流。

（杨　敏）

省残联

【涉外工作概况】 2011年，浙江省残疾人联合会(简称"省残联")接待来自国(境)外的残疾人工作访问团组和体育观摩团组共5批36人；应邀组派6批36人(其中残疾人4人)出国(境)交流和考察；派遣优秀残疾人运动员、教练员共11批28人(其中残疾人26人)随中国残联代表团分别赴意大利、英国、斯洛文尼亚、荷兰、土耳其、阿联酋、韩国等国家，参加国际残疾人体育赛事。

【浙江残疾人运动员屡获国际赛事佳绩】 2011年3月8日至16

日，浙江省残疾人运动员郭青随中国残联代表团赴意大利参加2011年残疾人场地自行车世锦赛，获得女子组第4名。5月2日至17日，浙江省残疾人运动员孙厨人随中国残联代表团赴斯洛文尼亚、荷兰参加比赛，在斯洛文尼亚乒乓球公开赛中获得单打铜牌，在荷兰乒乓球锦标赛中获得团体金牌和单打银牌。6月24日至7月3日，浙江省残疾人运动员沈佳莉、王玉玲随中国残联代表团赴土耳其参加聋人网球世锦赛，获得女双第5名。8月24日至9月6日，浙江省残疾人运动员费天明等6人随中国残联代表团赴斯洛文尼亚参加残疾人赛艇世锦赛，获得1枚金牌、2个第7名。11月2日至12日，浙江省残疾人运动员李艳华等3人随中国残联代表团赴韩国参加亚太区轮椅篮球资格赛，获得金牌。11月27日至12月4日，浙江省残疾人运动员孙厨人随中国残联代表团赴韩国参加乒乓球公开赛，获得2枚金牌。12月1日至6日，浙江省残疾人运动员陈凤青、王沙沙随中国残联代表团赴伦敦参加残奥会女子盲人门球测试赛，获得金牌。12月14日至22日，浙江省残疾人运动员孙厨人随中国残联代表团赴香港参加亚太区残疾人乒乓球锦标赛，获得金、银牌各1枚。

【浙江省残疾人康复辅助器具考察团访问巴西、智利】 2011年8月18日至27日，以省残疾人康复指导中心副主任陈强为团长的浙江省残疾人康复辅助器具考察团赴巴西、智利考察。

考察团拜访了智利残障人士协会TELETON复健中心和巴西残疾儿童援助协会，分别参观了协会设立的康复治疗室、文体活动室、病房、特殊教育幼儿园等，与协会工作人员进行了交流。

【浙江省残疾人职业培训与就业工作考察团访问瑞典、芬兰】 2011年8月28日至9月5日，以省残联办公室调研员吴士军为团长的浙江省残疾人职业培训与就业工作考察团赴瑞典、芬兰两国考察。

在芬兰，考察团拜访了赫尔辛基市政厅社会保险局，听取了残疾人社会保障等方面的情况介绍，并进行了座谈交流。

在瑞典，考察团拜访了斯德哥尔摩大区脑损伤康复协会，听取了瑞典脑外伤患者治疗、康复等方面的情况介绍，并进行了座谈交流。考察团还应邀到瑞典市民家中做客，考察了城市无障碍设施建设情况。

【浙江省残疾人无障碍设施建设考察团访问美国、加拿大】 2011年9月2日至11日，浙江省残疾人无障碍设施建设考察团赴美国、加拿大进行残疾人无障碍设施建设、残疾人综合服务设施建设情况考察和交流。

在美国，考察团考察了位于南加利福尼亚州帕萨迪纳市的名为“Abilityfirst(能力至上)”的残疾人社区和公共服务机构，听取了机构负责人的情况介绍，现场考察了残疾人的工作、生活。

在加拿大，考察团拜访了不列颠哥伦比亚省议会议员，听取了残疾人工作的情况介绍，并进行了座谈交流。

考察团还考察了两国的城市道路和公共场所，了解无障碍设施建设情况，以及残疾人融入社会、社会对残疾人服务的意识和能力等情况。

【境外嘉宾来杭观摩全国残运会】 2011年10月11日至19日，中华人民共和国第八届残疾人运动会在浙江省举行。以澳大利亚西澳州政府残疾人服务委员会资源与专业咨询经理西莎琳·史尔菲斯为团长的西澳州体育观摩团，以日韩残疾人体育文化交流会理事长出光丰为团长的日本体育观摩团，以香港残奥会行政总监冯秀娟为团长的香港体育观摩团，以澳门特区政府社会文化司司长办公室主任张素梅为团长的澳门体育观摩团来杭观摩。在杭期间，各观摩团观看了残疾人体育比赛，考察了浙江特殊教育学院(筹)和浙江省残疾人体育训练指导中心，参观了浙江省残疾人事业成就展。

【浙江省残疾人法制建设与权益

保障考察团访问法国、意大利】 2011年11月2日至11日，以省残联副理事长吴一农为团长的浙江省残疾人法制建设与权益保障考察团赴法国、意大利进行考察交流。

在法国，考察团拜会了巴黎残疾人联合会，听取了关于法国扶助残疾人的有关法律政策、巴黎残疾人联合会的组成及职能等情况的介绍；参观了法国罗马独立生活中心，并与中心工作人员和正在进行康复训练的残疾人交谈。

在意大利，考察团拜访了罗马康复中心，听取了中心辅助用品设计供应、使用培训情况的介绍。考察团还参观考察了罗马的地铁、商场、饭店等公共场所的无障碍设施。

【浙江省残疾人社会保障和服务体系考察团访问印度、土耳其】 2011年11月8日至17日，以省残联理事长陈燕萍为团长的浙江省残疾人社会保障和服务体系考察团赴印度、土耳其进行考察访问。

考察团分别拜访了印度康复委员会、土耳其残疾人协会，并就政府维护残疾人合法权益、制定法律法规、残疾人社会保障、残疾人的服务体系以及残疾人的康复、教育、就业、无障碍设施和组织机构建设等情况与对方进行了座谈交流。

【浙江省残疾人托(安)养工作交流团访问澳大利亚、新西兰】 2011年11月9日至18日，以浙江省残疾人劳动就业服务中心主任陈益伟为团长的浙江省残疾人托(安)养工作交流团赴澳大利亚、新西兰两国考察。

在澳大利亚，考察团拜访了新南威尔士州独立生活中心，双方就残疾人工作进行了座谈交流。

在新西兰，考察团参观了奥克兰残障资源中心，与中心首席执行官就残疾人福利政策方面的情况进行了友好交流。

考察团还对两国城市的无障碍环境进行了考察。部分考察团成员通过入住酒店无障碍房间，亲身体验了无障碍洗浴等设施给残疾人带来的便捷。

（朱秀芳）

省贸促会

【涉外工作概况】 2011年，中国国际贸易促进委员会浙江省分会(简称“省贸促会”)组织执行出国经贸展览项目112个，总展位数3096个，有近1200家中小企业2800人次随团参展。全年签发一般原产地证52.8万份，出具国际商事证明书31466份，代办领馆认证8214份，办理ATA单证册237份；办理涉外法律咨询74件，为企业办理海外商标注册、续展、变更等业务1100件。

【与美国驻沪总领馆合作开通赴美商务签证绿色通道】 2011年2月5日，美国驻上海总领馆领事处处长何珊一行拜访省贸促会，会长铁建设会见何珊一行。

铁建设就美驻上海总领馆为省贸促会会员企业开辟的因私赴美商务签证面谈预约绿色通道、中美经贸合作前景与客人进行了探讨。何珊表示，为浙江省贸促会会员企业开放签证预约绿色通道，是美领馆推出的首个因私签证类特别项目，为企业赴美开展经贸活动提供便利。何珊希望省贸促会帮助领馆做好企业资格复核和甄别工作。

绿色通道开通近一年来，已为226家浙江企业办理签证预约386人次。

【浙江省投资合作与商务机会推介会】 2011年3月3日在阿联酋迪拜举行。副省长龚正率省政府代表团出席推介会。推介会由省政府副秘书长夏海伟主持，龚正做主旨演讲，阿联酋对外贸易部副部长沙里赫，中国驻迪拜总领事詹京保，迪拜工商会会长代表、迪拜工商会董事会董事古瑞尔等中外嘉宾出席并致辞，浙江省政府代表团、浙江省商务代表团、绍兴市经济代表团、阿联酋各华人商会、阿联酋企业界人士、跨国公司代表等共计170余人出席推介会。

龚正向与会代表介绍了浙江省经济社会发展情况，他欢迎中东地区企业家来浙江省投资兴业，促进双边互利合作共赢。宁波杭州湾产业集聚区、杭州大江东产业集聚区代表介绍了各自的投资环境和发展机遇；温州、绍兴的阿联酋在浙投资企业介绍了他们在浙江省投资办企业的体会。

浙江省贸促会和浙江省国际商会是此次活动的承办方之一。在双边合作签约仪式上，浙江省国际商会与阿联酋中国商会签订了合作协议书，龚正、沙里赫等出席签约仪式。

【印度驻沪总领事访问省贸促会】 2011年4月6日，印度驻上海总领事戴思锐、文化领事钱德梦等一行3人拜访省贸促会，会长铁建设会见印度客人。

铁建设就加强浙江与印度的经贸关系提出三点意见，他还谈到省贸促会"2010走进欧盟"和"2011走进美洲"项目，希望通过与印度对口机构的合作，举办类似的重大活动。

【浙江省经贸代表团访问印度、斯里兰卡和印度尼西亚】 2011年4月18日至29日，以省贸促会副会长邵志华为团长的浙江省经贸代表团赴印度、斯里兰卡和印尼进行友好访问。

代表团分别拜会了印度全国工业协会、孟买国际贸易中心、印度工业联合会、斯里兰卡国家商会和印尼中华总商会等商协会组织，与印度、斯里兰卡和印尼的35位企业家代表进行了交流和座谈。印度全国工业协会主席卡兰特里，孟买国际贸易中心负责人纳拉瓦妮，印度工业联合会东亚部副主任巴吉帕伊，斯里兰卡国家商会副主席贡达马纳拉，印尼中华总商会副总主席黄德新、陈伯年等分别会见代表团，介绍了当地的政治经济文化及贸易投资环境。

邵志华代表浙江省贸促会分别与印度工业联合会、孟买国际贸易中心签署合作备忘录，与印尼中华总商会签署友好合作协议。

【美国国务院政府间事务特别代表访问省贸促会】 2011年5月26日，美国国务院政府间事务特别代表瑞塔·路易斯一行拜访省贸促会，会长铁建设会见客人。

铁建设就促进浙江企业对美投资与客人进行了深入的交流。铁建设介绍了"2011浙江企业走进美洲"活动，特别是将在美国佐治亚州举办的"中国浙江—美国佐治亚产业对接会"的情况。他希望通过客人的来访，增进省贸促会与美国对口机构的合作，推动浙江与美国的经贸发展。

瑞塔·路易斯说，浙江与美国关系密切，已有4000多家浙江企业在美国投资，美国各州对浙江企业非常欢迎。她表示，将帮助浙江省贸促会联系佐治亚州政府部门和美国驻上海总领馆，加强活动宣传，为团组签证提供便利，以期更好地完成"中国浙江—美国佐治亚产业对接会"活动。她希望省贸促会加强与美国其他州的联系，进一步促进双边企业的交流。

【马来西亚柔佛州客人访问省贸促会】 2011年6月7日，马来西亚柔佛州行政议员兼国际贸易与工业能源、水务、通讯及环境委员会主席陈国煌一行拜访省贸促会，副会长徐山会见客人。

徐山向陈国煌一行简要介绍了省贸促会的主要情况，并介绍了"浙江企业走进欧盟"及"浙江企业走进美洲"系列活动，希望客人们以参加"浙洽会"为契机，寻找合作机会。

陈国煌重点介绍了柔佛州的依斯干达经济特区的发展规划和特殊的政策条件，希望省贸促会能组织浙江企业参与开发。

【浙江省企业家代表团访问安哥拉、南非和纳米比亚】 2011年7月20日至21日，省贸促会会长铁建设率浙江省企业家代表团出席由中国贸促会、安哥拉工商会、澳门贸促局在安哥拉首都罗安达举行的中国与葡语国家企业经贸洽谈会。

铁建设在开幕式致辞中介绍了浙江省省情和经济贸易发展概况，希望与葡语国家经贸促进机构和商会组织积极推动双边、多边经贸合作。开幕式后，与会的中国与葡语国家企业家进行了对口洽谈。

7月25日，浙江企业家代表团在纳米比亚首都温得和克出席了由中国贸促会和纳米比亚工商会共同主办的中国—纳米比亚企业合作洽谈会。铁建设代表浙江省贸促会与纳米比亚工商会签署合作协议。

【浙江省政府代表团访问俄罗斯、波兰和匈牙利】 2011年6月15日至26日，以省委副秘书长潘家玮为团长、省贸促会副会长徐山为副团长的浙江省政府代表团访问俄罗斯、波兰、匈牙利三国。

在俄罗斯，代表团拜会了俄罗斯俄中双边企业家理事会，与理事会秘书长弗拉基米尔·罗斯图诺夫就提高双方经贸合作质量、拓宽合作领域、推动投资便利化、规范贸易秩序，特别是促进中小企业合作提供更好的服务、建立浙江与俄罗斯双边企业沟通交流机制进行了交流。在俄期间，代表团还了解了当地浙商发展状况，并与俄罗斯浙江华人华侨联合会、俄罗斯浙江同乡会等侨团进行了座谈。

在波兰，代表团拜访了省贸促会友好合作机构波兰雇主联合会，双方希望在新能源、生态保护、旅游等领域加强合作，共同推动扩大双边贸易与投资。代表团还考察了波兰中国商城，与驻波兰浙商代表等进行了座谈。

在匈牙利，代表团拜访了匈牙利经济部和投资贸易局，双方就建立有效的沟通机制、扩大双方交流合作的途径与方式进行了探讨。徐山代表省贸促会与匈牙利投资贸易局签署友好合作协议。代表团还考察了浙江品牌展示中心、匈牙利亚洲中心商城和中国品牌产品贸易中心，与匈牙利温州商会、匈牙利青田同乡会、匈牙利瑞安同乡会等进行了座谈。

◎中国浙江—乌拉圭产业对接洽谈会现场

【浙江省经贸代表团访问俄罗斯、英国和爱尔兰】 2011年6月28日至7月12日，以省贸促会副会长邵志华为团长的浙江省经贸代表团对俄罗斯、英国和爱尔兰三国进行工作访问。

代表团拜访了俄罗斯俄中经济合作中心、圣彼得堡市政府亚太合作中心、英国伦敦工商会及爱尔兰爱中协会，邵志华代表省贸促会分别与英国伦敦工商会、爱尔兰爱中协会签订友好合作协议。

【浙江省企业家代表团访问德国、比利时和匈牙利】 2011年8月27日至9月7日，省贸促会副会长胡纲高率浙江省企业家代表团对德国、比利时和匈牙利三国进行经贸考察与访问。

在德国，代表团出席了由石荷州州长彼得·哈利·卡斯滕森和浙江省人大常委会副主任冯明共同主持的浙江省与德国石荷州缔结友好关系25周年晚宴；参加了投资德国石荷州推介会；拜访了艾肯费尔德波罗的海大学商务中心以及新明斯特市经济促进公司，进行了交流和考察。在比利时，代表团与西弗兰德省发展署进行了会晤。在匈牙利，代表团拜访了匈牙利投资贸易局。

【省贸促会举办“2011 浙江企业走进美洲”产业对接系列活动】 2011年8月21日至9月4日，省贸促会在乌拉圭首都蒙得维的亚、巴西巴拉那州和美国佐治亚州举办“2011 浙江企业走进美洲”产业对接系列活动，此次活动由中国浙江—乌拉圭产业对接洽谈会、中国浙江—巴西巴拉那产业对接洽谈会、中国浙江—美国佐治亚产业研讨会3场主要会议及一系列交流活动组成。副省长龚正率省政府代表团出席乌拉圭站活动，省贸促会会长铁建设、副会长徐山、秘书长吴莉芬和省经贸代表团全体成员参加了全部活动。

整个活动期间，浙江企业与乌拉圭、巴西两国企业共进行了600多场一对一洽谈，与美国佐治亚州近百名客商进行了自由洽谈，初步达成近200个合作意向。

【丹麦西兰岛大区政府主席访问省贸促会】 2011年8月29日，丹麦西兰岛大区政府主席斯蒂·巴奇·尼尔森一行拜访省贸促会，副会长邵志华会见客人。

邵志华介绍了浙江省与丹麦最新的经贸合作情况，重点介绍了舟山群岛海洋经济新区发展前景和省贸促会近几年在促进国际经贸合作及帮助中小企业走向世界方面的工作。他希望双方在省区友好合作关系的基础上，进一步促进双方机构合作和经贸交流。尼尔森相信在双方的共同努力下，西兰岛和浙江省的友好合作将得到更好的发展。会见中，大区发展署商务拓展中心项目经理卡琳·维斯·安特斯德尔介绍了在宁波北欧工业园区即将开始运营的西兰岛大区创业园。

【比利时西弗兰德省客人访问省贸促会】 2011年11月10日，比利时西弗兰德省副省长巴特·纳亚特、发展署主任施代芬·玛顿一行拜访省贸促会，副会长徐山会见客人。

徐山介绍了浙江省贸促会主要职能和业务发展情况，详细介绍了省贸促会组织的“浙江企业走向世界”系列经贸推广项目。

巴特·纳亚特表示西弗兰德省高度重视发展与浙江的战略伙伴关系，希望两省贸促机构进一步拓展经贸领域的合作，特别是加快推动两地企业在农牧业、食品加工等行业的互利合作与交流。

【省贸促会与法国卢瓦雷省经济发展总局签订友好合作协议】 2011年11月11日，省贸促会副会长胡纲高与法国卢瓦雷省经济发展总局副主席马克·彼尔切尼签署双边友好合作备忘录，浙江省贸促会与卢瓦雷省经济发展总局结成友好商会关系。

在杭期间，马克·彼尔切尼还与浙江省日用化工行业协会、杭州市化妆品协会、杭州柏莱雅化妆品有限公司、格林生物科技股份有限公司等单位的代表进行了座谈。

【法国埃松省议会副主席访问省贸促会】 2011年11月18日，法国埃松省议会副主席大卫·罗思拜访省贸促会，秘书长吴莉芬会见客人。

吴莉芬简要介绍了浙江省经济社会发展情况，尤其是民营经济发展特点。吴莉芬表示，希望能与埃松省相关商协会建立联系，推动浙江省企业与法国商界的对口经贸交流与合作。

【省贸促会与加拿大多伦多市投资促进局签订友好合作协议】 2011年11月29日，加拿大多伦多投资促进局副局长尼基·荷兰德拜访省贸促会，秘书长吴莉芬会见客人，向客人介绍了浙江省经济社会发展近况，以及双边贸易和投资等方面的情况。她希望以此次多伦多商务代表团访问浙江为契机，双方加强信息共享，建立相互支持、相互配合的工作机制，共同为两地双向投资和贸易往来搭建平台。荷兰德希望进一步加强双方的经贸交流与互利合作，欢迎浙江省企业到多伦多考察访问、投资兴业。

双方就加强机构合作签署友好协议，浙江省贸促会与加拿大多伦多投资促进局正式建立友好合作关系。

（朱晓冬）

省农科院

【涉外工作概况】 2011年，浙江省农业科学院（简称“省农科院”）派遣科技人员90人次出国考察，参加项目合作、国际学术会议以及技术进修。接待国外官员和专家学者来访84批275人次。

【省农科院与美国加州大学戴维斯分校签订协议】 2011年4月11日，省农科院与美国加州大学戴维斯分校签订合作协议。根据协议，双方将开展机构间学术、科研交流与合作，共建联合实验室，以及研究生、骨干科学家的联合培养。

【省农科院代表团访问印度尼西亚】 2011年5月20日，省农科院党委书记汤勇率团访问印度尼西亚，考察苏拉维西等水稻主产区，了解当地农户稻谷种植技术与种稻效益等情况，参观水稻播种、育苗、插秧机械化作业流水线和位于马卡莎市瓦焦县的自动化大型稻米加工厂等，并与SSP集团董事长甘红英就合作开展水稻高产品种选育、高产省力化栽培技术等事宜进行磋商，双方初步确定了在水稻新品种培育、杂交稻推广应用和种子生产、加工基地建设以及水稻机械化、省力化栽培示范等方面开展合作的意向。

【第4次中韩设施园艺研究中心技术交流会】 2011年5月23日，韩国农村振兴厅国立园艺特作科学院和省农科院在韩国水原市联合举办第4次中韩设施园艺研究中心技术交流会。省农科院副院长孟智启率团参加会议。双方科学家分别就设施园艺、工厂化育苗、蔬菜育种、果树生产等作学术报告、进行技术交流，并对双方共建的“中韩设施园艺研究中心”第二期合作计划进行了讨论，达成共识。

【澳大利亚专家受聘省农科院客座研究员】 2011年7月15日，澳大利亚纽卡斯尔大学环境与生命科学院阮勇凌博士受聘担任省农科院蔬菜研究所客座研究员，杨悦俭所长为阮勇凌颁发聘书。

【日本理化学研究所专家访问省农科院】 2011年10月20日，日本理化学研究所生物资源工程研究室主任小仓淳郎访问省农科院，并作题为《动物发育工程技术研究的前沿及其利用》的学术报告。

【美、韩友人参加省农科院百年院庆】 2011年11月8日，省农科院召开建院100周年庆祝大会。美国加州大学戴维斯分校副校长威廉·莱西，韩国农业振兴厅园艺特作科学院院长崔东鲁应邀出席大会，并参加院庆系列学术交流活动。其间，省农科院副院长孟智启与崔东鲁签订双方第二轮农业国际合作协议，并对双方在设施园艺领域的国际合作项目具体实施方案进行了讨论。

【省农科院作物所与美国水稻技术公司签订合作协议】 2011年11月9日，省农科院作物与核技术利用研究所所长金庆生和美国水稻技术公司总裁费德里克·库瓦斯签订科技合作研究协议。根据协议，双方将共同开展杂交水稻育种等领域的研究与资源开发工作。

【省农科院与国际水稻研究所签订合作备忘录】 2011年11月26日，省农科院联合四川省农科院，与国际水稻研究所签署关于开展农业研究和培训的合作备忘录。根据备忘录，三方将在水稻黑穗病病害控制、水稻抗性培养等方面开展联合研究与人员交流。

【省农科院代表团访问日本】 2011年12月18日至24日，省农科院代表团访问日本山形大学等单位，并参加学术研讨会，讨论关于杭州湾南岸不同植稻年限序列水稻土特性、水稻土有机碳分组及碳-14定年、土壤固碳减排技术等方面的合作事宜。

（陈晓雯）

高校和企业外事

Foreign Affairs in Institutions of Higher Learning and Enterprises

高校外事

·浙江大学·

【涉外工作概况】 2011年,浙江大学派出短期出国人员4301人次,其中:访问考察458人次,合作研究422人次,参加国际学术会议1513人次,学术交流1178人次,技术培训及进修学习414人次,讲学22人次,参展参赛87人次,其他207人次。

接待来自27个国家的来宾110批670人次,与爱尔兰都柏林大学、加拿大艾伯塔大学、德国基尔大学等分别签署相关合作或交流合作备忘录。

聘请长、短期专家655名(短期519名,长期136名),聘请名誉、客座教授39人。

新签校际协议院校及研究机构14所,续签协议3所。

全年举办国际(双边)会议65个。

【浙大代表团访问日本】 为收集遗留在日本的中国历代绘画艺术品,2011年1月10日至15日,校党委书记张曦率团访问日本。代表团走访了东京国立博物馆、京都国立博物馆、奈良国立博物馆、大阪市立美术馆等以及个人收藏家,得到各馆及个人的大力支持和帮助。代表团还访问了立命馆大学,双方就大学的国际化以及中日大学进一步加强各方面的合作等进行了商谈并达成共识。

【浙大5个海外工作机构建成启动】 2011年1月,浙江大学香港办事处授牌启动,此后,浙大驻美国旧金山、洛杉矶、纽约和德国柏林等地的联络点相继建成启动,派驻联络员全部到位,开始正常工作。各联络点的工作重点围绕引才引智和项目引进、海外交流与合作、联络校友三个方面进行。到2011年底,已有科研机构与浙大相关院(系)、研究机构之间达成明确的人员互访计划和交流合作意向。

【浙大代表团访问美国、加拿大】 2011年2月16日至19日,校长杨卫率团访问美国普林斯顿大学、威斯康星大学麦迪逊分校、加州大学圣地亚哥分校以及加拿大英属哥伦比亚大学,参观了纽约大都会博物馆,并应邀在威斯康星大学麦迪逊分校作关于"中国研究型大学发展"的公众演讲,介绍了近十年来中国研究型大学的发展道路、发展模式和发展动力。

其间,杨卫作为中国大陆高校的唯一代表,出席了在美国华盛顿特区举行的美国科学促进会(AAAS)年会以及圆桌讨论会,并在以"全球化背景下的学术道德"为主题的AAAS分会上作关于"国际合作与交流中的学术道德和规范"的主题报告。

【中德高等教育合作研讨会】 2011年3月17日至18日在杭州召开。由教育部和德意志学术交流中心主办,浙江大学承办,来自中德教育界的60多位代表参加会议,就全球化背景下贯彻落实《国家中长期教育改革和发展规划纲要》的新任务,以及新形势下开创中德教育国际合作与交流的新模式进行研讨。校长杨卫出席研讨会开幕式并致辞。

【法国液化空气集团研发总裁一行访问浙大】 2011年3月22日,法国液化空气集团(简称"法液空")研发总裁奥利弗·戴乐柏瑞及副总裁菲利普·凯一行对浙大进行友好访问,校长杨卫会见来宾。双方回顾了法液空和浙大在能源及环境领域的科研合作，希望继续深化和扩大交流；双方还就法液空在中国建立研究中心等问题进行了探讨。

浙大热能工程研究所所长岑可法、可持续能源研究院院长倪明江、热能工程研究所副所长周俊虎等参加会见。

【浙大校长参加大学校长全球峰会】 2011年4月23日至24日，校长杨卫参加了在清华大学举行的2011大学校长全球峰会及环太平洋大学联盟(APRU)第15届校长年会。来自五大洲40个国家和地区的130余所高校校长和代表出席会议。杨卫作为APRU成员学校代表以及国内C9高校代表与韩国首尔国立大学校长欧勇成共同主持“一流大学的社会责任”小组讨论，并就讨论结果向大会作汇报。

会议期间，杨卫分别会见了美国莱斯大学校长戴维德·李布朗以及加州大学戴维斯分校校长林达·库泰姬一行，与戴维德·李布朗就两校在地球科学、可持续能源等方面合作进行了讨论，与林达·库泰姬探讨了两校进一步加强学科合作，并就在生物医学工程、神经工程等领域开展合作达成共识，续签合作框架协议。

【浙大校长参加第10届世界大学网络年会】 2011年5月19日至23日，校长杨卫参加在上海召开的第10届世界大学网络年会，来自英国、美国、加拿大、南非、挪威的16所著名高校等160余位代表参加会议。

杨卫主持了校长论坛会议，向代表们介绍了中国的教育现状，特别是浙大的教学、科研和国际合作等情况。杨卫建议各国高等院校应探寻新的国际合作模式，在多学科或跨学科领域进行长期性的合作与交流。

【浙医一院与美国一医学中心联合成立肝病中心】 2011年6月2日，浙大医学院附属第一医院与美国加州大学洛杉矶分校医学中心合作签约暨联合肝病中心成立大会在浙医一院举行。校党委常务副书记陈子辰主持，省外办、省科技厅等部门领导及众多医学同行专家出席会议。省人大常委会副主任、校党委书记金德水到会并致辞祝贺。

此次浙大医学领域的国际合作不同于以往的技术引进或接受国外医疗援助，而是基于双方的学术成果和技术平台，共同构建国际一流肝病中心的强强联合。联合中心围绕国际医学热点问题和研究方向开展临床、科研、教学等多领域、全方位的合作，并以双向、平等、联合的方式进行。

成立大会上，中美专家通过远程视频系统对两个疑难病例进行了讨论。会后，中美专家还来到浙医一院肝胆胰外科病房查房。

【浙大代表团访问瑞士、德国和瑞典】 2011年7月12日至21日，副校长罗卫东率浙大考古、文博代表团访问瑞士、德国和瑞典。代表团重点访问了瑞士的苏黎世大学、伯尔尼大学、伯尔尼州考古局、水上考古基地及挖掘现场、民族学博物馆等，德国的哈雷考古研究所以及博物馆附属实验室、树桩住宅博物馆、史前博物馆、国家图书馆档案馆，瑞典的国家艺术博物馆、远东古物博物馆和人类学博物馆等，并拜访了德国联邦文教部长联席会议秘书长和德古意出版社。

在苏黎世，罗卫东一行看望了在当地工作和学习的浙大校友。

【德国基尔大学副校长访问浙大】 2011年10月11日至12日，德国基尔大学副校长汤姆斯·布什访问浙大。校党委书记金德水会见来宾，双方就海洋相关学科合作的形式和重点进行了会谈。汤姆斯·布什为生命科学院、医学院和药学院的学生作题为《干细胞与免疫》的讲座，并会见在浙大攻读中国学硕士学位的基尔大学学生。

【浙大与美国康奈尔大学签署校际合作协议】 2011年10月25日，校长杨卫与康奈尔大学教务长肯特·福克斯签署浙江大学—康奈尔大学校际合作框架协议，两校将进一步开展校际层面多学科、多形式的交流与合作。基于框架协议，浙大农业生命环境学部与康奈尔大学农业与生命科学学院签署本科生交流“2＋2”协议，根据协议，农业生命环境学部每年选拔10名优秀本科生，在浙大完成两年学业后，第三年进入康奈尔大学农业与生命科学学院学习，两校互认学分；学生完成学业后将获得浙大及康奈尔大学的学士学位。

【浙大代表团参加日澳中健康医学与生物工程合作论坛】 2011年10月31日至11月2日，校党委常务副书记陈子辰率团赴日本神户大学参加第4届日澳中健康医学与生物工程合作论坛。陈子辰在开幕式上致辞。

其间，陈子辰与神户大学校长福田秀树等进行了会谈。双方商讨了两校在健康工程、人文、法律和经济学科的交流与合作。

【中俄大学生艺术联欢节】 2011年11月5日至8日，来自俄罗斯莫斯科人民友谊大学和俄罗斯圣彼得堡经济贸易学院的41名师生对浙大进行友好访问。浙大外语学院俄语系、英语系同学作为志愿者陪同俄罗斯访问团参观游览了西湖、灵隐寺、梅家坞等名胜，观看了大型都市山水实景演出《印象西湖》，参观了浙大校园，两国学生还就文化、教育、艺术等内容进行了交流。

7日晚，在浙大紫金港剧场举行了以“青春・友谊・梦想”为主题的中俄大学生艺术联欢节文艺晚会，俄罗斯代表团和浙大文琴艺术团表演了民族歌舞。

中俄大学生艺术节由中国教育部和俄罗斯联邦教育科学部主办，是中俄“国家年”教育领域的机制化项目，浙大是2011年中俄大学生艺术节的承办单位之一。

【加拿大学术文化宣传暨浙大“加拿大日”系列活动】 2011年11月29日在紫金港校区举行，由加拿大驻沪总领馆和浙江大学共同举办，包括学术专题研讨会、加方高校宣讲会及文化专题活动等。副校长吴平、加拿大驻沪代总领事裘恩瑞出席开幕式并致辞。

省外办、卫生厅、住建厅、文化厅、教育厅等部门代表，加拿大大学代表，加拿大驻浙公司和浙大校友公司代表等参加了系列活动。

【浙大代表团访问新加坡】 2011年11月14日至16日，校长杨卫率团访问新加坡。

杨卫一行出席了新加坡科技设计大学（简称“新科大”）樟宜校区奠基仪式，杨卫和新科大校长马尼安蒂、美国麻省理工学院校长苏珊・霍克菲尔德进行了友好会谈。代表团访问了新加坡国立研究基金会，与总裁杨淞漳等商谈了浙大与新科大、南洋理工大学科研团队联合向该基金会申请进驻“卓越研究与科技企业学园”事宜。

代表团与新科大教务长张道昌等举行了两校合作管理委员会会议。副校长吴平与张道昌分别代表两校签署2011年两校5个研究项目、2个试验性项目科研合作协议等。

访问期间，浙大代表团还参观了新科大多佛临时校区的教室、图书馆等设施。

【浙大校长参加发展中国家科学院第22届院士大会】 2011年11月20日至24日，校长杨卫赴意大利里亚斯特市参加发展中国家科学院（原第三世界科学院，TWAS）第22届院士大会。来自60多个国家和地区的TWAS院士、获奖科学家和特邀代表共约260人出席。杨卫作为中国大陆唯一的大会理事会成员参加此次会议。

会议结束后，杨卫访问了博洛尼亚大学，与该校校长伊万诺・迪奥尼吉和副校长卡拉・萨尔瓦特拉等就进一步推动双方间合作交流，尤其是在高等教育研究领域的合作等进行了探讨。

杨卫还拜访了意大利浙大校友总会，看望了在当地工作和学习的校友。

【浙大与港澳地区交流概况】 2011年，浙江大学赴港澳地区交流访问共计18批111人次（其中香港16批89人次，澳门2批22人次）；接待港澳地区来访人员

78批554人次(其中香港71批531人次,澳门7批23人次);聘请香港地区客座教授1名,与港澳地区高校新签、续签8个校际交流合作协议。

【浙大文化艺术交流团访问澳门】

2011年4月29日至5月2日,浙大学生文化艺术交流团应邀访问澳门,并参加了4月30日晚在澳门议事厅广场举行的"两岸四地高校学生文化艺术交流表演晚会"。

【2011浙港两地大学生文化交流营】 2011年5月26日至6月3日,由浙江大学主办的"廊桥:让文化穿越时空——2011浙港两地大学生文化交流营"活动在浙江举行,来自香港大学、香港中文大学、香港岭南大学、香港城市大学以及香港浸会大学的28名学生与浙江大学22名志愿者学生携手,参加为期9天的文化体验之旅。本次活动包括专题讲座、探寻庆元廊桥、庆元山村采风、筷子廊桥比赛等内容,选择杭州和庆元两个完全不同的地域样本,以"桥"为文化载体,使青年学生在学习的过程中了解历史,提升对中国文化的认识和理解,开启浙港两地之间相互理解、相互交流、相互分享的大门。

【2011浙港大学生"能源·经济"暑期交流营】 2011年7月2日至8日在杭州举办。来自香港8所大学的40余名学生和浙大能源工程学系的20余名学生参加了交流营。本次暑期交流营以能源利用、环境保护、经济可持续发展等为主题,两地大学生共同开展学生论坛、企业参访、学术交流、实地考察等活动,并考察了杭州、绍兴两个城市的历史文化和经济发展状况。

【浙大高层访问团访问香港】

2011年9月20日至24日,校党委书记金德水率浙大高层访问团访问香港大学、香港中文大学、香港科技大学和香港理工大学,与香港中文大学校长沈祖尧、香港科技大学校长陈繁昌、香港理工大学校长唐伟章等进行了会谈,就浙江大学与香港高水平大学在优势学科提升、创新环境建设、优质人才培养、合作交流拓宽等方面的合作交换了意见。

其间,全国干部教育培训浙江大学基地常务副主任阮连法与香港中文大学香港亚太研究所所长张妙清签署《全国干部教育培训浙江大学基地—香港中文大学香港亚太研究所关于合作开展高端培训协议书》,浙大副秘书长范捷平与香港理工大学副校长阮曾媛琪签署《浙江大学与香港理工大学学者、行政人员、学生人才合作培养协议》,浙大管理学院常务副院长吴晓波与香港理工大学酒店及旅游管理学院院长田桂成签署《浙江大学管理学院与香港理工大学酒店及旅游管理学院合作事项备忘录》。金德水一行还看望了长期关心和支持浙江大学发展的校友及社会各界人士,并出席了香港浙江大学校友会第四届理事会就职典礼。

【浙大校长访问香港】 2011年12月17日至20日,校长杨卫应邀赴香港参加香港大学百年校庆"全球校长峰会——东西对话"。约70位来自全球各地的校长出席本次峰会。

19日,浙大医学院附属第一医院院长郑树森与香港大学李嘉诚医学院肝胆外科主任卢宠茂签署两校肝移植中心合作协议,杨卫和香港大学副校长谭广亨等见证了签字仪式。同日,杨卫还分别会晤了大唐金融集团主席李和声、信兴集团副主席蒙德扬、香港求是科技基金会主席查懋声、思源基金会创办人陈曾焘等。

20日,杨卫与香港中文大学校长沈祖尧续签学术交流协议等3项协议,并共同见证了由浙江大学传染病诊治国家重点实验室主任李兰娟与香港中文大学消化疾病研究所所长陈家亮签署两校消化疾病研究合作协议。

在港期间,杨卫还专程看望了浙大派驻香港办事处的工作人员,并与香港浙大校友会常务副会长周哲等进行了座谈。

(姚　诚)

2011年浙江大学对外合作交流情况

学院名称	出国交流人次	聘请国外专家人数	举办国际学术会议次数
人文学院	72	7(短期)+5(长期)	1
外国语言文化与国际交流学院	147	9(短期)+32(长期)	1
传媒与国际文化学院	2	0(短期)+0(长期)	1
经济学院	122	10(短期)+1(长期)	2
光华法学院	1	4(短期)+2(长期)	2
教育学院	76	7(短期)+2(长期)	4
管理学院	221	11(短期)+5(长期)	4
公共管理学院	128	21(短期)+4(长期)	5
思想政治理论教学科研部	3	3(短期)+0(长期)	0
数学系	79	19(短期)+1(长期)	3
物理学系	80	17(短期)+4(长期)	2
化学系	68	17(短期)+2(长期)	1
地球科学系	36	4(短期)+1(长期)	0
心理与行为科学系	31	0(短期)+1(长期)	0
机械工程学系	94	5(短期)+4(长期)	0
材料科学与工程学系	98	18(短期)+8(长期)	2
能源工程学系	123	16(短期)+1(长期)	1
电气工程学院	190	3(短期)+2(长期)	0
建筑工程学院	154	11(短期)+0(长期)	1
化学工程与生物工程学系	96	13(短期)+2(长期)	1
航天航空学院	31	13(短期)+0(长期)	1
高分子科学与工程学系	77	12(短期)+0(长期)	1
海洋科学与工程学系	11	13(短期)+0(长期)	0
光电信息工程学系	58	11(短期)+0(长期)	2
信息与电子工程学系	150	14(短期)+3(长期)	2
控制科学与工程学系	138	15(短期)+1(长期)	1
计算机科学与技术学院	221	10(短期)+1(长期)	4
生物医学工程与仪器科学学院	51	6(短期)+3(长期)	1
医学部	438	43(短期)+6(长期)	5
药学院	47	0(短期)+0(长期)	1
生命科学学院	76	35(短期)+5(长期)	1
生物系统工程与食品科学学院	87	43(短期)+4(长期)	1
环境与资源学院	108	32(短期)+1(长期)	0
农业与生物技术学院	147	42(短期)+5(长期)	1
动物科学学院	84	20(短期)+2(长期)	0
其他	716	15(短期)+28(长期)	13
合计	**4301**	**519(短期)+136(长期)**	**65**

2011年浙江大学接待的主要国外来访团组

日 期	来访团组名称	主要活动内容
1月19日	爱尔兰都柏林大学校长休·布雷迪等	签署两校合作协议书和学生交流协议书
2月22日	德国基尔大学校长代表团	就两校在海洋等学科开展合作的可能性达成初步合作意向
3月4日	英国达伦大学副校长	探讨在人文社科领域合作的可能性
4月11日	美国莱斯大学教务长代表团	探讨开展本科和硕博双学位、科研实习等项目的可行性，并就在生物医学和能源环境领域开展学生交流达成初步合作意向
4月25日	法国巴黎中央理工大学校长	探讨在工程领域的科研和教学合作
4月29日	美国加州大学戴维斯分校教务长	推动“一流学科伙伴计划”的落实
5月9日	英国伦敦大学学院校长代表团	探讨开展多学科交叉研究和干细胞再生工程合作的可能性
5月10～12日	美国密歇根大学交响乐团	交流演出
5月25日	澳大利亚西澳大学代表团	签署“超可持续作物国际合作中心”协议和“浙江大学—西澳大学生命科学学院博士生联合培养”协议
6月7日	哈佛大学学生代表团	参加“哈佛学生浙大行”活动
6月17日	美国加州大学洛杉矶分校社科学院代表团	探讨浙大社科学部与加州大学洛杉矶分校社科学院师生合作交流的新模式，拓展社科学部一流学科伙伴建设渠道
7月4日	加拿大西门菲莎大学代表团	友好访问
7月15日	美国罗德岛大学校长	就两校在相关学科领域加强科研、教学、学生培养等方面的合作交流进行会谈
7月28日	美国密歇根州立大学中国项目代表团	协调业已开展的学生项目并商谈为美国留学生联合申请留学奖学金事宜
8月19日	美国密歇根大学中国研究所所长	探讨合作事宜，拟在人才培养、学科研究、培训项目等方面展开合作
8月29日	美国罗切斯特大学代表团	就双方可能开展的师生交换、科研合作项目达成多个意向
9月15～16日	美国圣母大学代表	探讨双方在师生交流、国际会议等方面的合作
9月19日	丹麦哥本哈根大学跨文化与地区研究系代表团	商讨中国学硕士联合培养事宜
9月23日	瑞典皇家工学院副校长	探讨以中瑞光子中心为平台，进一步拓展双方在其他领域的科研教学合作
9月26日	澳大利亚新南威尔士大学代表团	就两校的经费来源结构、优势学科、世界一流大学建设等议题进行交流
9月30日	德国联邦文教部长联席会议秘书长	了解浙大考古学科情况，为与德国各教育机构的合作牵线搭桥
9月30日	德国洪堡大学代表团	探讨两校在各领域合作的可能性
10月18日	加拿大渥太华大学代表团	签署两校学生交流协议。
10月26日	荷兰埃因霍温工业大学代表团	探讨浙大—荷兰埃因霍温工业大学—飞利浦公司“智慧桥”项目进展情况
11月9日	英国爱丁堡大学代表团	签署两校合作备忘录

·中国美术学院·

【涉外工作概况】 2011年，中国美术学院派出短期出国(境)人员54批次139人次，其中：公派出访考察讲学30批次50人次，教师和学生自费出国(境)考察、进修学习24批次89人次。

接待各国来宾54批次300余人次，其中以高等艺术院校和艺术机构居多。开展各类外籍教授讲学、讲座交流项目30余项，近50名外籍教授来校讲学。聘请专业类长期外籍教师9名。举办涉外展览及研讨会15个。

【中美学生美术作品交流展】 2011年3月20日至30日在美国旧金山城市学校举办。中国美术学院附中选送优秀学生作品30件，与旧金山城市学校学生作品一起展出。这是继2010年5月在中国美术学院附中举办"中美两个文化之间的艺术交流"之后两校又一次合作展出。

【中德硕士项目2011届研究生毕业作品展暨现场毕业答辩】 2011年3月23日至27日，中国美术学院与德国柏林艺术大学合作培养美术学硕士项目"2011届研究生毕业作品展"在象山校区举行。绘画、新媒体、建筑、工业设计和视觉传达等5个专业的29名毕业生展出了他们创作的艺术和设计毕业作品。展览现场进行了毕业答辩。10位来自柏林艺术大学的教授与中国美术学院教授一起组成中德联合答辩委员会。

【挪威艺术家油画作品展】 2011年3月28日至4月6日在中国美术学院举行，展出油画作品49幅。挪威驻上海文化领事孟培尔，中国美术学院外事处处长杨修憬，挪威奥斯陆国立艺术学院的师生代表，以及中国美术学院版画系师生代表共百余人出席展览开幕式。

【挪威奥斯陆国立艺术大学师生赴富阳造纸村考察】 2011年3月31日，来自挪威奥斯陆国立艺术大学的师生一行30人，与中国美术学院版画系部分师生共同考察访问富阳湖源乡冠形塔村中国最原初造纸工艺基地。中外师生考察了传统手工造纸工艺流程。师生们还参观了民居、祠堂等古建筑，与当地村民进行了友好交流。

【城市生命馆主题影片获美国纽约电影电视节最佳摄影奖】 2011年4月15日，由中国美术学院与香港天极公司联合摄制的上海世博会城市生命馆环幕影片《城市广场》获美国纽约电影电视节最佳摄影奖。该片还获得了2011年香港资讯及通讯科技奖中的最佳数码娱乐(视觉特效)金奖。

【建筑艺术学院举行春季国际学术讲座】 2011年4月17日，建筑艺术学院举行两场学术讲座。第一场《辨别建筑》讲座主讲人是美国得克萨斯大学教授王惠平；第二场《简约的奢华》讲座主讲人是来自哈佛大学研究生院的路易莎·赫顿和马蒂亚斯·绍尔布鲁赫教授，两位教授从实际案例出发，阐述了如何在减少建筑元素的同时，使建筑获得更大的实用，以及如何做到建筑的可持续等。

【"转·换"首饰艺术展】 2011年4月18日至21日，英国林肯大学建筑与艺术学院院长诺曼·切瑞应邀在象山校区举办主题为"转·换"的首饰艺术个展，展出作品40余件。

其间，诺曼举办了讲座，向首饰专业以及其他专业的师生介绍他的艺术作品、创作思路以及创作技法等。诺曼·切瑞还为首饰专业的学生进行了为期一周的工作坊课程教学。

【日本多摩美术大学教授在中国美院讲学】 2011年4月21日至29日，日本多摩美术大学教授小林敬生应邀在版画实验室讲授"木口木刻技法"课程，版画系硕士研究生与教师约20人参加学习与观摩。

【香港科技大学首席副校长等访问中国美院】 2011年5月6日，香港科技大学首席副校长史维、副校长翁以登、协理副校长曾明哲、浙江香港科技大学先进制造研究所副所长赵犁等参观访问中国美院南山校区。副院长宋建明会见香港客人，向来宾介绍了中国美术学院的建校历史、发展态势以及未来愿景。双方都期待今后两校发挥各自优势，深入开展跨界合作。

【美国德雷赛尔大学副教务长访问中国美院】 2011年5月13日，副院长宋建明会见美国德雷赛尔大学副教务长、国际项目主管朱莉·莫斯托夫和安谢娜特·韦斯特法尔媒体艺术与设计学院院长沙艾伦一行。双方就师生交流、科研合作进行了深入的探讨。

【"西方艺术与艺术史"杭州高级工作坊开班】 2011年5月18日，由美国亨利·鲁斯基金会和中国美术学院联合主办的"西方艺术与艺术史"杭州工作坊在南山校区举行开班仪式。本届工作坊邀请了美国圣路易斯华盛顿大学艺术史首席教授、国际知名文艺复兴艺术研究专家威廉·华莱士和普罗维登斯学院艺术史系保罗·克伦肖教授担任主讲和学术指导，美国学者姜斐德博士任学术顾问。来自国内外各大艺术院校和机构的22位学者参加本届工作坊。

【中法艺术家"西湖柳浪谈艺"】 2011年5月19日在杭州举行。活动由中国艺术节基金会、北京大学中国画研究院、法国驻华大使馆等与杭州市共同举办。法兰西学院艺术院终身秘书长、美术院士阿尔诺·多德里夫等法国艺术家和联合国教科文组织文化顾问、北京大学中国画法研究院院长范曾，中国美院原院长、中国美术家协会顾问肖峰，中国美院副院长宋建明等参加这一活动。两国高层艺术人士以"后现代语境下的中法艺术与合作新思维"为主题，进行了学术探讨。范曾和阿尔诺·多德里夫作为双方主讲人，分别作主题演讲。

【澳门科技大学师生到中国美院参观交流】 2011年5月30日至6月4日，澳门科技大学人文艺术学院院长潘知常和汪蓝教授率师生20余人到中国美术学院参观交流。6月3日，中国美术学院实验教学管理部、设计艺术学院分别与澳门科技大学人文艺术学院签署战略合作协议书。

【王澍获法国建筑学院金奖】 中国美术学院建筑艺术学院院长王澍获得2011年度法国建筑学院金奖。这是中国建筑师首次获得该国际建筑学界大奖。颁奖典礼于2011年6月16日在巴黎举行。

法国建筑学院奖设立于1965年，每年由法国建筑学院评审委员会评选，授予在建筑方面作出杰出贡献的建筑师。

【法国驻沪总领事访问中国美院】 2011年6月25日，法国驻上海总领事卢力捷、法国驻华大使馆文化参赞周子牧、法国驻上海领事馆文化领事马伊容等一行4人访问中国美术学院。

副院长宋建明会见客人，并陪同参观了象山校区。院长许江在南山校区会见卢力捷一行，与客人探讨了双方合作的可行性，并达成共识。

【院领导赴德访问并看望中德硕士项目学生】 2011年7月3日至11日，中国美术学院院长许江应邀赴德国汉堡美院参加该校庆典活动，并专程到柏林艺术大学看望在那里学习的中德硕士项目的中国美术学院学生。

【中国美院学生赴美国学习】 2011年7月24日，中国美术学院不同系别的18名学生赴美国进行为期两周的"街道实验室"课程学习。学生们学习了行为、装置、声音、互动等与现代艺术有关的课程。

【香港中国美术会杭州书画展】 2011年9月13日至16日在中国美术学院南山校区举行，由中国美术学院和香港中国美术会联合承办。省政府、省文化厅、中国美术学院的领导及香港中国美术会主席欧展昂、中国美术学院的师生代表等近百人参加开幕式。此次展览共展出香港中国美术会作品33件。

【中国美院代表团访问美国、加拿大】 2011年9月14日至23日，副院长王赞率中国美术学院代表团访问美国德雷赛尔大学和加拿大安大略艺术设计大学。代表团与两所院校就师生交流、课程建设、科研合作等问题进行了探讨。

【香港插画协会会长访问传媒动画学院】 2011年9月27日，香港插画协会会长马志雄访问中国美术学院象山校区，并在传媒动画学院举办讲座。马志雄此次讲座专门为香港插画协会主办的"第2届中华区插画奖"做动员，并与到场师生交流创作、创业经验。

【瑞士卢加诺市副市长访问中国美院】 2011年10月12日，瑞士卢加诺市副市长伊莱斯莫·弗朗西斯科·佩利一行访问中国美术学院。

副院长孟云生会见客人。孟云生详细介绍了中国美术学院的发展历史、办学规模、教学水平以及国际交流概况，佩利介绍了卢加诺市的情况，双方均表达了希望开展合作与交流的意愿。

【"包豪斯与东方——中国制造与创新设计"国际学术会议】 2011年10月12日至13日在中国美术学院象山校区召开。来自德国、美国、奥地利和国内的100余名专家学者参加会议。

会议就"包豪斯与设计文化"、"设计实践的当代要素"、"包豪斯教育模式与东方设计教育"、"生活方式与生产方式"等内容进行了讨论。

【"历史与现实——文化遗产保护及发展"国际学术研讨会】 2011年10月22日至23日在中国美术学院象山校区举行，研讨会由中国美术学院主办。

出席研讨会的中、英、法、美、澳、日、韩等多国专家学者围绕"文化遗产保护与修复"、"文化遗产管理与教育"、"设计遗产与当代生活"等议题进行了专题研讨。

【2011第5届中国国际海报双年展】 2011年10月29日至11月2日在中国美术学院举行。北京故宫博物院原院长吕济民，全国人大常委会原常委、浙江省人大常委会原副主任、浙江大学文物与博物馆学系教授毛昭晰，杭州市副市长陈小平，中国美术学院领导钱晓芳、许江、宋建明、傅肃琴、胡钟华、孟云生等出席开幕式。

本届双年展组委会主席、设计艺术学院院长王雪青汇报了中国国际海报双年展的收件和入围情况，并揭晓获奖名单。本届双年展国际评审主席史蒂文·邦迪对获奖作品的评选过程进行了汇报和点评。

【平面设计工作坊教学活动】 平面设计工作坊是第5届中国国际海报双年展的子项目之一，由本次双年展国际评审团的史蒂文·邦迪(瑞士)、伊斯特凡·奥罗兹(匈牙利)和南部俊安(日本)3位在设计界具有国际影响力的大师共同主持。3位大师分别开设3个小班进行教学，学生们可与大师交流、互动。教学成果以橱窗展板的形式在象山校区展示。

【意大利建筑学和建筑史教授举行系列讲座】 2011年11月8日至17日，意大利那不勒斯第二大学建筑学和建筑史教授马里奥·皮萨尼应邀在中国美术学院南山校区举行5场讲座，分别向学院师生介绍了20世纪意大利艺术及未来派艺术、贫穷艺术和新表现主义艺术、法西斯艺术、20世纪意大利建筑以及乔治·莫兰迪专题。每场讲座均有逾百名师生参加。

【西班牙马德里康普顿斯艺术学院院长访问中国美院】 2011年11月15日，副院长宋建明会见来访的西班牙马德里康普顿斯艺术学院院长约苏·阿尔吐纳一行。双方介绍了各自院校概况，并对两校合作与交流的可能性进行了探讨。

【墨韵国风——潘天寿艺术回顾展】 2011年11月24日至2012年2月5日在香港艺术馆举办，

由香港特别行政区康乐及文化事务署、中国美术学院、潘天寿基金会联合主办，香港艺术馆、潘天寿纪念馆及潘天寿基金会文化部联合承办。香港民政事务局局长曾德成、中央美术学院院长潘公凯、中国美术学院院长及中国美术家协会副主席许江、文化部艺术司副司长诸迪、潘天寿基金会执行副会长胡剑芬、香港艺术馆总馆长邓海超等出席开幕式。中国美术学院为此展提供文物展品61件、复制品2件，其中包括潘天寿的36幅作品、17枚印章和10项文献作品。

【王澍被聘为哈佛大学荣誉教授】 2011年，中国美术学院建筑艺术学院院长王澍被美国哈佛大学设计研究生院(GSD)聘为2011—2012学年度“丹下健三”荣誉讲席教授，并于2011年9月至12月在该校开设一门持续一学期的工作室设计课程。

“丹下健三”荣誉讲席教授是哈佛大学每年从世界范围内有突出成就的建筑师中评选出一位，聘请其到该校进行一学期的教学，是GSD授予访问教授的最高荣誉。王澍是获得这一荣誉的第一位中国籍建筑学者。

（张　蕾）

·浙江工业大学·

【涉外工作概况】 2011年，浙江工业大学派出短期出国(境)人员91批193人次，接待国(境)外来访团组30批次259人次。

学校共聘请24名外籍专业教师和语言教师。被命名为“国家引进国外智力示范单位”和“浙江省引进国外智力示范单位”，乌克兰籍特聘教授弗拉基米尔·科瓦连柯先后被授予浙江省“西湖友谊奖”和中国政府“友谊奖”。

学校在英国邓迪大学和日本相爱大学分别设立“学生海外培养基地”，继续实施“学生海外游学计划”，全年累计组织学生赴国(境)外短期交流项目17批288人次。实施各类交换学生和联合培养项目10余项，选派学生59名。

学校留学生规模首次突破千人，达到1012人，生源国63个。学历生129人。

【浙工大教师赴美国开展中国艺术交流】 2011年2月4日至15日，浙工大教师赴美国瓦尔帕莱索大学孔子学院开展主题为“中国音乐及民族乐器启迪和感受”的中国艺术交流，在孔子学院、孔子课堂、瓦尔帕莱索当地中小学和企业进行巡回演出和交流。

【美国罗切斯特大学常务副校长访问浙工大】 2011年2月24日，美国罗切斯特大学常务副校长彼得·雷尼一行访问浙工大。副校长盛颂恩会见来宾，建议两校在强势学科开展师生交流、联合培养和科研合作。双方就建设联合校区、学生联合培养等达成初步合作意向。

【浙工大校长获澳大利亚默多克大学荣誉博士学位】 2011年3月2日，浙工大校长张立彬应邀出席澳大利亚默多克大学学位授予典礼，并接受该校授予的荣誉博士学位。默多克大学执行校长盖瑞·马丁在授予仪式上致辞，充分肯定了张立彬作为一位机械工程学专家和中国大学校长的卓越成绩。

澳大利亚的荣誉博士学位是澳大利亚大学授予各领域世界著名人士的最高学术荣誉。

【浙工大代表团访问澳大利亚默多克大学】 2011年3月2日至6日，校长张立彬率浙工大代表团访问澳大利亚默多克大学。张立彬一行先后与默多克大学执行校长盖瑞·马丁、副校长安妮·基达尼—巴恩斯等会面并进行了深入的交流。张立彬和盖瑞·马丁分别代表两校签署合作办学备忘录和学生交换协议书，并考察了在默多克大学设立的浙工大首个学生海外培养基地。

【瑞典布莱金厄理工学院常务副校长访问浙工大】 2011年3月15日，瑞典布莱金厄理工学院常务副校长安德斯·赫德斯迪尔纳一行访问浙工大。副校长盛颂恩会见来宾。双方就互设办公室、博士生联合培养达成合作意向。

【墨西哥北下加州高等技术学院校长访问浙工大】 2011年3月23日，墨西哥北下加州高等技术学院校长费尔南多·莱昂·加西亚一行访问浙工大。校长张立彬会见来宾，建议两校将学生交换与联合培养、教师交流与科研合作作为双方交流工作的起点，取长补短，共同发展。双方签署校际合作备忘录。

【英国考文垂大学副校长访问浙工大】 2011年5月10日，英国考文垂大学副校长大卫·皮尔斯博瑞一行访问浙工大。校党委书记汪晓村、副校长盛颂恩共同会见来宾。双方通过协商，就学生联合培养、建立工业设计国际研究中心、开展中外合作办学等达成初步合作意向。

【澳大利亚默多克大学代表团访问浙工大】 2011年5月11日至13日，澳大利亚默多克大学执行校长盖瑞·马丁一行访问浙工大。校长张立彬、副校长盛颂恩先后会见来宾。双方围绕"浙江省海洋经济发展示范区"建设，开展海洋经济相关学科的合作研究进行了深入的探讨，并签署合作培养法学本科专业学生的协议。

【日本相爱大学代表团访问浙工大】 2011年5月17日，日本相爱大学理事长出口湛龙一行访问浙工大。校党委副书记何智蕴会见来宾。双方就建立浙工大"学生海外培养基地"相爱大学站点达成共识，并就组织浙工大学生暑期赴日学习培训达成合作意向。

【浙工大代表团访问澳大利亚】 2011年5月23日至28日，浙工大副校长马淳安率团访问澳大利亚塔斯马尼亚大学和卧龙冈大学。

在塔斯马尼亚大学，校长彼得·拉斯吉恩会见马淳安一行，双方就海外办学项目的评估、两校间计算机科学与技术本科合作办学项目交换了意见。

在卧龙冈大学，马淳安一行参观了该校纳米结构电催化材料创新中心，听取了该中心的介绍，双方就在新材料方面开展合作研究进行了商讨。

【浙工大代表团访问英国】 2011年6月6日至11日，浙工大巡视员沈传缘率团访问英国邓迪大学，参加浙工大"学生海外培养基地"邓迪大学站点的揭牌仪式。邓迪大学校长彼得·道恩斯会见沈传缘一行，双方举行了姊妹大学关系续签仪式，两校将在学生联合培养、短期游学、教师及管理干部培训等领域开展深入的合作。沈传缘一行还看望了在该校学习的浙工大留学生，参观了他们的毕业作品展。

【俄罗斯沃罗涅日国立大学校长访问浙工大】 2011年6月8日，俄罗斯沃罗涅日国立大学校长耶达文斯基·德米特里一行访问浙工大。副校长盛颂恩会见来宾。双方就开展教学交流、科研合作等进行了广泛深入的探讨，达成合作意向，并签署校际合作备忘录。

【香港中文大学代表团访问浙工大】 2011年6月29日，香港中文大学和声书院院长刘允怡一行访问浙工大。校党委副书记何智蕴会见来宾。双方就学生短期双向交流、干部交流等合作事宜达成共识，并深入探讨了2011年暑期浙工大选派干部赴香港中文大学进修的实施方案。

【澳大利亚塔斯马尼亚大学代表团访问浙工大】 2011年7月9日，澳大利亚塔斯马尼亚大学名誉副校长罗德·罗伯茨和新任校长彼得·拉斯吉恩一行访问浙工大。校长张立彬会见代表团一行。双方回顾了两校合办计算机科学与技术专业本科合作办学项目取得的成绩，都表示将继续支持该项目。双方就进一步开拓合作领域、共同发展等问题进行了广泛的交流。代表团还参加了两校合办的计算机科学与技术专业本科教育项目的毕业典礼。

【浙工大师生参加浙江省与新泽西州结好30周年庆祝活动】 2011年7月17日，浙工大党委副书记何智蕴作为浙江省代表团成员赴美参加浙江省与美国新泽西州缔结友好关系30周年庆祝活动,并率浙工大代表团访问威廉·帕特森大学。21日下午,在中共浙江省委书记、省人大常委会主任赵洪祝和新泽西州州长克里斯·克里斯蒂、中国驻纽约总领事彭克玉等共同见证下,何智蕴代表学校与威廉·帕特森大学常务副校长爱德华·威尔共同签署《浙江工业大学在威廉·帕特森大学设立学生海外培养基地拓展协议》。

【高校校际干部联合培训班学员赴香港培训】 2011年7月24日与8月7日,浙工大组织小和山片区高校校际干部联合培训班学员分两批赴香港高校培训。两批学员分别在香港理工大学和香港中文大学进行了集中学习,听取了香港高等教育体系和相关制度、香港高校的大学生发展策略等专题报告,考察了香港理工大学图书馆、知识管理中心和创新馆,以及香港中文大学的太空地球信息科学研究所、文物馆、逸夫书院、学生活动场所等,还参观了香港大学、香港科技大学以及香港中央图书馆、香港生产力促进局等学校和机构。

【浙工大代表团访问俄罗斯和波兰】 2011年9月13日至23日,校长张立彬率代表团访问俄罗斯沃罗涅日国立大学和波兰华沙理工大学。在沃罗涅日国立大学,张立彬一行会见了副校长奥列格·N·贝勒诺伊,双方商谈了科研合作、学术交流和建设孔子学院等合作事项,并签署合作协议。在华沙理工大学,校长沃齐米日·库尔尼克会见张立彬一行,双方就学生联合培养和科研合作达成意向。张立彬还专门拜访了中国驻波兰大使馆。

【浙工大外国专家获"西湖友谊奖"和"友谊奖"】 2011年9月15日,浙工大乌克兰籍特聘教授弗拉基米尔·科瓦连柯获得浙江省政府颁发的2011年度"西湖友谊奖"。9月,弗拉基米尔·科瓦连柯获颁中国政府"友谊奖"奖章。

弗拉季米尔·科瓦连柯是乌克兰工程科学院院士、乌克兰工程科学院副院长、乌克兰国立科技大学激光技术与材料科学学院院长、乌克兰国立科技大学激光技术研究中心主任。从2005年起,科瓦连柯作为海外智力引进杰出人才受聘于浙工大,担任"高能束绿色制造技术"创新团队的学术指导。

【第13届西湖国际中小企业研讨会】 2011年10月15日至17日在杭州举行。会议由浙江工业大学、国家自然科学基金委员会、中国技术经济学会、浙江省经济和信息化委员会(浙江省中小企业局)、世界工业技术研究组织协会联合主办。来自美国、英国、澳大利亚等近20个国家和地区的50多位专家学者以及国内高校、中小企业发展研究机构的近180名专家和中小企业代表参加会议。与会人员围绕"中小企业开创未来"主题,就国内外中小企业的生存和发展问题进行了讨论和交流。

【美国北卡罗来纳州立大学校长访问浙工大】 2011年10月20日,美国北卡罗来纳州立大学校长兰迪·伍德森一行访问浙工大。校长张立彬会见来宾。双方表示,将以浙江省与北卡罗来纳州在2011年7月建立友好省州关系为契机,在双向、平等、互利的基础上广泛开展校际交流与合作。

【比利时西弗兰德省政府代表团访问浙工大】 2011年11月7日,比利时西弗兰德省省长保罗·拜恩、副省长巴特·纳亚特一行访问浙工大。校长张立彬会见来宾。张立彬介绍了学校发展情况,特别是与西弗兰德应用科技大学、西南弗兰德天主教大学、布鲁日—奥斯坦德天主教大学以及西弗兰德省水务信息中心等高校和科研机构的合作交流情况。保罗·拜恩着重介绍了西弗兰德省发展署和水务信息中心在环境保护和污水处理等方面所做的工作,表示西弗兰德省政府将继续投入人力和财务资源,大力推动双方在水处理和环境保护方面的合作。

【浙工大代表团访问日本】 2011年11月11日至16日，浙工大纪委书记卢章陆率团访问日本足利工业大学。卢章陆分别与该校校长牛山泉和副校长蟹江好弘进行了会谈。双方充分肯定了两校交流合作27年来取得的成绩，表达了今后继续保持交流的共同愿望，并签署《浙江工业大学与足利工业大学交流计划备忘录》(2012—2013)。

【天然产物化学及化学生物学国际学术研讨会】 2011年11月19日至22日在杭州举行，由浙江工业大学、浙江大学和日本名古屋大学联合举办。来自日本、俄罗斯和意大利等国家天然产物化学及化学生物学领域的权威专家学者参会。与会专家学者围绕"天然产物化学及化学生物学"的科学前沿领域与发展趋势介绍了最新的科研成果。

【第8届中日超精密加工技术研究会议】 2011年11月20日至22日在浙工大举行，会议由中国机械工程学会生产工程分会与日本精密工学会联合主办，浙工大特种装备制造与先进加工技术教育部/浙江省重点实验室和日本理化学研究所联合承办，来自日本、美国、澳大利亚、韩国、阿联酋、越南以及国内高校和企业的120余位代表参会。会议围绕超精密加工及微纳加工技术等方面的先进理论和关键技术进行了广泛的交流和探讨。

【浙工大代表团访问瑞典】 2011年11月20日至24日，浙工大党委副书记肖瑞峰率团访问瑞典布莱金厄理工学院，与该校计算机学院、工程学院、管理学规划与媒体设计学院就教师学术交流、学生培养、科技合作等深入交换了意见，达成多项合作意向。

【美国加州硅谷大学校长访问浙工大】 2011年11月21日，美国加州硅谷大学校长萧凤鸣访问浙工大。副校长陈杰会见来宾。双方探讨了在计算机和软件技术、商务管理等方面开展学生联合培养、师资交流等，并达成初步合作意向。

【第3届中日韩防水技术研讨会】 2011年11月25日至26日在浙工大举行。会议由中国建筑业协会建筑防水分会、中国工程建设标准化协会建筑防水委员会、浙江省建筑防水材料行业协会和浙工大建筑工程学院联合主办，来自中国、日本和韩国的专家、学者、企业界的代表共150余人参会，围绕"促进中、日、韩三国防水技术交流与合作"的中心议题，深入探讨了三国防水技术合作的可能性。

【英国诺丁汉特伦特大学校长访问浙工大】 2011年12月8日，英国诺丁汉特伦特大学校长尼尔·戈尔曼一行访问浙工大。校长张立彬会见来宾。双方探讨了在公共事务管理硕士、博士等专业方向上开展联合教育项目的可能性，并达成初步合作意向。

【越南社会科学院代表团访问浙工大】 2011年12月26日，越南社会科学院院长、学术委员会主席杜怀南一行访问浙工大。校长张立彬会见代表团，向客人介绍了学校的基本情况，回顾了学校培养越南留学生的历史，双方就建立院校合作关系、联合建立越南研究中心达成共识。访问期间，杜怀南作了题为《中越经贸合作与发展及两国关系展望》的学术报告。

（陆　遥）

·浙江师范大学·

【涉外工作概况】 2011年，浙江师范大学派出短期因公赴国(境)外出访团组73批176人次，其中:交流访问32批85人次，参加培训4批40人次，参加国际学术会议25批33人次，合作研究12批18人次;访问34个国家和地区的百余所高校、科研机构和政府机构等。

全年接待国(境)外来访人员882人次，其中:交流访问348人次，参加国际会议259人次，参加培训236人次，合作研究39

人次。

全年聘请长短期外籍专家教师 49 人次，其中具有博士学位或高级职称的 17 人。

向国(境)外派出各种长短期交流生 162 名，接收来自国(境)外的交换生 18 人次。

招收留学生 904 人次，其中学历生 291 人次、非学历的普通进修生 613 人次。

【浙师大代表团访问乌克兰、白俄罗斯】 2011 年 2 月 7 日至 22 日，校党委副书记蒋国俊率团访问乌克兰、白俄罗斯。

在乌克兰，代表团访问了卢甘斯克国立大学，会见了卢甘斯克州政府副主席米罗什尼克，卢甘斯克国立大学校长顾里罗、执行校长萨夫琴科等。蒋国俊出席了浙师大与卢甘斯克国立大学合办的孔子学院第五届理事会并致辞，并为该校孔子学院安德拉彻教学点揭牌。代表团还访问了哈尔科夫大学、基辅舍甫琴科国立大学、基辅格林琴科大学、基辅东方语言学校、基辅阿波罗小学等，与乌方达成开展教育与文化交流、创办孔子学院或孔子课堂的初步合作意向。

在白俄罗斯，代表团访问了明斯克、莫吉廖夫等地的知名高校，参加了俄罗斯大学中国中心开幕仪式，并与白俄罗斯国立大学、俄罗斯大学等高校就进一步加强交流和合作交换了意见。

每到一处，访问团均开展主题为“欢乐　和睦　共享”的“巡演、巡讲、巡展”活动。

【喀麦隆雅温得第二大学孔子学院在当地学校开设汉语课】 2011 年 2 月 20 日，浙师大和喀麦隆雅温得第二大学合办的孔子学院与当地拉·甘迪国际学校签署合作协议，根据协议，雅温得第二大学孔子学院将为拉·甘迪国际学校中小学部学生开设汉语课和中国文化课。孔子学院中方院长和拉·甘迪国际学校创办人表达了在喀麦隆推广中国汉语教学的合作愿望。

【美国劳伦斯科技大学校长访问浙师大】 2011 年 3 月 24 日，美国劳伦斯科技大学校长路易斯·沃克和常务副校长玛利亚·瓦斯访问浙师大。校长吴锋民会见路易斯·沃克一行。双方商定了互派交换生事宜，希望两校以学生交流为契机，在教师交流、合作研究等方面展开全面的合作。

路易斯一行还会见了在浙师大的部分美国交换生以及从劳伦斯科技大学学成归来的中国交换生。

【非洲发展趋势与中非关系前景研讨会】 2011 年 4 月 2 日在浙师大举行。会议由浙师大非洲研究院与中国社会科学院《世界经济与政治》杂志编辑部联合举办。中国社会科学院党组副书记、副院长李慎明，教育部社会科学司司长杨光，中国政府非洲事务特别代表、浙师大中非商学院院长刘贵今，外交部非洲司副司长王克，省教育厅副厅长蒋胜祥，中国国际问题研究所所长曲星，上海国际问题研究所所长杨洁勉，浙师大校长吴锋民等出席开幕式。李慎明、杨光、王克、吴锋民分别致辞。来自外交部、教育部、农业部，中国社科院，北京、上海高校及国际问题研究机构的代表共 50 名知名专家、学者参加会议。与会人员围绕北非局势、非洲政治经济发展趋势、未来中非关系走向等问题进行了深入的研讨，并就在当前复杂背景下推进中非关系提出了对策建议。

【乌克兰卢甘斯克国立大学校长访问浙师大】 2011 年 4 月 11 日，乌克兰卢甘斯克国立大学校长顾里罗一行 4 人访问浙师大。校长吴锋民会见顾里罗一行，两校签订科学研究合作框架协议。双方就加强卢甘斯克国立大学孔子学院建设，加强学术交流、合作研究等达成广泛共识。

【浙师大代表团访问莫桑比克、坦桑尼亚】 2011 年 4 月 20 日至 28 日，浙师大校长吴锋民应邀率团访问莫桑比克、坦桑尼亚。

在莫桑比克，代表团会见了蒙德拉内大学校长菲利普·库托，参加了浙师大与蒙德拉内大学共建孔子学院签字仪式，并接受了莫桑比克国家电视台的采访。中共中央政治局常委李长春和莫桑比克总理阿里出席签字仪式。代表团还拜会了中国驻莫桑比克大使黄松甫。

在坦桑尼亚，代表团拜会了中国驻坦大使刘昕生，访问了达累斯萨拉姆大学，吴锋民与校长姆坎达拉就共建孔子学院问题交换了意见，初步达成合作意向。

◎中莫共建孔子学院签字仪式

【浙师大代表团访问英国高校】 2011年5月18日至23日，浙师大副校长杨玲一行访问英国。代表团访问了伦敦大学亚非学院，会见了伦敦大学副校长格雷厄姆·弗内斯。双方就在学生交流、非洲研究等方面的合作达成共识，并商讨了在伦敦大学建立浙师大教师海外培训基地事宜。访问团会见了中英格兰东南地区高校联盟的北安普敦大学等5所高校校长，并签署校际合作协议。代表团还考察访问了该大学联盟框架下的开放大学、克兰菲尔德大学。

【《中国在非洲和平与安全中不断增长的作用》发行式暨非洲安全与发展研讨会】 2011年5月19日在浙师大非洲研究院举行。会议由更安全世界协会(伦敦)和非洲研究院联合主办。中国政府非洲事务特别代表刘贵今，更安全世界协会、非洲和平论坛、坦桑尼亚圣奥古斯丁大学、加拿大卡立顿大学等国外高校和机构的官员、学者及浙师大非洲研究院代表参加会议。浙师大教授刘鸿武和更安全世界协会(伦敦)中国项目主任伯纳尔多分别主持发行式和讨论会。

《中国在非洲和平与安全中不断增长的作用》由更安全世界学会中国项目部撰写，该长篇报告旨在评估中国在非洲和平与安全中的角色，及其对导致冲突、促进和平的多种影响因素。报告还就中国在对非交往中如何更好地支持非洲和平、安全和发展的共同目标提出了建议。

【第5届算法前沿、第7届信息与管理中的算法联合国际会议】 2011年5月27日至31日在浙师大举行。会议由浙师大承办。副校长王辉出席开幕式并致辞。大会主席、“图灵奖”获得者、美国康奈尔大学教授约翰·霍普克洛夫特在开幕式上致辞，在会议期间作学术报告，还与计算机学科青年学者及专业学生进行了圆桌会议。美国布朗大学教授弗兰科·普雷帕拉图和浙师大教授赵建民、朱绪鼎共同担任大会主席。来自美国、加拿大、韩国、丹麦、日本、以色列、法国、德国、英国以及中国香港等国家和地区的50余名专家、学者参加会议，与会者围绕算法前沿、离散结构及其应用等进行了研讨。

【超导涡旋物质国际会议】 2011年5月28日至31日在浙师大举行，由浙师大数理与信息工程学院主办。浙师大数理与信息工程学院教授陈庆虎等担任大会主席。来自德国、比利时、以色列、日本、澳大利亚及中国的部分高校和中国科学院物理研究所的20多名知名学者参加会议。会议对涡旋物质的热力学相图、纳米尺度的超导电性等问题进行了深入的交流和讨论。

【浙师大与意大利费德里克二世大学签署合作协议】 2011年6月2日，校长吴锋民与意大利那不勒斯费德里克二世大学签署合作协议，双方将在由费德里克二世大学主持开展的“分布式多联产系统与智能电网”项目中开展能源方面的合作研究。合作项目获得意大利政府资助金额505万欧元（约合人民币5000万元）。浙师大为该项目唯一外国合作伙伴。

【《乌克兰研究》（第1辑）首发】 2011年6月10日，由浙师大乌克兰研究中心编撰的《乌克兰研究》（第1辑）首发式在乌克兰驻华大使馆举行。乌克兰驻华大使尤里·科斯坚科、浙师大校长吴锋民、中国社会科学院出版社副总编辑曹宏举出席仪式并致辞。吴锋民向尤里·科斯坚科赠送《乌克兰研究》（第1辑）新书。尤里·科斯坚科夫人、作家柳德米拉·斯吉尔达为此做诗并当场吟诵。外交部、教育部等有关负责人和专家，以及浙师大代表近百人参加新书首发式。

【商务部“中国基础教育援外研修基地”落户浙师大】 2011年6月24日，商务部“中国基础教育援外研修基地”授牌仪式在浙师大举行。商务部副部长傅自应、援外司司长廖建成，省商务厅厅长金永辉，浙师大党委书记梅新林、校长吴锋民等出席授牌仪式。傅自应代表商务部授牌。这是商务部在国内授予的第二个援外培训基地。

【美国塞勒姆州立大学副校长访问浙师大】 2011年7月2日，美国塞勒姆州立大学副校长艾克莉一行访问浙师大。校长吴锋民会见艾克莉一行。双方回忆了两校合作历史，展望了两校合作前景，并签署合作谅解备忘录。根据备忘录，两校将开展合作研究以及学生交流、双学位教育、教师交流等方面的合作，并不断加大合作力度。

【马里高等师范学校校长访问浙师大】 2011年8月16日，马里高等师范学校校长布巴·迪亚拉访问浙师大。校长吴锋民会见布巴·迪亚拉一行。双方就合作共建孔子学院等事宜进行了商讨。

【澳大利亚专家获浙江省“西湖友谊奖”】 2011年9月15日，在浙江省政府举行的表彰外国专家颁奖大会上，浙师大澳大利亚籍专家克雷沃斯·罗纳德·亨利获得“西湖友谊奖”。罗纳德自2007年起在浙师大担任英语教学工作。

【苏丹驻华大使向非洲博物馆捐赠藏品】 2011年9月20日，苏丹驻华大使米尔加尼·穆罕默德·萨利赫向浙师大非洲博物馆捐赠藏品仪式在浙师大举行。萨利赫大使，吴锋民校长，中国政府非洲事务特别代表、中非商学院院长刘贵今等出席仪式。萨利赫向非洲博物馆捐赠了艺术品和书籍资料。吴锋民向萨利赫颁发了捐赠证书。

【流体与空气动力学国际会议】 2011年9月23日至27日在金华市举行。会议由香港中文大学教授辛周平任学术委员会主席，浙

◎吴锋民（右）向萨利赫颁发捐赠证书

江师范大学教授周勇任组织委员会主席。本次会议有 50 余名国内外专家学者和科研人员出席，共设特邀报告 27 个，报告人分别来自日本、韩国、德国、法国、意大利、捷克、波兰和中国香港。中国科技大学、厦门大学、西安交通大学、华中师范大学、温州大学、杭州师范大学、浙江科技学院等国内高校的教师和学生代表参加了会议。

【浙师大代表团访问塞内加尔】 2011 年 9 月 28 日，浙师大副校长楼世洲一行 3 人访问塞内加尔高等管理学院，并代表浙师大与该校校长阿马杜·迪奥签署合作谅解备忘录。双方还就联合举办“2＋2”本科以及 MBA 非洲商务方向等有关事项达成意向，并希望加强在科学研究、学术交流、人才培养等方面的合作。楼世洲还与塞内加尔高等管理学院的师生进行了交流。

【坦桑尼亚工贸部秘书长访问浙师大】 2011 年 9 月 29 日，坦桑尼亚工贸部秘书长乔伊斯·马普约一行访问浙师大。校长吴锋民会见乔伊斯·马普约一行。双方就浙师大与坦桑尼亚有关高校、机构等合作，以及坦桑尼亚与义乌的经贸合作进行了深入的探讨。吴锋民表示，浙师大愿意为中坦从事经贸工作的人员进行培训，也欢迎坦桑尼亚留学生来浙师大学习。

【乌克兰驻华大使访问浙师大】 2011 年 10 月 3 日至 5 日，乌克兰驻华大使尤里·科斯坚科一行 3 人访问浙师大，校长吴锋民会见客人，双方就 2012 年在浙师大举办中乌建交 20 周年纪念活动等深入交换了意见。

◎罗林斯一行参观非洲博物馆

【美国东北州立大学校长访问浙师大】 2011 年 10 月 10 日，美国东北州立大学校长马丁·泰德洛克一行 4 人访问浙师大，校长吴锋民会见客人，双方签署合作备忘录。根据备忘录，两校将开展师生交流、共同开展科研活动、合作完成学术项目等。

【浙师大代表团访问意大利】 2011 年 10 月 19 日，浙师大校长吴锋民率团访问意大利。代表团访问了萨尼奥大学，并签署两校合作备忘录，双方还就学术交流、教师互派、学生交换等达成共识。

【吴锋民应邀参加联合国教科文组织会议】 2011 年 10 月 24 日至 25 日，“2011 年联合国教科文组织—非洲—中国大学校长研讨会”在巴黎的联合国教科文组织总部举行。联合国教科文组织总干事伊琳娜·博科娃、中国教育部部长袁贵仁及 44 名中非大学负责人出席会议。浙师大校长吴锋民应邀出席大会，并作题为《深入实施国际化战略　努力提升开放办学水平》的发言。

【加纳前总统访问浙师大】 2011 年 10 月 24 日至 25 日，加纳前总统、非盟索马里问题特使杰里·约翰·罗林斯和夫人一行 4 人访问浙师大，副校长王辉会见罗林斯一行。双方就加强浙师大与加纳的中非研究机构、高校等的学术联系，共同推进两国教育文化

◎帕哈德、吴锋民共同为非洲翻译馆揭牌

交流与合作交换了意见。罗林斯为浙师大师生作题为《新殖民主义与非洲团结》的专题演讲，并与师生就非洲热点问题进行了交流。中国政府非洲事务特别代表、中非商学院院长刘贵今主持演讲。罗林斯一行参观了非洲博物馆并留言。

【中非智库论坛第1届会议】 2011年10月27日在杭州开幕，外交部副部长翟隽，加纳前总统罗林斯，国家开发银行副行长李吉平，浙江省副省长龚正，南非政府总统府前部长帕哈德，非洲驻华使团团长、多哥驻华大使塔·阿马出席开幕式并讲话。校长吴锋民致欢迎词。中国政府非洲事务特别代表、中非商学院院长刘贵今主持开幕式。中非智库论坛是经外交部、商务部批准设立的中非学术交流的高端平台。此次会议是第八届中非合作论坛高官会的配套活动，旨在建设联结中非知识精英的思想桥梁和高端学术平台，会议主题是“新世纪第二个十年的中非关系”。来自中国、非洲50多个国家、非盟等非洲地区组织及部分其他国家、地区著名智库的300多名知名学者、政府高官、企业家、媒体人参加会议。

28日，与会者围绕“非洲安全形势与中非在和平安全领域的合作”、“非洲金融投资环境与中非在金融投资领域的合作”、“中非人文交流与智库的作用”三个分议题进行了深入的研讨。

28日晚，中非智库论坛第1届会议在浙师大闭幕。南非政府总统府前部长帕哈德，金华市市长徐加爱，浙师大校长吴锋民，埃塞俄比亚国际和平与发展研究所所长奈迦，中国政府非洲事务特别代表、中非商学院院长刘贵今等出席闭幕式并发言。闭幕式上发表了《第1届中非智库论坛宣言》。

【浙师大成立非洲翻译馆】 2011年10月28日，中国内地高校首家非洲翻译馆在浙师大成立。南非政府总统府前部长帕哈德和浙师大校长吴锋民为非洲翻译馆揭牌。该馆将发挥浙师大非洲研究、教师教育、农村研究、儿童研究等特色学科优势，翻译出版中国基础教育经验、中国农村发展经验等方面的著作和特色学科成果，打造非洲研究新平台、中非文化交流新窗口。

【纳米比亚国际管理大学常务副校长访问浙师大】 2011年11月11日，校长吴锋民会见来访的纳米比亚国际管理大学常务副校长厄尔·斯宾塞·泰勒。双方就汉语教学、工商管理学位项目、学生交换项目等进行了交流。吴锋民和泰勒分别代表两校签署合作谅解备忘录。根据备忘录，双方将在科学研究、教师交换、学生交换、合作办学等方面开展更多的合作。

【美国加州硅谷大学校长访问浙师大】 2011年11月18日，美国加州硅谷大学校长萧凤鸣一行访问浙师大。校党委副书记蒋国俊会见客人。双方就计算机和电子商务等专业建设与合作问题进行了商谈。

【浙师大代表团访问澳大利亚】 2011年11月20日至12月10日，浙师大处级党政管理干部代表团赴澳大利亚悉尼大学等高校访问，并就“国际化专业和课程建设”这一主题开展培训，学习借鉴澳方高校经验，以推动浙师大国际化专业和课程建设。

【浙师大代表团访问南非、喀麦隆和埃塞俄比亚】 2011年11月25日至12月9日，浙师大副校长王景尧率团应邀访问南非、喀麦隆和埃塞俄比亚。

在南非，代表团先后访问了开普敦大学商学研究生院、茨瓦尼科技大学、南非高等教育与培训部、比勒陀利亚大学戈登商学院等，考察了这些高校各类MBA项目开展情况，探讨了与对方开展师资交流、学生交换、互设实习基地、开展短期调研和合作研究等的可行性，与茨瓦尼科技大学和戈登商学院达成合作意向。

在喀麦隆，代表团听取了孔子学院教师组的汇报，慰问了孔子学院教师和志愿者代表。12月5日，正在喀麦隆访问的国务委员刘延东在国家汉办主任许琳、浙师大副校长王景尧等陪同下，视察了浙师大与喀麦隆雅温得第二大学合办的孔子学院，并向学院赠送孔子铜像。

在埃塞俄比亚，亚的斯亚贝巴大学副校长希鲁特·玛丽安会见代表团一行。双方就MBA项目进行了交流，并就互设非洲研究基地开展研究、师生交流、企业短期培训等项目达成合作意向。

【蒋风获第13届国际格林奖】 2011年12月11日，在日本大阪举行的国际格林奖颁奖仪式上，浙师大原校长、著名儿童文学理论家蒋风获第13届国际格林奖，成为首位获此荣誉的中国人。国际格林奖和国际安徒生奖被誉为儿童文学两大世界性最高奖项。

86岁的蒋风是中国著名的儿童文学理论家，他创建了全国第一个儿童文学研究所，第一个在全国高校恢复儿童文学课程，招收了全国第一个儿童文学硕士研究生，撰写了新中国第一部《儿童文学概论》、第一部《儿童文学史》，编著了“五四”以来第一部最系统的《中国儿童文学大系·理论卷》。

【喀麦隆孔子学院三获“先进孔子学院”称号】 2011年12月12日，第6届孔子学院大会在北京举行，浙师大与喀麦隆雅温得第二大学共建的孔子学院被评为2011年度先进孔子学院。这是继2009年、2010年该孔子学院两次被评为先进孔子学院以后，第三次获此荣誉。浙师大校长吴锋民应邀出席大会并发言。

【浙师大获“非洲学”硕士学位点】 2011年12月，经国内专家严格审核通过，报国务院学位委员会办公室备案，浙师大非洲研究院正式获得“非洲学”硕士学位点，并将于2013年面向海内外正式招生。这是国内首个以“非洲学”命名的交叉学科硕士点。

【援外培训】 2011年，浙师大承办教育部、商务部、全国妇联等部委主办的9期援外培训项目，来自非洲20多个国家的193名学员参加培训，其中包括各级教育官员、大中小学校负责人和专家学者。截至2011年年底，浙师大共承办商务部、教育部等教育援外短期培训项目31期，培训了50多个国家的686名教育官员、大中小学校长和教师。

【出国留学及海外夏令营】 2011年，浙师大办理出国留学176人次，其中作为交换生留学160人次、自费留学16人次，留学层次以本科和硕士生为主。浙师大组织海外夏令营4批100人次，其中英国中学生团2批63人、英国大学生团1批27人、澳大利亚大学生团1批10人。

【与港澳地区交流概况】 2011年，浙师大赴香港地区交流访问、参加学术会议等共7批26人次；接待香港地区的来访客人52人次。与香港教育大学签订合作协议，并首次向香港派遣交换生，接待1名香港教育大学交换生来校学习。

（马松霞）

·宁波大学·

【涉外工作概况】 2011年，宁波大学派遣短期因公出国103批180人次，其中校领导出访9批35人次；参加国际学术会议或进行合作科学研究 34 批 62 人次;参加教育交流与短期进修 58 批 80 人次;随“双跨”团组出访 2 批 3 人次。

接待来自国外访问、交流、讲学和合作研究的专家、学者、友好人士 146 批 495 人次。

聘请外籍教师 71 人(其中 46 人为短期专家),其中博士 42 名、硕士 20 名。

全年在校留学生总数 694 人(包括短期生),向合作院校派送交换学生(包括短期文化交流生)227 名,接收交换学生(包括短期文化交流生)104 名。

年内新签或续签校际交流协议院校 12 所。举办国际学术会议 6 次。

【校领导随团访问希腊、土耳其】 2011 年 3 月 8 日至 19 日,副校长王文斌等 3 人随国家留学基金委团组赴希腊、土耳其参加国际教育展。其间,代表团参加了中希大学校长论坛,并与希腊爱奥尼亚大学、土耳其中东科技大学洽谈双边合作,建立了友好关系。

【宁波大学王长来楼落成】 2011 年 4 月 4 日,王长来楼落成典礼在宁波大学举行。王长来楼是宁波大学医学院教学科研大楼,由宁波市荣誉市民、香港甬港联谊会副会长、香港精明铝品压铸制造厂有限公司董事长王明康捐资 550 万元港币助建。

王明康伉俪偕家人、亲友参加了落成典礼。香港甬港联谊会等 30 余位乡贤以及市人大常委会副主任崔秀玲,宁波甬港联谊会会长吕国荣,市委统战部、市教育局、市卫生局、市侨办、北仑区政协有关负责人,宁波大学党委书记程刚、校长聂秋华、原校长张钧澄等参加落成典礼。

【校领导随团赴澳大利亚培训】 2011 年 5 月 14 日至 27 日,中澳大学校长领导能力培训团一行 15 人前往澳大利亚培训,副校长王文斌参加培训团。培训团了解了澳大利亚高等教育现状,学习了悉尼大学的办学理念、办学特色和学校运行机制。

【宁波大学代表团访问土耳其、波兰】 2011 年 7 月 3 日至 12 日,校长聂秋华率团赴上述两所大学进行教育交流。

在土耳其中东科技大学,与该校校长阿迈特·阿卡等探讨了两校优势学科教授层面合作的可行性以及开展教师进修、学生交换等方面的合作,参观了该校的中心实验室、科技博物馆和孔子学院。

在波兰比得哥什生命科技大学,代表团会见了校长安东尼·布卡鲁克、名誉校长克里斯提娜·诺瓦克、副校长贾努兹·普鲁辛斯基等,了解了该校学科建设、学生培养、新型专业实验室建设等情况,探讨了两校在本科交换学生方面开展合作的可能性。

【宁波大学代表团访问英国、爱尔兰】 2011 年 9 月 3 日至 13 日,副校长冯志敏率团访问英国和爱尔兰。在英国华威大学,双方就华威大学制造工程学院和宁波大学现代技术研究院的合作与交流进行了深入的商讨。在爱尔兰科克大学,双方就课程设置、教学方法以及加强学院之间的合作交流进行了探讨。

【宁波大学金宗城运动场落成典礼暨助学金捐资协议签约仪式】 2011 年 9 月 9 日在宁波大学举行。中华海外联谊会理事、香港宁波同乡会副会长、香港甬港联谊会理事、香港金时保险代理贸易有限公司董事长金维明伉俪及亲友、香港宁波同乡会和香港甬港联谊会等乡贤、宁波市委副书记陈新、浙江省政协原副主席张蔚文、浙江大学原党委书记张浚生、宁波市政协原主席王卓辉、宁波市委统战部、宁波市侨办、宁波甬港联谊会负责人以及宁波大学党委书记程刚、校长聂秋华等出席典礼仪式,宁波大学 1000 名师生代表参加了落成典礼活动。典礼由宁波大学副校长王文斌主持。

典礼仪式上,宁波大学副校长郑孟状与金维明夫人杨人健举行了新丽体育专项奖励基金签约仪式,金维明伉俪决定再捐资 50 万元人民币,在宁波大学设立甬港联谊新丽体育专项奖励基金,用于奖励宁波大学在各项体育竞赛中取得优异成绩的高水准运动员。

【校领导率中层干部赴美国培训】 2011年9月26日至10月17日，校纪委书记徐茵等一行9人应邀赴美国普渡大学参加中层干部境外培训。代表团开展了观摩课堂教学、与对方师生研讨交流、参观教学科研设施、社区实地考察、与当地政府官员交流等活动，深入学习普渡大学办学思路、行政管理体制，以及人才培养、科学研究、社会服务、师资、学生图书资料与信息等方面的政策和特色。

【宁波大学忻元甫楼捐资协议签约仪式暨第2届江兴浩创新基金颁奖典礼】 2011年10月19日在宁波大学举行，市人大常委会副主任崔秀玲参加典礼。校长聂秋华代表学校与香港甬港联谊会会长、香港永正玩具厂有限公司董事长忻元甫签订《宁波大学忻元甫楼捐资协议书》。副校长郑孟状宣读《宁波大学第2届江兴浩学生科研成果奖获奖学生名单》，江兴浩、忻元甫、崔秀玲为获奖学生颁发获奖证书。

【宁波大学代表团访问英国、法国、希腊】 2011年10月19日至30日，校党委书记程刚率团访问美国、法国和希腊。在美国南安普顿大学，该校副校长唐·纳特比会见代表团，双方就开展科研以及教学合作的可能性进行了探讨。在巴黎高级时装学院，学院负责人马德兰特会见代表团，双方就此前签订的合约中的具体安排进行了商定。在希腊爱奥尼亚大学，校长迪米特里奥斯会见代表团，双方探讨了科研项目的合作以及教学合作潜力。

【宁波大学代表团访问印度】 2011年11月6日至13日，校党委副书记唐绍祥率团访问印度伯拉理工学院。副院长查克勒巴特会见代表团一行，双方回顾总结了两校合作的成果，并就留学生招收、进一步开拓两校合作项目等事宜进行了商谈。

【宁波大学代表团访问法国、西班牙和瑞士】 应法国昂热大学、西班牙巴利阿里群岛大学旅游学院和瑞士科博士大学的邀请，2011年11月28日至12月8日，副校长王文斌率团访问上述三所大学。

在昂热大学，王文斌一行会见了该校副校长约翰·韦布和旅游、建筑与服务业管理学院院长菲利普等。双方商谈了共建宁波大学中欧旅游与文化学院，建设旅游管理硕士、时尚管理与传播本科合作办学项目，以及联合瑞士、比利时、西班牙等国高校合作开展欧盟伊拉斯莫斯计划等。

在巴利阿里群岛大学，副校长桑珀尔、旅游学院院长马尔科·卡马乔等会见代表团。双方探讨了两校在旅游学科开展教育和研究合作以及合作开展欧盟伊拉斯莫斯计划的可能性。

在库特·博什大学学院，校长菲利普、副校长兼旅游学院院长史蒂法纳等会见代表团，双方探讨了两校在旅游学科开展教育和研究合作以及合作开展欧盟伊拉斯莫斯计划的可能性。

（翁华星）

2011年宁波大学接待的部分来访团组

来访时间	来访人员	来访内容
1月8日	日本宇都宫大学今泉繁良教授及学生	参加研究生论坛、客座教授受聘仪式
1月11日	ICA国际会话学院镰田美	交流访问
1月31日	瑞典舍夫德大学张宏教授	合作交流
3月3日	日本盛岗大学校长望月善次、文学部部长大石泰夫	签订合作协议
3月10日	以色列驻上海总领事馆罗松泊	参加国际论坛
3月14日	中英论坛代表张静、温迪·哈迈特、菲利普·克拉克等	交流访问

续表

来访时间	来访人员	来访内容
3 月 14 日	德国卡尔斯鲁厄大学外事处处长阿希姆·尼森	合作交流
3 月 23～25 日	瑞典西部大学贡纳尔·彼得森等	交流访问
3 月 27 日	美国南方州立理工大学国际项目部主任理查德·伯纳特、外事处处长琳达·孙	合作交流
4 月 12 日	法国圣女贞德中学师生 23 人	参观
4 月 18 日	加纳库马西工业大学校长尼古拉斯·索瓦·努阿玛等	签订合作协议
4 月 19 日	墨西哥杜兰戈州政府代表团	交流访问
5 月 1～4 日	法国昂热大学医学院院长安德烈·保罗、副院长伊莎贝尔	合作交流
5 月 6 日	德国法兰霍福研究所教授拜尔及夫人	交流访问
5 月 17～21 日	加拿大 UBC 大学教授艾伦·思拉舍	交流访问
5 月 19～22 日	美国普渡大学师生 33 人	文化交流
5 月 22 日～6 月 2 日	美国威斯康辛大学师生 47 人	文化交流
5 月 27 日	法国巴黎时尚高等专科学院院长玛德兰特、高级顾问白瑞德等	签订合作协议
6 月 7 日	法国鲁昂市副市长布鲁诺·贝托耶、鲁昂宁波友好委员会主席樊尚·勒马尚一行 12 人	交流访问
6 月 8 日	墨西哥科利马州州长马里奥·安吉亚诺·莫雷诺等	交流访问
6 月 12～14 日	美国普渡大学教授斯蒂芬·戴维等	合作交流
6 月 16 日	美国托雷多大学副校长彭尼·波普林·戈塞蒂等	交流访问
6 月 20～23 日	美国 SVHE 团队凯蒂、艾瑞克和格雷格	国际现代教学法培训
7 月 4 日	澳大利亚西悉尼大学师生 18 人	学生实习
7 月 14 日	澳大利亚西悉尼大学师生 15 人	短期课程学习
7 月 29 日	印度博拉工业大学外事处长巴哈以等	交流访问
8 月 15 日	印度尼西亚巴布亚省人力资源部部长伊里安查亚等	合作洽谈
9 月 2 日	澳大利亚卧龙岗大学国际教育部主任比尔·达玛科斯等	合作交流
9 月 26 日	美国特拉华州立大学校长哈里·威廉姆斯等	合作交流
9 月 28 日	澳大利亚西悉尼大学教育学院院长史蒂夫·威尔逊等	合作交流
9 月 30 日	日本岩手大学、盛岗大学大石泰夫、薮敏裕、菊地悟及学生	合作交流
10 月 11 日	匈牙利维斯普雷姆市副市长玛利亚·布朗伊，市议长塔马斯·约萨，潘诺尼亚大学校长费伦克·哈坦等	访问、参加国际论坛
10 月 19 日	意大利佛罗伦萨市代表团	合作交流
10 月 23 日	国际海洋学会主席贝楠及夫人	合作交流

续表

来访时间	来访人员	来访内容
10月28日	英国曼彻斯特城市大学商学院副院长斯图尔特·霍斯堡	合作交流
11月4日	德国西海岸应用科技大学校长安诺·柯尔希	合作交流
11月8日	新加坡南洋女子中学校师生22人	参观
11月8日	荷兰埃文斯大学外事处处长弗瑞德	合作洽谈
11月10日	挪威奥斯陆大学学院梦娜等	合作洽谈
11月23日	美国麻省大学波士顿分校副校长温斯顿·兰利等	交流访问
11月24日	美国加州硅谷大学校长杰里·萧	交流访问
11月25日	瑞典克里斯蒂安斯塔德大学俄林等	交流访问
11月28日	澳大利亚卧龙岗大学副校长乔·齐查罗等	合作洽谈，签订合作协议
12月7日	美国威斯康星大学密尔沃基分校常务副校长约翰内斯·布里兹	访问交流
12月9日	美国密尔沃基市市长汤姆·巴雷特等	访问、作国际论坛报告
12月19日	德国驻上海总领事芮悟峰	交流访问，为德语系学生举办讲座

2011年来宁波大学访问交流的部分港澳等海外人士

序号	日期	到访人士(团体)	交流访问事项
1	3月26日	香港李惠利基金会许祖恩一行	莅校访问
2	4月4日	香港甬港联谊会副会长、香港精明铝品压铸制造厂有限公司董事长王明康一行30人	参加“王长来楼”落成典礼
3	4月5日	香港王宽诚教育基金会董事、幸福企业集团有限公司董事王凯彦、王彭彦一行	参加王宽诚育才奖获奖代表座谈会；为王宽诚幸福基金续资
4	6月28日	香港苏浙沪同乡会属校师生夏令营团	就纵横码输入汉字进行交流
5	8月15日	香港甬港联谊会常务副会长、启发集团(香港)有限公司董事长徐鸣翔	来甬访问
6	10月17日	包玉刚长女、香港环球轮船有限公司董事、世联投资公司主席包陪庆	参加第15届宁波国际服装节活动
7	10月18日	香港永新企业集团副董事长曹其镛一行40人	莅校访问
8	10月19日	宁波市荣誉市民、香港甬港联谊会会长、香港永正实业有限公司董事长忻元甫，香港甬港联谊会副会长、香港江兴投资有限公司董事长江兴浩一行35人	参加忻元甫楼捐资协议签约仪式暨第2届江兴浩创新基金颁奖典礼
9	11月4日	南非约翰内斯堡田茂贸易有限公司总经理赵亨衍、荣华印尼纺织有限公司董事长赵亨龙、生阳信材料科技有限公司董事长赵亨文伉俪一行33人	出席“荣华学者奖励计划暨第3届杏琴园研究生奖助学金发放仪式”
10	11月23日	香港浸会大学副校长黄伟国与协理副校长汤涛	莅校访问

·浙江理工大学·

【涉外工作概况】 2011年，浙江理工大学派出因公出国(境)团组49批84人次，其中：考察访问4批12人次，参加国际学术会议24批42人次，技术培训以及学习进修1批1人次，合作交流16批21人次，参加国外展览4批8人次。全年有674名国(境)外专家学者、学生来校学习、访问、作学术报告或参加学术会议。举办3次国际学术会议。学校新签(或续签)校际交流协议的院校13所。通过校际交流项目赴国(境)外高校学习的学生137人次，跟随导师参加国际学术交流学生3人次。

【浙江理工大学代表团参加希腊、土耳其国际教育展及中国—希腊大学校长对话会】 2011年3月8日至19日，校长裘松良率团参加在希腊雅典举行的第13届希腊国际教育展和在土耳其安卡拉、伊斯坦布尔举行的HIT国际教育展，并出席中国—希腊大学校长对话会。代表团了解了当地的高等教育发展情况、两国学生学习汉语和赴中国留学的意愿等。

【浙江理工大学代表团参加第13届国际时装技术院校基金会年会】 2011年4月10日至17日，副校长陈文兴率服装学院相关负责人参加了在法国巴黎时尚学院举行的第13届国际时装技术院校基金会年会。会上，陈文兴代表浙江理工大学致辞，服装学院教授季晓芬介绍了学校和学院的情况。经过投票，浙江理工大学当选为该基金会会员。

【校领导参加第5届生态文明国际论坛】 2011年4月23日至5月1日，副校长沈满洪参加了由中央编译局、中国自然辩证法研究会、中美后现代发展研究院、美国过程研究中心等联合主办，在美国加利福尼亚州克莱蒙市举行的第5届生态文明国际论坛。沈满洪在首场大会发言中作题为《生态文明建设的战略构想》的报告。会议期间，沈满洪和与会代表就生态文明建设的理论观点和对策建议广泛交换意见，并就加强生态文明建设研究的国际合作进行了探讨。

【日本静冈县文化观光部代表团访问浙江理工大学】 2011年9月6日，日本静冈县文化观光部大学课代理课长良知徹、主任三田雅也一行访问浙江理工大学。代表团此次来访，主要是带领静冈县有关方面派遣的14名留学生来理工大学交流学习。副校长陈建勇会见日本客人，介绍了学校概况，回顾了与日本特别是静冈县各界在学术交流、学生互派等领域的友好交流和合作情况，希望今后静冈县政府及有关方面能够一如既往地给予大力支持，将学生交流项目持续良好地开展下去，并在此基础上进一步扩大交流领域，加强合作。

【美国纽约州立大学时装技术学院国际项目部主任访问浙江理工大学】 2011年9月6日，美国纽约州立大学时装技术学院国际项目部主任乔治安娜·阿皮纳尼访问理工大学。校党委书记费君清、校长裘松良会见来宾。

乔治安娜·阿皮纳尼充分肯定了两校开展合作办学11年来取得的成绩，并转达了纽约州立大学时装技术学院继续与浙江理工大学合作的愿望。乔治安娜·阿皮纳尼还和国际交流与合作处、教务处和服装学院就准备重新申请的两个中外合作办学项目进行了最后商讨和确认。

【浙江理工大学代表团访问美国、韩国】 2011年9月8日至17日，校党委书记费君清率团访问美国纽约州立大学奥斯威戈分校、纽约州立大学时装技术学院、新泽西州立威廉·帕特森大学，韩国国立顺天大学和国立木浦大学等5所高校。

在纽约州立大学奥斯威戈分校，费君清代表学校与奥斯威戈分校校长黛博拉·斯坦利签订3个本科专业2+2双学位联合培养协议。两校探讨了浙江理工大学教师赴奥斯威戈访学以及两校在其他学科领域进行合作交流的可能性。

代表团在访问纽约州立大学时装技术学院期间，费君清与该校校长乔伊斯·布朗分别代表两校续签两个中美合作办学项目的学生赴美交流学习协议。

代表团首次访问新泽西州立威廉·帕特森大学，与该校负责人就校际交流和合作、中文教学、金融学学生假期项目等进行了交流。

在访问韩国国立顺天大学时，双方进行了友好会谈，就两校学生的“进”、“出”项目以及该校学生到浙江理工大学中文系学习、理工大学中文系教师到顺天大学任教的可能性进行了探讨。

在韩国国立木浦大学，代表团与该校校长高锡珪等进行了会谈，就合作办学的各个方面进行了交流。

【英国伦敦艺术大学时装学院代表团访问浙江理工大学】 2011年10月18日，英国伦敦艺术大学时装学院企业与国际发展部主任温迪·麦伦和设计系教授詹姆士·佩格访问浙江理工大学。副校长陈文兴会见来宾。双方介绍了各自学校的基本情况和专业特色，就签订框架式交流合作协议进行了讨论。

【日本静冈县代表团访问浙江理工大学】 2011年10月20日，校长裘松良会见由日本静冈县文化学术局局长宇佐美稔率领的日本静冈县代表团。

裘松良表示，浙江理工大学非常重视与日本特别是静冈县各界的交流和合作，希望在今后的交流中，通过双方的努力，进一步拓宽合作领域、提升合作质量。

宇佐美稔表示将采取包括为在日留学生提供就业信息等更多措施，努力为浙江理工大学派遣的学生创造更多的机会，进一步推动双方的学生交流。

【韩国庆南大学代表团访问浙江理工大学】 2011年10月21日，副校长陈文兴会见来访的韩国庆南大学副校长全夏成一行。陈文兴表示，浙江理工大学与庆南大学在学科专业设置上有许多相似之处，这为两校间深入开展交流合作提供了良好的条件。全夏成说，双方间的合作与交流已经在服装领域初步开展，希望能进一步扩大到更多的学科领域。

【美国纽约州立大学奥斯威戈分校代表团访问浙江理工大学】 2011年11月9日，美国纽约州立大学奥斯威戈分校副校长劳莉·克莱默率团访问浙江理工大学。校长裘松良和副校长陈建勇会见来宾。双方介绍了各自学校的基本情况，回顾了自2007年签订合作协议以来，两校师生之间展开交流学习活动取得的成果，就进一步深化交流合作进行了探讨，拟在办学经验交流、教师互派、组织奥斯威戈分校学生来浙江理工大学学习等方面开展新的合作。

（郭　斐）

2011年浙江理工大学对外合作交流情况

学院、部门名称	教师出国(境)交流(人次)	学生出国(境)交流(人次)	聘请长短期国(境)外专家(人次)
材料与纺织学院	21	10	2(长期、短期各1人次)
经济管理学院	25	19	
信息电子学院	3	3	
理学院	16		2(长期、短期各1人次)
机械与自动控制学院	20	5	1(长期)
文化传播学院	3	1	
服装学院	9	42	4(长期、短期各2人次)
科技与艺术学院	2	15	
外国语学院	10	18	31(长期30人次、短期1人次)

续表

学院、部门名称	教师出国(境)交流(人次)	学生出国(境)交流(人次)	聘请长短期国(境)外专家(人次)
法政学院	1	5	
建筑工程学院	3	4	
启新学院		3	
艺术与设计学院	2	15	1(长期)
生命科学学院	2		
马克思主义学院	1		
行政部门	20		
总计	**138 人次**	**140 人次**	**41 人次**

2011 年访问浙江理工大学的部分国(境)外代表团

国家或地区	批次	人数	国家或地区		批次	人数
澳大利亚	2	2	科技部国际司代表团(19 人)	朝鲜	1	2
比利时	2	4		埃及		1
加拿大	1	1		加纳		4
美国	22	27		印度		3
英国	4	5		印尼		3
匈牙利	1	2		尼日利亚		1
意大利	3	16		巴基斯坦		1
法国	3	3		泰国		2
荷兰	1	2		越南		2
希腊	2	3	非洲大学校长考察团(16 人)	布隆迪	1	1
乌克兰	2	2		几内亚比绍		1
日本	8	34		马达加斯加		1
马来西亚	1	1		马里		2
韩国	10	127		毛里求斯		1
印尼	1	1		尼日尔		2
香港	5	7		塞内加尔		3
				塞舌尔		3
				中非		2
共计 70 批 272 人次						

·杭州电子科技大学·

【涉外工作概况】 2011年,杭州电子科技大学派出因公出国(境)团组106批147人次。其中:访问学习团组24批27人次;科研合作团组27批36人次;参加国际会议团组35批37人次;交流、考察团组20批47人次(含“双跨”团组)。

接待国(境)外合作交流、学术交流、项目洽谈友好代表团组77批181人次。来访团组中,56人为来访工作专家,其中长期专家26人,其余为短期访问、讲学、合作项目洽谈团组。

同美国、英国、加拿大、以色列等7个国家的13所高校正式签署13份校际教育合作协议和备忘录。

主办、承办4场高层次国际会议。成功推进与英国、爱尔兰知名高校的2个博士联合培养项目。搭建2个中德共建科研平台。启动留学生本科生招生项目。

【以色列海法大学代表团访问杭州电子科技大学】 2011年4月25日,以色列海法大学校长戴维·法拉奇、副校长芭提雅·劳弗访问杭州电子科技大学。校长薛安克、副校长朱泽飞会见来宾,双方就两校开展国际交流与合作的模式进行了讨论,就MBA合作、互派留学生、合作办学达成共识,并签署合作备忘录。

【杭州电子科技大学代表团访问法国、瑞士和英国】 应法国国家信息与自动化研究院、瑞士圣加伦大学、瑞士圣加伦国际教育基金会、英国贝尔法斯特女王大学、英国中央兰开夏大学等高校和科研机构的邀请,2011年5月8日至19日,校长薛安克率杭州电子科技大学代表团访问上述高校院所。

在法国,代表团与法国国家信息与自动化研究院索菲亚·安梯波里丝中心主任杰拉德·吉若丹进行了友好会谈。双方就建立紧密合作联系、开展科技学术交流、人才引进、博士联合培养和中外研究团队联合申报国际合作项目等话题进行了交流,并达成合作意向。

在瑞士,代表团应邀参加了第41届圣加伦论坛,与圣加伦大学校长托马斯·比艾格进行了会谈,双方就中外大学国际化观念、先进管理体制、教学模式、学生跨文化能力培养等进行了深入的讨论。

在英国,代表团会见了贝尔法斯特女王大学校长彼得·格莱各森等,双方就21世纪大学办学理念、大学评价、跨文化合作交流等进行了讨论,并达成广泛共识。两校将在双方已签署的合作备忘录、开展“博士联合项目”合作的基础上,加快推进师资国际化交流和培训、本科生与研究生合作项目。

在英国,代表团访问了中央兰开夏大学,与副校长安吉拉·墨菲等就两校开展学生交流项目的可能性进行了探讨,并签署合作备忘录。

【美国伊利诺伊州州立大学代表团访问杭州电子科技大学】 2011年5月22日,美国伊利诺伊州州立大学副校长特里·埃里森一行访问杭州电子科技大学,校党委副书记陈畴镛会见客人。陈畴镛简要介绍了学校情况,表示希望双方能建立友好关系,探讨开展合作的可能性和切入点。特里·埃里森表示,非常愿意与中国大学开展合作与交流,希望双方加强友好往来,增进了解,开展合作。

【澳大利亚中央昆士兰大学代表团访问杭州电子科技大学】 2011年5月30日,澳大利亚中央昆士兰大学常务副校长吉耐尔·凯德一行访问杭州电子科技大学,副校长朱泽飞会见来宾。朱泽飞说,杭州电子科技大学与中央昆士兰大学可以在研究生联合培养、本科生交换交流、国际化师资培训、科研团队合作等领域优势互补,开展合作。

双方就两校开展学生联合培养的模式、学术标准、奖学金申请等进行了深入探讨并达成共识。

【澳大利亚国立大学教授来杭州

电子科技大学讲学】 2011年6月3日，澳大利亚科学院院士、工程院院士、澳大利亚国立大学教授安布莱恩·安德森来校访问讲学，校长薛安克、副校长朱泽飞分别会见安德森。朱泽飞主持了由布莱恩·安德森主讲的学术报告会。

【第2届中美企业发展论坛在美国举行】 2011年6月5日至6日，由浙江省中小企业局、杭州电子科技大学、美国马萨诸塞州住房与经济发展部、美国伍斯特理工学院联合主办，杭州电子科技大学管理学院和伍斯特理工学院承办的第2届中美企业发展论坛在马萨诸塞州举行。

浙江省经信委副主任、省中小企业局局长高鹰忠，马萨诸塞州政府住房与经济发展部部长格雷戈里·毕阿里奇出席论坛并分别作主题报告，两国有关高校的教授与专家、中美企业家代表、伍斯特理工学院师生代表，以及当地媒体记者等出席论坛。

本届论坛的主题为“浙江省与马萨诸塞州的经济发展与企业合作”，与会者围绕主题进行了广泛的研讨。论坛期间，杭州电子科技大学与伍斯特理工学院就进一步开展教学与科研合作达成意向。

【杭州电子科技大学代表团访问西班牙、丹麦和瑞典】 应西班牙胡安·卡洛斯国王大学、丹麦南丹麦大学和瑞典克里斯安斯塔德大学的邀请，2011年6月8日至6月18日，副校长孙玲玲率杭州电子科技大学代表团访问上述高校。

在胡安·卡洛斯国王大学，代表团与该校校区主任、国际部负责人等进行了友好会谈。双方对两校合作以来取得的积极成果给予充分肯定，探讨了开展博士生联合培养、开辟硕士研究生第二校园的可能性，双方表示将进一步扩大合作空间、提升合作层次。代表团还为下学期将来校学习交流的西班牙留学生召开了留学工作预备会。

在南丹麦大学，该校工学院教学院长等向代表团介绍了学校概况，还通报了杭州电子科技大学在南丹麦大学留学研究生的优秀表现，对杭电的人才培养水平予以高度赞誉。双方就拓宽两校间全额奖学金硕士项目的合作领域进行了交流。代表团还与杭州电子科技大学在南丹麦大学的学生进行了座谈。

在克里斯安斯塔德大学，代表团与该校校长拉斯·卡尔森等进行了会谈。双方对2006年以来两校开展的教师互访、“嵌入式系统”硕士生项目合作、共同参与2010年浙江国际科技交流大会等予以高度评价；对拓展留学生合作项目专业、开展国际化师资培训、中外研究生实验室实习、大学生就业能力等问题进行了沟通和交流。

【法国国家科学院特级研究员访问杭州电子科技大学】 2011年7月12日至15日，法国国家科学院神经生理学实验室主任、法国国家感觉运动神经生物学实验室主任、特级研究员维达尔·皮埃尔·鲍尔和法国第五大学(勒内·笛卡尔大学)国家神经生理学实验室研究员王丹萍应邀来杭州电子科技大学进行工作访问和讲学。校长薛安克会见来宾。

13日下午，维达尔作了题为《关于生物机械及运动控制》的学术报告。生命信息与仪器工程学院、自动化学院、计算机学院的相关教师、研究生、本科生聆听了报告，并与维达尔进行了互动交流。

【杭州电子科技大学师生访问团赴西班牙学习交流】 2011年8月22日至9月6日，杭州电子科技大学师生交流访问团赴西班牙胡安·卡洛斯国王大学进行学习交流。

访问团在胡安·卡洛斯国王大学体验了西班牙语初级语言课程的课堂教学、课外教学和语言实践，参观了西班牙皇宫、普拉多美术馆、塞万提斯故乡等，了解西班牙的历史文化、高等教育、建筑艺术、风土人情。学习结束后，访问团同学均获得由胡安·卡洛斯国王大学旅游文化学院颁发的学习交流证书。

【英国考文垂大学代表团访问杭州电子科技大学】 2011年10

月16日，英国考文垂大学副校长伊恩·马萨尔一行来杭州电子科技大学进行友好访问，副校长朱泽飞会见客人。朱泽飞说，两校学科专业接近，希望进行教师互访和合作研究、学生交流和联合培养等实质性的教育和科技合作，欢迎考文垂大学与杭电开展本科"2＋2"或"3＋1"项目合作，也非常欢迎考文垂大学的学生来杭电留学，学习中国传统文化，体验中国现代文明。

伊恩·马萨尔介绍了考文垂大学概况，表达了开展进一步合作的意愿。他说，两校已经开展了富有成效的合作，希望通过此次访问，能够进一步深化友好合作关系，在学生、教师、科学研究等领域开展多层面的合作。

双方就合作模式、合作切入点等进行了深入探讨并达成共识。

【美国富国银行决策科学部副总裁访问杭州电子科技大学】 2011年10月25日，美国富国银行个人金融业务账户管理与决策科学部副总裁惠建国应邀访问杭电。校党委书记费君清、校长薛安克分别会见客人。

惠建国为杭电师生作题为《美国经济现状及其对全球经济的启示》的学术报告。

【英国东伦敦大学代表团访问杭州电子科技大学】 2011年10月31日，英国东伦敦大学副校长约翰·肖一行应邀访问杭电。副校长朱泽飞会见来宾。朱泽飞说，杭州电子科技大学与英国东伦敦大学自建立友好合作关系以来，相互支持、密切配合、进展顺利；学校愿与东伦敦大学开展广泛的国际合作，非常欢迎东伦敦大学的学生来杭电学习。约翰·肖说，东伦敦大学与杭州电子科技大学在专业设置和学科领域上有许多共同之处，相信通过开展本科教育合作，可以创新两校合作模式和人才培养模式。

【白俄罗斯国家科学院和国立大学代表团访问杭州电子科技大学】 2011年11月9日，白俄罗斯国家科学院副主席齐加诺夫·亚历山大、白俄罗斯国立大学副校长伊瓦什科维奇·奥列格和白俄罗斯国立大学对华合作协调员列昂诺夫·维切斯拉夫一行访问杭州电子科技大学，副校长朱泽飞会见来宾。朱泽飞说，杭电与白俄罗斯国家科学院、白俄罗斯国立大学有着良好的合作基础，双方可在优势学科、主干学科、海洋和环境等领域开展国际科技合作。他表示，欢迎白俄罗斯国家科学院研究人员、白俄罗斯国立大学教授来杭州电子科技大学工作，杭电也将选派师生赴白俄罗斯学习交流。

齐加诺夫·亚历山大表示，白俄罗斯国家科学院愿意在双方感兴趣的学科领域开展交流合作，支持杭州电子科技大学与白俄罗斯国立大学共建联合创新中心。

伊瓦什科维奇·奥列格在会谈中说，欢迎杭州电子科技大学师生到白俄罗斯国立大学交流；期待两校保持密切的工作联系，共建中国—白俄罗斯联合创新中心。

朱泽飞和伊瓦什科维奇·奥列格代表两校签署了双方共建中国—白俄罗斯联合创新中心备忘录。

【中德现代工业工程实验室揭牌】 2011年12月2日，杭州电子科技大学中德现代工业工程实验室揭牌仪式在下沙校区举行。德国弗劳恩霍夫学会工业工程与组织研究所前所长、德国斯图加特大学工业工程与技术管理学院前院长、杭州电子科技大学管理学院工业工程系名誉主任汉斯·彼得·伦特斯，省教育厅、省科技厅、省经信委有关人员，校党委副书记陈畴镛，副校长孙玲玲、朱泽飞，浙江省20多家企业代表，以及杭电相关学院、部门负责人及师生代表参加了揭牌仪式。

孙玲玲、伦特斯分别致辞，伦特斯和陈畴镛共同为实验室揭牌。

中德现代工业工程实验室由浙江省财政厅和杭州电子科技大学共同出资建设，建设过程得到德国弗劳恩霍夫学会工业工程与组织研究所、德国斯图加特大学等的支持。实验室可为中国企业提供数字化工厂、生产组织与计划等相关培训、咨询与设计服务，同时将成为杭电“中德联合培养工业工程”专业学生了解和掌握本学科的实验环境、手段和方法，参加工程实训的重要平台。

【美日能源专家访问杭州电子科技大学】 2011年12月12日至17日，美国劳伦斯一伯克利国家实验室环境能源技术部能源领域首席科学家克里斯·马内、日本清水建设研究所副所长传田笃、美国国家仪器公司日本公司新能源部部长早川周作，应邀先后访问杭州电子科技大学。

14日，副校长朱泽飞会见来宾，向他们介绍了学校的发展概况以及新能源领域研究等情况。双方就开展分布式能源、微电网和智能电网方面的学术互访及技术合作进行了交流，并达成共识。

美国和日本专家考察了学校的光伏发电微电网系统实验室，观摩了微电网系统的运行示范，并就进一步深化微电网系统的合作研究与学校相关人员进行了探讨。

克里斯·马内、传田笃和早川周作还应邀分别作了与新能源和光伏并网等专题报告。

（田　野）

·浙江工商大学·

【涉外工作概况】 2011年，浙江工商大学接待国(境)外来访客人80批400余人次。与美国、英国、日本、澳大利亚等国家和地区的10所高校签署交流合作协议。

全年聘请长短期外国专家、外教61名，其中长期33名、短期28名。聘请近百名国(境)外专家学者来校讲学。举办国际学术会议6次，参会外宾217人次。

全年派送教师108批178人次出国交流、进修、访学、参加学术会议，另有9批10人赴香港、澳门考察学习。组织派送25名学科带头人和管理干部到英国曼彻斯特大学培训。

派送421名学生到美国、英国、德国、新西兰、日本等国友好学校交流、交换、攻读学位。招收来自40个国家的长短期留学生302人，来校短期交流考察学生197人。

【浙江工商大学代表团访问英国、比利时】 2011年5月17日至26日，校长张仁寿率浙江工商大学代表团赴英国和比利时访问，与英国贝德福特大学、北安普顿大学、米尔顿凯恩斯中心大学签署校际合作协议。在比利时，代表团拜访了中国驻比利时大使馆和合作高校，落实了浙江工商大学与西弗兰德大学合建孔子学院项目的相关事宜。

【承办第20届国际女性经济学协会年会】 2011年6月24日至26日，第20届国际女性经济学协会2011年年会在浙江工商大学举行。此次会议由国际女性经济学协会主办，浙江工商大学承办。来自中国、美国、加拿大、英国、德国、日本、印度、澳大利亚、智利、尼日利亚等近40个国家和地区的200名专家和学者出席会议。

【新设外国留学生硕士专业】 2011年9月，浙江工商大学推出全英文授课的外国留学生硕士专业(中国商务方向)。该专业旨在培养外国留学生掌握扎实的基础理论和专业知识，从而具备从事对华贸易的实际工作能力。来自智利、吉尔吉斯斯坦、泰国、蒙古、刚果(金)等国家的8名留学生在该专业学习。

【推进与世界名校的交流合作】 2011年，浙江工商大学有针对性地推进与欧美著名高校的交流合作，尤其是与世界著名大学的实质性交流合作项目。年内，与美国加州大学伯克利分校签署协议，8名学生将于2012年初到伯克利分校学习。与美国加州大学河滨校区签订协议后，已有33名学生到该校学习，另外22名学生将于2012年去该校学习。派送4名学生参加由英国曼彻斯特大学组织、欧盟资助的学习考察项目，他们不仅可以在曼彻斯特大学学习60个课时，而且可以到4个国家的世界著名企业考察见习。

（马秀丽）

2011年访问浙江工商大学的部分国(境)外代表团

国家或地区	批次	人数	国家或地区	批次	人数
美国	20	39	新西兰	2	23
加拿大	8	33	日本	13	19
德国	5	22	比利时	3	98
法国	5	9	波兰	1	1
英国	8	43	土耳其	1	20
意大利	1	11	北塞浦路斯	1	3
瑞典	1	1	香港	3	73
澳大利亚	1	3			

·中国计量学院·

【涉外工作概况】 2011年,中国计量学院与澳大利亚巴拉瑞特大学等5所大学签署备忘录或合作协议;与加拿大主教大学签署备忘录和合作协议;另与新西兰奥克兰理工大学签订2个合作子协议;招收中外合作办学项目新生89名,制定《中国计量学院中外合作办学项目管理办法(试行)》;接待国(境)外各类来访人员17批50人次;派出因公出国(境)人员56批102人次,是历年来派出人数最多的一年;办理33批48人次本校教师到国外参加学术交流活动;办理12批14人次赴美国、澳大利亚、加拿大等国进修培训;聘请长期普通外籍专业人员10人次;聘请短期外国专家30人次,制定《中国计量学院短期外国文教专家项目管理暂行办法》等文件;举办4个国际会议和研讨会。

【中国计量学院代表团访问美国、加拿大】 2011年1月14日至24日,校党委副书记徐涌金率中国计量学院高等教育代表团赴美国、加拿大进行考察与交流活动。

在美国,代表团访问了南方理工州立大学,与该校副校长齐维·沙弗兰进行了会谈,并先后与该校艺术与科学学院、英语技术通信与媒体艺术系、计算机科学与软件工程系、工程学院负责人进行会谈,达成多方面合作与交流意向。此外,代表团还参观了佐治亚理工学院、普林斯顿大学、宾夕法尼亚大学、马里兰大学。

在加拿大,代表团访问了毕索大学,与该校就合作培养学生、学分互换及学位授予方式以及教师互派、教学科研合作等议题进行了会谈,并签署合作备忘录。代表团参观了该校计算中心、图书馆、自然科学和数学分部、商业学院,考察了办学设施和校园环境。代表团还与奎尔夫大学计算机科学系探讨了合作意向。

【中国计量学院教师应邀出席国际标准化教育会议】 2011年1月17日至20日,国际标准化教育与学术研究会议在日本东京召开。由日本相关方面邀请和资助,经济与管理学院宋明顺等7人组成的中国计量学院代表团参加会议。宋明顺担任本届论坛的执行委员会副主席,并作专题报告。

代表团一行还应邀访问了东京农工大学,拜会校长小畑秀文,与相关学院就标准化和质量管理教育与科学研究的经验进行了深入的交流,并对未来的合作进行了探讨。

【中国计量学院首个本科层次中外合作办学项目获批】 2011年

2月22日,中国计量学院与新西兰奥克兰理工大学合作举办计算机科学与技术专业项目获得教育部批准。中国计量学院于2011年秋季开始招生,学制4年,每学年招生120人。按照双方协议,该合作项目课程全部在中国计量学院进行,其中1/3以上课程由新西兰方面派教师来华授课,学生达到项目培养计划的要求将获得中国普通高校本科毕业证书和中国计量学院颁发的工学学士学位证书,同时获得奥克兰理工大学颁发的计算机与信息科学学士学位证书。学生获得中方和外方毕业文凭和学位证书后,可以申请赴新西兰继续接受硕士教育。

【韩国双士产业株式会社举办专场招聘会】 2011年3月5日,韩国双士产业株式会社驻杭州办事处在中国计量学院光学与电子科技学院举办专场招聘会。双士产业株式会社是一家主要经营LED、节能灯、射灯、投光器的光通信企业。经过近3小时的应聘面试,共有5名学生与该韩国企业达成初步就业意向。

【美国荷晶大学校长访问计量学院】 2011年3月18日,美国荷晶大学校长弗兰克·韦伯斯特及其对华事务中心负责人刘薪涛访问中国计量学院现代科技学院。副校长宋明顺、院长汪伟等会见弗兰克·韦伯斯特一行,双方就进一步加强合作交流进行了会谈,对业已开展的"2+2"项目的执行情况表示满意,并就进一步加强交流和开展项目合作达成共识,对在师资互派、交换生项目、MBA项目、网络远程教育等领域的合作交换了意见。

弗兰克·韦伯斯特一行还与学生进行了座谈,介绍了美国荷晶大学的情况,回答了学生提出的问题。

【美国戴顿大学教授访问计量学院】 2011年5月26日,美国戴顿大学光电项目主任约瑟·豪斯访问中国计量学院光电学院,与教师们进行了座谈交流。双方重点讨论了合作办学、联合培养研究生、项目合作和人员互访等问题,确立了合作的意愿。约瑟·豪斯参观了中国计量学院光纤传感技术实验室和浙江省现代计量测试技术与仪器重点实验室。

【新西兰奥克兰理工大学代表访问计量学院】 2011年6月16日,新西兰奥克兰理工大学国际发展中心主任克里斯·霍利访问中国计量学院,校党委副书记陶伟华等会见客人。双方商讨落实了秋季即将首次招生的中国计量学院与新西兰奥克兰理工大学合作办学项目的具体事宜,还讨论了人员互访等问题。

【德国伊尔门脑大学教授访问计量学院】 2011年6月19日至22日,德国伊尔门脑大学过程测量与传感技术研究所所长托马斯·可应邀来中国计量学院进行交流访问。副校长俞晓平等与托马斯·可进行了会谈。

托马斯·可在计量测试工程学院进行了3场学术报告和多次交流讨论,并代表过程测量与传感技术研究所与计量测试工程学院进行了合作会谈,双方在科研合作、师生互访、实验室建设等方面达成共识。托马斯·可高兴地接受了中国计量学院聘请其为访问教授的建议,今后5年将每年定期来计量学院进行学术访问。

【标准化教育国际合作研讨会】 2011年6月27日至29日在计量学院召开。标准化教育国际委员会、国际标准化组织、国际电工委员会、国际电信联盟四大国际标准化组织参加会议。校长林建忠、副校长俞晓平出席大会开幕式,林建忠代表中国计量学院致辞,副校长宋明顺主持开幕式。

此次会议的主题为"标准化教育与学术研究"。国家标准化管理委员会副主任石保权、国际电工委员会战略执行官杰克·塞尔顿、国际电信联盟电信标准局副局长莱茵哈德·哨勒在会上发表讲话。美国、日本、英国、丹麦、韩国和中国等国家的标准化协会、研究机构派代表参加会议,一些国际著名的组织和公司代表以及来自欧洲、美洲、亚洲地区的80多位标准化领域的专家、管理者和学者出席大会。

与会专家围绕大会主题，对标准化领域的学术研究和教学情况展开了交流和探讨。

《标准化组织和中国计量学院在标准化领域的合作》作为范例在大会得到推介，其中中国计量学院的“标准化本科教育项目”得到与会专家的一致认可。

【国际标准化组织及国际电工委员会高官访问计量学院】 2011年6月30日，国际标准化组织高级战略执行官丹尼尔、国际电工委员会标准战略执行官谢尔顿及国际标准化组织秘书温辛格一行到中国计量学院进行工作访问。校长林建忠、副校长宋明顺会见来宾。

丹尼尔一行参观了中国计量学院校史馆和计量史馆。宋明顺与来宾就下一步合作进行了深入的交流和沟通。

【美国密苏里大学教授访问计量学院】 2011年7月7日，美国密苏里大学教授宋齐生到中国计量学院交流访问。副校长俞晓平向客人简要介绍了中国计量学院的基本情况和生命科学学院的主要研究方向及成果，并希望双方在相关研究领域达成合作。

宋齐生为师生作学术报告，并参观了浙江省生物计量及检验检疫重点实验室。

【中美知识产权保护制度研讨会】 2011年7月27日在中国计量学院召开。本次研讨会由浙江省知识产权局、美国专利商标局主办，中国计量学院承办。来自中美两国政府机构、司法机关、企业、高校、知识产权中介机构、媒体等的专家学者共200多人与会。

【校领导随浙江省教育代表团访问澳大利亚、新西兰】 2011年8月14日至23日，省教育工委副书记、副厅长蒋胜祥率浙江教育代表团赴澳大利亚、新西兰进行交流访问。中国计量学院党委副书记陶伟华随团出访。

陶伟华代表中国计量学院与奥克兰理工大学正式签订中国计量学院经济与管理学院和新西兰奥克兰理工大学商法学院开展经济管理本科专业“2＋2”学分互认项目的合作协议，双方还就进一步开展合作交换了意见。

【新西兰驻沪总领事访问计量学院】 2011年9月29日，新西兰驻沪总领事隋新及新西兰驻华大使馆教育参赞葛佑兰一行来中国计量学院参观交流。校长林建忠会见来宾，向客人介绍了学校的基本情况以及与新西兰奥克兰理工大学合作办学的情况。双方就进一步加强和拓展交流合作进行了探讨。

林建忠陪同隋新一行看望了中国计量学院与奥克兰理工大学合作项目2个班级的学生，隋新一行还参观了校史馆和计量史馆。

【中国计量学院代表团访问英国、德国】 2011年10月17日至26日，以校党委书记于永明为团长的中国计量学院高等教育代表团赴英国、德国进行考察交流。

代表团首先访问了英国基尔大学，与该校校长尼克福斯科特等就“3＋1＋1”项目(3年国内本科、1年预科、1年硕士学位)涉及的具体问题进行了深入的交流和探讨。代表团还顺访剑桥大学、牛津大学。

代表团访问了德国的国家计量机构——德国联邦物理技术研究院，参观考察了该院的时间基准、气体流量计量、热值计量等实验室，与德国科研人员进行了深入的交流。

代表团一行还访问了德国基尔应用科技大学，参观了该校的强电实验室、船舶制造实验室、计算机博物馆、多媒体演示厅等。双方就落实2007年签订的框架协议进行了交流和探讨。

【中国计量学院领导应邀参加日本静冈理工科大学校庆】 2011年11月16日至18日，副校长俞晓平等应邀赴日本参加静冈理工科大学20周年校庆活动。俞晓平代表中国计量学院在校庆大会上致辞；与静冈理工科大学理事长外山浩介、校长荒木信幸等进行了交流，双方对两校的合作进行了回顾总结，就互派学生、科研合作等进行了深入的探讨。代表团与来自韩国大邱大学的代表探讨了两校交流与合作的可能性。

代表团还访问了位于熊本的日本九州冲绳农业研究中心。

【日本计量机器工业联合会代表团访问计量学院】 2011年11月25日，以龙野广道为团长的日本计量机器工业联合会代表团访问中国计量学院。副校长俞晓平会见来宾，向客人介绍了中国计量学院的总体情况和特色。龙野广道介绍了日本计量机器工业联合会的基本情况及其计量产品，表示希望与中国计量学院开展学生科研基地、实验室共建等校企合作。

代表团一行参观了计量测试工程学院、生命科学学院、材料科学与工程学院等部分实验室，对中国计量学院生物计量及检验检疫重点实验室、株式会社东京精密—中国计量学院实验室、中德(斯图加特ZEH)环保金属表面处理实验室等表示了很大的兴趣。

【中国计量学院高等教育代表团访问澳大利亚、新西兰】 2011年11月28日至12月7日，原校党委书记姚盛德率中国计量学院高等教育代表团赴澳大利亚、新西兰进行高等教育考察与交流活动。

在澳大利亚，代表团访问了巴拉瑞特大学，与该校第一副校长罗伊纳·库茨等进行了会谈，双方就两校开展项目招生、教师互派、学生互培、学术交流、合作研究等议题进行了探讨，达成多方面合作与交流的意向。

在新西兰，代表团访问了奥克兰理工大学，与该校有关方面负责人就合作培养学生、学分互换及学位授予方式以及教师互派、教学科研合作等议题进行了会谈，落实了合作培养项目中英语语言文化培训、共同承办国际会议等。代表团参观了该校中国文化中心、计算中心、图书馆，考察了办学设施和校园环境。

【德国联邦物理技术研究院副院长访问中国计量学院】 2011年12月4日，德国联邦物理技术研究院副院长斯滕杰访问中国计量学院。校长林建忠、副校长俞晓平会见斯滕杰一行。林建忠向客人介绍了中国计量学院的总体情况和特色以及发展设想等。俞晓平介绍了中国计量学院的科研和国际化工作成果。斯滕杰博士感叹近10年来中国计量领域的巨大进步，希望双方能够在更多领域开展更加细致深入的合作。他还盛情邀请中国计量学院派团于2012年3月参加德国联邦物理技术研究成立125周年庆典活动，林建忠愉快地接受了邀请。

客人们参观了国家磁性材料及其制品质量监督检验中心和计量测试工程学院的部分实验室。斯滕杰还面试了中国计量学院希望赴德国联邦物理技术研究院进修的10位教师。

【2011年“超级学习机”国际研讨会】 2011年12月6日至8日在中国计量学院举行，本次会议由中国计量学院承办。来自中国、美国、德国、韩国、比利时、新加坡、澳大利亚、西班牙以及印度等16个国家的60余名代表与会。中国计量学院教授曹飞龙担任大会组委会主席。校长林建忠在致辞中向与会代表介绍了中国计量学院的基本情况。

与会专家学者就“超级学习机”算法在生物工程、图像处理、人工智能信息处理中的应用等进行了深入的交流研讨。

【韩国国立全北大学教授访问计量学院】 2011年12月9日，韩国国立全北大学教授东孙、李章华来中国计量学院进行学术交流。信息工程学院领导与客人就双方的合作领域与合作方式等进行了探讨。当天，举办了受聘仪式，中国计量学院校长林建忠向全北大学两位教授颁发了客座教授聘书。

【法国经济财政和工业部高级官员访问计量学院】 2011年12月16日，国际法制计量局前局长、法国经济财政和工业部高级官员马格纳访问中国计量学院。副校长宋明顺会见马格纳一行，向客人简要介绍了中国计量学院的基本情况和在计量领域的主要成果。马格纳介绍了国际计量体系等发展近况，并表示愿意帮助中国计量学院巩固和拓宽与法国高校及研究机构的合作。法国客人参观了国家磁性材料及其制品质量监督检验中心、计量测试工程学院部分实验室和校史馆。

马格纳为中国计量学院研究生作《计量对社会的影响》的主题报告，回答了听众提出的问题。

（栾复友）

·浙江中医药大学·

【涉外工作概况】 2011年，浙江中医药大学派出38批84人次，赴美国、纳米比亚、阿联酋等16个国家和地区参加国际学术会议、讲学、培训、援外医疗、洽谈项目等；接待13个国家和地区来考察、访问、洽谈项目、讲学的各类人员40批227人次。

2011年在校学习的各类留学生包括进修生、本科生、硕士及博士研究生共464人，其中学历留学生187人、进修生277人，来自30个国家和地区。硕博留学生招收人数比上年增加2倍多。

【美国威斯康星大学欧克莱尔分校代表访问浙江中医药大学】 2011年3月29日，美国威斯康星大学欧克莱尔分校代表凯瑟琳·汤普森一行访问浙江中医药大学，副校长李俊伟等会见来宾。欧克莱尔分校代表与浙江中医药大学有关部门负责人就双方在优势学科开展师资培训和学生交流等进行了探讨并达成合作共识。

【日本新大阪齿科技工士专门学校代表团访问浙江中医药大学】 2011年4月2日至4日，日本新大阪齿科技工士专门学校名誉副校长松原护一行访问浙江中医药大学。校长范永升、副校长李俊伟会见来宾，双方就两校如何创新思路、继续保持友好合作关系等进行了探讨，达成一系列合作意向。

【意大利都灵针灸学校副校长访问浙江中医药大学】 2011年6月25日至28日，意大利都灵针灸学校副校长、意大利针灸协会委员、浙江中医药大学客座教授朱塞佩·鲁皮访问中医药大学。副校长李俊伟会见来宾，双方就意大利学习进修团组的具体事宜进行了商讨，并就深化双方合作进行了磋商。

【日本东洋医疗专门学校理事长访问浙江中医药大学】 2011年6月27日至30日，日本东洋医疗专门学校理事长宫川藤一郎一行访问浙江中医药大学。校党委书记孙秋华、校长范永升、副校长李俊伟、副校级巡视员夏鲁杭会见来宾。双方表示，将在相互信任、相互支持、相互理解的基础上，继续保持友好合作关系，并实现在教学科研、人才培养等领域合作的新突破，推动两校关系不断发展。

【浙江中医药大学与德国医院合作】 2011年7月3日至6日，德国雷姆萨伊德萨纳医院首席执行官奥利弗·布兰德一行访问中医药大学，副校长李俊伟、张光霁会见来宾。双方就在医生互访交流、教学和科研等领域开展合作达成共识，并签署合作备忘录。奥利弗·布兰德表示，雷姆萨伊德萨纳医院正在开展中西医结合治疗疼痛的科研项目，特邀请浙江中医药大学派出专家共同开展这一项目。

【浙江中医药大学代表团访问意大利】 2011年7月3日至8日，副校长方剑乔率浙江中医药大学代表团访问意大利罗马大学第二医学院。双方就推动两校在培养中医药研究生方面合作等进行了商谈并达成共识。访问期间，方剑乔应邀出席了罗马大学第二医学院举办的中西医结合学术年会，并作题为《针灸镇痛及其机制》的报告。代表团访问了中国驻意大利大使馆，参赞湛玉铮感谢代表团专程来大使馆为全体馆员进行健康咨询。

【美国巴特勒大学代表访问浙江中医药大学】 2011年9月11日，美国巴特勒大学健康教育中心主任卡莉·梅夫奥访问中医药大学，副校长李俊伟会见来宾。

卡莉·梅夫奥与相关学院及部门就开展两校暑期学生互访交流项目和相关细节等进行了探讨，达成一系列合作意向。

【浙江中医药大学代表团访问德国】 2011年10月15日至20日，副校长张光霁率浙江中医药大学代表团访问德国雷姆萨伊德萨纳医院，并参加萨纳医院成为浙江中医药大学“教学医院”的揭牌仪式。代表团与萨纳医院就浙江中医药大学派遣医学生和医生前往萨纳医院实习或进修达成一致意见。

访问德国期间，代表团还在法兰克福出席了浙江中医药大学欧洲校友会成立大会和校友会第一次会议。

【浙江中医药大学成为全国首批对港免试招生院校之一】 2011年11月29日，教育部公布《关于做好2012年内地部分高校免试招收香港学生工作的通知》。根据《通知》，2012年起，包括浙江中医药大学在内的内地63所高校可以通过免试的方式招收香港学生。

【浙江中医药大学代表团访问美国】 2011年12月4日至9日，校纪委书记茹惠祥率浙江中医药大学代表团访问美国，与威斯康星州立大学奥卡莱尔分校签订关于两校开展教师和学生合作交流的协议，并就今后开展护理、计算机和外语等领域的合作研究达成共识。

（汪静娜）

2011年访问浙江中医药大学的部分外国代表团

国别	批次	人数	国别	批次	人数	国别	批次	人数
新西兰	1	2	韩国	5	53	新加坡	1	8
日本	9	43	乌克兰	1	1	荷兰	2	24
古巴	2	2	瑞士	1	1	意大利	2	9
美国	8	41	德国	4	11			
以色列	1	21	英国	3	11			

·浙江海洋学院·

【涉外工作概况】 2011年，浙江海洋学院派出教师赴国(境)外进行合作研究、学术交流、项目考察、培训等共39批93人次，其中参加学术会议8人次、进行合作研究4人。接待来自日本、美国、挪威、英国、加拿大、白俄罗斯等国家和地区的来宾44批117人次，其中来校作学术报告或演讲29人33场次。

全年派出学生133人次赴日本、挪威、韩国等国家和地区进行长期或短期交流。招收来自菲律宾、蒙古、密克罗尼西亚、俄罗斯、瑞典、英国和爱尔兰等国家的留学生21人。

【日本东京海洋大学校长访问浙江海洋学院】 2011年2月11日，日本东京海洋大学校长松山优治率团访问浙江海洋学院，校长苗振清会见客人，介绍了学校发展现状，希望两校今后开展更深更广的合作。松山优治一行参观了学校的东、西校区以及在建的长峙岛校区。

【日本长崎大学代表团访问浙江海洋学院】 2011年2月28日至3月2日，日本长崎大学水产学部部长橘胜康一行4人访问浙江海洋学院，副校长吴常文会见客人。双方介绍了各自学校发展现状。经过协商，双方同意开展教师和教辅人员互访、学生交流、共同开展科学研究等合作。日方拟从2012年起，每年接收浙江海洋学院派出的留学生5名。

【浙江海洋学院代表团访问加拿大、美国和密克罗尼西亚】 2011年4月3日至14日，副校长吴常文率浙江海洋学院代表团访问加拿大、美国和密克罗尼西亚，与加拿大不列颠哥伦比亚大学(简称UBC)、美国西北海洋技术公司(简称NMT)和密克罗尼西亚学院进行学术交流和合作洽谈。浙江海洋学院通过与三所学校的友好商谈，分别达成学校每年向UBC派遣访问学者开展相应研究、与NMT共同开展海洋生物的回归跟踪标记研究等共识。

【英国格林威治大学商学院院长访问浙江海洋学院】 2011年6月13日，英国格林威治大学商学院院长罗伯特·梅尔一行访问浙江海洋学院。校长苗振清会见客人，介绍了学校的学科专业分布情况，表示愿意与格林威治大学就教师互访和培训、学生联合培养以及科研等逐步开展交流和合作。双方进行了友好交流，就具体的学生交流项目进行了磋商，并达成共识。

【英国技术和电子商务学院代表考察浙江海洋学院】 2011年9月8日至9日，英国技术和电子商务学院执行官默罕默德·法莫一行4人来浙江海洋学院考察交流，副校长吴常文向客人介绍了浙江海洋学院"十二五"发展规划和国际交流与合作现状，提出双方可以采取股份制办学、合作创办研究院、办学项目合作等形式进行合作。默罕默德·法莫表示了与浙江海洋学院合作的高度兴趣，提出了合作的设想。

【中国—以色列技术中心主席访问浙江海洋学院】 2011年9月13日至14日，以色列驻中国大使，中国—以色列技术中心主席海恩一行访问浙江海洋学院，副校长吴常文向客人介绍了学校发展现状及舟山群岛新区建设给学校带来的发展机遇。吴常文表示，希望与对方共建"中国—以色列技术中心舟山海洋技术中心"，并在舟山联合建立鱼类苗种繁殖基地，希望海恩先生能引荐著名海洋专家、以色列海洋大学和马里兰大学成为浙江海洋学院的合作伙伴。海恩表示，很高兴与浙江海洋学院合作，并就双方在著名海洋专家引荐和相关大学合作方面提出许多设想。双方就合作建立海洋技术中心以及联合培育苗种繁殖基地等达成共识。

【中国—泰国海洋科技论坛在浙江海洋学院举行】 作为"2011中国浙江舟山群岛新区人才·科技·项目合作交流会活动"之一的中国—泰国海洋科技论坛，2011年11月10日在浙江海洋学院举行。来自泰国国家自然科学博物馆、泰国东方大学的10名专家、学者，与浙江海洋学院的同行就海洋开发和利用进行了交流探讨。副校长徐士元出席研讨会，海洋科学学院、水产学院师生代表50余人参加研讨会。研讨会上，泰国国家自然科学博物馆馆长皮猜、泰国东方大学教授维拉庞、浙江海洋学院海科学院陈应华博士、水产学院韩志强博士等13位专家，就海洋渔业养殖与捕捞技术、海底矿藏和油气开采、海洋环境保护等方面的研究成果和面临的问题进行了交流。

【中国海洋科技创新引智园区举行学术交流会】 2011年11月11日，中国海洋科技创新引智园区专家咨询委员会学术交流会在舟山新城举行，这是2011中国浙江舟山群岛新区人才·科技·项目合作交流会系列活动之一。本次交流会由浙江海洋学院、舟山市人力社保局承办，浙江省外专局局长黎雯和浙江海洋学院副校长徐士元参加交流会。交流会上，泰国国家科学博物馆馆长皮猜、英国圣安德鲁大学教授林特赛、挪威生命科学大学教授特朗、韩国科技发展研究院研究员韩淳兴、波兰什切青海事大学教授拉克剑等8位专家委员，就海洋生态、海洋工程、海洋生物、港口物流等内容进行了学术交流。

在舟山期间，引智园区专家委员们参观了浙江海洋学院船舶与渔具水动力实验室、渔船模型陈列室、海洋生物标本陈列室，观看了正在兴建的长峙校区模型。

【浙江海洋学院代表团访问英国、意大利】 2011年12月28日，校长苗振清率相关部门负责人，对英国、意大利进行工作访问。

苗振清分别与美国阿伯丁大学执行校长多米尼克·侯立汉、格林威治大学执行校长西蒙·贾维斯、城市大学执行校长迪若斯·阿克曼尼斯，意大利比萨大学执行校长亚历山大·贵蒂，就双方感兴趣的教育国际化和科研合作等议题进行了洽谈；还访问了苏格兰政府海洋研究所的海洋生物、水产养殖、病害、海洋生态实验室和阿伯丁大学的深海实验室。通过友好协商，浙江海洋学院与阿伯丁大学、格林威治大学达成师生交流、教学科研合作协议，并签署合作备忘录；与城市大学、比萨大学确认了师生交流、教学科研合作意向。

（钟伟良）

2011年浙江海洋学院接待的部分外国专家教授团

序号	来访日期	来访人员	来访内容
1	1月27～28日	日本环境研究所研究员木幡邦男等	合作项目商谈
2	4月18日	美国俄勒冈州立大学教授苏意诚	学术演讲
3	6月19日	白俄罗斯国立大学副校长伊万许科维奇等	科研项目前期考察
4	8月11日	美国弗吉尼亚海洋科学研究院李文才	学术演讲
5	10月22日～11月5日	华盛顿大学教授卡斯辛斯基	学术报告5场
6	11月7日	法国法兰西学院研究员帕垂克·劳伦斯	学术演讲
7	11月9日	意大利安东多尔海洋生物站伊萨贝拉博士	参加引智园区专家咨询委员会学术交流会并演讲
8	11月9日	波兰什切青海事大学拉克剑博士	参加引智园区专家咨询委员会学术交流会并演讲
9	11月9日	英国圣安德鲁大学林特赛博士	参加引智园区专家咨询委员会学术交流会并演讲
10	11月9日	芬兰波罗的海EELG海洋科学资助中心凯撒博士	参加引智园区专家咨询委员会学术交流会并演讲
11	11月9日	泰国科技发展研究院韩淳兴博士	参加引智园区专家咨询委员会学术交流会并演讲
12	11月9日	印度国家海洋研究所教授纳格帕	参加引智园区专家咨询委员会学术交流会并演讲
13	11月9日	挪威生命科学大学教授特朗	参加引智园区专家咨询委员会学术交流会并演讲
14	11月9日	泰国国家科学博物馆皮猜博士	参加引智园区专家咨询委员会学术交流会并演讲
15	11月9～12日	泰国东方大学瓦辛等8名博士	参加中—泰海洋科技论坛，分别进行学术演讲
16	11月29日	日本东京海洋大学胡夫祥博士	学术演讲

·浙江农林大学·

【涉外工作概况】 2011年，浙江农林大学派出因公考察团组3个、干部培训团组3个，共计40人次。另有8人次个人因公出国(境)进修、合作研究、访问考察和参加国际学术会议。全年接待境外来访客人157人次；接待境外来访短期游学团3个，共23人。

与国(境)外5所大学新签订合作协议；实施本科生和研究生的学分互认、交换生、带薪实习以及短期海外游学项目16个，派出交换生访问生35名、学分互认项目生4名、短期游学项目13名。

聘请长期外国文教专家26人，其中外国专家5人、外国语言教师21人。共招收长短期海外留学生131人，在校本科生37人、研究生2人。

【日本同志社大学副校长访问浙江农林大学】 2011年3月14日，日本同志社大学常务副校长田端广一行访问浙江农林大学。校长周国模、副校长张立钦会见客人。双方介绍了各自学校的办学历史、学科建设以及国际交流与合作等方面的情况，并签署两校合作交流协议和交换生协议。

【浙江农林大学与国际竹藤组织合作】 2011年7月20日，浙江农林大学与国际竹藤组织在北京举行合作签约仪式。国际竹藤组织总干事古珍、副总干事李智勇、中国项目部主任楼一平，浙江农林大学校长周国模、校党委委员陈永富等出席签约仪式。周国模和古珍代表双方签署合作协议并讲话。

根据合作协议，双方将建立竹林碳汇联合实验室，在全球范围开展竹子的固碳特点、计量研究方法以及碳汇贸易机制等方面的研究与开发，并积极组织示范活动、加强能力建设、开展人员互派等。

【浙江农林大学学子加拿大狮口救幼童】 2011年8月29日，浙江农林大学赴加拿大交换生沈慧刚在与好友前往不列颠哥伦比亚省温哥华岛度假时，遭遇一头美洲狮袭击一名18个月的幼童。沈慧刚见状遂与美洲狮斗智斗勇，成功将幼童从狮口救下，并安全送往医院。沈慧刚狮口救人的事迹在加拿大引起轰动。

【浙江农林大学代表团访问英国、意大利和比利时】 2011年9月20日至30日，校党委书记宣勇率浙江农林大学代表团访问英国、意大利和比利时。访问期间，代表团就英国密德萨斯大学和浙江农林大学环境与资源学院，意大利拉巴美术学院和浙江农林大学茶文化学院，比利时西弗兰德省天主教大学和浙江农林大学林业与生物技术学院、工程学院、经济管理学院之间开展学生互派与留学、教师培训、学科共建等合作事宜进行了协商。

【尼泊尔访华代表团访问浙江农林大学】 2011年11月1日，尼泊尔访华代表团访问浙江农林大学。代表团由尼泊尔社区林业用户联合会、喜马拉雅生物贸易有限公司、加德满都大学等机构代表和“亚太森林恢复与可持续管理网络”项目官员组成，此行的主要目的是考察学习浙江省木竹加工产业、林业企业经营管理和非木质资源利用方面的做法和经验。

【首届计算数学与矩阵及应用国际研讨会】 2011年11月4日至7日在浙江农林大学召开。浙江农林大学副校长王自勇，国际线性代数学会副主席、美国威廉玛丽学院教授李志光，浙江大学教授葛根年等出席开幕式。来自美国、匈牙利、新加坡、马来西亚和香港等6个国家和地区，以及浙江大学、中央财经大学、复旦大学、上海交通大学和华东师范大学等中国内地著名高校的50多位专家参加研讨会。

【浙江农林大学加入“全球传统生产性乡土景观保护倡议”】 2011年11月12日，浙江农林大学“全球传统生产性乡土景观保护倡议”成员资格的申请在加拿大蒙特利尔召开的“全球传统生产性乡土景观保护项目”会议上获得批准，成为本次加入的14个新成员之一，也是中国唯一通过审核的单位。

2010年10月19日，在日本名古屋召开的联合国生物多样性第10次峰会上，联合国开发计划署、全球环境基金、世界农用林业中心、国际植物资源研究所等50多个国际环境机构和组织共同发起了《全球传统生产性乡土景观保护合作倡议》。《倡议》希望，充分认知生态系统与农业体系的紧密联系，遏制全球生物多样性破坏，制定未来全球可持续发展战略，把“乡土景观保护项目”推广成全球性项目。

近年来，浙江农林大学致力于生态的研究与实践，已成为国家生态文明教育基地。

【浙江农林大学代表团访问瑞典、乌克兰】 2011年11月19日至29日，副校长金佩华率浙江农林大学代表团访问瑞典林奈大学、斯德哥尔摩大学和乌克兰国际学联、基辅大学、建筑工程学院等。

代表团参观了瑞典林奈大学商学院、自然科学学院等相关学院及实验室，与林奈大学就下一步合作的领域和内容达成初步意向。考察了乌克兰建筑工程学院，并在基辅召开乌克兰在浙江农林大学留学学生家长座谈会。此外，代表团访问了瑞典斯德哥尔摩大学和乌克兰基辅大学，双方就师生交流达成合作意向。

【加拿大皇家路大学与浙江农林大学商谈合作办学】 2011年12月12日，加拿大皇家路大学环境学院院长安东尼·博伊德尔、皇家路大学中国首席代表陈石应邀来浙江农林大学商谈合作办学项目。双方对合作项目的细节进行了商讨，就合作的各个环节达成初步共识。

【美国北得克萨斯大学研究生院院长访问浙江农林大学】 2011年12月13日，美国北得克萨斯大学研究生院院长詹姆士·密尔尼克和留学生招生主管迪奇·哈格雷夫访问浙江农林大学，并作专场报告，介绍了北得克萨斯大学的相关情况。

校党委副书记方伟会见詹姆士·密尔尼克一行，双方对两校合作的可能性以及合作方式等进行了商谈。

【浙江农林大学加入“国际林业研究机构联合会”】 2011年12月，浙江农林大学加入“国际林业研究机构联合会”(简称“国际林联”)的申请获得批准，正式成为该组织的团体会员。

国际林联创建于1890～1892年间，目的在于促进林业工程和林产品等方面的国际合作。

（王　艳）

2011年度访问浙江农林大学的外宾

国别	人次	国别	人次	国别	人次
日本	31	意大利	7	澳大利亚	1
美国	25	南非	5	巴西	1
加拿大	21	奥地利	4	比利时	1
埃塞俄比亚	8	德国	4	新加坡	1
尼泊尔	8	法国	4	印度	1
泰国	8	越南	3	菲律宾	1
喀麦隆	7	瑞士	2	韩国	1
肯尼亚	7	荷兰	2	塞尔维亚	1
马来西亚	7	英国	2	匈牙利	1

·温州医学院·

【涉外工作概况】 2011年，温州医学院派遣出国(境)团组126人次，其中进修学习47人次、参加国际学术会议31人次、访问交流30人次、科研合作18人次；接待外国和港澳地区的友人和团组来访62批288人次。与国(境)外院校签署合作协议13项，已与海外65所院校、机构建立友好合作关系。被教育部列为2012年免试招收香港学生的63所高校之一。

【美国亚利桑那大学代表团访问温州医学院】 2011年3月15日，美国亚利桑那大学公共卫生学院院长伊曼·哈金姆、公共卫生学院系主任陈昭一行访问温州医学院。院长瞿佳会见代表团一行，双方就两校在公共卫生领域的教学、培训和科研等合作进行了商讨，达成多项共识并签订合作备忘录。

【温州医学院与日本北陆大学合作办学】 2011年3月，温州医学院7名学生通过温州医学院与日本北陆大学2+2合作办学项目考试，赴北陆大学进行为期两年的学习。

【首届温州国际心血管病论坛】 2011年5月20日至22日在温州医学院举行，由温州医学院附属第一医院主办。国内外心血管病专家及心血管病专业医务人员400多人参加会议，交流了心血管病领域治疗和科研的最新动态。

【温州医学院与美国托马斯大学开展合作】 2011年5月22日至28日，校党委副书记陈肖鸣率温州医学院代表团访问美国托马斯大学，参观了其附属的约翰·阿奇伯德医院，双方探讨了合作开设中医针灸课程的可能性，就合作形式、培养目标等进行了交流并达成初步合作意向。

温州医学院与托马斯大学合作举办的全国首个护理学专业本科教育项目2011年正式招收57名学生。

【2011检验医学(温州)国际论坛】 2011年6月29日至30日在温州医学院举办。来自中国、美国、加拿大等6个国家和地区的60多位检验医学领域专家出席论坛。中科院院士赵国屏和温州医学院院长瞿佳担任大会主席。论坛主要议题包括转化医学、特殊疾病的基因诊断与早期诊断、模式生物技术的应用研究、新型检验诊断技术等。

【温州医学院与美国天普大学开展合作】 2011年7月14日，温州医学院与美国天普大学签订3+2本硕连读协议。根据协议，温州医学院学生完成3年本科课程后，可申请前往天普大学进行2年研究生学习，最终可取得温州医学院学士学位和天普大学硕士学位。12月，温州医学院与天普大学足部医学院签订合作备忘录，成立温州医学院足踝中心，温州医学院将于2012年派遣第一批医生赴足部医学院进修。

【温州医学院代表团访问泰国大学】 2011年9月13日至18日，温州医学院党委书记仇毅应邀率代表团赴泰国东方大学参加两校孔子学院第4届理事会会议，与东方大学校长松潘等进行了友好会谈，并视察了孔子学院。双方表示，将一如既往支持孔子学院的建设与发展。代表团还访问了清迈大学，仇毅与彭萨克校长等共同为清迈大学医学院传统医学中心揭牌。双方对近年来两校的良好合作予以高度评价，并表达了进一步建立紧密伙伴关系、开展深度合作的愿望。

【2011年国际转化医学大会】 2011年10月22日在温州召开，由国际转化医学协会主办，温州医学院、温州医学院附属第一医院承办。20多位来自美国、德国、瑞典、意大利、奥地利、日本等国家的知名专家参加会议。

【2011育英国际儿科呼吸论坛】 2011年10月30日至11月1日在温州医学院召开。来自国内外的150多名专家学者出席，交流探讨了儿科呼吸、免疫、变态反应疾病诊治等学术问题。

【日本滋庆学院代表团访问温州医学院】 2011年11月19日,日本大阪滋庆学院校长桥本胜彦一行访问温州医学院。校党委副书记陈肖鸣会见客人。双方表达了在信息工程、护理、医疗安全管理等方面的合作意向。

【温州医学院与美国加州大学分校签订暑期课程项目】 2011年12月10日,温州医学院与美国加州大学欧文分校签订学生暑期课程项目。根据双方协议,温州医学院学生暑期可从70个专业的800多门课程中选择两门相关课程修读,通过考核后由欧文分校出具官方成绩单。学习时间为6周至10周。该项目面向温州医学院所有学生开放。

【日本宫崎大学副院长访问温州医学院】 2011年12月26日,日本宫崎大学附属医院副院长直井信久访问温州医学院,院长瞿佳、党委副书记陈肖鸣会见客人,双方商谈了合作事宜。宫崎大学与温州医学院的合作始于1998年,截至2011年年底,已有40名温州医学院医生赴宫崎大学进修学习。

【温州医学院与日本富士常叶大学合作办学】 根据双方的教育交流协议,2011年,温州医学院选派19名学生赴日本富士常叶大学参加2+2项目。2005年到2011年年底,温州医学院派往富士常叶大学学习的学生已有13人顺利毕业。

【温州医学院与瑞典林奈大学开展学生交流项目】 根据双方的合作协议,2011年,温州医学院5名学生赴瑞典林奈大学参加学生短期交流项目。截至2011年年底,温州医学院已有13名学生赴林奈大学进行为期半年的交流学习。

【温州医学院与泰国清迈大学开展学生交流项目】 2011年,温州医学院2名学生赴泰国清迈大学医学院附属医院进行为期一个月的临床实习。截至2011年年底,温州医学院已派出4名学生参加该项目。

【温州医学院外国专家获“西湖友谊奖”】 2011年,温州医学院荣誉教授、美国国家科学院院士约翰G.希尔德布兰德获得本年度浙江省政府“西湖友谊奖”;外国专家直井信久、姜潮、威廉·斯科特·尔文、杰拉德·利尔、石田恒子获得温州市政府授予的“雁荡友谊奖”,其中直井信久和姜潮被授予“雁荡友谊特别奖”。

（夏　露）

2011年访问温州医学院的外国团组

国别	批次	人数
美国	26	68
日本	5	11
英国	1	2
泰国	3	32
以色列	1	1
加纳	1	20
加拿大	5	7
德国	4	4
澳大利亚	4	4
新加坡	1	1

注:不包括来校参加国际会议的外宾。

·浙江传媒学院·

【涉外工作概况】 2011年,浙江传媒学院派出因公出国(境)人员12批46人次,其中学校组团5批36人次。接待国(境)外来访合作交流、学术交流、项目交流代表团组48个228人次。

【第2届舞美灯光设计国际论坛】 2011年4月6日在浙江传媒学院举行,由国际舞台美术组织、中国舞台美术学会主办,浙江传媒学院承办。参加本次论坛的有国际舞台美术组织主席路易斯、国际舞美组织前任主席迈克尔、中国舞台美术学会副会长周正平及来自15个国家和地区的30余位专家和代表。

【英国考文垂大学师生团访问浙江传媒学院】 2011年4月14日至27日,英国考文垂大学师生团来浙江传媒学院进行交流访问。除了进行媒体、新闻、广告等方面的学习和交流之外,学校还为他们安排了汉语入门课、武术课等。考文垂大学师生团还游览考察了杭州、上海、乌镇,深入了解中国的文化、经济情况。

【法国勃艮第大学副校长访问浙江传媒学院】 2011年4月18日,法国勃艮第大学副校长丹尼尔·黑什瓦赫一行在法国驻上海总领馆教育领事助理陈悠耀的陪同下访问浙江传媒学院。副校长李军会见来宾,双方就开展"3+1"双文凭合作项目、暑期交流项目、硕士项目以及学术交流合作等交换了意见,达成合作共识。会谈后,法国勃艮第大学3位教授为学生进行了法语授课。

【韩国顺天乡大学代表访问浙江传媒学院】 2011年4月28日,副校长李军会见来访的韩国顺天乡大学中国语教育学院院长朴炯春和国际教育交流本部代表安槿洙,双方就两校间以"1+3"的形式互招国际留学生项目进行了洽谈。

【浙江传媒学院代表团访问澳大利亚、新西兰】 2011年5月10日至19日,副校长王渊明率团应邀访问考察澳大利亚伊迪斯科文大学、默多克大学和科廷大学,以及新西兰的怀卡托大学。在伊迪斯科文大学,王渊明与该校校长续签《框架性合作备忘录》。

【美国布里奇波特大学常务副校长访问浙江传媒学院】 2011年5月16日,美国布里奇波特常务副校长汉斯·凡·德·吉森一行访问浙江传媒学院。双方举行了会谈。会谈结束后,汉斯·凡·德·吉森为传媒学院有意赴美留学的学生举办了赴美留学说明会。

【美国肯恩大学常务副校长访问浙江传媒学院】 2011年6月11日,美国肯恩大学常务副校长菲利普·康内利和代理副校长罗伯特·希拉萨一行4人访问浙江传媒学院,校党委书记奚建华、副校长李军会见来宾,党委副书记柴志明对2011年在肯恩大学举办的中层干部培训班课程设置及安排提出了要求和建议。菲利普·康内利和罗伯特·希拉萨与传媒学院学生就"3+1"合作项目及学生交流等内容进行了交流。

【新西兰尼尔森-马尔伯勒理工学院代表访问浙江传媒学院】 2011年6月15日,影视艺术学院党总支书记陈林彬、副院长吴荣生等会见新西兰尼尔森-马尔伯勒理工学院艺术和人文科学学院负责人大卫一行。双方就合作办学以及交流生的交换和学分互认事宜进行了磋商,就"2+2"、"3+1"双学位项目、学分互认项目以及交换生项目交换了意见,并对核心课程设置、专业对接及学生培养计划等问题进行了讨论。

【浙江传媒学院代表团访问南非、喀麦隆】 2011年6月30日至7月9日,浙江传媒学院党委书记奚建华率团对南非、喀麦隆进行公务访问。

在南非,代表团一行参观了开普敦大学校园,与该校新闻传播学院院长等就传媒人才的培养进行了探讨,一致认为两校可以开展教师之间的互访、学生间的项目合作。代表团访问了南非国家电视台开普敦分社，了解南非的媒体现状、南非电视台的制作流程和管理模式。

在喀麦隆，代表团访问了浙江师范大学与雅温得第二大学共同创办的孔子学院，参观了该学院的教学和办公场所，与教师、汉语教学志愿者进行了座谈。

【浙江传媒学院与英国奥斯特大学联合申办孔子学院成功】 2011年7月14日，浙江传媒学院校长彭少健、副校长李军等与英国北爱尔兰省副省长约翰逊·贝尔、英国北爱尔兰奥斯特大学校长理查德·伯纳特等一同前往国家汉办、孔子学院总部，就两校联合建立孔子学院一事进行陈述答辩。经过两个小时的陈述答辩，孔子学院总干事许琳当场同意两校联合建立孔子学院的申请，并举行协议签订仪式。

【聘请英国北爱尔兰副省长为荣誉教授】 2011年7月16日，英国北爱尔兰省副省长约翰逊·贝尔一行访问浙江传媒学院，校长彭少健、副校长李军会见来宾，并举行了荣誉教授聘请仪式，彭少健向约翰逊·贝尔颁发了聘书。

【浙江传媒学院中干培训班赴美国培训】 2011年7月23日至8月12日，校党委副书记柴志明率中干培训班一行19人赴美国肯恩大学进行高等教育管理培训。培训班主要学习了新媒体技术发展与教育教学改革、美国报业发展、教师教学能力和学生学习能力的培养等内容。

【喀麦隆政府官员交流团访问浙江传媒学院】 2011年9月2日，喀麦隆政府官员交流团到浙江传媒学院进行访问交流活动。交流团由喀麦隆几个部委的人员组成。

【浙江传媒学院代表团访问英国、法国】 2011年9月7日至16日，校纪委书记柯力率团赴英国、法国访问。

在法国，代表团访问了勃艮第大学，双方就为浙江传媒学院法汉双播学生设计的一年法语+传播学相关课程的具体方案进行了洽谈。

在英国，代表团访问了考文垂大学，确认了邀请对方院校出席浙江传媒学院桐乡校区落成典礼的行程和两校联合设计、创意和管理中心揭牌的具体事宜，双方就拓展联合举办传媒管理专业硕士项目的操作方案进行了磋商。代表团与伯明翰城市大学探讨了具体的合作领域和方式，并签署合作意向书。代表团与奥斯特大学就联合举办孔子学院的机构框架和运行模式等进行了沟通。

【韩国中央大学师生团访问浙江传媒学院】 2011年9月20日，韩国中央大学师生团访问浙江传媒学院。校党委书记奚建华会见来宾，双方介绍了各自学校的专业优势和特色，希望能建立交换生项目，更好地促进双方学校在音乐方面的交流。经过协商，两校签订了合作协议。当晚，韩国中央大学师生与音乐学院师生在小剧场上演了“以乐会友”姊妹音乐会。

【三方合作产学研平台正式启动】 2011年9月28日，浙江传媒学院、英国考文垂大学和桐乡市科技局三方产学研合作平台在浙江传媒学院桐乡校区启动。副校长李军主持启动仪式，校长彭少健、英国考文垂大学校长玛德琳·阿特金斯和桐乡市委常委、副市长张江琳，副校长项仲平，纪委书记柯力，英国考文垂大学常务副校长大卫·修特、副校长大卫·皮尔斯贝瑞等参加启动仪式。在仪式上，彭少健和玛德琳·阿特金斯签署《浙江传媒学院—英国考文垂大学联合设计·创意与管理中心协议》，联合中心中方负责人胡晓阳与桐乡市科技局签订《桐乡市科学技术局、浙江传媒学院—英国考文垂大学联合设计·创意与管理中心科技合作框架协议》，并进行了“联合设计·创意与管理中心”和“浙江传媒学院（濮院）创意设计工作站”的授牌接牌仪式。

【新西兰驻沪总领事访问浙江传

媒学院】 2011年9月29日，新西兰驻上海总领事隋新、教育参赞葛佑兰一行访问浙江传媒学院。葛佑兰详细介绍了新西兰高等教育的特色和优势学科，表示十分愿意为浙江传媒学院与新西兰高等教育机构之间建立沟通的桥梁。

【浙江传媒学院巡演团赴美国演出】 2011年10月10日至19日，浙江传媒学院音乐学院实验艺术剧院“东方情韵”巡演团赴美国进行交流演出。巡演团在圣地亚哥市成功上演英文版音乐剧《西厢记》，受到圣地亚哥市政府的高度赞誉，当地华人华侨自发组织为巡演团师生设宴庆功，当地华侨组织“中国人协会”还向巡演团发出来年春节再赴圣地亚哥演出的邀请。在美国期间，巡演团还赴瓦尔帕莱索大学、普渡大学、德保罗大学、东密歇根大学等6所大学，以及考沃尔军校、被誉为“流行音乐之王”的迈克尔·杰克逊故乡的博曼领导学校孔子课堂进行演出、交流和教学活动。

【浙江传媒学院代表团访问美国、加拿大】 2011年10月11日至20日，副校长李军率浙江传媒学院代表团赴美国、加拿大进行公务访问。

在美国，代表团访问了东密歇根大学。双方就合作项目进行了会谈，并签署《教师交流互访计划备忘录》、《学生交流互访计划备忘录》。代表团访问瓦尔帕莱索大学期间，双方就合作项目进行了会谈，并签署合作协议。在肯恩大学，代表团与校方就学生“3＋1”交流合作项目的有关事项进行了友好协商。

在加拿大，代表团访问了百年理工大学，双方洽谈了有关合作事宜。

【浙江传媒学院与加州大学伯克利分校建立合作关系】 2011年10月21日，浙江传媒学院与美国加州大学伯克利分校签署合作备忘录，两校正式建立友好合作关系。根据备忘录，两校的合作以伯克利分校全学分交流生项目为主，在此基础上，浙江传媒大学每年春季及秋季可分别选派若干名优秀本科生赴伯克利分校进行一学期的访学，并可在伯克利修读12～16学分的专业课程。

（茅　慧）

·宁波诺丁汉大学·

【涉外工作概况】 2011年，宁波诺丁汉大学聘请外籍教师40名。组织举办大型国际会议及研讨会9次，国际学术讲座29次。成立了国际职业发展培训中心、国际博士创新研究中心和中外合作大学研究中心。与英国工程技术学会建立学术战略合作伙伴关系。举办诺丁汉大学第三届三校运动会。

是年，宁波诺丁汉大学53名学生赴22个国家进行海外实习。200名学生通过夏季短学期去英国及马来西亚诺丁汉交流。新增5所交换留学合作院校。派送近500名大三学生去合作院校交流学习一学期或一学年，派出交换留学生数量占该年级学生总量的50%以上。新增学年或学期制的国际交换学生180人次。

【英国驻沪总领事访问宁波诺丁汉大学】 2011年3月24日，英国新任驻上海总领事戴伟绅一行访问宁波诺丁汉大学，执行校长尼可·迈尔斯、副校长（教学事务）马昂主、理工学院院长格幸·罗伯特等会见戴伟绅一行。戴伟绅向学校师生发表了演讲。

【宁波诺丁汉大学与英国工程技术学会建立学术战略合作伙伴关系】 2011年3月30日，宁波诺丁汉大学工程系与英国工程技术学会（IET）建立学术战略合作伙伴关系签字仪式在宁波诺丁汉大学举行。宁波诺丁汉将通过与IET建立学术战略伙伴，为中国培养国际型工程类学术人才。

【宁波诺丁汉大学国际职业发展培训中心成立】 2011年5月10日，宁波诺丁汉大学国际职业发展培训中心正式成立。英国驻上海总领事戴伟绅，宁波市教育局副局长胡赤弟，英国工程技术学会、英国化学工程师学会、英国皇家特许测量师协会、英国土木工程测量师学会等代表以及宁波市科协、宁波市地方学会、企业和高校代表参加成立仪式。

【海外实习】 2011年6月5日起，国际经济学商学学生联合会(AIESEC)宁波诺丁汉大学分会的53名学生分赴土耳其、俄罗斯、波兰、加纳、印度、印尼、泰国、哥伦比亚、智利等22个国家进行海外实习。

AIESEC是全球最大的由学生自主管理运营的国际化、非政治性、非盈利性、独立自主的学生组织。宁波诺丁汉大学于2008年9月引进AIESEC分会，分会以社团形式在校注册成立。分会成立以来，已向30多个国家和地区输送超过100名海外实习生，并在国内成功运行6个大型公益项目。

【诺丁汉大学第3届三校运动会】 2011年6月6日至10日在宁波诺丁汉大学举行。来自英国诺丁汉大学本部、诺丁汉大学马来西亚校区和宁波诺丁汉大学的180名中外运动员参加本届运动会。英国队获得总分冠军，马来西亚队和中国队分居二、三名。

【诺丁汉大学夏令营宁波站】 6月25日至7月9日在宁波诺丁汉大学举行。共有26名来自英国诺丁汉本部、诺丁汉马来西亚校区以及荷兰阿姆斯特丹大学的国际生来到宁波诺丁汉大学参加此次夏令营。全体营员就“中国与世界的碰撞”、“中国的创意产业”、“英语作为世界语言对中国乃至整个亚洲的影响”等话题进行了学习与交流。

【第2届宁波·诺丁汉国际金融论坛】 2011年7月11日在宁波举行。论坛由宁波市人民政府、中国社会科学院和英国诺丁汉大学共同主办，论坛主题为“经济平稳发展与金融服务创新”。

论坛为期2天，12日的学术会议在宁波诺丁汉大学举行。

【宁波诺丁汉大学社会实践团队赴尼泊尔支教】 2011年7月13日，由25名来自宁波诺丁汉大学青年志愿者协会的学生组成的第一支国际暑期社会实践队伍赴尼泊尔，为该国的一所英语寄宿学校进行为期26天的支教活动。志愿者们给孩子们上课，和孩子们一起玩耍，向他们传授中国的武术、剪纸、乐器等传统文化。

【举办首次中欧民间组织对话】 2011年7月13日至15日，宁波诺丁汉大学和中国国际民间组织合作促进会在宁波诺丁汉大学举办首次“气候变化与可持续消费及生产”中欧民间组织对话。约100位来自中国和欧洲民间组织的代表、政府官员、商界领袖和专家学者，就环境问题以及民间组织在改善环境问题中所能扮演的角色进行了深入的探讨。

【宁波诺丁汉大学“国际博士创新研究中心”成立】 2011年9月17日，宁波市教育局、市科技局、宁波诺丁汉大学和英国诺丁汉大学在宁波国际会展中心签署海外引才协议。根据协议，有关各方6年内将共同投入1.7亿元人民币，共建宁波诺丁汉大学“国际博士创新研究中心”，利用英国诺丁汉大学在能源技术和数字经济方面的优势，搭建一个服务于宁波经济发展的技术创新和高端人才培养的国际合作平台。

【诺丁汉校务委员会与捐助人学会代表团访问宁波诺丁汉大学】 2011年9月25日，英国诺丁汉大学执行校长大卫·格林纳威率英国诺丁汉大学校务委员会、捐助人学会代表团访问宁波诺丁汉大学。宁波市副市长成岳冲会见代表团一行。

代表们参观了校园，观摩了课堂教学，并与师生座谈交流。

【全球化与世界经济政策研究中心第4届中国论坛】 2011年11月2日至4日在宁波诺丁汉大学举行，30多位国外经济学家出席会议，就中国经济发展的现状、面临的国际环境以及应对经济增长挑战等问题进行了交流和讨论。

【第2届功能性光学成像国际研讨会】 2011年12月3日至4日在宁波诺丁汉大学举行。20多名来自世界各国众多主流科研机构和院校的专家学者在会上展示了光学成像技术方面的新突破，交流新进展，探讨新趋势。

本次研讨会由英国诺丁汉大学生物物理、成像光学研究所主办，宁波市科协、宁波诺丁汉大学协办。

（赵　莹）

·浙江外国语学院·

【涉外工作概况】 2011年，浙江外国语学院派出出国（境）人员19批87人次，其中考察团组4批8人次、进修培训团组4批9人次、学生团组11批70人次。接待国（境）外来访团组26批130人次。与4所外国院校签订合作协议。聘请长期外国文教专家9名，短期外国讲学专家2名。招收长短期外国留学生9名，其中2人获得"浙江省政府来华留学生奖学金"。

【浙江外国语学院与日本高校合作】 2011年4月11日，日本京都信息大学院大学代表访问浙江外国语学院并出席两校合作协议签约仪式。根据协议，浙江外国语学院所有修满三年课程并满足京都信息大学院大学入学要求的本、专科学生，可直接转入该校攻读信息技术硕士学位；京都信息大学院大学修满三年课程并达到浙江外国语学院入学要求的专科学生，可直接转入浙江外国语学院计算机专业攻读学士学位。

【浙江外国语学院与加拿大高校合作】 2011年4月19日，加拿大圣·弗朗西斯·西维尔大学代表访问浙江外国语学院，双方签署两校合作协议。根据协议，浙江外国语学院国际工商管理学院修满两年课程并达到圣·弗朗西斯·西维尔大学入学要求的学生，可直接转入该校攻读管理学学士学位，双方互认学分，学生毕业后可获得双学位。

【英国剑桥大学教授在浙江外国语学院讲学】 2011年4月24日至27日，英国剑桥大学英语与应用语言学研究中心副主任、北京外国语大学客座教授亨丽艾特·汉德瑞克应邀在浙江外国语学院举办专题讲座，主题为"英语作为第二语言习得的标准特征及当代二语习得研究的路向"。来自十余所高校的英语教师与浙江外国语学院的教师听取讲座。

【韩国全罗南道教育厅长访问浙江外国语学院】 2011年4月27日，韩国全罗南道教育厅厅长陈万彩等访问浙江外国语学院。副校长洪岗会见韩国客人，表达了与韩国高校加强交流、扩大合作的愿望。双方就如何使政府和高校形成合力，开展教师培养和学生互派等项目交换了意见。

【浙江外国语学院与法国高校合作】 2011年4月28日，法国巴黎第九大学代表访问浙江外国语学院，双方签署关于举办国际商务硕士预科项目的合作协议。根据协议，浙江外国语学院本科及以上学历毕业生或大三在读学生修满10个月的预科课程，经考试合格，可直接赴巴黎第九大学继续攻读国际商务硕士学位。

【浙江外国语学院与美国高校合作】 2011年5月6日，美国威斯康星大学河城校区代表访问浙江外国语学院，双方签署《"体验中国"项目共同声明》。该项目拟于2012年8月全面运行，届时，每年将有几十名威斯康星大学河城校区的学生到浙江外国语学院学习专业知识和汉语及汉文化。

【美国威斯康星大学奥斯哥斯校区师生团访问浙江外国语学院】 2011年5月27日，美国威斯康星大学奥斯哥斯校区数学师生团访问浙江外国语学院。两校师生就中小学数学教育、数学教师培养培训、数学课程建设、数学理念变革等交换了意见，并围绕"教师、教学、教育"三个主题进行了讨论。

【"非洲英语国家汉语研修班"成员访问浙江外国语学院】 2011年5月30日，来自加纳、喀麦隆、肯尼亚、莱索托、马拉维、尼日利亚、苏丹和坦桑尼亚等8个非洲国家的18名教育界人士访问浙江外国语学院。副校长洪岗会见来宾，双方就人才培养、教师培训、孔子学院等中非教育交流与合作项目进行了广泛的探讨。

【浙江外国语学院代表团访问美国】 2011年6月25日，校长鲁林岳一行3人访问美国。在威斯康星大学河城校区访问时，鲁林岳与该校代表就扩大师生交流项目进行了会谈，并达成一致意见。鲁林岳还会见了威斯康星联合大学院代表，双方就合作开展留学项目签署谅解备忘录。鲁林岳还参加了在西雅图太平洋大学举行的“全球教育变革”学术研讨会。

【德籍专家获“西湖友谊奖”】 2011年9月15日，经浙江外国语学院推荐，浙江省中小学教师及教育行政干部培训中心的德国籍专家约翰·内珀穆克·凯夫勒获得省政府颁发的2011年度“西湖友谊奖”，这是省师干训中心第三位获此荣誉的外籍专家。

【海外汉学家访问浙江外国语学院】 2011年10月13日，海外汉学家、美国波莫那学院教授白亚仁做客浙江外国语学院。校党委书记姚成荣会见来宾，双方就中华文化在海外传播等问题进行了交流。白亚仁为学校师生作专题讲座，介绍了中国古代文学以及现当代文学在海外的翻译及传播情况。

【浙江外国语学院代表访问巴西】 2011年11月2日至5日，副校长洪岗赴巴西马塞约市参加第3届国际论坛暨科英布拉巴西大学集团第4次全体会议。会上，洪岗与科英布拉巴西大学集团成员学校就设立孔子学院、教师与学生的交流以及科研协作等进行了交流，与亚马孙州大学达成在该校建立孔子学院的初步意向。

【2011年中德教师教育学术研讨会】 2011年11月3日在绍兴县举行，由浙江省中小学教师培训中心、德国汉斯·赛德尔基金会主办，绍兴县教师发展中心协办。浙江外国语学院副校长、省师训干训中心主任骆伯巍，省教育厅师范处李敏强，汉斯·赛德尔基金会东北亚处处长朗格，汉斯·赛德尔基金会驻上海项目专家凯夫勒，以及来自全省各级教师培训机构的150余位代表参加研讨会。本次研讨会的主题是“走向专业化培训——教师培训者队伍建设”。会上，朗格从中德战略合作的角度谈了教育合作的重要性，凯夫勒作题为《德国教师教育的第二阶段》的专题报告。

【美国乔治城大学代表访问浙江外国语学院】 2011年11月26日至30日，美国乔治城大学外交学院教授、“美洲—中国”项目总监弗朗西斯科·涅托访问浙江外国语学院。双方就2012年在浙江外国语学院举办“美洲—中国”系列学术国际视频会议达成共识，并就两校间学生交换、师资互访等交流活动进行了讨论。

“美洲—中国”项目由美国乔治城大学、安第斯发展集团等发起，旨在加强中国与拉丁美洲之间的沟通与联系，“美洲—中国”系列国际学术视频会议是该项目的重要组成部分。

（钟　慧）

·温州大学·

【涉外工作概况】 2011年，温州大学因公赴国(境)外访问6批17人次，教师因公出国(境)参加国际会议、科研合作、访学交流41批68人次。接待国外团体、高等院校来访49批174人次。新增合作协议院校与组织2个。全年聘用长、短期外国专家和境外专家19名。

派出59名学生参加校际交流项目。其中，37名学生参加本科层次交换生项目，5名学生参加硕士层次交换生项目，11名学生参加美国佛罗里达理工大学暑期美国英语强化及文化体验夏令营，6名学生参加世界温州人联谊会交流项目赴香港参观考察。

全年招收来自20多个国家的留学生170人，其中长期生127人、短期生43人；学历生19人、语言生151人。接收6名日本学生在温州大学交流学习。

截至2011年年底，温州大学已与40个国(境)外友好合作院校和机构签订交流及合作协议。

【以色列驻沪总领事访问温州大学】 2011年2月22日，以色列驻沪总领事艾雅克和商务处副主管徐俊杰访问温州大学，参观了温州大学校史博物馆和发绣馆，为温州大学学生作题为《以色列—中国经贸文化合作》的讲座，并就以色列文化、中以教育合作与学生代表进行了交流。

【日本国立三重大学专家访问温州大学】 2011年3月2日至3日，日本国立三重大学生物资源学研究科藻类学研究室教授前川行幸、研究员森田晃央，三重大学社会协作研究中心特任教授松井纯、产官学协作协调顾问上井大辅，以及日本P&D株式会社总经理董培一行，在温州大学生命与环境科学学院进行学术交流活动。前川行幸一行考察了洞头县鹿西乡羊栖菜养殖基地，了解羊栖菜养殖加工和出口情况。前川行幸就“日本羊栖菜研究、利用现状”等内容向温州大学生命与环境科学学院师生作学术报告。

【意大利前总理访问温州大学】 2011年3月13日，欧盟委员会前主席、意大利前总理罗马诺·普罗迪率代表团访问温州大学。副校长薛伟会见客人。普罗迪一行参观了温州大学发绣馆，发绣艺术创始人魏敬先为客人作了讲解；代表团还参观了位于温州大学的温州市民俗博物馆，对中国传统艺术的博大精深赞叹有加。

【丹麦尼尔斯·布鲁克哥本哈根商学院校长访问温州大学】 2011年3月18日，丹麦尼尔斯·布鲁克哥本哈根商学院校长安雅·艾斯基尔森和副校长莫腾·斯科夫·彼得森应邀访问温州大学，校长蔡袁强、副校长薛伟等会见客人。双方对即将开展的合作举办市场营销专业本科教育项目涉及的教师资历、招生条件等具体问题进行了深入的交流。

【首个中外合作学历教育项目获批招生】 2011年3月，温州大学与丹麦尼尔斯·布鲁克哥本哈根商学院合作的本科学历教育项目市场营销专业获教育部批准，纳入浙江省省属普通高等学校本科第二批招生计划，学生经考核合格将获得中方的普通高等教育本科毕业证书、学士学位证书以及外方的国际营销管理专业学士学位证书。2011年秋季招收第一批33名学生。

【日本九州工业大学教授访问温州大学】 2011年5月5日，日本诊断工程研究所所长兼九州工业大学教授丰田利夫、日本株式会社高田工业所技术部副部长刘信芳一行访问温州大学。校长蔡袁强等会见客人。丰田利夫将其所著的一套机械诊断丛书赠送给温州大学图书馆。蔡袁强代表学校聘请丰田利夫为温州大学名誉教授。

【“机械设备状态检测与故障诊断”国际学术沙龙】 2011年5月5日，温州大学机电工程学院承办“机械设备状态检测与故障诊断”国际学术沙龙，邀请了日本诊断工学研究所所长、国际著名的故障诊断与设备管理专家、旋转机械故障诊断技术的奠基人丰田利夫教授和日本株式会社高田工业所技术部副部长刘信芳参会，众多温州知名企业代表参加。丰田利夫作了题为《故障诊断、预知维修与设备管理的最新国际动态》的报告，详细介绍了该领域的国际最新研究成果。

【温州大学第2届多国文化展】 2011年6月1日举行，来自南非、泰国、日本、加纳、尼日利亚、美国、加拿大、韩国、伊朗等20多个国家的留学生以歌舞、剑术、空手道、乐器、民谣、武术表演和乐队演奏等形式展示了各自国家的文化。

【温州大学代表团访问澳大利亚、新西兰】 2011年8月4日至13日，温州大学党委书记陈福生一行5人访问澳大利亚莫纳西大学、迪肯大学和新西兰奥克兰商学院，了解澳、新两国的教育和文化，达成多个合作意向。

【温州大学代表团访问泰国】 2011年8月4日至31日，校纪委书记吴金法率温州大学民间工艺美术代表团赴泰国进行文化交流活动。代表团参加了由泰国国家

◎在泰国国际科技博览会上，诗琳通公主(右一)饶有兴致地参观温州大学发绣展台

科学博物馆主办的"2011 国际科大学和技术博览会"，泰国王室成员诗琳通公主亲临现场，对温州大学发绣艺术和民俗工艺极为称赞。代表团还访问了泰国东方大学，双方就两校人文学院 3+1 合作项目进展情况及进一步深化孔子学院合作事宜进行了交流。

【温州大学代表随团访问欧洲】 2011 年 9 月 13 日至 24 日，副校长任柏强一行随同教育部组织的中国高校代表团赴丹麦参加欧洲国际教育协会第 23 届年会及国际教育展；赴瑞典参加文化交流活动，参访了瑞典皇家理工学院、斯德哥尔摩大学；赴比利时参加了比利时鲁汶工程联合大学工程教育论坛，并参加中比建交 40 周年庆典活动。

【温州大学代表团访问欧洲】 2011 年 9 月 19 日至 28 日，副校长薛伟一行 5 人赴意大利参加国际会议，赴德国和丹麦商谈教育合作项目。代表团参加了澳大利亚莫纳西大学普拉托中心成立 10 周年庆典，随后参加了第 4 届普拉托的中国人专题研讨会暨第 2 届世界温州人专题研讨会，薛伟在大会开幕式上讲话。代表团还访问了德国邢拿应用科技大学、丹麦尼尔斯·布鲁克哥本哈根商学院并洽谈合作事项。

【温州大学教师赴泰国任教】 2011 年 9 月，温州大学派出国际合作学院对外汉语教师刘建东赴泰国东方大学孔子学院任教。泰国东方大学孔子学院由温州大学、温州医学院和泰国东方大学于 2008 年合作开办。截至 2011 年底，温州大学已派出 5 名对外汉语教师赴该孔子学院任教。

【中国驻佛罗伦萨总领事访问温州大学】 2011 年 10 月 14 日，中国驻意大利佛罗伦萨总领事周韵琦一行访问温州大学。副校长薛伟等会见周韵琦一行。双方就今后如何开展中意教育合作与文化交流进行了探讨。

【首批管理干部培训团赴香港学习】 2011 年 10 月 17 日至 28 日，温州大学组织首批教学管理干部赴香港大学参加高级研讨班"，共有 23 名校领导和中层干部参加培训。

【韩国产业研究院、韩国风险企业协会代表团访问温州大学】 2011 年 10 月 18 日，韩国产业研究院、韩国风险企业协会代表团访问温州大学。副校长赵敏会见客人，双方就学术交流、科技合作等内容进行了深入的交流。韩国产业研究院国际产业协力中心所所长李珉炯还就中韩科技型中小企业政策等话题与商学院师生进行了交流。

【意大利中国教育考察团访问温州大学】 2011 年 11 月 1 日至 6 日，意大利教育部多元文化部门主管安东尼奥·古多罗率中国教育考察团以及佛罗伦萨中文学校校长潘世立访问浙江。3 日，中意文化交流与教育合作签约仪式暨《我们的明天》新书发布会在温州大学举行。温州大学副校长薛伟致欢迎词。双方签署《中国温州大学与意大利佛罗伦萨中文学校合作协议》等。温州大学聘请意大利协助发展中国家协会亚洲事务负责人、佛罗伦萨大学教授玛利亚为温州大学客座教授。双方还就华文教育的现状以及发展前景进行了探讨。

【4 名外教获“雁荡友谊奖”】 2011 年 12 月 21 日，温州大学李怀忠、董平、美·莱格斯派和罗伯特·金凯德四名外籍教师获得“雁荡友谊奖”，其中李怀忠获得“雁荡友谊(特别)奖”。

（熊　勇）

2011 年温州大学部分出访团组

出访时间	出访人员	访问国家/地区	出访事由
5 月 10～15 日	陈军	丹麦、法国、德国	合作项目洽谈
7 月 20～29 日	严晓鹏、熊勇	美国、墨西哥	新泽西州·浙江省友好省州 30 周年庆典
8 月 4～9 日	吴金法、万升平	泰国	泰国国家科学技术展
8 月 4～13 日	陈福生、蔡贻象、程亚倩、陈慧、毛继光	澳大利亚、新西兰	校际交流、教育科研合作
9 月 13～24 日	任柏强、徐芳	丹麦、瑞典、比利时	第 23 届年会及教育展
9 月 19～30 日	薛伟、陈安金、张一力、叶苗、吴静	意大利、德国和丹麦	国际会议、教育合作洽谈

2011 年访问温州大学的部分国(境)外团组

序号	来访时间	来访单位	来访人员	交流访问事项
1	1 月 4～8 日	日本株式会社高田工业所	刘信芳、冯芳	机电工程学院学术交流
2	1 月 5 日	美国西来大学	吴钦杉校长、谭元海、姜懿	友好访问、合作洽谈
3	1 月 17 日	美国加州大学河滨校区	克里斯蒂·刘	友好访问、师生交流项目洽谈
4	2 月 8 日	韩国放送通信大学	赵南哲	合作项目
5	2 月 24 日	澳大利亚国立大学物理科学研究院	陈应教授	学术交流
6	3 月 6 日	美国纽约州立大学布法罗分校	曾浩	学术交流
7	3 月 7 日	印度驻沪总领事馆	总领事戴思瑞、商务官员袁卫星	友好访问
8	3 月 22 日	美国佛罗里达理工大学	赵锐、姜懿	暑期夏令营项目洽谈
9	3 月 27 日	英国考文垂大学	裘知	合作项目洽谈
10	3 月 27 日	英国中央兰开夏大学	陶慧卿	留学宣讲会
11	4 月 28 日	新加坡教育投资机构	代表团一行 6 人	友好访问
12	5 月 10 日	韩国大真大学	权瑚	合作项目洽谈
13	5 月 1 日～6 月 1 日	加拿大温莎大学	王继昌教授	与化材学院学生交流

续表

序号	来访时间	来访单位	来访人员	交流访问事项
14	5月12日	美国加州大学伯克利分校	邵伟超	学生交流项目介绍
15	7月8日	韩国东首尔大学	李揆银教授	合作项目
16	7月5日	美国库克大学	约瑟夫·博克、豪尔赫·迪亚兹·赫雷拉、黄天中	中美库克项目2011届毕业典礼
17	7月6日	马来西亚吉隆坡市	代孙崇展博士	友好访问
18	7月18日	意大利佛罗伦萨大学	蒂娜	友好访问
19	8月12日	韩国大真大学	安美京	访学交流
20	9月9～10日	美国佛罗里达理工大学	赵锐、范莉军	项目合作洽谈
21	9月21日	丹麦尼尔斯·布鲁克哥本哈根商学院	安雅·艾斯基尔森、莫腾·彼得森、马伏纳斯·麦德森	2011级中丹项目开学典礼
22	10月8日	韩国产业研究院	李珉炯所长	友好访问
23	10月16日	丹麦尼尔斯·布鲁克哥本哈根商学院	约翰·努森	项目讲座
24	10月16日	美国印第安纳理工大学	国际部主任莎拉·罗德里格斯	合作项目
25	10月20日	美国底特律大学	史乌拉·达斯、林启达	硕士合作项目洽谈
26	11月7～8日	加拿大英属北哥伦比亚大学	校长乔治·艾瓦玛、国际处主任卡罗琳·罗素	签署合作协议、合作项目洽谈
27	11月11日	美国纽约大学项目处	陈亚伦	师生交流项目洽谈
28	11月15日	美国纽约大学	许永春	师生交流项目洽谈
29	11月28日	美国伯克利大学、英国牛津大学项目处	张雅各	项目宣讲会
30	11月28～30日	美国佛罗里达理工大学	赵锐、周明、张伟、马晓红	学生交流项目洽谈
31	12月13～15日	加拿大英属北哥伦比亚大学	罗纳德·施林、约瑟利托·阿罗塞纳、李建兵	合作项目洽谈
32	12～14日	美国纽约大学	国际部主任彼特	学生交流项目洽谈

·浙江树人大学·

【涉外工作概况】 2011年，浙江树人大学派出短期出国（境）人员38人次。其中：访问考察31人次，技术培训及进修学习5人次，参加国际学术会议3人次。另外，学生出国（境）交流81人次。

接待来自5个国家和地区的来宾27批180人次。与国（境）外6所院校新签或续签校际交流协议。

【韩国大佛大学大学院代表团访问树人大学】 2011年1月22日，韩国大佛大学大学院（研究生院）院长金淇善一行21人访问树人大学，校党委书记毛雪非会见来宾，介绍了学校的发展概况、中长期发展规划，以及国际化办学情况。毛雪非陪同金淇善一行参观了艺术馆、茶文化实验室等。

【英国东伦敦大学客人访问树人大学】 2011年4月11日至13日，英国东伦敦大学地理信息科学研究中心主任艾伦·布里密科姆与地理信息科学研究员、国际交流协调员李洋访问浙江树人大学。校党委书记毛雪非代表浙江树人大学与东伦敦大学签订谅解备忘录。

访问期间，艾伦·布里密科姆应邀在“树人讲坛”举办学术讲座，李洋为信息学院学生主讲了“GIS原理与技术”课程。

【韩国清州大学代表访问树人大学】 2011年4月21日，韩国清州大学国际交流处处长郑治燮、干事金镇卿访问浙江树人大学。执行校长郑吉昌会见来宾，向他们介绍了树人大学在对外交流、人才培养、学术科研、教育教学、社会服务等方面取得的成绩以及办学特色、韩语教学等情况。郑治燮希望与浙江树人大学在人才培养、学生交流、师资培养、学术交流、科研合作等方面开展交流与合作。两校签署国际交流协议书。

见面会后，双方就交换学生、短期研习、学分互认、“2+2”合作模式、教师交流等进行了洽谈和磋商，并达成合作意向。

郑治燮一行还参观了茶文化实验室。

【美国伍德伯里大学教授访问树人大学】 2011年5月5日至10日，美国伍德伯里大学教授尤基恩·阿里维托应邀访问浙江树人大学生物与环境工程学院。

尤基恩·阿里维托为学院师生作了3场报告，并回答了留学美国的相关问题。

尤基恩·阿里维托还给环境工程专业上英语课，参加了英语角活动。

【韩国大佛大学校长访问树人大学】 2011年5月23日至25日，韩国大佛大学校长李昇勳、韩中交流学院教授姜贤求等访问浙江树人大学。校党委书记毛雪非、执行校长郑吉昌会见李昇勳一行。郑吉昌介绍了树人大学的近况及发展规划，希望与大佛大学在教师访学、互派学生、国际学术会议、科研合作等方面加强沟通与联系，在韩语专升本、研究生教育合作、科研合作以及特色办学合作等方面开展具体的合作。李昇勳对此表示赞同，并希望两校开展更为深入的交流与合作。

会见后，李昇勳一行参观了中国现代服务经济研究中心、超微量研究中心、艺术馆，并与外国语学院师生进行座谈和交流。

【树人大学研习生赴加拿大学习交流】 2011年7月20日至8月4日，浙江树人大学语言与文化研习学生交流团赴加拿大尼亚加拉学院学习交流。交流团在加完成了语言课程、加拿大高等教育讲座、加拿大历史文化考察、文化旅游等研习活动，并访问了约克大学、多伦多大学。

【日本活水女子大学校长访问树人大学】 2011年9月5日，日本活水女子大学校长野野村昇一行4人访问浙江树人大学。执行校长郑吉昌会见野野村昇一行，向客人介绍了学校的发展历史、中国民办高等教育现状，以及树人大学“十二五”规划的目标和任务。郑吉昌希望两校继续加强合作，拓展新的合作领域，共同分享和探讨私立大学的办学经验，提高彼此的国际化教育水平。双方就两校优质师资互派和进修达成一致，并签署教师交流备忘录。

会见结束后，郑吉昌陪同来宾参观了树人大学校园。野野村昇一行还与外国语学院日语专业师生见面，就赴活水女子大学的留学项目作了详细说明。

【校董会考察团赴港澳考察】 2011年10月19日至28日，以董事长斯鑫良为团长的校董事会考察团赴港澳地区进行私立高等教育考察交流活动。考察团先后访问了香港树仁大学、澳门科技大学，还考察了澳门贺田工业有限公司。执行校长郑吉昌，校党委副书记、董事会秘书长章清等随团参加考察活动。

【日本茶道香道宗家访问树人大学】 2011年11月4日至14日，浙江树人大学客座教授、日本国际茶道香道宗家丹下明月和理事长立山尚明来树人大学进行茶道课程教学及文化交流活动。树人大学终身名誉校长王家扬、党委书记毛雪非、执行校长郑吉昌分别会见丹下明月夫妇。

丹下明月、立山尚明分别为人文学院茶文化专业学生进行了日本茶道的集中授课和考证，为人文学院的教师举行了香道讲座。

【美国硅谷大学校长访问树人大学】 2011年11月17日，美国加州硅谷大学校长萧凤鸣一行访问树人大学，执行校长郑吉昌会见萧凤鸣一行，双方进行了友好会谈，就两校的教师培训、国际交换生、科研学术交流等合作项目和其他共同关心的问题交换了意见，达成校际交流与合作的意向。会谈结束后，萧凤鸣一行参观了信息科技学院教学实验室的基础和高端应用设备，与学院负责人和专业教师进行了交流。

【日本御殿场高等学校师生来树人大学交流】 2011年11月30日，日本静冈县御殿场高等学校高中师生海外研修团一行42人来树人大学艺术学院交流，副院长郑桂玉等会见研修团一行。日本师生与树人大学学生一起上课，并参观了学院课程作业展和美术馆的教学观摩展。

【树人大学代表团访问日本、韩国高校】 2011年12月1日至8日，执行校长郑吉昌率浙江树人大学代表团访问日本活水女子大学、长崎国际大学以及韩国建国大学、南首尔大学、光州女子大学、大佛大学。访问期间，郑吉昌分别介绍了树人大学的发展概况、未来十年的发展战略、国际化人才培养思路，了解了对方学校的办学模式、管理结构、教学与科研以及人才培养方案等，并就在教育国际化背景下的大学发展路径与对方交换了意见，探讨开拓合作空间。在访问活水女子大学期间，郑吉昌参加了教育国际化背景下人才培养国际学术研讨会。

【树人大学学生赴日本研习】 2011年12月5日至3日，浙江树人大学组织学生文化交流研习团赴日本活水女子大学研习。参加此次研习活动的师生共13人，其中学生11人。

研习团体验了活水女子大学的日本文化课程。研习团师生还参观了长崎和平祈念公园、諏访神社和原子弹爆炸资料馆；参观了京都的立命馆大学，并与该校学生一起体验了京都的历史人文景观。

【韩国光州女子大学学生来树人大学交流学习】 2011年12月19日至23日，韩国光州女子大学替代医学专业金笑花等4名学生来树人大学进行茶文化交流学习。茶文化研究与发展中心为韩国学生设置了"茶艺基础知识"、"茶艺基础实践"、"茶席设计观摩"等国际茶艺教学课程。通过绿茶、乌龙茶、花茶等的冲泡实践，韩国学生对中国茶与茶文化有了初步的认识。学习期间，学生还参加了外国语学院的外语角，与韩语专业的学生进行了交流；参观了中国茶叶博物馆、中国国际茶文化研究中心，以及杭州人文景观。

（周惠丽）

·浙江万里学院·

【涉外工作概况】 2011年，浙江万里学院派遣短期出国人员31人次，其中合作研究6人次、交流访问18人次、参加国际学术会议7人次。有111名国(境)外专家学者、学生、院校代表来校学习、访问、作学术报告或进行项目洽谈。学校与10所境外高校新签校际交流协议。

全年招收长短期留学生170人，生源来自26个国家。8名留学生获省级奖学金，13名留学生获宁波市级奖学金。

2011年参加交换生或海外学习项目的在校本科生78名人。

受鄞州区经济发展局委托，学校与新加坡南洋理工大学继续开展企业家赴海外培训项目，共培训企业家30名。

【美国罗克福德学院校长访问万里学院】 2011年1月12日，美国罗克福德学院校长罗伯特、副校长拜洛特一行5人访问万里学院。执行校长陈厥祥代表学校与罗伯特签署框架合作协议，双方还就学生交流项目的各种模式进行了讨论。

【德国亚琛应用科技大学校长访问万里学院】 2011年3月3日，德国亚琛应用科技大学校长鲍曼一行6人访问万里学院。双方认为，可在本科生交流、研究生学习、短期文化交流和教师交流等层面开展合作，为培养具有国际视野、先进知识以及解决实际问题能力的学生搭建平台。

【中英高等教育合作研讨会访问团访问万里学院】 2011年3月15日，2011年中英高等教育合作研讨会访问团访问万里学院。访问团成员为英国伦敦时装学院、南安普敦索伦特大学等12所高校代表，以及英国驻上海总领事馆文化教育领事等。万里学院副校长钱国英会见代表团一行，向客人介绍了学校概况。

【王佩儿参加南极科考】 2010年10月21日至2011年3月22日，万里学院生物与环境工程学院教师王佩儿博士参加了中国南极科考，这是万里学院第三位参与南极科考活动的教师。王佩儿参与了包括夏季帝企鹅的食性生态学研究、种群结构和数量的动态观测以及环境样品采集等的相关工作，这是浙江万里学院承担的国际极地年中国行动计划项目"南极Amanda湾特别保护区生态保护关键技术"中的部分内容。通过几个月的工作，王佩儿带回四大箱样品，其中有南极雪样、岛上的土壤、淡水水样、企鹅蛋壳等，这些样品对中国深入开展极地科研项目具有重大价值。

【万里学院代表团访问法国、荷兰】 2011年3月30日至4月8日，副校长钱国英率万里学院代表团访问法国巴黎第12大学、荷兰德隆特应用科技大学和泽兰德大学等3所高校，就下一步的合作项目与对方进行沟通与交流，达成多项共识。商学院院长闫国庆代表万里学院与巴黎第12大学国际关系学院院长签署交换生协议，并与即将来万里学院学习的16名法国学生见面，当场为他们发放了录取通知书。代表团访问了荷兰德隆特应用科技大学，副校长贝克琳及各相关学院领导与访问团进行了座谈，双方就具体合作细节进行了磋商。在荷兰泽兰德大学访问期间，校长彼德·梵多恩及相关学院领导会见代表团一行，双方就学生层面的交流方式和专业要求进行了讨论。

【美国厄巴纳大学代表团访问万里学院】 2011年4月14日，美国厄巴纳大学副校长凯克·彼得森一行3人访问万里学院，执行校长陈厥祥会见客人，介绍了学校概况和国际交流开展情况。经过友好洽谈和协商，双方签署合作框架协议。代表团还与相关学院的领导和教师代表就学生层面的交流进行了讨论。

【万里学院访问团访问美国高校】

2011年4月28日至5月5日，副校长钱国英率领由生物与环境工程学院、物流学院、商学院的相关领导组成的访问团访问美国的3所高校。

代表团访问了纽约州立大学普拉茨堡分校，以确认申请到对方学校攻读学位的一批学生的课程衔接，为该项目正式启动做准备。代表团还向该校学生宣传了万里学院，详细解答了同学们提出的问题。

代表团一行考察了厄巴纳大学和罗克福德学院的教学和生活设施，与两校领导就合作项目、合作内容等进行了商谈，还与学生进行了交流。经过友好商谈，钱国英代表万里学院与厄巴纳大学和罗克福德学院分别签署学生交流协议。

【美国商务部前副部长访问万里学院】 2011年5月20日，美国商务部前副部长黄建南访问万里学院，校长助理、商学院院长闫国庆会见客人，介绍了浙江万里学院的办学成绩。黄建南表示，回美国后将积极宣传万里学院，为万里学院引荐合适的美国院校。

【“国际贸易与物流前沿问题及展望”研讨会】 2011年6月12日在万里学院举行，由中国社科院财政经济与贸易研究所和浙江万里学院联合主办。副校长应敏，校长助理、商学院院长闫国庆，中国社科院财贸所所长高培勇、副所长荆林波，韩国仁荷大学静石物流通商研究院院长郑仁教等出席研讨会。研讨会由闫国庆主持。仁荷大学静石物流通商研究院的李泰宇教授就“中国融入南一南自由贸易化进程对国际物流的影响”作专题发言。

【法国驻沪教育领事访问万里学院】 2011年6月15日，法国驻上海领事馆教育领事魏戈曼及其助理访问万里学院。执行校长陈厥祥向魏戈曼一行介绍了万里学院与法国两所高校的合作情况，并希望进一步加强与法国高校的合作。

访问期间，魏戈曼与在万里学院学习的10多位法国留学生进行了交流。法国学生表示，他们在万里学院学习受益颇丰。

【英国首相行动计划院校代表访问万里学院】 2011年10月27日，副校长钱国英会见英国首相行动计划院校的代表李想等3人。3位代表来万里学院主要是执行英国首相行动计划的“中英研究性教学课程观摩活动”，展示英国研究性教学课程的教学方法。100多位师生参加了此项活动。

【美国加州硅谷大学校长访问万里学院】 2011年11月24日，美国加州硅谷大学校长萧杰瑞和中国地区随行助理胡家琪访问万里学院，执行校长陈厥祥会见来宾。双方就学生交流、教师互访、教学与科研交流等问题进行了深入的探讨，并达成共识，签署校际合作备忘录。

（任烨南）

2011年访问浙江万里学院的部分国（境）外代表团

国家或地区	批次	人数	国家或地区	批次	人数
美国	9	30	德国	1	5
法国	7	24	荷兰	2	5
英国	6	23	日本	2	4
韩国	2	7	瑞典	2	3

·义乌工商职业技术学院·

【涉外工作概况】 2011年，义乌工商职业技术学院（简称“义乌工商学院”）派出短期出国（境）访问考察人员2批10人次；有13批81人次国（境）外专家学者、学生、院校代表来校学习、访问或进行项目洽谈。学校与韩国3所高校新签校际合作协议。

全年招收留学生344人，比2010年增长45.8%，生源来自53个国家。有10名留学生获第3届省政府来华留学生奖学金。学院选派交流生9名，其中7人到韩国、2人到美国交流学习。

【韩国大真大学代表团访问义乌工商学院】 2011年2月22日，韩国大真大学国际交流院行政室长李贤定一行访问义乌工商学院，外事处处长龚苏娟会见客人。5月25日，该校国际交流院院长权瑚一行来访，副院长李慧玲会见权瑚一行，双方表示将在教师互派、学生交换、专业合作等领域开展合作。

自2011年1月两校正式签订友好合作交流协议以来，义乌工商学院分别于3月和8月共派遣7名交流生到大真大学交流学习。

【英国朴茨茅斯大学代表团访问义乌工商学院】 2011年2月25日，英国朴茨茅斯大学中国代表处市场部经理帅一鸣一行访问义乌工商学院。院党委书记严金发会见代表团。双方表示，两校在商科、创意文化等领域有着广泛的合作前景，双方就合作形式进行了交流。

【美国威斯康星州立大学代表团访问义乌工商学院】 2011年3月30日，美国威斯康星州立大学—奥克莱尔国际部协调员凯瑟琳·汤普森一行访问义乌工商学院。副院长李慧玲会见客人，双方表示将在学生培养、教师互派等方面开展合作项目。

【英国普利茅斯大学代表团访问义乌工商学院】 2011年4月8日，英国普利茅斯大学中国首席代表刘娟娟一行来义乌工商学院进行项目洽谈。外事处处长龚苏娟会见客人，双方就学科认可与对接进行了洽谈，并就进一步加强学生交流、教师互访、项目开发等达成合作意向。

【韩国清州大学代表团访问义乌工商学院】 2011年10月20日，韩国清州大学校长金润培一行来访，党委书记严金发会见代表团，双方就合作办学模式和韩方学生到义乌工商学院创意园进行长短期研修进行了深入的交流。

【加拿大莱姆顿应用技术学院代表团访问义乌工商学院】 2011年4月21日，加拿大莱姆顿应用技术学院国际部负责人克里斯·斯莱德一行访问义乌工商学院。院长王珉会见代表团，双方就合作办学项目协议的内容、课程设置等问题进行了深入的探讨并达成共识。

【丹麦西兰岛大区教育代表团访问义乌工商学院】 2011年6月1日，丹麦西兰岛商业与技术学院联盟首席顾问严斯·诺嘉德率领的教育代表团访问义乌工商学院。副院长李慧玲及相关部门和分院负责人会见代表团，双方就学生交换、教师培训和专业合作方面的具体问题进行了探讨，并就学生海外实习、交换生派遣等达成初步合作意向。

【义乌工商学院教育考察团访问英国、爱尔兰】 2011年6月27日至7月6日，党委书记严金发率义乌工商学院教育考察团应邀访问英国格拉摩根大学、朴茨茅斯大学和爱尔兰唐道克理工学院。考察团参观了校园及配套设施，与三所大学领导和相关部门负责人进行了交流，就进一步加强学生交流、教师互访、联合办学等进行了商讨。

【瑞士苏黎世应用科技大学代表团访问义乌工商学院】 2011年7月7日，瑞士苏黎世应用科技大学管理与法学学院综合管理部新兴市场中心主任勒内·鲁蒂曼一行访问义乌工商学院。外事处处长龚苏娟会见代表团。勒内一行与优秀创业学生进行了座谈，详细了解他们的创业情况。双方就开展创业教育方面的合作进行了广泛深入的交流，并期待开展进一步的实质性合作。

【非洲校长走进义乌工商学院创意园】 2011年7月28日，由中国商务部主办的非洲法语国家大学校长研修班在义乌工商学院创意园进行为期一天的课程学习，来自布隆迪、几内亚比绍、马达加斯加、马里、毛里求斯、尼日尔、塞内加尔、塞舌尔和中非等9国的14位高校校长和高教部负责人参加。研修班结束后，非洲校长们参观了创意园并给予高度评价，表示回国后将延续此次研修班的成果，大力推动发展中非教育领域的友好关系。

学院院长、义乌创意园中心主任王珉会见非洲客人。

【义乌工商学院教育代表团访问韩国】 2011年9月21日至26日，院长王珉率义乌工商学院教育代表团访问韩国大真大学、清州大学和济州观光大学。代表团成员与三所大学领导和相关负责人就高等教育、高校管理等进行了交流探讨，与清州大学初步达成交流合作意向，与济州观光大学签订友好合作交流协议。

（李　姣）

企业外事

·省物产集团·

【涉外工作概况】 2011年，浙江省物产集团(简称“省物产集团”)审核、审批因公出国(境)团组135批316人次，接待来自美国、英国、伊朗、菲律宾、斯里兰卡等8个国家的客人42人次。

【菲律宾马斯巴特能源控股公司董事长访问省物产集团】 2011年5月10日，菲律宾马斯巴特能源控股公司董事长应民强访问省物产集团，董事长胡江潮会见客人。双方同意共同出资成立煤炭开采专业项目公司，并加强铁矿开采及贸易、现代物流、资本市场、金融服务等项目的合作，联合开拓市场，共建合作平台。

【美国百利得公司首席执行官访问省物产集团】 2011年6月7日，美国百利得公司首席执行官罗杰森一行访问省物产集团，董事长胡江潮会见客人。双方在产气药生产领域、供应链合作、智能起爆系统方面达成初步合作意向。下一步，集团将与百利得公司开展“产气药—点火具—安全气囊—方向系统—安全带”等全产品系列的供应链服务，并进一步探讨在点火具生产领域的合作。

【省物产集团董事长随团访美】 2011年7月15日至28日，省物产集团董事长胡江潮随省委书记、省人大常委会主任赵洪祝率领的浙江省经贸团访问美国，参加了“中美省州长论坛”、浙江省与印第安纳州及新泽西州友好城市纪念活动，以及浙江省在当地组织举办的系列商务活动。

【美国XCOAL公司首席执行官访问省物产集团】 2011年9月16日，美国XCOA公司首席执行官埃纳儿沙舍一行访问省物产集团，董事长胡江潮会见客人。双方就煤炭贸易合作、资源开发、洁净煤技术、物流运输等议题进行了深入的探讨与交流。

(万　凡)

2011年省物产集团部分出境访问团组

出访时间	带队领导	出访地点	具体内容
2月28日～3月3日	总经理隋剑光	香港	参加中国工商银行亚太区现金管理中心揭牌仪式暨产品推荐会、调研集团下属公司
4月3～17日	党委委员董明生	美国	考察美国洛杉矶、西雅图、新奥尔良、夏威夷、委内瑞拉钢铁及矿山市场行情
5月25～29日	党委委员董明生	新加坡	考察新加坡星展银行及花旗银行新加坡分行，进行沟通交流和合作洽谈
7月10～19日	副总经理胡仲鸣	博茨瓦纳、纳米比亚	了解在博茨瓦纳开发矿产资源的可行性，并与博政府进行具体研讨

续表

出访时间	带队领导	出访地点	具体内容
7月14～29日	董事长、党委书记胡江潮，副总经理沈光明	美国、新加坡、香港	参加在美国新泽西州和印第安纳州举行的友好省州活动，视察香港金泰贸易公司，拜访花旗银行新加坡分行，进行合作交流
7月22～26日	副总经理张国强	香港	拜访建银国际、香港龙华汽车公司，筹划公司上市相关事宜，视察雅深国际公司
9月21～25日	副总经理张国强	香港	视察雅深国际公司并指导工作，与香港龙华汽车公司洽谈业务，签订龙华汽车回购协议
10月22日～11月5日	董事陈继达	美国、日本	拜访美国住房和城市发展部国际合作处，拜访美国JWDA建筑设计院，参观美国汽车4S店；拜访日本伊藤忠株式会社，就纺织品业务进行洽谈与交流
11月2～27日	副总经理张国强	香港	视察雅深国际公司并指导工作，会见建银国际公司总裁胡章宏，商谈设立浙江物产物流股权投资基金事宜

·省能源集团·

【涉外工作概况】 2011年，浙江省能源集团有限公司审核、审批因公出国（境）团组57批268人次；接待来自日本、澳大利亚、俄罗斯、德国、美国、土耳其等国家的客人55人次。

【三井物产、澳洲煤业代表团拜访富兴燃料公司】 2011年3月29日，日本三井物产公司和澳洲BENGALLA煤业公司代表团一行拜访省能源集团公司下属浙能富兴燃料有限公司，双方就进口煤业务发展及合作意向进行了沟通交流。

【澳大利亚力拓集团代表拜访富兴燃料公司】 2011年4月14日，澳大利亚力拓集团市场部泰拉一行拜访省能源集团公司下属浙能富兴燃料有限公司，双方就煤炭商贸合作事宜进行了沟通交流。

【俄煤公司官员拜访富兴燃料公司】 2011年5月6日，俄煤公司财务总监维拉迪米亚·普利伯拉真斯基一行拜访省能源集团公司下属浙能富兴燃料有限公司，双方就进口煤业务发展及合作意向进行了沟通交流。

【GLENCORE集团高管访问富兴燃料公司】 2011年5月12日，GLENCORE集团公司亚洲部高管柏特森一行拜访省能源集团公司下属浙能富兴燃料有限公司，双方就煤炭进口合作事宜进行了沟通交流，还商讨了进口煤贸易合作事宜。

【日本三井近海代表团拜访舟山煤炭配送中心】 2011年5月17日，日本商船三井近海株式会社一行3人拜访省能源集团公司下属舟山煤炭配送中心，双方就合作前景交换了意见。

【德国西门子公司代表团拜访嘉兴电厂】 2011年5月18日，西门子公司一行10人拜访了省能源集团公司下属嘉兴发电有限公司，对氢油水系统进行了实地考察。

【委内瑞拉国家电力公司代表团考察萧山电厂】 2011年5月25

日，委内瑞拉国家电力公司代表艾德格·托瑞斯一行13人考察省能源集团公司下属萧山发电厂的燃机建设项目，双方就系统的运行及维护交流了意见。

【日本丸红株式会社代表拜访煤炭分公司】 2011年8月8日，日本丸红株式会社金属资源部部长宫崎庆介一行拜访省能集团公司下属煤炭及运输分公司，双方就煤炭投资、开发、贸易等项目合作进行了交流。

【美国博地能源澳洲公司总经理拜访富兴燃料公司】 2011年8月24日，美国博地能源澳洲公司总经理斯考特一行拜访省能源集团公司下属浙能富兴燃料有限公司，双方就煤炭贸易事宜进行了沟通交流。

【国际商业机器公司代表拜访省能源集团】 2011年10月26日，国际商业机器有限公司软件部李贵兴一行3人拜访省能源集团公司，了解Domino Notes升级情况，探讨双方进一步合作的可能性。

【土耳其POLAT公司总裁拜访省能源集团】 2011年11月1日，土耳其普拉特公司总裁穆扎法·普拉特一行3人拜访省能源集团公司，与集团公司高层会谈，商讨煤电一体化项目进程，并签署有关协议。

【澳大利亚HANCOCK公司副主席拜访富兴燃料公司】 2011年11月9日，澳大利亚HANCOCK公司副主席森杰·瑞迪一行4人拜访省能源集团公司下属浙能富兴燃料有限公司，双方探讨了煤炭项目合作的可能性。

（邵　剑）

·巨化集团公司·

【涉外工作概况】 2011年，巨化集团公司（简称“巨化”）办理因公出国（境）团组35批96人次；办理邀请外国人来华10批20人次。接待来自美国、意大利、澳大利亚、日本、俄罗斯、韩国、法国、德国等10多个国家和地区的客人共320多人次。

【“巨化中俄氟化工联合研发中心”揭牌】 2011年6月12日至19日，由俄罗斯应用化学科学中心总经理沙巴瓦洛夫、副总经理克拉彼文和白俄罗斯全球高科技公司首席执行官日塔诺克等组成的俄罗斯访华团考察巨化集团公司，进行技术合作交流。18日，在杭州举行了“巨化中俄氟化工联合研发中心”揭牌仪式。该研发中心分别在圣彼得堡和浙江省设立联合研发中心及实验基地，联合研发具有自主知识产权的成果在巨化转化生产，双方共同拓展全球市场。

【俄罗斯列别捷夫橡胶研究所所长访问巨化】 2011年7月1日至2日，俄罗斯列别捷夫橡胶研究所所长卡琳娜等3人访问巨化集团公司，双方就技术合作进行了商讨。

（余云辉　朱礼波）

·宁波港集团有限公司·

【涉外工作概况】 2011年，宁波港集团有限公司接待来自全球各个国家的客人91批1250人次。

【墨西哥杜兰戈州州长访问宁波港】 2011年4月18日，墨西哥杜兰戈州州长约格·卡尔德拉一行访问宁波港。宁波港股份有限公司副总裁宫黎明会见卡尔德拉一行。在宫黎明等陪同下，约格·卡尔德拉一行参观了宁波港沙盘模型，实地考察了北仑三期集装箱码头。

【波兰驻华大使访问宁波港】 2011年5月26日，波兰驻华大使塔德乌什·霍米茨基一行访问宁波港，宁波港股份有限公司总经济师童孟达等与代表团进行了深入的交谈。

【墨西哥科利马州代表团访问宁波港】 2011年6月2日，墨西哥科利马州州长马里奥·安吉亚诺率团访问宁波港。马里奥·安吉亚诺一行在宁波港股份有限公司副总裁宫黎明的陪同下，参观了宁波港的沙盘模型，听取了宁波港的情况介绍。

【南非曼德拉市政府代表团访问宁波港】 2011年9月14日，南非曼德拉市市长扎诺索洛·瓦伊勒率市政府代表团访问宁波港。宁波港股份有限公司副总裁宫黎明会见客人，向客人介绍了宁波港的有关情况，并陪同代表团参观了北仑三期集装箱码头作业现场。

【西班牙驻沪总领事访问宁波港】 2011年12月5日，西班牙驻上海总领事冈萨罗·奥尔蒂斯一行访问宁波港，宁波港股份有限公司副总裁宫黎明会见客人，向客人介绍了宁波港有关情况。

（张　池）

2011年宁波港集团公司接待的部分外宾

序号	来访时间	团组名称	人数	访问内容
1	1月14日	蒙古国乌兰巴托市第一副市长巴特尔照日格一行	5	考察访问
2	2月16日	西班牙加利西亚经济促进会代表团	12	经贸交流
3	3月15日	美国驻沪副总领事	4	考察访问
4	3月23日	芬兰驻华大使岚涛一行	2	考察访问
5	5月18日	法国政府与企业高级代表团	46	考察访问
6	6月11日	瑞士弗利堡州代表团	10	考察访问
7	7月8日	越南胡志明市监察局代表团	12	考察访问
8	8月11日	法国塞纳滨海省代表团	18	考察访问
9	9月26日	越南党政干部考察团	16	考察访问
10	12月20日	德国驻沪总领事	10	考察访问

·阿里巴巴(中国)有限公司·

【涉外工作概况】 2011年，阿里巴巴(中国)有限公司(简称“阿里巴巴”)接待各国来访客人6批74人次。

【爱尔兰科克市城市经理访问阿里巴巴】 2011年3月9日，爱尔兰科克市城市经理一行访问阿里巴巴。在公司副总裁李俊凌等陪同下，爱尔兰客人参观了阿里巴巴园区，双方就阿里巴巴业务发展及企业文化进行了探讨交流。

【澳大利亚驻华使馆参赞访问阿里巴巴】 2011年3月10日，澳大利亚驻华使馆公使级参赞麦烨明访问阿里巴巴，参观了阿里巴巴子公司，双方进行了深入的交谈。

【意大利托斯卡纳大区主席访问阿里巴巴】 2011年7月6日，意大利托斯卡纳大区主席恩里科·罗西一行参观访问阿里巴巴集团。恩里科·罗西一行参观了阿里巴巴公司，双方就贸易问题进行了深入的探讨。陪同来访的意大利驻沪总领事德卢卡表示，希望有机会同阿里巴巴这样的企业多多合作，共同发展。

【新西兰贸易部长兼气候变化国际谈判部长访问阿里巴巴】 2011年8月17日，新西兰贸易部长兼气候变化国际谈判部长蒂姆·格罗泽一行访问阿里巴巴。蒂姆·格罗泽在阿里巴巴集团副总裁李俊凌等陪同下参观了阿里巴巴集团，双方就业务及环境保护等问题进行了深入的交流。

【芬兰奥卢市市长访问阿里巴巴】 2011年10月11日，芬兰奥卢市市长马蒂·彭那宁率团访问阿里巴巴。马蒂·彭那宁一行参观了阿里巴巴集团，了解阿里巴巴各子公司的业务及发展情况。

【美国北卡罗来纳州州长访问阿里巴巴】 2011年10月20日，美国北卡罗来纳州州长贝弗利·普度一行访问阿里巴巴。贝弗利·普度在公司副总裁李俊凌的陪同下参观了阿里巴巴集团，李俊凌向客人介绍了阿里巴巴的业务、未来发展方向以及企业文化等。

（李　杨）

·浙江吉利控股集团有限公司·

【涉外工作概况】 2011年，浙江吉利控股集团有限公司（简称“吉利集团”）派员出国访问与交流百余人次，接待各国客人30余批339人次。

【沃尔沃汽车集团中国区总部在上海成立】 2011年1月25日，沃尔沃汽车集团中国区总部挂牌仪式在上海嘉定区举行，沃尔沃汽车集团中国区技术中心同时宣布成立。上海市副市长艾宝俊，嘉定区委书记金建忠，嘉定区委副书记、区长孙继伟，沃尔沃汽车公司总裁兼首席执行官斯蒂芬·雅格布、沃尔沃汽车公司高级副总裁兼沃尔沃汽车集团中国区董事长沈晖等出席。

艾宝俊为沃尔沃汽车集团中国区总部揭牌。

【吉利获“2010年度欧洲最有影响力投资奖”】 2011年2月17日，英国48家集团俱乐部庆祝中国兔年新春晚宴在伦敦举行，吉利集团获颁“2010年度欧洲最有影响力投资奖”。中国驻英国大使刘晓明、英国能源和气候变化大臣休恩以及英国各界人士、中国驻英机构代表等近500人出席晚宴。英国投资贸易总署前任首席执行官安德鲁·卡恩爵士向吉利集团代表袁小林颁奖。

英国48家集团俱乐部是中英贸易的先驱，50多年来英国48家集团一直致力于对华友好合作。

【万钢访问澳大利亚DSIH技术中心】 2011年3月24日，正在澳大利亚访问的全国政协副主席、科技部部长万钢，在中国驻澳大利亚大使馆工作人员、澳大利亚工业部主管等陪同下，访问位于墨尔本市的吉利DSIH技术中心。万钢听取了董事长赵福全对公司运营情况的汇报，参观了DSIH技术中心的产品展示室和具有世界一流水平的研发试验室，并亲自进入动力试验室了解正在进行的变速器耐久试验情况，现场观看了匹配DSIH自动变速器的韩国双龙、印度马恒达、澳洲福特和吉利帝豪EC8等车型产品。

【习近平出席吉利乌拉圭CKD整车制造基地项目签约仪式】 2011年6月8日，吉利乌拉圭CKD整车制造基地项目在乌拉圭总统府正式签约，中共中央政治局常委、国家副主席习近平和乌拉圭总统穆希卡，副总统兼国会主席、参议长阿斯托里共同出席浙江吉利控股集团有限公司和乌拉圭恩德股份有限公司合作签字仪式。

该项目双方总投资超过1000万美元，新建工厂年产能峰值将达到2万辆，主要生产车型为帝豪EC7，计划于2012年开始投放南共体市场。

恩德股份有限公司为乌拉圭领先的汽车制造商。

【浙江（吉利）交响乐团赴欧洲巡演】 2011年9月15日至10月2日，由吉利集团与浙江交响乐团联合组建的浙江（吉利）交响乐团一行百余人赴意大利、奥地利、捷克、德国、比利时、瑞典等六国进行巡回演出。当地汽车研发、生产、营销领域的专家和相关政府官员受邀观看演出、参加专业交流活动。

当地时间9月28日晚，浙江（吉利）交响乐团在瑞典哥德堡市音乐厅为沃尔沃轿车公司员工举行专场音乐会。沃尔沃轿车公司首席执行官雅格布携公司全体高层及千余名管理层与员工代表观看演出。雅格布高度评价这次演出。此后，浙江（吉利）交响乐团又在比利时布鲁塞尔举行对沃尔沃员工的第二场专场慰问音乐会。沃尔沃比利时根特工厂组织了600多名管理层和员工代表，驱车40多千米，从根特赶到布鲁塞尔观看音乐会。

在斯德哥尔摩的演出结束后，瑞典皇家交响乐团负责人在接受中央电视台记者采访时说："这台演出很精彩、很震撼，有很高的国际水准，让人亢奋与陶醉。通过这种艺术形式，使大家对吉利这家公司的文化有了更深层次的了解，吉利更令人尊重。"

【李书福获比利时国家最高荣誉勋章】 2011年10月24日，正在中国访问的比利时王储菲利普王子在北京国贸大酒店会见吉利集团董事长李书福，并代表阿尔贝二世国王向李书福颁发了"利奥波德骑士勋章"，以表彰李书福在运营沃尔沃过程中为比利时的经济和社会发展及汽车工业所作出的突出贡献。

"利奥波德骑士勋章"是比利时最高国家荣誉勋章，每年通过王室勋位管理委员会严格评定，授予国际社会中那些对推动人类和平、文化、慈善公益事业有杰出贡献的精英人士。

【吉利汽车在智利保有量突破4000台】 2011年11月9日，吉利汽车在智利市场的保有量突破4000台。吉利汽车在智利圣地亚哥的总部举行庆祝仪式，邀请智利全国各经销网点的销售人员出席，共同见证这一历史性时刻。

【帝豪EC7获EURO－NCAP四星评定】 2011年11月23日，欧洲新车安全评鉴协会（Euro－NCAP）公布最新一期安全碰撞成绩，吉利帝豪EC7获得Euro－NCAP四星安全认定，这是此次中国车型在Euro－NCAP安全碰撞测试中获得的最高成绩，也是中国首款获得欧洲权威安全评定机构四星评定的车型。

E－NCAP是全球最具影响力的碰撞测试机构，它采用的正面碰撞、侧面碰撞、侧面柱撞、追尾测试、18个月儿童动态测试、3岁儿童动态测试、行人保护等项目，已成为中国、日本、澳大利亚等国家NCAP机构车辆安全标准的典范。

（余焱军）

2011年吉利控股集团有限公司接待的部分来访团组

序号	来访时间	团 组 名 称	来访人数	访问内容
1	1月17日	美国波士顿本特利大学MBA学生代表团	23	参观访问
2	1月19日	西班牙加里西亚自治区政府经济促进会中国区首席代表何赛	2	参观访问
3	1月25日	美国伟世通全球首席执行官唐纳·斯特宾斯	4	洽谈业务
4	1月26日	沃尔沃汽车公司总裁兼首席执行官斯蒂芬·雅格布率沃尔沃汽车公司全球高管	10	参观访问
5	2月15日	瑞典北欧斯安银行首席执行官安尼卡·法尔肯格伦	5	参观访问
6	3月23日	英国驻上海总领事布莱恩·戴维森	6	参观访问
7	3月30日	法雷奥集团首席执行官雅克·阿什布诺齐	8	参观访问
8	5月19日	浙江大学－法国巴黎HEC商学院EMBA留学生代表团	41	参观访问
9	6月1日	美国瑞德大学MBA师生代表团	20	参观访问
10	6月7日	瑞士弗利堡州副州长、经济与就业部部长比特·冯朗特	27	参观访问
11	6月12日	白俄罗斯工业部长卡捷里尼奇·迪米特里	9	参观访问
12	7月14日	波·莫塔公司安杰伊·扎拉克兹克	4	参观访问

续表

序号	来访时间	团组名称	来访人数	访问内容
13	7月18日	日本矢崎总业株式会社社长矢崎信二	9	参观访问
14	7月21日	日本大发汽车有限公司工会访华团	9	参观访问
15	7月25日	全球知名保险服务商——全球福利集团公司总裁阿哈默德·杰拉米	3	参观访问
16	8月4日	美国天合汽车集团副总裁欧文·爱普菲尔德	5	参观交流
17	8月18日	壳牌下游业务全球技术研发副总裁塞尔达·冈赛尔	4	参观交流
18	8月23日	壳牌下游业务全球总裁马克·威廉姆斯	9	参观访问
19	8月31日	意大利设计—乔治亚罗公司汽车设计机构副总裁、设计总监法比齐奥·乔治亚罗	5	技术交流
20	9月22日	印度马恒达公司总裁帕瓦	4	参观访问
21	10月13日	美国3M公司副总裁、全球汽车产品部总经理马克特·伊士	7	参观访问
22	10月17日	瑞典斯德哥尔摩商学院EMBA学生	31	参观访问
23	10月19日	瑞典银行家代表团	9	调研访问
24	10月26日	加拿大驻上海总领事馆代表团	4	参观访问
25	10月26日	乌克兰KMBS商学院学生	22	参观访问
26	11月3日	拉美及加勒比国家政府官员汉语研修班学员	21	参观访问
27	11月17日	美国百达公司代表团	6	参观访问
28	11月11日	克莱斯勒与菲亚特全球动力总成副总裁鲍勃·李	9	参观访问
29	11月17日	哈曼集团全球运营副总裁、汽车业务部亚太区总裁戴维德·卡其	5	参观访问
30	11月18日	日本东芝公司副社长	11	参观访问

·浙江金轮机电实业有限公司·

【涉外工作概况】 2011年，浙江金轮机电实业有限公司(简称“金轮公司”)接待来自44个国家或地区的客商100批330人次，与印度尼西亚、巴基斯坦、阿塞拜疆、尼泊尔、印度等16个国家或地区签订出口机组合同，向土耳其、加拿大、阿塞拜疆、印度尼西亚、亚美尼亚、印度、阿尔巴尼亚等国家或地区派出营销和水电技术人员85批161人次。

【日本东芝水电公司和明电舍代表考察金轮公司】 2011年1月19日，日本东芝水电公司和日本明电舍代表一行6人来金轮公司参观考察。日本客人在金轮公司总经理汪国跃的陪同下参观了水轮机生产制造车间，观看了金轮公司宣传片，双方探讨了水电设备行业发展现状。

【赞比亚技术人员来金轮公司验收机组】 2011年1月25日，赞比亚3名水电技术人员在国际小水电中心工作人员的陪同下到金轮公司，为商务部、水利部和联合国工发组织及国际小水电中心共同启动的“点亮非洲”项目——赞比亚西瓦安都水电站生产制造的两套水电机组进行验收。经过赞比亚水电技术人员的严格检验和审查，两套水电机组全部合格。

【“发展中国家水资源及小水电部长级研讨班”官员考察金轮公司】

2011年11月4日，由商务部、水利部组织，水利部农村电气化研究所主办的“发展中国家水资源及小水电部长级研讨班”官员来金轮公司考察，这些官员来自柬埔寨、埃及、加纳、肯尼亚、马拉维、巴基斯坦、菲律宾、塞拉利昂、叙利亚、坦桑尼亚、乌干达、越南等12个国家，共25名高级官员(包括12名部长级官员)，他们还参观了汤溪九峰水库。

◎“发展中国家水资源及小水电部长级研讨班”官员参观金轮公司

【金轮公司技师赴德国培训】 2011年11月20日至12月18日，金轮公司钣焊车间技师陶胜伟赴德国参加由省人力社保厅、省财政厅联合组织选派的紧缺型职业工种境外培训。陶胜伟作为全省首批“金蓝领”出国培训人员，主要参加电焊技术培训。培训结束，经考核，陶胜伟取得了欧盟通用的手工焊和气保焊两本证书。

【小水电技术培训班朝鲜代表团考察金轮公司】 2011年12月10日，由联合国计划开发署出资举办的小水电技术培训班朝鲜代表团考察金轮公司。代表团一行8人，分别来自朝鲜电力工业部、朝鲜科学研究院、朝鲜中央电力设计院，他们在金轮公司人员的陪同下参观了半月湾水电站及金华河盘桥水电站，并在金轮公司进行了为期2天的水轮机及辅机设备和小水电设备生产技术的课程培训。

【金轮公司参加2011中国—印度尼西亚科技周】 2011年12月12日，副总经理徐从孝和销售经理刘锐参加在印尼雅加达举行的2011中国—印度尼西亚科技周。金轮公司作为本次展览的中国小水电行业代表之一，与中国小水电中心及湖南郴电国际发展股份有限公司等7家公司一同参加了2011中国—印度尼西亚科技周——适用技术展览会。

（朱　冰）

2011年金轮公司部分出访团组

序号	出访时间	团组名称(团长)	出访国家或地区	出访人数	出访内容
1	1月10日	董事长王杭伟	土耳其	3	商务洽谈
2	5月19日	总经理汪国跃	印度尼西亚	3	参加在雅加达举行的2011第6届印度尼西亚中国机械与电子产品贸易展览会
3	8月2日	副总经理徐从孝	亚美尼亚	3	商务洽谈
4	10月25日	董事长王杭伟	加拿大	3	参加由金轮公司提供水电机组的加拿大埃德蒙兹顿水电站的剪彩仪式
5	12月31日	副总经理徐从孝	巴基斯坦	5	巴基斯坦JABBAN HPP项目电站技术服务

市县外事

Foreign Affairs in Municipalities and Counties

杭 州 市

杭州市简称"杭"，辖上城、下城、江干、拱墅、西湖、高新(滨江)、萧山、余杭8个区，建德、富阳、临安3个县级市，桐庐、淳安2个县。全市总面积16596平方千米，其中市区面积3068平方千米。2011年末常住人口873.8万，其中户籍人口695.71万。2011年，全市实现地区生产总值7011.8亿元；财政总收入1488.92亿元，其中地方财政收入785.15亿元。

概 述

【外事工作概况】 2011年，杭州市人民政府外事办公室(简称"市外办")围绕中央总体外交、积极配合全市中心工作，为地方经济和社会发展服务。

积极配合"城市国际化"战略，做好市领导出访和外事邀请接待及礼宾服务工作。全年完成市领导出访27批次，推动了全市科技、金融、旅游、教育、文化创意产业等多领域、多层次的对外交往与合作。接待来访团组193批1783人次，其中副部级以上团组7批81人次，驻华使领馆官员29批255人次，世界500强等国际知名企业高管53批431人次，友好城市(友好交流)团组38批431人次，民间友好团体团组25批371人次，港澳地区团组8批115人次；接待来自美国、英国、德国、澳大利亚、日本等13个国家的记者33批99人次。

通过多领域交流合作，进一步拓展国际交流合作渠道。一是邀请34个国际友城参展休博会，13个国际友城代表团、2个国际友城艺术团及21个使领馆代表团在第2届休博会和第12届西博会期间来访。二是接待美国芝加哥市市长、意大利比萨市市长及瑞士卢加诺市副市长、韩国丽水市副市长等18个市长、副市长级别代表团，接待友城代表团42批次。完成与芬兰奥鲁市、韩国西归浦市缔结友城的报批手续，与意大利威尼斯、韩国西归浦和南原、日本浜松签署友好合作备忘录。在全国友协和友好城市联合会召开的"2011(首届)百城论坛"上，杭州市获得"友城战略发展奖"。三是多方支援日本友城的抗震救灾工作。通过捐钱捐物等方式援助日方的灾后恢复工作，加强杭州与日方友城的友谊。四是市外办协同市教育局，积极落实杭州市与国外城市"千校结好"计划，在国外友城中物色多所中小学校作为杭州市学校结好对象。

积极开展民间交流，促进对外友好往来。8月，市友协组织举办了日本美浓市大型音乐剧《金色的凤凰》来杭演出，组织了第6届"天眼杯"中国国际少年儿童漫画大赛、第2届中韩友好书画交流展、中日友好书法展、第10届"商业杯"杭州国际城市围棋赛、第2届中韩友好书画交流展等。通过接待希腊希中友协会长苏塞奇，香港汉基国际学校董事、美国罗切斯特大学副校长、法国中欧名流协会秘书长吴忠，"追寻马可波罗的足迹——百名意大利画家画杭州系列活动"画家代表团，世界体育总会主席海因·维尔布鲁根等各界人士，促进了杭州文化教育等领域的对外友好交流与合作。

以开展护照签证办理工作为契机，增强服务外向型经济的主动性。全年全市办理因公出国(境)团组护照签证手续1190批4594人次，其中新颁护照2306本(公务护照678本，公务普通护照1628本)；办理港澳通行证69批363人次。

继续实施“人才强市”战略，进一步加大外向型人才培养力度。与香港签订杭港公务员交流第四轮协议;从公安、城管、民政等部门选派5名公务员赴香港交流实习，接收2名香港公务员来杭交流。通过国际友城、国外大学等多种渠道，配合市委组织部派遣39名公务员分赴瑞典隆德大学和美国波士顿大学学习。与韩国西归浦签署互派公务员协议书。全年向友城派出6名公务研修人员，接收境外13名友城公务员来杭州研修。

继续规范因公出国(境)管理工作。全年审批因公出国(境)团组1217批4472人次，其中经贸团组602批1980人次、非经贸团组615批2492人次;党政机关、参公事业单位(公共财政)因公出国(境)1972人次。否决不符合规定的团组14批57人次，调整压缩25批23人270天，节约了公共财政支出，确保了出访成效。

妥善处理涉外事件，营造良好城市形象。8月份，成功处置萧山区坎山镇俄罗斯企业劳资债务纠纷事件。11月份，积极做好在杭州西湖勇救落水女子的乌拉圭友人玛丽亚的寻找和感谢工作。市外办与市应急办配合，落实杭州市在利比亚人员撤离及杭州市在日本地震灾区人员撤离等工作。全年市外办处置领事事务17起、外国人管理工作6起，落实应急管理工作6项，协助处置涉外案件13起。

重要外事活动

【市友协举行年度理事会】 2011年1月14日，市友协举行理事会议。会长虞荣仁、副市长佟桂莉、省友协副会长虞希华出席会议并讲话。副会长谢国建作市友协年度工作报告。会议表决通过增补省委常委、市委书记黄坤明为市友协第6届理事会名誉会长。

【第2届中韩友好书画交流展】 2011年4月22日至26日在杭州画院美术馆举办。本次画展由杭州市人民对外友好协会、杭州市文学艺术界联合会、韩国国际美术交流协会联合主办。画展共展出中方美术作品50件、韩国美术作品70件。

22日上午，在西湖文化广场举行了画展开幕式，韩国国际美术交流协会理事长金正泽、杭州市文联主席陈一辉、杭州市外办副主任解崇明，以及中韩美术界的朋友参加了开幕式。

【2011杭州(上海)经济合作洽谈会】 2011年7月18日，2011杭州(上海)经济合作洽谈会暨第2届世界休闲博览会推介会在上海国际会议中心召开。省委常委、市委书记黄坤明，市委副书记、市长邵占维，市委常委、市委秘书长许勤华，副市长佟桂莉，新加坡、德国等15家外国驻沪总领馆代表共25人赴会。

【2011杭州世界休闲博览会】 2011年9月17日至11月18日举行。本届休博会由世界旅游组织、世界休闲组织、联合国教科文组织等国际机构和国家体育总局、浙江省政府等共同举办，主题是“休闲——提升生活品质”。参展第2届休博会主题馆的国家、地区和城市共160个，其中境外参展的国家、地区和城市102个。韩国丽水、意大利比萨、尼泊尔勒利德布尔等19个城市代表团，克罗地亚驻华大使希莫尼奇、荷兰驻沪总领事彼得·波特曼等35国驻华使领馆代表一行65人来杭参加开幕式等相关活动并布展。韩国丽水、尼泊尔勒利德布尔市还举行了主题日活动。

【第10届“商业杯”杭州国际城市围棋赛】 2011年10月30日至11月3日在杭州举行。共有37支国内外代表团参赛，其中境外队13支。韩国仁川、首尔代表队分别获得团体第二、第三名。

【杭州市为乌拉圭友人颁发见义勇为奖】 2011年11月9日，杭州市外办、杭州市见义勇为基金会负责人专程赴乌拉圭驻上海总领馆，为在杭州西湖勇救落水女子的乌拉圭友人玛丽亚·费尔南达颁发见义勇为奖，并送去感谢信，其中包括邵占维市长写给玛丽亚所在城市蒙得维的亚市市长的信，向玛丽亚·费尔南达表示感谢。

·相关链接·

外国游客西湖勇救落水女子

2011年10月13日下午4点40分左右，杭州西湖边大华饭店附近，有一女子落水，人很快下沉，只有一团头发漂浮在水面，情况十分危急。

此时，一男一女两位外国游客经过这里，女游客见状飞快地脱去外套跳进西湖，朝落水的人游去，救起了落水者。

外国游客救起人后，看到落水女子没事就走了，电话、姓名都不肯留。

10月15日，杭州市旅游委员会通过微博找到了救人者，她是居住在上海的乌拉圭人玛丽亚·费尔南达，当时她和丈夫来杭州旅游。

【杭州市人民对外友好协会理事会议】 2011年12月29日召开，会议总结通报了一年来的工作，研究部署2012年任务。省委常委、市委书记、市友协名誉会长黄坤明给大会发来贺信。市友协会长虞荣仁，市委副书记、市友协副会长王金财，副市长佟桂莉等出席会议并讲话。省友协副会长虞希华到会祝贺。会议通过了杭州市世界语协会加入市友协的申请。学军中学、市青联分别在会上作经验交流。

市领导出访

【杭州市政协代表团访问斐济、印度和尼泊尔】 2011年5月16日至27日，市政协主席孙忠焕率杭州市政协代表团访问斐济、印度、尼泊尔三国。

在斐济，代表团与楠迪市就落实两市友好合作框架意见书，推进文化艺术交流、旅游合作、公务员培训等议题交换了意见。

在印度，代表团拜会了孟买的塔塔咨询服务公司，访问了印度国家文化与艺术保护基金会，参观了孟买市博物馆，学习印度在文保、申遗工作等方面的经验。

在尼泊尔，代表团访问了杭州的友好交流城市勒利德布尔市，双方就文化艺术、旅游贸易、城市管理、基础设施建设等方面的合作交换了意见。

【杭州市代表团访问法国、匈牙利和波兰】 2011年6月16日至27日，市人大常委会主任王国平率团出访法国、匈牙利、波兰三国。

在法国，代表团全体成员参加了在巴黎联合国教科文组织总部召开的第三十五届世界遗产大会。西湖成功申遗后，召开了杭州市代表团见面会，欧洲杭州联谊总会会长马列、法国杭州联谊会会长陈翔等130多位欧洲华人华侨出席会议。

在匈牙利，代表团拜会了布达佩斯市议会和市政府，双方就如何促进文化产业健康持续快速发展等问题进行了探讨。代表团考察了布达佩斯在保护管理世界文化遗产方面的先进经验和做法。

在波兰，代表团访问了波兰第三大城市克拉科夫，探讨杭州与该市建立友好关系的可能性。

【杭州市代表团访问美国、西班牙和希腊】 2011年10月12日至23日，省委常委、市委书记黄坤明率杭州市代表团访问美国、西班牙、希腊三国。

在美国，代表团考察了道富集团、惠普、思科、通用电气等企业，举行了《杭州市人民政府与通用电气(中国)有限公司谅解合作备忘录》签约仪式和《临安市政府与通用电气(中国)研发有限公司合作备忘录》签约仪式，与福特亚太区总裁约翰就福特(中国)在杭州设立生产基地事宜进行了会谈，并在硅谷举办"杭州硅谷留学人员交流会"。

在西班牙，代表团访问了杭州友好城市奥维耶多，交流学习该市在历史文化遗产保护、特色街区保护以及建设"欧洲清洁之城"等方面的做法。

在希腊，代表团考察了雅典历史古迹保护和旅游业发展情况，与希腊文化旅游部高级官员就古迹和文化遗产保护进行了会谈。

2011 年杭州市领导部分出访团组

序号	出访时间	团长职务、姓名	出访地点
1	4 月 6～17 日	副市长张建庭	英国、法国、德国
2	4 月 12～23 日	副市长何关新	葡萄牙、摩洛哥、斯里兰卡
3	5 月 7～19 日	市委常委、宣传部长翁卫军	法国、匈牙利、俄罗斯
4	5 月 8～19 日	副市长佟桂莉	美国、澳大利亚、新西兰
5	5 月 15～26 日	市人大常委会副主任陈振濂	墨西哥、巴西、阿根廷
6	5 月 15～26 日	市委常委、秘书长许勤华	以色列、葡萄牙、摩洛哥
7	6 月 30 日～7 月 10 日	市政协副主席张必来	爱沙尼亚、丹麦、西班牙
8	7 月 1～12 日	市政协副主席郁嘉玲	巴西、秘鲁、古巴
9	7 月 10～21 日	市委常委、常务副市长杨戌标	美国、牙买加、古巴
10	7 月 16～27 日	市委副书记王金财	美国、墨西哥、古巴
11	11 月 7～18 日	市委常委、副市长沈坚	美国、古巴、巴西
12	11 月 17～28 日	副市长陈小平	瑞士、挪威、冰岛
13	11 月 21 日～12 月 2 日	市政协副主席赵光育	智利、巴西、秘鲁

主要来访

【美国《财富》杂志主编访问杭州】

2011 年 1 月 20 日，省委常委、市委书记黄坤明，市委副书记、市长邵占维会见美国《财富》杂志主编苏安迪一行 12 人。

黄坤明说，作为全球非常有影响力的杂志，《财富》杂志在宣传经济发展、商业领袖等方面做了大量工作，我们希望有机会合作，进一步促进经济发展、福祉改善和中外交流；也期待下一届《财富》全球论坛能在杭州举办。

邵占维说，希望杭州能承办下一届论坛，我们将努力做好东道主城市的工作。

苏安迪表示，杭州是中国最漂亮的城市，有着悠久的历史文化、浓厚的商业环境，在教育、国际关系等方面也具备良好的传统基础，这些对于举办《财富》全球论坛来说非常重要。期待通过更多的了解和学习，能与杭州达成更深入的交流与合作。

市委副书记叶明，市委常委、宣传部长翁卫军会见时在座。

【新加坡腾飞集团董事会主席访问杭州】 2011 年 1 月 30 日，省委常委、市委书记黄坤明会见新加坡腾飞集团董事会主席林福山一行，双方就杭州大江东未来发展和投资计划等问题进行了深入的探讨。

【世行金融公司副总裁访问杭州】

2011 年 2 月 9 日，市委常委、常务副市长杨戌标会见世界银行国际金融公司副总裁兼首席执行官拉尔斯·特内尔一行，并出席《杭州市政府与世界银行国际金融公司关于节能减排融资项目合作备忘录》签署仪式。根据《备忘录》，双方将建立损失分担机制，为合作银行向杭州企业的节能减排项目贷款提供信贷风险支持。合作银行将为企业提供首期 10 亿元人民币、总额为 50 亿元人民币的节能减排贷款额度，国际金融公司将提供技术支持等服务。

【香港汉基国际学校董事访问杭州】 2011 年 2 月 26 日，省委常委、市委书记黄坤明会见香港汉基国际学校董事戴潘静嫦一行。香港汉基国际学校是著名的教育机构,该校计划在杭州建立学习中心和分校。

市委副书记叶明、副市长陈小平会见时在座。

【芬兰驻沪总领事访问杭州】 2011年2月28日,市长邵占维会见芬兰驻上海总领事贺睦宁一行。贺睦宁此次访问杭州,主要是商讨芬兰与杭州在科技创新、环境保护等领域开展合作,以及芬兰奥卢市与杭州市缔结友好城市关系等事宜。

副市长佟桂莉会见时在座。

【美国洛克菲勒·玫瑰岩资本公司董事长访问杭州】 2011年3月3日,省委常委、市委书记黄坤明会见美国洛克菲勒·玫瑰岩资本公司董事长史蒂文·洛克菲勒一行。史蒂文·洛克菲勒一行此访,是与杭州市商讨合作事宜。

市委常委、常务副市长杨戌标会见时在座。

【美国道富公司董事会主席访问杭州】 2011年3月17日,市委副书记、市长邵占维会见美国道富公司董事会主席周安达一行。周安达一行此次来杭,是出席道富杭州公司天堂软件新址开业典礼。

副市长佟桂莉会见时在座。

【美国芝加哥市代表团访问杭州】 2011年3月23日,市委副书记、市长邵占维会见美国芝加哥市市长理查德·戴利率领的代表团一行。代表团此次访杭,旨在寻求与杭州在经贸、旅游、金融和教育等领域的交流合作。

副市长佟桂莉会见时在座。

【德国西门子(中国)有限公司高级副总裁访问杭州】 2011年4月7日,副市长佟桂莉会见西门子(中国)有限公司高级副总裁、东区总经理高岩一行。高岩一行与杭州市就低碳城市建设进行了交流。

【英国伦敦金融城市长访问杭州】 2011年4月11日,杭州市人民政府与英国贸易投资署《可持续城市产业发展与合作倡议的谅解备忘录附录》签约仪式在杭举行,市长邵占维出席仪式并会见伦敦金融城市长白尔雅一行。

副市长佟桂莉、市政府秘书长许小富、市外办主任谢国建会见时在座。

【俄罗斯西斯太玛公司董事局主席访问杭州】 2011年4月12日,市委副书记、市长邵占维会见俄罗斯西斯太玛公司董事局主席叶甫图申科夫和中兴通讯股份有限公司董事长侯为贵一行。西斯太玛是俄罗斯最大的非能源集团公司,旗下控股的子公司与中兴通讯股份有限公司合资,在杭州高新区成立了思卓中兴(杭州)科技有限公司。此次代表团来杭考察中兴杭州生产基地,并与杭州市洽谈合资公司启动事宜。

【厄瓜多尔驻华大使访问杭州】 2011年4月14日,市委副书记、市长邵占维会见厄瓜多尔新任驻华大使莱昂纳多·阿里萨加和厄瓜多尔驻沪总领事孔嘉铭一行。孔嘉铭一行与杭州市相关部门就城市管理、公共服务及打造品质城市生活等主题进行了交流。

【日本野村集团亚洲区及中东地区首席执行官访问杭州】 2011年4月13日,市委副书记、市长邵占维会见野村集团亚洲区(除日本外)及中东地区首席执行官菲利普·林奇一行,出席野村国际(香港)有限公司举办的野村中国会议并致辞。

【香港科技大学首席副校长访问杭州】 2011年5月5日,省委常委、市委书记黄坤明会见香港科技大学首席副校长史维一行。市委常委、秘书长许勤华,市委常委、余杭区委书记朱金坤等参加会见。香港科技大学此次来访是落实《余杭区与港科大全面合作协议》内容。

【美国道富集团执行副总裁访问杭州】 2011年5月5日,省委常委、市委书记黄坤明会见美国道富集团执行副总裁、美洲全球市场与全球服务部主管麦克·罗杰斯一行。

副市长佟桂莉会见时在座。

【美国摩根士丹利董事总经理访问杭州】 2011年5月18日，市委副书记、市长邵占维会见美国摩根士丹利董事总经理莫利·奥迪一行。邵占维说，“十二五”时期，杭州将打造长三角南翼金融中心，构建多层次资本市场，欢迎摩根士丹利来杭投资。莫利·奥迪表示，摩根士丹利将发挥在资金、管理、投资等领域的优势，助力杭州经济发展。

市政府秘书长许小富等会见时在座。

【法兰西学院艺术院院士代表团访问杭州】 2011年5月19日，省委常委、市委书记黄坤明会见法兰西学院艺术院院士代表团一行。

市委副书记叶明，市委常委、宣传部长翁卫军会见时在座。

【新加坡吉宝集团董事长访问杭州】 2011年5月30日至6月1日，新加坡吉宝集团董事长、新加坡前新闻通讯艺术部部长李文献一行访问杭州，在临安参加“浙江—新加坡可持续发展研讨会”，并就集团在浙投资发展事宜与省、市有关方面沟通。

市委副书记、市长邵占维会见李文献一行。

【日本札幌市政府代表团访问杭州】 2011年6月1日，市长邵占维会见并宴请以市长上田文雄为团长的日本札幌市政府代表团。市政府秘书长许小富参加会见。

在杭期间，代表团与市旅委、相关旅行社见面，举行了小型旅游情况说明会。

【法国驻沪总领事访问杭州】 2011年6月24日，市委副书记、市长邵占维会见法国新任驻沪总领事卢力捷一行。邵占维说，杭州和法国在经济、文化、科技等各方面的交流不断深化，希望继续保持友好交往，在教育、餐饮、传媒等领域加强交流。

副市长佟桂莉、市外办主任谢国建会见时在座。

【英国特易购集团全球首席执行官访问杭州】 2011年7月5日，市委副书记、市长邵占维会见英国特易购集团全球首席执行官菲利普·克拉克一行。特易购是世界知名、行业领先的大公司，在90年代与杭州建立了良好的发展关系，旗下的乐购公司在杭门店经营状况良好。邵占维说，杭州正加快节能减排工作，希望跟特易购在低碳节能方面合作，推动绿色经济发展，促进互利共赢。

市政府秘书长陈新华等会见时在座。

【联合国教科文组织助理总干事访问杭州】 2011年7月8日至10日，联合国教科文组织助理总干事班德林及法国驻沪总领事卢力捷一行访问杭州。

9日，市人大常委会主任王国平会见班德林一行，并一起出席世界遗产中心与杭州城市研究中心的签约仪式。市委常委、余杭区委书记朱金坤，副市长张建庭陪同出席。

同日，省委常委、市委书记黄坤明会见班德林一行，市委常委、宣传部长翁卫军，市人大常委会副主任徐祖萼、赵光育，副市长张建庭会见时在座。

【美国爱励国际公司董事会主席兼首席执行官访问杭州】 2011年7月10日，省委常委、市委书记黄坤明会见美国爱励国际公司董事会主席兼首席执行官、美国铝业协会会长迪米特里·史蒂文一行。黄坤明说，随着杭州经济的发展，对铝产品的需求增大，希望爱励公司多与杭州企业合作。黄坤明向客人介绍了华东最大的铝加工基地——余杭区的杭州鼎盛实业有限公司。

市委常委、余杭区委书记朱金坤，副市长佟桂莉会见时在座。

【美国辉瑞生物制药业务总裁访问杭州】 2011年8月12日，省委常委、市委书记黄坤明会见美国辉瑞生物制药新兴市场和成熟产品业务总裁兼总经理大卫·西蒙斯一行。辉瑞公司是全球知名的制药企业，大卫·西蒙斯此次访杭主要是商议与海正药业在富阳设立合资项目。

副市长佟桂莉、市政府副秘

书长董祖德、市外办主任谢国建会见时在座。

【日本农业专家访问杭州】 2011年8月31日，省委常委、市委书记黄坤明会见日本农业专家、原大分县知事平松守彦一行。平松守彦多次到中国各地传授日本"一村一品"、发展特色农产品。黄坤明说，"一村一品"的实践，对于杭州来说具有重要的借鉴意义，希望平松守彦先生对杭州发展特色经济多加指点。平松守彦说，浙江省和杭州市是中国经济最发达的地方之一，希望双方加强交流合作，推动"一村一品"实践的深入开展。

人事部原副部长兼国家外国专家局局长万学远，市委常委、秘书长许勤华会见时在座。

【美国福特汽车(中国)有限公司董事长访问杭州】 2011年9月19日，省委常委、市委书记黄坤明会见美国福特汽车(中国)有限公司董事长兼首席执行官韩瑞麒一行。市委副书记、市长邵占维，副市长佟桂莉，市外办主任谢国建会见时在座。

【IBM公司副总裁访问杭州】 2011年10月10日，省委常委、市委书记黄坤明会见美国IBM公司副总裁克雷格·海曼一行。黄坤明表示，杭州希望加强与IBM的合作，为产品设计、物流、金融等领域提供最佳的软件解决方案，助力杭州城市发展。

市委常委、副市长沈坚，市外办主任谢国建会见时在座。

【世界体育总会主席访问杭州】 2011年11月2日，省委常委、市委书记黄坤明会见世界体育总会主席海因·维尔布鲁根一行。黄坤明说，杭州的体育设施建设不断推进，除黄龙体育中心外，正加紧建设奥体博览中心。维尔布鲁根表示，期待与杭州市开展更多的交流与合作。

副市长陈小平、市外办主任谢国建会见时在座。

【新加坡政务部长访问杭州】 2011年11月22日，市委副书记、市长邵占维会见新加坡新闻、通讯及艺术部兼环境及水源部高级政务部长傅海燕一行。

副市长佟桂莉、市政府副秘书长董祖德、市外办主任谢国建会见时在座。

【澳大利亚驻沪总领事访问杭州】 2011年11月23日，市委副书记、市长邵占维会见澳大利亚驻上海总领事柯未名一行。邵占维说，澳大利亚在金融服务、房地产业、食品饮料业以及教育发展方面都有独特的优势，希望双方在城市建设和管理等方面加强合作。柯未名说，澳大利亚重视与杭州的交流，乐意与杭州分享金融服务、房地产业、食品饮料业以及教育发展等方面的经验。

副市长佟桂莉、市外办主任谢国建会见时在座。

【美国亚洲金融协会代表团董事会联席主席访问杭州】 2011年12月15日，省委常委、市委书记黄坤明会见美国亚洲金融协会代表团董事会联席主席张克一行。黄坤明说，杭州正全力打造长三角南翼重要的金融中心，希望美国亚洲金融协会积极参与杭州的改革发展事业。张克介绍了协会概况，表达了与杭州合作的愿望。

市委常委、市委秘书长许勤华，市政府副秘书长董祖德，市外办副主任解崇明会见时在座。

【香港铁路有限公司董事局主席访问杭州】 2011年12月19日，省委常委、市委书记黄坤明和市委副书记、市长邵占维会见香港铁路有限公司董事局主席钱果丰一行，双方就深化合作及地铁建设运营等事宜进行了深入的交谈。黄坤明说，香港地铁的高效运营堪称典范，希望双方的合作从系统和细节着手，确保杭州地铁安全高效运营。邵占维说，在港铁公司的支持下，杭州地铁建设进展顺利，按计划明年地铁1号线将会投入运行。钱果丰表示对杭州地铁安全高效运行充满信心。

市委常委、副市长杨戌标，市委常委、秘书长许勤华，市政府秘书长陈新华，市外办主任谢国建会见时在座。

2011年杭州市接待的部分来访团组

序号	来访时间	团组名称(团长职务)	团长姓名	人数	会见(宴请)
1	1月20日	韩国全罗北道南原市国际交流会	柳性佑	3	解崇明
2	1月26日	希腊希中友协会长	苏塞奇	3	
3	2月21日	香港特区政府驻上海经济贸易办事处主任	谭慧仪	3	佟桂莉
4	2月24日	美国罗切斯特大学副校长	彼得・雷尼	4	叶明　陈小平
5	2月24日	菲律宾驻沪总领事	桑若雯	6	佟桂莉
6	3月1日	德国工商大会上海代表处首席代表	吕洋	4	佟桂莉
7	3月4日	日本爱和谊日生同和财产保险公司董事长兼总经理	井上高宏	5	杨戌标
8	3月5日	新加坡陆路交通局副局长	林木岩	6	俞志宏
9	3月9日	日本冲绳县观光商工部及信息就业局副局长	石恒泰生	8	佟桂莉
10	3月10日	美国联合包裹服务公司国际总裁	丹尼尔・布鲁托	7	佟桂莉
11	3月17日	IBM大中华区董事长及首席执行总裁	钱大群	6	佟桂莉
12	3月23日	英国驻沪总领事	戴维绅	8	沈坚
13	3月23日	香港汉基学校董事会主席	万志辉	11	叶明　陈小平
14	3月24日	日本东芝(中国)有限公司副总裁	西川	5	
15	3月30日	荷兰驻沪总领馆副领事	博斯科	2	
16	3月30日	英国碳信托有限公司项目总监	戴维・文森特	3	
17	3月30日	日本神钢建设机械有限(杭州)公司总经理	福田俊彦	3	佟桂莉
18	3月31日	美国科罗拉多州艾利市市长、中美市长学会副主席	乔・威尔森	8	佟桂莉
19	3月31日	香港中华总商会会长	蔡冠深	29	叶明　佟桂莉
20	4月1日	加拿大联邦枢密院院士、原加拿大联邦多元文化部长、亚太事务部长	陈卓愉	4	王金财　陈小平
21	4月7日	日本岐阜市原文化会馆馆长	松冈直太郎	2	虞荣仁
22	4月17日	韩国南原市副市长	金炯晚	4	虞荣仁　佟桂莉
23	4月19日	世界包装组织主席	基斯・皮尔森	8	沈坚
24	4月21日	日本株式会社NTT DATA董事长	岩本敏男	6	佟桂莉
25	4月21日	新加坡企业发展局局长	张永昌	7	王金财　佟桂莉
26	4月26日	参加第四届杭州国际日的各国驻沪使领馆代表		38	佟桂莉
27	4月26日	摩托罗拉资深副总裁	孟樸	8	佟桂莉
28	4月27日	上海合作组织成员国艺术家代表团		30	陈小平

续表

序号	来访时间	团组名称(团长职务)	团长姓名	人数	会见(宴请)
29	5月15日	日本岩国·广岛国际书道文化交流协会访问团		10	虞荣仁
30	5月16日	日中茶道交流友好访问团		7	虞荣仁
31	5月23日	劳伦斯世界体育大奖运营首席执行官	盖·桑南	3	张连水
32	5月25日	日本神钢建机精密机械(杭州)有限公司董事长	黑田清和	4	佟桂莉
33	6月14日	韩国大庆圈广域经济发展委员会秘书长	朴光吉	5	张建庭
34	6月16日	印度塔塔咨询服务有限公司亚太区总裁	盖瑞加	7	佟桂莉
35	6月19日	泰国国家经济与社会顾问委员会能源及交通技术设施小组委员会主席	颂萨·塔农沃信	18	
36	6月20日	日立集团驻华总代表兼中国区首席信息官	大野信行	8	佟桂莉
37	6月20日	日本永旺集团中国区总裁	辻晴芳	9	佟桂莉
38	6月24日	加拿大前文化部长	陈卓愉	8	王金财　陈小平
39	6月24日	巴西米纳斯基拉斯州众议员、农业和农商政策联合会主席	安东尼奥·卡洛斯·阿兰特斯	8	沈坚
40	7月6日	加拿大驻沪总领事	潘乃德	3	佟桂莉
41	7月14日	芬兰诺基亚西门子通信公司全球3G负责人	苏腾凯	3	佟桂莉
42	7月21日	美国高得纳公司副总裁	盖伊·罗伯特	3	佟桂莉
43	7月27日	荷兰驻沪总领事	汪一力	2	佟桂莉
44	8月1日	法国中欧名流协会秘书长	吴忠	5	张建庭
45	8月2日	日本爱和谊日生同和财产保险公司社长	铃木久仁	8	杨戌标
46	8月2日	意大利驻沪总领馆文化领事	倪波路	15	张连水
47	8月24日	泰国驻厦门总领馆商务处领事	金简妍	4	杜士根
48	8月30日	丹麦西兰岛大区主席	尼尔森	19	佟桂莉
49	9月8日	美国安盈资本亚太区董事长	欧文斯	5	佟桂莉
50	9月9日	日本锅屋株式会社社长	岡本知彦	6	解崇明
51	9月9日	意大利驻沪总领事	孔陶杰	4	佟桂莉
52	9月9日	思科大中华区董事长兼首席执行官	陈仕炜	6	佟桂莉
53	9月22日	澳大利亚驻沪总领馆商务领事	贝伦特	3	孟铁原
54	9月23日	美国思科公司全球执行副总裁兼首席全球化业务负责人	威兰珂	6	佟桂莉
55	9月23日	香港恒基兆业地产有限公司副主席	林高演	5	佟桂莉
56	10月12日	德国北威州利皮市市长	弗里德尔·荷温克尔	9	佟桂莉

续表

序号	来访时间	团组名称(团长职务)	团长姓名	人数	会见(宴请)
57	11月4日	日本永旺永乐股份有限公司董事长	梅本和典	30	佟桂莉
58	11月7日	日本岐阜市民医院代表团	富田荣一	7	陈小平
59	11月8日	厄瓜多尔驻华大使	莱昂纳多·阿里萨加	5	陈小平
60	11月9日	日本札幌市副市长	小泽正明	9	杨戌标
61	11月10日	美国运通全球商务总裁	裴查尔	6	张建庭
62	11月11日	斯里兰卡驻华大使及驻沪总领事	兰杰特·乌扬高达	10	
63	11月11日	荷兰新任驻沪总领事	潘佩德	2	佟桂莉
64	11月11日	爱尔兰新任驻沪总领事	高睦礼	2	佟桂莉
65	11月14日	日本日中友好协会理事、香川县日中友好协会会长	藤井贤	26	虞荣仁
66	11月28日	东芝信息机器(杭州)有限公司董事长	柴田淳志	6	佟桂莉
67	11月29日	日本爱丽思公司董事	大山晃弘毅	13	佟桂莉
68	11月29日	意大利皮埃蒙特大区议会代表团	丽塔·马奇里奥	6	陈小平
69	11月30日	法国巴黎市议员	阿兰·德斯塔姆	2	张建庭
70	12月1日	新加坡驻沪总领事	叶伟杰	4	佟桂莉
71	12月5日	芬兰驻沪总领事	贺睦宁	4	
72	12月7日	美国兆华斯坦地产公司资深副总裁	柯塔尔	4	佟桂莉
73	12月7日	日本三菱重工常务执行董事	西泽隆人	17	沈坚
74	12月7日	日本狭山市国际交流协会会长	实吉悦子	14	
75	12月14日	印度驻沪总领事	戴思锐	27	
76	12月26日	韩国驻沪总领事	安总基	7	谢国建
77	12月27日	和平之旅国际艺术家组委会副秘书长	姜思源	42	陈小平
78	12月27日	日本住友电气工业株式会社副社长	竹中裕之	7	佟桂莉

友好城市交流

【韩国丽水市代表团访问杭州】 2011年1月12日，韩国丽水市国际协力队队长金玉坪一行来杭访问，与杭州市讨论两市互派公务员及参加丽水市休博会相关事宜。

9月16日，丽水市副市长郑炳栽率代表团访问杭州，参加第2届休博会并拜会副市长佟桂莉。

【爱尔兰科克市市长访问杭州】 2011年3月9日，副市长佟桂莉会见来访的爱尔兰科克市市长麦克·科内尔及城市经营官特姆塞·路克率领的政府代表团，两市签署合作备忘录。代表团此次访杭，举办了爱尔兰美食节，与相关部门进行了友好交流。

【杭州多方支援日本友城的抗震救灾工作】 2011年3月14日，日本地震及海啸灾害发生后，邵占维市长代表杭州市政府及杭州市民向日本友好城市岐阜市、福井市，友好交流关系城市狭山市、向日市、札幌市、上尾市、松江市、岩国市分别发去慰问电，表示杭州愿对各市的灾后恢复工作提供必要的援助。杭州萧山区向日本山梨市，淳安县向东京都奥多摩町发去慰问电。

【韩国水原市议会代表团访问杭州】 2011年3月22日至24日，韩国水原市议会代表团访问杭州，考察杭州环保事业及西湖水资源保护与管理。代表团访问了市环保局和市园文局西湖水域管理处。

【第6届“天眼杯”“美猴奖”国际少年儿童漫画大赛】 2011年5月6日在杭州举行，此次大赛共征集到来自36个国家的31125件作品。杭州市友城日本福井市在遭受“3·11”大地震灾害的第4天即寄出了184件作品参赛。

【日本美浓市大型音乐剧友好访华团访问杭州】 2011年8月17日至20日，以市长石川道政为名誉团长、原教育长後藤正之为团长的日本美浓市大型音乐剧友好访华团来杭进行友好交流访问，并于19日晚在杭州大剧院演出音乐剧《金色的凤凰》。该音乐剧由杭州市荣誉市民、日本著名剧作家松冈直太郎根据杭州西湖民间故事《寻太阳》改编。1997年、2008年中日合作在日本岐阜市、美浓市等地联袂演出，受到日本民众的欢迎。

市长邵占维、市友协会长虞荣仁为演出活动发了贺信。

【韩国西归浦市代表团访问杭州】 2011年9月16日，韩国西归浦市代表团访问杭州，参加第2届世界休博会并拜会副市长佟桂莉，双方在加强旅游、经贸合作方面达成共识，并共同签署《杭州—西归浦友好合作备忘录》和《杭州—西归浦公务员互派协议书》。

【意大利威尼斯市政府代表团访问杭州】 2011年9月16日至20日，意大利国会议员、威尼斯市市长特别代表、威尼斯重大展览委员会常务理事长劳拉·芬卡多率威尼斯市政府代表团来杭参加第2届杭州世界休闲博览会。代表团除参加休博会外，还与杭州市就“追随马可·波罗的足迹——天城之旅”活动的后续安排、2012年杭州市赴威尼斯举办大型活动、签署友好合作备忘录等相关事宜进行了商谈。

【苏里南帕拉马里博市代表团访问杭州】 2011年9月16日，以穆罕默德·卡斯托市长为团长的苏里南帕拉马里博市代表团来杭参加第2届世界休闲博览会并访问杭州市。20日，卡斯托拜会副市长佟桂莉，商谈两市的合作项目。

【日本福井县日中友好协会代表团访问杭州】 2011年10月12日，市友协会长虞荣仁宴请日本日中友好协会副会长、福井县日中友好协会会长、福井市原市长酒井哲夫率领的日本福井县日中友好协会代表团。市政府副秘书长董祖德、市友协副会长解崇明、市外办副巡视员孟铁原参加宴请。

在杭期间，代表团参观了福井友好公园。

【日本向日市市长母亲访问杭州】 2011年11月13日至16日，日本向日市市长母亲鸠岛时子一行来杭访问，随行的茉莉花合唱团在休博园演出，并在西湖区文化馆与西子女声合唱团进行了交流。

（张尚辉）

县（市、区）外事

·萧　山　区·

【外事工作概况】 2011年，萧山区因公出国（境）团组共227批次537人次，其中萧山区自行审批145批次293人次。出访人员中，党政人员144人次，事业单位37人次，企业112人次。

全年区外事办审核、转报上级外办审批外国人来华发邀请函电申请63批次75人次。

【重要外事活动】 2011年9月23日至26日，2011中国国际丝绸博览会暨中国国际女装展览会在萧山举行，展会总面积26000平方米，参展企业200余家。来自中国、加拿大、英国、韩国、日本等地的国内外设计师、时尚机构举办近20场时尚秀。

12月2日至5日，第17届中国国际羽绒博览会暨第3届萧山国际羽绒节在萧山举行，中国商业联合会、中国羽绒工业协会、国际羽绒羽毛局、德国羽绒工业协会、欧洲羽绒羽毛协会、国际羽绒羽毛检测实验室等单位派员出席博览会。这是中国国际羽绒博览会连续第三年在萧山举行。

【主要出访】 2011年6月11日至22日，市委常委、区委书记洪航勇率商务考察团赴加拿大、英国、香港进行招商引资考察，推动了萧山区富丽达集团以2.535亿美元收购加拿大纽西尔特种纤维素有限公司的进程；走访了加拿大天柏公司、英国雷诺德公司、永盛（香港）国际有限公司，促进外商在萧山区投资项目增资投产。在英国召开了萧山区（伦敦）商务环境说明会。

6月28日至7月9日，区委副书记、区长盛阅春率商务考察团赴以色列、印度、土耳其进行招商引智考察，促进了传化集团与以色列英飞尼迪投资集团合作设立创业投资基金项目落实；走访了印度最大的软件服务外包企业Infosys公司，在班加罗尔管理学院举行了中国杭州萧山高科技人才招聘会和杭州市萧山区商务环境说明会。

【主要来访】 2011年4月27日至29日，日本山梨市原市长、萧山区荣誉市民高田清一率山梨市友好代表团访问萧山区。代表团参观了“新农村建设示范村”桃北新村、东方文化园、湘湖和跨湖桥博物馆、传化集团总部和传化大地农业园区等地。

9月23日，韩国仁川广域市中区副区长罗凤熏率团参加在萧山区举行的2011中国国际丝绸博览会暨中国国际女装展览会，拜访区政府领导，商洽仁川广域市中区和萧山区建立友好交流关系事宜，探讨在经贸物流特别是纺织服装等领域建立长期合作。

（朱建松）

·余　杭　区·

【外事工作概况】 2011年，余杭区受理因公出国（境）申报团组49批137人次。全区自行组团出访18批91人次，其中招商引资16批83人次、友好访问2批8人次。审核并办理邀请外国人来华422批627人次。接待来自美国、德国、比利时、日本等来宾13批95人次，其中世界500强企业和国外著名大公司高层3批15人次，友好城市和友好交流关系城市代表团4批57人次。

【主要出访】 2011年3月15日至26日，区长姜军率考察团赴意大利、奥地利、捷克考察访问。考察团访问了友好交流城市奥地利萨尔茨堡、捷克克拉托维市；在意大利罗马举办了浙江省海创园海外人才（意大利）招聘会，并在罗马正式挂牌成立了浙江省海创园海外联络站。

6月15日至26日，市委常委、区委书记朱金坤率考察团赴德国、法国、克罗地亚考察访问。考察团重点考察了爱励国际公司德国工厂、法国嘉德水道桥、克罗地亚世界遗产管理等情况，并在法国巴黎举行余杭区招引海外高层次人才推介会。

7月28日至8月10日，余杭区学生赴美友好交流团访问美国安德森市，参观了印第安纳州政府办公厅、电视台、安德森市消防站等单位。

【千校结好工作】 2011年5月17日，余杭区良渚职业高级中学与比利时西弗兰德省的特特·杜伊能餐饮学院签署《友好合作协议》，双方建立姊妹学校关系。

（徐来滢）

·富　阳　市·

【外事工作概况】 2011年，富阳市受理审核因公出国(境)人员35批70人(次)，其中党政人员出访29批64人(次)；受理申报邀请外商来富201批252人(次)；接待外商、专家等重要来宾7批。

【重要外事活动】 2011年12月5日，第6届滑翔伞(国际)嘉年华暨化妆飞行节在富阳举行，来自20多个国家和地区的150名运动员进行了三角翼航空飞行表演。

【主要出访】 2011年5月10日至19日，市委书记、市人大常委会主任徐文光率团赴南非、土耳其考察，先后考察了南非比勒陀尼亚、约翰内斯堡、开普敦以及土耳其伊斯坦布尔的城市建设和旅游休闲设施，参观考察了富阳市华鹰集团的合作企业——南非罗宾逊·肯尼公司。

5月10日至21日，市委常委、副市长陆洪勤率团赴英国、西班牙、希腊三国进行经贸洽谈与境外招商，代表团参加了杭州市政府在伦敦举行的商务环境说明会。在西班牙，代表团通过西班牙浙江同乡会邀请20余家当地企业进行座谈，推介富阳市的新型城市化地块招商、“三产”服务业招商项目。

【主要来访】 2011年10月25日，芬兰驻上海总领馆科技处领事贺亚盟一行来富阳考察，与市领导和富阳企业座谈交流，双方就造纸及防污技术合作事宜进行了对接，寻求合作领域。

·临　安　市·

【外事工作概况】 2011年，临安市办理因公出国(境)人员53批104人次，执行计划团组6批次，其中5个为招商团、1个为旅游促销团。临安市与日本藤枝市友好交往开局良好。

【主要出访】 2011年4月24日至5月5日，市委书记邵毅率经贸招商团赴以色列、埃塞俄比亚和摩洛哥进行经贸洽谈、海外市场考察和科技合作招商活动。招商团拜访了以色列理工学院、以色列科技园和吉布兹农场，考察了中国驻埃塞俄比亚企业中地海外集团、东方工业园和摩洛哥市场，举办了3场临安投资环境推介会，并与以色列方面签署合作意向协议。

10月24日至11月4日，市长卞吉安率招商考察团赴英国、芬兰和瑞典开展青山湖科技城招院引所和经贸考察交流活动。考察团拜访了英国伯明翰大学，就临安中英合资企业汇锦梯尔有限公司联合该大学材料研究所在青山湖科技城设立表面处理研究中心项目进行了洽谈。

【主要来访】 2011年，临安市接待了日本饭田建设(株)设备安装团、菲律宾竹协会代表团、日本藤枝市日中友好协会代表团、日本濑户市市长增冈锦也一行，以及外交部副部长翟隽一行来临安市参观访问。

6月28日至30日，亚欧森林可持续管理应对气候变化高级研讨会在临安举办，来自亚洲和欧洲17个国家、2个国际组织共50名代表出席会议。

(张泓阳)

·淳　安　县·

【外事工作概况】 2011年，淳安县办理因公出国(境)任务32批57人次，出访的主要内容为旅游促销、招商引资和业务培训等。邀请国外客商和友人来访8批14人次。接待重要来宾13批235人次。

【主要出访】 2011年4月12日至23日，县委书记凌志峰率淳安县代表团赴南非、肯尼亚、阿联酋等国考察学习现代服务业与旅游业。

9月18日至29日，县人大常委会主任余永青率代表团赴英国、瑞士、意大利访问，与三国有关政府部门进行友好交流，考察学习当地现代服务业发展方面的经验做法，宣传淳安的投资环境。

(童月山)

宁波市

宁波市简称“甬”，辖海曙、江东、江北、北仑、镇海、鄞州6个区，余姚、慈溪、奉化3个县级市，象山、宁海2个县，全市总面积9365平方千米。2011年末，全市户籍人口576.4万人。2011年，全市生产总值6010.48亿元；财政一般预算收入1431.8亿元，其中地方财政收入657.6亿元。

概　　述

【外事工作概况】 2011年，宁波市谋划组织“欧洲·宁波周”等重大主题活动，推动外事服务、外事管理能力和水平不断提升，推动外事工作科学发展取得新成效。市外办被外交部授予“全国外事管理工作优异奖”。

围绕重大活动，提升外事“两个服务”能力。做好重要团组的来访接待工作。接待省部级以上外宾团组8批65人次。筹划和做好市领导的出访服务工作。全年共服务或协助服务市领导出访团组28批135人次。接待41个国家的驻华使领馆官员40批163人次来甬访问。

围绕友城工作，提升宁波城市国际化水平。截至2011年年底，宁波市已与五大洲26个国家的41个城市建立友城关系和友好交流关系，与8个国家的11个城市签署建立友好关系意向书。全年接待各类来访的友城团组69批次615人次，其中副市级以上团组16批173人次、省部级以上团组3批26人次。协助安排出访友城团组40批319人次。

围绕完善机制，提高涉外管理服务工作水平。全年共审批确认因公出国(境)2493批7363人次，审核审批党政人员因公出国1909人次，调整压缩党政团组48批146人次1095天，取消党政团组29批139人次，实现党政人员因公出国人数“零增长”的目标。处置“利比亚撤员”等一批重大海外领事保护事件；建立宁波市境外非政府组织管理工作联席会议机制；处置涉外案(事)件29件；接待来自19国的42家媒体74名记者来甬采访报道，受理采访申请和协助完成采访共8批12家媒体16名记者，来自5个国家。

重要外事活动

【新春专场戏曲晚会】 2011年1月12日晚在宁波逸夫剧院举行，由市政府主办，以感谢在甬工作的外国专家、友人为宁波经济社会发展所作的贡献。副市长邬和民出席晚会并致辞。晚会上，演出了甬剧折子戏《典妻》、越剧折子戏《见判》、越剧选段《梁祝·十八相送》等经典地方戏曲选段。

【19～20世纪波兰油画展】 2011年1月26日至3月26日在宁波博物馆展出，由波兰毕得哥什市政府、宁波市文化广电新闻出版局联合举办。副市长成岳冲、波兰驻沪总领事安杰伊·维厦克、波兰毕得哥什地方博物馆馆长麦克·沃兹尼亚克出席开幕式并致辞。

【利比亚撤员】 2011年2月，利比亚局势发生重大变化，在利比亚承接项目的宁波华丰控股有限公司项目工地受到冲击，公司和员工的财物被抢，人员生命安全受到严重威胁。外交部、省外办和市委、市政府高度重视，多次批示要求全力营救被困人员。在各级政府部门的精密部署和通力配合下，最终确保了该公司在利人员安全，并进行了紧张的撤员行动。

2月28日，最后一批宁波华丰公司利比亚项目员工乘包机抵沪，至此，历时一周的宁波利比亚撤员行动结束，961名华丰公司利比亚项目员工全部安全撤回。省委常委、市委书记王辉忠，市长刘奇委托宁波市政府有关负责人前往上海机场迎接华丰利比亚项目回国人员。

【春天之约——境外妇女庆“三八”健身联谊活动】 2011年3月5日，来自美国、英国、德国、马来西亚、墨西哥、新加坡、澳大利亚、新西兰、巴西、俄罗斯、保加利亚、日本等15个国家及港澳地区的70余位女性参加由市外办、市妇联、市外经贸局联合组织的该项活动，游览宁海前童古镇，并进行登山健身活动。

【2011欧洲·宁波周】 2011年4月5日至20日在瑞士、德国、西班牙和荷兰举办。宁波市共派出由各级政府、专业机构和企业家组成的47个分团约260人赴会，举办8场推介会，并组织企业参加贸易展览。5日在瑞士日内瓦举行“宁波投资环境推介暨石化及清洁技术、奢侈品、汽配产业、科技园合作交流会”；7日在德国科隆举行“宁波—德国经贸合作交流会”；8日在德国汉堡举行“宁波—汉堡港口物流暨临港服务业合作交流会”、在海德堡举行“宁波—德国教育合作交流会”、在埃施韦格举行“宁波奉化市—德国汽配产业对接会”；9日在科隆举行“宁波—德国海外高层次人才引进推介洽谈会”；11日在西班牙巴塞罗那举行“宁波宁海汽配园招商对接洽谈会”；20日在荷兰阿姆斯特丹举行“宁波工业设计产业推介暨和丰创意广场招商洽谈会”。中国常驻联合国日内瓦办事处代表何亚非、瑞士日内瓦州经贸部长安格尔、德国科隆市经济发展促进局局长约瑟波维奇、中国驻法兰克福副总领事王锡廷、德国汉堡州国务秘书里克霍夫、中国驻汉堡总领事陈红梅等出席相关活动。

活动吸引了德国朗盛、英国英力士、荷兰阿克苏诺贝尔、美国陶氏化学等世界500强企业，参加活动的境外客商累计近1000人。共签订经贸合作项目7个，投资金额近3亿美元，达成合作意向20多个。签订教育合作项目7个、合作意向14个，达成高层次人才引进意向4个，达成海外留学生初步引进意向70余人。

【话剧《玛莱娜公主》展演】 2011年6月7日和8日，法国鲁昂导演让—克里斯托夫·布隆岱尔携剧组在宁波大学和宁波逸夫剧院分别演出话剧《玛莱娜公主》。鲁昂市副市长、法国驻沪总领馆文化处官员等观看演出。

该剧主创人员除导演来自法国外，舞美制作、灯光师及所有演员均来自中国。

【国际友城经贸合作交流会】 2011年6月8日在宁波举行。由浙江省外办和宁波市外办承办。10余个浙江省国际友好省州及7个宁波市国际友好城市的代表、市工商界人士约150人参会。副市长王仁洲到会致辞。各友好省州和城市在会上介绍了各自地区的投资环境和优惠政策，并与宁波市企业进行投资政策咨询与交流互动。

【2011“茶花奖”颁奖典礼】 2011年7月14日，市政府授予8名外国专家2011年度“茶花奖”、12名外国专家“茶花纪念奖”。副市长王仁洲在颁奖典礼上致辞，并为“茶花奖”获奖者颁发证书。市外办、市外经贸局、市教育局、市人力资源和社会保障局、市公安局出入境管理局的相关负责人出席颁奖典礼并为“茶花纪念奖”获得者颁奖。

【市友协第6届理事会】 2011年7月19日召开。大会审议上一届理事会工作报告，通过友协章程的修改。大会推选市委副书记陈新为新一届理事会会长，选举产生新一届理事会理事124名。

省友协专职副会长虞希华参加会议并讲话。

【全市“千校结好”专项工作会议】 2011年7月22日召开，各县(市、区)外办和教育局负责人、市各直属学校校长参加会议。会议回顾总结了宁波市开展“千校结好”工作的情况，落实了各学校对外结好任务，研究部署了下一阶段重点工作。

【全省市外办主任会议】 2011年8月9日至11日在宁波召开。会议传达和学习外交部、国务院港澳办有关会议精神，总结2011年上半年全省外事工作，部署下半年工作。各市外办在会上交流了工作。

省外办主任阮忠训，副主任彭波、顾建新、陆国灏，省友协专职副会长虞希华及全省各市外办、部分县(市、区)外办负责人等50余人出席会议。

【国庆62周年招待会】 2011年9月29日，市政府举行国庆62周年招待会，在宁波工作的外国专家、“三资”企业外方高级管理人员、外国驻甬办事机构代表，港澳同胞、侨胞、外籍华人代表以及市有关部门负责人等应邀出席。市委副书记、市长刘奇在招待会上致辞。市委副书记陈新，市领导施孝国、范谊、常敏毅、王建康等出席。副市长王仁洲主持。

【第5届中国国际声乐比赛】 2011年10月9日至10月20日在宁波举行，由文化部主办、宁波市政府承办。来自24个国家和地区的86名选手参赛。经过初赛、复赛、决赛，中国人民解放军总政歌剧团的青年男高音歌唱家王传越和俄罗斯女高音歌唱家斯维特兰娜·卡希安分别获得男、女声部冠军。

◎第5届中国国际声乐比赛在宁波举办

【第15届宁波国际服装节】 2011年10月19日至23日举行。本届服装节包括开幕式、国际服装服饰博览会、品牌时装发布会等12项专业活动，19场专场走秀活动，来自中国内地20余个省(区、市)，以及英国、韩国、日本、巴基斯坦、香港等10多个国家和地区的392家企业、316个品牌参展。19日，副市长王仁洲会见来甬出席服装节的欧盟议员德·安杰利斯、泰国驻沪副总领事哈他雅·丘氏君、意大利佛罗伦萨市副市长罗萨·迪乔治、韩国设计振兴院常务副院长崔元首等外宾。20日，市长刘奇会见德·安杰利斯一行。

【“日月杯”第4届天童国际登山邀请赛】 2011年10月22日在宁波天童风景区举行，由鄞州区人民政府、宁波市外办、宁波市体育局等单位主办。共有20支代表队参赛，其中包括来自尼日利亚、英国、立陶宛、德国、保加利亚、南非、冰岛、加拿大、俄罗斯、哈萨克斯坦、菲律宾、印度、美国、肯尼亚、瑞典、法国、西班牙等17个国家的外籍人士组成的5支国际友人代表队。

【市首批特聘翻译队伍成立】 2011年12月26日，市外办、市外文翻译学会联合举行仪式，向19位高层次翻译人才颁发聘书，标志着宁波市首支特聘翻译队伍正式成立。首批特聘翻译语种为英语、日语、韩语、德语、法语、西班牙语、意大利语、俄罗斯语、阿拉伯语等9个语种,特聘翻译将在全市对外宣传、经贸交流、外宾接待、项目洽谈等活动中承担书面及现场翻译任务。

主要出访

【宁波市代表团访问墨西哥、巴西】 2011年6月15日至24日,省委常委、市委书记、市人大常委会主任王辉忠率宁波市代表团访问墨西哥、巴西。参见第56页**【王辉忠率团访问墨西哥和巴西】**。

【宁波市市委常委、代表团访问日本、加拿大和古巴】 2011年11月15日至26日,市委副书记、市长刘奇率宁波市代表团访问日本、加拿大和古巴。

在日本,刘奇一行出席了“日本·宁波周”活动,并走访三井不动产株式会社、三菱化学株式会社等企业,与企业高层座谈交流。在加拿大,刘奇一行考察了MAG公司、博美进出口服务有限公司,会晤腾达矿业集团和加拿大皇家镍业公司高层,拜会中国驻多伦多总领事馆。在古巴,刘奇一行与古巴外贸外资部第一副部长奥兰多·基炎、古巴基础工业部副部长罗塞尔·盖拉等举行了座谈,并拜会中国驻古巴大使刘玉燕。

主要来访

【蒙古国乌兰巴托市代表团访甬】 2011年1月14日,副市长邬和民会见来访的蒙古国乌兰巴托市副市长巴特尔照日格一行。邬和民向客人介绍了宁波市经济社会发展情况及与蒙古国开展经贸交流合作情况,巴特尔照日格介绍了乌兰巴托市有关情况,并希望加强两地的交流与合作。

巴特尔照日格一行考察了宁波港集团、吉利汽车公司、宁波博物馆和天一阁博物馆。

【澳大利亚驻华使馆参赞访甬】 2011年3月9日,澳大利亚驻华使馆国库部公使衔参赞麦烨明、驻沪副总领事吴仁庭等来甬访问。来宾拜会了市外办、市外经贸局负责人,了解宁波市经济社会发展情况,并与雅戈尔集团、宁波海田国际贸易有限公司、市工艺品进出口公司等企业负责人进行了座谈。

【以色列驻沪副总领事访甬】 2011年3月9日至10日,以色列驻沪副总领事罗松泊访问宁波。罗松泊参观了E&M丰水家居和索宝食品两家以色列投资企业,拜会宁波日报报业集团负责人,并在宁波大学作关于以色列科技经济发展的演讲。

【美国驻沪副总领事访甬】 2011年3月14日至15日,美国驻沪副总领事吴志祥、外联处处长康曼、经济领事吴仲明等一行4人访甬。外宾参观了宁波华德汽车零部件有限公司、天合(宁波)电子元件紧固装置有限公司、吉利汽车有限公司,了解汽车零部件制造企业及主机厂的生产经营状况。吴志祥一行还考察了宁波港。

【韩国驻华大使访甬】 2011年3月22日,市委副书记、市政协主席唐一军会见来访的韩国驻华大使柳佑益一行。唐一军向客人介绍了宁波经济社会发展情况,双方就宁波市与韩国进一步加强友好交流合作等事宜进行了探讨。

在甬期间,柳佑益一行与在宁波的韩国企业家进行了座谈,并参观了天一阁博物馆、高丽使馆等地。

【英国新任驻沪总领事访甬】 2011年3月23日至25日,英国新任驻沪总领事戴伟绅一行10人访问宁波。24日,市委常委、副市长谭大辉会见戴伟绅一行,双方就进一步推进宁波市与英国的交流合作交换意见。

在甬期间，戴伟绅一行与市外经贸局就促进贸易和投资领域的合作进行了探讨，考察了音王电子集团、宁波诺丁汉大学，并参观了三江口和老外滩等地。

【芬兰驻华大使访甬】 2011年3月23日至25日，芬兰驻华大使岚涛及夫人访问宁波。市委常委、副市长谭大辉会见岚涛一行，向来宾简要介绍了宁波经济社会发展情况及“十二五”规划相关内容。双方就宁波与芬兰城市建立友好关系等话题交换了意见。

在甬期间，岚涛一行考察了宁波港集团公司、宁波吉利汽车有限公司等企业，参观了宁波博物馆和奉化溪口景区。

【美国驻沪总领馆官员访甬】 2011年3月25日至26日，美国驻沪总领馆领事处处长何珊等一行7人访问宁波，拜会市外办、贸促会宁波分会，与雅戈尔集团股份有限公司等企业进行了座谈交流。何珊一行还到宁波大学宣讲赴美留学签证政策，参观了奉化溪口等地。

【墨西哥杜兰戈州代表团访甬】 2011年4月17日，省委常委、市委书记、市人大常委会主任王辉忠会见由州长豪尔赫·埃雷拉·卡尔德拉率领的墨西哥杜兰戈州代表团。王辉忠对代表团来甬访问表示欢迎，双方介绍了各自经济社会发展情况，并就进一步加强经贸交流合作、促进共同发展交换了意见。会见结束后，州政府与宁波企业举行投资开发项目签约仪式。市委常委、市委秘书长王剑波会见时在座。

在甬期间，代表团考察了宁波港集团、吉利汽车有限公司、宁波国际汽车城、宁波井上华翔汽车零部件有限公司、宁波大学和宁波职业技术学院等。

【卢森堡驻沪总领事访甬】 2011年4月19日至20日，卢森堡驻沪总领事费瑞朋一行访问宁波，考察了艾盛服饰有限公司、太平鸟集团有限公司、雅戈尔集团有限公司等服装企业，听取了上述企业的经营情况及发展战略介绍，并推介卢森堡在招商引资、鼓励外国企业设立欧洲总部等方面的环境优势及优惠政策。

【刚果矿业部长访甬】 2011年4月20日，副市长王仁洲会见刚果(布)矿业部长皮埃尔·奥巴一行。奥巴此次来甬，主要是考察拟在刚果(布)开展矿业投资的春和集团。王仁洲简要介绍了宁波近期经济社会发展情况及“十二五”规划，表示希望发展与刚果(布)在能源、矿业等多领域的合作交流。奥巴表示，刚果(布)政府欢迎宁波的公司赴刚投资兴业。

在甬期间，皮埃尔·奥巴一行考察了浙江船厂等地。

【比利时驻沪总领事访甬】 2011年5月10日，比利时驻沪总领事乔志一行2人访问宁波。

乔志一行参观考察了中比合资宁波凯荣家具有限公司，并就公司未来发展事宜会晤鄞州区政府领导。

【法国政府与企业高级代表团访甬】 2011年5月18日，副市长王仁洲会见以巴黎市副市长布鲁诺·朱利亚为团长、欧洲议会议员克丝坦丝·勒格丽为副团长的法国政府与企业高级代表团。代表团成员包括法国中央政府部门，地方议会、政府，司法界、金融界、教育界、企业界的代表以及法国国家媒体的高级管理人员。

在甬期间，代表团一行参观考察了宁波港、宁波奇美电子有限公司、雅戈尔集团、浙江舜宇光学有限公司等地。

【莫桑比克解放阵线党代表团访甬】 参见第69页**【莫桑比克解放阵线党代表团访问浙江】**。

【多国驻沪领馆官员来甬出席“浙洽会”】 2011年6月7日，省委副书记、省长吕祖善，市委副书记、市长刘奇会见来宁波参加“浙洽会”、“消博会”的外国驻沪领事官员，对他们表示欢迎。参加会见的有新加坡、伊朗、印度、白俄罗斯、塞尔维亚、罗马尼亚、斯洛伐克、瑞士、韩国等23个国家和地区的领事代表50余人。

省政府秘书长张鸿铭，省发改委副主任黄勇，省商务厅副厅长周日星，宁波市副市长、市政府秘书长王仁洲会见时在座。

在甬期间，代表团出席了“浙洽会”、“消博会”开幕式及相关经贸对接会等活动，并参观了宁波港、吉利汽车有限公司等。

【墨西哥科利马州州长访甬】 2011年6月6日至9日，墨西哥科利马州州长马里奥·安吉亚诺·莫雷诺及夫人率代表团对宁波进行友好访问。7日下午，省委副书记、省长吕祖善，市委副书记、市长刘奇在宁波会见代表团一行。吕祖善表示希望进一步加深两地各领域的合作，期待双方的合作取得积极成效。省政府秘书长张鸿铭、省商务厅副厅长周日星、省外办副主任顾建新等会见时在座。

在甬期间，代表团参加了“浙洽会”和“消博会”的相关活动，访问了宁波大学，考察了宁波港集团、宁波经济技术开发区和吉利汽车有限公司。

【芬兰驻沪总领事访甬】 2011年6月14日，副市长王仁洲会见芬兰驻上海总领事贺睦宁一行，双方就推进双向投资，加强资本合作、技术合作、人才培养合作等交换了意见。

随同贺睦宁来访的还有芬兰中国创新委员会总监赫亚宁、芬兰国家技术创新局上海负责人贺亚盟、芬兰对外贸易协会上海负责人莫亚瑞以及芬兰国家研究中心、芬兰环境科技中国项目委员会的相关人员。

【土耳其驻沪总领事访甬】 2011年6月28日至29日，土耳其驻上海总领事丹尼兹·艾柯一行访问宁波。丹尼兹·艾柯一行拜会了市外办、市外经贸局、市贸促会、宁波国家高新区管委会、市公安局出入境管理局负责人，就双方交流合作进行了商洽。土耳其客人还考察了吉利汽车有限公司。

【斐济政府高级代表团访甬】 2011年8月11日，副市长王仁洲会见斐济国家战略规划和发展部副部长彼得·瓦什率领的斐济政府高级代表团。王仁洲向客人简要介绍了宁波市经济社会发展情况，表示愿意加强与斐济在矿产资源开发、房地产和基础设施建设等领域的交流和合作。

在甬期间，斐济代表团与宁波市有关部门和企业代表进行了座谈，推介斐济投资环境，并参观了宁波港集团。

【西欧共产党联合考察团访甬】 2011年8月16日至17日，由法国、德国、希腊、意大利、葡萄牙、西班牙、英国等国家的共产党中央和地方领导组成的西欧共产党联合考察团访问宁波。市委常委、组织部长朱伟会见考察团一行，向客人简要介绍了宁波市情和党建工作情况。考察团一行考察了宁波高新区、81890求助服务中心等。

【澳大利亚驻沪总领事访甬】 2011年9月21日，副市长王仁洲会见来甬话别的澳大利亚离任驻上海总领事孔陶杰。双方回顾了近年来宁波与澳大利亚的经贸交流情况。王仁洲对孔陶杰总领事在任期间为两地多领域交流作出的努力给予高度评价，并希望总领事回国后能继续关注宁波的发展，推动两地进一步合作。孔陶杰希望宁波市政府继续给予新任总领事工作上的支持和协助。

【美国驻沪领事官员访甬】 2011年9月20日至21日，美国驻上海总领馆领事处领事蓝学天、副领事毕瑞德等一行4人访问宁波。蓝学天一行拜会了市外办，与市外办和市贸促会就CCPIT申请签证项目进展情况进行了交流；并前往宁波朗恒工贸有限公司座谈，了解宁波民营企业状况、参观生产基地；还参观了宁波天一阁和奉化溪口景区。

【爱马仕集团高管访甬】 2011年9月24日，副市长王仁洲会见法国爱马仕集团监事会成员、福卡酒庄所有人雷诺·莫梅雅一行。王仁洲表示，希望通过双方努力，推动爱马仕集团在宁波设立专卖店，把宁波作为爱马仕产品在中国的分销中心。

莫梅雅此次是专程来宁波出席福卡酒庄葡萄酒中国总代理授牌仪式的。

【越南党政干部考察团访甬】 2011年9月24日至27日，以交通运输部副部长阮玉东为团长的越南党政干部考察团访问宁波。26日，市委常委、常务副市长王勇会见考察团一行，向客人介绍了宁波民营经济发展情况。

在甬期间，考察团考察了宁波港集团、雅戈尔集团、欧琳厨具有限公司、美博进出口有限公司等企业，参观了天一阁博物馆、滕头村、东钱湖、宁波博物馆等。

【丹麦马士基集团高管访甬】 2011年10月17日，市委副书记、市长刘奇，市委常委、常务副市长王勇会见到访的丹麦马士基集团合伙人、集团执委会成员、马士基航运首席执行官柯林一行。代表团此次访甬，旨在了解宁波"十二五"期间发展规划和投资重点，寻求双方进一步合作的机会。

马士基集团是丹麦最大的企业集团和全球运输业的龙头企业。2011年6月，马士基集团旗下APM码头公司与宁波港集团签署宁波梅山保税港集装箱码头投资合作意向书。

【匈牙利国家发展部长考察宁波万华工业园】 2011年11月13日至14日，匈牙利国家发展部部长、匈中经贸关系政府专员、匈中合作经济委员会主席费莱吉·陶马士率匈牙利高层代表团访问宁波，考察位于大榭开发区的宁波万华工业园区。陪同访问的有匈牙利驻华大使库绍伊·山道尔和匈牙利驻上海总领事库蒂·拉斯洛等。

【法国驻沪总领事访甬】 2011年11月21日，省委常委、市委书记、市人大常委会主任王辉忠会见法国驻上海总领事卢力捷和副总领事戴宁智。王辉忠向客人介绍了宁波与法国的交流情况以及两地的经贸往来情况，双方就今后的交流与合作进行了磋商。

市委常委、市委秘书长王剑波会见时在座。

【墨西哥杜兰戈州代表团访甬】 2011年11月28日，省委常委、市委书记、市人大常委会主任王辉忠会见由杜兰戈州经济发展部部长胡安·弗朗西斯科·古铁雷斯率领的墨西哥杜兰戈州代表团一行。代表团参加了中国宁波·墨西哥杜兰戈州投资说明会和中国宁波·墨西哥杜兰戈州合作项目签约仪式，与宁波的7家公司签署双向投资协议。副市长王仁洲参加签约仪式。

在甬期间，代表团考察了宁海东方日升新能源股份有限公司、象山巨鹰科技发展有限公司、宁波博物馆等。

【西班牙驻沪总领事访甬】 2011年12月4日至5日，西班牙新任驻上海总领事冈萨罗·奥尔蒂斯访问宁波。市委常委、副市长刘海泉会见冈萨罗·奥尔蒂斯一行。

在甬期间，冈萨罗·奥尔蒂斯一行参观了天一阁博物馆和宁波港，还考察了宁波欧洲工业园等。

【奥地利驻沪总领事访甬】 2011年12月16日，副市长王仁洲会见来宁波考察访问的奥地利驻上海总领事海敏凯一行，表示希望在总领事的推动下，双方在经贸、科技、文化、人才等方面的合作能得到进一步拓展。

【德国驻沪总领事访甬】 2011年12月20日，市委常委、副市长刘海泉会见来访的德国驻上海总领事芮悟峰。刘海泉向客人简要介绍了宁波市经济社会发展近况，表示宁波企业愿意与德国企业加强在研发和贸易投资等领域的交流和合作。

芮悟峰考察了宁波大学、宁波港和宁波怡人玩具有限公司等，参观了慈城古镇。

【马来西亚驻沪商务领事访甬】 2011年12月21日，马来西亚驻沪商务领事曼苏一行来甬拜会市政府副秘书长陈国强及市外办、市外经贸局负责人，就深化马来西亚与宁波在贸易、投资等领域的合作进行磋商。

友好城市交流

【法国鲁昂高等商学院代表团访甬】 2011年5月8日至14日，宁波市国际友好城市法国鲁昂市高等商学院代表团访问宁波。代表团与宁波工程学院进行了友好交流，并与该学院学生共同开展对宁波企业的调研，为企业发展提供建议方案。

【法国鲁昂市副市长访甬】 2011年6月8日，市政协副主席华长慧会见以副市长布鲁诺·贝托耶为团长的法国鲁昂市代表团一行。双方回顾了两市缔结友好城市关系21年来在经贸、港口、教育、卫生、人才培训等方面的交流与合作情况，并就继续深化友谊、加强合作交换意见。会见后，双方出席了宁波市妇儿医院与鲁昂医疗中心缔结友好医院签约仪式。

代表团在宁波期间参加了“浙洽会”相关活动，参观了宁波大学、宁波港、妇儿医院、李惠利医院、效实中学、宁波三中、枫林绿色能源公司和天一阁博物馆等。

【意大利维罗纳市议会主席访甬】 2011年6月6日至10日，维罗纳市议会主席皮埃尔阿方索·弗拉塔·帕西尼率意大利维罗纳市代表团访问宁波。市人大常委会副主任郭正伟会见代表团一行。

在甬期间，代表团一行出席了“浙洽会”开幕式、浙江—意大利产业对接洽谈会、国际友城经贸合作交流会等活动，与鄞州区旅游局举行了会谈，并参观了宁波保税区。

【克罗地亚里耶卡市市长访甬】 2011年6月6日，市委副书记、市长刘奇会见由市长沃伊克·奥伯斯内尔率领的克罗地亚里耶卡市代表团一行。会见后，刘奇和奥伯斯内尔共同签署《宁波市与里耶卡市建立友好交流关系协议书》。

随团来访的还有克罗地亚驻华大使安特·希莫尼奇、里耶卡市议会议长多蒂·布科瓦茨等。

【市妇联与韩国大邱女性团体协议会结好】 2011年7月25日，韩国大邱女性团体协议会代表团来宁波考察访问。26日，市妇联与韩国大邱女性团体协议会进行了座谈，就女性权益保护等方面的问题进行交流。市妇联主席伊敏芳与大邱女性团体协议会会长车顺子共同签署友好交流协议，两组织正式结为国际妇女友好组织。

【法国塞纳滨海省议员访甬】 2011年8月11日，法国塞纳滨海省议员菲利普一行3人访问宁波，寻求两地在港口、教育等领域的交流与合作机会，推进两市友好关系进一步发展。代表团与市外办进行了会谈，并考察了宁波港、鄞州实验中学和宋诏桥中学。

鲁昂市是塞纳滨海省省会，宁波市友好城市。

【奥中友协代表团访甬】 2011年8月29日，奥地利联邦议会议长苏珊娜·诺伊维特率奥中友协代表团访问宁波。市政协主席唐一军、市人大常委会副主任卓祥騋会见代表团，市外办、市外经贸局、市教育局、市文广局负责人参加会见。代表团一行赴宁波市职

◎宁波市妇联与韩国大邱女性团体协议会结好仪式

业技术教育中心学校考察交流，校长张国方与奥地利萨尔茨堡哈莱恩高级职业技术学校校长弗兰茨·库尔茨签署建立友好学校关系协议书。

【德国亚琛市代表团访甬】 2011年8月28日至30日，德国亚琛市经济促进及欧盟事务部主任曼弗雷德·希金率代表团访问宁波。在甬期间，代表团参观了宁波市经济技术开发区、吉利集团，并与市外办领导举行会谈，双方就进一步促进两市间经贸交流交换了意见。

【南非曼德拉市代表团访甬】 2011年9月8日至11日，由南非曼德拉市议会议员柯罗巴率领的曼德拉市代表团访问宁波。市人大常委会副主任卓祥騋会见代表团一行。

代表团一行考察了宁波港集团、宁波经济技术开发区、宁波南部商务区，了解港口运营、招商引资的运作模式以及商务区CBD建设情况，并与市工商联、市旅游局等部门进行会谈，表达了深化两市经贸和旅游合作的意向。

【日本长冈京市代表团访甬】 2011年9月27日，副市长王仁洲会见以副市长户田雄一郎为团长的日本长冈京市代表团一行。代表团此行旨在进一步了解宁波市经济社会发展近况，推进两市交流合作。

代表团一行参观了天童寺、阿育王寺、东钱湖、宁波博物馆、天一阁、效实中学等地。

【巴西库巴坦市和桑托斯市市长访甬】 2011年10月12日，巴西圣保罗州库巴坦市市长玛西亚·罗莎和桑托斯市市长代表塞尔吉奥·阿基诺率代表团访问宁波。市委常委、副市长刘海泉会见代表团，向客人介绍了宁波市经济社会发展情况，表示希望双方在经贸、教育、文化等方面进一步开展合作。

代表团一行考察了宁波港。

◎宁波市职校与奥地利哈莱恩高级职校签署建立友好学校关系协议书

【匈牙利维斯普雷姆市代表团访甬】 2011年10月8日至12日，匈牙利维斯普雷姆市副市长玛利亚·布朗伊率团访问宁波。市政协副主席常敏毅会见代表团一行。

代表团考察了宁波港集团、宁波保税区、宁波南部商务区、国际会展中心，参观了奉化市锦屏中学、武岭中学、宁波大学。

【但丁青铜雕像落成】 2011年10月20日，宁波市国际友城意大利佛罗伦萨市赠送但丁青铜雕像落成典礼在宁波书城广场举行。市委副书记、市长刘奇，佛罗伦萨市市长代表、副市长罗萨·玛利亚·迪乔治共同为雕像揭幕，市委常委、宣传部长宋伟，意大利驻上海总领馆文化专员卡萨齐分别致辞，副市长成岳冲接受由佛罗伦萨市市长签署的《但丁雕像赠予书》。

出席落成典礼的还有市人大常委会副主任崔秀玲，市政协副主席傅丹，佛罗伦萨市议员马里奥·拉扎尼里、但丁铜像铸造厂董事长恩里科·马利尼里等。

【比利时安特卫普市代表团访甬】

2011年10月31日，副市长王仁洲会见比利时安特卫普市副市长兼安特卫普港务局主席马克·范·皮尔一行。会见后，双方出席了市贸促会与安特卫普商会建立友好关系协议书签署仪式。

代表团在宁波期间，参观了宁波博物馆，并与宁波港集团以及部分企业进行了洽谈。

【波兰波迪格罗兹市大型民族歌舞团来甬演出】 2011年11月11日，波兰波迪格罗兹市大型民族歌舞团一行52人应邀访问宁波，当晚在宁波外事学校进行了交流演出。波迪格罗兹市市长玛格扎塔·格里马拉出席并观看演出。

【意大利维罗纳市议长访甬】 2011年12月2日至5日，意大利维罗纳市议会议长皮埃尔阿方索·弗拉塔·帕西尼率团访问宁波。代表团参观了宁波保税区及国际会展中心进口葡萄酒展示中心，并赴鄞州区旅游局、天一阁，就推进在旅游、文化等领域的在谈合作项目进行磋商。

【美国密尔沃基市代表团访甬】 2011年12月7日至10日，美国密尔沃基市市长汤姆·巴雷特率团对宁波进行友好访问，并参加两市结好5周年庆祝活动。8日，密尔沃基市赠送的青铜鹰雕像落成典礼在宁波博物馆举行，市政协主席唐一军和巴雷特共同为雕像揭幕。市委副书记、市长刘奇，市政协主席唐一军会见代表团一行。9日，举行了美国—宁波经贸合作交流会，副市长王仁洲在会上致辞，密尔沃基市工商界代表和40多家宁波企业代表参加交流。

在甬期间，代表团一行访问了市公安局、宁波港、梅山保税港区、宁波效实中学和宁波大学。

【韩国大邱医疗观光推介会】 2011年12月21日，宁波市友好交流城市韩国大邱市医疗代表团在宁波举办大邱医疗观光推介会。大邱市医疗产业局局长洪硕畯对该市的医疗观光产业进行了推介。宁波市30多家医院代表和15家旅行社代表参加活动。宁波市李惠利医院和大邱市FATIMA医院在推介会上签署友好交流协议。

（邓碧波）

县（市、区）外事

·海　曙　区·

【外事工作概况】 2011年海曙区办理党政机关干部因公出国（境）团组审批32批85人次；服务企业团组31批45人次。

【重要外事活动】 2011年6月21日，由海曙区人民政府、宁波市教育局、华东师范大学学前教育与特殊教育学院共同主办的“融合教育国际论坛”召开。宁波市副市长成岳冲，浙江省教育厅副厅长韩平，教育部基础教育司特教处处长谢敬仁，海曙区委书记彭朱刚，区委副书记、代区长吴胜武等出席论坛并致辞。来自美国、英国、澳大利亚、日本等国家的10余位融合教育专家与教育部、省教育厅、北京师范大学、华东师范大学的专家教授及宁波本地教育专家围绕融合教育中的政府职能、特殊学校与普通学校的变革等议题展开研讨。

28日，瑞士斯沃琪集团旗舰店宁波宝玑精品店在海曙和义大道举行开业庆典，海曙区委副书记、代区长吴胜武，副区长谭国洪等出席。这是斯沃琪集团在浙江省开设的第一家自行直接管理旗舰店。

【主要出访】 2011年4月2日至13日，区委常委、副区长林云辉率代表团赴瑞士、德国、意大利参加“2011欧洲·宁波周”活动。其间，参加了宁波投资环境推介会暨石化及清洁技术、奢侈品、汽配产业合作交流会、宁波—德国经贸合作交流会、意中双向经济贸易工业投资文化交流促进会等活动。

6月13日至24日，区委常委、常务副区长、区重点工程建设指挥部及南站区域开发建设指挥部总指挥奚明率代表团赴加拿大、墨西哥、美国三国进行城市建设和管理考察。代表团拜访了温哥华交通服务中心、多伦多交通委员会、特拉斯科阿庞市政府、内华达交通部等，考察当地交通枢纽及环交通枢纽中央商务区建设与管理的理念和经验，并向在加华商宣传推介南站区域、鄞奉路等地块开发建设，寻求合作机会。

8月21日至31日，区政协副主席贾亚炜率团赴瑞士、匈牙利和土耳其，考察城市公共服务管理工作，重点拜访了当地市政府及市政联合会等机构，考察了解当地文化旅游产业、历史文化街区保护、新城建设等公共服务体系建设的做法和经验。

9月11日至22日，区人大常委会副主任金波率团赴英国、芬兰、丹麦，考察城市规划管理和配套市政建设工作，分别拜会英国米尔顿城市建设发展研究中心、芬兰图尔库市政厅、丹麦哥本哈根市政厅等，与当地官员就城市建设规划、环境保护及城市可持续发展等做法和经验进行了探讨。

9月18日至29日，副区长石贤义率团赴美国、加拿大、墨西哥，考察行政审批制度及改革管理工作，分别拜会美国新泽西州伊丽莎白市政府、加拿大不列颠哥伦比亚省议会、墨西哥托卢卡市政府等，就行政管理制度、行政法规监督体系、改革思路及电子监察系统建设等进行了交流。

10月23日至27日，区委书记彭朱刚、副区长谭国洪等一行7人赴香港参加2011甬港经济合作论坛。彭朱刚一行重点拜访了圆方商业综合体、香港文鼎一号和香港珠宝制造业厂商会等，介绍海曙区投资环境，介绍了江东区域重点项目。

11月4日至15日，区人大常委会副主任方佳闰率团赴法国、葡萄牙、西班牙，考察社会信用体系与劳动保障就业管理工作，拜访了法国荷拜市政府、巴黎市经济警察局、葡萄牙辛德拉市政府及西班牙比亚尔巴市政府等，就上述三国的就业管理、社会救济等政策、企业劳动保障自我约束机制、社会信用体系建设经验等进行了交流。

11月16日至27日，区政协副主席徐德荣率团赴丹麦、瑞典和英国考察教育工作，与当地教育机构就推动实施“千校结好”行动计划等达成交流合作意向。

11月28日至12月9日，区政协副主席薄慧敏率团赴新加坡、澳大利亚、新西兰进行城市管理考察，拜访了新加坡国际企业发展局、澳大利亚宝活市政府和新西兰罗托如哇市政府，就城市规划、基础设施及综合体建设、环境保护等进行了交流。

【主要来访】 2011年7月21日，韩国乐天百货总裁南泰弘一行访问海曙区。区委副书记、代区长吴胜武会见来宾，介绍了海曙区经济发展、投资环境等情况，双方就经贸合作等内容进行了深入的交流。

8月1日，香港珠宝制造业厂商会副主席林志强一行来甬参加2011·香港珠宝精品展并考察海曙区商贸情况。区委书记彭朱刚，区委副书记、代区长吴胜武，区政协主席王黎明，区人大党组书记陈志国，副区长谭国洪及市侨办、市贸易局相关领导参加会见。

8月17日，以法国共产党国际部成员扬·勒鲁瓦，德国共产党成员米麦克斯、安娜·维尔，希腊共产党中央委员会书记处书记扎·迪米特利欧斯等为代表的西欧共产党联合考察团一行考察海曙81890。区委副书记、代区长吴胜武，副区长林洁、胡余波，区长助理阿达来提·阿布都热西提等陪同考察。

9月18日，以美国《时代》周刊资深作家罗亚·伍弗森、《华盛顿邮报》中东和亚洲区编辑霍利·伊格尔等为代表的美国记者代表团考察采访海曙81890，了解81890公共服务平台运作情况。

11月7日，香港创意与创新委员会主席一行赴海曙交流和考察，区委副书记、代区长吴胜武向客人介绍了区域投资环境和产业发展情况，并陪同客人考察了鄞奉路、月湖盛园等项目。

（邵黎颖）

·江　东　区·

【主要出访】 2011年10月24日至26日，区委书记胡军率领江东区代表团参加在香港举行的2011甬港经济合作论坛。代表团先后拜访世界中华宁波总商会会长、香港ARA集团主席;考察了香港环球贸易广场、香港设计中心、香港规划及基建展览馆等。区代表团在香港举办了招商推介活动,并与香港城博公司签订投资协议。

【友好往来】 2011年9月21日至25日,以区委常委、区政法委书记田宾为团长的5人代表团应邀赴美国佐治亚州底克普郡进行友好交流活动。双方就教育科研、公共卫生、社区医疗服务合作及法制建设等领域的合作进行了座谈与协商。代表团向底克普郡推介区教育机构基本情况,为区学校寻求结好学校,推进"千校结好"工作。

应澳大利亚新南威尔士州彭里斯高中的邀请,7月26日至8月5日,区春晓中学派遣2名老师和18名学生赴澳大利亚开展交流访问活动。

（蒋　琳）

·江　北　区·

【外事工作概况】 2011年,江北区派遣因公出国(境)团组83批156人次,其中企业经贸团组36批45人次,分别占因公出国(境)团组和人员的43%、29%。

【主要出访】 2011年7月18日至23日,区长张南芬率团赴美国参加2011浙江省—新泽西州投资贸易洽谈会,并与三五集团签署投资项目合作意向协议。该项目总投资8亿美元,建成后将成为国内商业娱乐大型综合体之一。

10月23日至28日,区委书记俞雷率团赴香港参加2011甬港经济合作论坛。出访期间,举办了江北区投资环境说明会,向香港地产界、金融界介绍了江北区经济社会发展情况和重点项目开发进展情况;拜访华润置地香港总部、嘉里集团等,就江北区重点项目进行招商洽谈。

【主要来访】 2011年2月14日,区委书记俞雷,区委副书记、区长张南芬会见美国三五集团主席及高级行政官纳德·戈麦吉安、总裁马克一行,双方就三五集团在江北区投资华东摩尔项目进行了洽谈。

4月21日,区委副书记、区长张南芬会见香港九龙仓中国置业有限公司执行董事包静国一行。

4月22日,区委书记俞雷会见法国迪卡侬集团大中华区总裁孟东一行。

12月20日,区委常委、常务副区长徐文华会见日本森大厦株式会社董事、执行副总裁森浩生一行。

（徐春艳）

·北　仑　区·

【外事工作概况】 2011年,北仑区(开发区)接待外宾、外商15批213人次;派遣因公出国(境)团组101批259人次,其中党政人员审批58批134人次。宁波维科丝网有限公司技术部经理元吉平、宁波武田纺织有限公司总经理足立守获得宁波市政府"茶花奖";宁波加达特种金属有限公司总经理陈卫国获得"茶花纪念奖"。

【重要外事活动】 2011年4月6日至17日,宁波经济技术开发区管委会副主任沈恩东率团参加"欧洲·宁波周"。

5月25日,区长华伟会见波兰驻华大使塔德乌什·霍米茨基,双方就在北仑举办"波兰文化节"事宜进行了交谈。5月25日至27日,由波兰驻华大使馆、波兰驻上海总领事馆、宁波市文化广电新闻出版局主办,北仑区文化广电新闻出版局承办的"波兰文化节"在北仑举行。文化节期间,举办了华沙大学民族歌舞演出、肖邦钢琴演奏会、波兰画展等活动。

11月15日至20日,宁波经济技术开发区管委会副主任沈恩东率团参加"东北亚·宁波周"活动。

【主要出访】 2011年6月29日至7月10日,区长华伟率团赴俄罗斯、乌克兰和法国进行招商活动。

【主要来访】 2011年10月21日,市委常委、北仑区委书记、宁波经济技术开发区管委会主任陈利幸会见到访的欧盟议员德安·杰利斯。双方就意大利科技园区与宁波开发区的合作交流了意见。

（虞　艳）

·镇 海 区·

【重要外事活动】 2011年4月16日,镇海区香港团拜会暨香港镇海青年联谊会成立大会在香港举行。区领导马卫光、王宏德、高炳华、翁雪莲、胡文安、陈利华等出席。浙江省爱乡楷模、宁波市荣誉市民、香港宁波同乡会副会长、中国太阳能(薄膜)有限公司董事长赵亨文被推举为联谊会首届会长。

6月4日,以"'十二五'中国对外开放新战略"为主题的第4届中国开放论坛在镇海区开幕。国务院发展研究中心、国务院研究室、商务部、国家海洋局、中国国际交流中心等中央机构的专家学者,浙江省政府领导和部分沿海城市市长,以及来自国内高校、海外学术机构、中外著名企业等的代表500多人参加开幕式和相关活动。

10月27日,"后世博DEVNET(国际信息发展组织)国际园"开工典礼在镇海新城举行。区委副书记、区长陈召华宣布项目开工。DEVNET主席罗伯特·萨维奥,DEVNET亚太区事务协调局局长李世恩出席仪式。项目建成后将为国际高新技术企业在华展示、交易、孵化、生产、合作提供平台。

11月15日,镇海区外国专家俱乐部成立,这是宁波市第一家外国专家俱乐部。俱乐部的成立旨在提高外国专家管理服务水平,为在镇海工作的外国专家提供交流、联谊、合作平台。北欧工业园区总经理何保罗任俱乐部第一任轮值主席。区委常委、组织部长李斌出席成立仪式。

【主要出访】 2011年11月15日至18日,常务副区长徐方一行赴日本参加"东北亚·宁波周"活动。代表团参加了日本跨国企业高层交流会,就日本企业与镇海的经贸合作进行了交流。

【主要来访】 2011年11月24日,市政协副主席常敏毅会见来甬访问的挪威驻华大使司文一行。镇海区副区长林伟明出席会见。司文一行考察了宁波北欧工业园区等地。

【友好往来】 2011年9月23日至28日,区人大常委会主任林瑶率区代表团赴友好交流关系城市美国新泽西州莫里斯县访问。代表团会见了莫里斯县不动产保有者委员会成员吉恩·费伊,双方介绍了各自城市的概况、城市建设、政府体制、政府架构及运作方式。区代表团与莫里斯县政府的城市规划、旅游发展、环境保护、艺术委员会等部门负责人进行了座谈交流,并参观了莫里斯县城市建设、公共交通系统、政府行政大楼、法院、太阳能技术试点项目、社区及医院。

(刘斯琮)

·鄞 州 区·

【重要外事活动】 2011年7月15日至27日,"鄞州杯"2011年世界国际象棋团体锦标赛在鄞州区举行,共有来自10个国家的130名棋手参赛。

9月11日至18日,2011国际网球挑战赛在鄞州区举行。国家体育总局网球运动管理中心副主任李玲蔚,宁波市市长助理林静国,鄞州区区长薛维海、副区长夏素贞等出席开幕式。共有来自30多个国家和地区的120多名运动员参赛。

【主要出访】 2011年4月5日至16日,区委常委、宣传部长王海娟率代表团赴德国、西班牙、捷克参加"欧洲·宁波周"活动,代表团参加了宁波—德国经贸合作交流会,并与德国企业进行了交流洽谈。

5月6日至17日,区长薛维海一行出访俄罗斯、瑞典、丹麦,与瑞典宜家公司和丹麦第一联合集团洽谈其在鄞投资项目,与俄罗斯企业商谈商贸投资事宜。

5月18日至6月29日,市委常委、区委书记寿永年一行赴美国、古巴、墨西哥进行城市建设经验交流和经贸洽谈,拜访美国芝加哥市政府、墨西哥阿卡伊娅卡市政府和哈瓦那市政府,考察城市发展建设。

【主要来访】 2011年5月10日，副区长王洪平会见比利时驻上海总领事乔治一行，乔治一行考察了宁波凯荣家具有限公司。

6月7日，区长薛维海会见由剑豪集团董事长郑剑豪率领的日本四国地区企业考察团一行。副区长王洪平参加会见。

6月8日，市委常委、区委书记寿永年会见由市长莱昂纳德·厄本率领的美国印第安纳州康维市政府代表团。副区长王洪平等参加会见。

【友好往来】 2011年6月7日，意大利维罗纳市议会主席帕西尼一行对鄞州区进行友好访问，与区旅游局负责人就举办中意梁祝爱情节事宜进行了会谈。

12月5日，意大利维罗纳市议会主席帕西尼一行再次访问鄞州，商谈梁祝爱情节合作事宜。

（毛颖颖）

·余　姚　市·

【外事工作概况】 2011年，余姚市审批因公出国(境)团组181批353人次，其中党政团组62批161人次。全年护照收缴率为100%，因公出国人员中未出现违反外事纪律的现象。为方便企业人员出国(境)，新推荐9家民营企业为宁波市直报企业，为7家民营企业负责人申办APEC商务旅行卡8张。引进全国知名翻译机构——“元培翻译”，为中小企业解决在国际贸易、涉外纠纷中的语言问题，并提供国际经济信息。

【重要外事活动】 2011年3月29日，余姚市现代服务业发展恳谈会在香港举行。市长毛溪浩、副市长王祥林和李斌出席恳谈会，香港启发集团有限公司等一批香港著名企业负责人参会。

5月27日，由中华文化促进会、余姚市人民政府联合主办的第2届(中国·余姚)国际河姆渡文化节在余姚开幕。全国政协副主席阿不来提·阿不都热西提，全国人大常委会原副委员长、全国关心下一代工作委员会主任顾秀莲，全国政协常委、国家杂交水稻工程技术中心主任、中国工程院院士袁隆平以及浙江省、宁波市相关领导出席开幕式。

10月27日至12月31日，由中国商业联合会、中国皮革协会和余姚市人民政府联合主办的2011中国裘皮服装节在余姚举行，其间举行了中国裘皮城精品区和裘皮产业园推介会、第6届中国裘皮产业发展论坛、各国驻香港领事馆的领事夫人走进裘皮城、余姚和北欧水貂原材料产销对接会等活动。

11月6日至10日，第13届中国塑料博览会在余姚市举行。共有118家企业参展，比上届增长16.1%，其中包括美国析迈、日本三菱、日本高六、德国巴斯夫、德国拜耳等来自19个国家和地区的84家外国企业。

11月27日，余姚市举行仪式，授予哥本哈根皮草公司总裁、国际裘皮贸易委员会理事托本·尼尔森“余姚市荣誉市民”称号。市人大常委会主任孙钜昌向托本·尼尔森颁发荣誉证书。市领导张国锋、魏利民、卢建国等参加授予仪式。

【主要出访】 2011年4月4日至15日，副市长陈长锋率团赴德国、瑞士、丹麦参加“欧洲·宁波周”活动，并在三国开展经贸交流与招商考察。7日，代表团在德国科隆举行余姚企业家与德国企业家对接洽谈会和宁波—德国经贸合作交流会(“宁波—德国经贸合作交流会”由余姚市承办)，同来自德国、斯洛文尼亚、荷兰等国家的客商洽谈。其中，宁波丰茂远东橡胶有限公司获得8000万美元的项目投资，宁波普利民金属制品有限公司获得260万美元的意向投资。

4月7日至16日，副市长郑桂春率团赴美国纽约参加第6届全球人居环境论坛，并在论坛上进行演讲和答辩。8日，联合国助理秘书长阿瓦尼·贝楠授予余姚市“全球绿色城市”称号。

4月19日至30日，市长毛溪浩率团赴阿联酋、澳大利亚、新西兰进行商务访问。在阿联酋期间，代表团与迪拜酋长国官员就余姚市龙门钢构企业在当地开发建设大型购物商城项目进行了洽谈。

6月2日至13日，市委书记陈伟俊率团出访丹麦、芬兰。代表团与芬兰毛皮拍卖行和哥本哈根裘皮拍卖行进行了会谈，交流了余姚裘皮服装产业发展现状以及即将建设的中国裘皮城二期项目、裘皮产业园项目等情况，双方就如何加强两地合作、创新合作模式、发挥裘皮城保税仓库作用以及有关问题进行了探讨。

11月14日至19日，副市长陈长锋率团赴日本参加"日本·宁波周"活动并进行系列招商活动。15日，代表团在东京举行2011余姚(日本)新兴产业合作推介会和招待酒会，邀请日本客商74名，三井物产、三菱、丰田、伊藤忠、丸红、富士电机、富士重工以及康贝、山阳、追浜等世界500强企业和上市公司的代表出席。宁波市委副书记、市长刘奇到会致辞。代表团参加了宁波市举行的跨国企业座谈会。

【主要来访】 2011年2月23日，世界传动系统供应商美国岱高公司总裁吉姆·奥查德一行访问余姚，与宁波丰茂远东橡胶有限公司达成合作意向。

5月26日，以法国巴黎市副市长布鲁诺·朱利亚为团长的法国政府与企业高级代表团来余姚访问并参观考察余姚舜宇光学科技(集团)有限公司。余姚市市长毛溪浩，市委常委、工业园区管委会主任张国峰，副市长陈长峰会见代表团。

【友好往来】 2011年9月26日至30日，中日国际书画交流展在余姚市举行，交流展由日本国际书画文化交流协会和余姚市书画院共同举办，日本各界人士50余人参加活动。

11月1日至6日，余姚市朱舜水的族孙赴日本拜扫朱舜水墓地，这是余姚市朱舜水后裔首次赴日扫墓，也是朱氏后裔与日本德川家族后裔的首次会面。日本茨城县各界130多人参加扫墓活动。

(孙雪丹　沈建芬)

·慈　溪　市·

【外事工作概况】 2011年，慈溪市派遣因公出国(境)团组170批、367人次，其中企业经贸团组95批、221人次。接待各类外宾团组16批198人次。

【重要外事活动】 2011年4月22至24日，2011中国慈溪家电博览会在慈溪市会展中心举行。20多位欧美客商及近百名中东采购人员到会洽谈。7家国际连锁超市全球采购中心负责人参加国际买家采购对接洽谈会。

6月18日，2011慈溪·中国区域休闲发展国际论坛举行。来自国内外的专家学者以"城市化背景下的区域休闲旅游发展"为主题，就发展休闲旅游产业展开讨论。市委副书记、市长徐华江出席论坛并致辞。

6月22日，慈溪市举行大型家电产销对接洽谈活动，大润发、华润万家、麦德龙、苏宁等60多家国内外著名采购商与慈溪市家电生产和服务企业进行交流洽谈、产销对接，共达成合作意向协议30多项，意向销售金额15亿元。

6月24日，2011年慈溪杨梅节(上海)新兴产业和现代服务业推介会在上海举行。市委副书记、市长徐华江出席并致辞。英国、法国、西班牙、日本等国的驻华商务官员，跨国公司以及央企代表，上海现代服务业联合会等行业协会代表及其他境内外投资客商、项目客商约260余人参加推介会。共有10个投资项目在会上签约，其中外资项目4个，总投资3.41亿美元。

10月25日，慈溪市在香港举办慈溪(香港)海洋经济和新兴产业发展推介会，对9个中心城区改造更新重点项目进行对外招商。市委书记洪嘉祥到会致欢迎词，市委常委、慈东滨海区开发建设管委会主任、龙山镇党委书记孙百南出席会议，副市长胡建国主持推介会。香港贸易发展局代表陈嘉贤在会上致辞。

【主要出访】 2011年3月30日至4月3日，市委书记洪嘉祥率团就城市化改造项目和现代服务业赴香港招商。此次招商活动分

3个小分队，分别由市领导带队，开展专题性上门招商，同时结合交流会等形式与有意向的企业开展推介交流。在港期间，洪嘉祥一行走访了保利（香港）投资有限公司总部、九龙仓集团有限公司总部、中国大型驻港企业招商局集团总部、亚太农林公司、莱蒙鹏源集团、高富诺公司、华润集团等，考察了香港职业训练局、香港家政培训中心和香港养和医院，分别就新型零售业态、旅游开发项目和中心城区改造更新项目投资合作进行招商。4月1日，招商团举行2011慈溪（香港）现代服务业和城市化改造项目合作交流会，新世界中国地产有限公司、幸福企业集团有限公司、长江基建集团有限公司、巴克莱银行等香港知名企业、高端服务业企业高层30余人参会。

4月6日至17日，市委副书记、市长徐华江率团参加"欧洲·宁波周"活动。7日，慈溪市在德国科隆举行专题招商推介会暨合作项目签约仪式，就慈东工业区和新兴产业集群区的开发建设进行项目推介，与5家国外企业签订投资合作协议或意向书，总投资额1.64亿美元。在德国的活动结束后，代表团赴西班牙、土耳其招商。

【主要来访】 2011年4月12日，市委书记洪嘉祥会见来中美合资慈林医院进行工作访问的中国医疗集团董事长查尔斯·艾尔肯。

6月7日，驻上海外国使领馆人员56人来慈溪参观宁波大桥生态农庄。

9月1日，副市长戴南璋会见前来参加徐福文化交流与考察的日本佐贺县徐福会理事长泽野隆一行。

11月3日，副市长胡建国会见来慈溪进行投资访问的新加坡保时集团首席执行官麦克·高特一行。

【友好往来】 2011年5月16日至20日，副市长胡建国率慈溪市代表团赴以色列参加由罗世哈因市主办的"友好城市大会"。胡建国在会上发表关于慈溪市科技创新的主题演讲，并代表慈溪市签署"音乐城市网络"协议。代表团还参观了罗世哈因市的学校、图书馆及高科技工业园区，并与罗什哈因市各界进行了广泛的接触。

6月9日至13日，常务副市长杨慧芳率团访问澳大利亚滨湾市。杨慧芳一行拜会了市长克利福德·海耶斯及滨湾市姊妹城市委员会的主要成员，两市签署进一步加强文化、教育、经贸交流合作的备忘录。访问期间，代表团参观了该市的学校、医院等公共基础设施及便民服务机构。

（邹永夫）

·奉　化　市·

【外事工作概况】 2011年，奉化市办理党政人员因公出国团组39批次74人次，比上年减少15.9%；办理党政干部因公出境15批42人次；办理企业因公出国（境）团组36批60人次。接待国（境）外来宾33批次219人次。

【重要外事活动】 2011年6月14日至18日，首届中欧国际旅游论坛在奉化溪口举办。法国驻上海总领馆教育领事魏戈曼，法国昂热大学旅游、建筑与服务业管理学院院长维沃烈，北京大学旅游与规划中心主任吴必虎等出席论坛。与会专家就奉化阳光海湾区域品牌、产品和营销体系发展思路等进行了探讨。

7月11日至12日，奉化市阳光海湾开发建设指挥部举行阳光海湾项目国际招商说明会。澳大利亚游艇管理有限公司总经理伊安·麦克安鲁、巴硕集团董事郑小平、亚洲水务创办发展有限公司董事华德、美籍日本滨海景观项目专家小林紘一、绿色世界城市集团董事长兼首席执行官陈诚伟、全球主题公园的商业领袖和缔造者娜塔莎等13位来自国际游艇产业、酒店产业、国际资本、中国城市发展基金会的开发投资大户和专家参加，为开发建设好阳光海湾项目出谋划策。

【主要出访】 2011年4月5日至16日，市委书记戎雪海率奉化市代表团赴以色列、芬兰、瑞典进行工作访问。在以色列，代表团与塔玛市签署缔结友好城市关系协议书。在芬兰,代表团考察了图尔库市的游艇建造基地和海港渔区。在瑞典,代表团拜访了诺迪克公司和瑞典造船业协会,了解瑞典造船业发展情况,并就引进造船设备与有关船厂进行了洽谈。

4月6日至15日,以副市长张行波为团长的奉化市招商团赴德国、西班牙参加“欧洲·宁波周”活动。其间,招商团走访了德国科隆市工商会和西班牙爱科公司,奉化科玛(中国)液压有限公司与西班牙爱科公司签订生产项目投资协议书。

4月22日至24日,以副市长宋达军为团长的溪口环球乐园项目成员一行4人赴新加坡举行工作考察。代表团考察了新加坡环球影城、圣淘沙旅游区和城区,了解国际度假旅游业以及大型主题公园的发展趋势,为建设溪口主题乐园取经。

8月2日至4日,市委书记戎雪海率奉化市代表团赴香港参加奉港联谊会成立大会、举办2011奉化·香港投资合作推介会。100多位乡贤参加香港奉化联谊会成立庆典,100多位客商应邀参加奉化·香港投资合作推介会。

10月23日至27日,市长张文杰率奉化市政府代表团出席2011甬港经济合作论坛。在港期间,考察团参加了甬港经济合作论坛开幕式及论坛举办10周年纪念庆典活动,访问了香港王宽诚教育基金会和香港华润集团总部,参加了现代都市建设与发展论坛及重点项目签约仪式。

【主要来访】 2011年3月25日,芬兰驻华大使岚涛夫妇来奉化参观溪口风景区。

7月8日,越南胡志明市监察局总监察长林廷战一行12人到奉化滕头村参观考察,村党委书记傅企平向代表团介绍了滕头村发展概况以及推进基层民主法治建设、构建和谐乡村的举措。考察团一行参观了滕头文化展厅、生态旅游景区和村民小康住宅。

9月16日,联合国原助理秘书长、国际海洋学会主席阿瓦尼·贝楠一行来奉参加中国未来城市发展溪口峰会。市委副书记、市长张文杰会见代表团一行,市政府邀请贝楠担任奉化市海洋经济发展顾问。

12月6日,香港特别行政区行政长官曾荫权夫妇来奉化溪口参观考察。市委书记张文杰陪同考察。

【友好往来】 2011年3月21日,全国友协批准奉化市与以色列塔玛市缔结为友好城市关系。4月6日,市委书记戎雪海率奉化市友好访问团赴塔玛市,与该市市长多弗及政府官员举行交流会,双方就在经贸、旅游等领域开展合作进行了初步的洽谈,并正式签署缔结友好城市关系协议书。

(朱薇芬　虞　晶)

·宁　海　县·

【外事工作概况】 2011年,宁海县派遣因公出国(境)团组89批180人次,其中经贸活动类52批134人次,分别占因公出国(境)团组和人员的58%、74%。

【重要外事活动】 2011年4月11日,宁海县在西班牙巴塞罗那举办宁海汽车零部件产业推介会、宁海经济开发区网站链接西班牙加泰罗尼亚亚挪威亚商业协会网站的启动仪式。

【主要出访】 2011年4月9日至20日,县委副书记、县长褚银良率团赴西班牙参加“欧洲·宁波周”宁海汽配园招商对接洽谈会,并赴匈牙利访问宁海友好交流城市贝克什乔包市。

6月11日至22日,县委书记王剑侯率经贸代表团赴西班牙、匈牙利、土耳其开展光伏产业太阳能电站合作项目洽谈。代表团拜会了匈中经济商会会长、匈牙利国家经济部投资司司长、土耳其盖布泽市市长等。

【主要来访】 2011年5月18日至22日,匈牙利贝凯什乔包市议员鲍勃·伊史特万来宁海参加“中国旅游日”活动,并考察红酒销售市场。

6月10日，奥地利维也纳新城市市长伯纳德·穆勒一行来宁海考察，参观宁波日升电器新能源股份有限公司和宁波银风能源科技股份有限公司。

10月25日，西班牙巴塞罗那AMES公司董事长莫林斯一行来宁海考察，商洽汽车零部件产业项目。

11月28日，墨西哥杜兰戈州经济发展部部长胡安·夫拉哥索一行来宁海考察宁波日升电器新能源股份有限公司，商洽太阳能发电站项目。

【友好往来】 2011年5月26日至27日，副县长邬汝跃率团出访巴西，与圣卡塔琳娜州的沙佩科市签署友好交流关系意向书。

11月12日至14日，美国内布拉斯加州农业厅国际贸易代表士丹利访问宁海，推荐该州普拉茨茅斯市与宁海县结好。县委副书记、县长褚银良会见代表团一行，双方就推进友好关系进行了交流。

（尤婷婷）

·象　山　县·

【外事工作概况】 2011年，象山县办理因公出国(境)团组75批144人次。其中，党政人员因公出国(境)121人次，企业人员12人次，其他人员11人次。

【重要外事活动】 2011年9月15日至16日，中国海洋经济峰会在象山举行。本届峰会由浙江省人民政府和国家海洋局主办，宁波市人民政府、省发改委会、省海洋与渔业局承办，象山县人民政府、宁波市发改委会、宁波市海洋与渔业局、中国海洋报社执行承办。峰会邀请了全国政协副主席张梅颖，联合国原助理秘书长、国际海洋学会主席阿瓦尼·贝楠，省委常委、宁波市委书记王辉忠等200余位嘉宾，就海洋发展战略、海洋新兴产业、海岛保护开发、沿海综合开发等专题进行探讨。象山县委书记李关定在会上作主题发言。

【主要出访】 2011年5月3日至12日，县长叶剑鸣率团赴澳大利亚、新西兰交流访问。考察团参观了澳大利亚维尔康游艇有限公司，洽谈游艇项目合作事宜；访问了新西兰黑斯廷斯市政府，了解当地文化、经济、旅游发展状况。

6月14日至25日，县委书记李关定率团赴墨西哥、古巴、美国开展海洋经济合作交流和招商引资工作。考察团拜访了墨西哥杜兰戈州政府，进行交流合作洽谈；与墨西哥环太平洋国际有限公司签订海洋生物研发生产项目协议；参观了美国西恩迪科技有限公司，就其生产基地项目落户象山事宜进行洽谈。

6月26日至7月7日，县政协主席白国璋率团赴俄罗斯、瑞士、英国考察学习。代表团拜访了俄罗斯圣彼得堡城市建设发展委员会、瑞典比拉赫市政府和英国伦敦哈克尼市政厅官员，与三地就公用基础设施建设、社会公共服务管理经验和社会人文教育管理等进行了交流学习。

10月23日至26日，县委书记李关定率象山县代表团赴香港参加甬港经济合作论坛。代表团出席了开幕式暨论坛10周年纪念庆典，参加了香港象山联谊会成立典礼并会见部分象山籍在港人士，走访了香港在象投资企业，拜访了香港甬港联谊会等香港宁波社团。

【主要来访】 2011年9月8日，瑞士日内瓦州经济发展署副署长史蒂芬·葛瑞率团访问象山，副县长陈永忠陪同客人参观考察，双方就开展新能源、新技术产业项目合作达成意向。

11月29日，墨西哥杜兰戈州经济发展部部长胡安·夫拉哥索率代表团访问象山，县委书记李关定会见来宾，副县长陈永忠等人陪同外宾参观浙江巨鹰集团。

【友好往来】 2011年12月5日至10日，县农林局副局长周善彪率团赴日本爱媛县宇和岛市交流访问。代表拜访了宇和岛市政府官员，双方就推进两地友好关系进行了协商；考察了爱媛县柑橘研究所及日中农林水产交流协会吉田支部。

（赖琼琼）

温州市

温州市简称“温”，辖鹿城、龙湾、瓯海3个区，瑞安、乐清2个县级市，洞头、永嘉、平阳、苍南、文成、泰顺6个县，陆域面积11784平方千米。2011年末全市户籍总人口798.36万人。2011年，全市实现地区生产总值3350.87亿元；财政总收入485.62亿元，其中地方财政一般预算收入270.87亿元。

概述

【外事工作概况】 2011年温州市人民政府外事办公室（简称“市外办”）接待重要外宾和港澳团组89批650人次，服务市领导出访团组19批19人次，正式签署协议缔结友城及友好交流关系城市3对，开展“走出温州”境外大型活动14场次，推动“千校结好”58对，审核报批因公出国（境）团组813批1900人次，处理涉外事件20件、领事保护事件14件，审核发放邀请外国人来华确认函3507批4754人次。

围绕外交大局，认真做好“两个服务”。一是做好高级别团组接待工作。全年市外办接待副部级以上团组6批63人次。二是围绕转型发展需要谋划高层出访。根据中央总体外交布局和温州转型发展需要，精心安排高层出访活动。三是妥善处置重大敏感事件。健全涉外管理机制，加强与外交部领事保护中心及中国驻外使领馆的联系，处置涉外事件的应急协调能力不断增强。2011年发生了温州研修生在日本地震中失去联系、“7·23”甬温线特别重大铁路事故以及温州民间借贷资金链断裂等重大敏感事件，市外办妥善、规范、有序开展各项涉外处置工作。

拓展交往空间，着力构建国际交流平台。一是试水境外定点联系机制。加强与世界大型企业、高校、科研机构集聚或温籍华人华侨聚居的境外城市的互动交流，开展与国外城市互设联络处工作。市外办与温籍华人聚居的10个国外城市开展交往，与西班牙巴塞罗那市、意大利普拉托省、美国尤宁郡、马来西亚怡保市开展经贸、教育、农业等领域的实质性交往。二是举办大型外事活动。市外办与商务、科技、组织人事等部门共同在尼日利亚、加蓬、肯尼亚、哥斯达黎加、澳大利亚、马来西亚、德国、荷兰等10个国家举行了“走进非洲”、“走进东盟”、维多利亚·温州经贸投资洽谈会、温州与海牙科技企业对接洽谈会等大型推介对接洽谈活动14场次，推动了企业拓展海外业务。举办温州与日本吴市友好交往25周年庆祝活动、温州市第9届“雁荡友谊奖”颁奖仪式暨外国专家及留学生圣诞联谊晚会，举办中日生态城项目交流会、澳大利亚维多利亚州贸易投资推介会、马来西亚农产品走进温州座谈会等大型涉外活动，有效扩大了对外开放。三是开拓新的友好关系。按照温州市发展需要，有针对性地拓展友城和单项友好交流关系，不断拓宽温州市对外友好交流面。市本级与澳大利亚伊普斯维奇市、德国吉森市、西班牙巴塞罗那市正式签署结好协议书，与荷兰海牙市、乌克兰敖德萨州、韩国光州等开展不同程度的友好交流。贯彻实施全省“千校结好”行动计划，温州市中小学已与马来西亚、德国、意大利等国家的学校缔结姊妹学校关系58对。

利用外事渠道，积极开展全

方位对外交流。一是深化友城间实质性交流。根据各友城的特点,开展高层互访和不同领域的实质性交往。市领导率团访问友城德国吉森市、美国尤宁郡、澳大利亚伊普斯维奇市、马来西亚怡保市,与友城的政府首脑进行会谈,考察友城建设,密切友好关系;日本吴市市长、韩国仁川广域市中区厅长、西班牙巴塞罗那市常务副市长率友城代表团来温进行友好访问。市外办积极与中国驻佛罗伦萨总领馆、意大利驻沪总领馆联络,与市商务局、市服装商会紧密合作,大力推进温州市与意大利普拉托省经贸合作协议的落实。向遭受地震重创的友城日本石卷市开展捐助慰问,市政府向石卷市捐款200万元人民币。举办温州市·吴市友好往来25周年纪念活动。二是加强与外国驻华使领馆交流。主动拜访或邀请外国驻华使领馆来访,与外国驻华使领馆的交流明显增多,全年外国使领馆团组来访38批109人次,以此为契机,积极为温州市有关部门、行业组织、企业牵线搭桥。市外办多次组团赴上海拜访美国、意大利、韩国、以色列、巴西、墨西哥、阿根廷等国驻沪总领馆,围绕加强双边合作进行会谈。三是支持促进民间对外交流。加强基层友协建设,鹿城区建立友协组织。积极开展民间组织涉外活动情况调研和基层友协工作调研。

健全工作机制,切实加强因公出入境工作。一是严把党政干部和敏感团组因公出国(境)关口。继续认真落实制止公款出国(境)旅游的各项规定,严格执行年度计划,把好任务审批关口,完善各项联审机制,严肃处理违规团组,加强对党政干部团组的管控。二是认真开展护照签证工作。启动因公电子护照试点工作,全年颁发护照950本,通行证292本,代办因公签证409批1666人次。三是积极贯彻"走出去"战略。不断简化办事手续,促进民营企业"走出去"拓展海外市场。简化APEC商务旅行卡持卡者因公外出的审批程序,为企业人员办理APEC商务旅行卡24批61人次。

【全力查找、救助赴日研修生】 2011年3月11日,日本发生9级大地震,温州市派往日本石卷市的107名水产加工技术研修生失去联系。市外办启动应急机制,成立应急保护工作组,实行24小时值班,开展联络日方、联系使领馆、接待安抚研修生家属等工作。市委常委、秘书长葛益平召集外办、侨办、公安、外宣等部门召开紧急会议,部署在日温籍公民应急保护工作。在外交部、中国驻日使领馆的查找救助下,107名研修生相继查找到,并安全撤离。3月19日、20日,研修生分两批乘坐航班回国。

【"7·23"事故外籍人员伤亡处置】 2011年"7·23"甬温线特别重大铁路交通事故造成5名外籍人员死伤,其中3人死亡、2人重伤。市外办启动涉外事件处置工作机制,保持与各国驻华使领馆的联系,做好领事通报工作,与市民政、公安、司法等部门联系,积极协调处理死伤者善后相关事宜,并配合铁道部门接待死伤者家属,协助组织商谈理赔事宜等。

【境外媒体记者管理】 2011年,来温采访"钱云会"事件、"7·23"事故及温州金融形势等敏感事件的境外媒体记者超过55批120人次,温州市外事系统较好地完成了境外记者接待管理任务。"7·23"事故发生后,世界各大知名媒体纷纷来温采访,市外办成立外国媒体工作小组,协助上级有关部门做好温家宝总理中外媒体见面会的组织及相关媒体的接待服务工作。

【拜访意大利等国驻沪领馆】 2011年5月25日,市外办牵头组织市科技局、市外经贸局、温州大学及相关企业负责人赴上海拜访意大利、韩国和以色列总领馆,就如何推动温州市和有关国家开展经贸、文化、教育、友好城市等各方面的交流合作与各领馆交换看法。意大利总领事德卢卡、韩国总领事安总基和以色列总领事艾雅克会见代表团,表示将大力支持温州与本国的交流合作。

【颁发因公电子护照】 2011年9月9日，市外办成功签发第一本因公电子护照。市外办作为外交部因公电子护照试点单位，2008年启动试点工作。2011年5月底前，完成27项必需设备的合同签订和到货。6月份，完成机房建设和专网、专电的安装。8月份，完成所有设备的集成和调试、数字照片上传技术培训以及与省外办的系统联调。

【温州肯恩大学获批创办】 2011年11月16日，教育部批准创办温州肯恩大学，这是中国迄今为止中美合作举办的具有独立法人资格的两所大学之一。

【举办大型外事培训】 2011年11月17日，市外办组织举办大型外事业务培训，全市外事系统干部、市直各单位分管外事领导和外事联络员及重点企业外事专办员共300多人参加培训。市委常委、副市长孟建新出席培训会开课典礼并讲话。外交部政策规划司副司长戚振宏、外交部领事保护中心副主任李春林、省外办副主任陆国灏及省外办有关业务处室负责人为学员讲授国际形势和当前热点问题及领事保护、外事礼仪、境外记者管理、因公出国(境)管理等外事业务知识。

【颁发2011"雁荡友谊奖"】 2011年12月21日，市外办与市教育局、市人力社保局联合举办第9届"雁荡(特别)友谊奖"颁奖仪式暨在温外国专家和留学生迎圣诞联欢晚会。市委副书记、代市长陈金彪，市委常委、副市长孟建新，市人大常委会副主任钱成良等出席颁奖仪式。获得2011年"雁荡友谊特别奖"的3位外国专家分别来自澳大利亚、加拿大和日本，获得"雁荡友谊奖"的18位专家分别来自美国、俄罗斯、日本等11个国家。

重要外事活动

【维多利亚—温州经贸投资洽谈会】 2011年3月29日在澳大利亚墨尔本市举行，由温州市政府与澳大利亚维多利亚州政府、墨尔本雇主工商会共同组织。市委副书记、市长赵一德出席洽谈会并致辞。温州企业与澳方签署总价值3.3亿美元的合约，市外经贸局与澳大利亚雇主工商会签署合作备忘录。

【"走进非洲"投资考察活动】 2011年8月23日至9月3日，温州市组织制鞋、电器、机械、汽摩配、服装、农业、环保设备、建材和融资担保等行业的28家企业负责人，由市经信委主任余中平率团，赴尼日利亚、肯尼亚和加蓬三国，开展"走进非洲"投资考察活动。

在尼日利亚，代表团先后在奥贡州广东自贸区和拉各斯州莱基自贸区进行了两场投资合作洽谈，参加了由奥贡州政府主办的投资贸易推介会和交流互动活动。在加蓬，代表团考察了加蓬木材特区，并与加蓬经济部官员、特区投资商进行了会谈。在肯尼亚，代表团拜访了内罗毕市政府，就在肯投资事宜进行了交流。

【"香港·创意·品牌"温州研讨会】 2011年8月25日举行，由香港特别行政区政府商务及经济发展局、香港贸易发展局、香港设计中心、温州市商务局共同主办。此次研讨会旨在展示香港创意、品牌方面的专业服务优势，协助内地企业提升产品设计水平、树立品牌形象。研讨会设主题讨论、案例分享、一对一洽谈等多个环节。香港时装设计师协会副主席张启秀等30余位创意品牌方面的专家与温州市商界人士进行了交流。温州企业界近300人参加研讨会。

【"走进东盟"经贸对接活动】 2011年9月7日至18日，副市长徐育斐率有关部门负责人及八大优势产业的60多位企业家代表组成的温州市政府经贸代表团赴马来西亚、印度尼西亚和新加坡，开展"走进东盟"经贸考察活动。代表团在马来西亚柔佛州新山市、首都吉隆坡以及霹雳州怡保市举办了3场"温州产业推介和对接会"，在吉隆坡参加了"马中经贸投资国际大会”。温州市商务局与马来西亚东海岸地区发展理事会签订经贸合作谅解备忘录，根据备忘录，温州企业到马来西亚东海岸地区投资创业将享受一系列优惠政策。温州4家企业与马方签约6项合作项目，总金额超过6亿美元。代表团还对印度尼西亚的棉兰市、苏北省斯当巴大概县以及新加坡进行了经贸考察。

【2011海洋生态文明（温州）国际论坛】 2011年10月15日至17日在温州举行。本届论坛由省人民政府、国家海洋局联合主办，温州市政府、省海洋与渔业局、国家海洋局国际合作司承办。来自美国、加拿大、德国、荷兰等9个国家和地区的专家学者，以及联合国开发计划署、全球环境基金、世界自然基金会等国际组织相关人士出席论坛，围绕“海洋应对气候变化的机遇与挑战”议题展开探讨。副省长、市委书记陈德荣，国家海洋局副局长陈连增在开幕式上致辞。市委副书记、代市长陈金彪主持开幕式。

【温州市代表团访问荷兰】 2011年11月2日至7日，温州市组织17家企事业单位共30人组成的代表团，由市政府副秘书长陈向东率队访问荷兰，开展科技企业对接洽谈活动。3日，温州市政府与海牙市政府、西荷兰投资局、旅荷中国贸易促进会联合在海牙荷兰商会就如何加强温州民营企业与荷兰中小企业的合作、共同开拓市场进行了交流研讨，100多名荷兰企业、法律界人士及旅荷华人企业家参加交流。会后，双方企业针对具体问题进行了一对一分组交流和实地考察。苍南仪表厂与荷兰一家专业咨询公司签署合作协议。

市领导出访

【温州市代表团访问澳大利亚等三国】 2011年3月28日至4月8日，市委副书记、市长赵一德率温州市代表团对澳大利亚、新西兰和马来西亚进行访问考察。出访期间，代表团参加了温州市政府与维多利亚州政府、墨尔本雇主工商会共同组织的维多利亚—温州经贸投资洽谈会，进行了城市建设与管理、港口物流、教育等方面的考察，访问了澳大利亚和马来西亚的友城。

【温州市友好访问团访问马来西亚、毛里求斯和肯尼亚】 2011年10月10日至21日，市委副书记朱贤良率温州市友好访问团访问马来西亚、毛里求斯和肯尼亚。代表团拜访了马来西亚霹雳州怡保市政府，进一步深化两市的友好关系，重点推动“千校结好”工作；拜访了毛里求斯投资促进署，就加强双方经贸交流与合作进行考察和座谈，并考察了当地的投资环境和政策；在肯尼亚，访问团拜访了东部非洲中国总商会，了解温籍侨团在该地区的生活及经营情况，并推进肯尼亚与温州之间的合作交流。

2011年温州市部分出访团组

序号	出访时间	团长职务、姓名	出访地点	出访任务
1	3月31日～4月8日	副市长陈浩	荷兰、德国	轨道交通建设考察
2	4月9～20日	市人大常委会主任陈笑华	南非、肯尼亚、阿联酋	议会交流等
3	4月18～30日	市人大常委会副主任陈宏峰	西班牙、捷克、摩洛哥	议会交流、农业和教育文化事业考察
4	3月28日～4月8日	市委副书记、市长赵一德	澳大利亚、新西兰、马来西亚	“温州周”活动、友城工作

续表

序号	出访时间	团长职务、姓名	出访地点	出访任务
5	4月21日～5月2日	市委常委、鹿城区委书记余梅生	埃塞俄比亚、加蓬、肯尼亚、阿联酋	经贸交流
6	5月5～16日	市委常委、副市长周少政	德国、奥地利、希腊、阿联酋	友城工作、金融监管考察
7	5月9～20日	纪委书记徐宇宁	俄罗斯、匈牙利、希腊	行政监察考察
8	8月26日～9月7日	政协主席包哲东	西班牙、肯尼亚、毛里求斯	议会交流
9	9月7～18日	副市长徐育斐	马来西亚、印度尼西亚、新加坡	开展“走进东盟”活动
10	9月8～19日	政协副主席夏克栋	奥地利、希腊、土耳其	议会交流和经贸考察
11	10月27日～11月7日	政协副主席高育厅	加拿大、英国、奥地利	议会交流、文物保护考察
12	11月17～28日	市人大常委会副主任王小同	美国、加拿大、墨西哥	友城访问、议会交流
13	12月5～16日	市委常委、常务副市长彭佳学	英国、土耳其、匈牙利	经贸交流

主要来访

【泰国商务部代表团访问温州】 2011年1月5日，市委副书记、市长赵一德会见由副部长阿隆功·篷拉布率领的泰国商务部代表团。代表团出席了“泰中国际精品城”推介会。

【西班牙巴塞罗那市政府代表团访问温州】 2011年1月5日至8日，西班牙巴塞罗那市常务副市长乔迪·威廉姆·卡奈斯率领市政府代表团访问温州。市委副书记、市长赵一德会见代表团一行，双方签署建立友好交流关系协议书。

在温期间，代表团举行了巴塞罗那市推介会，参观考察了温州城市规划、港口建设、垃圾处理、高新技术企业等。

【英国超准能源公司总经理访问温州】 2011年1月18日，市委常委、常务副市长彭佳学会见来温考察的英国超准能源公司总经理王光明一行。彭佳学说，超准能源在东海开发的丽水36—1气田工程选择在温州登陆，是有利于改善百姓生活的民生工程，政府将尽快尽好推进项目。王光明说，公司将努力加快气田的开发进程，尽快向温州提供天然气。

【哥斯达黎加驻华大使访问温州】 2011年1月18日，市委常委、副市长孟建新会见哥斯达黎加驻华大使马尔科·鲁伊斯夫妇，马尔科·鲁伊斯邀请温州市政府及企业参加3月份在哥斯达黎加举办的中国—哥斯达黎加商业峰会。马尔科·鲁伊斯一行参观了市规划展、温州华格创业投资有限公司、康奈集团、正泰集团、法派西服有限公司，游览了雁荡山。

【智中政治对话委员会智方主席访问温州】 2011年1月19日，市人大常委会副主任钱成良会见由智利议会众议员、智中政治对话委员会智方主席罗伯特·莱昂率领的代表团。市外办召集主持市经贸委、市外经贸局、市中小企业协会和高新技术企业协会相关负责人与代表团进行了座谈，就温州市与智利开展全方位的交流合作进行了探讨。

代表团参观了康奈集团、圣邦科技有限公司和华润机电有限公司。

【荷兰海牙市副市长访问温州】 2011年2月11日至13日，荷兰海牙市副市长汉克·柯尔和西荷兰外国投资局副局长范德飞访问温州，与市科技、商务部门商谈温州市计划在海牙举办温州与荷兰企业对接活动的相关事宜。市委常委、副市长孟建新会见代表团。代表团一行参观了温州汇润机电公司和法派集团。

【以色列驻沪总领事访问温州】 2011年2月22日至23日，以色列驻沪总领事艾雅克一行2人来温州考察访问，希望加深对温州的了解，进一步加强以色列与温州之间的贸易往来、交流合作。市委副书记、市长赵一德会见艾雅克一行。

艾雅克一行参观考察了温州医学院附属第一医院、温州大学，并在温州大学发表演讲，参观了温州博物馆、正泰集团，游览了雁荡山。

【印度驻沪总领事访问温州】 2011年3月7日至8日，印度驻沪总领事戴斯瑞一行2人访问温州。市委副书记、市长赵一德会见客人。戴斯瑞一行参观了温州大学的民俗博物馆和发绣艺术馆、温州工艺美术大师楼，考察了康奈集团和正泰集团。

【欧盟委员会前主席访问温州】 2011年3月12日，欧盟委员会前主席、意大利前总理罗马诺·普罗迪一行10人访问温州，副省长、市委书记陈德荣会见普罗迪一行，市领导葛益平、孟建新等参加会见。普罗迪一行参观了夏梦·意杰公司、温州大学、江心屿，参加了“加强中意经贸合作”座谈会，并接受了媒体采访。

【意大利驻沪总领事访问温州】 2011年3月12日，市委常委、副市长孟建新会见意大利驻沪总领事德卢卡一行2人，德卢卡一行是陪同意大利前总理普罗迪来温州访问的。

【卢森堡驻沪总领事访问温州】 2011年4月19日至20日，卢森堡驻上海总领事费瑞鹏一行5人访问温州。市委副书记、市长赵一德会见费瑞鹏一行，双方进行了友好交流。赵一德说，希望总领事先生能够为两地搭建桥梁纽带，推动两地在经济、贸易、文化、科技、教育、金融等多领域的合作交流。

费瑞鹏说，此次温州之行，是慕名前来了解温州人是如何做生意，温州人的企业是如何经营的。他希望更多的温州人了解卢森堡、到卢森堡，双方开展更多的合作。

在温期间，费瑞鹏一行参观考察了温州正泰集团、法派集团和开元集团。

【西班牙GRC公司主席访问温州】 2011年5月7日至11日，西班牙GRC公司主席拉蒙·泰勒率代表团访问温州。市委副书记、市长赵一德会见代表团一行。代表团拜访了市发改委、市港航局、市住建委、市环保局、市规划局，参观了临江垃圾发电厂并与伟明集团负责人会谈。

GRC公司是一家控制和处理废弃物的管理公司。

【乌克兰特普罗达尔市政府代表团访问温州】 2011年5月24日至26日，为增进与温州市的友好交往，并具体商谈温州市企业家在乌克兰敖德萨州建立中国商品城事宜，敖德萨州特普罗达尔市市长彼切拉斯科依·列奥尼德·马伊谢奥维奇率领政府代表团访问温州。

市委常委、副市长孟建新会见代表团。孟建新介绍了温州概况，并表示市政府将鼓励温州企业积极到园区落地，同时注重当地生态的保护，为乌克兰人民提供优质的服务，创造良好的工作环境，争取使工业园区成为两地友好往来的见证。

敖德萨州代表团参观了正泰集团、法派集团、奇特乐集团和温州市城市规划展。

【德国TUV集团高层访问温州】 2011年6月1日，TUV南德意志集团大中华区首席执行官兼总裁范华德一行5人访问温州，在“帮扶企业跨越贸易壁垒——中德检验技术合作签约仪式”上，南德意志集团与温州市质检院签约，南德意志集团授权温州市质检院为其认可实验室，双方将联合向温州鞋企提供“一测双证”服务，企业产品经过一次检测后，可以拿到中文的国家中心和英文的TUV两份权威报告。

市委常委、副市长周少政会见代表团一行。代表团参观了温州市质量技术监督检测院实验室。

【丹麦女王丈夫亨里克亲王访问温州】 2011年6月20日，丹麦女王丈夫亨里克亲王一行11人访问温州，考察温州葡萄酒市场，了解卡伊酒庄在温销售情况。副省长、市委书记陈德荣会见亨里克一行。亨里克一行还参加了温州卡伊文化创意园开园仪式及卡伊时尚之夜活动。

丹麦女王玛格丽特二世及其丈夫亨里克亲王是法国卡伊庄园的所有者。

【澳大利亚维多利亚州代表团访问温州】 2011年6月27日至29日，澳大利亚维多利亚州政府工业创新与地区发展局局长道姆·塔索恩率维多利亚州代表团访问温州。市委副书记、市长赵一德会见代表团一行。

在温期间，代表团与市发改委、市规划局、市外经贸局和市外办进行了工作交流座谈，参观了温州市城市规划展。

【新西兰商务代表团访问温州】

2011年6月30日至7月1日，新西兰驻沪总领事隋新率由领馆官员及企业家组成的商务代表团访问温州。市委副书记、市长赵一德会见代表团一行，双方就推动温州与新西兰经贸合作和各个领域的友好交流进行了会谈。

在温期间，代表团与市商务局、市消防局、市贸促会、温州风险投资院、温州中小企业促进会等就两地合作进行了交流，并与温州企业进行了对接，双方都表达了在农业、资源、城市景观设计等方面开展合作的兴趣。

【意大利托斯卡纳大区政府代表团访问温州】 2011年7月5日，意大利托斯卡纳大区政府特别项目协调主任维尼西欧·拜阿吉率代表团访问温州，考察了温州服装发展大厦，市政府举行“中意纺织服装研发中心”项目座谈会。市委常委、副市长孟建新出席座谈会并讲话。副市长徐育斐会见代表团一行，双方进行了座谈。

【马来西亚吉隆坡代表团访问温州】 2011年7月5日，马来西亚吉隆坡代表团访问温州。市委副书记、市长赵一德会见代表团一行。举行了温州市4所中小学与马来西亚4所中小学结好合作意向书签订仪式。

在温期间，代表团分别考察了有意与马来西亚坤成中学等4所学校结为姊妹学校的温州市第七中学等4所中小学，参观了市容和温州大学城，与温州医学院、温州大学、温州职业技术学院、在温留学中介机构等负责人就教育合作模式进行了深入的探讨。

【厄瓜多尔驻沪总领事访问温州】

2011年7月10日至11日，厄瓜多尔驻沪总领事孔嘉铭夫妇访问温州。市委副书记、市长赵一德会见孔嘉铭夫妇。赵一德说，希望通过总领事先生的牵线搭桥，温州能与厄瓜多尔的城市结成友好城市。孔嘉铭表示，经过对温州的实地考察，他发现双方有广阔的合作空间，在泵阀产品、监控设备等领域有许多值得交流合作的项目。希望今后能进一步加强沟通，推进双方关系深入发展。

在温期间，孔嘉铭拜访了市商务局、贸促会、经济技术开发区管委会，双方以投资厄瓜多尔为主题进行了座谈交流。孔嘉铭还考察了温州软件行业协会、正泰集团以及高新技术企业。

【马来西亚怡保市市长访问温州】

2011年8月10日至14日，马来西亚霹雳州怡保市市长、拿督罗西迪·哈希姆率团来温州考察。代表团举办了“马来西亚农产品走进温州”座谈会，并参加了“走进东盟”座谈会，商谈了9月温州市组织的“走进东盟”大型经贸活动筹备工作的具体事宜。

【荷兰海牙市副市长访问温州】 2011年8月18日至19日，荷兰海牙市副市长汉克·柯尔一行来温访问。市委常委、副市长孟建新会见客人。汉克·柯尔一行参观了汇润机电有限公司和温州天宇轻工机械有限公司，并与市科技局、市农业局、市商务局、市外办进行了座谈。

【英国驻沪总领事访问温州】 2011年8月31日，英国驻上海总领事戴伟绅一行7人来温访问，市委副书记、市长赵一德会见代表团，市委常委、副市长孟建新，市政府秘书长詹永枢会见时在座。

戴伟绅一行参观了温州市城市规划展、正泰集团，并与温州知名企业家代表座谈。

【香港岛各界社团负责人访问团访问温州】 2011年9月7日至10日，由中央驻香港联络办组织的香港岛各界社团负责人访问团访问温州，考察南浦街道春秋社区和新桥街道新桥社区。访问团与市民政局、社保局、妇联等部门进行了座谈，市委常委余梅生出席座谈会。

【日本中日生态城市合作项目考察团访问温州】 2011年9月12日至14日，以日本国土交通省国土政策局局长中岛正弘为团长的中日生态城市合作项目考察团来温州考察。在中日生态城市合作项目交流会上，副省长、市委书记陈德荣和市委副书记、市长赵一德与考察团商谈了合作事宜。市委常委、秘书长葛益平参加会议。市委常委、副市长孟建新在会上作瓯江口新区项目方案介绍，并陪同日本客人考察。

2011年6月，中国住房和城乡建设部(住建部)、日本国土交通省签订《关于推动生态城市建设合作的谅解备忘录》，温州是住建部推荐的项目建设地之一。温州市初步设想以瓯江口新区130平方千米为依托，以合作开发的模式，形成具有国际示范作用的生态示范样板城区。

【马来西亚多元文化妇女联合会代表团访问温州】 2011年9月21日，马来西亚妇女家庭社会发展部副部长、上议员王赛芝率马来西亚多元文化妇女联合会代表团来温州考察。市委副书记、市长赵一德会见代表团一行。代表团与温州市妇联、温州女企业家协会代表举行了中国(温州)—马来西亚妇女创业发展座谈会，交流了双方在开展妇女工作、提高妇女权利、提供妇女创业支持方面的经验。

【韩国驻沪总领事访问温州】 2011年10月13日至14日，韩国驻沪总领事安总基一行访问温州。市委常委、副市长孟建新会见安总基一行。安总基一行参加了市商务局、市贸促会、市国际商会和大韩贸易投资振兴公社共同举办的2011韩国温州投资环境说明会，考察了温州中光科技有限公司和新韩光学有限公司。

【乌拉圭驻华大使等来温参加论坛】 应温州企业之邀，2011年11月17日至19日，乌拉圭驻华大使萨里奥·波利特、罗马尼亚驻沪总领事弗洛林·马流斯及经济领事、摩尔多瓦驻华大使馆参赞尤里·韦铁安等来温州参加首届世界级酒类品牌合作与发展高峰论坛。

【蒙古民族民主党干部代表团访问温州】 2011年11月26日至28日，以党主席门·恩赫赛汗为团长的蒙古民族民主党干部代表团来温访问。副省长、市委书记陈德荣会见代表团一行。代表团与温州中小企业发展促进会进行了座谈，参观了康奈集团、温州博物馆和江心屿。

【瑞士驻沪总领事访问温州】 2011年11月26日至28日，瑞士驻沪总领事史伦博一行2人访问温州。市委常委、副市长孟建新会见客人，双方进行了友好会谈。

在温期间，史伦博参加了位于平阳县的中瑞合资企业德科镁科技有限公司的奠基仪式，拜访了市商务局，参观考察了中光科技有限公司、正泰集团和法派集团。

【日本中日城市合作项目考察团

访问温州】 2011年12月11日至14日，中日生态城市合作项目考察团来温考察市内商业网点、商务中心区及城市建设面貌、瓯江口新区等。市政府举行中日双方交流会，副书记、代市长陈金彪出席并讲话，市委常委、副市长孟建新主持会议。副市长章方璋、市政府秘书长詹永枢出席会议。

2011年温州市部分来访团组

序号	日期	团组名称	团长职务姓名	人数	主要任务和活动
1	1月12～13日	西班牙卫斯德房产投资公司	董事何塞卡多纳	3人	与市外办座谈，寻求卡斯特里翁市和温州市在社会、经济、贸易、港口等领域的交流与合作
3	2月15日	香港港安医院代表团	院长杨铭礼	4人	洽谈温州港安国际医院项目推进工作
4	2月16日	澳大利亚维多利亚州政府代表团	州政府驻沪办投资总监徐家斌	2人	参加澳大利亚、新西兰投资环境推介会
5	2月16日	香港港龙航空代表团	港龙航空行政总裁唐伟邦	5人	拜访市外办、口岸办等部门，并与温州机场就口岸升级和航线开通做进一步的对接和交流
6	2月16日	韩国代表团	大韩贸易投资振兴公社韩中投资促进中心蔡得焕	3人	拜访温州市外办，增进友好交流合作关系
7	2月18～20日	香港代表团	香港渔农自然护理署署长黄志光	5人	对雁荡山世界地质公园进行工作访问
8	2月25日	日本静冈县经济农业部代表团	静冈县经济农业部调查员	5人	考察“乌牛早”茶叶品种的栽培技术、生产管理情况
9	3月30日	澳大利亚西澳州政府代表团	西澳州政府驻杭州商务代表处巩欣	2人	拜会温州市白鹿外国语高级中学并作情况介绍
10	5月18日	西班牙阿里坎特Kerry集团	董事长曼努埃尔·凯利	2人	商讨开展体育交流，加强高校合作以及在温开设高尔夫球学校等事宜
11	6月8日	美国肯恩大学代表团	肯恩大学理事会主席尤金·恩洛	6人	参加温州肯恩大学工作汇报会，考察温州大学、温州肯恩大学过渡备用校区和温州肯恩大学丽岙校址
12	8月24～26日	日本吴市政府先遣小组		3人	商谈两市友好交往25周年庆祝事宜
13	8月24～26日	香港贸发局代表团	服务业推广总监徐耀霖	30人	拜访市外办、市商务局，在举办“香港·创意·品牌”研讨会
14	9月13日	美国得克萨斯州州长办公室	州长办公室经济发展与旅游部亚太地区主任陈中	1人	拜访温州市商务局、市贸促会和市工商联
15	9月14～15日	美国	IBM浙江分公司总经理陈虎	3人	拜访副市长孟建新，表达在温州建立分公司的意愿

续表

序号	日期	团组名称	团长职务姓名	人数	主要任务和活动
16	9月15日	韩国	贸易振行公社驻沪次长	3人	拜访市科技局，商谈相关合作事宜
17	9月26～28日	毛里求斯CKLB集团	首席执行官克里斯蒂安·李	2人	考察温州市民营企业
18	10月21～23日	香港医学会代表团	会长蔡坚	24人	参加在温州医学院举办的第13届京港医学交流会议
20	10月30日～11月7日	意大利教育部代表团	多元化部门主管安托里奥	16人	拜访温州大学、温州市少艺校和温州华侨职业中学，听取温州市侨办和市教育局教育情况介绍，并参观瑞安市的学校
21	11月2日	韩国第4届中韩青少年体育交流大会代表团		56人	参加篮球、羽毛球和乒乓球比赛
22	11月24日	马来西亚代表团	霹雳州州务大臣华人事务顾问、拿督郑可扬	10人	参加马来西亚怡保市温州友好协会与浙江高品律师事务所合作签约仪式
23	11月24～25日	香港港龙航空代表团	港龙航空华东区经理谭景允	4人	拜访市外办和市口岸办以及温州客运代理
24	11月29日～12月1日	美国加州温州同乡会代表团	会长谢巧玲	8人	拜访市外办，考察康奈集团，参观市博物馆“黄公望搜藏作品展”

友好城市交流

【温州市与西班牙巴塞罗那市等结好】 2011年1月6日，西班牙巴塞罗那市政府代表团访问温州。市委副书记、市长赵一德与巴塞罗那市副市长乔迪·威廉姆·卡奈斯正式签署两市建立友好交流关系协议书。

4月1日，市委副书记、市长赵一德在访问澳大利亚伊普斯维奇市期间，与该市市长保罗·比萨礼签署两市建立友好城市关系协议书。

5月6日，市委常委、副市长周少政在访问德国吉森市期间，与市长格拉伯·波尔茨签署两市建立友好城市关系协议书。

【温州与日本吴市友好交往25周年庆祝活动】 2011年10月11日在温州市举行，吴市市长小村和年率代表团莅温参加活动。副省长、市委书记陈德荣会见代表团一行。会见结束后，温州市举行友谊树植树纪念活动，市委副书记、代市长陈金彪，市委常委、副市长孟建新，市人大常委会副主任王小同，市政协副主席姜嘉锋等与日本友人在世纪广场栽下两棵榕树，作为两市友好交往25周年的友谊树。在随后举行的25周年庆祝大会暨欢迎宴会上，陈金彪和小村和年共同签署《促进友好交流备忘录》。

【慰问捐助日本石卷市】 2011年3月16日，市委副书记、市长赵一德向遭受地震重创的温州市友城日本石卷市市长发去慰问信。市政府向石卷市捐赠200万元人民币，并在温州各单位、企业和市民中发起募捐活动。

【韩国仁川中区厅长访问温州】 2011年3月27日至29日，韩国仁川广域市中区厅长(中区政府最高行政长官)金洪福率政府代表团访问温州。副市长孟建新会见并宴请代表团一行。

在温期间,代表团一行参观了温州城市建设规划展、正泰集团,游览了江心屿。

【温州市人大常委会考察团访问美国尤宁郡】 2011年11月20日至22日,市人大常委会副主任王小同率团考察美国新泽西州尤宁郡,拜访了尤宁郡的议会和郡政府,双方进行了交流。考察团还参观了位于尤宁郡的美国肯恩大学。

(叶　雪)

县(市、区)外事

·鹿　城　区·

【主要出访】 2011年4月21日至5月2日,温州市委常委、区委书记余梅生等一行6人访问埃塞俄比亚、加蓬、肯尼亚、阿联酋。访问埃塞俄比亚期间,非盟主席让·平会见代表团一行。余梅生一行拜访了埃塞俄比亚外交部、能源部、农业部官员,了解当地企业发展政策,为温州企业"走出去"战略作进一步对接。代表团拜访了温州友好城市让蒂尔港市,市长安德烈·朱莉会见代表团一行。在肯尼亚和阿联酋,代表团拜访了温州商会,考察了温州商城和温籍企业。

9月20日至29日,副区长吕朝晖等一行5人访问法国、意大利,分别拜访了意大利米兰省省长、塞斯托市市长,鹿城区与塞斯托市签订建立友好交流关系城区协议书。在法国,代表团拜访了巴黎第十区区长、马赛拉嘎尔德市市长等。

【成立区友协】 2011年3月18日,鹿城区召开区人民对外友好协会成立大会。区委副书记徐淼任首届会长。

(李　前)

·瓯　海　区·

【主要出访】 2011年3月28日至4月9日,副区长李康率团赴澳大利亚、新西兰、新加坡等国考察农业可持续发展。

5月24日至6月4日,副区长何宗静率团赴英国、荷兰及法国开展经贸、旅游等考察活动。

6月18日至29日,区委常委、组织部长黄波率团赴英国、意大利、法国进行经贸、社区管理考察和友好访问,并与意大利康皮比申次奥市签署建立友好交流城市关系意向书。

7月27日至8月7日,区人大常委会副主任王益平率团赴俄罗斯、瑞典、芬兰进行经贸、旅游考察。

9月4日至15日,区政协副主席郑元兴率团赴南非、希腊、阿联酋进行经贸考察。

9月14日至23日,区政协副主席沈岩明率团赴加拿大、美国进行文化教育考察。

9月20日至29日,区委副书记吴宏儒率团赴美国、加拿大进行经贸、城市建设考察。

【主要来访】 2011年11月12日至14日,意大利康皮比申次奥市市长阿德里亚诺·奇尼率政府代表团对瓯海区进行友好访问及经贸教育考察交流。区委副书记、代区长彭立华与阿德里亚诺·奇尼共同签署两地建立友好交流城市关系协议书。

(金仁宁)

·瑞　安　市·

【主要出访】 2011年11月16日,以副市长管秀云为团长的养老体系考察团对美国、加拿大进行考察,学习借鉴两国在养老服务体系建设方面的先进经验,并与加拿大多伦多市下属旺市进行了初步接洽,商讨建立友好关系。

【主要来访】 2011年10月26日至28日,德国弗里德里希一阿德勒一级初中校长罗密·英格堡·鲍伯一行访问瑞安市集云实验中学,两校签订结对协议。

11月5日,意大利教育部多元文化部门主管安东尼奥·克托罗一行访问瑞安,意大利4所中小学分别与瑞安中学等4所学校签订友好结对协议。

(杨　芳)

·乐 清 市·

【外事工作概况】 2011年，乐清市受理、审核、呈报因公出国(境)团组66批130人次，组织8个代表团出访，开展经贸交流和友好访问等活动，与3个国外城市签订建立友好交流关系意向书。促成友好校际关系5对。接待外宾和港澳团组20批118人次。

【重要外事活动】 2011年12月23日，乐清市举办2011圣诞联谊晚会，乐清市友协全体理事、乐清市涉外部门相关人员等，以及来自英国、俄罗斯、韩国、加纳、日本、印度尼西亚等国的国际友人200多人参加。市委副书记、代市长林晓峰等出席晚会，林晓峰致辞。来自海内外的各界人士表演了文艺节目。晚会还特别邀请韩国国立全南大学师范学院学生代表团前来交流演出。

【主要出访】 2011年3月8日至19日，市委常委、市纪委书记邹跃新率团访问澳大利亚、韩国，拜访了澳大利亚杰尔顿·格润那福市，就两市正式建立友好关系事宜进行协商。

3月29日至4月9日，副市长吴云峰率团访问英国、法国、西班牙，与英国福尔科克市、西班牙丰拉布拉达市签订建立友好交流关系意向书。

4月12日至21日，副市长胡晓翔率团访问巴西、墨西哥，参加了巴西国际电力及电子元器件展览会。

9月13日至24日，市委书记潘孝政率团考察巴西、墨西哥和加拿大，与加拿大纳奈莫市签署建立友好关系意向书等。

【主要来访】 2011年5月4日，丹麦驻华大使馆商务参赞朱阳和驻沪领事馆官员一行应邀来乐清参观访问，并为乐清企业作企业国际化专题演讲。

5月8日，西班牙GRC公司主席拉蒙·泰勒一行访问乐清，与市政府相关人员座谈，双方交流了建筑垃圾处理技术。

12月8日，俄罗斯民族集装箱集团执行总裁访问乐清，与部分对俄贸易企业就货物在俄的物流进行了对接洽谈，承诺为乐清企业提供便捷优质的通关和物流服务。

【友好往来】 2011年，乐清市与英国福尔柯克市、西班牙丰拉布拉达市、加拿大纳奈莫市签署建立友好交流关系意向书。

与法国奥柏赫维利耶市政府共同支持合作的“观音洞灯光改造项目”于9月25日正式完工，奥柏赫维利耶市市长萨尔瓦多率团亲临雁荡山观音洞为灯光改造项目揭牌。

乐清中学与澳大利亚凯拉尼高地中学、德国弗里德里希·艾伯特一级文理综合中学签署建立友好学校关系意向书，乐清国际外国语学校与美国南丁盖尔百幕福学校、艾斯康迪多公立学校和马来西亚崇正华文学校签署建立友好学校协议书。

（伍培利）

·永 嘉 县·

【重要外事活动】 2011年10月24日，逸华会2011世界旅游小姐温州绿色行暨慈善派对活动在永嘉举行，出席2011年世界旅游小姐全球总决赛的49国66名佳丽专程来到温州，推广楠溪江旅游。旅游小姐们在永嘉岵口村的巴巴庄园种下了象征和平和友谊的桂花树，借此向全球推广绿色旅游和生态旅游。

【主要出访】 2011年2月21日至3月2日，县委常委、宣传部长郑秋文率团赴美国、加拿大进行文化、教育方面的考察和友好交流活动。

4月16日至25日，副县长陈志斌率团赴南非、巴西进行城市建设方面的考察和友好交流活动。

6月19日至28日，县人大常委会副主任潘浪国率团赴美国、加拿大，进行农业、城市建设方面的考察和友好交流活动。

6月30日至7月11日，副县长胡宝锋率团赴意大利、荷兰和西班牙，进行农业方面的考察和友好交流活动。

（金永义）

嘉兴市

嘉兴市简称“嘉”、“禾”，辖南湖、秀洲2个区，平湖、海宁、桐乡3个县级市，嘉善、海盐2个县，总面积3915平方千米。2011年末户籍人口343.1万。2011年，全市实现地区生产总值2668.1亿元；财政总收入416亿元，其中地方财政收入226.4亿元。

概　　述

【外事工作概况】 2011年，嘉兴市人民政府外事办公室（简称“市外办”）审批（核）确认因公出国（境）团组359批996人次，其中党政人员出国（境）660人次，因公出国（境）证照和《省管干部因公临时出国情况报告表》收缴率均达100%。

对外交流再添新平台。顺利完成包括泰国帕差拉吉帝亚帕公主、匈牙利文化部长格札·索茨等25批逾150人次的国（境）外重要来访团组，以及美国、印度等8个国家的驻华大使、驻沪总领事及特派代表来禾考察访问的接待工作。精心筹划市领导出访，全年共服务或协助服务市领导出访团组22批136人次。有效发挥高层互访的带动作用，推动嘉兴市与互访国的交流与合作。

8月，以市人大常委会主任徐士珍为团长的市政府友好访问团应邀访问捷克诺瓦雷市、西班牙科拉多维拉巴市、英国普利茅斯市，与诺瓦雷市就发展友好城市关系达成共识，与科拉多维拉巴市在资源节约和环境保护领域开展交流与合作取得进展，与普利茅斯市正式签署建立友好交流关系协议书。9月，应匈牙利布达佩斯第五大区政府、捷克亚西莫夫市政府和俄罗斯维堡市政府的邀请，市政协主席刘冬生率团对相关城市进行友好访问并取得一系列成果。

国际友城再添新成员。2011年新缔结国际友好交流城市3对；配合全省“千校结好”行动计划实施，新增校际关系6对，嘉兴学院与美国佐治亚州立大学校际合作交流协议等一批友好校际关系如期签署。至此，嘉兴市国际友好交流城市增至66对，基层友好关系已逾百对。

嘉兴市和印尼东努省古邦市签订建立友好交流关系意向书，这也是嘉兴市在东南亚开拓友好交流城市的新突破。与意大利锡耶纳市、美国安提俄克市和加拿大哈密尔顿市在教育、生态、环保等领域的合作按计划向纵深推进，分别签署建立友好交流关系备忘录。

因公出国（境）管理更趋规范。在全省率先开发并如期运行因公出国（境）在线服务系统，率先开发邀请外国人来华在线管理系统，率先建立因公出国（境）电子护照代办受理点，两系统在实现全市因公出国（境）网上审批（核）和网上在线监管的同时，能及时分析因公出国（境）和邀请外国人来华的各种动态信息。

2011年开始，全面受理被授权单位签发的《被授权单位邀请函》或《邀请确认函》，年内为企业办理邀请函1365份，其中加急件400余份。牵头召开因公出国（境）党风廉政建设联席会议，对全市各县（市、区）和市直单位、企业等50余家单位2011年因公出国（境）工作进行全面检查，推进了制止公款出国旅游专项工作常态化管理。

民间交往工作更趋深入。坚持以民促官、以经促政、以文促信，拓展嘉兴市民间对外交往渠道，丰富民间对外交往内容。五县(市)两区均成立了友协组织。建立友协理事单位和理事与市内重点外资企业及重点外籍人士结对交友制度，构建服务非公企业新平台。

2011年，组织市友协理事赴境外参加东亚老龄社会保障事业交流活动、21世纪韩中两国走向未来交流、中欧老龄化社会保障体系交流研讨以及"孔子文化行"访欧活动等。组织参与第8届中非友好城市暨地方政府合作研讨、市青联代表团赴韩国江陵市进行友好访问、第5届百名中外儿童新年大联欢、中澳中学生夏令营、"外国友人看嘉兴"摄影大赛、英语口语比赛和中外人士联谊晚会等数十次民间对外交往活动。协助组织德国莱法州音乐山庄展演、第8届西塘·中国亚非国际当代艺术展、中丹中学生篮球友谊赛以及尼泊尔风情摄影展等文化交流活动。

重要外事活动

【第5届百名中外儿童联谊会】 2011年1月23日在嘉兴华侨幼儿园举行，由嘉兴市人民对外友好协会、嘉兴市归国华侨联谊会、《南湖晚报》主办。70多名《南湖晚报》小记者和近20名外籍小朋友参加活动。

此次活动除了中外小朋友表演节目，还设置了许多有趣的互动游戏。

【投资美国说明会】 2011年4月8日在嘉兴市沙龙宾馆举行，由嘉兴市外办、嘉兴市工商联、美国各州驻华协会联合主办。嘉兴市政协副主席、市工商联主席薛佳平，嘉兴市外办副主任邱锦月，美国各州驻华代表及嘉兴市企业界代表30多人出席会议。美国各州的代表来自纽约州、新泽西州、密苏里州、伊利诺伊州及芝加哥中国商会等。美国各州代表介绍了各自的经济特征及投资环境，回答了嘉兴市企业界代表对投资美国所关心的问题。

【嘉兴·达蒙维经贸合作洽谈会】 2011年4月19日在嘉兴阳光大酒店举行。由加拿大达蒙维市市长率领的该市工商界代表与嘉兴市相关企业进行了对接洽谈。副市长蒋仁欢出席。

洽谈会上，嘉兴市商务局相关负责人向来宾介绍了嘉兴的投资环境，表示希望与达蒙维市在经贸、教育、文化等领域开展更为深入的合作。来自达蒙维市的相关机构和6家采购商分别与嘉兴市文化局、教育局和21家出口企业进行了文化教育和贸易对接，双方代表就合作项目进行了洽谈。

【"签证官看民企——走进嘉兴"活动】 2011年4月27日至29日，由省外办和嘉兴市政府主办的"签证官看民企——走进嘉兴"暨签证工作座谈会在嘉兴举行。来自美国、澳大利亚、俄罗斯、波兰等近20个国家的20多名驻沪领馆签证官员参加会议。

会上，嘉兴市介绍了经济社会和民营企业发展概况。民企代表就签证及"走出去"政策向签证官们进行了提问，现场气氛热烈。会后，签证官们考察了嘉兴市重点企业——浙江豪杰金属家具股份有限公司、巨石集团有限公司等。

【第9届"南湖之春"文化经贸活动】 2011年5月30日，第9届"南湖之春"文化经贸活动投资说明会暨项目签约仪式在国际中港城举行。市领导李卫宁、鲁俊等出席项目签约仪式。

此次签约的内外资项目共87个，其中外资项目16个，总投资额4.365亿美元。

【嘉兴市政府表彰外籍友人】 2011年9月8日，嘉兴市举行2011年度"嘉兴市荣誉市民"、"南湖友谊奖"授予仪式暨中秋招待宴会，授予李彤等4人2011年"嘉兴市荣誉市民"称号，丹尼斯·克拉夫特等9位外国专家获2011年"南湖友谊奖"。

市领导李卫宁、鲁俊、徐士珍、蒋唯民、邵建华出席活动，市委副书记冯志礼主持仪式。

【2011长三角·嘉兴投资洽谈会】 2011年11月8日在嘉兴国际中港城举行。来自英国、德国、意大利、美国等国家的上百名客商参加本届洽谈会,现场签约33个项目,总投资额10.9亿美元。

市领导李卫宁、鲁俊、徐世珍、冯志礼、蒋仁欢、金锦根等出席洽谈会。

【澳大利亚西澳州西南区(嘉兴)投资推介会】 2011年11月8日在嘉兴沙龙国际宾馆举行。40多家嘉兴市企业和澳大利亚西澳州西南区发展委员会相关负责人参加会议。澳大利亚班布里工商会首席执行官唐纳德·庞奇在会上就西澳州西南区的产业规划、投资环境、优惠政策等作了演讲,并与参会客商进行了互动交流。

【澳大利亚西澳州西南区饮食推介会】 2011年11月9日在嘉兴富悦大酒店举行,由西澳州西南区发展会委员会主办,嘉兴市外办、市商务局、市工商业联合会协办。

推介会上,展示了西澳州西南区的葡萄酒和农副产品。嘉兴市相关进出口公司、葡萄酒生产及销售企业、餐饮企业以及有意向投资班布里的企业界代表参加推介会。

市领导蒋唯民、赵树梅出席推介会。

【德国音乐山庄弦乐三重奏音乐会】 2011年11月9日在海宁市文化馆举行,由德国莱法州音乐山庄举办。音乐会上,3名音乐家精彩演绎了诸多世界名曲。海宁本土的音乐爱好者也登台演出,海宁市老年大学合唱团演唱了中国民歌《茉莉花》,海宁市石路小学教师民乐队演奏了《水乡行》,受到德国朋友的高度赞扬。

【亚洲相互协作与信任措施会议】 2011年12月14日,亚洲相互协作与信任措施会议高官委员会会议在桐乡市举行。

当日,由外交部授予的"中国—中亚经济文化合作示范基地"正式落户桐乡,作为基地运行的两大平台——和平之旅桐乡创作基地、和平之旅国际品牌顾问中心同时挂牌成立。外交部副部长程国平,浙江省副省长郑继伟,中国中俄关系史研究会副会长、中国前驻俄罗斯陆海空军武官、少将王海运,省政府副秘书长马林云等出席授牌仪式。

【嘉兴海外投资企业圣诞联谊晚会】 2011年12月19日在嘉兴富悦大酒店举行。近400名投资嘉兴市经济开发区的企业家及家属齐聚一堂,喜迎圣诞。市委副书记、市长鲁俊,市委常委、区党工委书记何炳荣,市人大常委会副主任周楚兴,副市长蒋仁欢,市政协副主席金锦根等出席晚会。

市领导出访

【嘉兴市政府友好访问团访问澳大利亚、新西兰和印尼】 2011年4月7日至18日,市委常委、常务副市长蒋唯民率嘉兴市政府经贸代表团访问澳大利亚、新西兰和印尼。

在澳大利亚,代表团拜会了班布里市市长大卫·斯密思,参观了优质葡萄种植基地和葡萄酒庄。代表团与西澳州西南区发展委员会和班布里商会进行了会谈,双方就相关领域的合作进行了深入的讨论。

在新西兰,代表团拜访了坎特伯雷省发展局,参观了新西兰万马公司,双方就嘉兴低碳产业合作事项进行了商谈,并签署合作备忘录。

在印尼,代表团与东努省、古邦市政府官员和企业界进行了会谈,嘉兴市与古邦市签订建立友好交流关系意向书。代表团还参观了古邦市农业水产养殖项目和生态保护项目,与渔业养殖专家进行了交流。

【嘉兴市人大代表团访问捷克、西班牙和英国】 2011年9月18日至29日,市人大常委会主任徐士珍率嘉兴市人大常委会代表团访问捷克、西班牙、英国三国。

在捷克,代表团拜会了诺

瓦雷市市长瓦克雷·赫曼、相关政府代表及中国驻捷克大使馆相关官员，就政府如何为企业开拓国际市场服务进行了交流探讨。

在西班牙，代表团拜访了哥嘉多·维加尔巴市市长霍赛·阿隆索、市政府秘书长和西班牙华侨商业领袖代表，双方就建立和发展两市友好关系进行了座谈，就嘉兴市企业加强与西班牙工商企业的合作交流进行了深入的探讨。

在英国，代表团拜访了普利茅斯市市长皮特·布鲁克肖以及该市发展再生部、滨海开发部等部门的主要负责人，就进一步探索和加强两地经济、文化、教育等领域的合作与交流进行了会谈，两市签署建立友好交流关系协议书。代表团还参观考察了该市的塔玛科技园。

【嘉兴市政协及教育代表团访问匈牙利、捷克和俄罗斯】 2011年9月21日至10月2日，市政协主席刘冬生率团赴匈牙利、捷克和俄罗斯进行友好访问。

在匈牙利，国会副主席托特会见代表团一行。托特希望通过嘉兴市与布达佩斯第五大区的交流，促进两地在经济文化方面的交流与合作。代表团还与匈牙利国家艺术馆就2012年在上海举办匈牙利文化周后延伸到嘉兴举办匈牙利美术展等事宜进行了交流。此外，匈牙利国家发展部中匈双边关系办公室主任丹尼尔·孟德莱尼与代表团就两地经贸合作事宜进行了探讨，双方一致认为，两地可以先从光伏产品贸易开始进行合作，进而吸引嘉兴市的民营企业到匈牙利投资发展光伏产业。

在捷克亚西莫夫市，市长顾鲁雷、副市长斯蒂科娃等与代表团进行了友好会谈。亚西莫夫市是旅游大市，刘冬生邀请亚西莫夫市在适当的时候来嘉兴市进行旅游推介，丰富嘉兴市的旅游市场。

在俄罗斯，代表团访问了历史文化名城维堡市，双方就历史文化遗产保护进行了探讨。维堡市有关负责人表示将考虑参加嘉兴市2012年举办的国际友好城市市长论坛，实地考察嘉兴市的历史文化古迹，希望两地就保护历史文化古迹的经验进行学习和交流。

2011年嘉兴市部分出访团组

序号	出访时间	团长职务、姓名	人数	出访地点	备注
1	4月25日～5月6日	市委常委、副市长张阳升	6	英国、丹麦、德国	友好访问
2	4月25日～5月6日	副市长赵树梅	10	英国、瑞典、比利时	经贸活动
3	5月5～14日	市委常委、组织部长杨立平	10	美国、加拿大	人才引进考察
4	5月6～17日	南湖区委书记魏建明	6	澳大利亚、巴西、阿联酋	经贸活动
5	5月23日～6月3日	市委常委、公安局长梁群	6	美国、加拿大、韩国	友好访问
6	5月15～26日	市委常委、秘书长孙贤龙	6	英国、荷兰、意大利	友好访问
7	5月25日～6月3日	秀洲区委书记祝亚伟	5	美国、加拿大	经贸活动
8	6月8～17日	市委常委、经济开发区党工委书记何炳荣	4	巴西、墨西哥	经贸活动
9	7月3～8日	海宁市委书记沈利农	3	日本	经贸活动
10	7月14～25日	副市长蒋仁欢	10	美国、加拿大、墨西哥	经贸活动
11	10月7～18日	南湖区区长董苗虎	2	瑞士、丹麦、意大利	经贸活动

续表

序号	出访时间	团长职务、姓名	人数	出访地点	备注
12	10月9～20日	副市长柴永强	6	芬兰、瑞典、丹麦	科技考察
13	10月11～22日	海盐县委书记张仁贵	6	巴西、智利、秘鲁	经贸活动
14	10月17～28日	秀洲区区长盛付祥	6	德国、荷兰、瑞典	经贸活动
15	10月24日～11月4日	市人大常委会副主任徐生荣	6	德国、瑞典、俄罗斯	友好访问
16	11月4～13日	市政协副主席薛佳平	5	阿联酋、南非	经贸活动
17	11月15～26日	副市长张志伟	6	意大利、法国、英国	考察交流
18	11月22日～12月1日	副市长蒋仁欢	10	日本、韩国	经贸活动
19	11月27日～12月6日	市政协副主席李水根	6	墨西哥、巴西	友好访问
20	12月5～16日	市政协副主席金锦根	6	俄罗斯、波兰、匈牙利	友好访问
21	12月5～16日	市政协副主席王淳	6	英国、德国、捷克	友好访问

主要来访

【刚果(金)加丹加省省长访问嘉兴】 2011年1月20日至21日，以省长穆伊斯为团长的刚果(金)加丹加省代表团访问嘉兴。

21日，浙江华友钴业股份有限公司与浙江大学、加丹加省卢本巴希大学签订刚果(金)加丹加省现代农业示范园区建设协议。副市长蒋仁欢出席签约仪式并致辞。

【匈牙利文化部长访问嘉兴】 2011年3月6日，匈牙利文化部长格札·索茨及其助理等访问嘉兴。市政协主席刘冬生会见并宴请索茨一行。

刘冬生向客人介绍了嘉兴的基本情况和文化氛围。索茨表示，嘉兴文化底蕴浓厚，文化设施齐全，经济和社会发展潜力巨大，他愿意把匈牙利布达佩斯市第五大区介绍给嘉兴，探讨建立两市区的友好关系。索茨还提出了匈牙利文化部下半年组织美术品来嘉兴展出的意向。

【加拿大达蒙维市代表团访问嘉兴】 2011年4月18日至19日，加拿大达蒙维市政府经贸代表团访问嘉兴。代表团此行的主要目的是签署两市建立友好交流关系协议书，组织达蒙维市的相关机构、企业与嘉兴市的相应机构、企业进行交流与洽谈。

4月19日，嘉兴市与加拿大达蒙维市举行建立友好交流关系签约仪式。嘉兴市市长鲁俊、达蒙维市市长弗朗西娜·露艾斯特·朱塔出席仪式致辞并签约。市领导王新民、金锦根等出席。

【韩国江陵市政府代表团访问嘉兴】 2011年5月9日至11日，以江陵市政府行政支援局局长曹贞顺为团长的韩国江陵市政府代表团访问嘉兴。

10日，副市长蒋仁欢会见访问团一行。双方对两市建交12年来的交流成果，尤其是两市在互派交流公务员方面所取得的成果予以充分肯定。

【日本坂井市政府代表团访问嘉兴】 2011年7月11日至15日，以坂井市总务部次长新开和典为团长的日本福井县坂井市政府代表团访问嘉兴。

12日，副市长柴永强会见访问团一行。柴永强表示希望双方在教育、文化、体育等方面能有更多的交流和合作，并建立起长期交流合作机制。

【泰国公主访问嘉兴】 2011年9月17日，泰国国王普密蓬·阿杜德陛下的孙女帕差拉吉帝亚帕公主一行140人访问嘉兴。泰国驻华大使密秉尚、驻沪副总领事泰蓬·康夫贺兰等陪同访问。

帕差拉吉帝亚帕一行参观游览了乌镇东栅景区。

【国际多媒体协会联盟代表团访问嘉兴】 2011年9月29日至30日，国际多媒体协会联盟主席艾弗·费舍儿率国际多媒体协会联盟代表团访问嘉兴，考察嘉兴市创意产业及多媒体产业发展情况，探讨双方合作的可能性。

副市长蒋仁欢会见代表团，表示希望今后能与国际多媒体协会联盟加强交流合作，实现互补共赢。

艾弗·费舍尔表示，希望通过考察，能在嘉兴建立国际多媒体协会联盟亚太中心。

【比利时西弗兰德省政府代表团访问嘉兴】 2011年11月6日至10日，比利时西弗兰德省省长保罗·拜恩率团访问嘉兴。市委副书记、市长鲁俊和副市长赵树梅会见代表团。

鲁俊向客人介绍了嘉兴市经济社会发展情况和改革开放取得的成就，以及“十二五”期间嘉兴市经济社会发展的规划思路和总体设想。她希望西弗兰德省政府在推进与浙江省友好交流与合作时，能把嘉兴作为重点合作对象，积极推动两地双向式全方位宽领域的合作。

保罗·拜恩对再次访问嘉兴感到非常高兴。他表示，西弗兰德省政府和他本人将推动当地政府及企业加强与嘉兴之间的联系，实现互利互惠的实质性合作。

保罗·拜恩一行考察了嘉兴经济技术开发区、嘉兴创新创意软件园和五芳斋实业集团等。

【德国萨克森-安哈特州经济考察团访问嘉兴】 2011年11月13日至16日，以萨克森-安哈特州经济部副部长迈克尔·里希特为团长的德国萨安州经济考察团访问嘉兴。

13日，副市长柴永强会见代表团全体成员。柴永强表示，近年来，嘉兴的国际交往蓬勃发展，尤其是与德国在经济、教育、文化等方面进行了广泛的接触，进一步加深了了解，增进了友谊。希望双方在文化教育方面能够进一步合作，从而实现双赢。迈克尔·里希特表示，希望萨克森-安哈特州与嘉兴市在文化、经济方面加强交流，推动双方经济社会共同发展。

14日，嘉兴市第五中学与哈勒市城南中学建立友好学校签字仪式在嘉兴五中举行。

【德中友协访问团访问嘉兴】 2011年11月20日至21日，德中友好协会主席珞丁·拉莫-拉特和意大利龙纳酒业有限公司出口业务总监帕思尼访问嘉兴，分别与嘉善长城酒业销售有限公司、紫景轩酒庄等企业进行了交流，就从意大利进口酒进行了深入的洽谈。

2011年嘉兴市接待的部分来访团组

序号	来访时间	团组名称(团长职务)	团长姓名	人数	会见(宴请)
1	1月25日	新西兰吉斯本市市长	廖振明	6	
2	2月21日	印度驻上海总领事	戴思锐	2	
3	3月4日	加拿大上区教育局国际教育部主任	卡门·库西诺	4	
4	3月30日	英国考文垂大学艺术设计学院副院长	华勒斯·默多克	5	

续表

序号	来访时间	团组名称(团长职务)	团长姓名	人数	会见(宴请)
5	4月27日	驻沪领馆签证官员(新西兰驻沪领馆副领事)	凯瑟琳·帕顿	26	蒋唯民
6	5月19日	商务部援非项目浙江大学中国农村发展研修班		23	
7	5月30日	德国萨克森—安哈特州经贸联络处负责人	安德葆	3	
8	6月16日	美国佐治亚州大学校长	马克·贝克	7	张阳升
9	6月21日	巴基斯坦驻上海总领事	扎法尔·哈桑	6	
10	7月6日	日本福井县小浜市市长	松崎晃治	4	
11	7月6日	加拿大哈密尔顿市代表	古念华	3	
12	8月8日	德中友好协会主席	拉特	6	徐生荣
13	9月3日	日本富士市市民部长	藁科靖	8	蒋仁欢
14	9月19日	美国印第安纳州怀特郡经济发展部执行主任	康妮·奈宁格	7	蒋仁欢
15	9月20日	美国印第安纳州贝茨威尔市市长	瑞克·弗莱德曼	11	
16	10月12日	英国贸易投资署中国区投资总裁	庞大维	4	
17	10月18日	日本富士市市民友好之翼访问团	齐藤卫	15	蒋仁欢
18	10月27日	日本佐贺县小城市市长	江里口秀次	17	
19	10月31日	中国与东盟警察组织高级警官研修班	林金达	29	
20	11月7日	联合国工业发展组织前任总干事、全球中小企业联盟全球主席	卡洛斯·马格里诺斯	5	
21	11月7日	澳大利亚西澳州西南区首席执行官	唐·庞奇	16	蒋唯民
22	12月12日	芬中合作中心总裁	林蓝晨	5	柴永强
23	12月27日	韩国驻上海总领事	安总基	7	鲁俊

县(市、区)外事

·南　湖　区·

【外事工作概况】 2011年,南湖区承办因公出国(境)团组23批86人次,其中自组团15批76人次、参加省市团组8批10人次。

【第9届"南湖之春"文化经贸活动】 2011年3月上旬至5月下旬举行。其间,接待了韩国达城郡、美国瓦尔普莱索市、意大利意中交流协会、澳大利亚华人工商协会等友好访问团组,在文化、教育、商业等领域达成多个合作交流意向。在签约仪式上,南湖区签下内外资项目87个,其中外资项目16个,总投资额4.3亿美元;奠基开工项目84个,其中外资项目7个;投产开业项目75个,其中外资项目3个。

【主要出访】 2011年5月,区委书记魏建明率团对澳大利亚卧龙岗市进行经贸考察,双方就经济、文化合作进行了交流。

8月,副区长孙旭阳率团赴英国普利茅斯市进行科技考察,与该市塔玛科技园达成友好合作意向。

10月7日至18日，区长董苗虎一行应邀赴丹麦哥本哈根、瑞士卢加诺、意大利圣特莱斯三市考察，重点就三地金融集聚区的建设、规划、发展及政策支持等内容进行了交流和探讨。

10月26日至11月6日，区委常委、宣传部长赵群乐率团应邀对瑞士、英国、德国进行文化创意产业考察。

11月14日至23日，以区友协名誉副会长杨永健为团长的南湖区友好代表团应邀对美国印第安纳州瓦尔普莱索市及韩国达城郡进行友好访问，南湖区与瓦尔普莱索市签订建立友好交流关系备忘录。

【主要来访】 2011年5月，韩国、澳大利亚、意大利等国的外商应邀参加了第9届"南湖之春"文化经贸活动。韩国达城郡郡守金文澳率团来访，区委书记魏建明、区长董苗虎会见客人，并一同参加了投资说明会暨签约仪式等，双方还就经济、文化等相关领域的合作进行了交流磋商。

5月28日，美国印第安纳州瓦尔普莱索大学室内管弦乐团应邀来南湖区进行访问演出。

8月10日，"尼泊尔风情"摄影作品展在南湖区天工苑举行，尼泊尔驻华大使坦卡·普拉萨德·卡尔应邀出席开展仪式。

8月27日，印度印孚瑟斯中国教育中心(嘉兴)园区奠基典礼在嘉兴科技城举行，印度驻沪总领事戴思锐出席典礼。

·秀　洲　区·

【外事工作概况】 2011年，秀洲区共申办因公出国、赴港澳出访团组21批57人次，其中自组团组7批37人次。

【重要外事活动】 2011年1月6日晚，秀洲区举行中外人士迎春联谊会。来自西班牙、美国、德国、马来西亚、印度尼西亚、日本、意大利、苏格兰、韩国、比利时等10多个国家的驻秀洲区外籍人士及其家属代表60多人出席联谊会，区四套班子领导出席。区委副书记、区长盛付祥致新年贺词。会上播放了介绍秀洲区2010年经济社会发展情况的短片。

4月8日至9日，由浙江省海外高层次人才联谊会和嘉兴市委人才工作领导小组主办、秀洲区委区政府承办的2011年"聚智秀洲"海内外高层次人才对接交流会暨"聚智秀洲·精英引领计划"项目展示会在秀洲区举办。省委组织部、省人力社保厅以及嘉兴市有关部门领导，有关高校科研院所领导，来自美国、英国、德国、法国、加拿大、日本、韩国、澳大利亚、香港等国家和地区的60多位海外精英，有关企业家代表等近200人参加会议。

5月26日，秀洲区友协和招商促进局合作举办"秀洲外籍人士体验中华传统文化"活动。来自美国、意大利、西班牙等10多个国家在秀洲工作、生活的外国友人应邀参加。

9月2日，秀洲区外事办联合区招商促进局、区委宣传部组织驻禾外籍摄像爱好者采风，来自意大利、美国等国的友人来到王店建林村聚宝湾、圣莱特农庄、浙江科技孵化城(嘉兴)，以不同的视角记录了秀洲经济社会发展取得的成果。其中的优秀摄影作品选送参加"2011外国友人看嘉兴"优秀作品甄选。

【主要出访】 2011年5月25日至6月3日，区委书记祝亚伟率团赴美国、加拿大进行经贸考察洽谈。代表团拜访了美国礼恩派集团公司，双方就该集团公司亚太区行政总部迁址秀洲事宜进行了洽谈。考察了秀洲区豪杰公司美国家居连锁项目和物流中心。拜访了美国上澎公司总部，与公司高层就嘉兴上澎太阳能电池项目进行了洽谈。举办了"中国嘉兴秀洲(温哥华)高端创新创业人才恳谈会"。中国驻温哥华总领事馆领事胡梦玲、沈龙等30多人参加会议。

10月17日至28日，区委副书记、区长盛付祥率团赴德国、荷兰和瑞典进行经贸洽谈及小城市建设考察。代表团拜访了德国奥坚驱动技术有限公司等3家公司，推动在谈项目进程。拜访了德国莱茵普法尔茨州经济发展规划部，考察了诺伊斯塔特小镇的保护和开发。学习了荷兰阿姆斯特丹城市建设的可持续发展理念。举办了嘉兴秀洲(斯德哥尔摩)经济环境交流会，推介秀洲区投资环境。瑞典投资促进署署长、中国驻瑞典大使馆一秘李光军、瑞典华人生物医药协会会长张授挺等50多位客人到会。

11月7日至18日，区委常委、常务副区长吴炳芳率团赴意大利、希腊、西班牙进行经贸招商洽谈。代表团在意大利举办了秀洲(佛罗伦萨)投资说明会，重点推介秀洲新区、秀洲工业园区投资环境。在西班牙，举办了秀洲投资说明会。

12月5日至7日，王店镇10家小家电企业首次抱团参加在阿联酋迪拜举办的"世家HOM LIFE中东(迪拜)中国家居产业博览会"。王店小家电是秀洲区的重要支柱产业和块状经济之一。

【主要来访】 2011年2月18日，匈牙利执政联盟副主席、国会副议长、匈牙利议会外交事务委员会成员、匈中友协成员格鲁伯和匈牙利驻沪总领事库蒂·拉斯洛一行访问秀洲区。浙江新地标节能光源科技有限公司与匈牙利蒂梅尔公司新能源合作项目签约。

5月22日，美国中国留学人员创业协会一行12人赴秀洲区参观、考察，参观了秀洲新区、秀洲工业园区、上海交大嘉兴科技园，并与区领导座谈。区委副书记、区长盛付祥，区委常委、组织部长徐建役等参加座谈。

10月21日，瑞典资深外交家、斯科那省省长顾问、前瑞典驻沪总领事艾斯克尔·伦德伯格夫妇访问秀洲区上海药谷嘉兴国际生物科技园。双方就嘉兴国际生物科技园与瑞典生物医药企业合作以及引进"创新系统"进行了洽谈。

【友好往来】 2011年6月8日，秀洲区赴加拿大友好交流团组对哥伦比亚省阿尔伯尼港市进行友好访问，市长肯·麦克雷会见代表团一行，双方就建立友好交流城市关系进行了洽谈，并签署备忘录。双方约定条件成熟时在秀洲举行友好城市关系缔结仪式，并商定秀洲农民画赴阿尔伯尼展出。

·海　宁　市·

【外事工作概况】 2011年，海宁市出国(境)团组共26318人次，20多个国家和地区，其中因公出国(境)57批117人次，包括自行组团和参加上级有关部门组团，进行经贸考察、参加国际会展、国际会议和业务培训等活动。来自40多个国家和地区的境外人士7万余人次访问海宁。

【重要外事活动】 2011年8月1日至9日，2011"东风悦达·起亚斯坦科维奇杯"洲际篮球赛在海宁举行。安哥拉国家队、澳大利亚国家队、中国国家队、俄罗斯国家队4支球队参加此次比赛，共有100多名外籍运动员、教练、裁判、记者和篮球爱好者参与。

10月1日至7日，由国际轮滑联合会速度轮滑委员会、国家体育总局社会体育指导中心、中国轮滑协会、浙江省体育局、嘉兴市人民政府主办，海宁市人民政府承办的第2届海宁国际轮滑节举行。本届国际轮滑节将轮滑运动和城市文化结合起来，安排了包括比赛、文化表演、休闲、娱乐等在内的一系列活动，共有来自26个国家和地区的3000多名轮滑运动员及轮滑爱好者参与。

【主要出访】 2011年，海宁市主要出访团组有：市委书记沈利农率团赴日本进行经贸洽谈活动；市委副书记、市长林毅赴澳大利亚参加领导干部管理研究班；市委常委、常务副市长沈向宏出访澳大利亚、新西兰，开展友城和经贸洽谈等活动；市委常委、纪委书记方俊良赴瑞士、法国、意大利开展国际轮滑运动交流及缔结友城工作；市人大常委会副主任沈祥喜赴美国、加拿大开展经贸洽谈活动；市人大常委会副主任孙浩彬赴希腊、意大利、瑞士开展文化交流活动；副市长施震东赴韩国进行"三产"项目洽谈活动；副市长朱祥华赴南非、巴西开展项目洽谈和经贸活动；副市长邵小文赴马来西亚、澳大利亚开展经贸洽谈活动；市政协副主席高兴龙赴法国、意大利、西班牙进行经贸活动；市政协副主席许国荣赴肯尼亚、南非进行经贸活动；市政协副主席朱有田赴捷克、匈牙利进行经贸活动。

【主要来访】 2011年，来海宁市访问的重要团组有：印度驻沪总领事戴思锐一行、巴基斯坦驻沪总领事扎法尔·哈桑一行、土耳其驻沪总领事丹妮兹·艾柯一行；澳大利亚西澳州奥古斯特·玛格丽特河郡政府代表团，澳大利亚班布里市经贸代表团，日本富士市民友好之翼访问团等。

【友好往来】 2011年，海宁市与意大利阿奎拉市因轮滑运动结缘，签订了友好交流与合作备忘录。海宁市相关企业与澳大利亚奥古斯特·玛格丽特河郡开展葡萄酒贸易合作。

·平　湖　市·

【外事工作概况】 2011年，平湖市审核办理因公出国（境）团组38批94人次，调整压缩10批21人次。出访34批73人次，其中自行组团13批50人次、参加省内组团21批23人次。出访人员中，党政干部52人次。

【重要外事活动】 2011年6月25日，在2011中国·平湖西瓜灯文化节投资贸易洽谈会上，平湖市表彰了10位在平湖市经济发展、社会进步、公益事业建设和对外友好交往等方面作出重大贡献的境内外各界人士，授予佐文精密零件（浙江）有限公司总经理高桥光夫等6人平湖市“东湖之友”奖章。根据市政府提请，市人大常委会授予浙江川电钢板加工有限公司董事长兼总经理阿部俊等4人平湖市“荣誉市民”称号。

【主要出访】 2011年12月13日至24日，市人大常委会主任何大利一行4人赴巴西、智利、阿联酋进行经贸考察，先后考察了巴西福莱斯乐公司、智利曼海姆汽车配件有限公司、阿联酋迪拜海景建筑装备机械有限公司，与有关企业就合作项目进行了深入的洽谈。

【主要来访】 2011年3月15日，平湖市领导盛全生、翁建荣、石云良、陶明方会见来访的日本电产集团会长永守重信一行，双方就过去一年该集团下属各企业在平湖发展情况进行了交流，并就未来商业合作进行了会谈。盛全生对日本3月11日发生的强烈地震和海啸受灾情况表示关切，并表达了平湖市人民对日本受灾群众的慰问和祝福。

4月20日，市长翁建荣会见来访的日本三菱化学食品株式会社社长内藤明一行。双方就三菱公司在平湖经济开发区食品产业园的投资项目进行了交流，希望该项目能早日建成。

4月29日，来自美国、俄罗斯等16个国家的驻沪总领馆的领事和签证官一行40多人到平湖参观考察九龙山旅游度假区，听取了市长翁建荣对平湖经济社会发展情况的介绍。

5月31日，市委书记盛全生会见来访的巴西兰顿股份集团主席劳尔兰顿一行，双方就兰顿集团在平湖的发展交换了意见，市委常委、副市长石云良参加会见。

11月11日，副市长陶明方会见土耳其驻沪总领事丹妮兹·艾柯，介绍了平湖市经济社会发展情况和葡萄酒城建设，表示欢迎土耳其客商来平湖考察投资。

【友好往来】 2011年7月6日，日本福井县小浜市市长松崎晃治、国际教育协会会长食见直孝、产业部部长西尾清顺等一行4人访问平湖，市长翁建荣、副市长石云良会见松崎晃治一行。双方对今后进一步深化交流合作，特别是在教育、旅游、农业等方面的交流合作进行了深入的洽谈，表示将共同努力，继续不断推进双方互利合作和共同发展，把友好合作关系推向更高水平。

10月6日至11日，副市长石云良率团赴日本参加小浜市建市60周年庆典活动，并考察了小浜市政府、小浜水产养殖职业中专、日本电产高科电机控股公司等，宣传平湖，与小浜市就在教育、旅游等方面开展合作进行了洽谈。

·桐 乡 市·

【外事工作概况】 2011年，桐乡市办理因公出国（境）团组44批75人次，其中自行组团6批26人次。接待来访外宾250人次。

【重要外事活动】 2011年12月13日至15日，亚洲相互协作与信任措施会议（简称“亚信”）成员国高层官员会议在桐乡召开，并与桐乡市开展友好合作交流。桐乡市领导卢跃东、沈济贤、潘家春陪同与会外宾参观考察了乌镇西栅景区、崇福皮草和濮院毛衫等专业市场，市委、市政府为亚信嘉宾举行了欢迎晚宴。

12月14日，由外交部授予的“中国—中亚经济文化合作示范基地”正式落户桐乡，作为基地运行的两大平台——和平之旅桐乡创作基地、和平之旅国际品牌顾问中心同时挂牌成立。外交部副部长程国平，副省长郑继伟、桐乡市委书记卢跃东、市长盛勇军等出席授牌仪式。

【主要出访】 2011年6月1日至10日，市政协副主席潘家春率团赴澳大利亚、新西兰进行经贸考察活动，拜访了澳中联合商会、新南威尔士州贸易委员会、明日新能源有限公司、新西兰国际贸易厅、物流控股公司等；与澳大利亚明日新能源有限公司、新西兰物流控股公司进行了深入的洽谈，签订了投资意向书；分别在澳大利亚和新西兰召开投资座谈会。

6月11日至22日，市委副书记沈海明率代表团赴西班牙、法国和匈牙利开展经贸考察活动。在西班牙期间，举办了中国桐乡（西班牙）新能源投资环境对接会，近20家西班牙企业参会。拜访了巴塞罗那市副市长威廉，考察了巴塞罗那国际商贸城。在匈牙利，考察访问了欧洲商贸中心，双方就在欧洲商贸中心设立毛衫和家纺批发及分销中心进行了商谈。代表团拜访了法国勒普莱西—罗班松市常务副市长佩林，双方就经济、教育、环保等领域的合作进行了深入的探讨。

7月19日至28日，副市长张江琳带队访问俄罗斯和芬兰。代表团拜访了俄罗斯科学院西伯利亚分院、托木斯克理工大学、俄罗斯农业科学院等高校、科研机构，并实地考察了托木斯克高新开发区部分高新技术企业。与俄罗斯国家科研中心联合会的专家就皮草制造业污水处理、农业生物技术等引进进行了洽谈。在芬兰，代表团走访了万达市创新中心，参观了机械制造、物联网信息、环保节能、污水处理等产业的有关企业。与万达市创新中心及有关企业就双方合作的具体事宜进行了交流。

【主要来访】 2011年3月22日，英国考文垂大学艺术设计学院副院长华莱士·默多克一行来桐乡考察。华莱士·默多克一行参观了浙江传媒学院桐乡新校区、濮院羊毛衫市场和320创意广场。副市长朱红向代表团介绍了桐乡市概况、市政府对教育事业扶持情况及产业科研平台发展情况，双方表示希望在浙江传媒学院桐乡新校区落成后，积极探索两校合作办学的途径和渠道。

3月30日，美国亚利桑那州卡萨格兰德城市长鲍勃·杰克森、皮纳尔县执行长官戴维·施耐德、卡萨格兰德城市政府执行长官杰姆斯·汤普森等一行7人访问桐乡，常务副市长张林洪会见鲍勃·杰克森一行。双方就城市规划、商业发展及对外投资和贸易情况进行了交流，表示将进一步加强沟通联系，推进双方的友好合作交流。

11月7日，联合国工业发展组织前任总干事、全球中小企业联盟全球主席卡洛斯·马格里诺斯，美国中小企业管理局前副局长、美国弗吉尼亚州中小企业局局长罗纳德·碧尤等一行5人在桐乡市副市长费玉林的陪同下考察崇福皮草大世界。费玉林向外宾介绍了桐乡皮革行业发展情况，双方就行业发展前景、出口、环保等问题进行了交流。全球中小企业联盟拟推选崇福皮草大世界董事长周建伟为“全球中小企业联盟副主席”，并计划与崇福皮草大世界开展合作。

【友好往来】 2011年7月，市委常委、纪委书记蒋惠玲率桐乡市友好访问团访问加拿大韦兰市，考察了布鲁克大学和尼亚加拉公立医院，并拜会市政府，就如何发展公共医疗和教育等与加方进行了交流。

·嘉　善　县·

【外事工作概况】 2011年，嘉善县因公出国(境)自组团组出访11批49人次，参加省、市"双跨"团组出访13批14人次。

【重要外事活动】 2011年4月20日，2011中国·大云生态旅游暨花乡艺术节经贸洽谈会在大云镇举行，来自德国、美国、加拿大、日本等国及国内的60多位客商参加。

8月18日，嘉善县举办2011嘉善国际经贸洽谈会，300多名中外客商参加，一批合作协议及30个总投资132亿元的项目正式签约。

12月13日，嘉善县举办外商圣诞酒会，县领导与来自日、韩等国的40多位客商欢聚一堂，共度良宵。

【主要出访】 2011年10月7日至18日，县人大常委会主任盛玉良率团赴巴西、智利、秘鲁进行经贸考察，就前期洽谈的投资项目进行深度对接，促成项目落户。

10月17日至28日，副县长毛永忠率团赴瑞士、德国、法国进行教育考察与交流。

11月29日至12月8日，县委常委、县公安局局长高海金率领友好访问团赴澳大利亚、新西兰进行友好访问，考察学习两地在城市规划、市政设施建设、政府效能、公务员监督和文化发展等方面的经验。访问新西兰期间，访问团与吉斯本市签订建立友好交流关系意向书。

【主要来访】 2011年1月25日，新西兰吉斯本市市长廖振明一行访问嘉善县，参观考察了财纳福诺木业(中国)有限公司、浙江龙森木业有限公司，与部分木业企业进行了经贸洽谈交流。

10月20日，由多个欧盟国家商会、协会等组成的欧盟商会"理解中国"项目培训班共34人来嘉善县考察投资环境，并举行交流会。

11月12日，澳大利亚班布里工商协会会长安德鲁率团访问嘉善，了解嘉善县的投资环境，考察了部分木业企业。

·海　盐　县·

【外事工作概况】 2011年，海盐县办理因公出国(境)29批64人次，其中党政干部因公出国(境)58人次。县外办参与接待9批60余人次来访重要外宾团组。

【主要出访】 2011年10月26日至11月4日，县政协副主席郑其良率教育考察团赴美国、加拿大进行访问考察。其间，海盐县元济高级中学与美国圣地亚哥德诺特高级中学签订缔结友好学校协议。

11月，县人民检察院检察长、县友协副会长李越率团赴韩国长兴郡进行友好访问。代表团应邀参加了"综合医学博览会"，参观了长兴医院及长兴高级中学，双方就加强教育、文化、医疗等方面的合作达成一致意见。

【主要来访】 2011年9月20日，美国印第安纳州贝茨威尔市市长瑞克·弗莱德曼等一行3人来海盐进行友好访问。双方就两地结为友好交流关系达成共识。

10月27日至30日，日本佐贺县小城市市长江里口秀次率小城市日中友好协会成员、商工会成员等一行17人到海盐县进行友好访问，双方就加强经济、文化、教育、农业等领域的交流合作进行了会谈，并签订友好交流备忘录。

【慰问日本地震灾区】 2011年3月11日，日本发生特大地震，大地震、海啸及核泄漏对福岛县富冈町造成巨大灾难。富冈町是最早与海盐县建立友好关系的友城，海盐县在获悉灾情后第一时间向富冈町表示关切和慰问，并捐赠10万元人民币，支持该町灾后重建工作。

(许　叶)

湖州市

湖州市简称“湖”，辖吴兴、南浔2个区，德清、长兴、安吉3个县，总面积5818平方千米。2011年末户籍人口261.05万。2011年，全市实现地区生产总值1518.83亿元；财政总收入219.08亿元，其中地方财政收入122.12亿元。

概　述

【外事工作概况】 2011年，湖州市人民政府外事和侨务办公室(简称“市外侨办”)紧贴市委、市政府中心工作，认真履行部门职能，努力转变工作作风，自觉服务经济社会发展，在推进对外开放战略中不断提升服务科学发展的水平。被省外办评为“全省外事系统先进集体”。

围绕中心，推动科学发展形成新态势。一是牵线搭桥助推企业发展。通过中国驻日本名古屋总领馆和日本文化振兴机构，向日本丰田公司推介湖州市的永兴特钢、香飘飘奶茶和久盛电器等企业，采取赴日研修、聘请专家、现场指导等方式，推动湖州的企业学习借鉴丰田精细化管理经验，取得良好的经济效益。二是构筑平台助推经济转型升级。协调日本生物技术产业考察团参观考察南太湖生物(医药)产业园和南太湖科创中心，为双方开展生物技术领域的交流合作提供外事服务。三是引智纳贤，助推“南太湖精英计划”。发挥海外联络站的作用，邀请波士顿128华人科技企业协会20名高层次人才携项目与湖州市各创业平台、22家民营企业进行洽谈对接。四是依托节会，全力推进招商引资。积极组织海外华侨华人参加投资洽谈会，意大利侨商投资1000万美元的物流项目和三科集团投资1000万元人民币的电脑横机主件项目达成协议。华港涤纶等企业增资3亿多美元扩大再生产，中利置业等投资3000多万美元建设新项目。

扩大开放，对外友好交往取得新突破。一是健全友城交流机制。日本岛田市、韩国灵岩郡的代表团访问湖州之际，双方就深入开展交流合作进行了会谈，达成多项共识。韩国清州市议会代表团在湖期间，湖州市人大常委会与清州市议会签订友好合作交流协议书。市领导率领友好代表团访问澳大利亚阿拉阿特市，并举行友好恳谈会。二是拓宽友城交流渠道。湖州市与摩洛哥梅克内斯市签订建立友好交流关系协议书，与美国哥伦布市签订建立友好交流关系意向书，填补了湖州市友城在非洲和美洲地区的空白，优化了友城布局。派遣代表团访问波兰拉多姆市，双方就尽快签署友好交流协议书达成共识。德清县与美国蒙特赛罗市正式建立友好交流关系，长兴县与法国维廉塞纳市签署建立友好交流关系意向书。

优化服务，因公出国(境)管理工作得到新加强。全年办理因公出国(境)访问团组247批813人次。其中：自行审批因公出国(境)团组64批230人次，确认2批4人次。出访团组中，执行经贸交流任务97批372人次、访问考察任务92批295人次，执行以上两项任务的团组批数和人数分别占出访团组总数的45.76%、36.29%。全年自行审批来湖州外国人579批780人次，来自38个国家和地区，主要从事经贸、科技等活动。办理APEC商务旅行卡25份。

转变作风，深入基层服务群众取得新进展。一是扎实开展深化作风建设年活动。围绕“转变作风强队伍，优化服务促发展”主题，大力转变机关工作作风，自觉服务全市经济社会发展。二是坚持联系企业制度。在联系单位南浔天然气管网建设项目、宝丰木业有限公司开展蹲点调研，深入了解项目建设和企业生产建设情况，为项目建设协调解决土地、资金等突出困难和问题，为企业生产销售出谋划策，提供服务。三是优化办事窗口服务。主动联系服务对象，优化办事流程，为企业和部门提供优质服务。

【有序推进“千校结好”】 2011年，市外侨办利用自身优势，广开渠道，为全市中小学校的结好工作牵线搭桥，推动全市学校开放办学步伐，提高教育国际化水平。全年“千校结好”活动完成12对，超额完成工作目标。

重要外事活动

【韩国学生在湖交流】 2011年1月3日至12日，韩国全罗南道潭阳郡工业高等学校的20名师生访问湖州交通学校。韩国师生体验了课堂教学，并与中国师生联欢；参观游览了湖州博物馆、安吉竹博园、长兴金钉子国际地质公园、大唐贡茶院、南浔古镇等。副市长沈建平会见代表团一行。

湖州交通学校与韩国全罗南道潭阳工业高等学校于2008年建立友好学校关系，此次是两校之间第三次互访。

【第3届中国·湖州国际生态(乡村)旅游节】 2011年4月24日至26日举行。国家旅游局、农业部、国家林业局、浙江省政府领导和联合国世界旅游组织专家，中国旅游协会全国重点旅行社、湖州市负责人等约400人出席在安吉县举行的开幕式。

本届旅游节以“中华文化旅游年”为主题，主要活动有“美丽乡村”万人游、全国百强旅行社老总看湖州、美丽仙子乡村游、梦里水乡古镇游、生态城市风情游等。

【参加第13届“浙洽会”】 2011年6月8日，第13届“浙洽会”、第10届“消博会”在宁波开幕。在浙江产业集聚区与跨国公司对接会暨重大投资项目签约仪式上，湖州市有4个项目签约，总投资1亿美元，协议利用外资6700万美元，项目涉及轨道交通电缆、塑木复合材料、医疗器材、纺织等行业。

【湖州书法家作品在美展出】 2011年7月30日至8月27日，首届全美中国书画展在美国乔治·华盛顿大学举行。应书画展之邀，湖州市著名巨笔榜书书法家慎召民作为中国唯一一位特邀书法家嘉宾，专程赴美担任评委和艺术顾问，并有5件作品在展会上展出。

【澳大利亚高中代表访问湖州】 2011年9月13日，澳大利亚本迪戈高中副校长琳达·莱恩斯和孔子课堂协调员朱俊娥参观访问湖州中学和吴兴实验中学。双方就办学理念等进行了交流。

【陆增镛纪念馆落成】 2011年10月15日，陆增镛纪念馆在湖州师范学院落成。省政协副主席、省委统战部长汤黎路，市政协主席王金根，副市长沈建平、刘芸，市政协副主席、市委统战部长施荣耀，亚非集团及香港嘉宾陆增祺、陆雅仪、丘伟基等，以及陆氏家族好友，浙江大学、湖州师范学院等相关负责人出席落成典礼。市委副书记、市长马以，市委副书记朱坤民等会见出席仪式的亚非集团及香港嘉宾。

陆增镛原籍湖州，1949年随父移居香港。1973年，陆增镛与胞弟陆增祺创办亚非纺织集团，并将其发展成为世界著名的跨国纺织集团。多年来，陆氏兄弟热心支持家乡建设，多次捐资助学，先后在湖州师范学院、浙江大学兴建教育基础设施、设立奖学金，资助湖州师范学院、浙江大学每年赴港交流计划。为表彰陆增镛的贡献，省政府、市政府分别授予其“爱乡楷模”、“荣誉市民”称号。

陆增镛纪念馆是陆增祺为纪念其兄捐资建造的。

【“英国中小学校长访华之旅”代表团在湖交流】 2011年10月18日至22日，由国家汉办暨孔子学院总部与英国文化协会共同组织的第5届“英国中小学校长访华之旅”代表团到湖州参观访问。代表团成员由英国盖茨海德地区中小学校长组成。

在18日举行的教育结对交流会上，月河小学、湖州中学等9所中小学与盖茨海德地区9所相应的学校结对，并进行了友好交流。在湖期间，代表团成员赴各结对学校访问交流。

【两所学校与德国学校结对】 2011年10月24日至26日，省友协、省教育厅、德中协会在杭州联合举办中德中学国际教育交流会。作为湖州市代表，湖州吴兴高级中学和南浔中学的校长出席了交流会。

25日上午举行的友好交流意向签约仪式上，吴兴高级中学和南浔中学分别与德国霍恩林姆伯格一级文理中学和隆贞一级文理中学签约结对。

市领导出访

【湖州市经贸代表团访问墨西哥、智利和阿根廷】 2011年4月8日至19日，市人大常委会副主任丁文贲率湖州市经贸代表团访问墨西哥、智利和阿根廷三国。

在墨西哥，代表团拜访了墨西哥国家商会，向墨方介绍了湖州的电缆产业和汽配产业；还拜访了墨西哥中华企业家商会和浙江企业家商会。

在智利，代表团拜访了智中贸促会，双方就建立长期稳定的联络机制达成共识。

在阿根廷，代表团拜访了米西奥内斯省政府，双方就木业加工合作进行了洽谈；在波莎达斯市举行小型推介会，邀请市政府商务官员、当地工商会、木材贸易和加工业代表出席，双方围绕人工林品种和采伐、林产品加工等进行了业务交流。

【湖州市代表团访问澳大利亚、新西兰和印尼】 2011年9月17日至28日，市政协主席王金根率湖州市友好访问与经贸考察代表团访问澳大利亚、新西兰和印尼三国。

在澳大利亚，代表团对阿拉阿特市进行了友好访问，与市长安德里亚·玛丽安和首席执行官安德鲁·埃文斯等进行了友好会谈，双方就2012年交流计划进行了商讨；参观了金山中华文化遗产中心；考察了羊毛检测中心原毛/纺织品实验室、红酒酿造园。代表团还拜访了中国驻珀斯总领事汪银儿，了解当地与中国的商贸往来情况及西澳州的投资环境；考察了湖州珍贝集团在澳大利亚的合资商中纺原料公司，就新一轮羊毛采购计划进行了洽谈。

在新西兰，代表团访问了新普利茅斯市政厅和新西兰贸易中心，了解新西兰投资环境及投资政策。

在印度尼西亚，代表团拜访了印尼中华总商会，考察了印尼的企业及工业园区，介绍了湖州的投资环境，与印尼方探讨了开展合作的可能性。

【湖州市代表团访问波兰、匈牙利和俄罗斯】 2011年9月17日至28日，副市长周杰率湖州市友好访问与经贸考察代表团访问波兰、匈牙利和俄罗斯三国。

在波兰，代表团与拉多姆市市长考兹托维涅克进行了友好会谈，表达了希望两市早日正式结为友好城市的意愿；考察了开发区和区内企业，了解其招商引资情况，双方就在不锈钢、汽配、饮料和玻璃等行业进行交流和合作进行了探讨。代表团还参观了该市的学校。

在匈牙利，奥克尼市市长伊斯特凡·卡维斯等政府官员会见代表团。周杰介绍了湖州市的基本情况，双方就加强联系和交流达成共识。代表团还参观了奥克尼市的市政设施，并到市民家中访问。

在俄罗斯，代表团拜访了俄罗斯亚太国际交流中心，与中心主任热玛伊季斯等就开展经贸交流合作进行了交流；考察了湖州企业在俄罗斯的合作公司。

【湖州市代表团访问印度尼西亚、马来西亚和菲律宾】 2011年10月25日至11月5日，市委副书记、市友协会长朱坤民率湖州市代表团访问印度尼西亚、马来西亚和菲律宾三国。

在印度尼西亚，代表团与“ASITA”旅游协会进行了座谈，听取了协会主席对协会基本情况及旅游深度营销和专业化的旅游服务等情况的介绍。

在马来西亚，代表团拜访了国家旅游局，与该局官员进行了业务交流，了解马来西亚在发展旅游业方面的做法。

在菲律宾，代表团与菲律宾旅游部中国司司长阿琳等进行了交流。

【湖州市政府经贸代表团访问意大利、波兰和捷克】 2011年10月25日至11月5日，副市长李建平率湖州市政府经贸代表团访问意大利、波兰和捷克。

在意大利，代表团与威尼斯市市长乔治·奥尔索尼、对外合作局局长芬卡托等政府官员进行座谈，双方介绍了各自城市经济社会发展情况；与威尼斯港务局举办了经贸交流洽谈会，双方就港口物流服务等进行了交流。

在波兰，代表团考察了格但斯克旅游项目，与波方就开展旅游项目合作等事项进行了洽谈、交流；与波兰经济部信息与投资局就经贸旅游领域合作进行了商谈。

在捷克，代表团拜访了捷克经济商会，双方就企业投资进行了交流。

【湖州市考察团访问瑞士、奥地利和英国】 2011年11月22日至12月3日，市长马以率湖州市友好访问与经贸考察团访问瑞士、奥地利和英国。

在瑞士，卢加诺市市长乔治·基蒂茨、副市长弗拉斯摩·佩利等官员会见代表团一行，双方介绍了各自经济社会发展现状。

在奥地利，代表团与布鲁克市市长贝恩德·罗森伯格等进行了会谈，听取了关于奥地利及布鲁克市的经济、产业、旅游发展和基础设施等情况介绍，双方就城市建设、旅游项目开发、贸易和投资政策等进行了探讨；拜访了奥地利中华工商业总联合会会长金剑平，并与其会员企业新世界集团就温泉开发项目进行洽谈；与中国驻奥地利大使馆参赞曾凡华、叶建忠等以及奥中发展协会主席马万里等侨领广泛接触，推介湖州。

在英国，代表团拜访了英中商贸局，与伦敦红桥区议员、前红桥区市长陈德樑、英中商贸局副主任李辉，以及英中商贸局的合作伙伴等进行了会谈，了解英国贸易投资合作项目以及英国产业集群的现状，介绍了湖州南太湖产业集聚区。

2011年湖州市部分出访团组

序号	出访时间	团长职务、姓名	人数	出访地点	备注
1	1月	市政协主席王金根	6	香港	
2	1月	市政协副主席施荣耀	6	香港	
3	4月	市长马以		美国	参团
4	4月	市政协副主席魏秀生	6	西班牙、瑞士、奥地利	
5	4月	市政协副主席曹德平	4	香港	
6	6月	市委常委、纪委书记王敏奇	6	阿联酋、印度、俄罗斯	
7	6月	市人民检察院检察长黄生林		新加坡、南非	参团

续表

序号	出访时间	团长职务、姓名	人数	出访地点	备注
8	8月	副市长沈建平	6	印尼、新加坡、印度	
9	9月	市委常委、宣传部长胡菁菁	5	新加坡、阿联酋、南非	
10	9月	市政协副主席施荣耀	5	巴西、秘鲁、古巴	
11	9月	市政协副主席夏平	5	澳大利亚、新西兰、韩国	
12	10月	市委常委、常务副市长吴水霖	6	越南、缅甸、香港	
13	10月	市人大常委会副主任曹会明	6	加拿大、美国	
14	11月	副市长杨建新	5	澳大利亚、新西兰、新加坡	
15	12月	市委常委、市公安局长金伯中	6	美国、加拿大、墨西哥	
16	12月	市政协副主席沈琪芳	6	英国、法国、匈牙利	

主要来访

【韩国驻沪领馆官员访问湖州】 2011年1月18日，韩国驻上海文化院院长兼韩国驻沪文化领事张师成一行3人访问湖州。市外侨办副主任潘宇文会见韩国客人。

潘宇文向客人介绍了湖州概况以及与韩国友城交流、经贸往来等方面的情况。张师成介绍了文化院的基本情况。

【美国经贸代表团访问湖州】 2011年3月4日，由美国纳斯达克OMX集团、洛克菲勒·玫瑰岩资本合伙人公司组成的美国经贸代表团到湖州考察访问。

市委书记、市人大常委会主任孙文友在座谈会上致辞，介绍了湖州的基本情况，他说，希望纳斯达克集团把美国资本市场的运营规则充分介绍给湖州的企业，加快推进湖州企业“走出去”发展、境外上市步伐；希望洛克菲勒集团进一步加深对湖州的了解，与湖州在更广范围、更宽领域开展交流与合作，带来更多的先进技术和管理经验。

纳斯达克OMX集团高级副总裁、亚太区总裁尼尔森·格里格斯，洛克菲勒·玫瑰岩资本合伙人公司董事长史蒂文·洛克菲勒分别介绍了相关情况。尼尔森·格里格斯表示，近年来湖州经济快速发展，涌现了一大批成长性好的企业，纳斯达克集团将为正在寻求海外上市的湖州企业提供优质的服务。史蒂文·洛克菲勒表示，湖州发展潜力巨大，投资环境良好。洛克菲勒·玫瑰岩资本合伙人公司将充分发挥资金管理、咨询顾问等方面的优势，加强与湖州的交流，实现互利共赢、共同发展。

在湖期间，美国经贸代表团还赴德清县进行考察和交流。市委书记、市人大常委会主任孙文友，市委常委、秘书长刘国富，副市长李建平等分别陪同考察。

【美国波士顿128华人科技企业协会在湖洽谈项目合作】 2011年3月26日至28日，美国波士顿128华人科技企业协会代表团访问湖州，市委副书记朱坤民，市委常委、组织部长高玲慧，副市长沈建平等分别陪同访问。

访问期间，双方举行了洽谈会，湖州市有关部门负责人介绍了湖州创业投资环境和“南太湖精英计划”相关情况，各县区、湖州经济技术开发区、湖州科创园等分别介绍了产业结构、配套政策及创业平台情况。波士顿128华人科技企业协会20名高层次人才带着项目与各大创业平台、22家本地民营企业进行了洽谈对接。

代表团还考察了浙江省留学人员创业园湖州园区、吴兴园区。

【韩国茶人考察团访问湖州】2011年4月29日，韩国茶道大学院教授宋海景率韩国圆光数码大学茶文化经营学科研究生班组成的韩国茶人考察团访问湖州。市政协副主席、湖州陆羽茶文化研究会会长杨金土陪同考察。

考察团考察了德清"莫干黄芽"和长兴"紫笋茶"的制作工艺，并前往位于吴兴区妙西镇妙峰山的陆羽墓，以韩国茶道礼仪祭拜了茶圣陆羽。

【意大利驻沪领馆官员访问湖州】2011年5月17日，意大利驻沪总领馆文化处处长倪波路等2人访问湖州。副市长李建平会见客人，向他们介绍了湖州的基本情况以及和意大利在经贸、文化等领域的交流情况。倪波路介绍了意大利驻沪领馆近年来在推进中意文化交流方面所开展的相关活动。双方还就正在开展的中意合作项目进行了交流。

倪波路考察了湖州大剧院，双方就推动意大利艺术团体到湖演出交流事宜交换了意见。倪波路还参观了湖州博物馆和湖笔博物馆。

【日本生物技术产业考察团访问湖州】2011年5月28日，由日本科学技术振兴机构前理事长冲村宪树率领的日本生物技术产业考察团考察湖州市科创中心。考察团实地参观了工业中心、农业中心、营养与健康中心以及生物制造中心。在座谈会上，湖州市介绍了生物产业发展、湖州经济技术开发区的投资环境及产业发展、科创中心的规划与建设、湖州市与中科院开展院地合作等情况，日方介绍了日本生物产业发展情况，双方进行了广泛的交流。

【保时捷公司客人访问湖州】2011年6月20日，保时捷汽车有限公司中国区首席执行官阿林克、中国区宝马品牌总裁曾鲁一行7人到湖州考察访问。副市长李建平会见客人，双方进行了会谈。李建平对保时捷公司在湖投资开设4S店表示欢迎与支持。

【美国驻沪商务领事和各州驻华代表访问湖州】2011年6月24日，美国驻沪总领事馆商务领事姜建栋以及美国各州驻华代表一行6人到湖州参观访问。代表团成员分别参观了浙江欧美环境工程有限公司和浙江辛子精工机械股份有限公司，与湖州市企业家进行了座谈，就企业如何"走出去"交换了意见。

市外侨办主任孙虎林以及旅游局、开发区管委会的负责人会见代表团，向客人介绍了湖州的基本情况，双方就友城交流、产业合作等事宜进行了交流。

【境外驻沪机构考察团访问湖州】2011年7月1日至2日，以日本、韩国为主体的境外驻沪机构考察团访问湖州。考察团考察了中国湖笔博物馆、飞英塔景区、太湖旅游度假区渔人码头、太湖明珠、南浔古镇、长兴大唐贡茶院等景点。

1日晚，副市长李建平宴请考察团全体成员。

【美国客人访问湖州】2011年12月1日，美国伊利诺伊州圣克莱尔郡中美机场董事蒂姆·坎特维尔一行3人到湖州参观访问。

市外侨办主任孙虎林以及市外经贸局负责人会见代表团一行，与美国客人就今后开展友好交流事宜进行了洽谈。

友好城市交流

【摩洛哥梅克内斯市访问团访问湖州】2011年3月22日至24日，由第一副市长阿卜德拉兹·德努里率领的摩洛哥梅克内斯市友好访问团到湖州进行友好访问。

双方举行了两市建立友好交流关系签字仪式。市委书记、市人大常委会主任孙文友，市政协主席王金根，市委常委、秘书长刘国富出席签字仪式。

访问团考察了湖州师范学

院、市中心医院，参观了南浔古镇、安吉竹博园等。

【美国哥伦布市友好访华团访问湖州】 2011年9月20日至21日，由市长弗莱德·阿姆斯特朗率领的美国印第安纳州哥伦布市友好访华团到湖州进行友好访问。

在两市建立友好交流关系意向书签字仪式上，市委书记、市人大常委会主任孙文友致辞；市委副书记、市长马以与阿姆斯特朗代表两市签署建立友好交流关系意向书。

访华团还考察了浙江德宏汽车电子电器股份有限公司、丝绸之路控股集团有限公司等企业。

【韩国灵岩郡友好交流代表团访问湖州】 2011年10月18日至19日，由郡守金逸太率领的韩国灵岩郡友好交流代表团到湖州访问。市委副书记、市长马以，副市长刘芸等会见代表团一行。

代表团参观了德清下渚湖湿地、吴兴移沿山农庄、移沿山农民社区等。

【韩国清州市议会代表团访问湖州】 2011年10月25日至27日，由清州市议长延哲钦率领的韩国清州市议会代表团对湖州进行友好访问。市委书记、市人大常委会主任孙文友，市人大常委会常务副主任沙铁勇、副主任孙新耀，副市长刘芸等分别会见代表团。

在会见仪式上，孙文友和延哲钦分别代表湖州市人大常委会、清州市议会签署友好合作交流协议书。

代表团一行考察了欧美环境、翔顺工贸等企业，参观了仁皇山公园、湖滨码头、大唐贡茶院、寿圣寺等。

◎日本岛田市第22次友好访华团参观爱山小学

【日本岛田市第22次友好访华团访问湖州】 2011年11月9日至10日，由市长樱井胜郎率领的日本岛田市第22次友好访华团访问湖州。市委书记、市人大常委会主任孙文友，市委副书记、市长马以，市委副书记朱坤民，副市长刘芸等会见访华团一行。

孙文友表示，岛田市是湖州市第一个结交的国外友城，自1983年开展友好往来至今已有20多年。湖州与岛田在生态环境、产业特色等方面有着许多相似之处，希望双方在多个领域开展更为广泛、更加深入的交流与合作，不断取得新成果，实现共赢发展、共同繁荣。

樱井胜郎表示，希望两市不断巩固发展友好关系，扩大合作交流的领域和范围，携手共创两地发展的美好明天。

在湖期间，访华团一行参观了爱山小学和湖滨码头。

县(区)外事

·吴兴区·

【外事工作概况】 2011年，吴兴区派出各类因公出国(境)团组20批48人次，其中自行组团7批

33 人次，参加省市“双跨”团组 13 批 15 人次。党政机关团组出访 4 批 20 人次。自行组团的团组中，执行经贸与科技交流任务的 5 批 27 人次，分别占团组数和人数的 71%、82%。

【韩国友人访亲寻根】 2011 年 10 月 13 日，韩国居昌慎氏大宗会到湖州市八里店镇潞村访亲寻根。此次到访的宗亲成员中，年龄最小的 60 岁，最大的已 80 高龄。慎镛 29 代孙慎玉龙代表湖州慎氏向韩国同宗表示欢迎。双方各自介绍了慎氏在中韩两地的繁衍情况，追寻祖先活动痕迹，并互赠礼物。

北宋仁宗景祐元年（1034 年），与欧阳修、范仲淹为同榜进士的慎镛就任吴兴（今湖州）太守。其后，慎镛举家定居今吴兴区八里店镇潞村。神宗年间，慎镛的侄子慎修远迁当时的高丽国并世代繁衍生息。韩国慎氏即是慎修后人，韩国现有慎修第 28 世至 40 世孙后裔约 5 万人。2001 年 4 月，居昌慎氏首次到湖州寻访祖先故里。以此为契机，中韩两支宗亲之间建立了联系。此次是近十年来韩国慎氏第四次到湖州寻根。

·南　浔　区·

【外事工作概况】 2011 年，南浔区派出各类因公出国（境）团组 19 批 36 人次，其中自组团 4 批 18 人次、参加“双跨”团组 15 批 18 人次。

【主要来访】 2011 年 3 月 1 日，法国尚飞集团董事长保罗·乔治斯·德帕蒂尔一行 14 人考察南浔。区政府有关负责人与保罗·乔治斯·德帕蒂尔一行举行座谈会，双方围绕推介投资环境、经贸洽谈和引进人才进行了交流。

3 月 4 日，秘鲁驻上海总领事馆经济商务参赞弗拉迪米尔·戈切哈率秘鲁木业商务代表团到南浔考察投资环境。代表团成员主要为秘鲁木材供应商、木材加工机械生产商、销售和营销委员会、投资集团等企业的负责人。代表团听取了南浔区关于投资环境的介绍，双方就南浔区木业企业发展及出口情况、南浔区投资优惠政策等进行了交流。代表团实地考察了南浔世友木业和久盛木业，代表团的企业代表表示，秘鲁为原木出口大国，有 46% 的原木坯料出口到中国，他们希望得到南浔区政府的支持，扩大秘鲁客商在南浔的合作范围。

9 月 21 日，德国纽伦堡应用科技大学代表团访问南浔。双方举行座谈会，表达了今后在科技创新领域加强合作的意向。代表团参观了巨人通力和沃克斯两家在浔外资企业及古镇景区。

·德　清　县·

【外事工作概况】 2011 年，德清县派出因公出国（境）团组 35 批 97 人次，其中自组团组 14 批 59 人次、参加“双跨”团组 17 批 19 人次、赴港澳团组 4 批 19 人次。

【主要出访】 2011 年 7 月 1 日至 3 日，德清县代表团应邀访问美国印第安纳州蒙特赛罗市，两县市正式签署建立友好交流关系协议书。代表团还参观考察了当地的医院、水力发电厂、葡萄酒厂等。

8 月，11 名德清县英语教师利用暑期赴美国罗格斯新泽西州立大学参加“英语教学与文化”培训。此次培训为期 3 周，教师们还参观了普林斯顿、哈佛、耶鲁和麻省理工学院等 4 所美国知名高校。

【主要来访】 2011 年 1 月 8 日至 9 日，美国 JM Eagle 公司高官安宝宇一行赴德清考察投资环境，参观了临杭工业区新材料园区，考察了该区水陆交通状况以及诺贝尔项目建设情况，实地了解了供电、供气、供水等相关配套设施情况。安宝宇一行还考察了其长期合作伙伴浙江华夏杰高分子建材有限公司。

4 月 28 日至 29 日，联合国教科文组织驻华办事处教育项目官员毕斯塔、何培到德清县考察农村成人教育。毕斯塔一行走访了新市成人学校、钟管成人学校以及学校的农科教项目示范基地，听取了县教育局关于“培育新农民，服务新农村”的情况介绍。毕斯塔指出，德清成人教育在为农服务的实践中创造的“帮助农民致富的做法与经验”，不仅适合在中国推广，也值得世界上其他国家借鉴，他将借助联合国教科文组织的平台，让更多的人分享德清经验。

5月10日，摩尔多瓦驻华大使阿纳托列·乌列基安一行访问德清，就在德投资进行实地考察。摩尔多瓦盛产葡萄酒，该国克利科瓦集团公司准备在德清投资建设国际葡萄酒博览中心，该项目以休闲观光、酒店管理等内容为主。阿纳托列·乌列基安一行考察了武康五四村、亿丰花卉有限公司等，并听取了德清县基本情况介绍。

5月10日至13日，美国波士顿文艺复兴特许公立学校教育考察团哈里斯博士一行5人到德清县访问。考察团参观了幼儿园、中小学，与校方进行了交流，并与县分管领导举行会谈。县教育局与波士顿文艺复兴特许公立学校签订合作协议，双方将在师资培训、学生交流等方面开展合作。

7月，韩国忠南大学百济文化研究所所长朴淳发到德清县“追根溯源”。近年来，韩国出土了一批黑釉瓷器，引起韩国考古界广泛关注。经考证，其产地为六朝时期德清窑。此次朴淳发实地考察了德清窑，参观了德清县博物馆，对德清悠久的制瓷历史和高超的烧造工艺赞叹不已。

·长　兴　县·

【外事工作概况】 2011年，长兴县办理因公出国(境)团组33批81人次，其中自组团组10批51人次，受理参加中央、省、市“双跨”团组23批30人次；党政干部出访25批64人次。

【重要外事活动】 2011年4月27日，中国太湖国际酒文化博览中心项目签约仪式在长兴举行。副市长李建平及相关县领导出席仪式。美格澜投资有限公司(卢森堡)、中国国际酒文化投资集团有限公司董事长勒·法舍出席仪式，并与太湖图影旅游度假区负责人签订合约。

10月21日，2011中国·太湖明珠——长兴国际投资贸易洽谈会开幕。国家林业局总工程师陈凤学，省人大常委会副主任程渭山，省政协副主席陈艳华，市委书记、市人大常委会主任孙文友，省林业厅厅长楼国华，土耳其驻上海总领事丹尼兹·艾柯和部分全球500强企业、国内外知名企业代表等出席开幕式。洽谈会期间，签约重点项目28个，其中外资项目6个，总投资1.86亿美元。

【主要出访】 2011年10月10日，县委书记章根明率代表团对德国辛德芬根市进行友好访问，与辛德芬根市政府探讨了开展友好交流事宜，重点考察了该市的职业技术教育学院，双方确立了在职业技术教育领域开展合作交流的意向。代表团在访问法国期间，拜访了维廉塞纳市政府，两地签订友好交流意向书。

11月，常务副县长金树云率团访问日本岛原市，与岛原市政府进行了交流合作恳谈，并参观了葡萄园，双方就开展葡萄产业技术合作进行了洽谈。

【主要来访】 2011年2月26日至27日，瑞典卡尔马地区委员会首席执行官哈肯·布吕尼尔森一行访问长兴。

3月25日，日本鹤田制作所董事长鹤田昌宏一行到长兴超威电源有限公司考察铁锂电池生产，双方就为日本著名汽车厂商配套生产电动汽车动力电池和太阳能风能储能电池项目达成初步合作意向。考察中，鹤田昌宏对矗立在厂区的风光互补储能路灯产生浓厚兴趣，他表示这种产品对日本地震灾后重建很有意义，希望今后能专门订购一批超威的储能电池。

5月16日至18日，瑞典皇家理工学院下属机构负责人本特·西蒙松及S-SOLAR太阳能公司负责人克里斯蒂安·埃尔夫专程访问长兴，探讨与长兴县开展房地产和水产养殖业合作事宜。

7月29日，日本长崎县岛原市副市长杉光正弘率代表团访问长兴，考察长兴县的葡萄产业园和新农村建设。双方探讨了友城交流事宜，并探讨了现代农业合作问题。

10月14日，花旗银行中国研究部主管、大中华区首席经济学家沈明高率领由富达基金、威灵顿基金管理等14家世界知名投资机构组成的考察团到长兴考察中小企业经营和投融资情况。考察团表示，长兴县在全球复杂的金融环境下，中小企业投融资依然取得了较好的成绩，其做法和经验值得学习，希望有机会来长兴投资兴业，谋求共赢发展。

10月17日，美国肯塔基州经济发展厅厅长拉里·M·海耶斯、肯塔基州经济发展厅企业局局长埃里克·邓尼根等到长兴县泗安镇考察。

11月24日，瑞典卡尔马科学园负责人拉尔斯·摩尔伯格访问长兴，与县科技局及"中瑞科技转移中心"项目负责人进行技术交流。瑞典S-SOLAR太阳能公司与长兴县振宇房地产公司达成合作意向。S-SOLAR公司与在长兴县投资的人民集团也达成了合作意向。

·安　吉　县·

【外事工作概况】 2011年，安吉县呈报因公临时出国(境)团组和人员25批77人次，其中自行组团13批64人次、随省市团组出访12批13人次。

【主要来访】 2011年8月1日至5日，韩国潭阳郡第三届青少年友好交流团访问安吉。交流团与安吉实验初中教育集团进行了交流，双方青少年进行了乒乓球友谊赛。

安吉县与韩国潭阳郡于2004年缔结友好关系，双方约定每隔一年开展青少年互访活动。

【友好往来】 2011年，安吉县积极开展与韩国潭阳郡的青少年互访交流活动。7月23日至27日，安吉县的25名师生首先赴韩友好交流。8月1日至6日，灵岩郡的25名师生对安吉县进行友好访问，安吉县20名学生全程一对一陪同韩国学生，参观了孝子公园、畲族文化村、黄浦江之源景区、吴昌硕纪念馆，并举办了联谊联欢、乒乓球友谊赛等活动。同时，安吉县还与潭阳郡继续开展在竹产业领域的交流与合作。应韩国竹子资源研究所的邀请，5月3日至8日，峰辉竹木公司等2家企业派团赴韩，参加在潭阳郡举办的韩国第13届竹子庆典，两企业精选了自己加工的50余件竹子工艺品参加展示活动，并安排竹工艺大师现场展示竹雕技艺，取得良好的现场效果。

【日本大型企业在安吉设立子公司】 2011年4月8日，日本藤仓橡胶制品公司独资的第二个子公司在安吉县开发区开工建设。该项目总投资4500万美元，以生产和销售汽车用橡胶配件为主。项目建成后，年产值可达3亿元。

日本藤仓是日本最大的汽摩橡胶制品生产商及全球最大的高尔夫球杆生产商，已在杭州设立子公司。

（窦　锋）

·知识窗·

外交语言的特点

1. 着力寻找共同语言。在友好的外交活动中，谈话首先要寻找共同语言，根据两国具体情况和彼此关系深浅，找一些共同感兴趣的话题，求同存异，不强加于人。

2. 委婉含蓄与笼统模糊。把不愿、不便或不能直说的话用委婉而含蓄的语言表达出来，但又不失本意，能为对方领悟。例如，对某事表示"遗憾"有两种意思，一是对别人表示不满，一是含蓄地为自己表示歉意，或委婉地承认自己不对。又如，双方会谈未能取得实际成果，分歧如故，而又不愿否定会谈的意义，影响各方解决问题的愿望或现存的关系，于是在会谈公报中避实就虚地说一些冠冕堂皇的话，如"增进了双方的了解"，"深入地交换了意见"，等等。

3. 澄清与纠错。在外交场合说错了话，或者话说过了头，有时采用由别人或本人出面"解释"或"澄清"的方式加以补救。

4. 注意留有余地。要避免把话说满、说死、说绝。

绍兴市

绍兴市简称“绍”，辖越城区和诸暨、上虞、嵊州3个县级市，绍兴、新昌2个县，全市总面积8256平方千米。2011年末总人口446万。2011年，全市实现地区生产总值3291.2亿元；财政总收入426.5亿元，其中地方财政一般预算内收入239.7亿元。

概 述

【外事工作概况】 2011年，绍兴市人民政府外事与侨务办公室(简称“市外侨办”)围绕市委、市政府中心工作，服务国家总体外交大局，服务地方经济社会发展。

着力服务国家总体外交。全年接待重要来宾15批198人次，分别是毛里求斯总统夫妇，斐济外长，马里前总理，巴基斯坦、意大利、美国等国驻沪总领事，外交部驻港特派员公署及部分外国驻港总领事访问团，香港特首曾荫权夫妇等。

全力服务地方经济发展。4月，承办“充满生机的文化名城——外国使领馆官员走进绍兴”活动。10月，第八届残运会游泳比赛项目、第九届世界荷球锦标赛在绍兴举办，其间做好市领导会见、宴请外宾以及媒体采访等重要外事活动的翻译工作。

切实加强涉外管理。2011年全市通过因公渠道的出访团组341批1214人次，其中党政机关工作人员795人次。对25批团组近30人次提出了调整建议。全市办理邀请外国人来华3177批4295人次，分别比上年上升105%和104%。做好涉外突发事件处置工作，处理或参与处理涉外事件10余起。

努力深化对外交流。绍兴市与法国艾克斯市、匈牙利佩奇市正式签订建立友好交流关系协议书，与芬兰南塞沃地区签署发展友好交流关系备忘录。举行与丹麦欧登塞市结好20周年系列庆祝活动，欧登塞音乐学院院长率领的丹麦圣安娜青年合唱团在绍兴大剧院举行大型音乐会；2010上海世博会丹麦欧登塞馆向市体育局正式移交该馆展品。保持与日本友城南砺市、西宫市、小山市、芦原市的正常往来。加强与澳大利亚白马市、美国卡马里罗市和巴西贝伦市、意大利马切拉塔省的交流。积极开展“千校结好”计划，新增元培中学与丹麦欧登塞圣汉斯中学、树人中学与日本小山市立第三中学、绍兴一中初中部与意大利米兰华侨中文学校等8对友好学校。加强与在绍兴外商的联系：3月，市友协举行“凝心聚力、助推发展”为主题的绍兴中外妇女庆“三八”联谊活动；9月，市友协组织国际友人、外资企业代表等50余人举行“中外友好人士中秋茶话会”。

不断加强组织和队伍建设。以机构改革为契机，全面科学地拟定外侨办(侨联、友协)“三定”方案。组织开展人员调整选拔和中层干部竞争上岗工作。初步建立对外友情“资源库”。调整修缮绍兴国际友好会馆。搬迁办事大厅。

重要外事活动

【浙江省情说明会暨绍兴市情介绍会在沪举行】 2011年1月11日，2010年度浙江省情说明会在上海花园饭店举行，外国驻沪总领事馆官员、驻沪商贸机构官员近200人参加。副市长徐明光赴沪出席会议，在会上发表新年致辞，介绍了绍兴市经济社会发展情况，并邀请与会外宾来绍参观考察。参见第11页**【2010年度浙江省情介绍会暨迎春招待会】**。

【中外妇女庆“三八”联谊活动】 2011年3月7日，市友协联合绍兴经济开发区、袍江经济技术开发区举办以“凝心聚力、助推发展”为主题的2011绍兴中外妇女庆“三八”联谊活动。来自美国、英国、澳大利亚、韩国等10多个国家的在绍外籍女企业家、女教师等60多位中外妇女代表应邀参加。市领导黄秋芳、王文序、翁鲁敏、阮顺泉、丁晓燕、徐明光、解晓波参加联谊活动。

【外国使领馆官员“走进绍兴”活动】 2011年4月18日至20日在绍兴举行，由绍兴市政府和省外办共同举办。市委书记张金如、市长钱建民、副市长徐明光，省外办主任阮忠训、副主任顾建新，市外侨办、市发改委等相关部门领导出席了“绍兴市情介绍会”和“招待酒会”。

在绍期间，各国驻华使节们参观了东湖、鲁迅故里、大禹陵、兰亭、黄酒生产基地及黄酒博物馆、柯岩等风景名胜。参见第11页**【第4届“驻华使节走进浙江”活动】**。

【车越乔捐赠书画作品选集首发仪式】 2011年4月20日在绍兴文理学院举行。香港浙江省同乡会联合会会长、绍兴旅港同乡会永远名誉会长车越乔分别向绍兴文理学院图书馆、档案馆、美术学院和兰亭书法艺术学院赠送《车越乔捐赠书画作品选集》。

【市友协会长会议】 2011年9月7日在市区召开。市领导黄秋芳、翁鲁敏、阮顺泉、谢晓波出席会议。会议审议并通过了市友协执行副会长和秘书长人选，谢振江任市友协执行副会长，盛伯钧任秘书长。

【2010上海世博会欧登塞馆展品移交仪式】 2011年12月14日在市体育中心举行。市外侨办主任谢振江代表市外侨办向市体育局正式移交了世博会欧登塞馆的展品，包括39辆自行车及其他世博展品。丹麦欧登塞市是绍兴市的友好城市。

主要出访

【绍兴市代表团访问意大利、马耳他和以色列】 2011年5月25日至6月5日，市政协主席顾秋麟率绍兴市友好经贸代表团访问意大利、马耳他和以色列。

在意大利，代表团与马切拉塔市副市长伊琳·曼茨、利马窦纪念委员会主席亚得利亚诺·西亚弗进行了交流。在马耳他，代表团拜会了马耳他中小企业局，并与马耳他—中国友好协会会长雷诺·卡莱亚、马耳他中小企业协会主席保罗·埃比尔塔等进行了交流。在以色列，代表团访问了该国主要的滴灌公司耐特菲姆公司，听取了公司负责人的情况介绍，参观了公司的示范农场。

【绍兴市代表团访问希腊、西班牙和新加坡】 2011年6月8日至19日，市人大常委会主任、市友协会长黄秋芳率绍兴市友好经贸代表团访问希腊、西班牙和新加坡。

在希腊，代表团与路特拉齐市市政府官员进行了交流，拜会了希腊华人华侨联合总会和中国国家开发银行希腊代表处。在西班牙，代表团与埃斯特维公司高层进行了交流，参观了企业。在新加坡，代表团拜会了当地华侨团体三江会馆，并与绍兴唯尔福企业的投资方新加坡唯尔福集团董事长李胜章等会面。

【绍兴市代表团访问丹麦、芬兰和俄罗斯】 2011年8月25日至9月5日，市委副书记、市长钱建民率绍兴市友好经贸访问团访问丹麦、芬兰和俄罗斯。

在丹麦，代表团会晤了欧登塞市市长恩科·鲍耶、首席执行官约根·克劳森等，通报了绍兴市接受上海世博会欧登塞展馆遗留展品的进展情况，并考察了欧登塞科学园，听取了该市有关区域合作、福利科技等规划的介绍。

在芬兰，钱建民会晤了南塞沃地区主席马库·卡克里安能、区长马蒂·维亚莱能，双方签署发展友好交流关系备忘录；会晤了东芬兰省省长、米凯利市市长等，考察了米凯利企业界俱乐部，听取了当地环保、能源等企业及大学、职业培训学校的情况介绍。

在俄罗斯，钱建民会晤了莫斯科州列宁大区区长考什曼，以及该区议长、副区长等官员。代表团还拜访了俄罗斯浙江商会，看望了绍兴企业在当地设立的办事处。

【绍兴市代表团访问加拿大、瑞士和土耳其】 2011年10月11日至23日，市委书记张金如率市友好经贸访问团赴加拿大、瑞士和土耳其访问。

在加拿大，访问团拜会了大多伦多地区尼亚加拉半岛资源保护局，了解该地区资源环境保护、防灾减灾的做法，双方着重就洪泛区管理、人员往来、法规运作等内容进行了探讨。

在瑞士，代表团与日内瓦市商会就垃圾焚烧、废气处理和水环境治理等内容进行了交流。

在土耳其，代表团与土耳其—中国经济商业促进友好协会进行了深入的交流。张金如与协会主席阿克佛拉特就与土耳其开展高档纺织面料技术合作、缔结特色友好城市和联合举办大学等内容进行了磋商。

出访期间，代表团还先后拜会中国驻加拿大多伦多和瑞士苏黎世总领事馆。

2011年绍兴市部分出访团组

序号	出访时间	团长职务、姓名	人数	出访地点	备注
1	3月	市委常委、公安局长王海仁	6	西班牙、葡萄牙、希腊	业务考察
2	3月	市委常委、常务副市长陈长兴	6	美国、阿根廷、墨西哥	业务考察
3	3月	市委常委、秘书长魏伟	6	巴西、秘鲁、古巴	友好访问
4	3月	副市长徐明光	6	法国、瑞士、波兰	友好访问
5	4月	市人大常委会副主任车晓端	6	土耳其、南非、阿联酋	经贸交流
6	5月	市委常委、组织部长翁鲁敏	4	美国、墨西哥、香港	业务考察
7	5月	市委常委、宣传部长尹永杰	6	俄罗斯、匈牙利、波兰	业务考察
8	5月	市人大常委会副主任阮顺泉	6	巴西、古巴	友好访问
9	5月	市政协副主席胡少云	6	南非、土耳其、韩国	友好访问
10	5～6月	市政协副主席陈伯怀	6	澳大利亚、新西兰、新加坡	友好访问
11	8～9月	副市长徐明光	6	匈牙利、澳大利亚、斐济	友好访问
12	11月	市人大常委会副主任施淑汝	6	西班牙、葡萄牙、希腊	友好经贸访问
13	11月	副市长陈月亮	6	印度尼西亚、澳大利亚、新西兰	经贸交流
14	11月	副市长冯建荣	6	秘鲁、巴西、阿根廷	业务考察

主要来访

【巴基斯坦驻沪总领事访问绍兴】 2011年5月6日至7日，巴基斯坦驻沪总领事扎法尔·哈桑率巴基斯坦成衣服装制造出口商协会代表团访问绍兴。副市长徐明光会见代表团一行。

在绍兴期间，代表团参加了市外侨办和市贸促会举办的对口洽谈会，赴绍兴县参加了中国柯桥国际纺织品博览会。

【日本驻沪副领事访问绍兴】 2011年5月11日，日本驻沪总领事馆副领事角谷俊太郎一行来绍兴商谈日本文化周活动，并参观浙江越秀外国语学院、樱花林。

【外交部驻港特派员来绍兴考察】 2011年5月14日至15日，以外交部驻港特派员吕新华为首的特派员公署及部分外国驻港总领事访问团在省港澳办副主任彭波陪同下考察绍兴。市委书记张金如、市长钱建民分别会见来宾，副市长徐明光、市政府秘书长徐挺富参加会见。

在绍兴期间，客人参观考察了中国轻纺城、黄酒博物馆、小百花艺术中心、鲁迅故里，游览了兰亭、柯岩、环城河等景区。

【意大利驻沪总领事访问绍兴】 2011年5月16日，副市长徐明光会见来访的意大利驻沪总领事德路加及文化处专员卡萨奇。德路加一行赴越秀外国语职业学院参加了相关活动，卡萨奇向该校师生作了《意大利统一150周年暨辛亥革命100周年》的主题报告。

【马里前总理访问绍兴】 2011年5月26日，市委副书记、市长钱建民会见来绍访问的马里前总理、联盟党主席易卜拉欣·布巴卡尔·凯塔一行。中国人民外交学会副会长程涛陪同来访。

钱建民希望代表团此次来访能进一步增进相互了解，加深彼此友谊，促进双方经贸合作与友好往来。凯塔说，绍兴是一座历史悠久、环境优美的城市，在发展经济、环境保护及民生保障方面的许多经验和做法值得马里学习，期待双方今后在更多领域展开合作交流，实现共同发展。

代表团考察了中国轻纺城及其创意产业服务中心，游览了兰亭景区。

【美国驻沪总领事访问绍兴】 2011年6月14日，美国驻沪总领事康碧翠一行5人在省外办副巡视员余亦平陪同下访问绍兴。康碧翠在绍兴文理学院发表了题为《美国妇女平等权益》的主旨演讲，与绍兴市历史文化名城保护管理办公室就古城保护等事宜进行了专题座谈。康碧翠一行还游览了兰亭、鲁迅故里、沈园等景区。

【毛里求斯总统访问诸暨】 2011年7月9日，毛里求斯总统阿内罗德·贾格纳特夫妇、旅游部长南德库马尔·博达夫妇、驻华大使钟律芳夫妇等一行访问绍兴诸暨，中国驻毛里求斯大使边燕花等陪同来访。诸暨市委书记王继岗会见阿内罗德·贾格纳特一行，外交部、省、市外办有关人员参加会见。

阿内罗德·贾格纳特表示，毛里求斯与中国一直保持着友好合作和交流关系，毛里求斯的华人团体活跃在经济社会发展各个领域，推动了毛里求斯的持续快速发展。希望有更多的诸暨投资者到毛里求斯考察访问，推动两地共同发展。

阿内罗德·贾格纳特一行参观考察了浙江达亨集团。

【斐济外交和国际合作部长访问诸暨】 2011年7月14日，斐济外交和国际合作部长伊诺凯·昆布安博拉一行访问诸暨。外交部美大司参赞任共平、省外办副主任陆国灏陪同访问。

伊诺凯·昆布安博拉一行参观了天洁集团风力发电车间。伊诺凯·昆布安博拉感谢天洁集团在斐济投资建设水泥生产线，希望越来越多的诸暨人到斐济旅游、投资，更好地促进两地交流合作。

【印度世界合作与文化关系联合会主席访问绍兴】 2011年10月20日至21日，以普拉卡施·

马赫施瓦里主席为团长的印度世界合作与文化关系联合会友好代表团访问绍兴。

20日，市人大常委会主任、市友协会长黄秋芳会见代表团一行。黄秋芳表示，近年来，绍兴与印度的友好交往逐渐增多，两地经贸往来特别是纺织业的贸易往来日益频繁，许多印度公司在中国轻纺城设立了办事处，绍兴与印度的经贸合作前景十分广阔。

普拉卡施·马赫施瓦里对印度客商在绍兴的良好发展感到满意和感谢，希望双方进一步加强交流，在更多领域达成合作，实现共同繁荣发展。

在绍期间，普拉卡施·马赭施瓦里一行还考察了中国轻纺城和鲨莎家纺。

【世界体育总会主席访问绍兴】 2011年11月2日，市长钱建民会见来绍观看第9届世界荷球锦标赛的世界体育总会主席海因·维尔布鲁根一行。

钱建民说，绍兴把承办本届荷球世锦赛作为一项重要的体育赛事和文化活动，希望以此增进友谊，促进交流，丰富市民的体育文化生活。绍兴将努力把这届荷球世锦赛办得成功、精彩、难忘，推动荷球运动不断发展。维尔布鲁根感谢绍兴为本次比赛作出的努力，高度赞扬了比赛的组织、接待、赛事安排等工作。

【匈中友协副会长访问绍兴】 2011年11月8日，匈中友协副会长冒寿福一行3人访问绍兴。市人大常委会主任、市友协会长黄秋芳会见冒寿福一行。冒寿福向绍兴鲁迅纪念馆捐赠了由其丈夫高恩德翻译并出版的《鲁迅短篇小说选》匈牙利文版。

【香港特别行政区行政长官访问绍兴】 2011年12月7日至8日，香港特别行政区行政长官曾荫权夫妇一行由省港澳办副主任顾建新陪同访问绍兴。副市长徐明光全程陪同曾荫权夫妇一行在绍活动。

7日，副省长龚正来绍会见曾荫权一行，省政府副秘书长夏海伟，市委副书记谭志桂、副市长徐明光等参加会见。

8日，市委书记张金如、市长钱建民宴请曾荫权一行。市委常委、秘书长魏伟，副市长徐明光等参加宴请。

在绍期间，曾荫权一行参观考察了兰亭、柯岩以及诸暨五泄、华东国际珠宝城、大唐袜业市场。市委常委、绍兴县委书记何加顺，诸暨市委书记钱三雄，诸暨市委副书记、代市长徐良平等分别陪同考察。

【奥地利萨州中国事务特使访问绍兴】 2011年12月9日，由萨尔茨堡州前副州长、萨州中国事务特使艾瑟尔率领的奥地利保时捷代表团到绍兴考察，市长钱建民会见代表团一行。副市长徐明光、市政府秘书长徐挺富、越城区区长魏明参加会见。

【斐济驻华大使访问绍兴】 2011年12月13日至15日，斐济驻华大使艾萨拉·泰莱尼一行访问绍兴。13日，副市长徐明光会见泰莱尼一行。

在绍期间，泰莱尼一行参观了兰亭、鲁迅故里等地，并考察了诸暨的企业。

2011年绍兴市接待的部分来访团组

序号	来访时间	团组名称(团长职务)	团长姓名	人数	会见(宴请)的领导
1	1月31日～2月1日	外交部非洲司副司长一行	曹忠明	3	谢振江
2	3月11日	日本山形县“环会”会考察团	田忠男	27	齐宽民
3	3月12～13日	日本福井县老朋友访问团	寺坂智昭前	10	周　英
4	4月24日	日本驻沪总领事馆一行	泉裕泰	2	张小华

续表

序号	来访时间	团组名称(团长职务)	团长姓名	人数	会见(宴请)的领导
5	5月7日	中国驻哥斯达黎加大使	李长华	2	马　民
6	6月21～23日	日本西宫市秘书国际课副课长	能势文规	2	盛伯钧
7	6月25日	保加利亚中国商会会长一行	章志光	3	陈长兴
8	6月27日～7月1日	日本富山县立小矢部园艺高等学校第17次友好访问团	北岛秀也	32	
9	7月6～7日	外交部政策规划司副司长一行	戚振宏	2	谢振江
10	8月4日	加拿大科技投资考察团	邵青山	4	张小华
11	9月8日	丹麦欧登塞音乐学院教授一行	莫斯特	3	谢振江
12	9月20日	日本籍老战士访华团	石附光子	2	盛伯钧
13	9月21日	美国驻沪商务领事一行	姜建栋	5	钱建民
14	10月11日	日本福井县日中友好协会会长	酒井哲夫	19	解晓波
15	10月19日	瑞中协会代表团	白鹄	10	阮顺泉
16	11月3～4日	澳大利亚驻沪商务代表一行	金宁	2	方　英
17	11月17日	博茨瓦纳驻中国大使馆官员	萨萨拉·查萨拉·乔治	2	
18	11月16日	日本天溪会事务局	川村真山	2	谢振江
19	11月23日	日本静冈县经济交流代表团	栗原绩	16	车晓端
20	12月14日	日本富山县教育委员会代表团	高柳知子	3	

友好城市交流

【绍兴市代表团访问巴西、秘鲁和古巴】 2011年3月5日至16日，市委常委、秘书长魏伟一行访问巴西、秘鲁和古巴。在巴西期间，拜访了绍兴市友城贝伦市，会见了市长戈麦斯·考斯塔、市议会主席埃莫森·沃尔岗等。贝伦市政府组织了经贸洽谈会，该市20余名经贸界人士参加。代表团向巴方介绍了绍兴市经济社会发展概况，重点推介了滨海新城及绍兴的旅游产业，双方就旅游、服装、木业、LED灯等产业合作进行了洽谈。

【绍兴市与法国艾克斯市结好】 2011年3月8日至19日，副市长徐明光会见来访的法国艾克斯市(镇)共同体副主席、艾克斯市副市长露易特，艾克斯市(镇)共同体负责经济事务副主席、皮路比埃市市长圭尼瑞，徐明光与路易特分别代表绍兴市和艾克斯市签署建立友好交流关系城市协议书。

艾克斯市是法国南部著名的文化艺术城、大学城，是著名印象派画家保罗·塞尚的故乡。

【日本小山市第5次高中生代表团访问绍兴】 2011年3月27日至30日，日本小山市保健福祉部长猿山悦子率小山市第5次高中生代表团访问绍兴。代表团参观了绍兴市高级中学、鲁迅故居、八字桥等景点。市人大常委会副主任车晓端会见代表团。

【澳大利亚白马市市长访问绍兴】 2011年5月5日，市长钱建民会见来访的澳大利亚白马市市长本·斯戴奈特一行。钱建民表示希望与白马市进一步加强各领域的交流，促进项目合作，推动共同发展。本·斯戴奈特说，绍兴市与白马市有着广阔的合作空间，希望两市在已有基础上建立更加紧密的关系，努力扩大合作成效。

【日本南砺市第7次中学生使节团访问绍兴】 2011年5月5日至10日，日本南砺市日中友好教育会会长石崎荣一率南砺市第7次中学生使节团访问绍兴，与文澜中学进行了交流。市政协副主席齐宽明会见使节团一行。

【日本小山市市民友好访问团访问绍兴】 2011年6月10日至11日，日本小山市日中友好协会副会长野中美惠子率小山市市民友好访问团访问绍兴。10日，市外侨办主任谢振江会见访问团一行。访问团参观了东湖、兰亭等景区。

【法国艾克斯市建筑师代表团访问绍兴】 2011年6月15日至18日，法国艾克斯市建筑师代表团访问绍兴。副市长徐明光会见代表团一行。

在绍期间，代表团听取了市规划局关于绍兴市总体规划和产业布局等介绍，并与华汇工程设计集团和浙江中成控股集团就建筑设计、工程施工等内容进行了交流，还参观了迪荡新城、鲁迅故里、沈园、仓桥直街等。

【绍兴市高级中学学生团访问韩国】 2011年7月25日，绍兴市高级中学副校长封幸力率学生团应邀赴丽水市参加第11届丽水国际青少年节。

【绍兴市与匈牙利佩奇市结好】 2011年8月30日至9月10日，副市长徐明光率团访问匈牙利佩奇市。代表团参加了友城合作论坛、佩奇友城匈牙利阿拉德市摄影展，与佩奇市签署两市正式建立友好交流关系协议书，并参观了佩奇市容和佩奇大学校园。佩奇是匈牙利的艺术名城。

【日本富士宫市商工会议所长访问绍兴】 2011年9月9日至12日，日本富士宫市商工会议所所长谷川浩之率访问团来绍兴考察。9日，副市长杨文孝会见访问团一行。在绍期间，访问团考察了绍兴越宫控股集团等企业。

【日本南砺市友好访问团访问绍兴】 2011年10月18日至19日，日本南砺市第35次松村谦三显彰会会长桃野忠义率友好访问团访问绍兴。市政协副主席齐宽明会见访问团一行。访问团参观了鲁迅故里、兰亭和八字桥等景区。

【美国卡马里罗市市长访问绍兴】

2011年10月20日，美国卡马里罗市市长迈克尔·摩根一行4人访问绍兴。市政协副主席齐宽明会见摩根一行。摩根此行带来垃圾发电、快餐连锁、珠宝和制塑等4个项目，寻求合作企业，同时邀请绍兴企业赴美考察访问。

【绍兴、丹麦欧登塞市庆祝结好20周年】 2011年11月3日至9日，欧登塞音乐学院校长莫斯特率丹麦圣安娜青年合唱团一行140人到绍兴交流访问，庆祝两市结好20周年。

7日，在绍兴大剧院举行了庆祝绍兴市·欧登塞市结好20周年音乐会，圣安娜青年合唱团在音乐会上作专场演出，市领导钱建民、翁鲁敏、阮顺泉、解晓波观看了演出。

在绍期间，圣安娜青年合唱团还与绍兴文理学院、稽山中学等进行了专业交流。

【日本芦原市第26次少年使节团访问绍兴】 2011年11月28日至30日，芦原市教育委员长手琢和典率第26次日本芦原市少年使节团访问绍兴。29日，市政协副主席解晓波会见使节团一行。

在绍期间，芦原市少年使节团分别与绍兴文理学院附中、鲁迅中学进行了友好交流。

【日本西宫市第24次中学生友好访问团访问绍兴】 2011年12月4日至9日，西宫市深津中学校长木野村茂率日本西宫市第24次中学生友好访问团访问绍兴。4日，市政协副主席解晓波会见访问团一行。

在绍期间，西宫市学生赴元培中学进行了交流学习。

（魏　民）

金华市

金华市简称“金”、“婺”。辖婺城、金东2个区，兰溪、东阳、义乌、永康4个县级市，武义、浦江、磐安3个县，总面积1.09万平方千米。2011年末户籍人口469.07万人。2011年，全市实现地区生产总值2447.7亿元；财政总收入328.35亿元，其中地方财政收入185.77亿元。

概述

【外事工作概况】 2011年，金华市人民政府外事与侨务办公室（简称“市外侨办”）围绕全市中心工作，坚持服务中央总体外交、服务地方经济社会发展的方针，严格执行外事政策法规，发挥外事部门的职能优势，着力打造“经济外事”、“服务外事”两大品牌。

“经济外事”实现新突破。加强招商引资及为企业产品外销牵线搭桥。2011年，新华·普天1号股权投资基金18.5亿人民币落户金东区，金轮机电有限公司向斯里兰卡康提市出口价值1000万美元水轮机设备的意向，德国迪恩市政服务公司向浦江县星碧照明科技有限公司订购200万美元LED节能灯项目，浙江康迪车业有限公司与意大利莎雷公司达成在欧洲年销售康迪品牌电动汽车1000辆的合作意向等，市外侨办都发挥了积极的促成作用。开展“外侨为企服务月”活动。重点开展侨务海外引智、上门为企业送服务、深入涉外企业蹲点调研等10项活动。

对外交流与合作取得新成效。全年完成7个市领导团组出访，接待加纳前总统、非盟索马里问题特使罗林斯等国（境）外团组79批695人次，接待外国使领馆官员32批62人次。举办金华市—德国迪恩市结好10周年庆典活动，向迪恩市赠送“金华亭”。全面开展“千校结好”活动，全年全市中小学与国外学校结成“姐妹学校”27对。

因公出国（境）和邀请外国人来华管理及服务水平有新提高。2011年，全市审核审批因公出国（境）任务358批930人次，其中党政机关和事业单位因公出国（境）373人次。邀请外国人来华995批1081人次。为企业做好因私签证等服务工作。市因公出国（境）办证中心全年办理因私赴日签证366批566人、因私赴韩签证48批77人、赴其他国家签证40批62人，办理认证245件，为企业申报办理APEC商务旅行卡22批41人次。全面推行电子护照办理工作。

涉外事件处理和对外宣传跨上新台阶。2011年，市外侨办协调处理涉外事件113批148人次。接待来自奥地利、加拿大、法国、德国、巴西、英国、日本及非洲法语国家的12批103名媒体记者来金采访。

重要外事活动

【金华市首届“涉阿”商贸活动】 2011年5月26日在金华职业技术学院举行，由金华职业技术学院、市对外贸易经济合作局、市外侨办、中国国际贸易促进委员会金华市支会联合主办。商贸活动期间，上海外国语大学教授陈万里和商务部西亚非洲司专家赵刘庆分别作主题讲座。100多家金华“涉阿”企业与40多名阿拉伯国家在浙中地区的商务代表、采购商进行了面对面的商务洽谈，共有50多家企业与外商初步达成合作意向。

【首届国际商贸发展大会暨第12届中国(金华)工业科技合作洽谈会】 2011年11月24日至26日在金华举行。来自厄瓜多尔、美国、伊朗、匈牙利等10个国家16位驻华领馆官员参加大会。市人大常委会副主任王国强、副市长黄小杭会见领馆官员一行。领馆官员们出席了开幕式及商贸发展大会，参加了新能源汽车、生物医药等产业与科技对接论坛，与相关经济、科技部门进行了座谈交流；参观了金华新兴产业产品展示展销会和双龙风景区、横店影视城等。

市领导出访

【金华市代表团访问美国、加拿大】 2011年5月27日至6月5日，副市长金中梁率金华市代表团赴美国、加拿大访问考察。

在美国，代表团分别参加了在旧金山和纽约举行的"对接活动"，达成人才引进项目意向30个。众泰控股集团在底特律举办汽车专业人才见面/招聘会。代表团访问了友城"世界房车之都"阿尔卡特郡，考察了阿郡的房车企业等，浙江飞神车业有限公司与世界500强的房车企业戴纳公司初步达成房车项目引进合作意向。在美期间，金中梁还考察了易倍公司，与在美浙江硅谷创新创业合作基地进行座谈。金中梁和部分企业代表专程拜访了中国驻纽约总领事馆，与彭克玉总领事进行了会晤。

在加拿大，代表团专程访问考察了约克大学，副校长兼舒力克商学院高级管理教育中心主任道尔·皮尔斯等与代表团进行了座谈，双方就开展人才培训与交流项目达成共识，金中梁与约克大学、约克大学亚洲商务管理中心、舒力克商学院签署合作谅解备忘录。

【金华市农业考察团访问瑞典、丹麦】 2011年10月15日至24日，市人大常委会副主任丁国玉率领金华市农业考察团赴瑞典、丹麦考察。

考察团拜访了瑞典生态食品认证中心负责人，就农业可持续发展、推广有机农产品及瑞典防范农业化学污染等方面的做法、经验进行了座谈。代表团还拜会了瑞典农业署负责人，了解瑞典的有机食品补助政策。

在丹麦期间，代表团拜访了丹麦农业和食品委员会负责人，探讨了发展生态农业的举措，双方就金华蓝莓出口丹麦的可能性进行了洽谈。

【金华市代表团访问奥地利、匈牙利】 2011年11月28日至12月7日，副市长朱福林率金华市代表团访问奥地利和匈牙利。

在奥地利，代表团拜访了奥中友协及奥中友协华委会，奥中友协常务副主席卡明斯基、华委会执行主席孙云龙等会见代表团一行，双方进行了会谈。代表团拜会了维也纳市政府规划局，考察了维也纳多瑙新区；访问了友城霍拉布隆市。

在匈牙利，代表团拜会了匈中经济商会，双方探讨了经济建设推进城市规划与环境保护，确保城市可持续发展等课题。

【金华市友好访问团访问阿根廷、巴西和古巴】 2011年12月5日至16日，市政协主席郑金平率领市友好访问团访问阿根廷、巴西和古巴。

在阿根廷，代表团拜会了米西奥内斯省政府代表处和阿根廷南美东亚商会，就生态城市建设、生态资源环境保护及双方的经贸合作进行了交流。

在巴西，代表团访问了圣保罗州维涅杜市，拜会了市议会议长阿德里安诺，考察了维涅杜市博物馆和生态建设新城区。拜会了中国驻圣保罗总领事馆副总领事王峰，走访了巴西金华同乡会。

在古巴，代表团拜访了古巴商业联合会，与商会国际关系部部长拉博让·嫆鹊葵就开展生物制药技术合作及贸易合作进行了磋商。

【金华市农业考察团访问新西兰、斐济】 2011年12月8日至17日，副市长蔡建率金华市代表团赴新西兰和斐济进行农业考察。

在新西兰，代表团拜访了阿什伯顿市政厅及农业基金会负责人，双方就农业可持续发展、农业开发区规划、水利建设管理及水土保持、水资源保护等问题进行了交流座谈。代表团实地考察了新西兰的农场和水利设施，进行了农产品市场调研。

在斐济，代表团拜访了农业部官员，考察了以渔业开发为特色的小岛，了解斐济渔业发展现状和渔业资源利用及保护情况。

【金华市代表团访问香港、澳门特区】 2011年12月14日至17日，市委副书记、市长徐加爱率金华市代表团赴香港、澳门特区考察。

代表团拜会了全国政协副主席、澳门特别行政区首任行政长官何厚铧，全国人大常委会委员、澳门立法会副主席贺一诚；考察了香港证券交易所、香港贸易发展局中小企业服务中心、华润集团、鸿芯(香港)有限公司、香港黄大仙啬色园等机构和企业。代表团还与外交部驻港联络办、驻澳联络办经济部负责人及相关企业负责人、金华同乡会负责人，就经贸往来、合作与发展进行了洽谈。

访问期间，徐加爱还出席了中国城市竞争力研究会命名金华为2011年中国十佳宜游城市、中国十佳诚信政府的颁奖典礼。

【金华市代表团访问南非、以色列】 2011年12月29日至2012年1月7日，市人大常委会副主任林一心率团访问南非、以色列。

在南非，代表团访问了友城布法罗市，与市议院议长露勒卡·西蒙就两市进一步开展互访，以及在经济、体育、旅游等领域的广泛合作与交流进行了探讨，并达成东伦敦高尔夫球场与横店高尔夫球场结为姐妹球场的意向。

在以色列，以色列前驻沪总领事马奕良陪同代表团考察了内塔尼亚市郊的精细化管理牧场。佳乐乳业有限公司与SCR工程技术有限公司签署牧场精细化管理合作协议。

主要来访

【意大利莎雷公司董事长访问金华】 2011年2月23日至27日，意大利莎雷公司董事长皮埃尔斯吉里一行5人访问金华市，考察了浙江康迪车业有限公司，与康迪公司商讨了康迪电动汽车出口欧洲市场等事宜，达成在欧洲年销售康迪品牌电动汽车1000辆的合作意向。

【斯中友协负责人访问金华】 2011年3月9日，斯里兰卡斯中友协负责人库玛一行4人访问金华，市政府秘书长傅利常会见并宴请客人。双方就金华市与斯里兰卡中央省省会康提市缔结友城、开展交流与合作等事宜交换了意见。

库玛一行还考察了金轮机电实业有限公司，双方洽谈了小水电出口、在康提市建造水电站等事宜并达成初步意向。

【美国阿尔卡特郡郡长访问金华】 2011年3月21日至24日，美国印第安纳州阿尔卡特郡郡长特伦斯·约瑟夫·罗迪诺一行来金华进行友好访问。代市长徐加爱会见并宴请罗迪诺一行。双方签署建立友好交流关系协议书和经贸战略合作备忘录，双方将在经贸、科技、教育、体育、卫生、人员交往等方面开展多种形式的交流与合作。

在金期间，罗迪诺一行参观了部分企业，洽谈了房车生产、医疗器械、生物制药、文化交流等项目。

【以色列驻沪总领事访问金华】 2011年3月29日至31日，以色列驻沪总领事艾雅克访问金华。艾雅克在浙师大作题为《以色列为什么仰慕中国》的演讲；出席了由市外侨办、金华市总商会共同组织的座谈会，与企业代表座谈，还参观了历史文化景点。

【英国谢菲尔德市政府代表团访问金华】 2011年5月30日，由英国谢菲尔德市国际贸易和关系部经理朱安娜·勒万率领的谢菲尔德市政府代表团访问金华，分别与市规划局、外经贸局、英孚教育机构、印度国家技术学院金华软件培训学校、市建筑设计院、义乌市建筑设计院以及永康市吕氏伟业健身器材公司等单位进行了交流，探讨合作方式。

【非洲数字电视发展高层论坛代表团访问金华】 2011年6月17日，在北京参加首届非洲数字电视发展高层论坛的代表团一行15人访问金华，参观了浙江博尚电子有限公司，双方进行了交流。市委常委、宣传部长陶诚华陪同参观。

浙江博尚电子有限公司是代表团所在10多个国家和地区的地面波机顶盒供应商。

【美国底特律汽车业高级代表团访问金华】 2011年7月6日至7日，美国底特律汽车行业高级代表团访问金华。代表团由美国汽车行业方面的科研专家组成。副市长金中梁会见代表团一行。双方就友城结对、汽车人才引进、汽车人才培训及汽车技术研发项目等领域的合作进行了交流，并达成共识。

在金期间，代表团考察了金华职业技术学院、众泰汽车集团。

【“非洲国家友好城市官员研修班”代表团访问金华】 2011年9月1日至4日，“非洲国家友好城市官员研修班”代表团到金华访问。研修班成员主要由政府官员组成，来自非洲部分法语国家。代表团一行参观了义乌国际商贸城、梦娜袜业集团、浙江师范大学非洲研究院、琅琊镇移民新村（安置水库移民）等地，交流了经济、教育和新农村建设方面的经验。代表团分别与市政府建设、环保、文化、旅游等部门进行了座谈，双方就城市建设、文化教育、环境保护、经贸合作等内容进行了探讨。

【法国音乐家访问金华】 2011年10月10日至29日，法国音乐家杰拉德·贝努瓦再度访问金华。杰拉德·贝努瓦在国贸景澜大饭店举办的“法国音乐美食节”活动中演唱，并与金华艺术学校的师生进行了交流。

【加纳前总统访问金华】 2011年10月24日至25日，加纳前总统、非盟索马里问题特使杰里·约翰·罗林斯一行4人访问金华。副市长金中梁会见并宴请来宾。

罗林斯一行考察了浙江师范大学，并作《新殖民主义与非洲团结》的演讲，参观了非洲研究院（博物馆）和双龙风景区，还参观了义乌中国小商品城。

【日本中国料理协会代表团访问金华】 2011年12月6日至7日，日本中国料理协会代表团访问金华，参观考察了金字火腿股份有限公司和双龙风景区。

日本中国料理协会是专门培养烹饪人才的培训机构。

友好城市交流

【德国迪恩市代表团访问金华】 2011年1月16日至20日，德国迪恩市代表团访问金华。市外侨办主任罗月霞等会见并宴请代表团一行。

在金期间，代表团分别与市中心医院、市文物局、市贸促会、市信息产业协会、5173公司等10多家部门和单位就经贸、卫生、文化等多领域具体项目的合作进行了深入的交流磋商。迪恩市医院与金华市中心医院签署每年开展互派医生访问交流的协议，市中心医院同意接收代表团成员舒米特在市中心医院进行为期两个月的中医针灸实习。随团来访的德国西部广播电视台迈克尔·艾舍尔在金摄制了一部关于金华的纪录片，以吸引更多的迪恩市民来金华旅游、投资。代表团拜会了义乌市外办和东阳市外办；与义乌小商品博览会组委会、中国小商品城集团股份有限公司有关负责人进行了座谈，双方就如何在欧洲推介义乌小商品市场以及2012年春季在法兰克福举办义乌小商品博览会进行了洽谈并达成初步意向。代表团还参观了义乌国际商贸城和进出口商品馆。

【日本枥木市小学生交流团访问金华】 2011 年 2 月 23 日至 25 日,日本枥木大宫北小学校校长矢野荣一、枥木市政府官员带领 16 名日本小学生访问金华,与姊妹学校环城小学开展交流活动。中日小学生表演了舞蹈、合唱、乐器演奏、书法交流等节目,日本学生还分组与环城小学学生一起上课、用餐、交流。

【德国迪恩市市民代表团访问金华】 2011 年 4 月 15 日至 18 日,由市政工作人员、医生、教师、企业家、自由职业者等 11 人组成的首个德国迪恩市市民团访问金华,出席了由迪恩市民创办的尼克花园餐厅的开张仪式,参观了双龙洞、侍王府、八咏楼以及浙江师范大学,还赴兰溪、武义、义乌等地参观考察。

【金华市医学交流团赴德国迪恩市交流】 2011 年 5 月 13 日至 6 月 8 日,由金华市中心医院 4 名专家组成的金华市医学交流团赴迪恩市开展医学交流活动。4 位专家与德国同行就医学专业技术、医院管理、医患沟通、医院人文文化、先进医疗仪器等进行了深入的交流。迪恩市市长保尔·拉如会见交流团一行,并举行记者招待会,肯定了双方合作取得的成果。

金华市与迪恩市已连续两年开展互派医生交流活动。

【金华市代表团赴德国迪恩市访问】 2011 年 9 月 15 日至 21 日,市外侨办主任罗月霞率教育访问团和文化表演团访问迪恩市,参加两市结好 10 周年庆典活动和迪恩市城市节活动。其间,金华市比德弗国际学校的师生表演了武术和舞狮,受到当地人民及参加城市节的外国代表的好评;举行了金华市—迪恩市结好 10 周年庆典暨友好凉亭“金华亭”揭幕仪式,为庆祝两市结好 10 周年,金华市向迪恩市赠送了代表两市友谊的木雕凉亭“金华亭”。保尔·拉如向代表团展示了迪恩市赠送给金华市的礼物模型。双方签署 2012—2013 年度合作交流备忘录。金华市外国语学校与迪恩市维克托罗中学、斯蒂芬蒂申学校分别签署姊妹学校合作意向书。

◎“金华亭”揭幕仪式上的舞狮表演

县(市、区)外事

·金　东　区·

【外事工作概况】 2011 年,金东区审核、报批各类因公出国(境)团组 10 批 18 人次,其中自组团组 1 批 6 人次、随省市团组出访 7 批 8 人次、赴港澳团组 2 人次。接待外国来访团组 3 批 26 人次。

【主要出访】 2011 年 12 月 8 日至 17 日,常务副区长邱银泉率金东区经贸考察团赴美国和墨西哥进行访问考察。代表团先后考察了墨西哥和美国的汽车行业，拜访了墨西哥团结特特拉市经济贸易部、美国马里恩市政府、美国通用汽车公司汽车外壳生产制造基地，并与马里恩市政府、金融、教育、企业、社团等各界政要名人进行了广泛的接触。代表团一行还参观考察了马里恩市高中和卫斯理公会大学，并与马里恩市政府签署进一步深化友谊、继续开展合作交流、维护世界和平的联合宣言。

·兰　溪　市·

【外事工作概况】 2011年，兰溪市审核、报批因公出国（境）人员16批27人次。其中自组团组3批13人次，参加上级部门培训、考察11人，企业因公出国3人。邀请外国人来华8批30人次。接待来访外宾3批50人次。

【主要出访】 2011年5月3日至12日，常务副市长徐祝成率团访问英国、法国，分别与英国米尔顿凯恩斯北巴克商会和法国尤罗卡摩托车公司就投资、贸易和摩托车等领域的合作前景等问题进行了交流。

6月13日至22日，副市长徐亚平率环保考察团访问美国、墨西哥。考察团先后拜访了美国废物管理公司和墨西哥托卢卡市政厅，考察两地的环境保护和资源再生工作。

【主要来访】 2011年9月20日，美国印第安纳州克林顿郡商会会长喜来登一行访问兰溪。市委书记吴国成、副市长陆献龙会见来宾，双方介绍了各自城市情况及特色产业，口头达成缔结友城的意向。喜来登一行参观了兰溪一中、聚仁学校和康恩贝制药公司。

·东　阳　市·

【外事工作概况】 2011年，东阳市办理市政府出访团组5批29人，受理因公出国（境）申报手续42批85人，邀请外商28批32人，办理认证29批39本。

【主要出访】 2011年7月5日至14日，副市长李宝春率团赴印度、印度尼西亚访问。在印度，代表团拜会了班加罗尔省工商联主席，就木雕行业的发展和合作进行了交流。在印度尼西亚，拜会了工业部森林和木制品司司长，就木雕原材料供应、技术合作、产品展览等进行了交流，并考察了木雕企业和木雕产品市场，双方达成初步的互访和展览意向。

8月2日至9日，市政协副主席申屠青率团赴美国阿尔卡特郡参加第49届文化艺术节。东阳市政府代表团是唯一被邀请的外国参展团，受到该郡郡长、文化艺术节组委会主席以及当地官员和艺术家的热烈欢迎，该郡郡长向申屠青赠送了城市钥匙。

11月1日至10日，东阳市人大常委会主任蔡志成率东阳市人大代表团赴南非、奥地利访问。在奥地利，代表团拜会了奥中友协，与纽多夫市签订建立友好城市关系意向书。在南非，代表团拜会了东阳籍中国驻南非武官许建伟大校，与南非工商联合会总秘书长探讨了经济、旅游、教育等合作事宜，参观了当地的学校。

11月15日至20日，副市长陈军率东阳市政府代表团赴首尔参加联合国教科文组织创意网络会议。在韩国期间，代表团拜会了联合国教科文组织秘书处负责“手工艺和民间艺术之都”申办工作的官员；推介了东阳市在手工艺和民间艺术方面的杰出成就，为东阳市申报“联合国教科文组织手工艺和民间艺术之都”打下基础。

【主要来访】 2011年3月23日，美国印第安纳州阿尔卡特郡郡长特伦斯·约瑟夫·罗迪诺一行到东阳参观考察。代表团分房车、文化艺术两个组与东阳市进行了项目洽谈。双方初步达成互派艺术家参展交流的意向。

7月14日，印度驻沪总领事戴思锐到东阳市考察影视产业和经济发展情况。副市长陈军陪同考察。戴思锐一行参观了横店影视城广州街、横店影视产业实验区和横店集团东磁股份有限公司，对东阳市发展影视旅游文化产业的举措表示钦佩，表示印度和东阳有很大的合作空间，欢迎东阳组团去印度考察，加深两地影视文化方面的交流和合作。在横店集团东磁股份有限公司，考察组与公司负责人进行了会谈，双方就能源开发等进行了交流，希望两地加强经贸合作，实现互利共赢。

10月19日，以巴基斯坦国民议会议员亚斯敏·拉赫曼为团长的巴基斯坦国民议会妇女代表团到东阳访问。代表团参观了东阳中国木雕城、东阳市大清翰林红木家具有限公司，与东阳市女企业家代表进行了座谈，双方表示今后将加强交流。市人大常委会副主任张韩水陪同客人参观访问。

·永　康　市·

【外事工作概况】 2011年，永康市审核、报批因公出国（赴港澳）人员22批58人次。其中：领导干部20人，企业因公出国38人。接待外国人来访5批60余人次。审批外国人邀请函件19批26人次。代办企业高层人员APEC商务旅行卡18人。

【重要外事活动】 2011年9月26日至28日，第16届中国五金博览会在永康举行，意大利驻上海总领事德卢卡、意大利对外贸易委员会上海代表处首席代表付泰参加了博览会，双方就中小型企业的合作与交流交换了意见，表示愿意为加强经贸合作而努力。此外，英中贸易协会代表周骏、香港贸易发展局驻浙江代表陈嘉贤、意大利拉瓦清洗设备有限公司总经理保罗·罗斯及其他6名意大利友人、浙江师范大学国际商务研究考察团30多人参加了博览会。韩国、日本等国还组织了买家采购团。

【主要出访】 2011年11月1日至10日，市人大常委会副主任李福昆率永康市农业考察团访问美国和加拿大。考察团访问了美国加州橙郡农业局和加拿大农业界有关协会，了解农产品质量安全体系、高效农业的运作方式、政府产业扶持政策等。

12月3日至23日，永康市第二批“创二代企业家培训团”14人前往德国吉森大学进行产业集群政策与五金企业管理培训，并考察了德国中小企业研究所、德国标准普尔协会、奥尔夫斯堡汽车城、宝马奔驰汽车基地及专业五金市场。

12月4日至13日，副市长祝鸿熙率医疗考察团赴澳大利亚和新西兰考察，学习两国卫生经费管理、服务建设、传染病防控等方面的经验。

【主要来访】 2011年3月20日至23日，国际禁化武组织工作组一行来永康核查浙江三环化工有限公司。

11月23日，来自乌干达、坦桑尼亚、布隆迪以及东非共同体事务部的11位经贸官员访问永康，考察永康总部中心和国际会展中心。

·武　义　县·

【外事工作概况】 2011年，武义县派出因公出访团组6批20人次，邀请外商来华24批32人次，接待国外来访团组2批19人次。

【重要外事活动】 2011年10月22日至24日，武义县举办第2届中国武义国际养生博览会，来自日本、朝鲜、越南、泰国等地的231人次外商及91名采购商参会。

【主要出访】 2011年8月3日至12日，县委书记江跃进率团赴荷兰祖特梅尔市和西班牙坎塔希里亚大区访问，与当地政府、企业就双方经贸合作进行了洽谈，重点考察了当地的船舶关键零件产品研发、制造等。

8月10日至14日，副县长扬霄雁率团赴香港参加第22届香港美食博览会并进行经贸洽谈，开展有机茶专场推介活动，达成50多宗贸易合作意向。

【主要来访】 2011年10月，日本樱花市喜连川日中友好访问团来武义进行友好访问，访问团一行参观了县实验小学并进行了友好交流。

（王红英）

衢 州 市

衢州市简称“衢”，辖柯城、衢江2个区，江山市和龙游、开化、常山3个县，总面积8841平方千米。2011年末户籍人口252.55万人。

2011年，全市实现生产总值890.29亿元；财政总收入95.02亿元，其中地方财政收入57.57亿元。

概 述

【外事工作概况】 2011年，衢州市外事侨务办公室(简称“市外侨办”)围绕“以绿色发展、生态富民、科学跨越为要求，以科学发展观为指导，以夯实基础、健全机制、强化管理、拓展服务为手段，努力打造经济外侨、诚信外侨、优质外侨品牌，实现服务外向经济、国际友城建设、因公出国(境)管理、利用外侨资源的新突破，为‘十二五’外事侨务工作开好局起好步”这一年度工作思路，积极贯彻落实市委、市政府决策部署，全面做好外事与侨务各项工作。被省外办评为全省外事系统先进单位。

全年审核审批因公出国(境)团组173批353人次，其中本市自行组团58批231人次，参加省、部委组织的“双跨”团组115批122人次；经贸、技术类团组51批161人次；实际成行团组164批328人次。全年党政干部因公出国(境)指标为200名，实际使用指标172名，出访人数严格控制在指标范围内。

全年办理邀请外国人来华邀请函157批224人次，与上年相比，批次上升40%，人次上升78%。

重要外事活动

【市领导走访日本、印度驻沪总领馆】 2011年3月24日，副市长李一飞走访日本、印度两国驻上海总领馆，市政府副秘书长王建华、市外侨办副主任许立、开化县外办负责人等陪同访问。

在日本总领馆，李一飞与总领事泉裕泰、经济领事佐佐木·明彦进行了座谈。李一飞代表衢州市人民政府对日本因大地震和海啸遭受重大生命、财产损失向总领事表示深切的慰问，同时邀请总领事在适当的时候访问衢州。泉裕泰对衢州人民的友好关切表示感谢。

在印度总领馆，总领事戴思锐、商务领事德祥声会见并宴请李一飞一行。李一飞转达了市委书记孙建国、市长尚清对总领事的问候，希望总领事能将衢州介绍给印度，推荐与衢州优势互补的印度城市与衢州建立友城关系，拓展友好交流与合作。戴思锐表示，衢州与印度在经贸、科技等领域的合作潜力很大，她会尽自己最大的努力促进双方交流与合作的开展。双方一致同意在适当的时候在衢州联合举办中印经贸交流研讨会，并共同为促成中印经贸、科技等领域的交流与合作展开调研。

【开展“千校结好”活动】 为加快实施“千校结好”行动计划，2011年9月1日，市外侨办与市教育局联合成立衢州市“千校结好”行动计划实施协调小组，负责统筹、指导和协调全市“千校结好”工作。根据省外办和省教育厅的统一部署，全市2011年至2013年必须完成结好学校30对，每年完成10对。协调小组将任务进行分解，规定各县(市、区)每年完成

1～2 对。至 12 月底，经省外办和省教育厅共同确认，全市已完成结好学校 10 对。

【衢州学院与韩国忠南大学签约合作】 2011 年 9 月 28 日，衢州学院与韩国忠南大学合作备忘录签署仪式在衢州举行。市委副书记、市长尚清出席签署仪式并讲话，副市长罗卫红主持仪式。忠南大学校长宋容浩与衢州学院院长胡伟分别代表双方学校在合作备忘录上签字。

孔子第 75 代嫡长孙、市孔管会主任孔祥楷，市政府有关副秘书长，市政府办公室、市教育局、市外侨办的主要负责人等参加了签署仪式。

市领导出访

【衢州市政府友好代表团访问意大利、希腊和土耳其】 2011 年 11 月 12 日至 23 日，以副市长李一飞为团长的衢州市政府友好代表团对意大利、希腊、土耳其三国进行友好访问。

在意大利，代表团分别与罗马华侨华人贸易总会会长留叶毅、卡拉布里亚大区卡坦扎罗省企业家协会会长法嘉等侨领举行会谈，就促进衢州与意大利的贸易、加强两地合作的可行性和方式方法等深入交换了意见。代表团在卡坦扎罗省省政厅参加了《衢州市与卡坦扎罗省建立国际友好交流城市关系协议书》签字仪式。卡坦扎罗省省长旺达·菲罗、副省长蒙特巴沃尼、省农业局局长阿尔贝托等意方官员以及卡坦扎罗省企业家协会会长法嘉等出席仪式。李一飞和菲罗代表双方政府签署协议书。代表团在罗马参加了欧洲衢州同乡总会成立仪式，意大利、法国、德国等地的衢州华侨华人和留学生以及罗马 14 个主要侨团代表共 70 多人参加。中国驻意大利大使馆参赞姚成、罗马华侨华人联合总会会长陈少敏等出席仪式并致贺词。意大利衢州同乡会同时成立。

在希腊，代表团与马拉松市副市长玛蒂娜·米洛纳就加强双方在经济文化领域的交流合作以及建立友好交流城市关系事宜进行了探讨，达成初步意向。

在土耳其，代表团考察了代尼兹利市的市政交通等基础设施建设情况，与伊斯坦布尔市大湖区副区长奥拉尔就经济互补等话题进行了会谈，并就组织双方企业开展后续合作达成共识。

【衢州市经贸代表团访问南非、阿联酋和毛里求斯】 2011 年 11 月 22 日至 12 月 2 日，以市委副书记、市长尚清为团长，市委常委、巨化集团公司董事长杜世源为副团长的衢州市经贸代表团访问南非、阿联酋和毛里求斯三国，开展经贸考察活动。市经济开发区、市交通局、市外侨办和巨化集团下属相关单位负责人随团出访。

在南非经济中心约翰内斯堡，尚清一行考察了华友钴业股份有限公司在南非的全资子公司东方国际矿业，并与华友公司董事长兼总裁陈雪华及东方国际矿业高管交流了企业国际化发展情况。巨化与华友公司就矿产资源合作开发、南非矿产物流体系对接，以及化工原料供应、人员交流培训、环保领域合作等进行了洽谈，双方达成优势互补和在更宽领域合作的意向。

在南非茵佛里尼市，市长荷罗瓦妮、市长委员会成员彼得斯、执行副市长威森等会见尚清一行。在两市共同举行的城市发展座谈交流会上，荷罗瓦妮及各分管副市长分别介绍了茵佛里尼市的历史、公共服务、生态环境和城市发展规划。荷罗瓦妮希望茵佛里尼市能市与衢州市结为友好城市。

在访问阿联酋迪拜期间，尚清一行举行了衢州市海外招商推介会。中国驻迪拜总领事馆商务参赞张艺，阿联酋华人华侨联合总会常务副主席唐振刚，阿联酋温州商会会长张俊毅，阿联酋广东、福建、江苏等商会负责人等共 60 余人参加。

在毛里求斯首都路易港，尚清一行拜访了已有百年历史的毛里求斯华商总会，与华人华侨和企业家座谈，推介衢州投资环境。华商总会会长陈梦德、路易港市政府华人顾问黎广来等参加座谈。

2011 年衢州市部分出访团组

序号	出访时间	团长职务、姓名	人数	出访地点	备注
1	4 月 9～20 日	市人大常委会副主任黄小民	5	巴西、智利、秘鲁	环保和农业源污染治理考察
2	5 月 21 日～6 月 1 日	副市长占跃平	6	英国、西班牙、葡萄牙	城市建设考察
3	6 月 3～14 日	市人大常委会副主任王延生	6	英国、西班牙、葡萄牙	经贸考察及洽谈
4	7 月 6～17 日	市委宣传部长诸葛慧艳	6	俄罗斯、瑞士、希腊	经贸考察及洽谈
5	7 月 23～31 日	市人大常委会副主任雷长林	5	加拿大、俄罗斯	农业交流与洽谈
6	7 月 25 日～8 月 5 日	副市长胡仲明	6	智利、巴西、加拿大	粮食物流考察
7	11 月 7～18 日	副市长罗卫红	5	香港、美国、巴西	教育交流与考察
8	11 月 16～27 日	市人大常委会主任居亚平	6	澳大利亚、新西兰、新加坡	生态环保和节能减排考察
9	11 月 28 日～12 月 9 日	市纪委书记杜康	5	英国、爱尔兰、土耳其	廉政建设、公务员监督管理考察等

主要来访

【“美伊电钢”副总裁访问衢州】 2011 年 2 月 25 日，智利美伊电钢集团公司副总裁约翰·塞勒斯一行访问衢州，副市长诸葛慧艳会见代表团。诸葛慧艳向约翰·塞勒斯一行详细介绍了衢州市的自然景观、文化、产业布局等情况，对美伊电钢集团公司来衢投资表示感谢，并表示将竭诚做好后续项目对接的各项工作。

“美伊电钢”是南美著名的跨国集团公司，其年产 2.5 万吨矿山耐磨衬板和履带板项目拟落户衢州市，项目总投资 3500 万美元。

【以色列驻沪总领事访问衢州】 2011 年 3 月 28 日至 29 日，以色列驻沪总领事艾雅克访问衢州。28 日，市委书记孙建国，市委副书记、市长尚清，副市长李一飞、市外侨办副主任许立等与艾雅克一行举行会谈，双方就建立经常性沟通交流机制、加强高新技术和现代农业发展等方面的合作进行了深入的探讨。在衢期间，艾雅克考察了市经济开发区及明旺乳业、名芯科技、江山欧派门业等企业和柯城区鲟鱼养殖基地，并参观了江郎山、龙游石窟等景区。

【日本著名佛学家静慈园再走“空海之路”】 2011 年 4 月 11 日，日本著名佛学家静慈园率弟子一行 23 人重走当年“空海之路”，再次登上衢州仙霞关。12 日，静慈园游览了世界自然遗产地江郎山景区，并与弟子共同种下象征中日友谊的樱花树苗。静慈园还在衢州孔氏南宗家庙拜会了老朋友——孔子第 75 代嫡长孙孔祥楷。

空海是日本佛教真言宗创始人，曾是日本遣唐使，对日本历史有着深远的影响。从 1984 年起，静慈园率弟子 40 余次从福建进入浙江，确认“空海之路”是由福州、浦城、廿八都、仙霞岭、衢州、龙游经衢江转道杭州去西安。

【意大利卡坦扎罗省专家访问衢州】 2011 年 8 月 29 日至 9 月 4 日，意大利卡坦扎罗省的古文物保护家、建筑师、城市规划师吉塞贝·卡努其，工程师弗朗西斯科·法嘎对衢州进行考察访问。市人大常委会副主任赵正良会见两位专家，并就下一步两地发展友好交流城市关系的相关事宜进行了探讨。两位专家还与衢州学院商讨了开展两地校际友好合作事宜，与江山、常山等地政府官员就城市规划、古迹保护和园林绿化等技术问题交换了意见。

【十国孔子学院院长来衢祭孔】 应衢州孔氏南宗家庙管委会的邀请，2011年9月27日，保加利亚、丹麦、俄罗斯、韩国、津巴布韦、利比亚、斯洛伐克、西班牙、亚美尼亚、印度等十国孔子学院院长和学者到衢州参加纪念孔子诞辰2562周年祭祀典礼活动，市委副书记、市长尚清会见各国来宾。尚清希望各国孔子学院能加强与衢州教育界、文化界等的经常性沟通联系，开展交流合作，实现共同发展。西班牙巴塞罗那孔子学院院长米盖尔代表与会来宾发言，表示要把衢州珍视历史文化的宝贵经验带回去，在弘扬儒家思想、增强教育合作、增进文化交流上发挥作用。

友好城市交流

【衢州市美术协会主席赴美国交流】 2011年10月1日，衢州市美术协会主席、市文化馆视觉部主任徐建文赴美国明尼苏达州雷德温市安德森艺术中心进行为期一个月的交流访问。在美期间，徐建文与同时到访交流的立陶宛陶艺家托马斯、英国诗人哈维等一起创作，到雷德温高中授课，到明尼阿波利斯艺术学院考察，并举办了个人美术作品展。他的《物语系列之干杯朋友》等9幅作品被安德森艺术中心收藏，《物语系列之中国屏风》等6幅作品被雷德温姊妹城市委员会收藏。

【衢州市民友好代表团访问意大利、瑞士和法国】 2011年10月8日至20日，以市外侨办主任朱耀荣为团长的衢州市民友好代表团对意大利、瑞士、法国三国进行友好访问。

在意大利，卡坦扎罗省省长罗塞塔·阿尔贝托与代表团进行了会谈和交流，双方对衢州市与卡坦扎罗省建立友好交流城市关系达成一致意见。代表团还参观了当地的学校、企业等，与市民进行了互动交流。

在瑞士和法国，代表团拜访了中欧交流促进会、浙江法国同乡会和日内瓦工商总会，推介了衢州市投资环境，双方探讨了建立友好交流城市关系的可能性。

【衢州市教育考察团访问美国友城】 2011年11月10日至16日，以副市长罗卫红为团长的衢州市教育考察团访问美国友城明尼苏达州雷德温市。

代表团与明尼苏达州立东南技术学院院长詹姆斯·约翰逊以及3位副院长、雷德温学校委员会学监卡斯顿·安德森、雷德温姊妹城市委员会主席彭涛等举行了教育合作交流会，就东南技术学院与衢州学院、衢州职业技术学院开展交流合作，雷德温中学与衢州二中互派教师、建立孔子课堂等事项达成共识。

代表团还访问了康乃狄克州的肯特中学，与校长迪克举行了会谈。肯特中学与衢州二中签署友好交流意向书。

【日本研修生来衢州研修】 2011年12月5日至9日，浙江省日本

◎日本研修生参观衢州市企业

友城静冈县、福井县、枥木县的6名研修生来衢州进行研修考察。研修生们访问了衢州来飞户外用品有限公司等民营企业,参观游览了衢州孔庙、龙游民居苑、江郎山等,了解了衢州市经济社会发展状况,感受了衢州深厚的历史文化积淀。

【孔氏南宗"掌门人"孔祥楷访问韩国】 应韩国忠南大学校长宋容浩的邀请,2011年12月5日至10日,孔子第75代嫡长孙孔祥楷一行5人对韩国进行友好访问。

孔祥楷一行参加了忠南大学授予孔祥楷"文学名誉博士"仪式;分别与忠南大学校长宋容浩、大田广域市市长廉弘喆、全罗北道副知事金承洙、首尔大学校长吴然天、韩国中央日报社会长洪锡炫、成均馆大学校长金峻永等举行了8场会见与座谈;在忠南大学和成均馆大学进行了2场题为《伟大的孔夫子》的专题演讲;举行了3场记者会,并接受韩国《首尔新闻》等媒体的现场采访;参加了成均馆专门为孔祥楷在大成殿举办的焚香祭拜祖先仪式;还与韩国孔氏宗亲会举行了会谈。

在与大田广域市市长廉弘喆座谈时,孔祥楷转达了衢州市市长尚清对廉市长的问候,双方就两市建立友好交流城市关系事宜达成意向。

(徐忠友)

县(市、区)外事

·柯城区·

【外事工作概况】 2011年,柯城区外办办理因公出国(境)团组10批24人次;审核外国专家来华7批10人次;接待外宾2批2人次。

【重要外事活动】 2011年4月16日至18日,柯城区大成小学88幅学生书画作品在日本佐野市文化宫展出,佐野市市长参加书画展活动,并高度肯定两地书画交流活动。

6月28日,佐野市日中友协理事长宫森胜市再度访问大成小学,反馈了学生书画作品展活动过程,并将书画展活动现场光盘赠送给大成小学,作为两地文化交流与合作的纪念和见证。双方就下一步日本小学生书画作品在衢州展出安排进行了商讨。

11月14日,柯城区大成小学校长徐雪芳与加拿大法兰西娃一拉贝尔学校校长在加拿大和邦吉尼市正式签订友好校际关系协议书。这是柯城区教育系统建立的第二对国际友好校际关系。

【主要出访】 2011年11月12日,以副区长朱国华为团长的区教育及友好城区考察团对加拿大、美国进行友好访问。代表团与加拿大和邦吉尼市就缔结友好城区事宜进行了洽谈,并签订备忘录。双方约定2012年6月柯城区代表团访问邦吉尼市,届时两地正式签订缔结友好交流城市关系协议书。代表团还参观了加拿大法兰西娃一拉贝尔学校以及美国孔子行政学院,与对方就开展教育领域合作交流交换了意见。

(余莉春)

·衢江区·

【外事工作概况】 2011年,衢江区外办审核因公出国(境)16批21人次,为9家企业办理邀请外国人来华邀请函34批46人次。

【重要外事活动】 2011年10月14日至15日,"2011早期胃癌国际研讨会"在衢州市举行。研讨会由浙江大学、浙江大学医学院附属第二医院主办,特邀日本顺天堂大学顺天堂消化内科教授永原章仁准、消化内科专家松本健史、日本国立癌研究中心东病院胃癌化学疗法专家布施望等学者参会。与会专家就"早期胃癌的诊断与治疗"等问题展开了深入的交流与讨论。

【主要出访】 2011年7月12日至22日,以常务副区长赵建新为团长的衢江区玫瑰产业考察团对法国、保加利亚、土耳其三国进行玫瑰产业专项考察。代表团先后考察了法国香水之都格拉斯、保加利亚卡赞勒克市玫瑰谷、土耳其伊斯坦布尔等地的玫瑰加工企业，了解玫瑰种植技术、玫瑰文化、香水加工生产及其营销模式。其间，赵建新还与保中友好协会主席尼考拉·波波夫、秘书长伊斯科拉·杜姆科娃等进行了座谈和交流，并与保中友好协会签订建立友好交流关系协议书。

【主要来访】 2011年7月17日，美国加利福尼亚大学洛杉矶分校(UCLA)放疗科教授斯蒂夫·李、馁尔·帕克等到衢江区人民医院考察。斯蒂夫·李一行对衢州市特别是衢江区的人口、疾病分布、医疗服务现状等情况进行了调研，并计划安排UCLA学生到衢江区人民医院和杜泽镇卫生院实习。斯蒂夫·李一行考察了杜泽镇卫生院门诊部、住院部、预防接种室和远程会诊中心，参观了杜泽镇西庄村社区卫生服务站。11月4日，UCLA的托德·米勒、丹尼尔·狄尤嘉特两位教授访问衢江，落实UCLA学生赴衢江实习事宜。

(彭雪芳)

·江　山　市·

【外事工作概况】 2011年，江山市派出因公出国(境)团组18批32人次，其中行政、事业单位人员12次17人次。为15家企业办理邀请外国人来华31批50人次。

【重要外事活动】 2011年3月23日，日本利民工程小额无偿援助江山市四都镇生活污水处理站建设项目在杭州签约，副市长王卫明与日本驻上海总领事泉裕泰共同签署总额为99156美元的捐赠协议。省外办主任阮忠训、日本驻上海领事佐佐木明彦参加签字仪式。4月20日，市政府在四都镇举行生活污水处理站建设项目的开工仪式，副市长陆佩军出席开工仪式并讲话。11月18日，该项目完工并正式投入使用。

【主要来访】 2011年3月29日，以色列驻上海总领事艾雅克访问江山。副市长陆佩军与艾雅克举行会谈，双方就建立经常性沟通交流机制、加强高新技术和现代农业发展等方面的合作进行了深入的探讨。在江山期间，艾雅克还考察了江山欧派门业，参观了世界自然遗产江郎山。6月17日，艾雅克再次带领总领事馆全体工作人员来江山考察。

4月11日，日本著名佛学家静慈园率弟子一行23人重走当年"空海之路"，再次登上仙霞关。12日，静慈园一行游览了世界自然遗产江郎山，并与副市长陆佩军在江郎山下共同种下3棵象征中日友谊的樱花树。

9月1日，意大利卡坦扎罗省拉梅齐亚泰尔梅市的古文物保护家、建筑师、城市规划师吉塞贝·卡努其，工程师弗朗西斯科·法嘎应邀对江山进行考察访问。副市长徐柏民会见客人，并陪同他们参观了江山城市规划馆和博物馆，双方就下一步两地发展友好交流城市关系的相关事宜进行了探讨，并就城市规划、古迹保护等交换了意见。

(姜　励)

◎静慈园(左)与江山市副市长陆佩军在江郎山下栽种樱花树

·常　山　县·

【外事工作概况】 2011年，常山县外办办理因公出国(境)团组6批7人次。接待外宾6批8人次，其中友好访问1批2人次、经贸活动1批2人次、外国专家1批1人次、教育合作与交流3批3人次。办理邀请外国人来华2批4人次。

【重要外事活动】 2011年，根据浙江省和泰国彭世洛府的友好交流协议，经衢州市外侨办推荐，常山县外办会同县教育局选派县实验小学专职音乐老师李丹于6月16日赴泰国彭世洛府醒民学校执行为期一年的支教任务，并选派天马镇第二小学专职美术教师陈新、天马镇第一小学专职体育老师陈志珍于7月24日至8月30日赴泰国执行短期支教任务。三位老师在支教期间，运用先进的教学理念和优秀的教学方法，使泰国学生充分了解中国音乐、美术、舞蹈的精髓，并组织了文艺汇报演出，得到当地广大师生和家长的好评，分别被醒民学校董事会授予优秀支教老师荣誉证书。

根据意中公司和常山县教育局的合作协议，从2011年到2015年，意大利维罗纳市圣·哲诺学校和常山县职业中等专业学校合作在常山中专联合开办汽车运用与维修专业。2010年11月2日至2011年1月30日，常山县职业中等专业学校金水平和王东风两位老师在意大利慈幼会职业教育机构下属的维罗纳、乌迪内、都灵、罗马等4所职业学校及相关企业进修学习电子电工、机械、汽车修理等专业的教学法和教材编写工作。3月12日开始，意大利方派出技术顾问每两周来常山中专对老师进行一天的汽车维修专业培训。9月份开学后，意大利项目建设技术顾问和翻译长期在学校指导汽车专业建设。

【主要出访】 2011年11月12日至23日，县委常委、副县长方庆建随衢州市政府代表团访问意大利、希腊、土耳其三国。在意大利期间，方庆建拜会了卡坦扎罗省省长、副省长及其他政府官员，与当地的企业和华侨进行了广泛的接触和交流。

【主要来访】 2011年9月3日至4日，意大利卡坦扎罗省的古文物保护家、建筑师、城市规划师吉塞贝·卡努其，工程师弗朗西斯科·法嘎在常山进行考察和交流。县文化广电新闻出版局主要负责人和文物办负责人与来宾就加强文物保护事宜进行了座谈交流。

（徐小莲）

·开　化　县·

【外事工作概况】 2011年，开化县外事办审核报批因公出国(境)人员14批28人次，其中企业人员15人次，行政、事业单位人员13人次。审核企业邀请外国人来华邀请函3批12人次。

【主要出访】 2011年6月22日至30日，以副县长马建雄为团长的县政府城市建设考察团赴美国、加拿大，考察城市规划及公共交通建设。美国旧金山市长办公室、加拿大不列颠哥伦比亚省交通运输部门向考察团介绍了各自的城市规划和城市公共交通运输现状，并就城市发展和执行城市规划的主要做法与考察团进行了交流与探讨。

10月20日至29日，以县人大常委会副主任杨国云为团长的县人大经贸代表团访问美国、加拿大。代表团详细了解了美国和加拿大的塑料制品市场状况，并走访了美国美洲物源实业公司，双方就密胺制品的销售合同进行了洽谈，并签订下游产品合作开发合同书。

12月5日至14日，以副县长徐海廷为团长的县政府经贸代表团访问澳大利亚、新西兰。代表团拜访了澳大利亚博坞市政厅和新西兰维塔科尔市政厅。考察了维塔科尔市的食品药品企业，就原材料供应与维塔科尔市签订合作意向书，并与澳大利亚拜德艾斯集团公司举行洽谈，双方就木糖醇合作生产与销售事项达成协议。

【主要来访】 2011年9月4日，瑞士苏黎世大学进化生物学与环境研究所所长博翰德·施密特一行3人到古田山进行科学考察。

本次考察是中欧合作项目——中国亚热带森林生物多样性与生态系统功能实验研究之一，主要研究在全球气候变化的背景下树种种植的最佳搭配，从中寻找最佳的生态恢复模式。

自2009年9月地球保护组织"地球观察研究所"与中科院植物研究所合作建立"中国区域性气候研究中心"以来，前往古田山研究气候变化的各国学者逐年增加。2011年，古田山气候研究中心共接待来自澳大利亚、新加坡等地的环保人士及气候专家、学者18批240人次。

古田山自然保护区位于开化县苏庄镇境内，1979年经国务院批准建立，总面积13.68平方千米。

（汪晓云）

·龙　游　县·

【外事工作概况】 2011年，龙游县机关企事业单位因公出国(境)团组20批33人次，其中市县自行组团12批22人次，参加省组织的"双跨"团组8批11人次。

【主要出访】 2011年12月4日至15日，县人大常委会副主任吴金德率县教育考察团赴美国、秘鲁、墨西哥三国进行教育学习考察活动，先后考察了桥下小学的友好学校——美国印第安纳州乡村草地小学等5所中小学。

【主要来访】 2011年3月10日，日本村田公司社长村田大介一行实地考察了浙江轻纺有限公司，双方就业务联系、投资意向等进行了洽谈。村田公司将浙江轻纺有限公司列为A级客户，承诺在一年内完成对其80台自动络筒机供货。

4月7日，美国印第安纳州乡村草地小学的安·欧文老师访问龙游县桥下小学，双方进行了互动交流。欧文为该小学上了一堂图片教学课。2010年，桥下小学与乡村草地小学签订友好学校协议，双方正式结为中美友好交流学校。根据协议，双方每年定期在师资互派交流、学生互动交流、教学资源共享等方面进行合作交流。

7月5日，加拿大驻沪副总领事芮乔丹一行来龙游考察，考察了维达纸业(浙江)有限公司、浙江华邦特种纸业有限公司和浙江大盛纸业有限公司，了解企业特种纸生产工艺、流程及发展现状，双方围绕龙游造纸产业发展进行了座谈。

10月18日，来杭州参加"西湖艺术博览会"的意大利油画艺术家来龙游采风，参观了龙游民居苑、龙游石窟和居民小区。

11月12日，在浙江留学、生活、工作的35位国际友人参加2011"我与浙江——外国人看衢州"活动，参观了龙游石窟和龙游民居苑。

（秦宏杰）

·知识窗·

外事社交中的一些禁忌

在外事社交场合，有许多礼仪、礼节、习俗需要特别注意，有些事项甚至是禁忌，最好不要触犯，否则会被认为不懂礼貌，甚至导致辛苦建立的关系破裂。在外事交际及国际商业交往中，要特别注意以下禁忌：

1. 交往的忌讳。在一些场合，衣着要合适。与欧美人打交道时，少涉及私人性质的问题。交往中举止要得体，交谈时不要跷"二郎腿"。在一些国家，不要摸小孩头顶。在印度、印尼、阿拉伯国家，用左手与人接触或传送东西是不合适的。

2. 颜色的忌讳。在欧美国家，尽量少用黑色，比利时人忌讳蓝色，巴西人则忌讳棕黄色。

3. 数字的忌讳。西方人把"十三"视为不吉利的数字，在许多场合尽量避免使用这个数字。此外，"星期五"这一天也被一些基督徒视为凶日。

4. 选用选送某种物品、图案的禁忌。例如，法国人视核桃花为不祥之物，伊斯兰教民忌讳用猪作为某种图案，瑞士人视猫头鹰为死人的象征。

此外，还有一些社交禁忌需注意，如男女之间交往，避免谈论女人的年龄；与阿拉伯人交往，需尊重他们的习俗等等。

舟山市

舟山市简称“舟”，辖定海、普陀2个区，岱山、嵊泗2个县，总面积2.2万平方千米。2011年末全市户籍人口96.99万人。2011年，全市实现地区生产总值765.3亿元；财政总收入127.18亿元，其中地方财政一般预算收入76.48亿元。

概　　述

【外事工作概况】 2011年，舟山市人民政府外事与侨务办公室(简称“市外侨办”)解放思想，创先争优，各项工作取得显著成绩。

提高涉外审批与管理水平。全年审核、审批因公出国(境)团组246批831人次，其中行政、参公人员128批469人次，企事业人员118批362人次；邀请外国人来华949批1779人次。

提高涉外事件处理水平。发挥涉外部门联席会议办公室职能，组织不同条块的涉外部门会议6次，召开全市涉外企业涉外工作座谈会，启动涉外应急预案，开展全市性涉外管理调研等。全年妥善处理涉外事(案)件31起。

做好外宾接待和市领导出访团组服务工作。全年接待外宾团组23批144人次，其中有美国里士满市政府代表团、意大利拉斯佩齐亚省政府代表团、澳大利亚西澳州政府代表团、日本气仙沼市政府代表团、日本静冈县经贸代表团、韩国江华郡政府代表团、韩国谷城郡政府代表团、秘鲁驻沪总领馆渔业代表团等。主要出访团组有：市委书记、市人大常委会主任梁黎明赴香港开展联谊活动；市委副书记、市长周国辉赴新加坡、马尔代夫和泰国进行考察、招商、推介活动。

巩固并拓展友城关系，深化交流与合作。2011年，舟山市进一步巩固与原有国际友好城市、国际友好交流城市以及国际单项友好交流城市的关系，深化实质性交流与合作，与美国里士满市、意大利拉斯佩齐亚省等签订项目协议书。

重要外事活动

【第13届舟山国际沙雕节】 2011年9月10日至10月31日在朱家尖南沙举行。本届沙雕节以“沙雕迪士尼”为主题，将沙雕作品与动漫文化结合，用沙雕演绎迪士尼的经典场景和人物。来自中国、澳大利亚、荷兰、美国等8个国家的30多位沙雕手参加创作。

【第13届浙江省韩国全罗南道学术研讨会】 2011年10月19日，舟山市外侨办承办第13届浙江省韩国全罗南道学术研讨会。研讨会以海洋可持续发展的方案和战略为主题，来自浙江省和韩国全罗南道的海洋领域专家、教授就如何发展与保护海洋资源进行了研讨。

市领导出访

【舟山市代表团访问香港】 2011年2月23日至25日，以市委书记、市人大常委会主任梁黎明为团长的舟山市代表团赴香港参加香港舟山同乡会举办的辛卯年春茗晚会，拜访香港发展局、中央政府驻港联络办等单位，并举办舟山投资环境说明会，推介舟山优势产业。

【舟山市政府代表团访问新加坡、马尔代夫和泰国】 2011年4月11日至22日，以市委副书记、市长周国辉为团长的舟山市政府代表团出访新加坡、马尔代夫和泰国，举办浙江舟山群岛新区暨海外高层次人才引进说明会，参加第3届亚洲海事展，拜访泰国外长及新加坡国际企业发展局、马尔代夫旅游局、泰中企业家协会等机构，考察新加坡吉宝海事公司、裕廊化工岛、裕廊国际公司、泰国中央集团、喜来登（马尔代夫）公司等，举办28场次推介、对接活动，宣传推介舟山新区。

2011年舟山市部分出访团组

序号	出访时间	团长职务、姓名	人数	出访地点	备　注
1	4月11～22日	市长周国辉	13	新加坡、马尔代夫、泰国	经贸推介活动等
2	5月5～16日	普陀区委书记吴晓东	6	法国、瑞士、德国	旅游文化项目洽谈等
3	5月12～22日	副市长陈松菊	6	南非、西班牙	海洋文化发展考察等
4	5月26日～6月4日	市委常委、市公安局长蔡步雄	5	美国、加拿大	警务工作考察
5	6月13～22日	副市长刘宏明	6	印尼、马来西亚	渔业考察
6	6月14～24日	市人大常委会副主任冯淑仙	6	泰国、马尔代夫	海洋旅游经济考察
7	6月19～28日	市委常委、常务副市长马国华	6	新加坡、澳大利亚	项目推进暨经济合作交流考察
8	8月29日～9月9日	普陀山佛教协会法师道慈	6	尼泊尔、印度、斯里兰卡	佛教文化交流活动
9	9月1～10日	市政协副主席夏夫根	6	英国、阿联酋	城建环保考察
10	9月19～28日	市政协副主席蒋宝华	6	美国、加拿大	旅游推介、景区管理考察
11	10月5～15日	副市长周伟江	6	意大利、阿联酋	友城访问及城市建设考察
12	10月20～31日	市政协副主席沈旺	6	俄罗斯、芬兰、匈牙利	交通考察
13	10月22～31日	市委常委、纪委书记胡志权	6	南非、阿联酋	行政监察考察
14	10月22～31日	市委常委、常务副市长马国华	7	日本、韩国	参加海事展
15	12月12～21日	市人大常委会副主任严海鸥	6	南非、阿联酋	参加出口商品交易会、考察
16	12月12～22日	副市长李善忠	6	巴西、古巴	港口合作项目洽谈

主要来访

【澳大利亚西澳州政府代表团访问舟山】 2011年8月22日，以下议院议长格兰特·伍德姆斯为团长的澳大利亚西澳州政府代表团访问舟山。市人大常委会副主任刘国土、副市长王忠志会见代表团。双方探讨了在矿产开发及储运、船舶修造、水产加工等领域深化实质性交流与合作的可能性。

【日本静冈县代表团访问舟山】 2011年8月23日，以副知事大村慎一为团长的日本静冈县政府代表团访问舟山。市委副书记、市长周国辉会见代表团一行。省外办副主任陆国灏参加会见。双方探讨了在教育、文化、经贸等领域深化实质性交流与合作的可能性。

【韩国江华郡政府代表团访问舟山】 2011年11月16日，以企划检查室室长金润分为团长的韩国江华郡政府代表团访问舟山。市人大常委会副主任冯淑仙会见代表团一行。舟山市政府与江华郡政府签署舟山南海实验学校与韩国江华中学校、江华女子中学校、江南中学校的友好交流合作协议书。

友好城市交流

【深化友城间交流与合作】 2011年，以纳特·贝兹议员为团长的美国里士满市政府代表团访问舟山，双方签订《2011—2014友好交流备忘录》，进一步加强两市在经济、文化、教育、卫生和旅游等领域的实质性交流与合作。为日本气仙沼市的震后救援工作提供帮助，舟山市向气仙沼市捐赠人民币100万元。组织舟山市文联代表团赴希腊提诺斯市举办“浙江舟山群岛新区摄影作品展”。全年签订“千校结好”协议12份。承办中国浙江·韩国全罗南道海洋经济学术研讨会。组织友城代表团赴美国、加拿大、希腊、澳大利亚、新西兰、德国、荷兰等国进行海岛综合开发、城市规划建设、政府管理体制等考察，开展华文教育交流。朱家尖管委会与意大利拉斯佩齐亚省签订“朱家尖东方蓝色海湾”项目意向书，涉及投资金额9亿美元；舟山港务局与美国里士满市港务局达成“汽车滚装码头”合作开发意向。

（袁　滢）

·知识窗·

照会及其他外交文书

照会是国际间交往的书信形式，照会的使用及其内容体现国家的立场，涉及国家关系。照会处理要及时，签收或拒收、答复或不予置理、不及时办理或拖延，都是一种政治态度。一般情况下，除了某些纯属周知性照会，均应以相应的方式答复、答谢对方。

照会分为正式照会和普通照会两种。正式照会由国家元首、政府首脑、外交部长、大使或代办签发，行文用第一人称，用于国家间重要通知、交涉。普通照会由外交部或外交代表机关发出，行文用第三人称，加盖机关印章，一般不需签名，用于外交代表机关之间的行政性、事务性通知，交际往来等。

除“照会”外，其他的外交文书还有：

对外函件。是一种应用范围更为广泛的对外文书，国家领导人、外交人员以及政府各部门、社会各机构写给外国相应人员、机构的书信，均可采用这种形式。视内容重要程度，对外函件分为正式函件和便函。

备忘录。是一种非正式的外交文书，用于说明事实、立场、法律细节，或重申谈话内容。无客套话和致敬语，只叙述事实或陈述、驳复对方观点，可预先写好，或在谈话后将其要点用备忘录形式送交对方，也可作为照会的附件。

电报。多用于祝贺、吊唁、慰问及其他事务性联系。抬头应写明受电人国名、地名、职衔、姓名并冠以尊称以及发电人的职衔、姓名或机构，均要使用全称。

台 州 市

台州市简称“台”，辖椒江、黄岩、路桥3个区，临海、温岭2个县级市，玉环、天台、仙居、三门4个县，总面积9411平方千米。2011年末户籍人口586.79万人。2011年，全市实现地区生产总值2794.91亿元；财政总收入370.47亿元，其中地方财政收入200.12亿元。

概 述

【外事工作概况】 2011年，台州市外事工作紧紧围绕市政府中心工作，突出服务主题，强化外事工作优势，取得新的成绩。

合理安排领导团组出访。全年完成市四套班子出访团组21批123人次(其中2010年审批的团组3批18人次)，其他各类团组6批37人次。接待外宾19批195人次，批次和人数均比2010年增长一倍多。

为企业提供优质高效服务。2011年，台州市外办积极为台州展会举办单位提供邀请、外宾接待、翻译、对外联络等服务，协办了第13届“浙洽会”台州对接洽谈会等活动。帮助民营企业赴国外展会参展，共有450多家企业700多人次通过市外办办理赴美国、德国、意大利等国参展。与省外办、美国驻沪领馆联络沟通，邀请美领馆签证官访问团来台州访问考察，帮助台州市贸促会会员企业获得美领馆给予的快速预约、签证绿色通道待遇。

控制党政干部因公出国(境)。2011年，全市办理因公出国(境)团组591批1372人次，其中党政干部因公出国(境)398人次。审核邀请外国人入境1157批1721人次，比上年增长57.46%。代办因私签证1035批1608人次，办理APEC商务旅行卡20人次。加强涉外管理，妥善处理各类涉外突发性事件。全年处理涉外突发性事件21起，其中涉外经济事件3起、因利比亚政局动荡和日本大地震的撤侨事件2起、其他涉外事件16起。

友城结好工作取得新进展。积极拓展新友城，与8个国外城市新签友好交流城市关系意向书。市本级与加拿大本那比市、德国哈瑙市、美国韦恩堡市签订建立友好交流城市关系意向书。工作重心下移，积极帮助县(市、区)牵线搭桥。3月，路桥区、黄岩区、仙居县分别与波兰莫拉维卡市、斯特科卡市、斯特劳斯恩市签订建立友好交流城市关系意向书。11月，路桥区与美国波莫纳市签订建立友好交流城市关系意向书。建立“中国台州与北美地区经贸文化促进委员会”和“中国台州—德国哈瑙市友好关系联谊促进会”，市分管领导担任会长，市外宣办等相关涉外单位为成员，友城交流组织体系进一步健全。

推动友城间实质性交流。2011年3月，台州市乱弹剧团应邀赴德国参加菲特烈港第27届博登湖国际表演艺术节，获得艺术节最高奖。5月，市人大常委会副主任高敏在访问友城匈牙利巴拉顿福瑞市时，与该市市长就开展实质性交流进行了深入的商谈。双方约定，2012年互派文化代表团进行文化演出和展示，并在2012年暑期开展学生夏令营交流等活动。

市友协换届。2011年11月1日，台州市人民对外友好协会召开第三届理事会第一次全体会议，会议通过了新章程，选举产生新一届领导班子,台州市人大常委会主任薛少仙当选会长。

【《台州外事侨务年鉴》(2011)出版】 2011年9月,《台州外事侨务年鉴》(2011)出版。本卷年鉴增加了侨务工作。年鉴分特载、总情、部门外事、院校医院外事、县(市、区)外事侨务工作、市部分重点外向型企业介绍、涉外旅游、附录等八部分内容,较为全面地记录了2010年台州对外交往和侨务工作的大事、新事、要事。

市领导出访

【台州市友好访问团访问加拿大、墨西哥和瑞士】 2011年5月19日至30日,市政协主席陈子敬率台州市友好访问团访问加拿大、墨西哥和瑞士,就开展友城交流、发展多领域交流合作关系等与对方进行了交流。考察团还走访看望了台州籍在外人士,与他们进行了座谈交流。

【台州市友好访问团访问瑞士、瑞典和西班牙】 2011年6月26日至7月7日,市委副书记、市长吴蔚荣率现代农业建设考察团访问瑞士、瑞典和西班牙,分别拜访了瑞典KINDA市政府、西班牙瓦伦西亚市政府和瑞士苏黎世州经济促进局,实地走访了当地的农业生产企业,交流探讨开展农业保险机制建设、发展农产品连锁经营、加强物流配送和电子商务等新型业态的做法和经验,商谈加强两市之间农业领域合作等事宜。

【台州市友好访问团访问意大利、摩洛哥和喀麦隆】 2011年6月29日至7月9日,市人大常委会主任薛少仙率团访问意大利、摩洛哥和喀麦隆。代表团一行先后与摩洛哥企业家联合会、喀麦隆住房建设部和意大利的塔哥里科佐市政府进行了座谈交流,并看望了喀麦隆和意大利的台州企业和华人代表。

【台州市考察团访问瑞士、西班牙和葡萄牙】 2011年11月1日至11日,市委书记陈铁雄率台州市城市建设规划考察团对瑞士、西班牙和葡萄牙进行城市建设考察,与瑞士伯尔尼市政府、西班牙玛鲁干市和葡萄牙辛特拉市进行了交流,就旧城保护、新区开发、旅游兴市等内容进行了考察。

【台州市友好访问团访问马来西亚、南非和以色列】 2011年11月14日至25日,市政协主席元茂荣率友好访问团赴马来西亚、南非和以色列就生态文明建设、议会工作等方面内容进行考察,并积极寻求经贸合作项目。

【台州市考察团访问阿联酋、南非和印度】 2011年11月25日至12月6日,副市长赵跃进率市经贸考察团一行赴阿联酋、南非和印度进行市场考察。考察团在阿联酋召开了迪拜台州商会企业家座谈会,拜访了南非约翰内斯堡议员,并与在南非经商的近20位台州企业家进行了座谈;组织20多家台州医药化工企业参加了2011世界制药原料印度展览会。

2011年台州市部分出访团组

序号	出访时间	团长职务、姓名	人数	出访地点	备　注
1	1月3～14日	市政协副主席王文观	6	阿根廷、巴西、秘鲁	财政对科技创新的扶持
2	1月7～18日	副市长赵跃进	6	日本、加拿大、韩国	友好交流
3	2月24日～3月7日	市委常委、宣传部长胡斯球	6	德国、瑞士、葡萄牙	开展文化产业发展考察
4	3月4～13日	市政协副主席张蕴华	6	瑞典、丹麦、挪威	体育文化考察交流
5	5月19～30日	市政协主席陈子敬	6	加拿大、墨西哥、瑞士	友好访问

续表

序号	出访时间	团长职务、姓名	人数	出访地点	备注
6	5月17～28日	副市长高敏	6	瑞士、波兰、匈牙利	考察医疗服务体系、医疗保障制度
7	5月22～31日	市委副书记肖培生	6	巴西、阿根廷、秘鲁	社会秩序综合管理工作考察
8	5月26日～6月4日	市委常委、组织部长马晓晖	6	美国、加拿大	开展招才引智活动
9	6月4～15日	副市长赵跃进	6	瑞士、西班牙、希腊	经贸考察
10	6月5～15日	副市长李跃程	6	巴西、阿根廷、秘鲁	考察访问
11	6月7～18日	市委常委、秘书长马世宙	6	俄罗斯、波兰、匈牙利	考察访问
12	6月26日～7月7日	市委副书记、市长吴蔚荣	6	瑞士、瑞典、西班牙	现代农业建设考察
13	6月29日～7月9日	市人大常委会主任薛少仙	6	意大利、摩洛哥、喀麦隆	基础设施和城市化建设考察
14	11月1～11日	市委书记陈铁雄	6	瑞士、西班牙、葡萄牙	城市建设考察
15	11月7～18日	副市长叶海燕	6	瑞士、希腊、波兰	教育文化考察交流
16	11月14～25日	市政协主席元茂荣	6	马来西亚、南非、以色列	生态文明建设考察
17	11月20日～12月1日	市委常委、纪委书记陈章永	6	英国、芬兰、瑞典	廉政制度建设考察
18	11月25日～12月6日	副市长赵跃进	5	阿联酋、南非、印度	经贸考察
19	11月28日～12月9日	副市长尹学群	4	新加坡、荷兰、卡塔尔	大石化项目考察
20	12月1～10日	副市长蔡永波	6	澳大利亚、新西兰、新加坡	农牧业考察
21	11月29日～12月10日	市政协副主席徐林德	5	加拿大、墨西哥、美国	教育文化考察交流

主要来访

【以色列驻沪总领事访问台州】 2011年2月23日至25日，以色列驻上海总领事艾雅克一行访问台州。市长吴蔚荣会见客人。

艾雅克一行参观了吉利集团、台州市沿海造船厂和台州经济开发区滨海工业区块，并与市级有关单位负责人进行了座谈。

【美国全球印第安纳教育组织代表团访问台州】 2011年4月6日至7日，美国全球印第安纳教育组织代表团访问台州。代表团一行参观了台州白云中学、白云小学，以及椒江区实验小学和路桥实验小学，分别进行了座谈交流，并与上述学校建立了姊妹学校关系。

【15个外国专家组织来台州对接洽谈】 2011年6月10日，以欧洲专家联盟秘书长基多·保格罗诺为团长的外国专家组织代表团来台州，与相关部门及企事业单位负责人和技术人员进行洽谈。省人力社保厅副巡视员郑金道，市委常委、常务副市长尹学群会见外国专家组织代表。

这些专家组织来自美国、英国、法国、意大利、日本、韩国等15个国家。

【日本敦贺市代表团访问台州】 2011年是台州市和日本敦贺市建立友好城市10周年，根据双方制定的交流计划，7月21日至25日，由日本敦贺市议会议长堂前一幸、副市长塚本胜典率领的友好代表团访问台州市。副市长赵跃进会见代表团一行。访问期

◎台州与日本敦贺市结为友好交流城市10周年活动

间,代表团中的日方学生与路桥实验中学和路桥中学学生开展了文体交流、书法文化讲座等一系列友好交流活动。

【美国驻沪总领馆签证官访问台州】 2011年7月23日至24日,由美国驻沪总领馆副领事哈菲·比斯利率领的签证官访问团,就台州民营企业赴美签证事宜来台州考察交流。副市长赵跃进向访问团介绍了台州市近年来经济社会发展情况,市外办主任项文敏和市贸促会会长茅万青先后发言,感谢美国驻沪总领馆给予台州市贸促会会员赴美签证能够快速预约并获签的绿色通道待遇,使台州民营企业能更便捷地赴美进行国际经贸活动。

【斐济驻华大使访问台州】 2011年9月1日至3日,新任斐济驻中国大使艾萨拉·泰莱尼访问台州。泰莱尼一行参观考察了黄岩、玉环等地,主要考察台州市经济社会发展情况,寻求斐济与台州在塑料制品、木材加工、农业、旅游业等领域的互利合作。副市长赵跃进会见泰莱尼一行。

【德国驻沪总领事访问台州】 2011年12月21日至23日,德国驻沪总领事芮悟峰访问台州,考察台州经济社会发展情况,寻求德国与台州在各领域的互利合作。21日,市委副书记、市长吴蔚荣会见芮悟峰,双方进行了交谈。

在台州期间,芮悟峰考察了部分重点民营企业。

友好城市交流

【台州市与加拿大本拿比市建立友好交流意向关系】 2011年1月5日至7日,加拿大不列颠哥伦比亚省议员莱·仇罕及本拿比市议员张境到台州市考察访问,台州市与本拿比市签订建立友好交流城市关系意向书。副市长叶阿东会见加拿大客人。

【台州市与德国哈瑙市建立友好交流城市意向关系】 2011年1月13日,市人大常委会主任薛少仙会见来访的德国哈瑙市议长约根·绍尔曼。双方签署建立友好交流城市关系意向书。

【台州市与波兰城市建立友好交流意向关系】 2011年3月29日至4月2日,以波兰驻沪总领事维夏克为团长的波兰中小城市代表团到台州市考察访问。市委副书记、市长吴蔚荣会见代表团一行,双方就经贸合作等事宜进行了交流。

波兰代表团分别考察了黄岩区、路桥区、临海市及仙居县,路桥区、黄岩区、仙居县分别与波兰莫拉维卡市、斯特科卡市、斯特劳斯恩市签订建立友好交流城市关系意向书。

【台州市与美国韦恩堡市达成建立友好交流关系意向】 2011年11月15日至17日,美国印第安纳州韦恩堡市市长汤姆·亨利率团访问台州,考察台州经贸及教育领域的发展情况,探讨在这些领域开展合作的可能,并与台州市签署建立友好城市关系意向书。副市长赵跃进会见代表团。

2011 年台州市接待的部分来访团组

序号	日期	团组名称(团长职务)	人数	主要活动
1	1 月 24～25 日	美国驻沪总领馆副领事任友飞	2	考察台州市的"十二五"规划,并同有关部门和人员开展相关讨论
2	9 月 5～8 日	美国加州洛杉矶波莫纳市副市长斯蒂芬·裘德·阿奇礼	2	考察台州经济和社会发展的总体情况,商谈双方发展友好交流关系等事项
3	9 月 21～22 日	美国印第安纳州韦恩堡市特派代表约翰·赛普生	2	就两市结为友好姊妹城市以及开展各方面的交流进行讨论
4	10 月 10～14 日	德国哈瑙市议长约根·舒尔曼率哈瑙市友好访问团	20	全面考察台州经济、教育、卫生、文化等领域发展情况,并就进一步开展交流合作进行深入的洽谈
5	10 月 25～27 日	波兰东风基金会主席卡里克与波兰民间艺人	80	考察台州文化、旅游,并参观部分民营企业

县(市、区)外事

·椒　江　区·

【友好往来】 2011 年,椒江区接待外宾 9 批 70 人次。1 月,加拿大不列颠哥伦比亚省议员莱·仇罕一行 6 人来台州市第一中学考察访问;德国哈瑙市议会议长约根·绍尔曼一行 2 人来台州市飞跃集团考察访问民营企业。2 月,以色列驻沪总总领事艾雅克一行来椒江区沿海造船厂参观访问。3 月,波兰驻沪总领事维夏克率波兰中小城市友好交流考察团考察椒江区国强建设集团。8 月,法国驻上海科技领事毕霞客一行来椒江区大陈岛考察风能发电站。9 月,美国印第安纳州东北地区合作联盟总裁约翰·赛普生和北印第安纳州公共服务公司经济发展部主任唐·巴布库克来椒江区第二中学参观访问,商洽建立友好学校事宜。10 月,由德国哈瑙市议会议长约根·绍尔曼率领的哈瑙市友城访问团来椒江区宝石集团和吴子熊玻璃艺术馆参观访问,寻求与椒江区在经贸、文化、教育等领域开展交流,进一步深化双边的友好交流关系。11 月,美国印第安纳州韦恩堡市市长汤姆·亨利率友好代表团来椒江二中进行友好访问,美国客人参观了校园,体验了实验课,并就椒江二中与美方学校开展友好交流进行了洽谈。12 月,德国驻沪总领事芮悟峰携夫人一行 3 人来椒江区宝石集团和台州市沿海造船有限公司参观访问。

·黄　岩　区·

【友好往来】 2011 年,黄岩区接待来访外宾 5 批 40 人次。3 月,波兰代表团考察陶氏集团。9 月,斐济驻华大使艾萨拉·泰莱尼率代表团考察新亚控股、市下控股、如意实业、黄罐集团。10 月,德国哈瑙市代表团考察台州国际文武学校并观看武术表演;德国格奥尔格·毕希纳一级文理中学代表考察黄岩区第二高级中学。11 月,加拿大多伦多五湖学院院长来黄岩区考察,双方签订协议,决定合作创办中、加双文凭高中班。

·路　桥　区·

【友好往来】 2011 年,路桥区接待来访外宾 9 批 87 人次。2 月,路桥区政协友好代表团回访美国富兰克林市。其间,路桥中学与富兰克林高级中学结为友好姊妹学校。9 月,富兰克林市市长顾问来路桥进行友好访问。开展对外文体交流,6 月底,成功承办 2011 年中澳男篮对抗赛;11 月,2011 国际顶级魔术大师 LIPAN

浙江区巡演在路桥举行;12月29日,奥地利维也纳古典交响乐团应邀在路桥上演"合作银行之夜2012新年音乐会"。圆满完成第11届中国塑料交易会、第2届再生塑料展览会等展会外商邀请及接待工作。本届塑料交易会到会外商1000多人,来自欧洲、非洲、亚洲的30多个国家和地区,海外参观团数为历届之最。

·温 岭 市·

【友好往来】 2011年,温岭市接待来访外宾12批155人次,国际友好城市政府和议会代表团3批30人次。全力支持温岭市工具企业与韩国工量具企业开展交流。联合市外经贸局举办中国工具市场贸易洽谈会,促成中国国际贸易促进会浙江温岭市支会与韩国产业园京仁地区本部园区签订合作备忘录,温岭市会展中心有限公司、温岭市工具刃具科技服务中心与韩国RTB企业咨询株式会社签订合作备忘录。探索与外国的民间文化艺术交流,在温岭举办"江山太平——中韩书法艺术交流展"。

·玉 环 县·

【友好往来】 2011年,玉环县委、县政府领导分别率团出访英国、西班牙、意大利、瑞典、丹麦、芬兰等国,进行经贸和文化、教育等交流活动。1月份,县委、县政府举办2011年新年音乐会,享誉全球的奥地利施特劳斯爱乐乐团参加演出。

·天 台 县·

【友好往来】 2011年,天台县接待外宾7批93人次,其中友城交流3批54人次。9月19日至21日,美国伊利诺伊州莫顿市市长诺曼·德弗林格及夫人访问天台。9月22日,天台县与莫顿市在上海签署建立友好交流关系意向书。

·仙 居 县·

【友好往来】 2011年3月31日,波兰中小城市代表团访问仙居,仙居县与波兰斯特沃斯基市所辖特卡奇克市签订建立友好交流城市关系意向书。

·三 门 县·

【友好往来】 2011年4月12日至19日,德国哈瑙市卡尔·吕贝恩一级文理中学师生访问团访问三门中学。

10月10日,哈瑙市议会议长约根·绍尔曼率团访问三门,参观了三门中学、三门职业中专、滨海新城、亚达科技等。

11月13日,匈牙利政府代表团访问三门,专程考察三门核电AP1000工程现场,参观了公司展览厅。

(朱英嘉)

·知识窗·

西服着装礼仪

1. 西服套装上下装颜色应一致。搭配上,西装、衬衣和领带其中应有两样为素色。

2. 穿西服套装必须穿皮鞋,便鞋、布鞋和旅游鞋都不合适。

3. 配西装的衬衣颜色应与西服颜色协调,不能是同一色。正式场合男士不宜穿色彩鲜艳的格子或花色衬衣。衬衣袖口应长出西服袖口1~2厘米。在正式庄重场合必须打领带,其他场合不一定都要打领带。打领带时衬衣领口扣子必须系好,不打领带时衬衣领口扣子应解开。

4. 西服纽扣有单排、双排之分,纽扣系法有讲究:双排扣西装应把扣子都扣好。单排扣西装,一粒扣的,系上和敞开均可;两粒扣的,只系上面一粒扣;三粒扣的,系上面两粒扣或只系中间一粒扣。

5. 西装的上衣口袋和裤子口袋里不宜放太多的东西。穿西装时内衣不要穿太多,春秋季节只配一件衬衣最好,冬季可在衬衣外面穿一件羊毛衫。

6. 领带的颜色、图案应与西服相协调,系领带时,领带的长度以触及皮带扣为宜,领带夹戴在衬衣第四、第五粒纽扣之间。

7. 西服袖口的商标牌应摘掉,否则会贻笑大方。

丽水市

丽水市简称“丽”，辖莲都区、龙泉市（县级）和青田、缙云、遂昌、松阳、云和、庆元、景宁7个县，总面积1.73万平方千米。2011年末全市总人口259.65万人。2011年，全市实现生产总值644.04亿元；财政一般预算收入76.84亿元，其中地方一般预算收入44.94亿元。

概　述

【外事工作概况】 2011年，丽水市外事与侨务办公室（简称“市外侨办”）围绕中央总体外交，积极配合全市中心工作，为地方经济建设和社会发展服务。

围绕中心工作，发挥职能优势。一是按照市委、市政府部署，保障全市赴国外经贸考察、友城交流、干部培训等重点团组顺利出访。全年完成市领导出访任务11批。二是精心做好外宾接待工作。全市外事系统接待来自世界各地的考察团和外国友人55批288人次。三是与外国驻华使领馆沟通渠道进一步畅通。注重与外国驻沪领馆的沟通，增进互信，营造客观友善的舆论环境，努力借助领馆渠道打造丽水对外形象。

严格把关，规范因公出国（境）管理秩序。严格按照丽水市2011年度因公出国（境）出访计划组织实施出访任务。按照市委“有重点、有内容、有目的、有任务的原则安排出访”的要求，认真把关，严格审核审批。全年办理因公出国（境）审核审批388人次，其中党政干部259人次、事业单位人员110人次、企业人员19人次。经审核未予批准25人次。

固老拓新，友城交流稳中求进。一是保持与友好城市和友好交流关系城市的密切交流。2011年，丽水市与韩国丽水市，龙泉市与韩国康津郡在友城互访、教育交流等方面均取得较大进展。二是广辟友好交流渠道。市外办积极谋划全市友城工作的全新布局，构建与智利、希腊、意大利、澳大利亚等国相关城市的友好关系。

拓宽渠道，争取支持，“千校结好”工作有序推进。认真贯彻落实省外办、省教育厅“千校结好”行动计划实施方案，积极与国际友城、民间友好团体、省外办有关处室等联系沟通，搜集国际教育交流合作信息，物色国（境）外学校，为丽水市学校开展教育国际交流合作牵线搭桥。

加强涉外事务管理。全年办理邀请外国人来华审批手续29批47人次。支持下属单位拓展涉外服务领域，为企业和市民“走出去”提供便利。全年代办因私签证60批97人次，领事认证77批152份，来华工作签证10批10人次。

理顺职能、强化队伍，积极配合做好机构改革工作。根据《丽水市人民政府机构改革方案》，丽水市在新一轮机构改革中，组建了市政府外事与侨务办公室，主管全市外事和侨务工作，结束了外事部门作为挂牌机构的历史。按照市委、市政府统一部署，市外办对本单位的主要职责进行了梳理，制定上报新的“三定”方案，并根据批复的方案实施到位。11月，省委组织部批准丽水市友协办转为参公类事业单位。

【市委外事工作领导小组会议】 2011年1月11日召开。会议听取了丽水市2010年度外事工作开展情况、2011年外事工作思路等汇报，审议了丽水市2011年度因公出国(境)计划建议方案。市委外事工作领导小组副组长、市委副书记、市长卢子跃主持会议，领导小组成员出席会议。

【全市外办主任会议】 2011年2月24日在青田县召开。会议回顾总结了2010年全市外事工作，对2011年各项工作进行了部署。副市长梁细弟出席会议并讲话。

【丽水市涉外部门联席会议2011年第1次会议】 2011年3月9日在丽水召开。会议传达了市委外事工作领导小组会议精神，通报了2010年外事工作情况和2011年外事工作思路。市委常委、组织部长林天宁，副市长梁细弟出席会议。市涉外部门联席会议成员参加会议。

重要外事活动

【丽水摄影家影像联展在美巡展】 2011年3月1日，中国丽水摄影家影像联展“土地・岁月・人民”专题展在美国加利福尼亚州展览，该专题还在COO画廊、波特兰摄影节展出。展览集合了丽水6位摄影家的110幅影像作品，以“土地・岁月・人民”为主题，对浙西南山区的人文生态进行了丰富的视觉描述。

【丽水学院与西班牙ESERP大学签署合作协议】 2011年3月15日，西班牙ESERP大学代表团访问丽水学院，商谈合作事项。双方决定开展互派教师、互派短期交换生、互设留学生招生办公室等活动，并合作设立中西商学院，双方达成合作协议并举行签字仪式。

【汤显祖—莎士比亚文化交流合作恳谈会】 2011年11月18日在浙江大学举行，遂昌县委书记葛学斌，县委常委、宣传部长尹建中，浙江大学人文学院党委书记楼含松，丽水学院文学院院长杨杰，英国莎士比亚出生地基金会会长戴安娜・欧文，莎士比亚学研究部主任保罗・埃德蒙森，斯特拉夫德镇艾文学院副院长凯爱・泰乐爱等出席恳谈会。与会各方就2014年举办汤显祖—莎士比亚文化学术研讨会、2016年莎士比亚逝世400周年大型纪念活动筹备情况、汤显祖—莎士比亚文化交流网站建设、昆曲全本《牡丹亭》赴英国演出以及“六方合作”运作机制等内容进行了深入的交流与探讨。

汤显祖和莎士比亚是东西方两位最杰出的戏剧大师，他们生活在同一年代，又同在1616年去世。汤显祖曾任遂昌知县，斯特拉福德是莎士比亚的故乡。

【丽水市长拜访智利驻华大使馆】

2011年11月26日，丽水市市长王永康一行拜访智利驻华大使馆。智利驻华大使路易斯・施密特会见王永康一行。会谈中，王永康希望在巩固丽水市与智利塔尔卡市友好城市关系的基础上，积极开展多种形式的交流与合作，促进共同繁荣发展。

【丽水市长拜访美国驻沪总领馆】

2011年12月22日，市长王永康一行拜访美国驻沪总领馆，总领事葛瑞风会见王永康一行。此次访问旨在加强丽水市与美国在友好交流、经贸往来、教育等领域的交流和合作。王永康向葛瑞风介绍了丽水市的基本情况及与美国的经贸往来、友城交流等情况。

【丽水市长拜访日本驻沪总领馆】

2011年12月22日，丽水市市长王永康一行拜访日本驻沪总领馆。日本驻沪总领事泉裕泰会见王永康一行。王永康希望在巩固丽水市与日本静冈县三岛市友好城市关系的基础上，进一步拓展双方的友好交流与合作领域。

【国际艺术家在松阳采风】 2011年12月24日至27日，上合组织成员国及周边国家著名艺术家参加“画韵晓庄丹青松阳”和平之旅国际艺术家松阳采风活动。国务院参事、外交部前副部长乔宗淮，中宣部前常务副部长龚心瀚等出席活动启动仪式。

【韩国全南大学师生访问丽水外国语实验学校】 2011年12月25日，韩国国立全南大学11名师生到访丽水外国语实验学校，与该校师生进行教育和文化交流，10名韩国学生还体验了中国家庭生活。中韩双方就素质教育、出国留学等进行了座谈。韩国学生表演了极具韩国特色的《四器农月》节目，丽水外国语实验学校师生表演了中国的传统武术和戏曲等节目。

这是2010年9月丽水外国语实验学校与韩国国立全南大学正式签署合作协议以后双方开展的首次交流活动。

主要出访

【丽水市政协代表团访问巴西、阿根廷、智利】 2011年2月28日至3月11日，市政协副主席庄志清率团赴巴西、阿根廷、智利进行议会交流和侨务访问。

其间，访问团拜访了巴西里约华人联谊会、巴西中国和平统一促进会、巴西华人文化交流协会、巴西浙江商会、阿根廷浙江华侨商会、智利浙江商会、智利温州商会，与有关丽水籍华人华侨进行了座谈交流；访问了巴西里约热内卢州米格尔·佩雷拉市议会，并就双方的合作交流进行了讨论；考察了巴西、阿根廷、智利的城市建设、城市管理和生态环境保护。

【丽水市政府代表团访问匈牙利、奥地利和意大利】 2011年3月14日至25日，市政协副主席刘秀兰率团赴匈牙利、奥地利、意大利三国进行经贸洽谈考察活动。代表团考察了设在匈牙利亚洲中心内的浙江品牌产品展示（贸易）中心；拜访了奥地利维也纳AICC商会和意大利亚洲促进会；走访了当地企业，对三国市场进行了考察。

【丽水市人大代表团访问瑞士、匈牙利和希腊】 2011年5月31日至6月11日，市人大常委会主任焦光华率团赴瑞士、匈牙利、希腊进行访问考察。

访问团一行拜会了瑞士的蒙塔纳市议会，探讨了旅游休闲产业以及生态效益农业的发展问题。考察了匈牙利的米什科尔茨市、布达佩斯十区等城市、城区。6月9日，代表团访问希腊爱琴娜岛市政府，焦光华代表丽水市与爱琴娜岛市市长塞奥朵塞奥斯·塞基奥蒂斯签署两市结为友好交流城市关系的初步协议。

【丽水市政府代表团访问俄罗斯、乌克兰和英国】 2011年9月7日至18日，副市长蔡小华率团赴俄罗斯、乌克兰、英国开展经贸洽谈活动。

在俄罗斯，代表团拜会了俄中经济合作中心，考察了莫斯科一义乌国际商贸中心。代表团向俄方介绍了丽水市与俄罗斯的经贸交流情况，双方对中俄贸易的细节进行了深入的探讨。

在乌克兰，代表团访问了浙江省的友好城市罗夫诺州，受到州政府和乌中合作中心的热情接待。

在英国，代表团一行拜访了伯明翰市政府、远信集团公司，考察了伦敦消费品市场。

【丽水市政府代表团访问美国、加拿大】 2011年10月5日至14日，副市长陈瑞商率团应邀赴美国和加拿大进行信息化建设考察。考察团先后考察了美国微软公司西雅图总部、微软迈阿密分公司、加拿大多伦多贸易促进会等机构和企业，并与相关行政和技术负责人举行多场会谈。

【丽水市政协代表团访问匈牙利、波兰和土耳其】 2011年10月10日至21日，市政协主席虞红鸣率团赴匈牙利、波兰、土耳其进行考察访问。其间，访问团访问了匈牙利珍珠市政府和土耳其西西里市议会，与珍珠市政府商谈了两市结为友好城市等事项。考察了匈牙利布达佩斯四虎市场、波兰华沙GD中国商城、土耳其伊斯坦布尔中国商城。拜访了中国驻土耳其伊斯坦布尔总领事馆，了解了伊斯坦布尔的丽水籍华侨概况。

【丽水市政府代表团访问巴西、智利和古巴】 2011年11月8日至19日，副市长金建新率团赴巴西、智利、古巴进行交流访问。访问团先后考察了巴西里约热内卢、伊瓜苏，智利圣地亚哥，古巴哈瓦那等地森林城市建设和生态林业建设情况，考察了智利塔尔卡市、库里克市经济社会发展情况；走访了巴西中国和平统一促进会、巴西中国浙江商会、巴西华人文化交流协会、智利中国华商联合总会、智利中国浙江商会等侨团。丽水市与塔尔卡市签署两市友好交流与合作协议书，云和县与库里科市签署友好交流与合作意向书。

主要来访

【美国"全球印第安纳"国际教育交流协会代表团访问丽水】 2011年4月6日至7日，美国"全球印第安纳"国际教育交流协会执行主任菲利普·博利一行3人访问丽水，实地考察丽水市首批参加浙江省"千校结好"行动的6所学校，为其与美国印第安纳州中小学开展姊妹学校交流做准备。

【智利驻华大使来丽水考察】 2011年5月10日至11日，智利驻华大使路易斯·施密特及智利塔尔卡市市长代表钱桥一行访问丽水。常务副市长陈瑞商、副市长梁细弟会见路易斯·施密特一行。路易斯·施密特一行参观了纳爱斯集团公司、丽水学院、云和木制玩具企业以及青田石雕博物馆、龙泉青瓷宝剑博物馆等，对丽水的经济、教育、文化进行了深入的考察了解。

【印度驻沪总领事访问丽水】 2011年7月15日，市长王永康会见来访的印度驻沪总领事戴思锐一行。王永康表示，在发展外向型经济的进程中，丽水一些企业与印度的合作已经有了很好的基础，希望通过总领事的来访，进一步推动双方的务实合作。副市长梁细弟等参加会见。

在丽期间，戴思锐一行参观了浙江方正电机股份有限公司和中国丽水摄影博物馆等地。

【智利驻华大使参加丽水国际摄影文化节】 2011年11月5日至7日，智利驻华大使路易斯·施密特一行应邀参加2011中国·丽水国际摄影文化节。市长王永康会见路易斯·施密特一行，副市长梁细弟等参加会见。

【美国驻沪签证官访问丽水】 2011年11月25日至27日，美国驻沪总领事馆副领事雷文杰、领事联络官罗森等一行3人来丽水市进行交流访问。雷文杰一行对丽水市民营企业申请赴美签证以及各个院校赴美留学、教育合作交流等相关情况进行了了解；与相关部门、企业和学校等进行了交流，解答了丽水市民营企业赴美签证遇到的疑难问题，并为各院校详细讲解了赴美留学和教育合作交流等相关事宜。在丽期间，雷文杰一行还参观了龙泉青瓷宝剑博物馆、龙泉创新汽车配件公司、涛涛集团，游览了缙云仙都风景区。

友好城市交流

【丽水市政府代表团和文艺演出团访问韩国】 应韩国丽水市政府的邀请，2011年5月3日至10日，市政协副主席李江波率团对韩国丽水市进行友好访问。访问团参加了"丽水市(韩国)2011年第45届龟船节"系列活动，参观了2012年丽水世博会宣传馆，参加了2012年丽水世博会友好城市工作会议。艺术团先后在龟船节统制营游行、海洋公园、韩国丽水市国际友城代表团招待酒会等不同场合和地点进行了多场演出。

【丽水市青少年代表团访问韩国丽水市】 2011年7月25日至8月1日，丽水市青少年代表团赴韩国参加第11届丽水国际青少年节。来自世界各国18个城市的近200名学生代表参加此次青少年节。青少年节主要分为夏令营和国际青少年节庆典两个部分。

【韩国丽水市钟鼓中学访问团访问丽水】 2011年10月20日至22日，韩国丽水市钟鼓中学友好访问团访问丽水，并与花园中学签署友好关系协议书。副市长廖思红出席签约仪式。21名韩国学生入住中国学生家中体验家庭生活。访问团一行还参观游览了南明湖、城市规划馆。

【丽水市与希腊爱琴娜岛市建立友好交流城市关系】 2011年11月1日，丽水市与希腊爱琴娜岛市建立友好交流城市关系签字仪式在市行政中心举行。市委副书记、市长王永康与爱琴娜岛市市长塞奥朵塞奥斯·塞基奥蒂斯分别代表两市在协议书上签字。市人大常委会主任焦光华，副市长梁细弟，爱琴娜岛市议会议长派崔斯·派崔蒂斯等出席签字仪式。根据双方协议，丽水市与爱琴娜岛市将本着平等互利的原则，积极开展在经济、贸易、科技、文化、教育、体育、卫生及旅游等领域多种形式的交流与合作，促进共同繁荣发展。

【韩国丽水市政府友好访问团访问丽水】 应丽水市政府的邀请，2011年11月6日至8日，以教育文化局局长孔云相为团长的韩国丽水市政府友好访问团来丽水市参加中国第14届国际摄影艺术展览暨2011中国·丽水国际摄影文化节。副市长梁细弟会见并宴请访问团成员。

在丽期间，韩国客人参观考察了摄影展展区、古堰画乡、仙都景区和丽水学院。访问团访问丽水学院时，双方就丽水学院与韩国丽水市高校建立合作和交流关系进行了初步的探讨和协商。

【丽水市与智利塔尔卡市建立友好交流城市关系】 应塔尔卡市市长胡安·卡斯特罗的邀请，2011年11月12日至11月15日，副市长金建新率友好访问团访问智利塔尔卡市。14日，两市签订建立友好交流与合作关系协议书，金建新和胡安·卡斯特罗分别代表两市在协议书上签字。根据协议书，双方将在平等互利的基础上，寻求在经贸、文化、教育、旅游等多方面的友好交流与合作。

县(市)外事

·龙　泉　市·

【外事工作概况】 2011年，龙泉市外办完成重要外宾15批次105人次来访接待任务，办理因公出访30人次(包括企事业)，为企业邀请外商来龙泉11批次13人次。

【主要来访】 2011年5月12日，智利驻华大使路易斯·施密特一行7人来龙泉市进行友好访问。

6月17日，俄罗斯国家应用化学科学中心总经理沙巴瓦洛夫来龙泉市参观龙泉宝剑。沙巴瓦洛夫爱好中国武术，对剑中之魁——龙泉宝剑更是心仪已久、钟爱有加。在阿金剑铺，沙巴瓦洛夫认真听取了陈阿金大师的介绍，详细了解了龙泉宝剑的锻造技艺。沙巴瓦洛夫称不虚此行，对龙泉宝剑有了更深的了解。

11月3日至4日，希腊爱琴娜岛市市长塞奥朵塞奥斯·塞基奥蒂斯率团来龙泉访问。

11月16日至19日，来自7个国家的47名国际古陶瓷专家来龙泉参加第6届中国龙泉青瓷·龙泉宝剑节暨中国古陶瓷协会2011年年会。

11月25日，美国驻沪总领馆副领事、签证官雷文杰等来龙泉市就经济、人文等进行考察。雷文杰一行考察了龙泉空调汽配企业，解答了企业提出的有关签证问题，详细讲解了美国的法律和签证程序。他表示，美国非常欢迎龙泉人民去创业和旅游，希望双方能有更多的合作，实现互利共赢。在参观龙泉青瓷博物馆时，造型典雅、装饰精巧以及如美玉般釉色的龙泉青瓷使雷文杰感到惊喜。

【友好往来】 2011年1月23日至30日,第3届韩国康津女子高中学生访问团一行33人来龙泉进行教育文化交流活动。通过家庭寄宿、参观文化遗迹等活动,实地体验中国的社会、文化、历史等。在龙期间,访问团还开展了青瓷觅宗和宝剑寻根活动,感受了龙泉的民俗风情。

8月6日至13日,龙泉市青瓷大师应邀赴韩国参加康津第39届青瓷文化节并开展学术交流活动。双方就高丽青瓷与龙泉青瓷的渊源进行了探讨。

8月6日至13日,龙泉市第4届学生访问团一行32人(包括领队教师),赴韩国进行教育、文化友好交流。

·青　田　县·

【外事工作概况】 2011年,青田县审核办理出访团组19批42人次,分赴美国、巴西、奥地利、西班牙、智利等国进行工业、交通、环保、侨务以及招商引资等方面的考察访问。县外办接待了包括意大利圣多梅罗市市长、意大利米兰市政府副议长、西班牙亚洲之家亚洲部主管、匈牙利国家电视台编辑、美国休斯顿市政府常委等外宾11批40余人次,邀请了12批22人次外商访问青田。青田县与奥地利施泰尔州特法赫市、西班牙富恩拉布拉达市和巴达罗那市米格尔—埃尔南德斯小学分别签订友好交流城市和友好交流学校协议。

【主要出访】 2011年5月26日至6月4日,县委书记王通林率团赴西班牙、奥地利进行友好交流和侨务访问。

6月16日至27日,副县长叶群力率访问团应邀赴荷兰、德国和法国进行教育考察和友好访问。

10月5日至16日,县委常委、县公安局长丁文伟率团赴西班牙、意大利和法国进行侨务访问。

【主要来访】 2011年5月10日,智利驻中国大使路易斯·施密特对青田进行友好访问,县委副书记、县长徐光文会见路易斯·施密特一行。

9月20日,瑞典米勒斯雕塑公园总经理奥妮塔·瓦丝一行访问青田。县委副书记、县长徐光文会见奥妮塔·瓦丝一行,双方就进一步加强文化交流进行了交谈。

10月14日,美国休斯顿市政府常委奥·黄一行访问青田。县委副书记、县长徐光文会见奥·黄一行。

【友好往来】 2011年5月19日,青田县与西班牙富恩拉布拉达市签署友好合作框架协议。

5月31日,青田县与奥地利施泰尔州特法赫市签署建立友好城市关系意向书。

7月11日,青田县实验小学与西班牙巴达罗那市米格尔—埃尔南德斯小学缔结友好学校关系。

(黄亦丹)

·知识窗·

外事拜访礼仪

1. 有约在先。拜访外国人时,切勿未经约定便不邀而至。约定的具体时间通常应避开节假日和用餐时间、过早或过晚的时间,以及其他对方不方便的时间。

2. 守时践约。万一因故不能准时抵达,务必及时通知对方,必要的话,可另行改期拜访。这种情况下,一定要向对方郑重其事地道歉。

3. 登门有礼。主人开门迎客时,务必主动向对方问好,互行见面礼节。就座时,要与主人同时入座。

4. 适可而止。拜访他人时,一定要注意在对方的办公室或私人居所里停留时间的长度。一般情况下,礼节性的拜访尤其是初次登门拜访,应控制在一刻钟至半小时之内。最长的拜访不宜超过两个小时。

5. 举止有方。拜访外国友人时要注意自尊自爱,以礼待人。与主人或其家人交谈时,要慎择话题,切勿信口开河。与异性交谈时,要讲究分寸。对于主人家里遇到的其他客人要表示尊重,友好相待。

义 乌 市

（县级市）

【外事工作概况】 2011年，义乌市接待国（境）外来访代表团等315批1437人次，其中副部长以上20批。办理因公出国（境）团组102批357人次；办理因私签证218批323人；代办邀请外商857批898人次；处理和协助处理涉外涉侨案（事）件97起。

【美国驻华使馆专员访问浙江】 2011年2月24日，美国驻华使馆专员何杰福一行3人访问义乌，与浙江省饰品行业协会进行工作座谈，并参观了浙江新光饰品公司。义乌市检验检疫局副局长吴荣跃等出席座谈会。义乌市外办主任冯美兰宴请何杰福一行。

【芬兰拉彭兰塔市政府代表团访问义乌】 2011年3月17日至18日，芬兰拉彭兰塔市副市长高卡瑞率团访问义乌。市委常委、副市长米斌会见并宴请代表团一行。米斌表示，义乌市与芬兰的贸易总额不断增加，芬兰在旅游和森林产业方面具有优势，非常适合借助义乌“旅博会”和“森博会”等展会的平台加强双方的合作。

在义访问期间，代表团参观了国际商贸城、新光饰品公司和梦娜袜业有限公司等企业。

【韩国驻华大使访问义乌】 2011年3月23日，韩国驻华大使柳佑益一行6人访问义乌。市委书记黄志平会见并宴请代表团一行。黄志平指出，义乌的日用商品市场已具相当规模，下一步要建设国际性的生产资料市场，为制造商、供应商、采购商提供更多的选择和一站式服务，希望韩国供应商、代理商来义乌展示销售商品。柳佑益建议在义乌国际金融商贸区设立韩国银行分支机构，以更有力地推动两地的经贸往来。

柳佑益一行参观了国际商贸城，并与在义韩商进行了座谈，详细了解他们在义乌的生活和经商情况。

【美国亚利桑那州皮纳尔郡代表团访问义乌】 2011年3月30日，以美国亚利桑那州皮纳尔郡郡长大卫·施奈德为团长的皮纳尔郡代表团访问义乌。市委常委、副市长汤飞帆会见并宴请代表团一行。汤飞帆表示，义乌愿意与皮纳尔郡建立友好往来关系，推动双方在各领域的合作。

汤飞帆陪同施奈德一行参观了国际商贸城。

【全省推广义乌外事改革试点经验】 为简化非公企业因公出国（境）人员审批手续，推动非公企业“走得出、走得快、走得好”，在省委组织部和省外办指导下，义乌市自2008年起开展非公企业因公出国（境）人员审批改革试点工作。2011年4月，省委组织部和省外办在义乌市召开全省非公企业因公出国（境）人员审批改革试点现场会，全省各市、县（市、区）委组织部和外办有关负责人共218人参加会议。会上，省委组织部向全省推广义乌市非公企业因公出国（境）人员审批改革试点经验。

【日本驻沪总领事访问义乌】 2011年4月25日，日本驻上海总领事泉裕泰一行2人访问义乌。副市长王迎会见并宴请泉裕泰一行。王迎表示，日本作为经济大国，在汽车、先进制造业、灾害防御等很多领域都具有优势，与义乌的产业结构有很好的互补性，双边合作有着巨大的潜力，义乌愿意在已有良好合作的基础上，积极推动双方更深层次、更宽领域的交流，实现互利双赢。

泉裕泰一行考察了国际商贸城进口商品馆，并表示愿意为引进更多优秀的日本产品进驻市场提供支持和帮助。

【伊拉克驻华大使访问义乌】 2011年5月9日至11日，伊拉克驻华大使阿卜杜·克里姆·哈希姆·穆斯塔法一行访问义乌。市长何美华会见穆斯塔法一行，并表示欢迎伊拉克企业参加义乌博览会、入驻进口商品馆。穆斯塔法一行参观了国际商贸城。

【美国休斯顿投资贸易代表团访问义乌】 2011年5月10日至12日，美国休斯顿市议员奥黄率投资贸易代表团访问义乌，市人大常委会副主任骆亘会见并宴请代表团一行。在义期间，代表团一行参观了国际商贸城，并举办了推介休斯顿投资环境的专场说明会。

【布隆迪内政部长访问义乌】 2011年5月12日，以内政部长爱德华·恩杜维马纳为团长的布隆迪地方政府和布中友协考察团访问义乌。

市委常委、副市长米斌会见并宴请代表团一行。米斌盛情邀请布隆迪政府代表团和商人代表团来义出席义乌市四大展会并考察采购，并希望积极推进布隆迪首都布琼布拉与义乌市开展友好交流。

代表团一行与市外侨办、外经贸局、工商局、商城集团等单位有关领导进行了座谈。双方就义乌与非洲经贸合作的情况、进口商品馆、非洲产品展销中心以及义乌与布隆迪开展经贸合作的可能性进行了交流和探讨。

【英国沛尔集团代表团访问义乌】 2011年5月12日至13日，英国沛尔集团董事及发展总监欧灵德一行访问义乌，市人大常委会副主任骆亘会见并宴请欧灵德一行，向客人简要介绍了义乌经济社会发展情况。代表团参观了国际商贸城、新光饰品和梦娜袜业等企业，并拜会了商城集团相关负责人。

【马里前总理访问义乌】 2011年5月26日至27日，以马里前总理易卜拉欣·布巴卡尔·凯塔为首的马里代表团访问义乌。市委副书记陈秀仙会见并宴请代表团一行。陈秀仙邀请马里政府代表团和商人来义参加四大展会、采购商品或引进马里优质产品进驻义乌市场，发展马里与义乌的经贸关系，并通过义乌这个国际化大平台开展马里与第三方国家的经贸合作。凯塔高度赞扬义乌派遣的医疗人员为马里人民的健康和马里卫生事业发展作出的积极贡献，并表示义乌国际商贸城的宏大规模给他留下了深刻印象，义乌的发展模式对马里的发展是重要的启发。

代表团参观了国际商贸城进口商品馆和梦娜袜业有限公司。

【泰国驻沪总领事访问义乌】 2011年5月26日至27日，泰国驻上海总领事毕伦·莱诗密一行5人访问义乌。市长何美华会见代表团一行。何美华指出，义乌市与泰国的双边交流基础较好，经贸往来日益密切，并且保持着良好的发展势头，希望总领事能推荐泰国的商贸性城市与义乌开展友好交流。

毕伦·莱诗密一行在市外侨办领导陪同下，参观了农贸城、国际商贸城和新光饰品公司。

【义乌市政府代表团赴泰国、印尼和新加坡考察】 2011年6月6日至17日，市长何美华率领义乌市政府代表团访问泰国、印尼和新加坡。

在印尼，代表团拜会了巴厘省省长马德，向马德介绍了义乌市场及义博会、文博会、旅博会等情况，邀请马德在适当的时候访问义乌。在新加坡，代表团特别拜会了外交部高级政务次长陈振泉，向他介绍了义乌的相关情况，表示希望认真学习新加坡的发展经验，加强双边合作。在曼谷，代表团会见了泰国正大集团董事长谢国民。

代表团还与泰国中华总商会、泰国华人青年商会、印尼中华总商会、新加坡中华总商会等华人华商代表举行了会谈。

出访期间，代表团还拜会了中国驻泰国大使管木、中国驻印尼大使章启月、中国驻新加坡大使魏苇和公使衔参赞戴兵。

【马里驻华大使访问义乌】 2011年6月6日至8日，马里驻华大使恩齐·拉伊克·特拉奥雷一行2人访问义乌。市委常委、常务副市长宋英豪会见并宴请特拉奥雷一行。宋英豪强调了义乌经济贸易的发展与非洲国家不可分割的密切关系，盛情邀请更多的马里政府代表团和客商来义考察和采购商品。

特拉奥雷一行在义期间接见了部分在义的马里侨民，并就马里侨民在义办理签证等问题与义乌市公安局出入境管理局进行了沟通。

【义乌市考察团赴荷兰、法国考察】 2011年7月4日至15日，副市长丁进跃率义乌市考察团赴荷兰、法国考察访问。

考察团一行考察了荷兰鹿特丹市的中远集团欧洲公司基地，参观了特大吨位货轮，听取了鹿特丹市政规划局负责人关于市政建设的介绍，参观了在建的鹿特丹火车站及主要商业区。考察团还会见了鹿特丹市市长马丁·杜克。马丁·杜克表示，鹿特丹的物流业比较发达，经鹿特丹港中转的货物占整个欧洲海运货物量半数以上，希望与义乌市有实质性的合作机会。考察团邀请马丁·杜克参加2011年的义博会，双方交流了有关建立友好城市的看法。

考察团与法国拉嘎尔德市市长马松·让陆毅进行了座谈。马松希望能在义乌国际商贸城国际馆里设立法国馆，专门销售法国的红酒、香水及其他奢侈品。

【毛里求斯总统访问义乌】 2011年7月8日至9日，毛里求斯总统阿内罗德·贾格纳特一行访问义乌。市委书记黄志平、市长何美华分别会见、宴请阿内罗德·贾格纳特一行。

黄志平向客人简要介绍了国际商贸城和生产资料市场的情况。双方就工业经济发展的重要性进行了探讨。

何美华向客人简要介绍了义乌的经济社会发展情况。他表示，欢迎更多的毛里求斯客商来义乌采购，加强经贸合作；欢迎毛里求斯产品入驻进口商品馆，并通过义乌市场这个平台，进入中国市场或进行转口贸易；欢迎毛里求斯企业家或贸易商来参加义乌的四大国家级展会；希望毛里求斯首都路易港或其他城市与义乌市开展友好交流；希望加强双方在文化教育领域的交流与合作，欢迎更多的毛里求斯留学生来义乌留学。他还表示，将推动更多的义乌市民去毛里求斯考察访问、观光旅游。

贾格纳特一行参观了国际商贸城。

【斐济外交和国际合作部长访问义乌】 2011年7月13日至14日，斐济外交和国际合作部长伊诺凯·昆布安博拉一行来义考察访问。市委书记黄志平，市长何美华，市委常委、副市长米斌等会见来宾。

黄志平在会见时说，义乌将以伊诺凯·昆布安博拉部长此次来访为契机，深入推动两地经贸、文化、旅游等各领域的交流与合作。何美华邀请斐济组团参加义乌市11月份举办的森博会，展示斐济的特色森林产品，并提议双方开展红木加工方面的合作。

伊诺凯·昆布安博拉表示，他将推荐更多的斐济商人来义乌，并促进其特色商品走进义乌市场，通过这个平台，开拓更广阔的市场。

伊诺凯·昆布安博拉一行参观了义乌国际商贸城一区、二区、进口商品馆及贝克曼服饰、晨云实业等企业。

【义乌市政府代表团赴澳大利亚、斐济考察】 2011年7月19日至28日，副市长傅春明率领市政府代表团赴澳大利亚和斐济考察。

代表团访问了澳大利亚阿拉瑞特市，市长格温达·敖古德表达了希望通过义乌市场这个全球最大的贸易平台展示、销售相关产品的强烈愿望。格温达·敖古德陪同代表团参观了该市的污水处理厂、葡萄酒厂、金山中华文化遗产中心及绵羊养殖场等。

在斐济，代表团一行拜会了斐济总统拉图·埃佩利·奈拉蒂考及第一夫人阿蒂考拉·娜拉提考，双方就加强环境保护和治理工作的技术合作，推动义乌与斐济经济交流进行了广泛的交流。

【义乌市政协代表团赴爱尔兰、英国考察】 2011年7月28日至8月4日，市政协主席杨林章率代表团赴爱尔兰、英国考察访问。代表团参观了爱尔兰华协会名誉会长鲍绍钧创办的亚洲行超市、英国比斯特购物村和英籍华人丁元顶创办的养老院。

【乌克兰代表团访问义乌】 2011年8月10日，以乌克兰议会议员亚历山大·菲尔德门为团长的乌克兰代表团访问义乌，考察义乌市场，并推介乌克兰投资环境和哈尔科夫商业项目。市长何美华会见并宴请代表团一行。何美华表示，可以通过增进往来，加强两地在教育、文化等方面的交流合作，促进多领域的共同发展；并表示要组织考察团去乌克兰访问，对当地的投资环境和市场进行实地考察评估。

当天下午，代表团举行了乌克兰投资推介会，40多位义乌企业代表与会。

【西欧共产党联合考察团访问义乌】 2011年8月15日至16日，西欧七国共产党联合考察团访问义乌。市委书记黄志平、副书记陈秀仙分别会见、宴请考察团一行。黄志平表示，欧洲是共产主义的发源地，希望借此机会共同探讨新时期如何建设党员队伍与党组织，加强交流合作。代表团团长、意大利重建共产党中央委员马可·康索洛表示希望学习借鉴中国的建设模式，密切欧洲各国共产党组织与中共党组织的联系。

在义期间，代表团参观了国际商贸城。

【非洲国家友好城市官员研修班访问义乌】 2011年9月1日至2日，非洲国家友好城市官员研修班一行来义乌访问，市委常委、副市长米斌会见并宴请代表团一行，向客人们介绍了义乌经济社会发展情况，并盛情邀请非洲国家友好城市政府代表团和商人来义乌参加四大展会、采购商品或引进本国优质产品进驻义乌，推动非洲各国与义乌的经贸关系。在义期间，代表团参观了国际商贸城和梦娜袜业有限公司。

【义乌市代表团赴美国、加拿大考察】 2011年9月20日至29日，副市长王迎率领市卫生局、建设局、外侨办、浙大医学院附属义乌医院建设指挥部、中心医院等单位领导组成的考察团赴美国、加拿大进行医疗卫生事业考察。

代表团考察了美国纽约、巴尔的摩和加拿大温哥华、多伦多等城市的多家医疗卫生机构，深入了解两国的医疗卫生制度、医院的建设与管理、社区卫生、急救医学、传染病防控等情况，并拜会加拿大不列颠哥伦比亚省圣保罗医院华侨医生叶箭教授夫妇。

【美国托莱多市代表团访问义乌】 2011年9月22日，以市长迈克尔·贝尔为首的美国俄亥俄州托莱多市代表团访问义乌。市长何美华会见并宴请客人。何美华表示，双方可以在教育、文化、旅游等领域开展全方位的合作。作为国际贸易综合改革试点的一项重要任务，义乌鼓励本地的企业和商人积极“走出去”，在包括托莱多市的海外地区投资、设立展销平台和办事机构。他还表示，义乌市将尽快组织由政府官员、企业代表、贸易商等组成的代表团前往托莱多市考察。

代表团参观了国际商贸城进口商品馆。市工商联组织20名在义商会负责人与代表团就托莱多市五大湖国际商品交易中心项目及该市的投资环境等内容进行了座谈交流。

【义乌与法国欧拜赫维利耶市签署友好交流关系备忘录】 2011年10月24日，法国巴黎大区欧拜赫维利耶市市长雅克·萨尔瓦多率团访问义乌，参加第17届义博会。市长何美华会见代表团一行，双方签署建立友好交流关系备忘录。市委常委、副市长米斌出席签约仪式。

雅克·萨尔瓦多表示对义乌的市场建设非常感兴趣，希望在欧拜赫维利耶市也能建立像义乌一样发达的物流业，缔造“巴黎大区的义乌”。希望通过发展与义乌更加紧密的经贸关系，使欧拜赫维利耶市成为欧洲第一大中国商品进口平台。

【中非合作论坛第8届高官会代表团访问义乌】 2011年10月28日至30日，以埃及外交部部长助理穆娜·阿迪阿为团长的中非合作论坛第8届高官会代表团一行150余人到义乌参观访问。市委书记黄志平，市长何美华，市委常委、常务副市长宋英豪，市委常委、副市长米斌会见并宴请代表团一行。

黄志平表示，非洲国家企业已在义乌设立办事处386家。在国际商贸城专门开辟了非洲产品展销中心，展示和销售非洲产品，推动非洲产品对华出口。此次代表团来义访问，必将进一步促进义乌同非洲的经贸合作。穆娜·阿迪阿表示，义乌市场发展前景广阔，希望能有更多的非洲产品入驻义乌市场。

在义期间，代表团一行参观了国际商贸城及梦娜袜业、巨龙箱包等企业。

【义乌市社会服务与管理考察团赴澳大利亚、新西兰考察】 2011年11月7日至16日，义乌市社区服务与管理考察团赴澳大利亚、新西兰考察。考察团参观了澳大利亚的墨尔本、阿拉瑞特、悉尼和新西兰的奥克兰、新普利茅斯等城市，听取了社区服务管理及社团管理与自治等相关情况介绍，并进行了座谈交流。

【斯洛伐克驻沪总领事访问义乌】

2011年12月12日至13日，斯洛伐克驻上海总领事帕沃尔·希考勤与商务领事米查访问义乌，市委常委、副市长米斌会见并宴请帕沃尔·希考勤一行。

米斌希望帕沃尔·希考勤总领事推动斯洛伐克产品进入义乌，通过义乌平台打开中国市场，并希望推荐更多的斯洛伐克官方代表团来义访问，推荐斯洛伐克的企业和组织入驻义乌国际商贸城进口商品馆。

帕沃尔·希考勤一行参观了国际商贸城。

【外国官员和客商踊跃参加四大展会】 2011中国义乌文化产品交易博览会：来自33个国家的48批驻华使领馆、国际友好交流城市及工商团体、协会代表团共110名官员出席，国际文化产品展销区的展位数达到71个。

2011中国国际旅游商品博览会：来自19个国家的29批驻华使领馆、国际友好交流城市及工商团体、协会代表共78名官员出席，来自13个国家地区的20家使领馆、经济协会、工商团体参展，展位数49个。

2011年第17届中国义乌国际小商品博览会：来自28个国家和地区的30批国外代表团共144人出席，包括5位外国驻华大使和9位外国驻沪总领事，以及9个城市代表团。来自3个国家的5个城市和机构参展，展位数37个。

2011年第2届中国国际林业产业博览会暨第4届中国义乌国际森林产品博览会：来自27个国家和地区的近百名外国省部级和司局级官员、驻华使领馆官员、友好交流城市代表和国外工商团体代表出席，参展展位37个。

【便民服务】 2011年，义乌市外侨办将符合申请条件的因公出国(境)和邀请外商来华申请材料审核时间由原来的3个工作日分别缩短至即办和1个工作日。推出延时服务制，午休时间仍可受理申请材料。积极推介APEC商务旅行卡，通过与镇街联合，以走访推介、邮寄《外侨之窗》、QQ群发信息、提供咨询等方式面向商会、企业推广宣传，全市已有12家大中型民营企业的28位高管申办APEC商务旅行卡。同时，主动邀请外国驻沪总领事馆的签证领事来义举办签证说明会，为企业提供最新签证政策，全市企业签证成功率比上年提高了25%。

（王　宁）

外国人看浙江

Zhejiang in Foreigners' Eyes

我和浙江

〔乌克兰〕 娜思佳

我在浙江已住了将近5年了。我才20岁，这意味着我在浙江度过了四分之一的时光。所以，从某种意义上说，浙江是我的第二故乡。我在金华的浙江师范大学学习，但经常去杭州。因为我的妈妈目前在杭州的一所大学当老师。

我喜欢在中国生活，生活在浙江省我感到特别幸运。当我母亲第一次告诉我，我们要去中国生活的时候，我很担心，因为我听说过那儿不同方式的生活，听说过关于中国的一些故事。所以，当我妈妈告诉我，我们被派到浙江省时，我努力尽可能地了解中国的这个省份，这样我就可以尽可能地做好准备。我买了 本介绍中国的书，并立即翻到浙江部分。第一行说："浙江省是中国最富裕和发达的省，拥有许多美丽和重要的城市以及壮观的自然风光。"我立刻松了一口气，甚至有些激动。我在阅读中发现，浙江无论在历史上还是在现代都是一个非常有趣的地方。如今，杭州、宁波等地拥有非常现代和高科技的企业，有像义乌这样产品出口到世界各地的小商品中心，同时也遍布着一些全中国最好的大学。总之，我在感到焦虑的同时更加渴望早点到达这个新家。

当我到达的时候我并不失望。飞机在北京降落后，我和母亲登上另一架飞机飞往杭州。当我们到达机场时，她的雇主来接我们。他们送我们到新公寓。在路上，我们开车经过杭州市中心，我立刻被它的美丽感染，特别是车绕着西湖开的时候。那天晚上，他们带我们吃当地的菜肴，那是我第一次品尝到中国菜。他们说，这是本地的美味佳肴。虽然我不记得菜的名字叫什么，但我觉得那真是美味的食物。从那时候起我就爱上了中国菜。我特别喜欢金华火腿！我所有在乌克兰的朋友也喜欢它。

我也很喜欢浙江的气候。这里没有中国北方冬天的阴冷，也没有中国西部夏季的闷热难耐。因为它靠近海岸。我认为浙江最美丽的时候是五月和六月。当冬天逐渐远去，而天气开始暖和的时候，许多花朵在绽放。在每年的这个时候，我都觉得住在金华特别幸运，因为我的大学背后有小的山洞、庙宇和许多美丽的风景名胜区。我很喜欢定期步行上山。在山顶我可以在清澈见底的水潭里游泳，或者边看书边欣赏美妙的风景。到那里来回大概需要一天时间，但绝对是值得的。

我也很喜欢浙江人民。通常他们总是非常礼貌和友善的。我喜欢与当地人聊天并回答他们的许多问题。我发现他们都对我们在欧洲的生活和我对中国生活的态度非常感兴趣。这是一个很棒的方式，可以更好地了解中国文化和中国人民，也给予我很多机会练习我的汉语。我妈妈总是告诉我"people make a place what it is"。我认为浙江人民是美妙的。

总的来说，我喜欢在中国度过的时光。我在北京待过一段时间，去年夏天在上海生活和工作，它们两个都是繁荣都市。我也去过中国的许多其他地方，但我为生活在浙江感到幸运。我真的相信，如果我生活在中国的其他地区，我就不会得到这么丰富而充实的经验。浙江，是我最喜欢的第二个故乡！

我爱浙大，我爱杭州

〔美国〕 亚当

2007年1月20日，我正在罗德岛大学商学院攻读行政管理学位，当时是四年级，即将毕业，我面临着毕业后的规划问题：继续读书还是进入社会工作？

我挺认同所谓"学无止境"的观点，当时我身边的朋友都期待着能走进美国社会开始工作，我个人却觉得在学习上，尤其外语上我还有所欠缺，因此我做出了毕业前的第一大决定，即继续我的学业。做出决定之后，下一步就是要选择"去哪儿继续我的学业"。通过我自身对罗德岛大学各种资源的详细研究，以及对老师和家人的建议的参考，2007年5月19日，在我大学本科毕业典礼的那天，我决定选择来浙大学习中文，因为浙大和罗德岛大学正好有交流合作项目，而且浙大用汉语授课的教学计划与我的要求和期望相吻合，于是我申请了2007年罗德岛大学中文领航项目。

虽然来中国前我对汉语一窍不通，却早就被汉字本身具有的魅力所吸引了，并愿意从零起点的汉语水平扎扎实实地学起，人各有志吧。本人非常喜欢挑战，2007年6月29日我和其他5位美国留学生一起从罗德岛州飞到上海，随后直接到浙大玉泉校区去办理住宿手续。记得当时前台人员对我说"护照"，我一头雾水，这是我第一次亲身感受到在中国懂汉语的重要性，同时也是在中国学到的第一个新词。

2007年7月上旬开始了我的第一节中文课程，同样也是我启用"亚当"作为我中文名的第一天。在中国很多人讲究学习环境，浙大在这点上营造了颇为良好的学习氛围。例如第一节课老师给我们讲了最简单的中文，第二节课老师教我怎么写汉字，印象中当时我在笔记上写了个巨大的"爸"字。无论如何，我认为置身在不用英语的环境是最好的学习外语的手段。我在杭州不到两周的时间就做出了我的第二大决定：继续在浙大学习中文。

我决定延长我的学习计划，一方面是我切实地感受到了浙江大学国际教育学院的一流的教育质量，另一方面是爱上了这个有魅力的城市——杭州。浙大校园内，包括硬件设施、师资力量、教学水平、教育氛围以及教育风气都能够确保留学浙大的学生得到最好的学习教育。来自世界各国的外国人到浙大，可以享受多元化民族文化的交流。我就是在这种氛围里面一步一步地学习汉语和了解中国的。随着中文水平的提高，我日益珍惜在浙大学习的时间，并渐渐感悟到作为浙大人的风采所在。

在中国学习了两年中文以后，我做出了我的第三大决定：在浙大管理学院攻读研究生。之所以这样决定，首先是喜欢浙大以研究为导向的科研教学方式；第二方面是我认为在两年汉语学习的基础上要确定一个新的明确的提高和发展方向；第三方面是攻读浙大的研究生学位的留学生可以跟中国学生一起上课。有人经常问我"你为什么在中国读管理"？我觉得这个问题真的很简单，你想，我能受到的教育是双方面的：一管理，二中文。中国人讲究要把不同领域的知识结合起来，请问如何才能把管理和中文结合起来呢？当然是用中文学管理！

在2009年9月中旬的开学典礼上，我第一次发现我在浙大的身份有所变化，我以前的同学都是外国人，而现在我的周围都成了中国学生了。听完全国汉语大赛冠军阿玛尔同学在开学典礼的精彩发言之后，我的新同学开始跟我说话："看你在这儿，就想起四个字，鹤立鸡群！"好在我听懂了这个成语，而且知道他想表达的是字面上的意思，当时在人群里的我的确格外显眼，因为我很高。

浙大文化包含了各个校区的特色，玉泉在我心中属于"老浙大"，而紫金港则相反属于"新浙大"。走出玉泉，走进紫金港，在如此新的学习环境里我接触到不少新东西，在这里，留学浙大的学生不仅可以开阔眼界和增加知识，而且学习气氛也深深地感染了我。

在研究生一年级期间，我慢慢地适应了管理学院研究生教育教学模式，浙大管理学院的研究生培养计划涉及管理科学多个学科，我接触到了生产运行管理、人力资源管理、营销管理、组织行为学、管理经济学、经济哲学、管理统计学和战略管理等管理流派。浙大管理学院的师资力量雄厚，培养模式也十分规范，老师们对教书及科研相当负责。

我们的研究团队学生数量少，于是在例会上科研互动机会充足。导师和学生关系密切，师生间建立了良好的沟通渠道。研究团队成员间的关系就像一个大家庭似的，我深刻体会到了浙大师生兄弟姐妹的亲情，导师不仅指导我的专业学习，也指导我的生活，有点像我父亲的感觉，我曾经告诉过我外婆"严老师是我在中国的父亲"。如今我已经感觉自己跟周围的中国同学没有什么区别了，这正是我想要的。

我认为融入中国同学的生活圈有助于更深层次地了解中国和汉语的精髓所在。因此研二的时候我就开始参与浙大校内外活动，有唱歌跳舞比赛的，有做主持的，但是毫无疑问让我印象最深刻的是参加在北京举办的汉语桥大赛。我永远不会忘记我2010年8月份的经历，作为浙江赛区的选手代表，浙江大学国际教育学院根据我的汉语水平定做了一套细致的赛前准备方案，包括汉语知识、中国文化等方面的补习和才艺准备，许多有经验的老师参与其中，还有两位非常热情、非常专业的指导老师和我一起到北京指导我，在比赛期间我感到那三位老师就像我的家人一样为我加油。记得那天在20进15比赛前的晚餐时，我当时正为了比赛准备一个话题——"我国，我家"，突然间我想起了远在美国的家人，又因为当时听到了我上高中时相当流行的一首歌，我居然刹那间涌出一种强烈的想念家的感觉，当场热泪盈眶。于是我赶紧走进一个空包厢想待会儿，冷静下，浙江队的领队祁青老师就开始安慰我，使我渐渐平静下来，随后我激动地告诉她："您是我在中国的母亲！"没想到在汉语桥大赛我居然认了一个中国妈妈！在我心中，浙大真的成为了我在中国的家，而且是一个大家庭。因此本人到目前为止还没想过什么时候回美国。

浙江大学位于全国最繁荣富强的杭州，有许多外国人认为在南方学中文不如北方，我在这点上有我自己的观点，如果把中文看作是一个沟通工具的话，学习中文的目的是为了与更多中国人交流，你需要习惯和不同地方的人讲话，大部分中国人不会有像汉语教材录音中的播音员一样的普通话水平，因此以我的经验，我认为在北方和南方学习中文不分"好坏"，而是有"模仿对象"的差异，浙江人讲话是一个词一个词地讲，很容易听懂和模仿，不像在北方有人会一口气把话讲完。我在浙大学习具有中国南方特色的语言表达，比如在南方说"饭"，北方说"米"，南方说"蛮好"，北方说"挺好"，反正都是普通话，唯一区别是使用的词汇不太一样，要适应全国人民说的汉语，能够和更多的中国人交谈。

抛开语言，杭城是一座富有悠久历史及文化，有名胜古迹、有古色古香建筑、有山有水、应有尽有的城市。杭州是一个稳定、发达、和谐的中小型城市。有些人认为中国的大城市一定就是北京和上海，但是从全世界范围考虑，杭州并不算中小型城市。举个例子吧，有着七百多万人口的杭州，在美国，只有纽约市的人口比杭州多，这可是一个不小的城市了！于是我一直认为自己是在一个大城市生活和学习。

总之，了解杭州背后的精髓，你将会发现在南方最好的大学读书，成为浙大的一员是一个很明智的选择，也是我人生中作出的最明智的选择。我在浙大还有一年的时间，我要把有限的时间投入到无限的学习当中去！在此由衷感谢浙江大学领导对我的支持，感谢浙江大学国际教育学院老师教我中文，感谢管理学院对我的培养。

温州：予我全新的世界

〔印度〕 阿米达

大学生涯是一生中最重要的片段之一。一个人能够在大学里学习如何独立生活，尤其是当父母不在身边的时候。我怀着紧张的心情申请了温州医学院。这是我第一次千里迢迢离开自己的祖国并要在一个完全未知的环境中生活五年。来到这边后我感觉最感伤的就是乡愁。我最担忧的莫过于工作和学习。对于接下来的生活我既紧张又兴奋。当我来到中国后，我才真正意识到即将开始我的新生活旅程。

初涉大学

我们的校园景色比我之前在学校网站上看到的图片秀丽得多，一个四面环山的安宁平静的地方，矗立着高大的校园建筑。在这么多的建筑物中我发现了最引人注目的图书馆，它就像皇家宫殿。目睹着如此庄严神圣的景象，想到我即将在这个新世界度过的生活，我激动无比。这里所有的事物都那么庄严神圣。我们学校给外国学生提供了几乎最豪华的基础设备，老师也都很热心地帮助我们。这里的生活已经尽可能的舒适安逸。所有的这些让我觉得我并没有选错地方。现在我该做的就是努力学习，带着在接下来五六年即将学到的知识向着我人生的目标前进。

交　友

在我来到温州之前，我一直在思索那里的人，一个普通中国学生的生活方式，还有他们的饮食等等。后来我开始同周围的中国人交谈。他们大部分都是和我一样的学生。渐渐地我开始结交中国朋友。刚开始的时候交谈显得有点勉强，因为我不太会说中文，他们也不太会说英文，但是他们很高兴能够拥有一个外国朋友。他们对我热情友爱，让我觉得很开心。很快我就会说一点儿汉语，去学校附近的各种地方，和朋友在小吃街吃小吃，打乒乓……尽量让自己适应这里的一个正常学生的生活。我的朋友们还告诉我关于处理在超市买东西时碰到的各种情况，让我了解一些在说汉语时的基本用语。他们还带我去参加了许多中国节日活动，向我介绍了中国美食、文化和传统。这些传统习俗各省各不相同，让我觉得总有那么多关于中国的新事物，充满了惊喜。

渐渐熟悉浙江

如今我已经完全适应了大学的新生活，我的中国朋友和外国朋友对我的友爱之情渐渐地让我觉得就跟在家里一样自在。我的朋友们常常告诉我诸如杭州、雁荡山之类的名胜古迹，他们坚持认为我应该去那些地方走走看看。因此我本着想更加了解中国的目的，决定去温州边上的许多城市旅游，欣赏赞美这个国家的壮丽。一个在杭州的中国朋友邀请我去他家并住些日子。我迫不及待地到了杭州。首先我欣赏了杭州城的全貌。在我眼里她和温州一样，都有着高大的建筑，人们也同样有着忙碌的工作生活。我要求我的朋友带我去西湖。当我亲眼看到西湖，我完全被她的壮丽景色所震惊。她是我见过的最神奇最不可思议的景色之一。那时正值夜晚，在皎洁的月光下，湖面看上去如此安宁舒心。在我见到西湖的那一刹那，我便爱上了她的美。我真的不想离开杭州，但是开学在即。当我要离开杭州，我的朋友以茶道为我送别，并且保证一定会在暑假时和我一起去旅行。

迄今为止我已经去过了义乌、台州、宁波等地，聆听京剧，品尝中国美食，并且想去北京、上海等有名的城市。我坚信在这里接下来的几年生活一定会是人生中最令人回味的时光。我会在毕业后常常回到这里探望好友，继续去各地旅行。

子夜列车的思念

〔越南〕 裴辉强

火车徐徐驶开。一片寂静，旁人都在小憩。耳边尽是火车的哐当哐当声。而刚刚登上凌晨一点开往南宁站列车的我却怎么也不能入眠。一丝丝莫名而熟悉的回忆如钱塘潮水般涌来，我不免有些兴奋，但也有些许难言的感受，姑且称之“怀恋”吧！

一年前，我在空中俯视浙江——那一站，从广州飞往义乌。孤身离家步入异乡，不舍自然无法避免。可是这一刻离开那个陌生之地踏上回家的旅途，怎又是这种感觉。不禁暗想，倘若我是文学家，便可用灵动的笔尖划下这点点滴滴的瞬间，今后，于己，作为玩物消遣；于人，不求甚解但求共勉，也不失为一大乐事。

今夜，不善言辞、笔头拙劣的我竟不知为何在不知不觉中提起钢笔，欲借着火车微微的光亮点下数笔。却又不知道该写些什么。想着想着，笔早已随意划出心中所思。

回眸，一年间往事历历在目。快乐的不乏，难忍的也有，但是所有的所有看来都有其发生的意义，都值得成为心中最美好的回忆。这回忆若山茶“独能深月占春风”般耐久。

在越南读书的时候，曾了解到浙江有一个人间天堂——杭州；有一个孕育中国著名思想家、文学家、翻译家鲁迅的绍兴；有一个巨大的贸易海港宁波。而只有到了中国之后我才发现浙江还有一个和谐、安逸、文雅而美丽的小城市，它的美不愧为古人“水通南国三千里，气压江城十四州”的美好赞颂。这个城市的人总能体会到它独有的平易近人而又高贵无比的气息。人们总能天天沉醉在其秀丽风景之中，久之，一种谦让、谨慎之态便应运而生。这块人文宝土真可谓是人杰地灵，这里便是金华。

这里有一所美丽的大学。老师循循善诱传授学生学问更教做人。很多道理虽然迄今也未完全体会，但我知道那些教诲是这一生中受用不尽的无价之宝。同学们亲密无间、相互学习；郁郁葱葱的园林花草，使你沉醉其中。

今年中秋，学校展示了这座城市的精彩，因其特意为来自远方的朋友举行的一个小灯会使它的意义更加充分。学生凭着他们的才艺将灵魂倾注于那些简单的原料。灯笼品目繁多，造型千奇百态，绚丽多姿，在圆圆的月亮照耀下，它们玲珑万色、五彩光芒，不觉如至双龙奇境，充分传递洋溢着中国四大传统节日之一的精神，给来自远方的友人一种无比温暖的感觉。

小河历经多少曲折之后，欢欣注入汪洋大海；我从离开家乡到踏进校门，一直艰辛付出投入学习建立友谊，最后幸福地融入到那里的生活，体会到温暖的友情，找到了属于自己的更大的空间——国际朋友之间的友谊空间。这个走入、投入、融入的过程较之一生真不算漫长，但确是真真切切地存在过，因为它的足迹烙印在时光的年轮里，点点滴滴都值得珍惜。每天一点点地进步，踏踏实实地追逐梦想，美好的未来就在那秀丽的尖峰山顶等待着我们，风华正茂、指点江山的我们；美好的世界等着我们，携手并进、共创辉煌的我们。

火车渐渐减速，好像是快要来到一个小站，熟睡的人儿也窸窸窣窣地醒了，我停笔端详着那“无知”的脸庞，不是吗？此间的欣悦满足惟有自己深深深深地记得。一波人儿下了，一波人儿上了，火车很快又继续沉浸在它的安眠中。指针转过凌晨两点。看着笔，不由得默念“谢谢”，已经帮我记下来时的所思所感，心中无限安然。

我要让它休息了，我也要休息了，明天，还有更长更有味的旅途在等着我呢！

我的浙江

〔俄罗斯〕 李吉

我喜欢中国的江南。一说到江南我就想起了赵师侠的诗词：天共水，水远与天连。天净水平寒月漾，水光月色两相兼。月映水中天。

人与景，人景古难全。景若佳时心自快，心远乐处景应妍。休与俗人言。

在江南我最喜欢浙江省。浙江省是一个非常适合生活的地方，是一个非常舒服的地方，是一个让人怡然自乐的地方。我已经在杭州住了六年了，所以我去过浙江省不少的地方。我也去过中国浙江以外的很多地方。但是浙江仍然是我最喜欢的省，我最爱的省，我最了解的省。

我来杭州的目的是读书。与大多数的外国人不一样，我并不愿意在中国最大的城市（如北京或上海）读书。杭州是浙江省的省会，杭州又是中国的南宋之都，杭州还出现在一元钞票的背面，杭州更是中国著名的旅游景点。对一个人来说，住在杭州就像在天堂一样赏心悦目。杭州市的环境十分美好，有山有水。西湖在中国早就变成了一个有名的地方，而且2011年6月西湖正式被联合国教科文组织列入《世界遗产名录》。

西湖给了杭州浪漫的气氛、让人遐想的空间。我很喜欢从苏堤往白堤的方向看，此时我的感觉与苏轼的诗词里一样：“水光潋滟晴方好，山色空濛雨亦奇。欲把西湖比西子，淡妆浓抹总相宜。”站在西湖边上，我不知不觉会开始疑惑我眼前到底是真实还是梦幻，此时的西湖实在太完美了。西湖最适合一个人欣赏，但无奈人的生活与其他人离不开。即使是这样西湖也让你迷醉。杭州还有一个非常好的地方——龙井茶村。龙井茶村是一个非常适合跟朋友一起出去放松的地方。在龙井茶村可以品龙井茶，可以在山庄与本地人交流，也可以绕着山水往九溪走。

在这六年内杭州就是我的家。我喜欢杭州的风土人情。在我的感觉中杭州人友好、热情更不乏乐观，而且杭州人比较放松。

杭州的特点是非常稳定的发展路径，这六年内市政府开始了很多便民的工程，如造地铁，造高铁，造滨江经济开发区等等。在这样的环境内可以安全地投资自己的未来，生活的压力也没有上海或北京的那样大。

杭州属于中国南方，南方地区的一个特点是南方人特别会做生意。对一个外国人来说有了好的汉语水平就可以做生意当翻译。我在很多地方做了不少次翻译，其中有几个地方让我很难忘。

我印象最深刻的地方是温州。我去过温州好几次，不过不是每次我都很喜欢。在温州，生意是最重要的，几乎每个家庭都有自己的公司。我第一次来很难相信怎么这么多人能一下子那么成功地做生意。可是，这就是事实。我也很佩服温州人，因为大多数的生意都是一个家庭管理的。平时对孩子的要求也是继续做生意，这些孩子也会愿意，不会反对父母。在西方如果父母做生意，孩子不一定接着继续。很长时间在我的脑子里温州的代名词就是生意。几个月前温州的高铁出了意外。当时我很仔细地关注了新闻——很多温州人去献了血。去献血的人有富的人，也有一般人。这件事改变了我对温州的看法。我们经常觉得做生意的人都口是心非，只对赚钱感兴趣。现在我知道，是我误会他们了，其实在需要的时候他们也会帮助其他人的。

另一个让我印象深刻的地方就是我最近三年来经常去的滨江经济开发区。三年内进入这个开发区的公司越来越多，比如中国的大华公司，美国的摩托罗拉公司。滨江经济开发区的飞速发展，让人越来越深入地了解到浙江的未来不只是通过休闲方面来建造的，而是休闲、高科技、生产行业等组成的。

我去过浙江省不少地方，如千岛湖、乌镇、绍兴、义乌、天台山、台州等。给我留下最深刻印象的两个地方是新安江和舟山岛。在新安江我第一次享受了与中国人一起过春节的快乐。当时我教一个同学英语，半年后他邀请我去他家过春节。此时我觉得我真是吉星高照。我不仅得此机会欣赏美丽的新安江，我还了解了中国春节的习俗。我在同学家从除夕一直待到元宵节。我跟他一起走亲访友，品尝到了丰盛的佳肴，感受到无比的热闹。

几个星期前我跟我的同学去了舟山岛。我不仅得到了过一段非常放松的生活的机会，而且我还得到了机会观察浙江省超级方便的交通。舟山岛与陆地是通过一个跨大海的桥梁连接的。舟山岛不是浙江省内唯一交通特别方便的例子。听说浙江省有非常好的高速公路系统，而且这个高速公路系统把安徽省和浙江省连接在了一起。

在我心中，浙江是风景、人、经验、机会组成的一幅超级丰富的画卷，我忘不了浙江的山、浙江的水、浙江的人，这一切都是无价之宝。我与浙江的故事还在继续着，我打算将来回国一段时间，但是我知道我肯定还会回来的。

南国书城——天一阁

〔越南〕 阮氏秋娥

来中国之前，我就有一个心愿，希望能够领略这个古老国度的美丽风景和悠久历史文化。浙江是魅力风景之地，宁波市也因美丽风光而出名。当我亲身来到宁波，来到宁波大学之后，我更加深刻地感受到一点：我实现梦想的机会到了。

那时正值国庆黄金周假期，周末跟朋友一起到了天一广场，我从来没看到这么大、这么热闹的广场，在那儿玩了一整天我仍然舍不得回去。我突然想起有一次老师提起一个有名的地方，叫天一阁，我得意洋洋地以为自己去过的地方就是天一阁。回来后才发现天一阁与天一广场完全是两个不同的地方。

真奇怪，宁波为何有这么多地方叫"天一"呢？为什么人们总是提到它的名字，它有什么神奇的地方呢？放假的最后一天，我不能错过，一定要去看看天一阁到底是怎样的地方。原来天一阁博物馆也在市区，离我们学校不太远，从学校坐半个小时的公交车就到了。

天一阁博物馆坐落在宁波市月湖之西的天一街。天一阁之所以叫天一阁，是创办人取"易经"中"天一生水"之义，想借水防火，来免去历来藏书者最大的忧患——火灾。天一阁博物馆是以藏书为特色，融社会历史、艺术于一体的综合性博物馆，占地26000平方米。天一阁是中国现存年代最早的私家藏书楼，也是亚洲现有最古老的图书馆和世界最早的三大家族图书馆之一。

天一阁处于宁波闹市区，却在其中丝毫感觉不到城市的喧嚣。来到园林休闲区，我们可以体会到平民百姓自由自在、宁静和平的生活。这里只有属于自己内心的宁静，没有太多的心绪，可以任意释放自己的感觉。我真的没想到，在市中心这么热闹的地方会有这样安静、漂亮、宽阔的博物馆。走进天一阁博物馆，就好像走进另外一个世界，让每个到达这里的游客都有共同的感觉——回到古代文化世界。迷人的风景都让第一次来到这里的人目瞪口呆，这就是宁波市的有名景点，是宁波人的自豪。

更有意思的是，在这里，我也看到很多父母带着孩子们到博物馆，让他们了解中国的古代文化，培养他们爱书爱学习的习惯。小朋友们高高兴兴地跟着父母走遍博物馆，听着父母讲历史故事，这是一种特别而有意义的休闲方式，他们可以一边玩儿一边学到许多宝贵的知识。我相信到博物馆之后，每个小朋友都会对中国古代文化获得一定的了解，这对他们往后的学习起着重要作用。

而对外地人来说，天一阁博物馆是宁波市的特色，是到了宁波一定要去的地方。那么对于我们这样的外国人呢，更是一处了解宁波乃至中国文化的最好去处！

我非常感谢这一周的假期，它给我带来很多宝贵的东西，让我有机会进一步了解宁波，让我能去参观天一阁博物馆。虽然我只在天一阁玩了一天，对它也没有那么深刻的了解，但是那里给我的幸福滋味永远留在我心中。一生之中会有多少个这样美好的日子，自己能够找到自己就是最大的幸福，天一阁已经给我这种感觉了。我一定会回到那里享受现代社会缺少的宁静，谢谢天一阁给我这一美好的经历。

一个走得再远也无法忘怀的地方

〔印度〕 库史

我的第二个家乡——温州，位于浙江省东南部，这里依山傍水，四季分明，气候宜人，是一个山清水秀、美丽富饶的地方。

温州有许多旅游景点，江心屿是位于瓯江中的一个美丽岛屿，远远望去，两座塔耸立在岛上，分别是东塔和西塔；岛上还有一座古老的江心寺，门前挂着一副南宋诗人王十朋写的对联“云朝朝朝朝朝朝朝散，潮长长长长长长长消”，非常有名。雁荡山是中国的十大名山之一，这里的山层层叠叠，怪石嶙峋，高大雄伟，还有许许多多美丽的传说，吸引了众多的中外游客过来游玩欣赏。

温州有很多的特产和小吃，可以说是各种各样，五花八门，比如瓯柑、杨梅、四季柚、灯盏糕、鱼丸、猪脏粉、松糕等等，让人见了爱不释手，口水直流，保证会让你吃得津津有味，流连忘返。

我爱温州这座美丽的城市，更爱这里的山山水水。

这里山清水秀，鸟语花香，还有许多肥美的果实，特别是茶山杨梅，在端午节的时候就成熟了，有粉红的，有黑紫的，圆圆的杨梅就像盏盏小灯笼挂在枝头，远远望去就可以看见万绿之中红红点点，美丽极了。要是你到温州茶山去，热情好客的茶山老乡准会让我们品尝一下杨梅的味道。那酸中带甜、甜中带酸的滋味定会让你回味无穷。

温州的美女也是江南一绝，她们大多像杨梅一样，长得小巧玲珑，皮肤细白嫩滑，吐气如兰。浑身都带着清新的香气，那香气就像《红楼梦》中宝钗身上的味道：沁香如雪，令人如痴如醉。

这就是我的第二家乡，美丽的温州，一个走得再远也让我们这些外国学子们无法忘怀的地方。

看了这篇文章的朋友们，我非常乐意同您分享我在温州医学院的惬意小生活。初来乍到的时候，诚然，语言沟通方面多多少少存在着障碍。多数时候，我只能依靠手语和英语与人交流，也常常为了一个词儿而比划得满头大汗。

不管怎样，至少现今我已勇敢化蝶，从菜鸟蜕变到能较为流畅地同中国人交流了。当然这要感谢我身边老师们的谆谆教导和同学、朋友们的耐心帮助。

在温州学习和生活，每日都要挤公交往返于校园、市区。此处交通问题相当严重，不得不提。驶至繁华地带，上下车更是艰难异常，我虽乐于绅士地为老人妇孺让座，但还是常为了一席之坐压抑得难以喘气。也许这种拥堵就是温州欣欣向荣和不断发展的形象写照，可能这么说有些偏激，但真的，我对温州的交通堵塞问题颇有意见。希望温州明天的交通会越来越好。

可奇怪的是，当习惯了灯红酒绿、车水马龙的都市生活后，还真就习以为常，不再抱怨了。毕竟每个地方都有它自己的文化特色、相关背景、特定的生活方式及其存在的理由。也许这就是传说中的文化差异性吧。

我所要做的是“入乡随俗”，仅此而已。

另外，中国地大物博，风景如画，有很多美丽的旅游城市，如若时间允许，将来定约上一两个友人，肩扛行囊，潇洒走一回江南鱼米之乡，还有南疆和北疆。

那么，我会用眼睛定格花香，用脚步丈量地图上的美景，用拳拳赤子之心记下变幻如画的朝夕。因为在这里，我品尝到了宾至如归的感觉。因为在他乡觅得一见如故的亲切面孔，内心深处涌起一股热潮，那是汩汩甘泉啊。

是的，我早已爱上了这片美丽多情的土地，我爱温州，更爱China。

· 知识窗 ·

外事礼仪的基本准则

1. 国家的尊严受到尊重；国家元首、国旗、国徽不受侮辱。

2. 按照国际公约的规定，国家的外交代表享有外交特权和豁免。

3. 不以任何方式强制他国接受自己的意志，不以任何借口干涉别国的内部事务。

4. 在相互交往中，实行“对等”和大体上“平衡”。例如，双方人员身份要大体相当；代表团互访时，双方的接待规格应差不多。在国际交往中有时礼仪上也可以给予“破格接待”。

5. “礼宾序列”应当体现各国“主权平等”的原则。

悦读浙江

〔韩国〕 金志虎

“汉语言文学”——是的，这就是我的专业。其实，在选择这个专业的时候，我对汉语完全一无所知，只是对中国的历史感兴趣而已。在最初接触汉语时，我觉得我的汉语水平跟别的同学一样好。不过，这种安逸的想法百分之百是错的。因为对我来说，我并不能很快地掌握并运用许多生词，因此我越来越讨厌汉语了。之后的那段时间，不管谁让我说汉语，我都会像个哑巴一样一言不发，生怕出口就错被人笑话。可是，大部分人都认为只要是汉语言文学专业的学生汉语必定都很精通，以至于我每天都在唉声叹气中度过，甚至考虑过半途而废。特别是在我履行了国防义务(每个韩国男性必须履行的义务)以后，就更是铁了心要休学(韩国大学允许休学)。在休学期间，我从头开始学汉语。所有的事情都取决于决心的大小。通过那段时间的苦心钻研，我才感觉到原来汉语这么有意思。

复学以后，通过“现地学习”这个项目，由明知大学安排我和同学们在二月份一起来到了嘉兴学院。在融入中国生活的同时也一边继续着我大学三年级的课程。在到达我脚下的这片土地之前，我一直以为浙江的冬天天气不太冷，因为浙江是位于中国南方的一个省份。但是只是过了一天我就改变了这个想法。无论北方还是南方，中国的冬天永远充斥着凛冽的寒风。到中国以后我的第一感觉就是：书上学过的知识跟实际使用的汉语完全不一样。比如我之前以为中国只有两种语言——北京话和广东话。但是直到脱离书本真正接触中国生活时我才知道，中国的每个地方都有当地固有的语言，当然了，嘉兴也不例外。每当我走在嘉兴的大街上，耳边充斥着我几乎完全听不懂的语言，认真学习汉语、了解中国文化的理念更是在我的脑海中盘旋不去。

其实，在我刚来的时候，同学们彼此之间都不认识。在汉语的学习和考试期间，我们互相帮助，除了学习方面的问题，别的方面的问题也总是凑在一起互相商量。虽然我们班级里每个人的汉语水平都不一样，但是我们在同一个班上学，对我来说，必定利大于弊。因为在课堂上，老师们只用汉语教课。有很多人可能听不懂老师说的话，于是我就凭借之前对于汉语的理解帮他们翻译和解释。经过一段时间的相处与交流，我和同学们的关系也越来越融洽。

来中国之前，我一度以为中国是个充满“危险”的地方，因此每天半夜之前，尽可能回到宿舍来。而且还特别怕问路、求助之类的事情，最大的理由就是我的口语不好。我怕说不出来或者说出来以后别人听不懂。但是，正所谓“万事开头难”，开了头就容易多了。第一次出现这两种情况时，中国人都很热心地帮我的忙，而且他们也很愿意跟我交流。在我求助时，他们都尽力帮我；问路时，他们干脆直接把我带到目的地。因此，只要我有困难，我就会毫不犹豫地问中国人，因为我相信他们一定会不厌其烦地帮助我。于是，我不再惧怕开口，反而总是在遇到和中国人交流的机会时跃跃欲试。

浙江有很多旅游景点，所以现在回想起来，在前一阶段的学习期间，我最后悔的就是没有游遍浙江。当然，不是因为没有时间而是因为我很懒。本来想在暑假时游遍浙江的所有有名景点，可是，期末考试结束后，因为一点个人的事情，我不得不回国了。

当我在9月5日再次踏上这片陌生中却透着熟悉的土地时，我暗暗握拳下定决心，这一阶段，我一定不再偷懒，游遍浙江，并且勇于跟中国朋友交流，提高自身的汉语水平。我希望多看中国，多了解中国人的习惯和想法，将中国这本博大精深的“辞海”参透。在第二学期到来之前，要多学教科书里没有的东西。我希望第二学期结束后，在我的心中，没有后悔的事情。因为在我的记忆中，浙江是中国最好的地方之一。

浙江，这个如画般的地方！

我的第二个家乡——义乌

〔喀麦隆〕 王老五

我来自非洲喀麦隆，跟我的孩子们在这里已经生活了四年了。我现在居住着的地方，就是我的第二个家乡——义乌。从网上知道了义乌市位于浙江省的中部，南通广东、福建，西接长江腹地，东靠中国的最大城市上海。

现在义乌是全球最大的小商品集散中心。每天都有很多像我这样的外国人来来往往。有的买东西，有的进货卖东西，还有的随便逛逛。这里有各种各样的东西，价格便宜，也很漂亮，所以大家都喜欢来这里。我现在在义乌工商学院学习，在这儿学习之前我在义乌做过一些小生意。刚来到这里的时候，我还不会讲汉语，连简单的交流也不行。因为不会汉语，无论是在这里生活，还是做生意，都很不方便。

义乌是个很美丽的城市，我希望我和我的家人都能长期在这里生活。义乌这个人口还不到百万的城市，居然已经成为很重要的贸易城市，我非常惊讶；作为生活在义乌的外国人，也感到光荣。能在这里生活，我感到非常光荣，非常高兴！

在工商学院学习，我很开心。通过在这里的学习，我不仅学到了知识，还认识了很多像我一样的留学生朋友，我们都很努力，也很听老师的话。所以我们学习进步很快，老师经常夸奖我们。我现在让我的孩子从小就开始学习汉语，他们也很喜欢汉语。

义乌经济很好，服装、饰品、拉链、毛纺、针织、印刷等产品发展得非常好。义乌生产的衬衫非常好，还有袜子，我都非常喜欢。同时，义乌的物产也非常丰富。我喜欢义乌的红糖、火腿、南枣，它们也被称为义乌三大宝。还有豆腐皮、白字酒、千张拉面等我也很喜欢。

这就是义乌，是我的第二个家乡，如果有机会您一定要来转转，我敢肯定您一定不会后悔来到这里，你一定会喜欢上这座城市！

（本栏目文章选自《悦读浙江——外国留学生优秀作文选集》）

·知识窗·

握手礼

1. 握手礼行使的场合：迎接客人到来时，被介绍与人认识时，拜访告辞或送别客人时，等等。

2. 行握手礼时有先后次序之分，主要根据双方的社会地位、身份、性别等确定。

3. 握手礼行使的正确姿势：两人相距约一步，上身稍前倾，伸出右手，两人手掌相握，上下轻摇，一般以二三秒为宜。握手时注视对方，微笑致意或简单地用言语致意、寒暄。

附录 Appendix

关于进一步加强当前党政机关因公出国(境)管理的通知

浙委外领办发〔2011〕7号

省直各单位,各市、县(市、区)外办:

自2008年中央开展制止党政干部公款出国(境)旅游专项工作以来,各地、各部门认真贯彻落实中央和省委、省政府关于加强因公出国(境)管理一系列文件精神,坚决遏制公款出国(境)旅游不正之风,取得了阶段性成效。但是,个别地区和单位仍存在安排一般性考察、突破计划量化管理、通过中介机构联系邀请函和安排公务活动等现象。为进一步加强当前党政干部(含参公管理事业单位人员,下同)因公出国(境)管理,根据省政府主要领导指示精神和制止公款出国(境)旅游专项工作转入常态化管理要求,现就有关事项通知如下:

一、坚决制止一般性考察、重复考察和无实质性内容的交流访问

当前,浙江经济社会发展已进入全面建设惠及全省人民小康社会的攻坚时期,进入深化改革、加快转变经济社会发展方式的关键时期。各级领导干部要按照建设"务实、高效、公正、廉洁"政府机关的要求,发扬艰苦奋斗和勤俭节约的优良传统,率先垂范,严格执行中央和省委、省政府关于厉行节约和加强因公出国(境)管理的文件精神。今后,党政干部因公出国(境)必须根据工作需要和双边关系情况进行,必须有明确公务目的和实质性内容,必须是与执行双边或多边具体项目有关的公务活动,无具体项目或实质性内容的一般性考察、重复考察团组一律不予审批。

二、严格执行因公出国(境)计划、量化管理等制度

各地、各单位党政干部因公出国(境)要严格执行省委外事工作领导小组批准的年度计划控制指标。未列入计划团组和超过本地、本单位年度计划控制指标的原则上不予审批,确有必要的计划外团组应在派出单位年度计划总量内调整。党政省管干部因公出国(境)要严格执行量化管理有关规定:省直各部门、人民团体正职(正厅职),各地级市市委书记(温州市除外)、人大常委会主任、市长、政协主席,各市副市长,各县(市、区)委书记、县(市、区)长每年出国(境)不超过1次;其他省管干部届内不超过2次且2年内不超过1次;分管外事、外经贸工作的省管干部严格根据工作实际需要安排;届内职务发生变化的按新任职务执行。换届前不得突击出访,换届中、出访启程日期在退休年龄前不足6个月的原则上不安排出访。

三、强化因公出国(境)团组派出单位的职责

各派出单位要高度重视因公出国(境)管理工作,杜绝弄虚作假和违规操作。不得要求中介机构为出访团组联系邀请函、安排公务活动,严禁以任何形式购买或变相购买邀请函。应直接联系邀请单位获取邀请函件,及时根据邀请函提供的联系方式与邀请方确认,并在报批时书面承诺确保其真实性。申报出国(境)任务时应详细说明出访主要任务和内容、人员组成理由,提供上下午分开的日程安排(注明国外公务活动主要内容、接待单位、联系人和联系方式)、安排国外食宿行的中介机构名称。团组应配备翻译,在报批文件中须对其学历、外语水平和翻译能力进行简要说明;省管干部出访,应注明其届内出访次数、最近一次出国和赴港、澳情况。团组在国(境)外期间要严格按照任务申报时提供的日程安排公务活动,不得擅自更改行程或减少公务活动时间,不得擅自增加出访国家(地区)、城市和在外停留时间。

四、任务审批部门要切实履行审核审批职责

各级任务审批部门要认真履行职责,严格把关。对因公出国(境)团组有无明确公务目的、邀请单位是否对口、邀请函件是否真实有效、团组人数和人员结构是否与任务相符合、行程中公务活动是否充实、在外停留天数是否符合规定等内容进行严格审核,切实防止以公务为名、行旅游之实,坚决禁止一般性考察、重复考察和无实质内容的访问交流。细化对不同类型团组出访必要性的审核要求:经贸、科技、教育、旅游、文化、卫生等洽谈、执行合作项目的团组应有项目情况说明,严禁搭车出访;根据友城交流计划派出的团组要提供相关协议文本;对国(境)外城市进行考察、商谈建友城关系的应提供访问城市情况和前期双方交往情况;统战、侨务等在国(境)外有明确工作对象的部门因公出国(境)应详细说明任务和目的;交流访问、借鉴国外先进经验的,应紧密围绕我省发展战略且访问国的公务接待单位在该行业、领域中处于国际先进地位;考察、采购、验收设备和引进设备培训的,原则上应选派与业务直接有关的技术人员参加,并提供采购国外设备的理由说明或合同文本;参加学术会议、文体竞赛、文艺演出、合作研究、技术引进等团组出访任务应具体明确。

五、进一步严肃外事纪律和强化监督检查

各派出单位要高度重视团组行前外事纪律教育工作,切实按照《关于进一步加强外事纪律教育的通知》(浙外出〔2010〕40 号)要求,落实职能部门,逐一做好各类出国(境)团组的行前教育工作,重要团组可联系当地外事、国安、保密等部门配合进行。

各级纪检监察、组织、外事、审计等部门要加强管理和监督检查,重点查处虚报出国(境)任务、购买邀请函骗取批件、擅自更改行程或增加出访国家(地区)和城市、擅自延长境外停留时间、无实质性公务变相公款出国(境)旅游等违纪违规案件,并根据中纪委《用公款出国(境)旅游及相关违纪行为适用〈中国共产党纪律处分条例〉若干问题的解释》严肃处理。

中共浙江省委外事
工作领导小组办公室
浙江省人民政府外事办公室
二○一一年十一月十八日

关于印发《浙江省企业人员申办 APEC 商务旅行卡暂行管理办法》的通知

浙外出〔2011〕21 号

省直各单位,各市、县(市、区)外办:

APEC 商务旅行卡(以下简称旅行卡)是亚太经合组织为便利区域内商务人员往来所创立的特殊旅行证件,载有 3 年多次有效签证。持卡人凭旅行卡和有效护照可入出亚太经合组织经济体,并享受快速通关便利。目前,亚太经合组织 21 个成员都已加入旅行卡计划。

根据外交部有关文件精神，我办已于2007年、2009年分别出台了《浙江省民营企业人员持公务普通护照申办APEC商务旅行卡管理办法》(浙外出〔2007〕15号)、《浙江省国有企业人员申办APEC商务旅行卡管理办法》(浙外出〔2009〕25号)。为更好地发挥地方外事优势，服务企业“走出去”，让更多的企业人员享受旅行卡的便利，根据外交部领事司《关于试行为中外合资、外商独资和台港澳资企业中方(大陆)人员颁发旅行卡的通知》(领函〔2011〕1239号)精神和近年来我省申办旅行卡的实际情况，现将我办制定的《浙江省企业人员申办APEC商务旅行卡暂行管理办法》印发给你们，请遵照执行。在执行过程中，各地、各单位要进一步树立全局意识和服务意识，创新工作方式，大力推动旅行卡申办工作，努力为企业服务、为我省经济社会发展服务。执行中有何问题，请及时告我办。

前发浙外出〔2007〕15号和浙外出〔2009〕25号文自本文发文之日起作废。

特此通知。

附件:《浙江省企业人员申办APEC商务旅行卡暂行管理办法》

浙江省人民政府外事办公室

二〇一一年十二月五日

附件

浙江省企业人员申办APEC商务旅行卡暂行管理办法

第一条 为进一步贯彻落实“走出去”战略，帮助企业更好地拓展海外业务，促进我省经济转型升级，根据外交部领事司《关于民营企业人员申办APEC商务旅行卡的通知》(领发〔2007〕34号)、《关于地方国有企业人员申办APEC商务旅行卡的通知》(领发〔2009〕279号)、《关于试行为中外合资、外商独资和台港澳资企业中方(大陆)人员颁发旅行卡的通知》(领函〔2011〕1239号)等文件精神，结合我省实际，特制定本办法。

第二条 APEC商务旅行卡(APEC Business Travel Card，以下简称旅行卡)相当于3年多次有效签证，持卡人可凭旅行卡及与该卡一致的有效护照免办签证，直接出入实施旅行卡计划的经济体，每次停留不超过2个月。

迄今已加入旅行卡计划的经济体有21个:中国、中国香港、中国台北、澳大利亚、新西兰、文莱、印度尼西亚、韩国、菲律宾、马来西亚、泰国、日本、新加坡、越南、智利、秘鲁、巴布亚新几内亚、墨西哥、美国、加拿大、俄罗斯。其中，内地、中国香港与中国台北之间人员往来仍按现行办法办理，互不适用旅行卡;美国、加拿大、俄罗斯为过渡成员，不接受其他经济体的旅行卡申请，只为其他经济体持卡人提供签证申请便利及入出境通关便利。

第三条 申请人资格

本办法中的企业人员指的是我省国有企业、民营企业人员，以及中外合资、外商独资和台港澳资企业中方(大陆)人员。企业人员申办旅行卡，应符合下列条件:

(一)因业务需要前往APEC经济体;

(二)无刑事犯罪记录及被APEC地区经济体拒签记录;

(三)符合因公出国条件或持有效中华人民共和国普通护照。

第四条 初审机关

根据外交部授权，我省旅行卡的初审机关为省外办、宁波市外办、温州市外办。

省外办负责受理、初审除宁波市和温州市以外我省其他地区企业人员申办旅行卡事项。

宁波市外办、温州市外办负责受理、初审本市企业人员申办旅行卡事项。

初审机关负责受理、审核旅行卡申请材料，对符合要求的申请者出具《申办 APEC 商务旅行卡专用批件》，并上报主管机关；监督检查旅行卡的保管、使用情况。

第五条　主管机关

外交部领事司是旅行卡的主管机关，负责审批、制作、颁发旅行卡，有权吊销已发旅行卡、中止或取消初审机关审批权。

第六条　办理程序

国有企业人员必须持公务普通护照申办旅行卡；民营企业人员，以及中外合资、外商独资和台港澳资企业中方(大陆)人员可持公务普通护照或普通护照申办旅行卡。

(一)持公务普通护照申办旅行卡

1. 办理任务报批手续。

申请人所在企业提出申请，按照企业因公出国的有关要求和程序逐级上报初审机关。向省外办申报所需材料(一式 2 份)：

(1)请示件或《因公出国、赴港澳任务审批表》(报省外办审批事项，可在省外办门户网站下载)。省管干部以请示件形式向省政府申报，非省管干部以《因公出国、赴港澳任务审批表》形式申报；

(2)《APEC 商务旅行卡申请人简介表》(可在省外办门户网站下载)；

(3)申请人前往经济体的历史签证记录(含获签和拒签情况)；

(4)申请人所在企业基本情况说明(规模、效益、资产负债、利税、进出口情况等内容)；

(5)已持有有效期在 3 年半以上的公务普通护照复印件；

(6)初审机关认为需要提供的其他材料。

2. 初审机关受理审核后，对符合要求的出具《申办 APEC 商务旅行卡专用批件》。

3. 企业持《申办 APEC 商务旅行卡专用批件》办理人员审查手续。

4. 办理公务普通护照和旅行卡申请。

企业按照办理公务普通护照的程序和要求，向初审机关护照签证部门递交办理公务普通护照和旅行卡申请。向省外办护照签证处申办所需材料：

(1)填妥的《申办 APEC 商务旅行卡专用批件》原件 1 份；

(2)填妥的有关申办公务普通护照的表格 1 套；

(3)填妥的《申请 APEC 商务旅行卡专用事项表》一式 2 份；

(4)填妥的《APEC 商务旅行卡申请表》一式 2 份；

(5)《出国(境)人员审查批件》原件 1 份(有效期 3 年以上)；

(6)申请人身份证复印件一式 2 份；

(7)申办护照介绍信。企业自行申办护照和旅行卡的，由所在地的因公护照收缴保管部门开具介绍信；因公护照收缴保管部门专办员前来代办护照和旅行卡的，可凭专办员证办理；

(8)小二寸平光证件照片 3 张；

(9)已持有公务普通护照的，交验原持护照；

(10)申请人所在企业基本情况说明(规模、效益、资产负债、利税、进出口情况等内容)；

(11)发照机关认为需要提供的其他材料。

5. 初审机关护照签证部门审核。

初审机关的护照签证部门受理审核后，将有效公务普通护照和其他所需材料报外交部领事司办理旅行卡。已持有效期在 3 年半以上公务普通护照的，持该护照办理；没有公务普通护照或公务普通护照有效期不到 3 年半的，初审机关的护照签证部门给予办理新护照。

(二)持普通护照申办旅行卡

民营企业人员，以及中外合资、外商独资和台港澳资企业中方(大陆)人员持普通护照申办旅行卡，由申请人所在企业提出申请，参照企业因公出国的程序逐级报初审机关护照签证部门申办。

1. 向省外办申办所需材料

(除护照原件外，其他材料一式2份)：

(1)填妥的《APEC商务旅行卡申请人简介表》一式2份；

(2)填妥的《申请APEC商务旅行卡专用事项表》一式2份；

(3)填妥的《APEC商务旅行卡申请表》一式2份；

(4)申请人无刑事犯罪记录的公证书；

(5)申请人所在企业基本情况说明(规模、效益、资产负债、利税、进出口情况等内容)；

(6)已持有有效期在3年半以上的普通护照原件和复印件；

(7)申请人前往经济体的历史签证记录(含获签和拒签情况)；

(8)申请人身份证复印件一式2份；

(9)介绍信(因公护照收缴保管单位出具)；

(10)小二寸平光证件照片3张；

(11)申请人所在企业基本情况说明(规模、效益、资产负债、利税、进出口情况等内容)；

(12)初审机关护照签证部门认为需要提供的其他材料。

2. 初审机关护照签证部门受理审核后，对符合要求的出具《申办APEC商务旅行卡专用批件》，并将有关材料报外交部领事司办理旅行卡。

(三)制发旅行卡

外交部领事司复审同意并提交加入旅行卡计划的相关经济体批准后，为申请人制作和颁发旅行卡。申请人在初审机关护照签证部门领取旅行卡。

第七条　重新申请、补发、换发旅行卡

(一)旅行卡有效期满时申请人可重新申请旅行卡，需提供的材料和程序与初次申请相同，原卡通过初审机关退还外交部领事司。

(二)旅行卡不慎损毁或遗失，申请人所在企业致函说明，通过初审机关报外交部领事司申请补发。

(三)旅行卡上注明的公务普通护照、普通护照因护照遗失或更换新护照等原因失效，根据原卡申办程序报初审机关向外交部领事司申请换卡，附新护照复印件，原卡通过初审机关退还外交部领事司。

第八条　吊销

遇下列情况之一的，初审机关应向外交部领事司呈报吊销持卡人的旅行卡：

(一)旅行卡有效期内，持卡人因工作调动、辞职或其他原因，其所在企业认为持卡人不宜继续持用并书面向初审机关提出申请；

(二)持卡人或所在企业资信出现不良变化或涉及经济纠纷及刑事案件等，不再具备持旅行卡的资格；

(三)持卡人不遵守旅行卡的管理办法；

(四)持公务普通护照的持卡人或其所在企业不再符合因公出国条件；

(五)审批、初审机关认定的其他不符合继续持卡的情形。

第九条　保管和使用

(一)持公务普通护照申办旅行卡的，持卡人的旅行卡由因公护照收缴保管单位参照因公护照收缴保管有关规定，实行统一收回保管。各因公护照收缴保管单位要制定旅行卡的管理规定，指定专门部门和专人负责，切实做好旅行卡的收回保管工作。因工作需要要求调用旅行卡，持卡人按因公出国审批程序，持企业书面申请、《因公出国赴港澳任务批件》、原批准的《申办APEC商务旅行卡专用批件》和在有效期内的人员审查批件复印件向因公护照收缴保管单位申请调用。如出访日期已经超过原人员审查批件有效期，应重新办理人员审查批件。持卡人应在回国后10日内将旅行卡当面交还因公护照收缴保管单位。

持普通护照申办旅行卡的，初审机关应指导企业建立旅行卡使用和保管制度、监督企业旅行卡使用和管理情况。企业可在制定旅行卡管理细则并报初审机关备案后自行管理旅行卡。

(二)企业要对旅行卡的每次调用情况进行登记，并在每年的1月10日前将上一年度本企业旅行卡的管理和使用情况报初审机关。如遇旅行卡遗失、破损或持卡人调离、辞职等情况，企业应及时报告初审机关。

(三)持卡人出入中国国境和相关经济体边检口岸时,应主动出示申请旅行卡时所使用的有效护照和旅行卡。

(四)持卡人享有使用旅行卡专用通道快速通关的便利。

(五)外交部领事司和初审机关将不定期对有关企业使用和保管旅行卡的情况进行抽查。如因管理不善导致旅行卡遗失、损毁或被冒用并导致严重后果,将对相关地区或企业采取限制、中止或取消申请的措施。

第十条 费用

(一)企业人员申办、补发、换发旅行卡的费用参照外交部领事司标准收取,每人次 720 元人民币。

(二)各级外办可本着合理、公开透明的原则,适当收取受理旅行卡申办服务费,收费标准报所在地价格、财政部门核准。

第十一条 其他事项

(一)外交部领事司将申请材料递交其他经济体后,各经济体反馈审核结果时间不一。申请人可根据业务需要,选择申办部分经济体的旅行卡。为方便申请人,如部分经济体已审批同意,可先行发卡。发卡后,如更多经济体陆续同意其申请,可再给予换卡。

(二)为不影响申请人在申办旅行卡期间出国旅行,初审机关在核查申请人护照原件无误后退还。其中普通护照退还给申请人,公务普通护照退还给因公护照收缴保管单位。

(三)本办法自发布之日起实施,由省外办负责解释。

索　　引

一、本索引采用内容分析法编制。按标引词第一字的汉语拼音字母(同音字按声调)顺序排列;同音同调,按该字的笔画多少排列,以此类推。

二、标引词后的阿拉伯数字表示内容所在页码,数字后的a、b、c分别表示该页的左、中、右栏。

三、本索引编有参见系统,款目所示第二个页码起,表示参见内容所在位置。

四、"特载"、"大事记"、"外国人看浙江"、"附录"仅以栏目名作索引,表格未作索引。

五、为便于检索,除产生歧义者外,一般将单位、组织和事件前的"浙江"二字省略。

A

B

C

D

T

W

X

Y

Z